三 重 県

〈収録内容〉

2024 年度 ……………………………… 数・英・理・社・国

2023 年度 ……………………………… 数・英・理・社・国

2022 年度 ……………………………… 数・英・理・社・国

2021 年度 ……………………………… 数・英・理・社・国

2020 年度 ……………………………… 数・英・理・社・国

DL 2019 年度 ……………………………… 数・英・理・社

JN002441

便利な DL コンテンツは右の QR コードから

解答用紙　過去年度　リスニング

⇒

※データのダウンロードは 2025 年 3 月末日まで。
※データへのアクセスには、右記のパスワードの入力が必要となります。 ⇒　746207

〈 各教科の合格者平均点 〉

	数 学	英 語	理 科	社 会	国 語	合 計
2023年度	27.2	27.6	29.9	29.8	36.3	150.8
2022年度	27.5	32.8	28.7	32.3	35.0	156.3
2021年度	28.9	27.2	30.8	29.4	36.2	152.5
2020年度	27.1	32.0	27.6	29.5	33.3	149.5
2019年度	26.5	28.6	30.9	30.7	35.6	152.3

※各50点満点。
※最新年度は、本書発行の時点で公表されていないため未掲載。

本書の特長

POINT 1　解答は全問を掲載、解説は全問に対応！

POINT 2　英語の長文は全訳を掲載！

POINT 3　リスニング音声の台本、英文の和訳を完全掲載！

POINT 4　出題傾向が一目でわかる「年度別出題分類表」は、約 10 年分を掲載！

実戦力がつく入試過去問題集

- ▶ 問題 ……………… 実際の入試問題を見やすく再編集。
- ▶ 解答用紙 …… 実戦対応仕様で収録。
- ▶ 解答解説 …… 重要事項が太字で示された、詳しくわかりやすい解説。
  ※採点に便利な配点も掲載。

合格への対策、実力錬成のための内容が充実

- ▶ 各科目の出題傾向の分析、最新年度の出題状況の確認で、入試対策を強化！
- ▶ その他、志願状況、公立高校難易度一覧など、学習意欲を高める要素が満載！

解答用紙ダウンロード	解答用紙はプリントアウトしてご利用いただけます。弊社ＨＰの商品詳細ページよりダウンロードしてください。トビラのＱＲコードからアクセス可。
リスニング音声ダウンロード	英語のリスニング問題については、弊社オリジナル作成により音声を再現。弊社ＨＰの商品詳細ページで全収録年度分を配信対応しております。トビラのＱＲコードからアクセス可。
famima PRINT	原本とほぼ同じサイズの解答用紙は、全国のファミリーマートに設置しているマルチコピー機のファミマプリントで購入いただけます。※一部の店舗で取り扱いがない場合がございます。詳細はファミマプリント（http://fp.famima.com/）をご確認ください。
UD FONT	見やすく読みまちがえにくいユニバーサルデザインフォントを採用しています。

2024年度/三重県公立高校後期選抜受検状況(全日制)

学校名・学科(コース)名		入学定員	募集定員	受検者数	受検倍率
桑名	普通	240	240	257	1.07
	理数	40	40	87	2.18
	衛生看護	40	−	−	−
桑名西	普通	280	280	321	1.15
桑名北	普通	160	107	105	0.98
桑名工業	機械	40	36	32	0.89
	材料技術	40			
	電気	40	36	41	1.14
	電子	40			
いなべ総合学園	総合	280	132	185	1.40
四日市	普通	240	240	193	0.80
	(国際科学)	80	80	166	2.08
四日市南	普通	240	240	178	0.74
	(数理科学)	80	80	184	2.30
四日市西	普通	120	120	118	0.98
	(比較文化・歴史)	40	60	103	1.72
	(数理情報)	40			
朝明	普通	120	80	47	0.59
	ふくし	40	18	14	0.78
四日市四郷	普通	120	80	74	0.93
	(スポーツ科学)	40	−	−	−
四日市工業	機械	40	18	21	1.17
	電子機械	40	18	19	1.06
	電気	40	18	19	1.06
	電子工学	40	18	18	1.00
	建築	40	18	14	0.78
	物質工学	40	18	17	0.94
	自動車	40	18	26	1.44
四日市中央工業	機械	40	18	20	1.11
	電気	40	18	18	1.00
	化学工学	40	18	13	0.72
	都市工学	40	18	14	0.78
	設備システム	40	18	19	1.06
四日市商業	商業	200	92	127	1.38
	情報マネジメント	40	18	19	1.06
四日市農芸	農業科学	40	54	70	1.30
	食品科学	40			
	環境造園	40			
	生活文化	80	36	37	1.03

学校名・学科(コース)名		入学定員	募集定員	受検者数	受検倍率
菰野	普通	160	107	70	0.65
川越	普通	200	200	219	1.10
	国際文理	80	40	89	2.23
神戸	普通	240	240	168	0.70
	理数	80	39	149	3.82
飯野	応用デザイン	80	−	−	−
	英語コミュニケーション	80	37	39	1.05
白子	普通	200	134	141	1.05
	(文化教養[吹奏楽])	40	−	−	−
	生活創造	40	18	18	1.00
石薬師	普通	120	82	75	0.91
稲生	普通	120	80	97	1.21
	体育	80	18	24	1.33
亀山	普通	80	53	63	1.19
	システムメディア	80	36	36	1.00
	総合生活	40	18	21	1.17
津	普通	320	320	371	1.16
津西	普通	240	240	209	0.87
	国際科学	80	40	131	3.28
津商業	ビジネス	200	92	113	1.23
	情報システム	40	20	10	0.50
津東	普通	280	189	225	1.19
津工業	機械	120	54	63	1.17
	電気	40	18	17	0.94
	電子	40	19	17	0.89
	建設工学	40	18	17	0.94
久居	普通	200	134	141	1.05
久居農林	生物生産	40	36	35	0.97
	生物資源	40			
	環境情報	40	36	36	1.00
	環境土木	40			
	生活デザイン	80	36	36	1.00
白山	普通	40	18	12	0.67
	情報コミュニケーション	40	18	19	1.06
上野	普通	200	200	160	0.80
	理数	40	20	56	2.80
あけぼの学園	総合	80	36	45	1.25

学校名・学科(コース)名		入学定員	募集定員	受検者数	受検倍率
伊賀白鳳	機械	35	106	108	1.02
	電子機械	35			
	建築デザイン	35			
	生物資源	35			
	フードシステム	35			
	経営	30			
	ヒューマンサービス	35			
名張	総合	200	92	102	1.11
名張青峰	普通	200	134	118	0.88
	(文理探究)	40	18	15	0.83
松阪	普通	200	200	165	0.83
	理数	80	40	114	2.85
松阪工業	機械	40	18	20	1.11
	電気工学	40	18	24	1.33
	工業化学	40	18	14	0.78
	繊維デザイン	40	–	–	–
	自動車	40	18	19	1.06
松阪商業	総合ビジネス	120	54	59	1.09
	国際ビジネス	40	18	16	0.89
飯南	総合	80	25	21	0.84
相可	普通	80	53	59	1.11
	生産経済	40	18	15	0.83
	環境創造	40	18	9	0.50
	食物調理	40	–	–	–
昴学園	総合	80	–	–	–
明野	生産科学	40	18	17	0.94
	食品科学	40	18	12	0.67
	生活教養	40	18	20	1.11
	福祉	40	18	12	0.67
宇治山田	普通	200	134	127	0.95
伊勢	普通	240	240	206	0.86
	(国際科学)	40	40	78	1.95
宇治山田商業	商業	80	36	43	1.19
	情報処理	40	18	22	1.22
	国際	40	18	17	0.94

学校名・学科(コース)名		入学定員	募集定員	受検者数	受検倍率
伊勢工業	機械	80	36	30	0.83
	電気	40	21	4	0.19
	建築	40	18	10	0.56
南伊勢 度会校舎	普通	40	31	4	0.13
鳥羽	総合	40	18	20	1.11
志摩	普通	40	18	10	0.56
水産	海洋・機関	40	18	14	0.78
	水産資源	40	19	5	0.26
尾鷲	普通	70	47	49	1.04
	(プログレッシブ)	30	21	3	0.14
	情報ビジネス	30	21	12	0.57
	システム工学	30	20	20	1.00
木本	普通	120	120	119	0.99
	総合	40	18	17	0.94
紀南	普通	80	56	20	0.36

※「募集定員」は，「入学定員」から前期選抜等合格内定者数を減じた「後期選抜」のみの数字。

※「受検倍率」は，「受検者数」を「募集定員」で除した数を小数第３位で四捨五入した数値。

※募集定員欄に「–」のある学科は、後期選抜を実施しない。

三重県公立高校難易度一覧

目安となる偏差値	公立高校名
75 ~ 73	
72 ~ 70	四日市(国際科学)
	伊勢(国際科学)
69 ~ 67	四日市
	津西(国際科学)
	桑名(理数),津,四日市南(数理科学)
66 ~ 64	松阪(理数)
	伊勢
	上野(理数),四日市南
63 ~ 61	川越(国際文理),神戸(理数)
	桑名
	宇治山田,津西
60 ~ 58	川越,松阪
	四日市西(数理情報)
57 ~ 55	上野,神戸,四日市西(比較文化・歴史)
	桑名(衛生看護),津東
	宇治山田商業(情報処理/国際),尾鷲(プログレッシブ)
54 ~ 51	
	木本,四日市工業(電子機械/電気/電子工学)
	宇治山田商業(商業),名張青峰(文理探究),四日市工業(機械/建築/物質工学/自動車),四日市商業(情報マネジメント),四日市西
	尾鷲,松阪工業(電気工学),松阪商業(国際ビジネス)
50 ~ 47	木本(総合),桑名西
	いなべ総合学園(総合),相可,津商業(情報システム),名張青峰
	津工業(電子),四日市中央工業(機械)
46 ~ 43	相可(食物調理),松阪工業(機械/自動車),松阪商業(総合ビジネス),四日市商業(商業)
	明野(生活教養),桑名工業(電気・電子),津工業(機械/電気/建設工学),津商業(ビジネス),四日市中央工業(電気/化学工学/都市工学/設備システム)
	伊勢工業(機械/電気),松阪工業(工業化学),四日市農芸(生活文化)
	明野(福祉),飯野(応用デザイン),伊賀白鳳(経営),伊勢工業(建築),相可(生産経済/環境創造),亀山,桑名工業(機械・材料技術),名張(総合),久居,松阪工業(繊維デザイン)
42 ~ 38	志摩,白子
	飯野(英語コミュニケーション),伊賀白鳳(電子機械),亀山(システムメディア),昴学園(総合),鳥羽(総合),久居農林(生物生産・生物資源/環境情報・環境土木/生活デザイン),四日市四郷
	伊賀白鳳(機械/建築デザイン/生物資源),稲生,亀山(総合生活),白子(文化教養〔吹奏楽〕/生活創造),四日市農芸(農業科学・食品科学・環境造園),四日市四郷(スポーツ科学)
	明野(生産科学/食品科学),あけぼの学園(総合),飯南(総合),伊賀白鳳(ヒューマンサービス),尾鷲(情報ビジネス),桑名北
	朝明(普/ふくし),伊賀白鳳(フードシステム),稲生(体育),尾鷲(システム工学),紀南,南伊勢[度会校舎]
37 ~	石薬師,菰野,水産(海洋・機関/水産資源),白山
	白山(情報コミュニケーション)

＊( )内は学科・コースを示します。特に示していないものは普通科(普通・一般コース),または全学科(全コース)を表します。

＊データが不足している高校,または学科・コースなどにつきましては掲載していない場合があります。

＊公立高校の入学者は,「学力検査の得点」のほかに,「調査書点」や「面接点」などが大きく加味されて選抜されます。上記の内容は想定した目安ですので,ご注意ください。

＊公立高校入学者の選抜方法や制度は変更される場合があります。また,統廃合による閉校や学校名の変更,学科の変更などが行われる場合もあります。教育委員会などの関係機関が発表する最新の情報を確認してください。

数学 ●●•• 出題傾向の分析と合格への対策 ••●●

出題傾向とその内容

〈最新年度の出題状況〉

今年度の出題数は，大問が7題，小問数にして28問であった。例年通り，中学数学全領域から，標準レベルの問題がまんべんなく出題されている。問題量は多いが，前半は基礎的な問題であり，後半は基本問題と応用問題を組み合わせた構成となっている。

今年度の出題内容は，大問1が数・式の計算，平方根，連立方程式に関する基本的な計算問題と，因数分解，二次方程式，数の性質，比例関数，資料の散らばり・代表値，角度，作図，大問2はヒストグラムを題材とした資料の散らばり・代表値の問題，大問3は確率，大問4は連立方程式の応用問題，大問5は面積や条件を満たす座標を求めさせる図形と関数・グラフの融合問題，大問6は平面図形の問題で，相似と円の性質を利用した相似の記述式証明，線分の長さの計量問題，大問7は正四角錐を題材として面積，体積の比，三角錐の高さの計量問題となっている。

ボリュームは昨年とほぼ同じであり，決して問題数は多くないが，試験時間の45分を考えると，スピードと正確さは必要とされる。

〈出題傾向〉

問題の出題数は，ここ数年，大問数で6題前後，小問数で28問前後が定着している。

出題傾向は，大問1で，数・式，平方根，一次・連立・二次方程式に関する計算問題を含む，基本的な数学能力を問う小問群が7問出題されている。これらの問題は，日頃の授業や教科書の内容をしっかり身につけ，確実に得点できるようにしよう。大問2では，方程式の応用，図形と関数・グラフ，場合の数と確率，規則性から，少し応用力を必要とする準大問レベルの問題が2～3問出題されている。大問3以降では，図形と関数・グラフ，平面図形，空間図形，場合の数と確率，数学的思考法で解く問題の中から3つのテーマに関して，総合的能力を問う問題が出題されている。

来年度の予想と対策

来年度も，出題の量，レベル，形式，内容などに大きな変動はないだろう。基本問題が中心だが出題範囲は広く，容易に答えが出せるものばかりではない。安易な学習方法は禁物である。

まず，教科書で基礎をしっかり身につけよう。苦手分野を残さないことが大切である。基礎が固まったら，問題集で演習を重ねよう。途中式や，用いた定理・根拠などを，きちんと整理してノートに書き，記述問題に備えるとともに，論理的思考力を身につけたい。

問題集などで多くの融合問題にあたり，解法のコツを身につけよう。図形と関数・グラフの融合問題，場合の数・確率，円・相似・三平方の定理を用いて解く平面図形，空間図形の問題は重点的に学習し，さまざまな角度から問題をとらえられるような応用力も養いたい。また，数学的思考力が問われるような規則を読みとる問題にも対応できるように，類題を解いておこう。

⇨学習のポイント

- どの単元からも出題されていいように，基礎的な練習問題はまんべんなくこなしておこう。
- 日頃から，答えだけでなく，途中式も簡潔に書けるような練習を積み重ね，記述問題にも備えておこう。

年度別出題内容の分析表　数学

出題内容			27年	28年	29年	30年	2019年	2020年	2021年	2022年	2023年	2024年
数と式		数の性質			○	○		○		○	○	○
		数・式の計算	○	○	○	○	○	○	○	○	○	○
		因数分解	○	○	○	○	○	○	○		○	○
		平方根	○	○	○	○	○	○	○	○	○	○
方程式・不等式		一次方程式	○	○	○	○	○	○	○	○	○	○
		二次方程式	○	○	○	○	○	○	○	○	○	○
		不等式										
		方程式の応用	○	○	○	○	○	○	○	○	○	○
関数		一次関数	○	○	○	○	○	○	○	○	○	○
		関数 $y = ax^2$	○	○	○	○	○	○	○	○	○	○
		比例関数	○					○		○	○	○
		関数とグラフ	○	○	○	○	○	○	○	○	○	○
		グラフの作成						○				
図形	平面図形	角度	○								○	○
		合同・相似	○	○	○	○	○	○	○	○	○	○
		三平方の定理	○	○	○	○	○	○	○	○	○	○
		円の性質	○	○	○	○	○	○	○	○	○	○
	空間図形	合同・相似										
		三平方の定理	○		○		○			○	○	
		切断		○					○			○
	計量	長さ	○	○	○	○	○	○	○	○	○	○
		面積	○	○	○	○	○	○	○	○	○	○
		体積	○	○	○	○	○		○	○	○	○
		証明	○	○	○	○	○	○	○	○	○	○
		作図	○	○	○	○	○	○	○	○	○	○
		動点										
データの活用		場合の数				○						
		確率	○		○	○	○	○	○	○	○	○
		資料の散らばり・代表値(箱ひげ図を含む)	○	○	○	○	○		○	○	○	○
		標本調査										
融合問題		図形と関数・グラフ	○	○	○	○	○	○	○	○	○	○
		図形と確率										
		関数・グラフと確率										
		その他										
その他				○		○						

―三重県公立高校―

英語　出題傾向の分析と合格への対策

出題傾向とその内容

〈最新年度の出題状況〉

本年度は，リスニング問題1題，会話文とグラフの読解問題1題，英作文問題1題，長文読解問題1題の計4 題という構成であった。

リスニング問題では，表を見て正しい答えを選ぶもの，短い対話，長い対話を聞いて質問に対する答えや，受け答えとして適当なものを選ぶものが出題された。配点は50点満点中の18点(36%)で，他の都道府県と比較するときわめて高い。読解問題は内容の理解を問うものがほとんどで，文の補充，語句補充，内容真偽問題が中心となっていた。英作文は，与えられた項目と内容で4語以上の英文を作る問題からなっていた。基本的な表現ながら確実な英語力が必要とされる。

全般に，基本的な知識を踏まえた上での総合的な英語力が求められた。

〈出題傾向〉

小問単位では，年度ごとに傾向の変化が多少見られる。しかしながらリスニング，読解問題，英作文を中心とした出題傾向は一貫している。

リスニング問題で特に注意すべきは(4)で，対話が長く，また配点も高いため，対策は必須であろう。

読解問題は内容の理解を求める小問が多く出題されている。本文だけでなく選択肢も正しく読みとる力が必要だ。

英作文は，書く内容がかなり具体的に指示される。しかし，解答例が複数ある点を考慮すると,「内容が伝わること」が重視されていると思われる。

来年度の予想と対策

来年度も，傾向に根本的な変化はないと考えられる。

リスニング問題は，音声を使用した学習で練習をくり返し，落ち着いて試験に臨むことができるようにしておこう。文法事項のみを問う問題はあまりないが，長文読解や英作文において文法の理解が不可欠なので，中学校で学習してきた内容をしっかり身につけておこう。英作文においては，基本的な文法事項を確認し，実際に英文を書いて練習をしておきたい。読解問題は，質・量ともに標準レベルの問題集で数多く問題にあたり，精読・速読両方の力をつけることが重要である。

⇨学習のポイント

・リスニングは必ず練習しておくこと。とくに，長い対話文に慣れておくべきであろう。
・読解問題に数多く取り組み，長文の内容をしっかり読みとる力をつけておこう。
・伝えたいことを英文で表現する練習を重ねておこう。

年度別出題内容の分析表　英語

		出題内容	27年	28年	29年	30年	2019年	2020年	2021年	2022年	2023年	2024年
設問形式	リスニング	絵・図・表・グラフなどを用いた問題	○	○	○	○	○	○	○	○	○	○
		適文の挿入										
		英語の質問に答える問題	○	○	○	○	○	○	○	○	○	○
		英語によるメモ・要約文の完成										
		日本語で答える問題	○	○	○	○	○					
		書き取り	○	○	○	○	○					
	語い	単語の発音										
		文の区切り・強勢										
		語句の問題										
	読解	語句補充・選択（読解）						○	○	○	○	○
		文の挿入・文の並べ換え	○	○	○	○	○	○	○	○	○	○
		語句の解釈・指示語	○	○	○	○	○					
		英問英答（選択・記述）					○					
		日本語で答える問題	○	○	○	○	○					
		内容真偽	○	○	○	○	○	○	○	○	○	○
		絵・図・表・グラフなどを用いた問題						○				○
		広告・メール・メモ・手紙・要約文などを用いた問題							○	○	○	
	文法	語句補充・選択（文法）										
		語形変化										
		語句の並べ換え										
		言い換え・書き換え										
		英文和訳										
		和文英訳										
		自由・条件英作文	○	○	○	○	○	○	○	○	○	○
文法事項		現在・過去・未来と進行形	○	○	○	○	○	○	○	○	○	○
		助動詞	○	○		○	○	○	○		○	○
		名詞・冠詞・代名詞										
		形容詞・副詞	○			○	○					○
		不定詞	○	○	○	○	○	○	○	○	○	○
		動名詞	○	○		○			○			○
		文の構造（目的語と補語）	○									○
		比較	○		○			○		○		○
		受け身		○	○	○						
		現在完了		○								
		付加疑問文										
		間接疑問文							○			
		前置詞		○	○	○	○	○	○		○	○
		接続詞			○	○	○	○	○	○	○	○
		分詞の形容詞的用法			○				○	○		○
		関係代名詞			○		○	○	○	○		
		感嘆文										
		仮定法										

理科　出題傾向の分析と合格への対策

出題傾向とその内容

〈最新年度の出題状況〉

昨年同様大問が8問である。暗記のみで解答できる問題と思考力が必要な問題とバランスよく出題されている。

〈出題傾向〉

各分野とも実験・観察が中心の出題である。内容は基本的なものが多いが，図や表を読み取ったうえで考えさせたり，読み取った数値を利用して計算させたりする問題が出題されている。また，各問題とも文章量が多いため，文章から内容を正しく読み取る力が問われる。

理由や実験の考察を書かせるものも多い。教科書の図や表，本文の内容を総合的に深く十分に理解しているかどうかが問われている。

物理的領域　実験の手順と結果を読みこんで正しく分析することを要する出題であった。効率的に解答する必要があるため，規則性や法則はしっかり覚え，実験1つ1つの結果と分かることを上手く読み取り，解答に生かそう。

化学的領域　原理の理解を問われる出題であったため，事前に十分類題に取り組んでいれば，比較的解きやすかったであろう。何について答えるのかを間違えることなく，落ち着いて取り組もう。

生物的領域　比較的，基本的な内容の出題であったため解きやすい内容となっていた。このような場合はケアレスミスに注意が必要である。問題を丁寧に読むことを心がけよう。

地学的領域　図表を多用して思考するタイプの問題が多いので，図表から得られるヒントを読み逃すことがないように気をつけよう。基本事項をすべて把握し，分析力の向上につなげたい。

来年度の予想と対策

来年度も大問数が8問，小問数にして40～45問前後だろうと思われる。量が多いので，解きやすい分野から解くように，要領よく解き進める必要がある。文章量も多いため，問題文を読むときに，アンダーラインを引いたり，条件を書き出したりしながら，内容を正確に読み取る練習も必要である。

実験・観察の結果および，グラフ，図表を読み取ってその数値から考察したり，計算させたりする問題が多いので，教科書にのっている実験・観察については，すべて目を通し，まとめておこう。

また，記述式の問題が多く，実験方法やその結果についても，なぜそうなるのかという理由を含めて問われることもあるので，簡潔に答えられるようにしておこう。

時間を計って問題を解く練習をしておくとよい。

⇨**学習のポイント**

- 実験や結果の処理をともなう問題の練習は多めに行っておこう。
- 比較的問題文が長いため，速く的確にポイントをつかんで読み解く練習を心がけよう。

年度別出題内容の分析表　理科

※★印は大問の中心となった単元

出題内容			27年	28年	29年	30年	2019年	2020年	2021年	2022年	2023年	2024年
第一分野	第1学年	身のまわりの物質とその性質	○	○		○			★			
		気体の発生とその性質	○		★			★				○
		水溶液					★			★		○
		状態変化		★		★			○		★	○
		力のはたらき(2力のつり合いを含む)		○		○			○			
		光と音	★	★			★	★		★	★	★
	第2学年	物質の成り立ち	○				★					
		化学変化，酸化と還元，発熱・吸熱反応		○				○			★	
		化学変化と物質の質量		★			○	★			○	★
		電流(電力，熱量，静電気，放電，放射線を含む)			★				★	○		★
		電流と磁界				★				★		
	第3学年	水溶液とイオン，原子の成り立ちとイオン	○		○	○			○			○
		酸・アルカリとイオン，中和と塩			★				○			★
		化学変化と電池，金属イオン	★	○		★				★		
		力のつり合いと合成・分解(水圧，浮力を含む)			★	○		○				
		力と物体の運動(慣性の法則を含む)	○					★			○	
		力学的エネルギー，仕事とエネルギー	○	★			★	○			★	
		エネルギーとその変換，エネルギー資源	○					○				
第二分野	第1学年	生物の観察・調べ方の基礎					○		○	○		
		植物の特徴と分類					★			★		
		動物の特徴と分類			★				★			★
		身近な地形や地層，岩石の観察	○			○						○
		火山活動と火成岩				○			★			★
		地震と地球内部のはたらき		★								
		地層の重なりと過去の様子	★			★						
	第2学年	生物と細胞(顕微鏡観察のしかたを含む)			○			○			○	○
		植物の体のつくりとはたらき			★			★		○	★	
		動物の体のつくりとはたらき	★	★		★	○	★			★	
		気象要素の観測，大気圧と圧力	○		★	★		★	★	○	★	★
		天気の変化	★				○			○		
		日本の気象	○				★			○		
	第3学年	生物の成長と生殖	★	★			○		★			★
		遺伝の規則性と遺伝子					★			★		
		生物の種類の多様性と進化										
		天体の動きと地球の自転・公転			○			★			★	
		太陽系と恒星，月や金星の運動と見え方		★	○		★		★	★	○	
		自然界のつり合い				★						
自然の環境調査と環境保全，自然災害					○							
科学技術の発展，様々な物質とその利用												
探究の過程を重視した出題			○	○	○	○	○	○	○	○	○	○

社会

●●●・・ 出題傾向の分析と合格への対策 ・・●●●

出題傾向とその内容

〈最新年度の出題状況〉

本年度の出題数は，大問5題，小問37題である。解答形式は語句記入が5問，記号選択が26問，記述問題が6題出題されている。大問数は，日本地理1題・世界地理1題，歴史2題，公民1題となっており，地理・歴史のウエイトが少々高い出題となっている。

内容的には基本的重要事項の理解を求めるものがほとんどであるが，資料から読み取ったことをまとめる記述式の解答形式もあり，思考力・判断力・表現力が必要となっている。

地理的分野では，日本地理と世界地理ともに，略地図や表・グラフ等を用い，諸地域の自然や産業などを中心に出題されている。歴史的分野では，課題学習のテーマをもとに，資料やグラフなどを用いて，歴史の流れ，各時代の特色について基本的内容が出題されている。公民的分野では，調べ学習のテーマをもとに，図や表やグラフなどを用いて，政治・経済などから，基本的内容が幅広く出題されている。

〈出題傾向〉

地理的分野では，日本地理・世界地理ともに，諸地域の特色や産業などに関する基本的重要事項が問われている。地図やグラフ，表などの各種資料の読み取り問題も出題されている。

歴史的分野では，テーマをもとに，年表やグラフ・資料などの基本的内容を問う出題となっている。資料の読み取りと歴史の知識を組み合わせて記述させる問題も出題されている。

公民的分野では，テーマをもとに政治・経済などの今日的課題の基本を問う出題となっている。

来年度の予想と対策

来年度も，例年通りの出題が予想される。出題数には大きな変動はないと思われ，出題内容も基本的なものが中心となるであろう。しかし，資料の読み取りに基づく記述形式の問題も出題されるので，資料活用能力をつけるとともに，重要事項を正確かつ簡潔に説明できるような表現力を身につけておきたい。

地理的分野では，略地図や地形図・統計などを活用して，日本と世界の諸地域の特色などを正確に把握しておくことが必要である。

歴史的分野では，年表を積極的に活用して，断片的でない知識を身につけておきたい。また．教科書にのっている絵や写真など重要な資料を見て，考察する習慣をつけたい。

公民的分野では，基本的重要事項を理解するとともに，時事問題にも関心を持って，新聞やテレビやインターネットなどの報道で話題となっている情報を得るようにすることも大切である。

⇨学習のポイント

・地理的分野では，地図や統計資料から，諸地域の特色を読みとる問題に慣れておこう！
・歴史的分野では，教科書の基礎的事項を整理し，大きな時代の流れをつかんでおこう！
・公民的分野では，政治・経済・国際社会の基礎を整理し，ニュースにも注目しよう！

年度別出題内容の分析表　社会

出題内容			27年	28年	29年	30年	2019年	2020年	2021年	2022年	2023年	2024年
地理的分野	日本	地形図の見方			○	○		○	○		○	○
		日本の国土・地形・気候		○	○	○	○	○	○		○	○
		人口・都市	○	○		○			○		○	○
		農林水産業	○	○	○	○	○		○	○	○	○
		工業	○	○		○		○	○	○	○	○
		交通・通信			○	○				○		
		資源・エネルギー										
		貿易										
	世界	人々のくらし・宗教	○		○	○	○		○	○	○	○
		地形・気候	○	○	○	○	○	○	○	○	○	○
		人口・都市			○	○						
		産業	○	○	○		○	○	○	○	○	○
		交通・貿易		○			○	○		○		
		資源・エネルギー						○				
	地理総合											
歴史的分野	日本史—時代別	旧石器時代から弥生時代	○						○	○	○	
		古墳時代から平安時代	○	○	○	○	○	○	○	○	○	○
		鎌倉・室町時代	○	○	○	○	○	○	○	○	○	○
		安土桃山・江戸時代	○	○	○	○	○	○	○	○	○	○
		明治時代から現代	○	○	○	○	○	○	○	○	○	○
	日本史—テーマ別	政治・法律	○	○	○	○	○	○	○	○	○	○
		経済・社会・技術	○		○	○	○	○	○	○	○	○
		文化・宗教・教育	○	○	○	○	○	○	○	○	○	○
		外交		○	○	○	○	○	○	○	○	○
	世界史	政治・社会・経済史		○	○	○	○	○	○		○	○
		文化史	○		○		○					
		世界史総合										
	歴史総合											
公民的分野		憲法・基本的人権	○	○	○	○	○	○	○	○	○	○
		国の政治の仕組み・裁判	○	○	○	○	○	○	○	○		○
		民主主義									○	
		地方自治		○			○			○	○	○
		国民生活・社会保障	○	○			○	○		○		
		経済一般	○	○	○	○	○	○	○	○	○	○
		財政・消費生活	○	○	○	○	○	○	○	○		○
		公害・環境問題							○			○
		国際社会との関わり	○	○	○	○	○	○		○	○	
時事問題			○									
その他												

—三重県公立高校—

国語 出題傾向の分析と合格への対策

出題傾向とその内容

〈最新年度の出題状況〉

大問構成は，漢字の読み書き，小説，論説文，古文・漢文，資料の読解・作文の計5題であった。

大問1は，漢字の読みと書き取り。それぞれ4問ずつの出題であった。

大問2は，小説文の読解。人物の心情や内容吟味をする読解力を問う設問に加え，動詞の活用形や文節どうしの関係といった知識も問われた。

大問3は，論説文の読解。文章全体の内容を把握する力を問う設問に加え，動詞の活用の種類や品詞の種類を問う問題が出された。

大問4は，古文の読解。歴史的仮名遣いの問い・内容に関する設問に加え，漢文の返り点の知識が必要となる問題も出された。

大問5は，複数の資料と会話が示され，その内容に関する問題が出された。また，資料の内容を参考に会話で話題にしていることについて自分の考えを述べる作文問題も含まれた。

〈出題傾向〉

読解能力，基礎力，知識，作文能力がバランスよく問われていると言える。

現代文の読解は，小説文と論説文が1題ずつ出題される。小説文では，登場人物の心情や表現に関する問いが中心になる。論説文は，文章全体の要旨を正しく把握する力を試す問いがよく出題されている。

古文は，歴史的仮名遣い，主語の把握といった基礎的なことから，文章全体の大意が問われる。また，漢文が扱われることもあり，返り点など，漢文の基礎知識も必要だ。

ちらしや新聞記事，発表原稿などを用いた問いや，グラフなどを読み取る問いも出題されている。内容に合う見出しを考えるものや，発表する際の工夫に関するものが見られる。

課題作文は，160～200字。与えられたテーマに沿った意見を，体験などを交えてまとめる。

知識問題は，漢字の読みと書き取り，文法の出題が多い。行書から部首や画数を問われるなど，書写の知識と漢字の知識が必要となるものもある。文法は，用言の活用，品詞・用法の識別など，幅広く出題されている。

来年度の予想と対策

現代文の読解問題については，論説文は段落ごとの要点を把握し，最終的には筆者の主張を理解する練習を，小説は登場人物それぞれの心情の変化を丁寧に追い，読み取る訓練をすること。また，字数の多い記述問題に，普段から積極的に取り組んでおくことが不可欠である。

古文は，歴史的仮名遣いや基本的な古語に慣れておきたい。また，省略された主語を意識しながら読解することも必要である。過去の問題に取り組み，傾向をつかんでおくこと。また，漢文・漢詩が出題される可能性もあるので，まんべんなく学習しておく必要がある。

漢字の読み書き，語句の意味，文法など知識問題に対する対策が必要である。問題集などで繰り返し取り組むとよい。

課題作文は，過去の問題や自分で設定したテーマについて，実際に書く練習をしておこう。

⇨**学習のポイント**

- 過去問を解いて，出題形式に慣れよう。
- テーマを設定して，作文の練習をしよう。
- 教科書を使って，漢字や文法の知識を身につけよう。

年度別出題内容の分析表　国語

		出題内容	27年	28年	29年	30年	2019年	2020年	2021年	2022年	2023年	2024年
内容の分類	読解	主題・表題										
		大意・要旨	○	○	○	○	○		○	○		○
		情景・心情	○	○	○	○	○	○	○	○	○	○
		内容吟味	○	○	○	○	○	○	○	○	○	○
		文脈把握	○	○	○	○		○				
		段落・文章構成						○				
		指示語の問題							○			
		接続語の問題	○	○	○	○	○			○		
		脱文・脱語補充		○	○	○	○	○			○	○
	漢字・語句	漢字の読み書き	○	○	○	○	○	○	○	○	○	○
		筆順・画数・部首	○		○		○		○			
		語句の意味										
		同義語・対義語										
		熟語										
		ことわざ・慣用句・四字熟語							○			
		仮名遣い	○	○	○	○		○	○	○		○
	表現	短文作成										
		作文(自由・課題)	○	○		○	○	○	○	○	○	○
		その他	○									
	文法	文と文節		○	○	○		○	○	○	○	○
		品詞・用法	○	○	○	○	○	○	○	○	○	○
		敬語・その他			○							○
	古文の口語訳							○				
	表現技法・形式											
	文学史											
	書写		○		○	○	○	○	○			
問題文の種類	散文	論説文・説明文	○	○	○	○	○	○	○	○	○	○
		記録文・実用文										
		小説・物語・伝記	○	○	○	○	○	○	○	○	○	○
		随筆・紀行・日記										
	韻文	詩										
		和歌(短歌)							○			
		俳句・川柳										
	古文		○	○	○	○	○	○	○	○	○	○
	漢文・漢詩							○	○	○	○	○
	会話・議論・発表		○	○	○	○	○	○			○	
	聞き取り											

MEMO

大切なことはメモしておこうネ！

三重県公立高等学校

2024年度

★★★★★★★★★★★★★★★★★★★★★★★

入　試　問　題

2024
年
度

●くわしい解説……49ページ

＜数学＞　時間　45分　　満点　50点

1　あとの各問いに答えなさい。(19点)

(1)　$7\times(-6)$　を計算しなさい。

(2)　$\dfrac{3}{2}x-\dfrac{2}{3}x$　を計算しなさい。

(3)　$(-21x^2y)\div 3xy$　を計算しなさい。

(4)　連立方程式　$\begin{cases}4x-5y=7\\2x+3y=-2\end{cases}$　を解きなさい。

(5)　$x^2+5x-36$　を因数分解しなさい。

(6)　二次方程式　$2x^2+5x-1=0$　を解きなさい。

(7)　$120n$ の値《あたい》が整数の２乗となるような自然数 n のうち，最も小さい数を求めなさい。

(8)　関数 $y=\dfrac{20}{x}$ で，x の変域が $2\leqq x\leqq 4$ のとき，y の変域を求めなさい。

(9)　次の図は，あるクラスの生徒27人が受けた，30点満点の数学のテスト結果について，箱ひげ図にまとめたものである。このテスト結果の四分位範囲《しぶんいはんい》を求めなさい。
ただし，得点は整数とする。

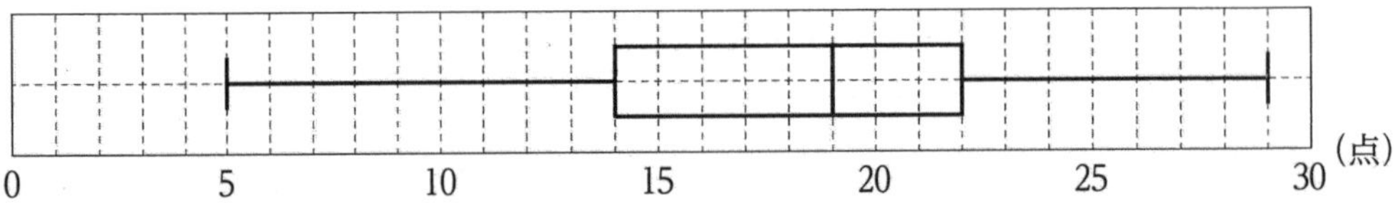

(10)　正十角形の１つの内角の大きさを求めなさい。

(11)　底面の半径が５cm，母線の長さが８cmの円錐《えんすい》の展開図において，側面のおうぎ形の中心角の大きさを求めなさい。

(12)　右の図で，円Oの周上の点Aを接点とする接線上にあり，OP＝BPとなる点Pを，定規とコンパスを用いて作図しなさい。
なお，作図に用いた線は消さずに残しておきなさい。

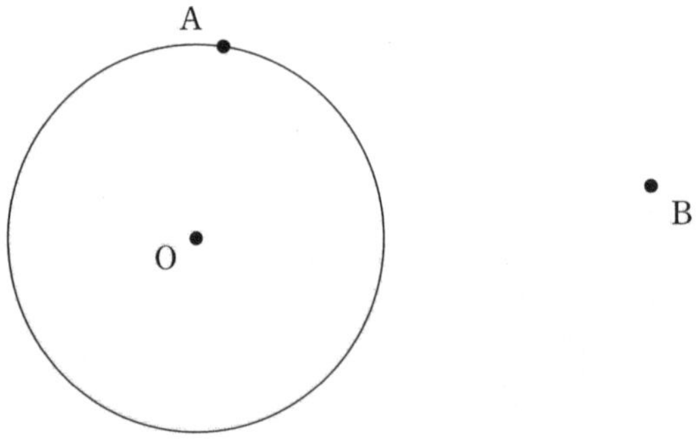

2　次のヒストグラムは，あるクラスの生徒20人が，11月の１か月間に図書館に行った回数のデータを用いて，はなこさんは階級の幅《はば》を３回に，たろうさんは階級の幅を10回にしてまとめたものである。例えば，はなこさんがまとめたヒストグラムでは，図書館に行った回数が３回以上６回未満の生徒が４人いたことを，たろうさんがまとめたヒストグラムでは，図書館に行った回数が10回以上20回未満の生徒が７人いたことを表している。

このとき，あとの各問いに答えなさい。(４点)

はなこさんがまとめたヒストグラム

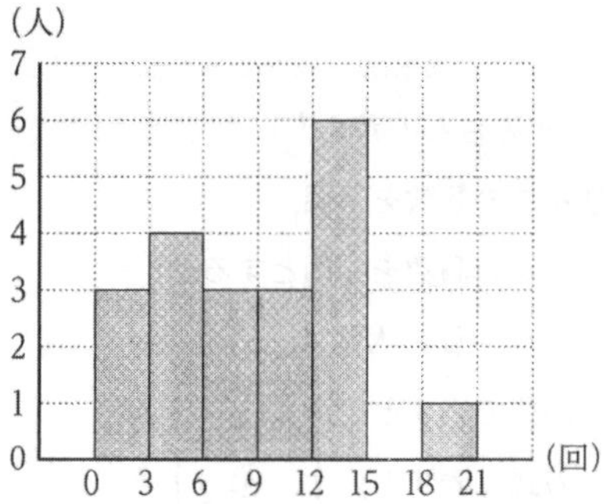

たろうさんがまとめたヒストグラム

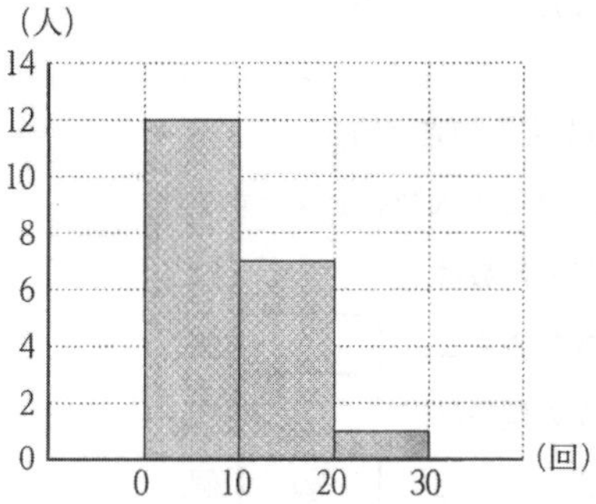

(1)　図書館に行った回数の，はなこさんがまとめたヒストグラムの最小の階級から６回以上９回未満の階級までの累積《るいせき》度《ど》数《すう》を求めなさい。

(2)　図書館に行った回数が９回の生徒の人数を求めなさい。

3　１から９までの整数が１つずつ書かれた９個の玉があり，かずきさんの袋《ふくろ》とよしこさんの袋にそれぞれいくつか入れる。かずきさんとよしこさんは，それぞれ自分の袋から１個の玉を取り出し，その取り出した玉に書かれた数が大きい方を勝ちとするゲームをしている。

右の図のように，かずきさんの袋に２，４，５，７，９の数が書かれた玉を，よしこさんの袋に１，３，６，８の数が書かれた玉を入れたとき，あとの各問いに答えなさい。

ただし，かずきさんの袋からどの玉が取り出されることも，よしこさんの袋からどの玉が取り出されることも，それぞれ同様に確からしいものとする。(４点)

かずきさんの袋　　よしこさんの袋

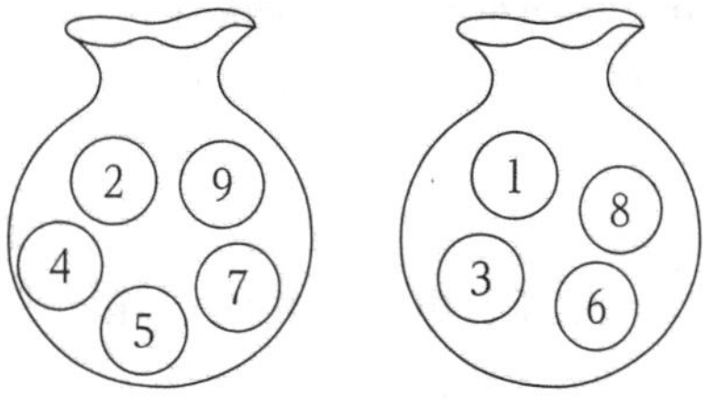

(1)　このゲームで，かずきさんが勝つ確率を求めなさい。

(2)　かずきさんの袋の２，４，５，７，９の数が書かれたいずれか１個の玉を取り出し，その玉をよしこさんの袋に入れ，ゲームをしたところ，かずきさんが勝つ確率と，よしこさんが勝つ確率が等しくなった。このとき，かずきさんの袋の２，４，５，７，９のいずれの玉を，よしこさんの袋に入れたか，その玉に書かれた数を答えなさい。

4 次の〈問題〉について，あとの各問いに答えなさい。(4点)

〈問題〉

A組の生徒に，りんごとみかんあわせて140個を配る。A組の生徒全員に，りんごを3個ずつ配ると7個余った。また，A組の生徒全員に，みかんを5個ずつ配ると3個たりなかった。

A組の生徒の人数と，りんごとみかんのそれぞれの個数を求めなさい。

下の［　］は，けいたさんとのぞみさんが，〈問題〉を解くために，それぞれの考え方で方程式に表したものである。

〈けいたさんの考え方〉

A組の生徒の人数を x 人とすると，
りんごの個数は，
x の式で表すと，［①］個，
みかんの個数は，
x の式で表すと，［②］個，
であるから，
［①］＋［②］＝140
と表すことができる。

〈のぞみさんの考え方〉

りんごの個数を x 個，
みかんの個数を y 個とすると，
A組の生徒の人数は，
x の式で表すと，［③］人，
y の式で表すと，［④］人，
であるから，

$$\begin{cases} x + y = 140 \\ ③ = ④ \end{cases}$$

と表すことができる。

(1) 上の［①］，［②］，［③］，［④］に，それぞれあてはまる適切なことがらを書き入れなさい。

(2) A組の生徒の人数と，りんごとみかんのそれぞれの個数を求めなさい。

5 右の図のように，関数 $y = \frac{1}{3}x^2$ …㋐のグラフ上に2点A，Bがあり，点Aの x 座標が－6，点Bの x 座標が3である。
このとき，あとの各問いに答えなさい。

ただし，原点をOとし，座標軸《ざひょうじく》の1目もりを1㎝とする。(7点)

(1) 点Aの座標を求めなさい。

(2) △OABの面積を求めなさい。

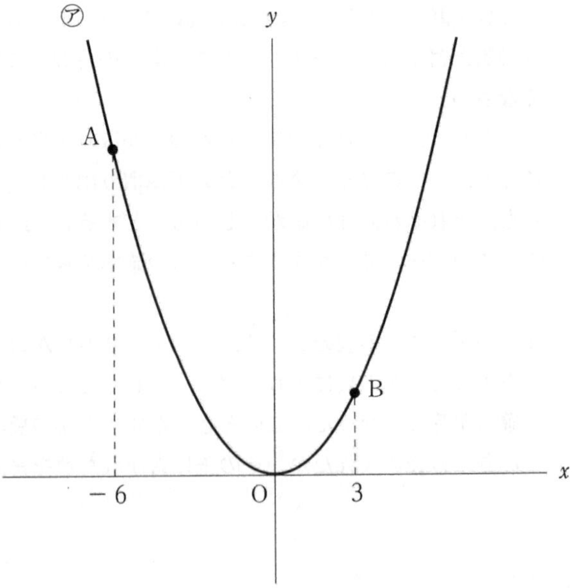

(3) x軸上に，AP＋BPの値が最小となる点Pをとるとき，次の**ア**～**ウ**のことがらのうち，△OABと△PABの面積について正しく表しているものはどれか，最も適切なものを１つ選び，その記号を書きなさい。

ア．△OABより，△PABの方が面積が大きい。
イ．△OABより，△PABの方が面積が小さい。
ウ．△OABと△PABの面積は等しい。

(4) x軸上に点Qをとり，点Qを通りy軸と平行な直線が△OABの面積を２等分するとき，点Qのx座標を求めなさい。

なお，答えに$\sqrt{\quad}$がふくまれるときは，$\sqrt{\quad}$の中をできるだけ小さい自然数にしなさい。

6　次の図のように，AB＜ACの△ABCと，３点A，B，Cを通る円Oがある。∠ACBの二等分線と，点Aを通り線分BCに平行な直線の交点をDとする。線分CDと円Oの交点をEとし，線分BEの延長線と線分ADの交点をF，線分ABと線分CDの交点をGとする。

このとき，あとの各問いに答えなさい。

ただし，点Eは点Cと異なる点とする。（７点）

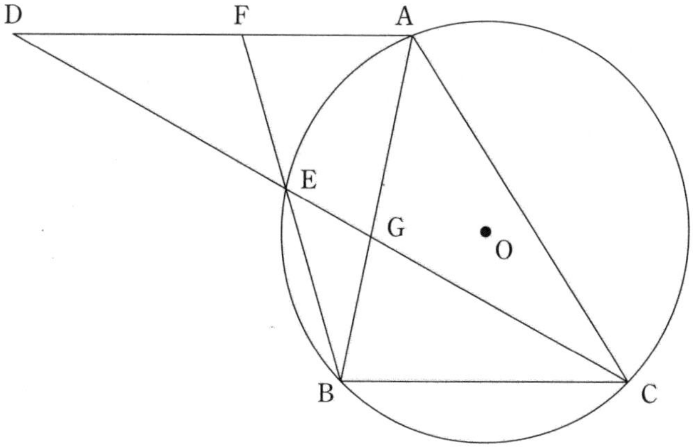

(1) △ABF∽△ADGであることを証明しなさい。

(2) AB＝６㎝，BC＝５㎝，CA＝７㎝のとき，次の各問いに答えなさい。

① 線分AGの長さを求めなさい。

② 線分DEと線分EGと線分GCの長さの比を，最も簡単な整数の比で表しなさい。

7　次のページの図のように，正方形ABCDを底面，点Eを頂点とする，すべての辺の長さが４㎝の正四角錐Pがある。線分AB，ADの中点をそれぞれM，Nとし，４点A，M，N，Eを結んで三角錐Qをつくる。

このとき，あとの各問いに答えなさい。

なお，各問いにおいて，答えの分母に$\sqrt{\quad}$がふくまれるときは，分母を有理化しなさい。また，

$\sqrt{\ }$の中をできるだけ小さい自然数にしなさい。（５点）

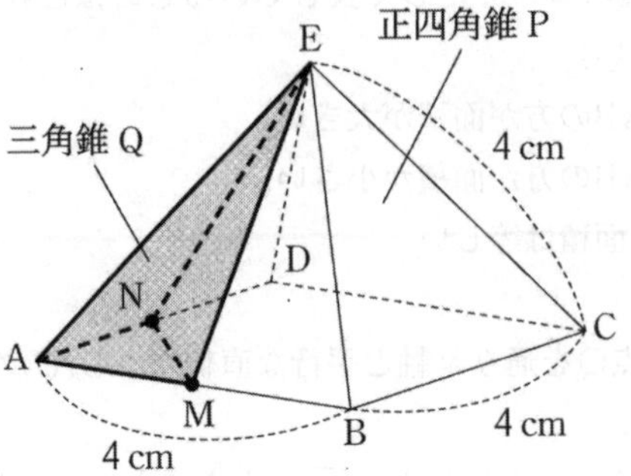

(1)　△EAMの面積を求めなさい。

(2)　正四角錐Ｐと三角錐Ｑの体積の比を，最も簡単な整数の比で表しなさい。

(3)　△EAMを底面としたときの三角錐Ｑの高さを求めなさい。

＜英語＞

時間　45分　　満点　50点

1　放送を聞いて，あとの各問いに答えなさい。(18点)

(1)　下の表についての英語による質問を聞いて，その質問に対する答えとして，ア～エから最も適当なものを１つ選び，その記号を書きなさい。質問は１回だけ放送します。

名前	買ったもの	それを買ったとき
Mana	枕《まくら》	2日前
Aki	枕	3日前
Kenji	辞書	2日前
Yasuo	辞書	3日前

ア．Mana did.
イ．Aki did.
ウ．Kenji did.
エ．Yasuo did.

(2)　英語による対話を聞いて，それぞれの質問に対する答えとして，ア～エから最も適当なものを１つ選び，その記号を書きなさい。対話と質問は１回ずつ放送します。

No.1

ア．Yes, he does.　　イ．No, he doesn't.
ウ．Yes, he will.　　エ．No, he won't.

No. 2

ア．Sara and Masato.　　イ．Sara and her family.
ウ．Masato and his aunt.　　エ．Masato and his brother.

No.3

ア．He is going to go to an amusement park with Tim.
イ．He is going to practice tennis in Wakaba City.
ウ．He is going to have an important tennis match.
エ．He is going to have a good time in Hikari City.

(3)　英語による対話を聞いて，それぞれの対話の最後の英文に対する受け答えとして，ア～ウから最も適当なものを１つ選び，その記号を書きなさい。対話は１回ずつ放送します。

No.1

ア．Sure.　　イ．Yes, I can.　　ウ．Yesterday.

No.2

ア．The weather was nice.　　イ．I wish I could go there.
ウ．OK, I will take it.

No.3

ア．On the blackboard at the entrance.
イ．To the restroom to wash my hands.
ウ．For new students who want to join us.

No.4

ア. I really like the team.

イ. I needed to go to a swimming school.

ウ. I'll practice soccer tomorrow.

(4) 高校生のAkikoと，イギリスからの留学生のNickとの英語による対話を聞いて，それぞれの質問に対する答えとして，**ア**～**エ**から最も適当なものを１つ選び，その記号を書きなさい。対話と質問は2回ずつ放送します。

No.1

ア. Akiko did.　　イ. Akiko's sister did.

ウ. Nick's mother did.　　エ. Nick's sister did.

No.2

ア. Yes, she will.　　イ. No, she won't.

ウ. Yes, she is.　　エ. No, she isn't.

No.3

ア. 2,500 yen.　　イ. 5,000 yen.

ウ. 7,500 yen.　　エ. 10,000 yen.

2 あとの各問いに答えなさい。（８点）

(1) 次の対話文は，高校生のKenと，Kenの家でホームステイを始めたアメリカからの留学生のJohnが，話をしているときのものです。対話文を読んで，次の各問いに答えなさい。

John : Wow! You're good at playing the piano. How long have you been practicing it?

Ken : For ten years. When I was five, I went to a piano concert with my father. The performance was wonderful. I've wanted to be a musician since then.

John : That's nice. (　①　) My mother taught me how to play it when I was an elementary school student.

Ken : Really? Can you join my band? I'm in the band at school, and the band members need a student who can play the guitar.

John : Sounds interesting. But I left my guitar in my country.

Ken : Don't worry. You can borrow a guitar at school from Mr. Tanaka, our music teacher.

John : OK. (　②　)

Ken : How about tomorrow? Our band members are going to practice after school, so let me introduce you to them.

John : I see. When do you usually practice with your band members?

Ken : On Wednesdays and Fridays. From next month, we'll practice after school every day.

John : Oh, why?

Ken : We'll have a concert on October 28. So, we have to practice harder.
John : Can I play the guitar in your band at the concert if I practice hard?
Ken : Of course, yes. Now it's September 5, so you still have more than one month to practice for the concert. The other band members will be happy if they play music with you.
John : I'm glad to hear that. I'll do my best for the concert.

（注） introduce ～　～を紹介《しょうかい》する

No.1 （①），（②）に入るそれぞれの文として，ア～エから最も適当なものを１つ選び，その記号を書きなさい。

① ア. I want to watch your piano performance someday.
イ. I think we'll be great musicians in the future.
ウ. I can't play the piano, but I like playing the guitar.
エ. I've never been to a piano concert, but I'll like it.

② ア. When can I join your band?
イ. Where should I borrow it at school?
ウ. Who can we meet after school?
エ. What should we bring to the band?

No.2 対話文の内容に合う文として，ア～エから最も適当なものを１つ選び，その記号を書きなさい。

ア. Ken started to play the piano five years ago after going to a piano concert with his father.
イ. John didn't bring his guitar from his country, so his mother will send it to him tomorrow.
ウ. Ken's band members have been practicing for the concert every day after school for two months.
エ. John is going to join the concert with Ken and the other band members next month.

(2) 次のページのグラフは，高校生のNozomiが，自分の学級の生徒全員の平日（weekdays）と週末の起床《きしょう》時刻についてまとめたものです。このグラフから読み取れることを正しく表している文として，ア～エから最も適当なものを１つ選び，その記号を書きなさい。

ア. A quarter of Nozomi's class gets up before 6 a.m. on weekday, and 10% of the class gets up before 6 a.m. on weekends.
イ. The same number of the students in Nozomi's class gets up from 6:00 a.m. to 6:59 a.m. on weekdays and weekends.
ウ. More than half of Nozomi's class gets up before 7 a.m. on weekdays, and 40% of the class gets up before 7 a.m. on weekends.
エ. More than two thirds of Nozomi's class gets up at 7 a.m. or after that time on both weekdays and weekends.

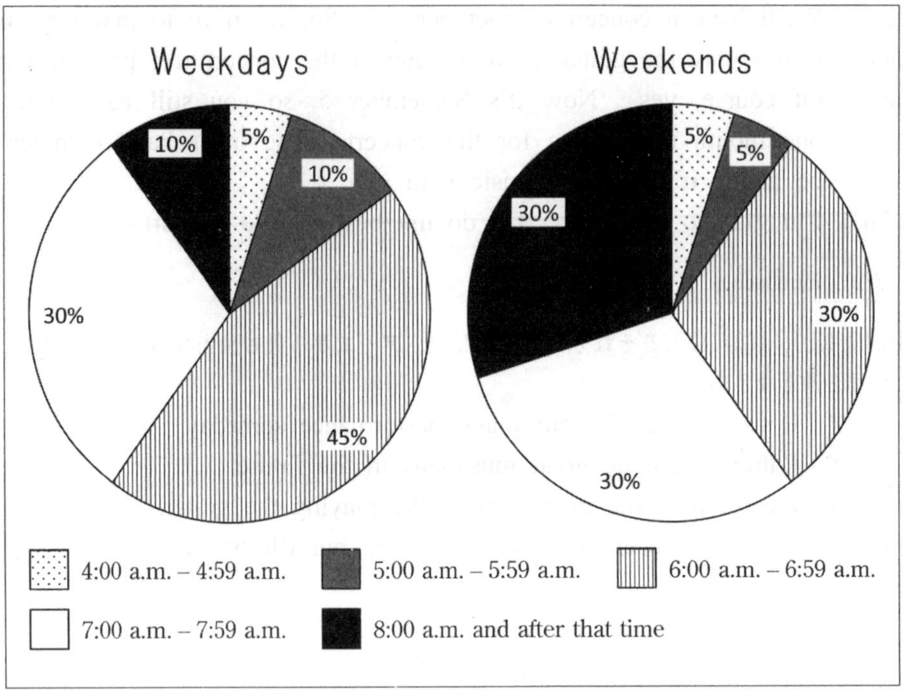

3 あとの各問いに答えなさい。(12点)

(1) 次のような状況《じょうきょう》において，あとの①～③のとき，あなたならどのように英語で表しますか。それぞれ４語以上の英文を書きなさい。

ただし，I'm などの短縮形は１語として数え，コンマ（,），ピリオド（.）などは語数に入れません。

【状況】

> オーストラリアから来た留学生のSophiaが，あなたの家でホームステイをしています。あなたは，Sophiaと話をしています。

① この前の夏に家族と岩手（Iwate）を旅行したと伝えるとき。

② 動物園でサルにえさをやることがおもしろかったと伝えるとき。

③ いちばん好きな動物は何かと尋《たず》ねるとき。

(2) Ichiroの，アメリカに住んでいる友人のDanielが夏休みに日本に来ることになり，IchiroはDanielにＥメールを書いています。

あなたがIchiroなら，①～③の内容をどのように英語で表しますか。それぞれ３語以上の英文を書き，次のページのＥメールを完成させなさい。

ただし，I'm などの短縮形は１語として数え，コンマ（,），ピリオド（.）などは語数に入れません。

【Eメール】

Hi, Daniel.

① どれくらい日本に滞在《たいざい》する予定かということ。

② 毎年８月にあるこの町の祭りで，人々が花火を楽しむということ。

③ もしその花火を見たら驚《おどろ》くだろうということ。

Your friend,
Ichiro

4 次の文章を読んで，あとの各問いに答えなさい。(12点)

Kana is a high school student. She is seventeen.

One day in July, Kana and her classmates were talking about the school festival. They needed to decide what to do at the school festival. Kana said, "I want to do something interesting." Then, Wataru, one of the classmates, said, "How about selling items made from old clothes we don't need? We still have three months to prepare for the school festival, so we can make something nice." The classmates got interested in Wataru's idea. Kana said, "How did you get such an idea?" Wataru said, "Look. This is the pencil case my mother made from my old school bag. She likes finding ways to use old things again. I want to make old clothes useful." The other students said, "That's nice. (①)" Wataru said, "How about shopping bags and aprons? It's easy to make them." Kana said, "OK. Let's collect old clothes."

For the school festival, Kana worked very hard with her classmates. Some of the classmates brought their family's old clothes to school. Some teachers gave their old clothes to Kana's class. Mr. Kuroki, Kana's social studies teacher, said, "I'm glad that you're collecting old clothes. Many people usually throw them away." Kana said, "There are a lot of clothes people don't need, so I'm surprised." On the day of the school festival, a lot of students and teachers got interested in the items, and came to Kana's class to buy them. Mr. Kuroki said to Kana, "What a cute shopping bag! I'll show this to my little children and talk about the environment with them." Kana said, "About the environment? I've never thought about that. I only enjoyed making items." Mr. Kuroki said, "Making them from old clothes is good for the environment. We can reduce garbage."

The next day after school, Kana was talking with Wataru. Kana said, "Mr. Kuroki said that our idea for the school festival was good for the environment. I'm glad to hear that." Wataru said, "Now a lot of old clothes become garbage, and that is a big problem in our society. However, I'm surprised that people like items made from their old clothes." She said, "That's right. We have a lot of garbage in our society, but maybe we can still use some of the garbage to make different items. Why don't we find such items?" Wataru said, "Sounds interesting."

Two weeks later, Kana and Wataru went to the teachers' room to see Mr. Kuroki. Kana said to Mr. Kuroki, "(②) Look." She showed a picture of a bag on her tablet device and said, "This is made from old seat belts. It's not safe to use old seat belts for new cars. However, after washing the old seat belts, this company uses them and produces bags and wallets which people can use for a long time because seat belts are so strong." Wataru said, "Some companies make items from umbrellas. This bag is useful on a rainy day because it doesn't get wet." Mr. Kuroki said, "That's interesting." Kana said, "When I was looking at websites, I was surprised that we throw a lot of things away every day. I want other students to know more about this problem." Mr. Kuroki said, "How about making a poster to tell them about the problem? I think you'll find some more ways to reduce garbage, so you can show such ways on the poster, too." Kana said, "Sounds nice."

(Three years later)

Kana studies at a university in London and learns about people's actions in Europe to protect the environment. Wataru studies at a university in Japan. They are good friends.

One day, Kana was talking with Wataru online. Kana said, "Last week, I visited a food company which stopped using plastic to wrap their products. The people working there told me how they're trying to reduce garbage. When I go back to Japan, I'll start a company and show people what they can do to protect the environment." Wataru said, "You should tell Mr. Kuroki about that. He'll be happy if he hears that." Kana said, "Of course. I enjoyed talking with Mr. Kuroki when I was a high school student. I've been interested in the ways to protect the environment since then."

(注)　items 品物　aprons エプロン　throw ~ away ~を捨てる　environment 環境《かんきょう》
reduce ~ ~を減らす　tablet device タブレット端末《たんまつ》　seat belts シートベルト
actions 行動　Europe ヨーロッパ　online オンラインで

(1) (①), (②) に入るそれぞれの文として，ア～エから最も適当なものを１つ選び，その記号を書きなさい。

① ア. What clothes will we collect?
イ. What items can we make?
ウ. When will we start it?
エ. When did you get it?

② ア. We found many unique items on websites.

イ. We made these interesting items yesterday.

ウ. We sold these clothes at the school festival.

エ. We gave our old clothes to a company.

(2) 本文の内容に合うように，下の英文の（A），（B）のそれぞれに入る最も適当な1語を，本文中から抜《ぬ》き出して書きなさい。

After the school festival, Kana and Wataru showed Mr. Kuroki some products（ A ）from the things people didn't need. Mr. Kuroki gave Kana an idea to make a poster because she wanted to tell other students about the garbage（ B ）in society.

(3) 下線部にI enjoyed talking with Mr. Kuroki when I was a high school student. とあるが，Mr. Kuroki がKana に話した内容として，ア～エからあてはまらないものを1つ選び，その記号を書きなさい。

ア. Mr. Kuroki is glad that Kana's class is collecting old clothes.

イ. Making items from old clothes is good for the environment.

ウ. Kana can show some ways to reduce garbage on the poster.

エ. It's good to learn more about the environment in other countries.

(4) 本文の内容に合う文として，ア～カから適当なものを2つ選び，その記号を書きなさい。

ア. Wataru's classmates got interested in his idea for the school festival, and they started to collect old clothes.

イ. Wataru used his old school bag to make a pencil case and gave it to his mother three months ago.

ウ. When Kana talked with Mr. Kuroki before the school festival, she showed him her shopping bag.

エ. Kana worked hard for the school festival because she thought making items was good for the environment.

オ. After the school festival, Kana told Mr. Kuroki about a bag which people can use for a long time.

カ. Kana taught the people working at a food company how to reduce garbage when she was studying in London.

＜理科＞

時間　45分　　満点　50点

1　図は，イヌ，ハト，メダカ，イカ，エビ，クワガタをそれぞれの特徴《とくちょう》をもとに，A～Eのグループに分類したものである。このことについて，あとの各問いに答えなさい。（4点）

図

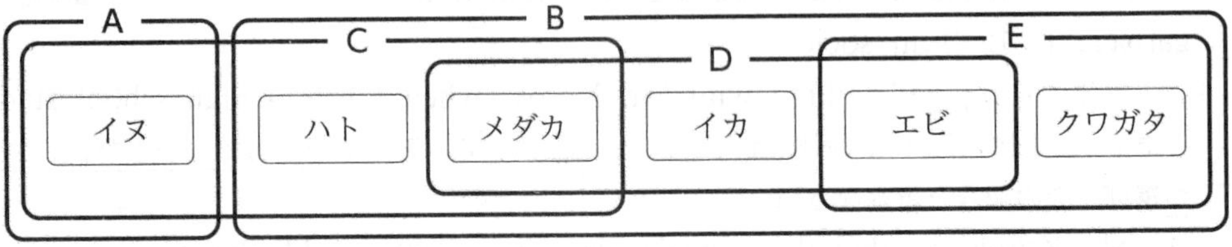

(1)　AとBのグループは，子の生まれ方のちがいで分類しており，Aのグループの動物は，母親の子宮内で酸素や栄養分をもらい，ある程度成長した子が生まれる。Aのグループの動物のような，子の生まれ方を何というか，その名称《めいしょう》を書きなさい。

(2)　CとDのグループは，それぞれどのような特徴の動物か，次のア～カから最も適当なものを1つずつ選び，その記号を書きなさい。

ア．一生，肺で呼吸する動物　　イ．一生，えらで呼吸する動物
ウ．気門から空気をとり入れる動物　　エ．背骨のある動物
オ．背骨のない動物　　カ．外《がい》とう膜《まく》をもつ動物

(3)　Eのグループのエビ，クワガタは節足動物である．節足動物に分類できる動物はどれか，次のア～オから適当なものをすべて選び，その記号を書きなさい。

ア．ヒトデ　　イ．ムカデ　　ウ．チョウ　　エ．カニ　　オ．アサリ

2　次の文は，大気圧について興味をもったあきなさんとたくやさんが行った実験と，実験の後のあきなさんとたくやさんの会話文である。これらを読んで，あとの各問いに答えなさい。（4点）

〈実験〉　大気圧がはたらいていることを調べるために，次の①～③の順序で実験を行った。

①　図1のように，耐熱用《たいねつよう》のペットボトルに少量の熱湯を入れた。

②　ペットボトルに入れた熱湯を捨てた後，ペットボトルのふたをしめた。

③　ふたをしめてからしばらくすると，図2のようにペットボトルがへこんだ。

図1

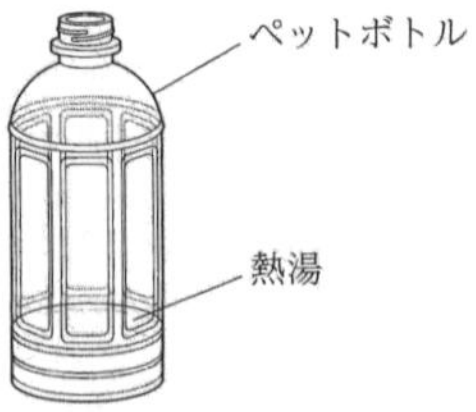

図2

【あきなさんとたくやさんの会話】

あきな：なぜ，ペットボトルがへこんだのだろう。ペットボトルに入れた熱湯から水蒸気が

発生し，ペットボトルの中の空気が，ペットボトルの外に出ていったことはわかるけど。

たくや：そうだね。その後，ペットボトルの中の温度が下がることで，ペットボトルの中の水蒸気は，（　A　）から（　B　）へ状態変化したね。ふたをしめているので，空気が入ることができず，ペットボトルの中の気圧が，まわりの大気圧よりも（　C　）なることで，ペットボトルがへこんだんだよ。

あきな：なるほど。大気圧によってペットボトルがへこんだんだ。

たくや：そうだよ。他にも大気圧によって起こる現象があるよ。

(1)　文中の（A），（B），（C）に入る言葉はそれぞれ何か，次の**ア**～**エ**から最も適当な組み合わせを１つ選び，その記号を書きなさい。

	ア	イ	ウ	エ
A	液体	液体	気体	気体
B	気体	気体	液体	液体
C	大きく	小さく	大きく	小さく

(2)　下線部について，次の(a)，(b)の各問いに答えなさい。

(a)　大気圧によって起こる現象を述べたものはどれか，次の**ア**～**エ**から最も適当なものを１つ選び，その記号を書きなさい。

ア．髪《かみ》の毛《け》を下じきでこすると，髪の毛が下じきに引きつけられた。

イ．市販《しはん》の化学カイロを外袋《そとぶくろ》から出すと，化学カイロの温度が上がった。

ウ．密閉《みっぺい》された袋を，山のふもとから山頂まで持っていくと，その袋がふくらんだ。

エ．冷たい水をコップに入れ，しばらくするとコップの表面に水滴《すいてき》がついていた。

(b)　図３のように，机の上にゴム板を置いた。ゴム板の上面の面積が1000cm²であり，ゴム板の上面にはたらく大気圧の大きさを100000Paとすると，ゴム板の上面全体にはたらく大気による力の大きさは何Nか，求めなさい。ただし，１Pa＝１N/m²であるとする。

図３

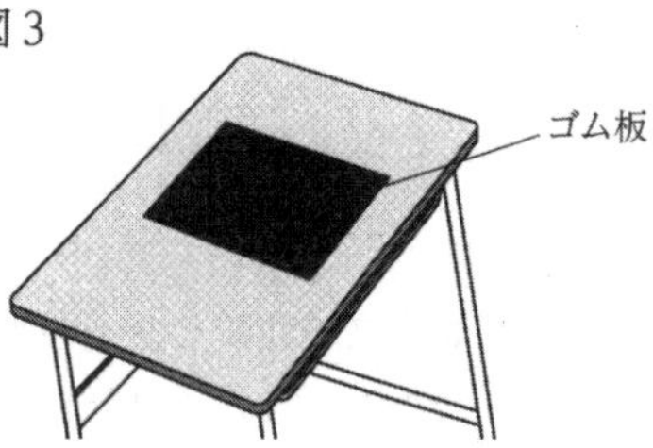

3　次の実験について，あとの各問いに答えなさい。（５点）

〈実験〉　凸《とつ》レンズによってできる実像を調べるために，物体（P字形に発光ダイオードを並べた光源），焦点距離《しょうてんきょり》10cm の凸レンズ，スクリーン，光学台を用いて，凸レンズを光学台の中央に固定し，次の①～③の順序で実験を行った。

①　図１のように，凸レンズから物体までの距離を15cmにし，実像が映るようにスクリーンを移動させたところ，凸レンズとスクリーンの距離は30cm だった。

②　①の状態から，物体の位置を，凸レンズから遠ざけるように５cm 移動させ，実像が映るようにスクリーンを移動させた。

図１

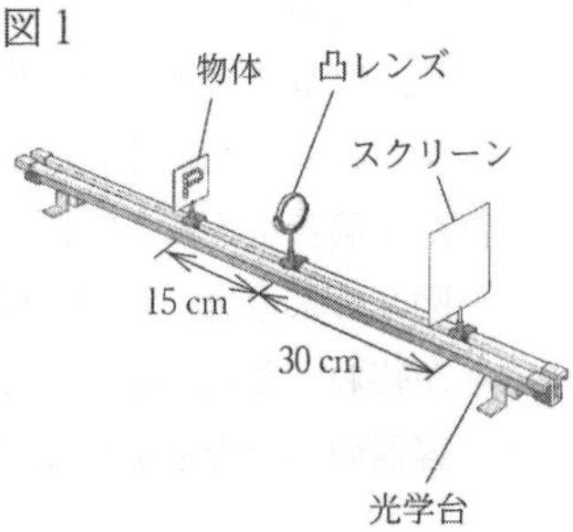

③　②の状態から，物体の位置を，凸レンズから遠ざけるようにさらに10cm移動させ，実像が映るようにスクリーンを移動させた。

(1)　①について，スクリーンに映った実像の上下・左右の向きと大きさは，物体と比べて，それぞれどのようになっていたか，次の**ア**～**エ**から最も適当なものを１つ選び，その記号を書きなさい。

ア．上下・左右の向きはともに同じ向きで，大きさは実像の方が大きかった。

イ．上下・左右の向きはともに同じ向きで，大きさは実像の方が小さかった。

ウ．上下・左右の向きはともに逆向きで，大きさは実像の方が大きかった。

エ．上下・左右の向きはともに逆向きで，大きさは実像の方が小さかった。

(2)　②について，スクリーンに実像が映ったとき，凸レンズとスクリーンの距離は何cmか，求めなさい。

(3)　③について，図２は，スクリーンに実像が映ったときの，物体の位置，凸レンズ，スクリーンを模式的に示しており，３本の──→は，物体の１点**A**から出た光の道すじを途中《とちゅう》まで示したものである。３本の──→で示した光が，凸レンズを通った後に進む，スクリーンまでの光の道すじを，図２に───を使って表しなさい。ただし，光は凸レンズの中心線上で屈折《くっせつ》することとする。

図２

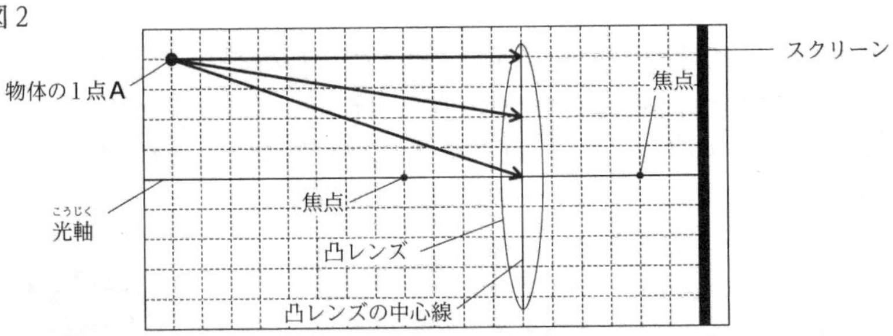

(4)　凸レンズで屈折した光が実像をつくるしくみに関係することがらについて述べたものはどれか，次の**ア**～**エ**から最も適当なものを１つ選び，その記号を書きなさい。

ア．虫眼鏡《むしめがね》で，花を拡大して観察する。　　**イ**．光ファイバーで，情報を送る。

ウ．鏡で，自分の姿を見る。　　　　　　　　**エ**．カメラで，物体の写真をとる。

4　次の実験について，あとの各問いに答えなさい。（４点）

〈実験〉　化学変化と物質の質量について調べるために，次の①～③の順序で実験を行った。表は，質量を測定した結果をまとめたものである。（図１・図２は次のページにあります）

①　図１のように，密閉できるプラスチックの容器に，石灰石《せっかいせき》1.0ｇと，うすい塩酸10cm³を入れた試験管を入れ，容器のふたをして密閉した後，電子てんびんで全体の質量を測定した。

②　図２のように，容器を傾《かたむ》けて石灰石とうすい塩酸を反応させると，気体が発生した。反応が終わった後，電子てんびんで全体の質量を測定した。

③　容器のふたをゆるめてプシュッと音がするのを確認《かくにん》した後，ふたをしめてから，電子て

んびんで全体の質量を測定した。

図1

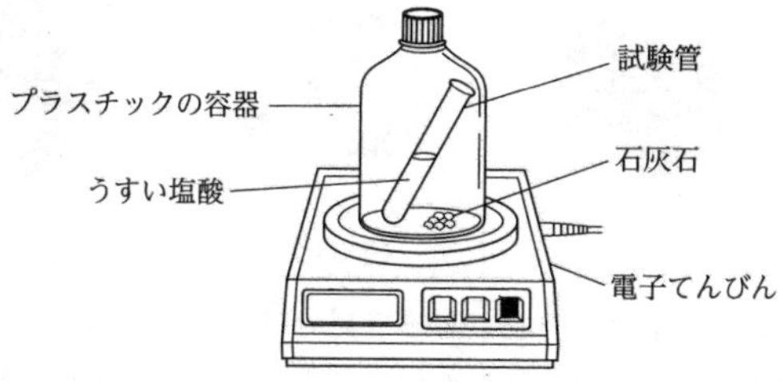

図2

表

	反応前	反応後	ふたをゆるめた後
全体の質量〔g〕	87.0	87.0	86.8

(1) ①，②について，次の(a)～(c)の各問いに答えなさい。

(a) 石灰石とうすい塩酸を反応させて発生した気体は何か，次の**ア**～**エ**から最も適当なものを１つ選び，その記号を書きなさい。

ア．アンモニア　　**イ**．酸素　　**ウ**．塩素　　**エ**．二酸化炭素

(b) 石灰石とうすい塩酸を反応させて発生した気体と同じ気体が発生する実験はどれか，次の**ア**～**エ**から最も適当なものを１つ選び，その記号を書きなさい。

ア．塩化銅水溶液を電気分解する。

イ．炭酸水素ナトリウムを加熱する。

ウ．二酸化マンガンにうすい過酸化水素水を加える。

エ．塩化アンモニウムと水酸化カルシウムの混合物を加熱する。

(c) 全体の質量が反応前と反応後で変化しなかったように，化学反応の前後で，その反応に関係している物質全体の質量は変わらない。この法則を何というか，その名称を書きなさい。

(2) ②，③について，ふたをゆるめた後の全体の質量が，ふたをゆるめる前の全体の質量より小さくなったのはなぜか，その理由を「気体」，「容器」という２つの言葉を使って，簡単に書きなさい。

5 次の文を読んで，あとの各問いに答えなさい。(８点)

ひろきさんは，火山の活動に興味をもち，火成岩を観察した。また，マグマのどのような性質が，火山の形に関係しているのかを考える実験を行った。そして，観察したことや実験した結果を，次の①，②のようにノートにまとめた。

【ひろきさんのノートの一部】

① 火成岩の観察

火成岩はマグマが冷え固まってできた岩石である。標本の火成岩**A**～**D**を，それぞれ双眼《そうがん》実体顕微鏡《けんびきょう》を用いて観察し，次の表１のようにまとめた。

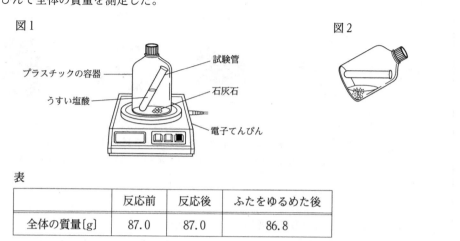

表1

	火成岩A	火成岩B	火成岩C	火成岩D
スケッチ		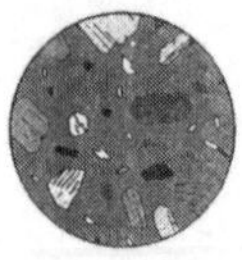		
岩石の色	白っぽい	黒っぽい	白っぽい	黒っぽい
岩石のつくり	比較的《ひかくてき》大きな鉱物である斑晶が，肉眼では見分けられない小さな粒《つぶ》に囲まれている。		肉眼で見分けられるぐらいの大きさの鉱物のみが組み合わさっている。	

② マグマの性質と火山の形の関係についての実験

〈目的〉 ねばりけを変化させることができる物質を用いて，物質の流れ方や，物質が固まった後の形について調べる。

〈方法〉

1．2枚のポリエチレンの袋P，Qのそれぞれに，歯科用型どり剤《ざい》20gと少量の赤色の絵具を入れて，ポリ塩化ビニルのパイプに通した。

2．紙皿の中央に穴をあけて，ポリ塩化ビニルのパイプを通した後，袋Pに水50cm³を，袋Qに水70cm³を加え，両方ともよくもんで混ぜ，図1のように組み立てた。

3．図2のように，袋P，Qから，袋の中の物質をそれぞれゆっくり押《お》し出し，物質の流れ方や，物質が固まった後の形を観察した。

図1

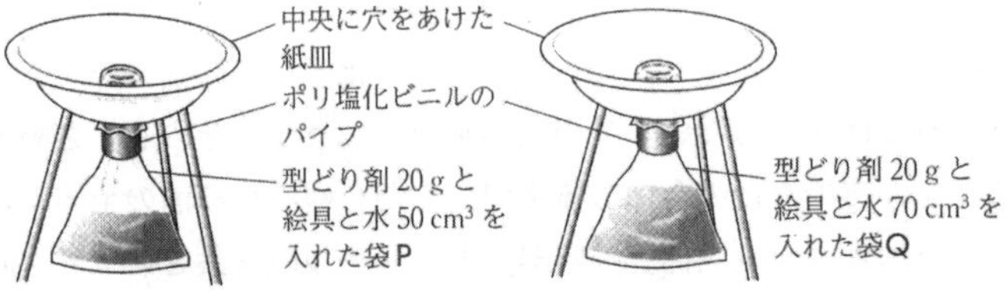

図2

〈結果〉 実験結果をまとめると，表2のようになった。

表2

	ねばりけ	物質の流れ方	物質が固まった後の形
袋Pの中の物質	大きかった	流れにくかった	盛り上がっていた
袋Qの中の物質	小さかった	流れやすかった	うすく広がっていた

(1) ①について，次の(a)～(d)の各問いに答えなさい。

(a) 火成岩AのスケッチにしたXは，斑晶をとり囲んでいる部分である。Xを何というか，その名称を**漢字**で書きなさい。

(b) 火成岩C，Dのように，肉眼で見分けられるぐらいの大きさの鉱物のみが組み合わさってできている岩石のつくりを何というか，その名称を書きなさい。

(c)　火成岩**C**，**D**にふくまれる鉱物が肉眼で見分けられるぐらいに大きくなったのは，マグマがどのように冷え固まったからか，「地表からの深さ」，「時間の長さ」にふれて，「マグマが」に続けて，簡単に書きなさい。

(d)　火成岩**A**～**D**は，花こう岩，玄武《げんぶ》岩，斑《はん》れい岩，流紋《りゅうもん》岩のいずれかである。火成岩**B**，**C**は，それぞれ何か，次の**ア**～**エ**から最も適当な組み合わせを1つ選び，その記号を書きなさい。

	ア	**イ**	**ウ**	**エ**
火成岩**B**	玄武岩	玄武岩	流紋岩	流紋岩
火成岩**C**	花こう岩	斑れい岩	花こう岩	斑れい岩

(2)　②について，次の文は，実験を振り返ったときの，ひろきさんと先生の会話文である。このことについて，下の(a)，(b)の各問いに答えなさい。

先　生：この実験では，ねばりけを変化させることができる物質をマグマに見立てて実験を行いました。この実験からわかったことはありますか。

ひろき：はい。この実験結果から，物質のねばりけがちがうと，物質の流れ方や，物質が固まった後の形がちがってくることがわかります。つまり，マグマのねばりけが火山の形に関係していることがわかりました。

先　生：そのとおりです。マグマのねばりけと火山の形の関係について，どのようなことがいえますか。

ひろき：実験結果から，マグマのねばりけが（　**あ**　）と，流れにくく，傾斜《けいしゃ》が（　**い**　）な形の火山になると考えられます。

先　生：そうです。よく考察できましたね。

(a)　マグマが地表に流れ出たものを何というか，その名称を書きなさい。

(b)　文中（**あ**），（**い**）に入る言葉はそれぞれ何か，次の**ア**～**エ**から最も適当な組み合わせを1つ選び，その記号を書きなさい。

ア．**あ**－大きい　**い**－ゆるやか　　**イ**．**あ**－大きい　**い**－急
ウ．**あ**－小さい　**い**－ゆるやか　　**エ**．**あ**－小さい　**い**－急

(3)　次の文は，火山の形や噴火のようすについてまとめたものである。文中の（**う**），（**え**）に入る言葉はそれぞれ何か，下の**ア**～**エ**から最も適当な組み合わせを1つ選び，その記号を書きなさい。

昭和新山や平成新山のような，傾斜が（　**う**　）な形の火山は，（　**え**　）な噴火になることが多い。

ア．**う**－ゆるやか　**え**－おだやか　　**イ**．**う**－ゆるやか　**え**－爆発的
ウ．**う**－急　**え**－おだやか　　**エ**．**う**－急　**え**－爆発的

6　次の観察について，あとの各問いに答えなさい。（８点）

〈観察〉　あおいさんは，種子から発芽したタマネギの根が成長するときの細胞《さいぼう》の変化について調べるために，次の①，②の順序で観察を行った。

①　図１のように，タマネギの種子を，吸水させたろ紙上にまき，20～25℃で数日間暗所に置くと，根が出てきた。10㎜程度になった根を，図２のように，先端から９㎜切りとり，３㎜ごとに，ａ，ｂ，ｃの部分に切り分けた。３枚のスライドガラスに，切り分けたａ，ｂ，ｃをそれぞれのせ，えつき針でくずし，<u>５％塩酸を１滴落として，３分間待った</u>。次に，ろ紙で５％塩酸をじゅうぶんに吸いとり，酢酸《さくさん》オルセイン溶液《ようえき》を１滴落として，５分間待った。さらに，カバーガラスをかけてろ紙をのせ，指で根をゆっくり押しつぶして，ａ，ｂ，ｃそれぞれのプレパラートをつくった。

図１

図２

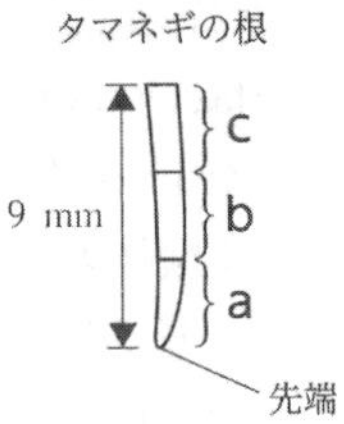

②　①でつくったａ，ｂ，ｃそれぞれのプレパラートを，図３の顕微鏡で観察したところ，ａ，ｂ，ｃのプレパラートのいずれか１つで，細胞の中にひものようなものが見えた。次に，ひものようなものが多い部分を，視野の中央に移動させるようにプレパラートを動かし，高倍率にかえて観察した。図４は，高倍率で観察した細胞の一部をスケッチしたものである。

図３

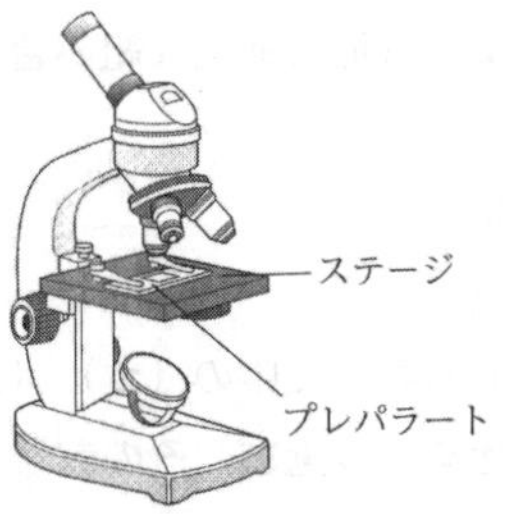

図４

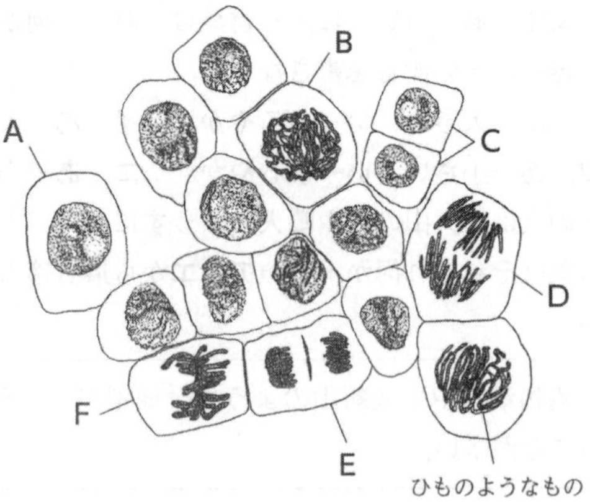

(1)　①について，下線部の操作を行う目的は何か，次のア～エから最も適当なものを１つ選び，その記号を書きなさい。

ア．細胞の分裂《ぶんれつ》を早めるため。　**イ**．細胞に含まれる水分を取り除くため。

ウ．細胞に栄養を与《あた》えるため。　**エ**．１つ１つの細胞を離《はな》れやすくするため。

(2)　②について，次の(a)～(d)の各問いに答えなさい。

(a)　細胞の中にひものようなものが見えたのは，a，b，cのプレパラートのうちどれか，最も適当なものを1つ選び，a，b，cの記号で書きなさい。

(b)　図5は，図3の顕微鏡で細胞を観察するときの顕微鏡の視野を，図6は，図3の顕微鏡のステージにのせたプレパラートを，模式的に示したものである。図5の点Pを，視野の中央に移動させるようにプレパラートを動かす方向として正しいものはどれか，図6のア～エから最も適当なものを1つ選び，その記号を書きなさい。

図5

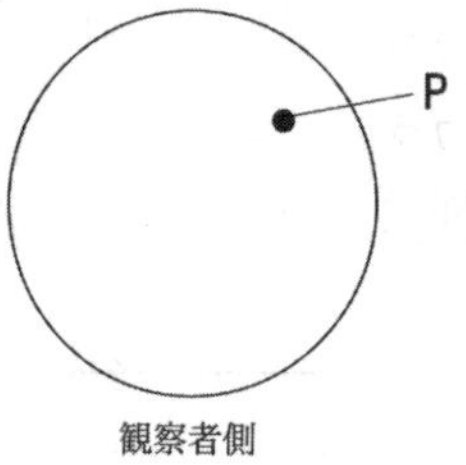

図6

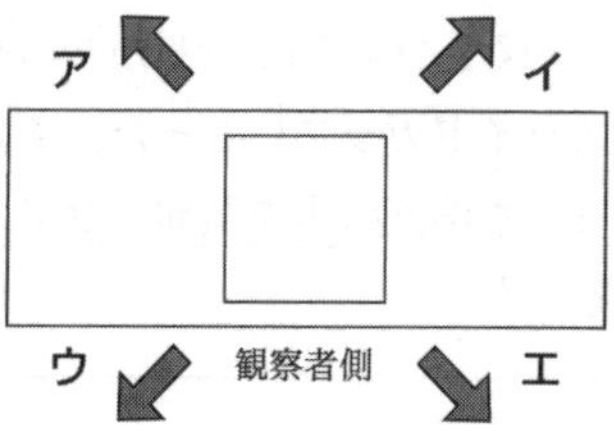

(c)　図4のA～Fは，細胞分裂の過程で見られる異なった段階の細胞を示している。図4のA～Fを細胞分裂の進む順に並べるとどうなるか，Aを最初として，B～Fの記号を左から並べて書きなさい。

(d)　次の文は，図4に示したひものようなものと，ひものようなものにふくまれているものについて説明したものである。文中の（あ），（い）に入る最も適当な言葉はそれぞれ何か，その名称を書きなさい。

> 細胞分裂のときに，細胞の中に見られるひものようなものを（　あ　）といい，（　あ　）にふくまれている，生物のもつ形質を決めるものを（　い　）という。

(3)　タマネギの根が成長するとき，細胞はどのように変化しているか，「細胞の数」，「細胞の大きさ」にふれて，簡単に書きなさい。

7　次の実験について，あとの各問いに答えなさい。(9点)

〈実験〉　酸の水溶液とアルカリの水溶液を混ぜたときの水溶液の性質の変化と，そのときにできる物質について調べるために，うすい塩酸，うすい水酸化ナトリウム水溶液を用いて，次の①，②の実験を行った。

図1

①　うすい塩酸10cm^3をビーカーに入れ，緑色のBTB溶液を2，3滴加えると水溶液の色は黄色になった。次に，図1のようにガラス棒でかき混ぜながら，うすい水酸化ナトリウム水溶液を少しずつ加えて，水溶液の色の変化を調べた。表は，できた水溶液の色の変化のようすを，加えたうすい水酸化ナトリウム水溶液の体積4cm^3ごとにまとめたものである。なお，うすい水酸化ナトリウム水溶液8cm^3を加えたときにできた水

溶液のpHを，pHメーターで測定すると，７であった。

表

加えたうすい水酸化ナトリウム水溶液の体積〔cm^3〕	0	4	8	12	16
できた水溶液の色	黄色	黄色	緑色	青色	青色

②　うすい塩酸$10\,cm^3$をビーカーに入れ，うすい水酸化ナトリウム水溶液８cm^3を加えて，水溶液のpHを７にした。次に，図２のように，pHが７の水溶液の一部をガラス棒でスライドガラスにとった。その後，スライドガラスにとった水溶液の水を蒸発させて，残った固体を顕微鏡で観察した。

図２

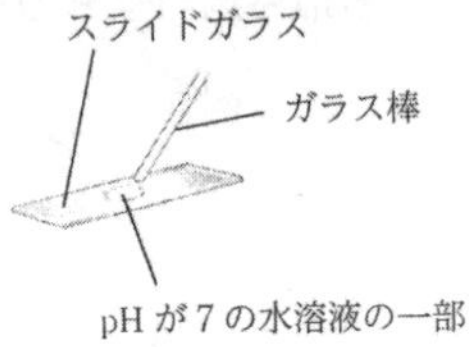

(1)　①について，次の(a)～(d)の各問いに答えなさい。

(a)　塩酸は，塩化水素が水にとけた水溶液である。水にとけた塩化水素はどのように電離しているか，電離のようすを化学式で表しなさい。

(b)　酸の水溶液とアルカリの水溶液それぞれにマグネシウムリボンを入れるとどうなるか，次の**ア**～**エ**から最も適当なものを１つ選び，その記号を書きなさい。

ア．酸の水溶液中とアルカリの水溶液中の両方で気体が発生する。

イ．酸の水溶液中では気体が発生し，アルカリの水溶液中では気体が発生しない。

ウ．酸の水溶液中では気体が発生せず，アルカリの水溶液中では気体が発生する。

エ．酸の水溶液中とアルカリの水溶液中の両方で気体が発生しない。

(c)　うすい水酸化ナトリウム水溶液を少しずつ加えていったとき，水溶液のpHはどのように変化したと考えられるか，次の**ア**～**エ**から最も適当なものを１つ選び，その記号を書きなさい。

ア．水溶液のpHが７になるまでは大きくなり，その後も大きくなっていった。

イ．水溶液のpHが７になるまでは大きくなり，その後は７から変わらなかった。

ウ．水溶液のpHが７になるまでは小さくなり，その後も小さくなっていった。

エ．水溶液のpHが７になるまでは小さくなり，その後は７から変わらなかった。

(d)　加えたうすい水酸化ナトリウム水溶液の体積と水溶液中のナトリウムイオンの数の関係，加えたうすい水酸化ナトリウム水溶液の体積と水溶液中の水酸化物イオンの数の関係を模式的に表しているグラフはそれぞれどれか，次の**ア**～**カ**から最も適当なものを１つずつ選び，その記号を書きなさい。

ア

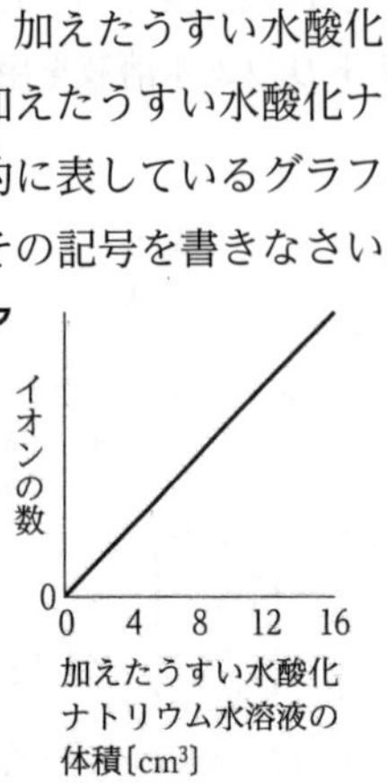

イ

ウ

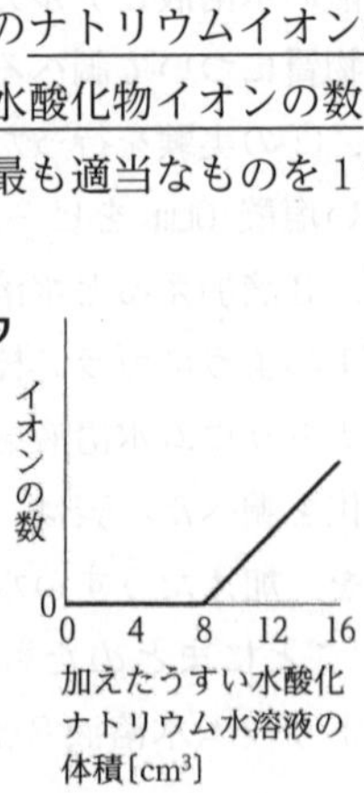

エ

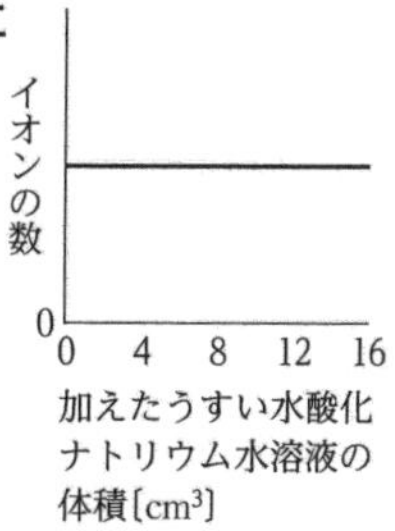

オ

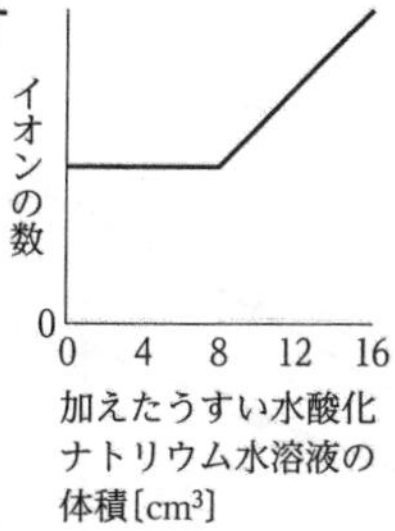

カ

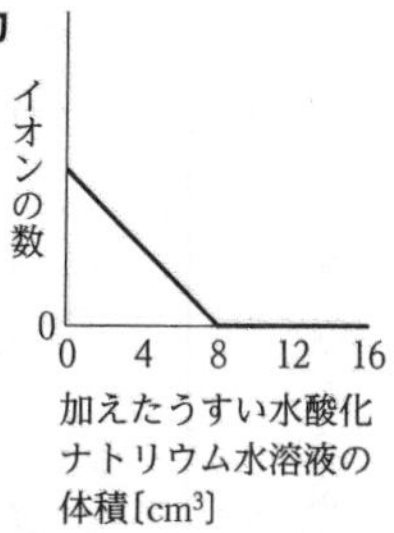

(2)　②について，水を蒸発させて，残った固体を顕微鏡で観察すると，どのような結晶《けっしょう》が見られるか，次の**ア**～**エ**から最も適当なものを１つ選び，その記号を書きなさい。

ア

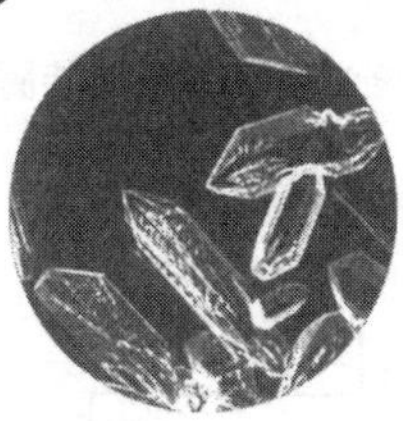

イ

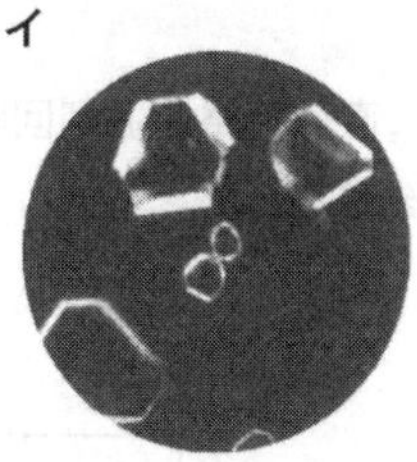

ウ

エ

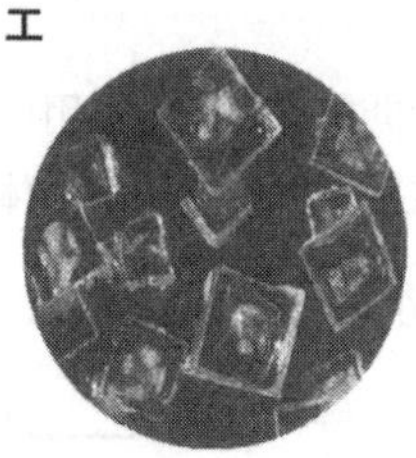

(3)　次の文は，酸の水溶液とアルカリの水溶液を混ぜたときに起こる反応と，そのときにできる物質について説明したものである。文中の（**あ**），（**い**）に入る最も適当な言葉は何か，それぞれ**漢字で**書きなさい。また，（**う**），（**え**）に入る言葉はそれぞれ何か，下の**ア**～**エ**から最も適当な組み合わせを１つ選び，その記号を書きなさい。

酸の水溶液とアルカリの水溶液を混ぜたときに起こる，たがいの性質を打ち消し合う反応を（　**あ**　）といい，水と（　**い**　）ができる。（　**い**　）は，酸の（　**う**　）イオンとアルカリの（　**え**　）イオンが結びついてできた物質である。

ア．**う**－陽　**え**－陽　　**イ**．**う**－陽　**え**－陰《いん》　　**ウ**．**う**－陰　**え**－陽　　**エ**．**う**－陰　**え**－陰

8　次の実験について，あとの各問いに答えなさい。(８点)

〈実験〉　回路に加える電圧と流れる電流の関係を調べるために，２種類の抵抗器《ていこうき》**X**，**Y**を用いて，次の①，②の実験を行った。

①　図１，図２の回路をつくり，抵抗器に加える電圧を０Ｖから8.0Ｖまで2.0Ｖずつ上げて，抵抗器に流れる電流の大きさを測定した。図３は，その結果をグラフに表したものである。

図１

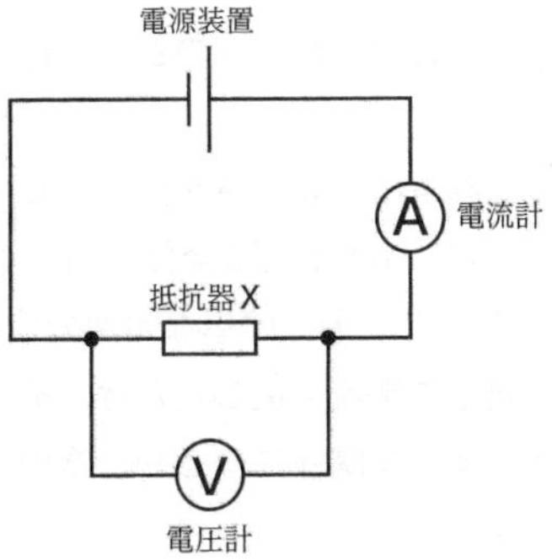

図２

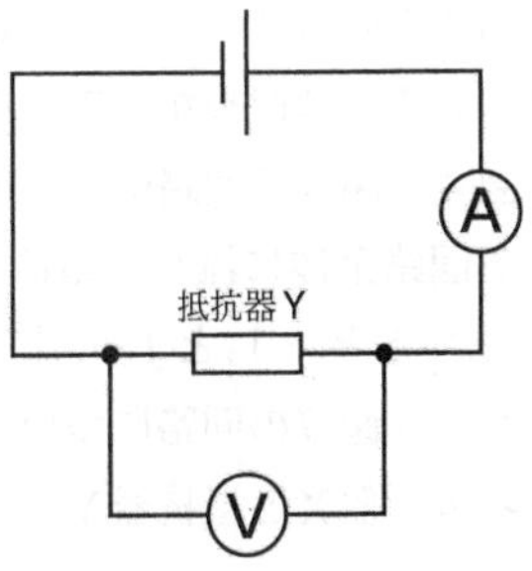

図 3

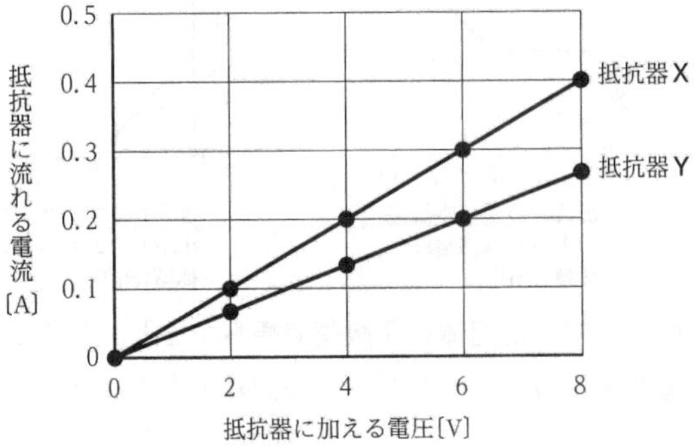

② 抵抗器X，Yを用いて，図4，図5のように直列回路と並列回路をつくり，電源装置で電圧を加え，回路全体に流れる電流の大きさを測定した。

図 4

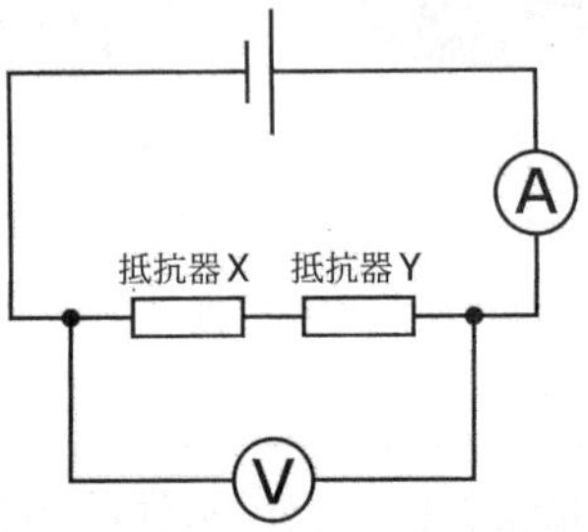

図 5

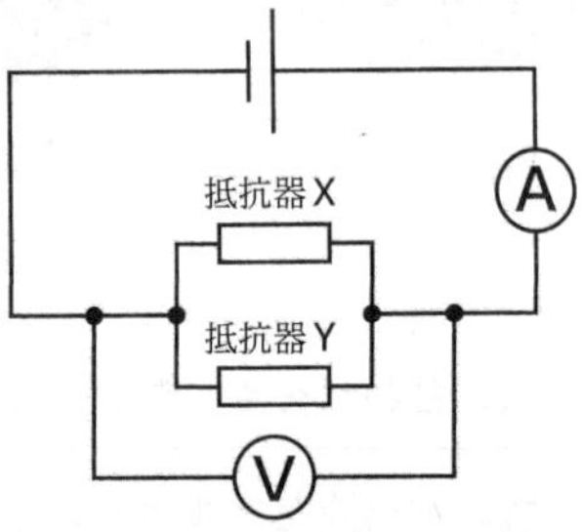

(1) ①について，次の(a)～(d)の各問いに答えなさい。

(a) 抵抗器Xに6.0Vの電圧を加えたとき，抵抗器Xに流れた電流の大きさは何Aか，書きなさい。

(b) 次の文は，抵抗器に加えた電圧と流れた電流についてまとめたものである。文中の（**あ**）に入る最も適当な言葉は何か，書きなさい。

実験の結果から，抵抗器に流れる電流は，抵抗器に加える電圧に比例することがわかる。この関係を（ **あ** ）の法則という。

(c) 抵抗器Yの抵抗の大きさは，抵抗器Xの抵抗の大きさの何倍か，求めなさい。

(d) 抵抗器Yに6.0Vの電圧を加えたとき，抵抗器Yの電力の大きさは何Wか，求めなさい。

(2) ②について，次の(a)～(c)の各問いに答えなさい。

(a) 図4の回路について，回路全体に加わる電圧の大きさが12Vのとき，抵抗器Xに流れる電流の大きさは何Aか，求めなさい。

(b) 図4，図5の回路について，回路全体に加わる電圧の大きさを同じにしたとき，図4における回路全体に流れる電流の大きさを I_1，図5における回路全体に流れる電流の大きさを I_2 とすると，I_1 と I_2 の比（I_1：I_2）はどうなるか，最も簡単な整数の比で表しなさい。

(c) 図4，図5の回路について，電圧を加えて回路に電流を流したとき，それぞれの回路における抵抗器Xと抵抗器Yの電力の大きさはどのような関係になるか，次の**ア**～**ケ**から最も適当な組み合わせを１つ選び，その記号を書きなさい。

	図４の回路	図５の回路
ア	抵抗器Xの方が大きくなる。	抵抗器Xの方が大きくなる。
イ	抵抗器Xの方が大きくなる。	抵抗器Yの方が大きくなる。
ウ	抵抗器Xの方が大きくなる。	同じ大きさになる。
エ	抵抗器Yの方が大きくなる。	抵抗器Xの方が大きくなる。
オ	抵抗器Yの方が大きくなる。	抵抗器Yの方が大きくなる。
カ	抵抗器Yの方が大きくなる。	同じ大きさになる。
キ	同じ大きさになる。	抵抗器Xの方が大きくなる。
ク	同じ大きさになる。	抵抗器Yの方が大きくなる。
ケ	同じ大きさになる。	同じ大きさになる。

＜社会＞

時間　45分　　満点　50点

1　次の略地図を見て，あとの各問いに答えなさい。（９点）

〈略地図〉

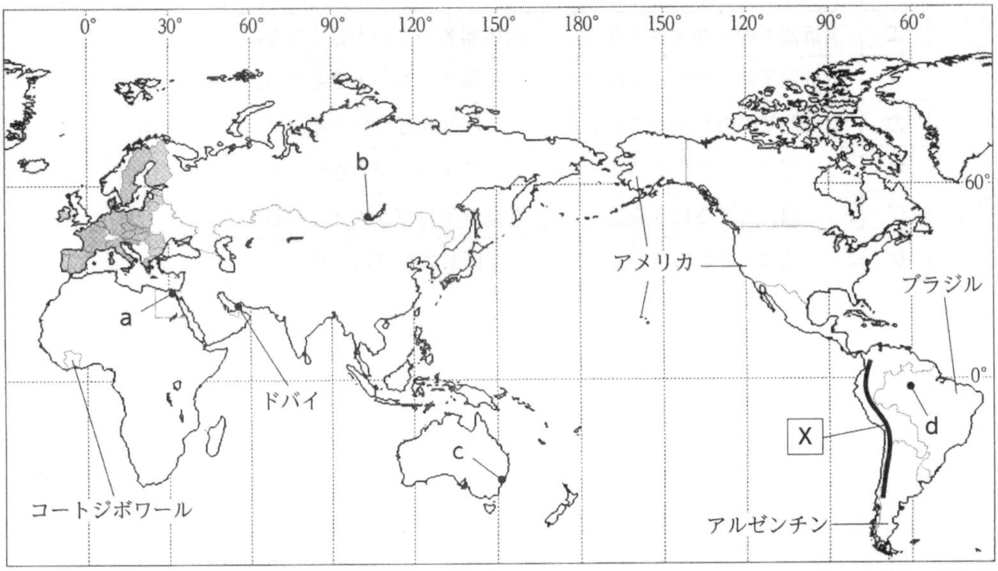

［注：国境は一部省略］

(1)　略地図に X で示したあたりにある山脈では，6,000mを超える山々がみられる。この山脈の名称《めいしょう》は何か，次の**ア**～**エ**から最も適当なものを１つ選び，その記号を書きなさい。

ア．アルプス山脈　　**イ**．ヒマラヤ山脈　　**ウ**．ロッキー山脈　　**エ**．アンデス山脈

(2)　資料１は，略地図に示した**a**～**d**のいずれかの都市における雨温図である。資料１は，いずれの都市の雨温図か，略地図の**a**～**d**から最も適当なものを１つ選び，その記号を書きなさい。

〈資料１〉

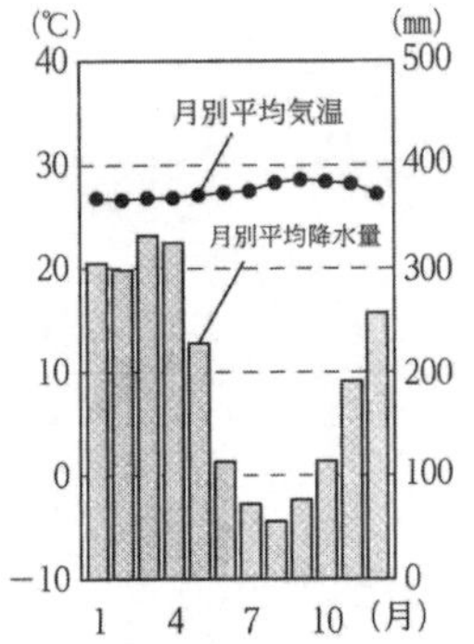

(『理科年表 2022』から作成)

(3)　略地図に示したドバイは，東経60度の経線に合わせた時刻を標準時として使っている。12月１日にドバイから日本に向かう飛行機の中で，時計をドバイの標準時から日本の標準時に合わせるとき，どのように調整するか，次の**ア**～**エ**から最も適当なものを１つ選び，その記号を書きなさい。

ア．５時間進める。　　**イ**．５時間遅《おく》らせる。

ウ．13時間進める。　　**エ**．13時間遅らせる。

(4)　略地図に　　で示した国は，2021年時点のEU加盟国である。資料２は，EU加盟国における，EUへの拠出《きょしゅつ》金からEUからの受取金を引いた金額を示したものであり，□で囲んだ国は，2004年以降に加盟した国を示している。また，資料３は，2003年以前にEUに加盟した国と2004年以降にEUに加盟した国について，一人あたりの国民総所得別の国の数を示したもの，資料４は，そうたさんとゆきこさんが，資料２，資料３をもとに話し合った内容の一部である。資料４の［あ］にあてはまる内容は何か，資料３から読み取り，書きなさい。

〈資料２〉　EUへの拠出金からEUからの受取金を引いた金額

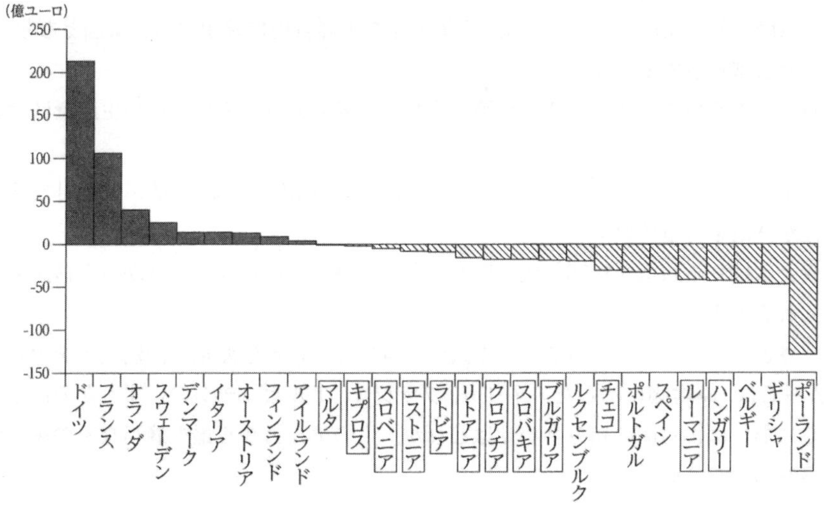

〔注：数値は2021年のもの。マルタ，キプロスの数値はそれぞれ，－１，－２である。〕

（欧州《おうしゅう》委員会Webページから作成）

〈資料３〉　一人あたりの国民総所得別の国の数

	2003年以前に加盟した国	2004年以降に加盟した国
40,001ドル以上	10か国	0か国
30,001～40,000ドル	2か国	1か国
20,001～30,000ドル	2か国	7か国
20,000ドル以下	0か国	5か国

〔注：数値は2021年のもの。2020年に離脱《りだつ》したイギリスは含《ふく》んでいない。〕

（国際連合Webページから作成）

〈資料４〉

そうた：資料２を見ると，EU加盟国の中には，受取金より拠出金の方が多い国と，拠出金より受取金の方が多い国があるということがわかるね。

ゆきこ：そうだね。拠出金より受取金の方が多い国は，2004年以降に加盟した国が多いよ。

そうた：本当だね。資料３からは，2004年以降に加盟した国は，2003年以前に加盟した国に比べ，［　　あ　　］という傾向《けいこう》があることがわかるね。

ゆきこ：その通りだね。そのような，加盟国の間の経済格差は，EUが抱える課題の１つとなっているね。

(5)　資料5は，略地図に示したアメリカの工業についてまとめたものの一部である。資料5の I にあてはまる言葉は何か，書きなさい。

〈資料5〉

北緯《ほくい》37度付近から南の地域は，航空宇宙産業やICT産業などが発達し，温暖な気候であることから I とよばれる。なかでも，カリフォルニア州サンフランシスコ郊外《こうがい》のシリコンバレーには，ICT関連企業《きぎょう》が集中している。

(6)　略地図に示したコートジボワールについて述べた文はどれか，次の**ア**～**エ**から最も適当なものを1つ選び，その記号を書きなさい。

ア．1990年代以降の急速な経済成長の結果，工業製品を世界各地に輸出する工業国となり，「世界の工場」とよばれるまでになった。

イ．チョコレートの原料であるカカオの栽培《さいばい》に適した気候であり，カカオ豆の生産量は世界一である。

ウ．人口の約80%の人々がヒンドゥー教を信仰《しんこう》しており，国内を流れるガンジス川ではヒンドゥー教徒が沐浴《もくよく》を行っている。

エ．白豪《はくごう》主義とよばれる政策が1970年代に撤廃《てっぱい》されて以降，ヨーロッパ以外からの移民を積極的に受け入れるようになった。

(7)　資料6は，さとうきび，とうもろこし，牛肉の，世界における生産量の国別割合を示したものであり，**A**～**C**は，略地図に示したアメリカ，ブラジル，アルゼンチンのいずれかである。資料6の**A**～**C**にあてはまる国の組み合わせはどれか，下の**ア**～**カ**から最も適当なものを1つ選び，その記号を書きなさい。

〈資料6〉

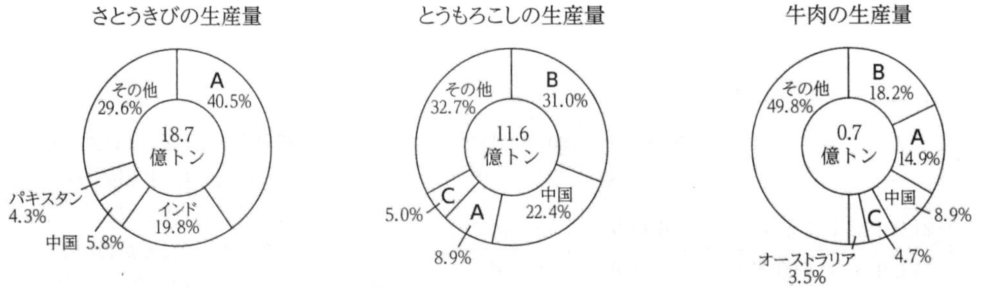

〔注：数値は2020年のもの〕
（『世界国勢図会《ずえ》 2022/2023』から作成）

ア．**A**－アメリカ　　**B**－ブラジル　　**C**－アルゼンチン
イ．**A**－アメリカ　　**B**－アルゼンチン　　**C**－ブラジル
ウ．**A**－ブラジル　　**B**－アメリカ　　**C**－アルゼンチン
エ．**A**－ブラジル　　**B**－アルゼンチン　　**C**－アメリカ
オ．**A**－アルゼンチン　　**B**－アメリカ　　**C**－ブラジル
カ．**A**－アルゼンチン　　**B**－ブラジル　　**C**－アメリカ

2　次の略地図を見て，あとの各問いに答えなさい。(９点)

(1)　略地図に示した熊本県にあり，カルデラをもつ火山の名称は何か，次の**ア**～**エ**から最も適当なものを１つ選び，その記号を書きなさい。

ア．有珠山《うすざん》
イ．箱根山《はこねやま》
ウ．阿蘇山《あそさん》
エ．霧島山《きりしまやま》

〈略地図〉

(2)　資料１は，略地図に示した秋田県，宮城県，三重県，和歌山県における，農業産出額のうち，米と果実の産出額，漁業産出額を示したものである。資料１の**a**と**c**にあてはまる県名の組み合わせはどれか，次の**ア**～**カ**から最も適当なものを１つ選び，その記号を書きなさい。

ア．a－秋田県　　c－宮城県
イ．a－秋田県　　c－和歌山県
ウ．a－宮城県　　c－三重県
エ．a－宮城県　　c－和歌山県
オ．a－和歌山県　　c－三重県
カ．a－三重県　　c－秋田県

〈資料１〉

	農業産出額(億円)		漁業産出額(億円)
	米	果実	
a	795	30	718
b	1,078	89	27
c	78	759	127
d	270	70	361

［注：数値は2020年のもの］
(『データでみる県勢2023』から作成)

(3)　略地図に示した香川県について，香川県の讃岐《さぬき》平野では，降水量が少なく水不足になりやすいため，古くからため池や用水路が整備されてきた。あすかさんは，讃岐平野で降水量が少ない理由を説明するために，資料を作成した。資料２はその一部であり，中国・四国地方における，冬の季節風のようすと夏の季節風のようすを模式的に示したものである。讃岐平野で降水量が少ないのはなぜか，その理由の１つとして考えられることを，資料２から読み取れることをもとにして，「湿った風」，「山地」という２つの言葉を用いて，書きなさい。

〈資料２〉

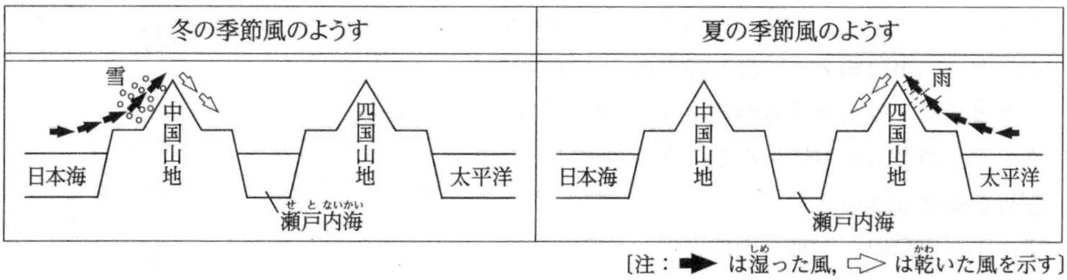

［注：➡ は湿《しめ》った風，⇨ は乾《かわ》いた風を示す］

(4)　略地図に示した茨城県について，次のページの資料３は，茨城県の一部を示した２万５千分の１の地形図である。また，資料４は，５㎝の長さを示したものさしである。資料３から読み取れることを述べた文として正しいものはどれか，下の**ア**～**エ**から最も適当なものを１つ選び，その記号を書きなさい。

※編集の都合で90％に縮小してあります。

〈資料３〉

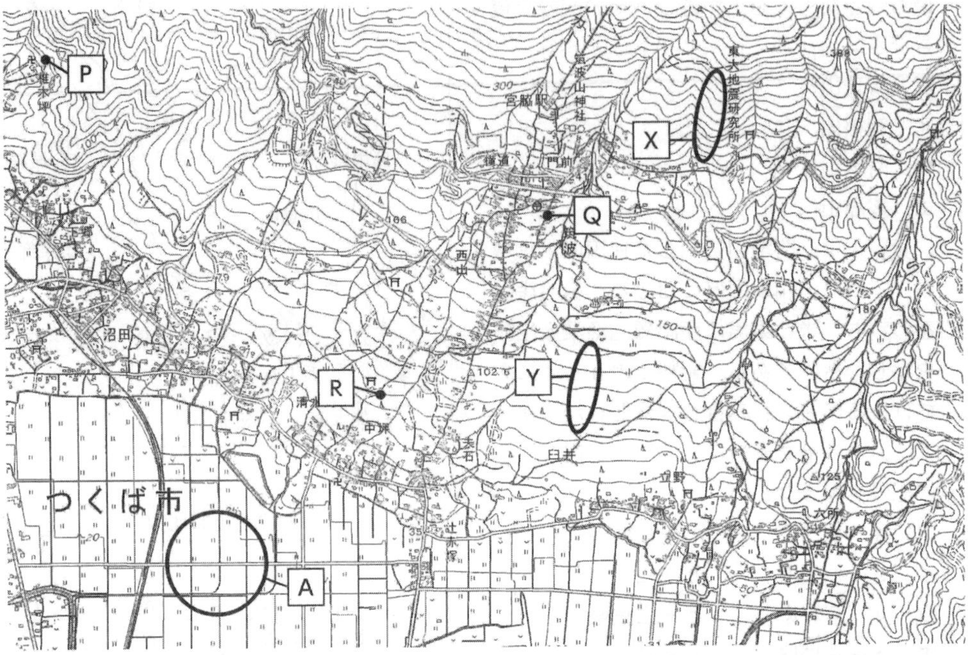

（国土地理院　電子地形図 25000 から作成）

〈資料４〉

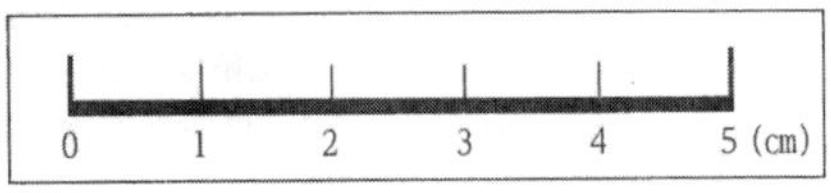

ア．○で囲んだ[A]の地域における主な土地利用は，畑である。

イ．[P]地点から，[Q]地点までの実際の直線距離は３km 以上ある。

ウ．[Q]地点から見た，[R]地点のおおよその方位は南東である。

エ．0で囲んだ，[X]と[Y]の２か所の土地を比べると，[Y]の土地の方が傾斜《けいしゃ》が緩《ゆる》やかである。

(5)　資料５は，略地図に示した広島県，山口県，島根県における，化学工業，鉄鋼業，輸送用機械工業の製造品出荷額《しゅっかがく》を示したものである。資料５のⅠとⅢにあてはまる県名の組み合わせはどれか，次の**ア**～**カ**から最も適当なものを１つ選び，その記号を書きなさい。

〈資料５〉

	化学工業（億円）	鉄鋼業（億円）	輸送用機械工業（億円）
Ⅰ	333	1,675	839
Ⅱ	19,791	6,209	11,825
Ⅲ	4,348	11,893	32,663

［注：数値は 2019 年のもの］

（『データでみる県勢 2023』から作成）

ア．Ⅰ－広島県　Ⅲ－山口県

イ．Ⅰ－広島県　Ⅲ－島根県

ウ．Ⅰ－山口県　Ⅲ－広島県

エ．Ⅰ－山口県　Ⅲ－島根県

オ．Ⅰ－島根県　Ⅲ－広島県

カ．Ⅰ－島根県　Ⅲ－山口県

(6) 資料6は，略地図に示した東京都を含む，関東地方の一部を示したものである。資料7は，資料6に示した東京都，埼玉県，千葉県，神奈川県における，昼間人口と夜間人口を示したもの，資料8は，東京都，埼玉県，千葉県，神奈川県における，事業所数と大学数を示したものである。資料7に示したように，東京都の昼間人口が夜間人口より多いのはなぜか，その理由の1つとして考えられることを，資料7，資料8から読み取れることをもとにして，「通勤」，「通学」という2つの言葉を用いて，書きなさい。

〈資料6〉

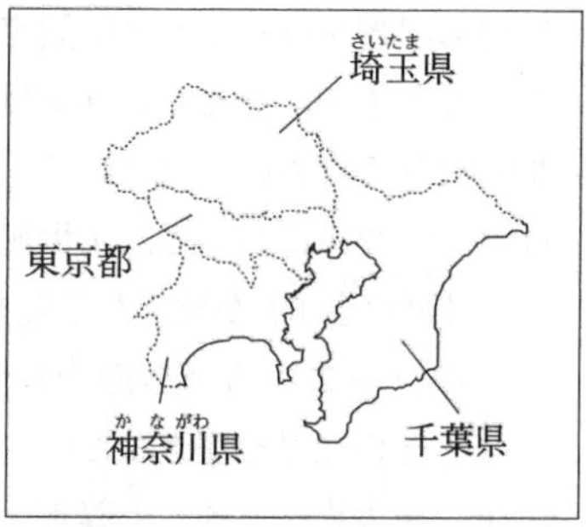

〈資料7〉

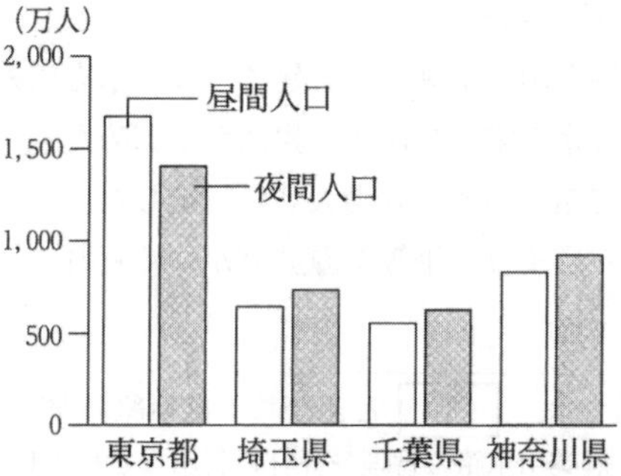

[注：数値は2020年のもの]
(『データでみる県勢2023』から作成)

〈資料8〉

	事業所数	大学数
東京都	812,225	179
埼玉県	267,988	39
千葉県	215,071	35
神奈川県	344,198	45

[注：数値は2021年のもの。大学数には短期大学数を含む。]
(『データでみる県勢2023』から作成)

(7) 資料9は，日本における，野菜の，国内消費量と国内生産量の推移を示したものである。また，資料10は，日本における品目別食料自給率の推移を示したものであり，**ア**～**エ**は，米，小麦，野菜，魚介類《ぎょかい》のいずれかの食料自給率である。野菜の食料自給率はどれか，資料10の**ア**～**エ**から最も適当なものを1つ選び，その記号を書きなさい。

〈資料9〉

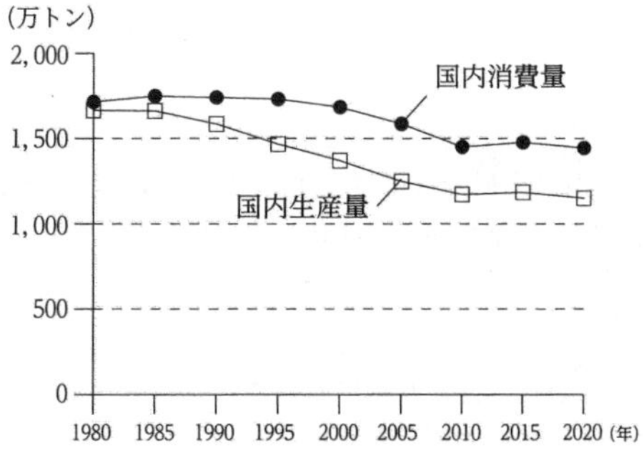

〈資料10〉

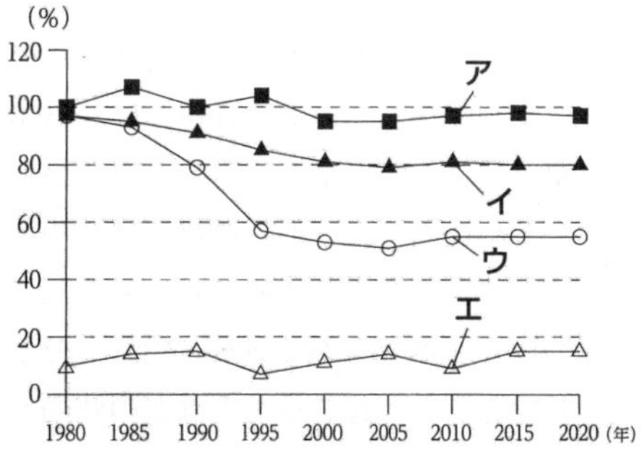

(資料9，資料10は，農林水産省Webページから作成)

3　右の表は，ゆうきさんのクラスで歴史的分野の学習を行ったときに設定されたテーマを示したものである。これを見て，あとの各問いに答えなさい。(９点)

テーマ１	飛鳥《あすか》文化
テーマ２	鎌倉《かまくら》時代の仏教
テーマ３	室町《むろまち》時代の人々のくらし
テーマ４	外国船の出現と天保《てんぽう》の改革
テーマ５	不平等条約改正の実現
テーマ６	普通《ふつう》選挙の実現と社会運動の広まり
テーマ７	日本の高度経済成長

(1)　テーマ１について，７世紀初めに聖徳太《しょうとくたい》子《し》(厩戸皇子《うまやどのおうじ》) が建てた寺院を何というか，次の**ア**～**エ**から最も適当なものを１つ選び，その記号を書きなさい。

ア．東大寺《とうだいじ》　　**イ**．中尊寺《ちゅうそんじ》
ウ．法隆寺《ほうりゅうじ》　　**エ**．延暦寺《えんりゃくじ》

(2)　テーマ２について，鎌倉時代の仏教に関するできごとについて述べた文はどれか，次の**ア**～**エ**から最も適当なものを１つ選び，その記号を書きなさい。

ア．空海《くうかい》が遣唐使《けんとうし》とともに唐にわたり，帰国して高野山《こうやさん》に金剛峯寺《こんごうぶじ》を建て，真言宗《しんごんしゅう》を広めた。
イ．栄西《えいさい》《ようさい》が座禅《ざぜん》によって自分の力でさとりを開く禅宗《ぜんしゅう》を宋《そう》から伝え，臨済宗《りんざいしゅう》を広めた。
ウ．武士や農民たちが浄土真宗《じょうどしんしゅう》(一向宗《いっこうしゅう》) の信仰で結びつき，守護大名《しゅごだいみょう》に対抗《たいこう》した。
エ．極楽《ごくらく》浄土に生まれ変わることを祈《いの》る浄土信仰が広まり，平等院鳳凰堂《びょうどういんほうおうどう》がつくられた。

(3)　テーマ３について，資料１は，室町時代の村のようすについてまとめたものの一部である。 I にあてはまる言葉はどれか，次の**ア**～**エ**から最も適当なものを１つ選び，その記号を書きなさい。

〈資料１〉

> 村では， I とよばれる自治組織がつくられ，農業用水路の管理や森林の利用などについて村のおきてを定めたり，違反者《いはんしゃ》を罰《ばっ》したりした。

ア．惣《そう》　**イ**．座　**ウ**．株仲間　**エ**．五人組

(4)　テーマ４について，資料２は，天保の改革についてまとめたものの一部である。資料２の下線部について，方針の転換とはどのようなことか，「異国船打払《いこくせんうちはらい》令《れい》をやめ，」で始めて，「燃料」，「水」という２つの言葉を用いて，書きなさい。

〈資料２〉

> 老中《ろうじゅう》の水野忠邦《みずのただくに》は，アヘン戦争で清《しん》がイギリスに敗北したことから，外国船への対応について，方針の転換《てんかん》を命じた。

(5)　テーマ５について，資料３は，日本が幕末に結んだ不平等条約の改正についてまとめたものの一部，資料４は，明治以降のできごとを年代順にⓐ～ⓔの記号をつけて並べたものである。資料３で示したできごとが起こったのはどの時期か，次の**ア**～**エ**から最も適当なものを１つ選び，その記号を書きなさい。

〈資料３〉

> 外相《がいしょう》の小村寿太郎《こむらじゅたろう》は，アメリカと交渉《こうしょう》し，関税自主権の完全な回復に成功した。

〈資料４〉

> ⓐ　岩倉《いわくら》使節団が欧米に派遣される。
> ⓑ　大日本帝国《ていこく》憲法が発布《はっぷ》される。
> ⓒ　日清戦争が起こる。
> ⓓ　日露《にちろ》戦争が起こる。
> ⓔ　日本が国際連盟に加盟する。

ア．ⓐとⓑの間　　**イ**．ⓑとⓒの間
ウ．ⓒとⓓの間　　**エ**．ⓓとⓔの間

(6) テーマ6について，資料5は，満25才以上の男子に選挙権を与《あた》える普通選挙法と同年に制定された法律を要約したものの一部である。資料5に示した法律を何というか，その名称を書きなさい。

〈資料5〉

> 国の体制を変えようとしたり，私有財産制度を否定したりすることを目的として結社をつくる，またはこれに加入した者には，10年以下の懲役《ちょうえき》，または禁固の刑《けい》に処する。

(7) テーマ7について，日本の高度経済成長期に日本で起こったできごとについて述べた文として，誤っているものはどれか，次の**ア**～**エ**から1つ選び，その記号を書きなさい。

ア．オリンピック東京大会に合わせて，東海道新幹線が開通した。
イ．公害問題が深刻化したことを受け，政府は公害対策基本法を制定した。
ウ．地価や株価が高騰《こうとう》し，バブル経済とよばれる好景気となった。
エ．テレビアニメ『鉄腕《てつわん》アトム』が初めて放送された。

4 次の表は，みさきさんのクラスで歴史的分野を学習したときの内容をまとめたものの一部である。これを見て，あとの各問いに答えなさい。(9点)

①古墳《こふん》時代には王や豪族の墓として大きな古墳がつくられ，ヤマト王権(大和《やまと》政権)が現れた。
十字軍の遠征《えんせい》をきっかけに，②イスラム世界の学問や文化がヨーロッパに伝わった。
ヨーロッパの国々がアジアへの航路を開拓《かいたく》し，日本と③貿易や交流を始めた。
欧米諸国で④市民革命が起こり，新しい政治のしくみがうまれた。
1929年にアメリカで起こった恐慌《きょうこう》は世界中に広がり，⑤世界恐慌となった。
1989年に米ソの首脳が地中海のマルタ島で会談し，⑥冷戦の終結を宣言した。

(1) 下線部①について，資料1は，古墳時代のようすについてまとめたものの一部である。資料1の Ⅰ ， Ⅱ にあてはまる言葉の組み合わせはどれか，次の**ア**～**エ**から最も適当なものを1つ選び，その記号を書きなさい。

〈資料1〉

> 古墳の頂上やまわりには Ⅰ が並べられた。また，5世紀には，ヤマト王権(大和政権)の王たちが，たびたび中国の Ⅱ に朝貢《ちょうこう》し，中国の Ⅱ の皇帝から政治的な力を認められた。

ア． Ⅰ －埴輪《はにわ》　 Ⅱ －北朝　　**イ**． Ⅰ －埴輪　 Ⅱ －南朝
ウ． Ⅰ －土偶《どぐう》　 Ⅱ －北朝　　**エ**． Ⅰ －土偶　 Ⅱ －南朝

(2) 下線部②について，資料2は，ヨーロッパの文化の変化についてまとめたものの一部である。資料2に示したような動きを何というか，その名称を書きなさい。

〈資料2〉

> 14世紀から16世紀のヨーロッパでは，イスラム文化や，古代ギリシャやローマの文化への関心が高まり，これまでのキリスト教の教えにとらわれない，自由でいきいきとした文化が生まれた。

(3) 下線部③について，次の ⓐ～ⓓ のカードは，16世紀から17世紀にかけての，日本と外国との貿易や交流に関するできごとを示したものである。ⓐ～ⓓ のカードを，書かれた内容の古いものから順に並べると，どのようになるか，下の**ア**～**エ**から最も適当なものを１つ選び，その記号を書きなさい。

ⓐ	海外渡航《とこう》を許可する朱印状《しゅいんじょう》を発行された大名や大商人が，貿易を行った。
ⓑ	種子島《たねがしま》に流れ着いたポルトガル人が，日本に鉄砲《てっぽう》を伝えた。
ⓒ	キリシタン大名が，ローマ教皇のもとに４人の少年使節を派遣した。
ⓓ	オランダ商館が長崎《ながさき》の出島《でじま》に移され，オランダ人は出島で貿易を許された。

ア．ⓐ→ⓑ→ⓒ→ⓓ
イ．ⓐ→ⓑ→ⓓ→ⓒ
ウ．ⓑ→ⓐ→ⓒ→ⓓ
エ．ⓑ→ⓒ→ⓐ→ⓓ

(4) 下線部④について，資料３は，欧米諸国で起こったできごとをまとめたものの一部である。また，資料４は，資料３のいずれかのできごとがもたらした政治体制の変化について，まとめたものの一部である。資料４に示したような政治体制の変化は，資料３のどのできごとがもたらしたものか，資料３の**ア**～**エ**から最も適当なものを１つ選び，その記号を書きなさい。

〈資料３〉

西暦《せいれき》	できごと	
1689年	イギリスで権利の章典(権利章典)が制定される	… **ア**
1775年	アメリカ独立戦争が起こる	… **イ**
1789年	フランス人権宣言が発表される	… **ウ**
1804年	ナポレオンがフランスの皇帝となる	… **エ**

〈資料４〉

国王は議会の同意なしに，法律を停止したり，税を徴収《ちょうしゅう》したりすることができなくなった。

(5) 下線部⑤について，みさきさんは，世界恐慌が日本に与えた影響《えいきょう》に関する資料を集めた。資料５，次のページの資料６，資料７はその一部である。日本の農家所得が，資料５の ░ で示した時期に減少したのはなぜか，その理由の１つとして考えられることを，資料６，資料７から読み取り，「アメリカとの貿易において，」で始めて，書きなさい。

〈資料５〉　日本の農家所得の推移

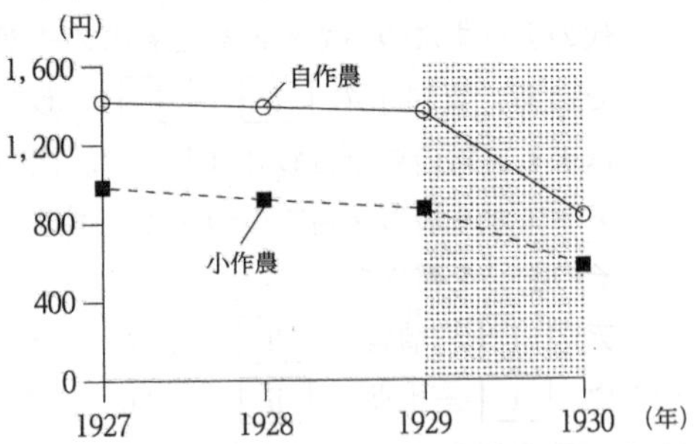

(『岩波講座日本歴史 19 近代６』から作成)

〈資料６〉　日本の生糸《きいと》輸出量と輸出相手国

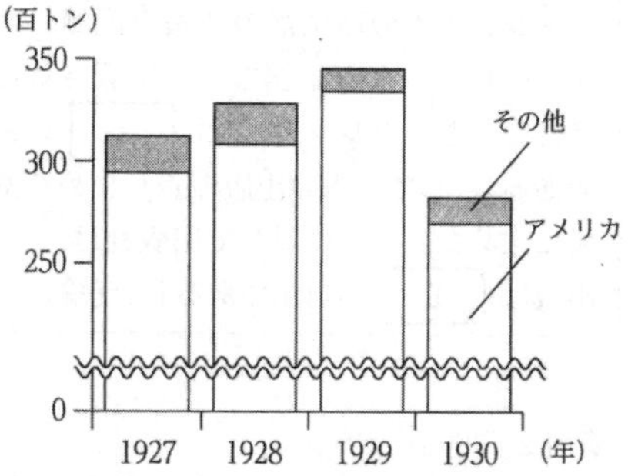

(『日本貿易精覧』から作成)

〈資料７〉　日本のまゆの価格の推移

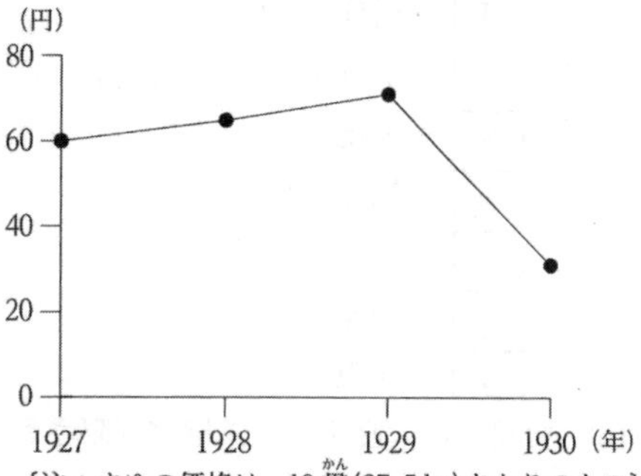

〔注：まゆの価格は，10貫《かん》(37.5 kg)あたりのもの〕
(『近現代日本経済史要覧』から作成)

(6)　下線部⑥について，冷戦で対立した２つの陣営《じんえい》のうち，アメリカを中心とする資本主義陣営の国にあてはまる組み合わせはどれか，次の**ア**～**エ**から最も適当なものを１つ選び，その記号を書きなさい。

	ア	イ	ウ	エ
国	東ドイツ 大韓民国《だいかんみんこく》	東ドイツ 中華人民共和国《ちゅうかじんみんきょうわこく》	西ドイツ 大韓民国	西ドイツ 中華人民共和国

5　次の表は，ひろとさんのクラスで行った公民的分野の学習において，班ごとに設定した学習課題をまとめたものである。これを見て，あとの各問いに答えなさい。(14点)

A班	日本国憲法は，どのような特徴をもつ憲法だろうか。
B班	人権が対立したときに，どのように調整すればよいのだろうか。
C班	裁判のしくみや裁判所のもつ役割は，どのようなものだろうか。
D班	住民の声を生かした政治を実現するために，どのような制度があるのだろうか。
E班	為替《かわせ》相場の変化は，日本の経済にどのような影響を与えるのだろうか。
F班	経済を安定させるために，政府はどのような政策を行うのだろうか。
G班	社会保障と財政の関係は，国によってどのような違《ちが》いがあるのだろうか。
H班	地球温暖化の対策として，どのような取り組みをしているのだろうか。

(1)　A班の学習課題について，日本国憲法の３つの基本原理（基本原則）のうち２つは，基本的人権の尊重と，国民主権である。残りの１つは何か，その名称を**漢字**で書きなさい。

(2)　B班の学習課題について，次の(a)，(b)の各問いに答えなさい。

(a)　次のページの資料１は，B班が，人権が対立した事例についてまとめたものの一部である。資料１の［Ⅰ］，［Ⅱ］にあてはまる言葉の組み合わせはどれか，後の**ア**～**エ**から最も適当なものを１つ選び，その記号を書きなさい。

ア．［Ⅰ］－プライバシーの権利
　　［Ⅱ］－居住・移転
イ．［Ⅰ］－プライバシーの権利
　　［Ⅱ］－表現
ウ．［Ⅰ］－知る権利
　　［Ⅱ］－居住・移転
エ．［Ⅰ］－知る権利
　　［Ⅱ］－表現

〈資料１〉

> タレントＡの私生活の情報を記載《きさい》した本が，タレントＡの承諾《しょうだく》なく，出版されることになった。タレントＡは「［Ⅰ］の侵害《しんがい》である」として，本の出版の差し止めを裁判所に求めた。これに対して出版社は，「本の出版は［Ⅱ］の自由である」と反論した。

(b)　資料２は，Ｂ班が，人権が制限される場合についてまとめたものの一部である。資料２の［Ⅲ］にあてはまる言葉は何か，書きなさい。

〈資料２〉

> 日本国憲法では，国民は，自由および権利を「濫用《らんよう》してはならないのであって，常に［Ⅲ］のためにこれを利用する責任を負ふ」(第12条)と定められ，「［Ⅲ］」によって，人権が制限されることがある。

(3)　Ｃ班の学習課題について，次の(a)，(b)の各問いに答えなさい。

(a)　資料３は，裁判のしくみについてまとめたものの一部である。資料３の［Ｘ］，［Ｙ］にあてはまる言葉の組み合わせはどれか，次の**ア**～**エ**から最も適当なものを１つ選び，その記号を書きなさい。

ア．［Ｘ］－控訴《こうそ》　［Ｙ］－上告
イ．［Ｘ］－控訴　［Ｙ］－尋問《じんもん》
ウ．［Ｘ］－起訴　［Ｙ］－上告
エ．［Ｘ］－起訴　［Ｙ］－尋問

〈資料３〉

> 裁判は，多くの場合，地方裁判所，家庭裁判所，簡易裁判所のいずれかで第一審《だいいっしん》が行われ，第一審の判決が不服な場合は，第二審の裁判所に［Ｘ］し，さらにその判決にも従えなければ第三審の裁判所に［Ｙ］することができる。

(b)　資料４は，最高裁判所が出した判決内容をまとめたものの一部である。資料５は，資料４をもとに，Ｃ班が，裁判所のもつ役割について作成した発表原稿《げんこう》の一部である。資料５の［Ｚ］にあてはまる言葉は何か，下の**ア**～**エ**から最も適当なものを１つ選び，その記号を書きなさい。

〈資料４〉

	判決内容
薬事法距離制限 (1975年)	薬局を開く許可の条件として，他の薬局から一定以上離《はな》れていなければならないとする薬事法第６条は，職業選択《せんたく》の自由(憲法第22条)に違反している。
議員定数不均衡《ふきんこう》 (1976年)	衆議院議員選挙で，選挙区の間で１票の価値に大きな格差を生じさせている公職選挙法の規定は，選挙権の平等(憲法第14・44条)に違反しているが，選挙は無効としない。

〈資料５〉

> 裁判所は，［Ｚ］を通じて，国の政治が憲法に基《もと》づいて行われ，人権が保障されることを見守る大切な役割を担《にな》っている。

ア．閣議
イ．弾劾《だんがい》裁判
ウ．国民審査
エ．違憲審査

(4)　D班の学習課題について，有権者数が60,000人の地方公共団体において，住民が条例制定を求めて直接請求権《せいきゅうけん》を行使する場合，必要な署名数と請求先の組み合わせはどれか，次のア～エから最も適当なものを１つ選び，その記号を書きなさい。

ア．必要な署名数－1,200人以上　　請求先－首長
イ．必要な署名数－1,200人以上　　請求先－選挙管理委員会
ウ．必要な署名数－20,000人以上　　請求先－首長
エ．必要な署名数－20,000人以上　　請求先－選挙管理委員会

(5)　E班の学習課題について，資料６は，てつやさんが，為替相場の変化が日本の経済に与える影響についてまとめたノートの一部である。資料６の [あ] にあてはまる数と，[う] にあてはまる言葉は何か，下のア～エから最も適当な組み合わせを１つ選び，その記号を書きなさい。

〈資料６〉

１ドル＝80円のとき
日本　自動車X１台の価格：200万円　→　日本からアメリカへの輸出　→　アメリカ　自動車X１台の価格：[あ] ドル

１ドル＝100円のとき
日本　自動車X１台の価格：200万円　→　日本からアメリカへの輸出　→　アメリカ　自動車X１台の価格：20,000ドル

１ドル＝125円のとき
日本　自動車X１台の価格：200万円　→　日本からアメリカへの輸出　→　アメリカ　自動車X１台の価格：[い] ドル

<日本の経済に与える影響>
[う] の方が，アメリカでの自動車Xの価格が高くなるので売れにくくなる。

ア．[あ]－25,000　[う]－円高　　イ．[あ]－25,000　[う]－円安
ウ．[あ]－16,000　[う]－円高　　エ．[あ]－16,000　[う]－円安

(6)　F班の学習課題について，資料７は，F班が，政府の財政政策についてまとめたものの一部である。資料７の [a]，[b] にあてはまる言葉の組み合わせはどれか，次のア～エから最も適当なものを１つ選び，その記号を書きなさい。

〈資料７〉

政府は，好景気の時に，公共事業を [a] たり，[b] をしたりして，景気をおさえようとする。

ア．[a]－増やし　[b]－増税　　イ．[a]－増やし　[b]－減税
ウ．[a]－減らし　[b]－増税　　エ．[a]－減らし　[b]－減税

(7)　G班の学習課題について，まさみさんは，社会保障と財政の関係について調べ，資料を集めた。次のページの資料８，資料９はその一部である。資料８，資料９から読み取れることを述べた文として正しいものはどれか，後のア～エから最も適当なものを１つ選び，その記号を書きなさい。

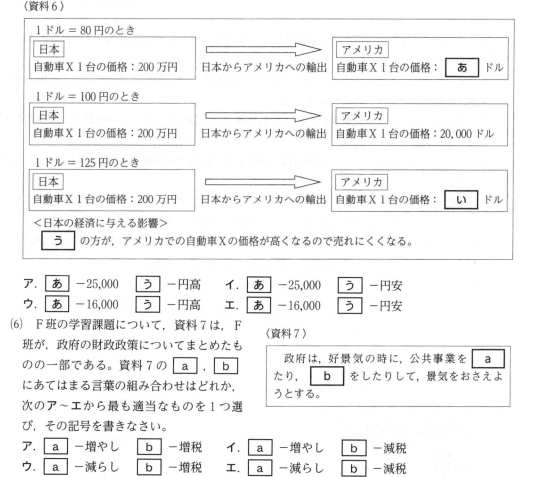

〈資料８〉 国民所得に占《し》める社会保障支出の割合の国際比較《ひかく》

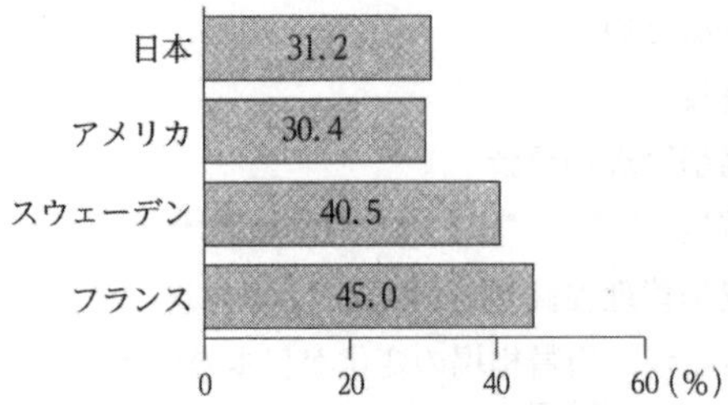

〔注：数値は 2018 年のもの〕
（国立社会保障・人口問題研究所 Web ページから作成）

〈資料９〉 国民負担率の国際比較

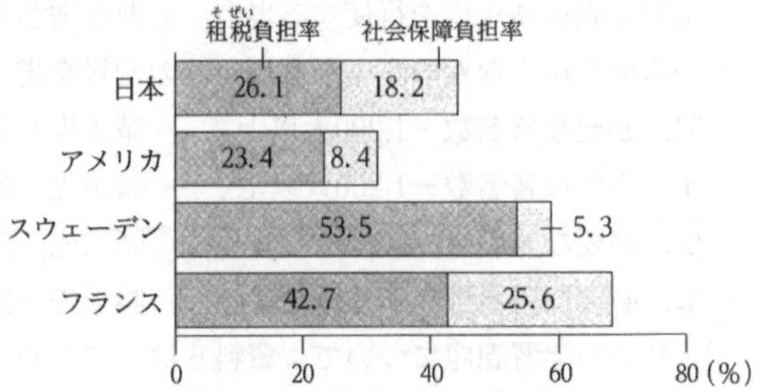

［注：数値は 2018 年のもの。国民負担率とは，国民所得に占める，租税負担の割合と社会保障負担の割合を合計したもの。］
（財務省 Web ページから作成）

ア．日本は，国民所得に占める社会保障支出の割合がスウェーデンより低く，国民負担率はスウェーデンより高い。

イ．アメリカは，国民所得に占める社会保障支出の割合が４か国の中で最も低く，租税負担率と社会保障負担率はともに日本より高い。

ウ．スウェーデンは，国民所得に占める社会保障支出の割合がフランスより低く，国民負担率はフランスより高い。

エ．フランスは，4か国の中で，国民所得に占める社会保障支出の割合と国民負担率がともに最も高い。

(8) H班の学習課題について，ひろとさんは，国土交通省が地球温暖化の対策として推進しているモーダルシフトに関する資料を集めた。資料10，資料11，資料12はその一部である。国土交通省が地球温暖化の対策としてモーダルシフトを推進しているのは，日本の国内貨物輸送がどのような状況《じょうきょう》であるからか，資料11，資料12から読み取り，書きなさい。

〈資料10〉 モーダルシフトについてまとめたものの一部

モーダルシフトとは，トラック等の自動車で行われている貨物輸送を，船舶《せんぱく》や鉄道を利用した貨物輸送へと転換すること。国土交通省が地球温暖化の対策として推進している。

（国土交通省Webページから作成）

〈資料 11〉 1トンの貨物を１km輸送したときの二酸化炭素の排出《はいしゅつ》量

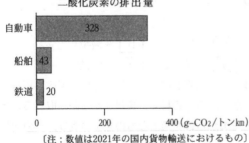

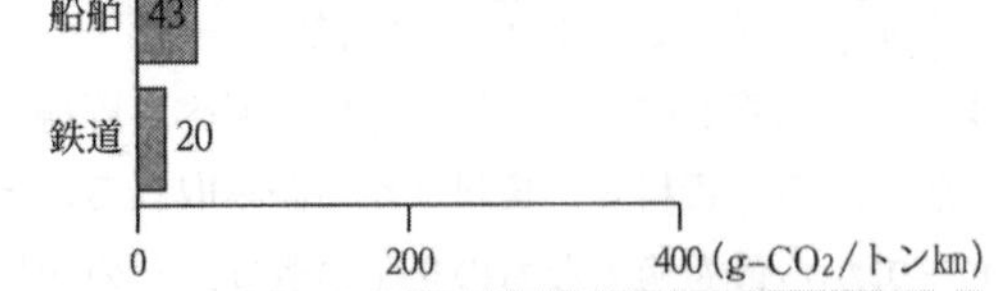

〔注：数値は2021年の国内貨物輸送におけるもの〕
（国土交通省 Web ページほかから作成）

〈資料 12〉 国内貨物輸送量に占める輸送機関別割合

［注：数値は 2021 年のもの。四捨五入の関係から合計は 100 %にならない。］
（総務省 Web ページから作成）

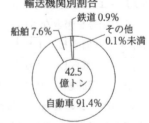

ボランティア部の部員が、傍線部分「ご出席するよう」を適切に書き直したものとして最も適当なものを、あとの**ア**～**エ**から一つ選び、その記号を書きなさい。

拝啓《はいけい》

　青い空に秋の深まりを感じる季節となりました。A地区老人クラブの皆様におかれましては、いかがお過ごしでしょうか。

　さて、私たちA中学校ボランティア部では、左記のように今年も皆様をお招きして、交流会を計画いたしました。ご多用のこととは存じますが、ぜひご出席するようご案内申しあげます。

敬具

―記―

●日時　○月○日（○）午後四時より

●場所　A中学校体育館

追ってプログラムを送付いたします。

以上

ア、出席いたしますよう　　**イ**、ご出席になるよう

ウ、出席なさるよう　　**エ**、ご出席くださいますよう

(一) 【資料1】、【資料2】、【資料3】、【資料4】からわかることとして最も適当なものを、次の**ア**～**エ**から一つ選び、その記号を書きなさい。

ア、【資料1】を見ると、ボランティア部の中学生が最もがんばった交流会の項目について、「合唱（童謡）」と回答した割合は、「合唱（合唱コンタール課題曲）」と回答した割合より小さく、【資料2】を見ると、老人クラブの皆さんが最もよかったと思う交流会の項目については、「合唱（童謡）」より「合唱（合唱コンクール課題曲）」と回答した割合の方が大きい。

イ、【資料1】を見ると、ボランティア部の中学生が最もがんばった交流会の項目について、「劇」と回答した割合は最も大きいが、【資料2】を見ると、老人クラブの皆さんが最もよかったと思う交流会の項目について、「劇」と回答した割合は最も小さい。

ウ、【資料3】を見ると、ボランティア部の中学生が交流会を「楽しかった」「まあまあ楽しかった」と回答した割合は、合わせて九十五パーセント以下である。

エ、【資料3】を見ると、交流会を「楽しかった」「まあまあ楽しかった」と回答した老人クラブの皆さんの割合は、合わせて全体の八割以下であり、その理由として、【資料4】を見ると、「中学生と話ができず、残念だったから」と「長い時間イスに座っていたので、少し疲れたから」が当てはまる。

(二) 次の□の中は、ボランティア部の部員であるいつきさんとなつほさんの会話の一部である。この会話を参考にして、老人クラブの皆さんに交流会で楽しんでもらうための工夫《くふう》について、あなたの考えを、あとの〔作文の注意〕にしたがって書きなさい。

いつきさん　次回の話し合いでは、【資料5】の「今年度の交流会の進行表（案）」の中の《未定》の項目について、決定する必要があるね。

なつほさん　それについては、【資料3】の「交流会は楽しかったですか」の質問において、「まったく楽しくなかった」「あまり楽しくなかった」と回答した老人クラブの皆さんがいるから、今年こそ老人クラブの皆さん全員に楽しんでもらえる交流会にしたいよね。

いつきさん　そうだね。昨年度の交流会の項目を参考にするのもいいし、それ以外の項目について新たに考えてもいいね。老人クラブの皆さんに楽しんでもらえる交流会にするには、どんな工夫が必要かな。

〔作文の注意〕

① 題名は書かずに本文から書き出しなさい。

② 具体的な交流会の項目を一つ取り上げ、【資料4】と右の会話の内容をふまえ、老人クラブの皆さんに楽しんでもらうための工夫を明確にして書きなさい。

③ あなたの考えが的確に伝わるように書きなさい。

④ 原稿《げんこう》用紙の使い方にしたがい、全体を百六十字以上二百字以内にまとめなさい。

(三) 次の□の中は、ボランティア部の部員が作成した、老人クラブの皆《みな》さんへ送付する案内状の下書きの一部である。傍線部分「ご出席するよう」の言葉の使い方が適切でないと先生から指摘《してき》された

【資料1】　あなたが最もがんばった交流会の項目《こうもく》は何ですか

（ボランティア部の中学生の回答）

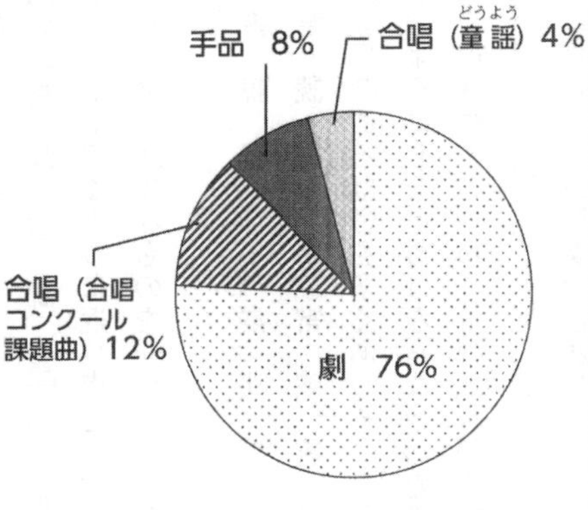

【資料2】　あなたが最もよかったと思う交流会の項目は何ですか

（老人クラブの皆さんの回答）

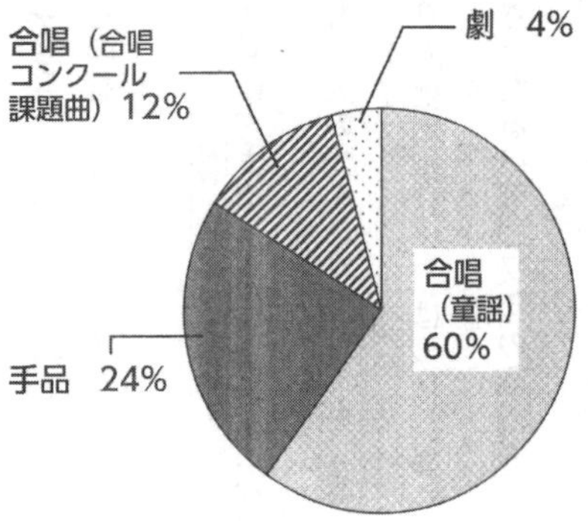

【資料3】　交流会は楽しかったですか

（ボランティア部の中学生と老人クラブの皆さんの回答）

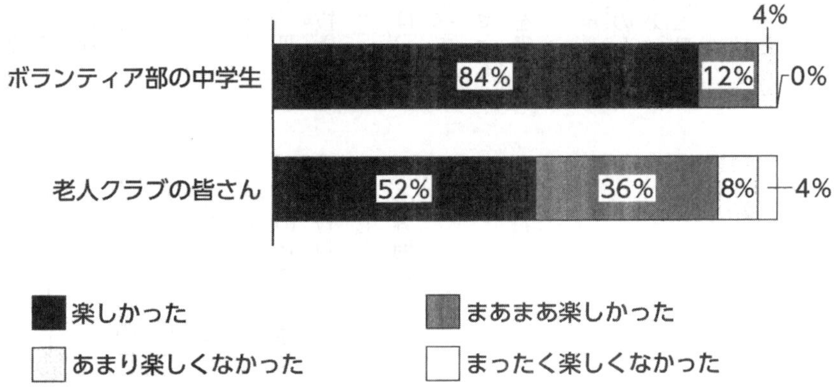

【資料4】

○【資料3】の質問において、老人クラブの皆さんがそれぞれ回答した理由の一部

・中学生が自分たちのために準備をしてくれたことがわかり、うれしかったから

・中学生と一緒《いっしょ》に歌うことができ、とても楽しかったから

・中学生と話ができず、残念だったから

・長い時間イスに座《すわ》っていたので、少し疲《つか》れたから

【資料5】

●今年度の交流会の進行表（案）

	項目
1	開会のあいさつ
2	《未定》
3	閉会のあいさつ

※《未定》の項目については、次回の話し合いで決定する。

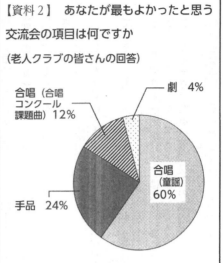

(一) 傍線部分①「同じやうに」を現代仮名遣《かなづか》いに改め、すべてひらがなで書きなさい。

(二) 二重傍線部分「常 映 雪 読 書」が、「常に雪に映して書を読む」と読むことができるように返り点をつけたものは、次のア〜エのうちどれか。最も適当なものを一つ選び、その記号を書きなさい。

ア、常 映レ 雪レ 読 書　　イ、常 映二 雪 読一 書

ウ、常 映レ 雪 読レ 書　　エ、常 映二 雪 読一レ 書

(三) 傍線部分②「夏のころは蛍を多くあつめてなむよみける」とあるが、車胤がこのようにしなければならなかった理由について、Ⅲではどのように表現されているか。Ⅲの【訓読文】から六字で抜《ぬ》き出《だ》して書きなさい。（句読点、返り点、送り仮名は不要である。）

(四) 傍線部分③「此の二つの故事」とあるが、次の［　　］の中は、Ⅰに続く文章で、筆者が「此の二つの故事」に対して意見を述べている箇所《かしょ》の一部である。［①］、［②］に入る言葉の組み合わせとして最も適当なものを、あとのア〜エから一つ選び、その記号を書きなさい。

> もし油をえずば、よるよる《毎夜》は、ちかどなりなどの家にものして《行って》、そのともし火の光をこひかりて《たのんで》も、書はよむべし《読めるだろう》。たとひ《たとえ》そのあかり心にまかせず《思うようにならず》、はつはつなりとも《かすかであるとしても》、［①］には《よりは》こよなくまさりたるべし《格段にまさっているだろう》。又年《一年》のうち、雪蛍《ゆきほたる》のあるは、しばし《少しの間》のほどなるに《であるのに》、それがなきほど《ない間》は、［②］は書よまでありける《読まないでいたので》にや《あろうか》、いとをかし《まことに変である》。

ア、①―雪蛍　　②―夜

イ、①―ともし火　　②―夜

ウ、①―雪蛍　　②―冬夏

エ、①―ともし火　　②―冬夏

5　A中学校のボランティア部は、毎年A地区老人クラブの皆《みな》さんをA中学校に招待し、交流会を行っている。次のページの【資料1】、【資料2】、【資料3】、【資料4】は、昨年度の交流会を計画・実行したボランティア部の中学生とその交流会に参加した老人クラブの皆さんに行ったアンケート結果の一部をまとめたものであり、【資料5】は、ボランティア部の部員が、今年度の交流会について話し合いを行ったときの記録の一部である。これらを読んで、あとの各問いに答えなさい。（十点）

こうして、今日の里の環境《かんきょう》がつくり出された。

(五) 次の［　］の中は、日本のライチョウが人を恐《おそ》れない理由について、筆者の考えをまとめたものである。［　］に入る言葉を、ライチョウの生息地の特徴にふれて、本文中の言葉を使って二十五字以上三十五字以内で書きなさい。（句読点も一字に数える。）

日本人にとってライチョウは、［　　　　］から。

4　Ⅰ、Ⅱ、Ⅲを読んで、あとの各問いに答えなさい。（八点）

Ⅰ　もろこし《中国に》の国に、むかし孫康（注1）といひける人は、いたくがくもんを好みけるに、家まづしくて、油をえかはざりければ《買うことができなかったので》、夜は雪のひかりにてふみ《書物》をよみ、又同じ国の車胤《しゃいん》（注2）といひし人も、いたく書《ふみ》よむ事をこのみけるを、これも①同《おな》じやうにいと貧しくて、油をええざりければ《得ることができなかったので》、②夏のころは蛍《ほたる》を多くあつめてなむよみける。

③此《こ》の二つの故事《ふるごと》《昔あった事がら》は、いといと名高くして、しらぬ人なく、歌にさへなむおほくよむことなりける。

（「玉勝間《たまかつま》」による。）

＊一部表記を改めたところがある。

（注1）孫康――中国の晋の時代の人物。
（注2）車胤――中国の晋の時代の人物。

Ⅱ　【訓読文】※　※原文（白文）に句読点、返り点、送り仮名をつけた文章。

孫氏世録ニ曰ハク、康家貧ニシテ無シレ油、常映雪読書。

Ⅲ　晋ノ車胤字ハ武子、南平ノ人ナリ。恭勤ニシテ不レ倦マ、博覧多通ナリ。家貧ニシテ不ニ常ニハ得一レ油ヲ。夏月ニハ則チ練嚢ニ盛リ二数十ノ蛍火ヲ一、以テ照ラシレ書ヲ、以テレ夜ヲ継グレ日ニ焉。

【書き下し文】

孫氏世録に曰《い》はく《『孫氏世録』にいうことには》、康《孫康》家貧《ひん》にして油無し、常に雪に映して《雪に照らして》書を読む。

晋《しん》の車胤字《あざな》は武子《ぶし》、南平《なんぺい》の人なり。恭勤《きょうきん》《まじめに学業にはげみ》にして倦《う》まず、博覧多通なり《ひろくたくさんの書物に目を通していた》。家貧にして常には油を得ず。夏月には則《すなわ》ち練嚢《れんのう》に数十の蛍火《けいか》を盛り《ねり絹のふくろにたくさんの蛍を入れ》、以《もっ》て書を照らし、夜を以て日に継ぐ《そのあかりで書物を照らして読み、夜も勉強した》。

（「蒙求《もうぎゅう》」による。）

＊一部表記を改めたところがある。

水《ずい》に備えるなど、共同作業が必要である。そのため、水田の近くに集落をつくって定住する生活が基本となった。集団全体をまとめる政《まつりごと》の中心として、集落には神社が祀《まつ》られた。また、水を引いて水田にすることが困難な場所は、野菜類を栽培《さいばい》する畑として開墾された。

[D]

それに対し、里に隣接《りんせつ》した里山の森は、田畑の肥料となる落ち葉や(注2)刈《か》り敷《し》きを得たり、薪《まき》や炭などの燃料を得たり、また家を建てる木材を得たりする場として、大いに利用された。里山は人が住む場所として、里とともに生活の場であった。その里山に対し、里から離《はな》れた奥山《おくやま》には神が祀られ、人がみだりに入ることが制限されていた。水田耕作で最も重要なのは、水の確保である。そのためには、奥山の森に手をつけてはいけないことを、人々は経験を通して知っていたのである。こうして、里と里山は人の領域、奥山は神の領域として使い分ける、日本文化の基本的な形態が確立された。

修験道に代表される山岳信仰は、まさにこのような日本文化の基本構造の中で、うまく機能してきたと考えられる。人々は山を畏怖《いふ》しながらも、ときには日常を離れて神との一体化をもとめ、山に登ることもあった。そして厳しい修行により(注3)霊験《れいげん》を得て、ふたたび里にもどり、生活の中に生かした。だからたとえ山に入ったとしても、神罰《しんばつ》を恐れ、動物を殺して食べるといった殺生《せっしょう》は、ほとんどしてこなかったにちがいない。

稲作を基本にしたこのような日本文化によって、日本の奥山は、先進国の中では唯一《ゆいいつ》例外的に、今日まで豊かな自然を残すことになったのである。ライチョウの生息する高山は信仰の対象であり、奥山の最も奥の神の領域にすむライチョウは、日本人にとって長い間、「神の鳥」であった。だからこそ、日本のライチョウは今日なお、人を恐れないのだ。その意味で、人を恐れない日本のライチョウは、日本文化の産物といえるのである。これが、私か最終的にたどり着いた結論だった。

（中村《なかむら》　浩志《ひろし》『二万年の奇跡《きせき》を生きた鳥　ライチョウ』による。）

＊一部表記を改めたところがある。

（注1）アリューシャン――アメリカ合衆国アラスカ州に属する列島。

（注2）刈り敷き――山野の草・樹木の茎葉《けいよう》を緑のままで水田や畑に敷《し》き込《こ》むこと。また、その材料。

（注3）霊験――神仏が示す不思議な利益《りやく》。

(一) 傍線部分(1)「登り」は動詞であるが、波線部分①～④の動詞のうち、活用の種類が「登り」と同じものを一つ選び、その番号を書きなさい。

(二) 傍線部分(2)「強い」の品詞名として最も適当なものを、次のア～オから一つ選び、その記号を書きなさい。

ア、副詞　イ、連体詞　ウ、動詞
エ、形容詞　オ、形容動詞

(三) 傍線部分(3)「外国のライチョウ」とあるが、次の[ ]の中は、外国のライチョウがもつ、日本のライチョウとは異なる特徴《とくちょう》について、筆者の考えをまとめたものである。[ ]に入る言葉を、本文中の言葉を使って五字以上十字以内で書きなさい。（句読点も一字に数える。）

> 外国のライチョウは、人が近づくと飛んで逃《に》げるなど、人に対する[ ]という特徴がある。

(四) 次の[ ]の中は、文中の[A]、[B]、[C]、[D]のいずれかに入る文である。この文が入る最も適当な箇所《かしょ》を、[A]、[B]、[C]、[D]から一つ選び、その記号を書きなさい。

だが、そうではないことに気づく機会が、四十歳《さい》を④すぎて訪《おとず》れた。

一九九三年の夏、信濃《しなの》毎日新聞社が創立一二〇周年を迎《むか》えるにあたり、同系列の信越《しんえつ》放送(注1)とともにアリューシャンの自然と登山のニュースを放映するプロジェクトが組まれた。そのさい、私も学術調査員として参加することになった。アリューシャン列島には、ライチョウが生息している。(3)外国のライチョウをぜひみてみたいというのが、私の参加理由だった。

北緯《ほくい》五三度より北に位置するこの列島では、寒冷のために木は育たず、海岸からすでに日本の標高二四〇〇メートル以上の高山帯に相当する気候だった。ライチョウは、海岸付近から氷河でおおわれる標高七〇〇メートル付近に生息し、ここでは高山の鳥ではなかった。最も驚《おどろ》いたのは、ライチョウから五〇メートルほどの距離まで近づくと、飛んで逃《に》げたことである。そのため、写真に撮《と》ることができなかった。日本のライチョウなら、数メートルの距離まで近づいて姿や行動をじっくり観察し、写真撮影《さつえい》もできる。だが、ここのライチョウは、人に対する警戒心《けいかいしん》が、日本のライチョウとはまったくちがっていたのである。アリューシャン列島の後にアラスカにも寄ったが、ここのライチョウもまた、人の姿をみると飛んで逃げることを確認《かくにん》した。

さらにその二年後には、イギリスのケンブリッジ大学に一年間滞在《たいざい》する機会があり、その折にスコットランドを訪れ、ライチョウを観察することができた。しかし、ここのライチョウも同様に警戒心が強く、近づいて写真に撮ることができなかった。私はこの時点で、人を恐れない日本のライチョウの方が、むしろ特殊《とくしゅ》であることに気づいたのである。

一体なぜ、日本のライチョウだけが人を恐れないのだろうか。私は外国のライチョウをみたことで、初めてこの疑問に向き合うことになった。アリューシャン、アラスカ、スコットランドでは、ライチョウが狩猟《しゅりょう》の対象となってきたのに対し、日本では狩猟の対象とならなかったことが、その直接の原因であることはすぐに理解できた。しかし、なぜ外国では狩猟の対象になったのに、日本ではならなかったのか。その本質的な点については、すぐには答えを見出《みいだ》すことはできなかった。この点に納得のいく答えが得られたのは、カッコウの研究で外国を訪れる機会が多くなり、外国の自然と文化にふれ、欧米《おうべい》文化と日本文化の本質的なちがいが理解できてからである。アリューシャン列島での調査をきっかけに、ライチョウへの関心がふたたび高まるとともに、この謎《なぞ》は私の中で、すこしずつ解けていくことになった。

A

日本には古くから、高い山には神が鎮座《ちんざ》するという山岳信仰《さんがくしんこう》がある。修験道《しゅげんどう》に代表されるこの山岳信仰は、日本に古くからあった山岳信仰と、大陸から伝来した仏教とが一体となったものである。山にこもって修行し、悟《さと》りを開くという山岳と密接に関係した宗教で、七世紀に大和国《やまとのくに》を中心に活動していた役行者《えんのぎょうじゃ》が開祖とされ、江戸《えど》時代までの長い間、庶民《しょみん》の間で広く流布《るふ》していた。高野山、比叡山《ひえいざん》、長野県の戸隠山《とがくしやま》は、修験道の霊山《れいざん》として、かつては大変栄えていた。B

では、なぜこのような山岳信仰が、長きにわたって日本人に受け入れられてきたのだろうか。日本の歴史を通観し、たどり着いた結論は、その原因が日本の自然と文化にあるというものだった。C

四季を通して雨が降る日本は、広く森でおおわれた国だ。縄文《じょうもん》時代以前には、その森の中を大小の河川《かせん》が流れ、いたるところに湿地《しっち》、池、湖があるというのが、日本本来の自然の姿だった。その後、大陸から稲作《いなさく》文化が入り、湿地や平地の森が開墾《かいこん》されて水田がつくられるようになり、平地に開けた環境《かんきょう》が広がった。稲作は、山から水を引いて洪《こう》千春もつられて目を上げた。

（瀧羽《たきわ》　麻子《あさこ》『ひこぼしをみあげて』による。）

＊一部表記を改めたところがある。
＊一部省略したところがある。

(一) 傍線部分(1)「微笑《ほほえ》ん」は動詞であるが、その活用形として最も適当なものを、次のア～エから一つ選び、その記号を書きなさい。

ア、未然形　**イ**、連用形　**ウ**、連体形　**エ**、仮定形

(二) 傍線部分(2)「すとんと座《すわ》った」とあるが、「すとんと」と「座った」とはどのような文節どうしの関係か。次の**ア**～**エ**から最も適当なものを一つ選び、その記号を書きなさい。

ア、主・述の関係　**イ**、修飾《しゅうしょく》・被修飾《ひしゅうしょく》の関係
ウ、並立《へいりつ》の関係　**エ**、補助の関係

(三) 傍線部分(3)「気になってたんだ」とあるが、那彩《なさ》が気になっていたことは何か。次のア～エから最も適当なものを一つ選び、その記号を書きなさい。

ア、自分が、ずばずばとものを言ったため、千春《ちはる》が先輩《せんぱい》たちとの議論に入れなかったのではないかということ。
イ、自分が、先輩たちと投影機《とうえいき》の話をしていたため、初心者の千春は楽しめなかったのではないかということ。
ウ、自分が、千春を天文部に強引《ごういん》に誘《さそ》ったことで、千春に無理をさせているのではないかということ。
エ、自分が、天文部に入ってから舞《ま》いあがっていることで、千春に心配をかけているのではないかということ。

(四) 二重傍線部分「「なんかちょっと、うらやましかった」　口に出したら、妙《みょう》にすっきりした」とあるが、千春がこの言葉を口に出したことで、妙にすっきりしたのは、どのようなことに気づいたからか。「……ことに気づいたから。」につながるように、本文中の言葉を使って三十五字以上四十五字以内で書きなさい。（句読点も一字に数える。）

(五) この文章の表現についての説明として最も適当なものを、次の**ア**～**エ**から一つ選び、その記号を書きなさい。

ア、葉山《はやま》先生とのやり取りを通して、天文部に対して相反する姿勢を示していた千春と那彩の行動や心情を、対比しながら表現している。
イ、前半では、葉山先生の助言を受け入れていく那彩の心情を、後半では、過去の自分と向き合う千春の心情を、比喩《ひゆ》を用いて表現している。
ウ、天文部での出来事を語り手の目線で客観的に描写《びょうしゃ》し、葉山先生や那彩たちに対する千春の行動や心情が変化する様子を表現している。
エ、千春と那彩との会話で話が展開し、那彩が自分の経験を千春に伝えたことにより、二人の思いが通じ合っていく様子を表現している。

3 次の文章を読んで、あとの各問いに答えなさい。（十二点）

山に(1)登り、ライチョウと出会ったことのある人なら、人を恐《おそ》れないこの鳥に(2)強いインパクトを①受けた方も多いだろう。数メートルの距離《きょり》に②近づいても人を恐れない野生動物に接する機会など、ほとんどないからである。では一体、ライチョウはなぜ人を恐れないのだろうか。私は学生のころからライチョウに③接していたにもかかわらず、このことを疑問に思うことは一度もなかった。ライチョウはそういう鳥だということで、最初から納得《なっとく》してしまっていたからである。

どうも歯切れが悪い。戸惑《とまど》いつつ、千春は続きを待った。那彩は日《ひ》頃《ごろ》からずばずばとものを言うのに、めずらしい。

「(3)気になってたんだ」

那彩がぼそりとつぶやいて、手をひっこめた。もじもじとスカートをいじる。

「千春に、無理させてないかなって」

「無理？　わたしが？」

意味がのみこめず、千春は問い返した。

「天文部、あたしが強引《ごういん》に誘っちゃったから。千春は優《やさ》しいしさ。内心、なんかちがうって思ってたりとか……」

「思ってないよ」

とっさに大きな声が出てしまって、口をつぐんだ。そっとまわりをうかがう。幸い、そばには誰《だれ》もいない。

「ほんとに？」

那彩が上目づかいで千春をちらっと見やり、またうつむいた。両手で握《にぎ》りしめたスカートがしわくちゃだ。

「前に失敗したんだ、あたし」

小学校で仲のよかった友だちに、折にふれて星の話をしていたらしい。相手も楽しそうに聞いてくれていた。というか、那彩はそう思いこんでいた。

ある日いきなり、遠慮《えんりょ》がちに本音を告げられるまでは。

「ごめん、星にはあんまり興味ないんだ、って」

那彩は深く落ちこんだ。反省もした。他人の趣味《しゅみ》を無理やり押《お》しつけられたら、あたしだっていやだ。これからはむやみに星のことばかりしゃべらないように気をつけよう、と心に決めた。

「だけど天文部に入って、舞《ま》いあがっちゃって。先輩たちもあんなだしね。最近、浮《う》かれすぎっていうか、調子に乗っちゃってた」

那彩がぐいと顔を上げ、千春と目を合わせた。

「ごめんね千春。あたし、うるさかったよね？　正直、ひいてない？」

「そんなことないよ」

少し考えて、「でも」と千春は思いきって言い足した。

せっかく那彩が素直《すなお》な気持ちを打ち明けてくれたんだから、わたしもそうしよう。

「なんかちょっと、うらやましかった」

口に出したら、妙《みょう》にすっきりした。

ああそうか、と思う。心から夢中になれるものを持ち、それをひたむきに追いかけている那彩たちが、わたしはうらやましかったんだ。

「わたしもがんばる。那彩を見習って」

目をまるくしていた那彩が、照れくさそうに頬《ほお》をゆるめた。千春の言いたいことは通じたようだ。

「星のこと全然くわしくないし、足ひっぱっちゃうかもだけど」

「いやいや、あたしだってそんなにくわしくないってば！」

那彩がもどかしげにさえぎった。

「そもそも、専門家でもまだわかってないことが山ほどあるんだよ？」

そうみたいだ。プラネタリウムの上映中も、しつこく「まだわかっていません」と念を押された。宇宙はあまりにも広く、人間はあまりにも小さい。

「初心者っていうなら、あたしたち全員が初心者だって」

きっぱりと言いきって、那彩はななめ上にふっと視線をずらした。

〈国語〉

時間　四五分　　満点　五〇点

1 次の①～⑧の文の傍線部分について、漢字は読みをひらがなで書き、ひらがなは漢字に直しなさい。（八点）

① 一家で農業を営む。　② 図書の返却《へんきゃく》を促す。
③ 道路の幅《はば》を拡張する。　④ 作品に思いを凝縮する。
⑤ 冬の日はみじかい。　⑥ 平和の鐘《かね》をならす。
⑦ 店先にかんばんを出す。　⑧ じゃっかんの変更《へんこう》が生じる。

2 次の文章を読んで、あとの各問いに答えなさい。（十二点）

中学一年生の長谷川千春《はせがわちはる》は、同級生の那彩《なさ》に誘《さそ》われて天文部に入部した。ある日、千春は、葉山《はやま》先生、二階堂先輩《にかいどうせんぱい》、片瀬《かたせ》先輩、那彩たちと一緒《いっしょ》に科学館を訪《おとず》れ、はじめてプラネタリウムを見た。

場内が明るくなっても、千春はしばらく立ちあがれなかった。体の半分が、まだ宇宙のどこかをさまよっているみたいだ。

「長谷川さん」

名前を呼ばれ、はっと背筋がのびた。振りむくと、一列後ろから葉山先生が千春を見下ろしていた。

「どうだった?」

「すごく、きれいでした」

うまく頭が働かないまま、千春はとりあえず答えた。つまんない返事だ。われながら恥《は》ずかしくなる。

「すみません、なんか、小さい子の感想みたいで」

「そんなことないよ」

先生が(1)微笑《ほほえ》んだ。

「きれいだなって感じるのが、すべてのはじまりじゃない？　出発点っていうか。わたしはそうだったよ」

首をめぐらせ、ホールを見わたす。

「たぶん、みんなも」

千春も周囲を見まわしてみた。二階堂先輩は椅子《いす》に体を沈《しず》め、余韻《よいん》を味わうかのように天井《てんじょう》をうっとりと見上げている。二年生の四人は投影機《とうえいき》のそばに集まって、なにやら熱心に議論している。ちょうどこっちに顔をむけていた片瀬先輩には、ぷいと目をそらされてしまった。

那彩が小走りに駆《か》けよってきて、千春のとなりに(2)すとんと座《すわ》った。

「千春、どうだった？」

「きれいだった」

千春は答えた。すでに通路のほうへ歩き出していた先生に、いたずらっぽく目くばせされた。

「気に入った？　よかったあ」

ぱあっと顔をほころばせた那彩は、すぐに表情をひきしめた。

「実は、ちょっとだけ心配だったんだ。千春が楽しめるかなって」

「大丈夫《だいじょうぶ》、解説がわかりやすかったし。初心者でもちゃんとついていけたよ」

千春が言うと、ぎゅっと腕《うで》をつかまれた。

「ちがうの、初心者とか、そういう意味じゃなくて」

「え？」

「あのね、ええと……なんていうか……」

2024年度

解　答　と　解　説

《2024年度の配点は解答用紙集に掲載してあります。》

＜数学解答＞

1　(1)　-42　(2)　$\frac{5}{6}x$　(3)　$-7x$　(4)　$x=\frac{1}{2}$，$y=-1$　(5)　$(x+9)(x-4)$

(6)　$x=\frac{-5\pm\sqrt{33}}{4}$　(7)　$n=30$

(8)　$5\leqq y\leqq 10$　(9)　8点　(10)　144°

(11)　225°　(12)　右図

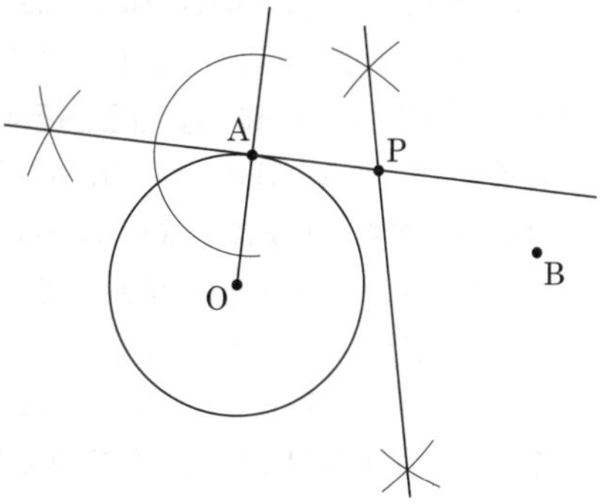

2　(1)　10人　(2)　2人

3　(1)　$\frac{3}{5}$　(2)　7

4　(1)　①　$3x+7$　②　$5x-3$　③　$\frac{x-7}{3}$

④　$\frac{y+3}{5}$　(2)　A組の生徒17人，りんご58個，みかん82個

5　(1)　A$(-6,\ 12)$　(2)　27cm^2　(3)　イ

(4)　$x=-6+3\sqrt{3}$

6　(1)　解説参照　(2)　①　$\frac{7}{2}$cm　②　線分DE：線分EG：線分GC＝16：5：15

7　(1)　$2\sqrt{3}$ cm^2　(2)　正四角錐P：三角錐Q＝8：1　(3)　$\frac{2\sqrt{6}}{3}$cm

＜数学解説＞

1　（数・式の計算，連立方程式，因数分解，二次方程式，数の性質，比例関数，資料の散らばり・代表値，角度，作図）

(1)　**異符号の2数の積の符号は負で，絶対値は2数の絶対値の積**だから，$7\times(-6)=-(7\times6)=-42$

(2)　分母を2と3の**最小公倍数**の6に通分して，$\frac{3}{2}x-\frac{2}{3}x=\left(\frac{3}{2}-\frac{2}{3}\right)x=\left(\frac{9}{6}-\frac{4}{6}\right)x=\frac{5}{6}x$

(3)　$(-21x^2y)\div3xy=-(21x^2y\div3xy)=-\frac{21x^2y}{3xy}=-7x$

(4)　$\begin{cases}4x-5y=7\cdots①\\2x+3y=-2\cdots②\end{cases}$　とする。①－②×2より，$(4x-5y)-(4x+6y)=7-(-4)$　$4x-5y-4x-6y=11$　$-11y=11$　$y=-1$　これを②に代入して　$2x+3\times(-1)=-2$　$2x=1$　$x=\frac{1}{2}$　よって，連立方程式の解は，$x=\frac{1}{2}$，$y=-1$

(5)　たして$+5$，かけて-36になる2つの数は，$(+9)+(-4)=+5$，$(+9)\times(-4)=-36$より，$+9$と-4だから$x^2+5x-36=\{x+(+9)\}\{x-(-4)\}=(x+9)(x-4)$

(6)　**2次方程式$ax^2+bx+c=0$の解は，$x=\frac{-b\pm\sqrt{b^2-4ac}}{2a}$**で求められる。問題の2次方程式は，$a=2$，$b=5$，$c=-1$の場合だから，$x=\frac{-5\pm\sqrt{5^2-4\times2\times(-1)}}{2\times2}=\frac{-5\pm\sqrt{25+8}}{4}=\frac{-5\pm\sqrt{33}}{4}$

(7)　$120n=2^3\times3\times5\times n=2^2\times2\times3\times5\times n$より，$120n$の値が整数の2乗となるような自然数$n$は$2\times3\times5\times$(自然数)^{2}と表される。このような$n$うち，最も小さい数は$2\times3\times5\times1^2=30$である。

(8)　関数$y=\frac{20}{x}$…①　のグラフは，xが増加するとyは減少するグラフになる。これより，①のグラフ上の点で，x座標が2である点のy座標は$y=\frac{20}{2}=10$，x座標が4である点のy座標は$y=\frac{20}{4}=5$だから，xの**変域**が$2 \leqq x \leqq 4$のとき，yの変域は$5 \leqq y \leqq 10$になる。

(9)　**箱ひげ図**では**四分位範囲**は箱の横の長さに等しいから，問題の箱ひげ図の四分位範囲は22－14＝8(点)である。

(10)　***n*角形の内角の和は180°×(*n*－2)**だから，正十角形の1つの内角の大きさは180°×(10－2)÷10＝144°

(11)　円錐の展開図において，側面のおうぎ形の中心角をa°とすると，側面のおうぎ形の弧の長さ$2\pi \times 8 \times \frac{a}{360}=\frac{2}{45}\pi a$(cm)は，底面の円の円周の長さ$2\pi \times 5=10\pi$(cm)に等しいから，$\frac{2}{45}\pi a=10\pi$　$a=225$　よって，側面のおうぎ形の中心角は225°である。

(12)　(着眼点)　**接線と接点を通る半径は垂直に交わる**から，点Aを通る半直線OAの垂線上に，点Pはある。また，点Pは2点O，Bから等しい距離にあるから，点Pは線分OBの垂直二等分線上にある。

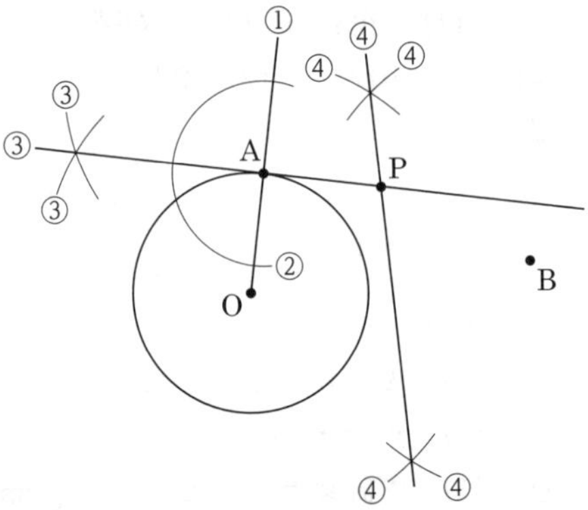

(作図手順)　次の①～④の手順で作図する。

①　半直線OAを引く。　②　点Aを中心とした円を描き，半直線OA上に交点をつくる。　③　②でつくったそれぞれの交点を中心として，交わるように半径の等しい円を描き，その交点と点Aを通る直線(点Aを通る半直線OAの垂線)を引く。　④　点O，Bをそれぞれ中心として，交わるように半径の等しい円を描き，その交点を通る直線(線分OBの**垂直二等分線**)を引き，点Aを通る半直線OAの垂線との交点をPとする。

2　(資料の散らばり・代表値)

(1)　ある**階級**の**累積度数**とは，一番小さい階級から，その階級までの**度数**の合計のことだから，はなこさんがまとめた**ヒストグラム**の6回以上9回未満の階級の累積度数は3＋4＋3＝10(人)…①である。

(2)　たろうさんがまとめたヒストグラムの0回以上10回未満の階級の度数は12人…②　である。これより，図書館に行った回数が9回の生徒の人数は，①と②の差がであり，12－10＝2(人)である。

3　(確率)

(1)　すべての玉の取り出し方は，かずきさんの袋から取り出した玉に書かれた数をa，よしこさんの袋から取り出した玉に書かれた数をbとしたとき，(a，b)＝(2，1)，(2，3)，(2，6)，(2，8)，(4，1)，(4，3)，(4，6)，(4，8)，(5，1)，(5，3)，(5，6)，(5，8)，(7，1)，(7，3)，(7，6)，(7，8)，(9，1)，(9，3)，(9，6)，(9，8)の20通り。このうち，かずきさんが勝つのは＿＿を付けた12通り。よって，求める確率は$\frac{12}{20}=\frac{3}{5}$

(2)　かずきさんの袋からよしこさんの袋へ玉を1個移しても，すべての玉の取り出し方は20通りで変わらないから，かずきさんが勝つ確率とよしこさんが勝つ確率が等しくなるのは，よしこさんが勝つ玉の取り出し方が$\frac{20}{2}=10$(通り)になるということである。かずきさんの袋からよしこさんの袋へ2の数が書かれた玉を移したとき，よしこさんが勝つ玉の取り出し方は$(b,\ a)=(6,\ 4)$，$(6,\ 5)$，$(8,\ 4)$，$(8,\ 5)$，$(8,\ 7)$の5通りだから，問題の条件に合わない。かずきさんの袋からよしこさんの袋へ4の数が書かれた玉を移したとき，よしこさんが勝つ玉の取り出し方は$(b,\ a)=(3,\ 2)$，$(4,\ 2)$，$(6,\ 2)$，$(6,\ 5)$，$(8,\ 2)$，$(8,\ 5)$，$(8,\ 7)$の7通りだから，問題の条件に合わない。かずきさんの袋からよしこさんの袋へ5の数が書かれた玉を移したとき，よしこさんが勝つ玉の取り出し方は$(b,\ a)=(3,\ 2)$，$(5,\ 2)$，$(5,\ 4)$，$(6,\ 2)$，$(6,\ 4)$，$(8,\ 2)$，$(8,\ 4)$，$(8,\ 7)$の8通りだから，問題の条件に合わない。かずきさんの袋からよしこさんの袋へ7の数が書かれた玉を移したとき，よしこさんが勝つ玉の取り出し方は$(b,\ a)=(3,\ 2)$，$(6,\ 2)$，$(6,\ 4)$，$(6,\ 5)$，$(7,\ 2)$，$(7,\ 4)$，$(7,\ 5)$，$(8,\ 2)$，$(8,\ 4)$，$(8,\ 5)$の10通りだから，問題の条件に合う。かずきさんの袋からよしこさんの袋へ9の数が書かれた玉を移したとき，よしこさんが勝つ玉の取り出し方は$(b,\ a)=(3,\ 2)$，$(6,\ 2)$，$(6,\ 4)$，$(6,\ 5)$，$(8,\ 2)$，$(8,\ 4)$，$(8,\ 5)$，$(8,\ 7)$，$(9,\ 2)$，$(9,\ 4)$，$(9,\ 5)$，$(9,\ 7)$の12通りだから，問題の条件に合わない。以上より，かずきさんの袋からよしこさんの袋へ7の数が書かれた玉を移したとき，かずきさんが勝つ確率とよしこさんが勝つ確率が等しくなる。

4　(方程式の応用)

(1)　〈けいたさんの考え方〉　A組の生徒の人数をx人とする。A組の生徒全員に，りんごを3個ずつ配ると7個余ったから，りんごの個数は，xの式で表すと，(配ったりんごの個数)＋(余ったりんごの個数)＝3個×x人＋7個＝$(3x+7)$個…①　と表すことができる。また，A組の生徒全員に，みかんを5個ずつ配ると3個たりなかったから，みかんの個数は，xの式で表すと，(5個ずつ配るのに必要なみかんの個数)－(たりなかったみかんの個数)＝5個×x人－3個＝$(5x-3)$個…②　と表すことができる。りんごとみかんはあわせて140個あったから，①＋②＝140より，$(3x+7)+(5x-3)=140$と表すことができる。　〈のぞみさんの考え方〉　りんごの個数をx個，みかんの個数をy個とする。A組の生徒全員に，x個のりんごを3個ずつ配ると7個余ったから，3個×(A組の生徒の人数)＝$(x-7)$個より，A組の生徒の人数は，xの式で表すと，$\frac{x-7}{3}$人…③　と表すことができる。また，A組の生徒全員に，y個のみかんを5個ずつ配ると3個たりなかったから，5個×(A組の生徒の人数)＝$(y+3)$個より，A組の生徒の人数は，yの式で表すと，$\frac{y+3}{5}$人…④　と表すことができる。りんごとみかんはあわせて140個あったことと，③で表される人数と，④で表される人数は等しいことから，$\begin{cases} x+y=140 \\ \frac{x-7}{3}=\frac{y+3}{5} \end{cases}$　と表すことができる。

(2)　〈一次方程式を解く〉　$(3x+7)+(5x-3)=140$より，$8x+4=140$　$x=17$　よって，A組の生徒の人数は17人　$x=17$を①式に代入して，りんごの個数は，$3\times17+7=58$(個)　$x=17$を②式に代入して，みかんの個数は，$5\times17-3=82$(個)である。　〈連立方程式を解く〉$\begin{cases} x+y=140 \cdots ㋐ \\ \frac{x-7}{3}=\frac{y+3}{5} \cdots ㋑ \end{cases}$とする。㋑の両辺に15をかけて，$5(x-7)=3(y+3)$　$5x-3y=44$…㋒　㋐×3＋㋒より，$8x=464$　$x=58$　これを㋐に代入して，$58+y=140$　$y=82$　よって，りんごの個数は58個，みかんの個数は82個　$x=58$を③式に代入して，A組の生徒の人数は，$\frac{58-7}{3}=17$(人)である。

5　(図形と関数・グラフ)

(1)　点Aは$y=\frac{1}{3}x^2$上にあるから，そのy座標は$y=\frac{1}{3}\times(-6)^2=12$　よって，$A(-6,\ 12)$

(2)　(1)と同様にして，点Bのy座標は$y=\frac{1}{3}\times3^2=3$　よって，B(3, 3)　2点A, Bを通る直線の傾きは$\frac{3-12}{3-(-6)}=-1$だから，直線ABの式を$y=-x+b$とおくと，点Bを通るから，$3=-3+b$　$b=6$　よって，直線ABの式は$y=-x+6$…①　であり，直線ABとy軸との交点をCとするとC(0, 6)である。これより，△OAB＝△OAC＋△OBC＝$\frac{1}{2}$×OC×(点Aとy軸との距離)＋$\frac{1}{2}$×OC×(点Bとy軸との距離)＝$\frac{1}{2}\times6\times6+\frac{1}{2}\times6\times3=27$(cm^2)

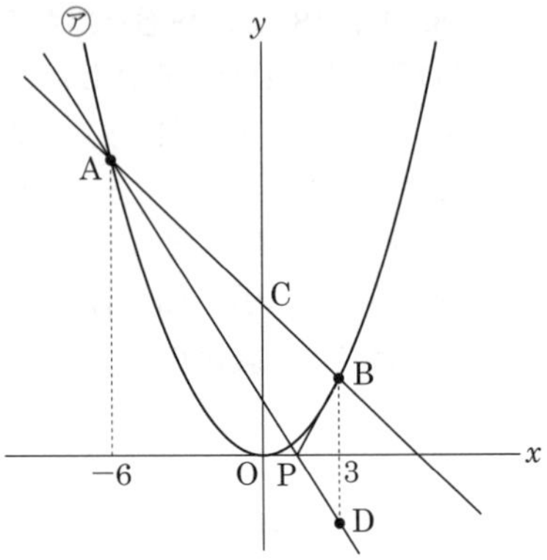

(3)　点Bとx軸について対称な点をDとすると，D(3, −3)　△BPDはx軸を**対称の軸**とする**線対称な図形**だから，BP＝DPより，AP＋BP＝AP＋DP　これより，AP＋BPの値が最小となるのは，AP＋DPの値が最小となるときであり，これは右図のように点Pが直線AD上にあるときである。点A, Dを通る直線の傾きは$\frac{-3-12}{3-(-6)}=-\frac{5}{3}$だから，直線ADの式を$y=-\frac{5}{3}x+c$とおくと，点Dを通るから，$-3=-\frac{5}{3}\times3+c$　$c=2$　よって，直線ADの式は$y=-\frac{5}{3}x+2$　これに$y=0$を代入して，$0=-\frac{5}{3}x+2$　$x=\frac{6}{5}$　これより，点Pの座標はP$\left(\frac{6}{5},\ 0\right)$　以上より，△PAB＝△ABD－△BPD＝$\frac{1}{2}$×BD×(点Bのx座標－点Aのx座標)－$\frac{1}{2}$×BD×(点Bのx座標－点Pのx座標)＝$\frac{1}{2}$×BD×{(点Bのx座標－点Aのx座標)－(点Bのx座標－点Pのx座標)}＝$\frac{1}{2}$×BD×(点Pのx座標－点Aのx座標)＝$\frac{1}{2}\times\{3-(-3)\}\times\left\{\frac{6}{5}-(-6)\right\}=21\frac{3}{5}$(cm^2)　よって，△OABより，△PABの方が面積が小さい。

(4)　直線AOの式を$y=ax$とおくと，点Aを通るから，$12=a\times(-6)$　$a=-2$　よって，直線AOの式は$y=-2x$…②　点Qのx座標をtとおくと，明らかに，△OACより△OBCの方が面積が小さいから，点Qを通りy軸と平行な直線(これを直線ℓとする)が△OABの面積を2等分するとき，$-6<t<0$…③　であり，直線ℓは線分AC, AOと交わる。この交点をそれぞれR, Sとすると，点Rのy座標は(2)①に$x=t$を代入して$y=-t+6$，点Sのy座標は②に$x=t$を代入して$y=-2t$　よって，R(t, $-t+6$)，S(t, $-2t$)　これより，△ARS＝$\frac{1}{2}$×RS×(点Rのx座標－点Aのx座標)＝$\frac{1}{2}\times\{t-(-6)\}\times\{(-t+6)-(-2t)\}=\frac{1}{2}(t+6)^2$　これが△OABの面積の$\frac{1}{2}$の$\frac{27}{2}$cm^{2}になるのは，$\frac{1}{2}(t+6)^2=\frac{27}{2}$　$(t+6)^2=27$　$t+6=\pm\sqrt{27}=\pm3\sqrt{3}$　$t=-6\pm3\sqrt{3}$　③より，$t=-6+3\sqrt{3}$　以上より，直線ℓが△OABの面積を2等分するとき，点Qのx座標は$-6+3\sqrt{3}$である。

6　(円の性質，相似の証明，線分の長さ)

(1)　(証明)　(例)△ABFと△ADGにおいて，共通な角だから，∠BAF＝∠DAG…①　弧AEに対する**円周角**は等しいから，∠ABF＝∠ACE…②　線分CEは，∠ACBの二等分線だから，∠ACE＝∠BCE…③　DA//BCより，**平行線の錯角は等しい**から，∠BCE＝∠ADG…④　②，③，④より，∠ABF＝∠ADG…⑤　①，⑤より，2組の角がそれぞれ等しいので，△ABF∽△ADG

(2)　①　線分CEは∠ACBの二等分線だから，**角の二等分線と線分の比の定理**より，AG：GB＝CA：BC＝7：5　$AG=AB\times\frac{AG}{AB}=AB\times\frac{AG}{AG+GB}=6\times\frac{7}{7+5}=\frac{7}{2}$(cm)

②　DA//BCより，**平行線と線分の比についての定理**を用いて，DA：BC＝DG：GC＝AG：

GB＝7：5　DA＝BC×$\frac{7}{5}$＝5×$\frac{7}{5}$＝7(cm)　DG＝DC×$\frac{DG}{DC}$＝DC×$\frac{DG}{DG+GC}$＝DC×$\frac{7}{7+5}$＝$\frac{7}{12}$DC…㋐　GC＝DC－DG＝DC－$\frac{7}{12}$DC＝$\frac{5}{12}$DC…㋑　△ABF∽△ADGより，AF：AG＝AB：AD　AF＝$\frac{AG\times AB}{AD}$＝$\frac{\frac{7}{2}\times 6}{7}$＝3(cm)　平行線と線分の比についての定理を用いて，DE：EC＝DF：BC＝(DA－AF)：BC＝(7－3)：5＝4：5　DE＝DC×$\frac{DE}{DC}$＝DC×$\frac{DE}{DE+EC}$＝DC×$\frac{4}{4+5}$＝$\frac{4}{9}$DC…㋒　㋐，㋑，㋒より，DE：EG：GC＝DE：(DG－DE)：GC＝$\frac{4}{9}$DC：$\left(\frac{7}{12}DC-\frac{4}{9}DC\right)$：$\frac{5}{12}$DC＝16：5：15

7　**(空間図形，面積，体積比，三角錐の高さ)**

(1)　△EABは1辺の長さが4cmの正三角形。**二等辺三角形の頂角と底辺の中点を結ぶ線分は底辺と垂直に交わる**。これより，EM⊥ABであり，△EAMは**30°，60°，90°の直角三角形で，3辺の比は2：1：$\sqrt{3}$** だから，EM＝AM×$\sqrt{3}$＝$\frac{AB}{2}$×$\sqrt{3}$＝$\frac{4}{2}$×$\sqrt{3}$＝2$\sqrt{3}$(cm)　よって，△EAM＝$\frac{1}{2}$×AM×EM＝$\frac{1}{2}$×2×2$\sqrt{3}$＝2$\sqrt{3}$(cm^2)

(2)　正四角錐Pの底面を正方形ABCD，三角錐Qの底面を△AMNとすると，高さが等しいから，正四角錐Pと三角錐Qの体積の比は底面積の比に等しい。正方形ABCDの面積をSとする。△ABDで，点M，Nはそれぞれ辺AB，ADの中点だから，**中点連結定理**より，MN//BD，MN＝$\frac{1}{2}$BD　これより，△AMN∽△ABDで，**相似比**はMN：BD＝1：2だから，△AMN：△ABD＝1^2：2^2＝1：4　よって，△AMN＝$\frac{1}{4}$△ABD＝$\frac{1}{4}$×$\frac{1}{2}$(正方形ABCDの面積)＝$\frac{1}{8}$S　以上より，(正四角錐Pの体積)：(三角錐Qの体積)＝(正方形ABCDの面積)：△AMN＝S：$\frac{1}{8}$S＝8：1

(3)　△ABCは**直角二等辺三角形で，3辺の比は1：1：$\sqrt{2}$** だから，AC＝AB×$\sqrt{2}$＝4$\sqrt{2}$(cm)　正方形ABCDの対角線の交点をOとすると，EO⊥正方形ABCDである。△EAOに**三平方の定理**を用いると，EO＝$\sqrt{EA^2-AO^2}$＝$\sqrt{EA^2-\left(\frac{AC}{2}\right)^2}$＝$\sqrt{4^2-\left(\frac{4\sqrt{2}}{2}\right)^2}$＝2$\sqrt{2}$(cm)　これより，(正四角錐Pの体積)＝$\frac{1}{3}$×(正方形ABCDの面積)×EO＝$\frac{1}{3}$×$4^2$×2$\sqrt{2}$＝$\frac{32\sqrt{2}}{3}$($cm^3$)　(三角錐Qの体積)＝(正四角錐Pの体積)×$\frac{1}{8}$＝$\frac{32\sqrt{2}}{3}$×$\frac{1}{8}$＝$\frac{4\sqrt{2}}{3}$($cm^3$)　△EAMを底面としたときの三角錐Qの高さを$h$cmとすると，その体積は$\frac{1}{3}$×△EAM×$h$＝$\frac{1}{3}$×2$\sqrt{3}$×$h$＝$\frac{2\sqrt{3}}{3}h$($cm^3$)と表される。これが$\frac{4\sqrt{2}}{3}$$cm^3$に等しいから，$\frac{2\sqrt{3}}{3}h=\frac{4\sqrt{2}}{3}$　$h=\frac{2\sqrt{6}}{3}$　求める高さは$\frac{2\sqrt{6}}{3}$cmである。

＜英語解答＞

1　(1)　ウ　(2)　No. 1　ア　No. 2　イ　No. 3　イ　(3)　No. 1　ア　No. 2　ウ　No. 3　ア　No. 4　イ　(4)　No. 1　イ　No. 2　イ　No. 3　ア

2　(1)　No. 1　①　ウ　②　ア　No. 2　エ　(2)　ウ

3　(1)　①　(例1)I traveled in Iwate with my family last summer.　(例2)My family and I took a trip to Iwate this summer.　(例3)My family visited Iwate last summer.　②　(例1)It was interesting to feed monkeys in the zoo. (例2)Giving food to a monkey in the zoo was fun. (例3)I enjoyed giving monkeys some foods in the zoo. ③ (例1)What animal do you like the best? (例2)What's your favorite animal? (例3)Can you tell me the animal you like best? (2) ① (例1)How long are you going to stay in Japan? (例2)How many days are you going to be in Japan? (例3) Can you tell me how long you'll stay in Japan? ② (例1)People enjoy fireworks at the festival in this town in August every year. (例2)The fireworks at the festival held in this city in August make people happy. (例3)Every August people like to see fireworks at the festival in this town. ③ (例1)If you see the fireworks, you will be surprised. (例2)You'll be surprised when you watch them. (例3)They'll amaze you.

4 (1) ① イ ② ア (2) A made B problem (3) エ (4) ア，オ

＜英語解説＞

1 (リスニング)

放送台本の和訳は，57ページに掲載。

2 (会話文問題：文の挿入，内容真偽，グラフを用いた問題)

(1) (全訳)

ジョン：わあ！君はピアノが上手だね。どのくらい練習してきたの？

ケン　：10年間だよ。5歳の時に，お父さんとピアノのコンサートに行ったんだ。その演奏が素晴らしかったんだよ。その時から僕は音楽家になりたいと思っているんだ。

ジョン：素敵だね。①僕はピアノは弾けないけれど，ギターを弾くのは好きだよ。僕のお母さんが，僕が小学生の時にギターの弾き方を教えてくれたんだ。

ケン　：そうなの？　僕のバンドに入ってくれない？　僕は学校でバンドに入っているんだけど，そのバンドのメンバーはギターを弾ける学生を必要としているんだ。

ジョン：面白そうだね。でも僕は自分のギターを僕の国に置いて来たよ。

ケン　：心配ないよ。音楽の先生のタナカ先生に学校でギターを借りることができるよ。

ジョン：わかった。②僕はいつバンドに参加できるかな？

ケン　：明日はどうかな？　僕たちのバンドが放課後練習する予定なんだ，だから君をみんなに紹介させてよ。

ジョン：わかったよ。普段はバンドのメンバーといつ練習をしているの？

ケン　：水曜日と金曜日だよ。来月からは，放課後毎日練習するつもりだよ。

ジョン：おお，どうして？

ケン　：10月28日にコンサートがあるんだ。だからますます一生懸命練習しないといけないんだよ。

ジョン：僕も一生懸命練習すれば，そのコンサートの時に君たちのバンドでギターを弾けるかな？

ケン　：もちろんできるよ。今は9月5日だから，コンサートに向けて練習する時間は1か月以上あるよ。他のバンドのメンバーは君が一緒に音楽を演奏してくれたら喜ぶよ。

ジョン：そう言ってくれて嬉しいよ。コンサートに向けてベストを尽くすつもりだよ。

No. 1　全訳参照。　①　ケンの2番目の発言に注目。①を含むジョンの発言を聞いて，ギターが弾ける学生が必要だと言っているのでウが適当。　②　ケンの4番目の発言に注目。②を含むジョンの発言に対して「明日はどうかな？」と言っているのでアが適当。　How about ～？＝(会話の中で)～はどうですか？

No. 2　全訳参照。　ア　ケンは，彼の父とピアノのコンサートに行った後，5年前にピアノを弾き始めた。　イ　ジョンは彼の国から自分のギターを持ってこなかったので，彼の母は明日ギターを彼に送るつもりだ。　ウ　ケンのバンドのメンバーはコンサートに向けて2か月間放課後毎日練習している。　エ　ジョンは，ケンとほかのバンドのメンバーと一緒に来月コンサートに参加する予定だ。(○)　ケンの6番目の発言以降の対話に注目。今日は9月5日でコンサートは10月28日なので，コンサートが行われるのは「来月」。

(2)　ア　ノゾミのクラスの四分の一の生徒が，平日には6時より前に，週末にはクラスの10％が6時より前に起床している。　イ　ノゾミのクラスの生徒で，平日と週末に6時から6時59分に起床しているのは同じ数だ。　ウ　ノゾミのクラスの生徒の半数以上が，平日には7時より前に起床し，週末には40％の生徒が7時より前に起床している。(○)　グラフを参照。平日は7時より前に起床しているのは60％で半数以上，週末は40％である。　エ　ノゾミのクラスの三分の二以上の生徒が平日も週末も7時かそれ以降に起床している。

3　(自由・条件英作文)

(解答例訳)　(1)　①　(例1)私はこの前の夏に家族と岩手を旅行しました。　(例2)私の家族と私は今年の夏に岩手を旅行しました。　take a trip to ～＝～へ旅行する　(例3)私の家族はこの前の夏に岩手を訪れました。　visit Iwate で「岩手を訪れる」。　×　visit to Iwate としないことに注意。　②　(例1)動物園でサルにえさを与えることはおもしろかったです。　**<It is (was)～ to …>で「…することは～だ(った)」**　feed ＝えさをやる，食べ物を与える　(例2)動物園でサルにえさを与えることは楽しかったです。　(例3)私は動物園でサルにえさを与えることを楽しみました。　(例2)・(例3)はどちらも**動名詞**を使用した表現。(例2)は文の主語として，(例3)は動詞の目的語として giving (＝あげること，与えること)を用いている。<give ＋人…＋物～>＝…に～をあげる，与える　③　(例1)あなたは何の動物がいちばん好きですか？　What animal do you like best? も可。　(例2)あなたの好きな動物は何ですか？　(例3)あなたがいちばん好きな動物を教えてくれますか？　Can you tell me the animal you like the best? も可。

(2)　①　(例1)あなたは日本にどのくらい滞在する予定ですか？　**<be 動詞＋ going to ＋動詞の原形～>で「～するつもりだ，～するだろう」**　(例2)あなたは何日間日本にいる予定ですか？　(例3)どのくらい日本に滞在するのか教えてくれませんか？　**Can you ～?＝～してもいいですか？，～してくれませんか？**　②　(例1)人々は毎年8月にこの町で行われる祭りで花火を楽しみます。　(例2)この町で毎年8月に行われる祭りの花火は人々を幸せにします。**<make ＋人・もの…＋形容詞～>＝…を～にする**　(例3)毎年8月に，人々はこの町で祭りの花火を見ることを楽しみます。　like to ～＝～することが好きである，～することを楽しむ　③　(例1)もしあなたがその花火を見たら，驚くでしょう。　**<If ＋主語＋現在形，主語＋will (助動詞)＋動詞の原形>で未来の仮定や条件を表す。ifに導かれる節は現在形を用いる。**　(例2)もしあなたがその花火を見たら，驚くでしょう。　when ～＝～する時(には)，～すると　(例3)それらはあなたをびっくりさせるでしょう。　amaze ＝びっくりさせる

4　(長文読解問題・エッセイ：文の挿入，語句補充，内容真偽)

(全訳)　カナは高校生です。彼女は17歳です。

6月のある日，カナと彼女のクラスメイトたちは学園祭について話していました。彼らは学園祭で何をするか決める必要があったのです。カナは言いました，「何か面白いことをやりたいわ」。するとクラスメイトの一人のワタルがこう言いました，「いらなくなった古い衣服から作られたものを売るのはどうかな？　学園祭の準備にはまだ3か月あるから，素敵なものを作れるよ」。クラスメイトはワタルの意見に興味をもちました。カナは言いました，「どんなふうにそんなアイディアを思いついたの？」　ワタルは言いました，「見て。これは僕のお母さんが僕の古い学校のカバンから作ってくれた筆入れだよ。彼女は古いものを再使用する方法を見つけるのが好きなんだ。僕は古い衣服を役に立つものにしたいな」。ほかの生徒はこう言いました，「それはいいね。①どんなものを作れるかな」。ワタルは言いました，「買い物バッグとエプロンはどうかな？　作るのは簡単だよ」。カナは言いました，「いいわ。古い衣服を集めましょう」。

学園祭に向けて，カナはクラスメイトとともに一生懸命取り組みました。クラスメイトの中には家族の古い衣服を学校に持ってきてくれる人たちもいました。カナのクラスに古い衣服をくれる先生方もいました。カナの社会の先生であるクロキ先生はこう言いました，「君たちが古い衣服を集めていて嬉しいです。多くの人がたいてい捨ててしまいますからね」。カナは言いました，「必要なくなった衣服がたくさんあって驚いています」。学園祭の日，たくさんの生徒と先生が品物に興味をもち，カナのクラスにそれらを買いに来ました。クロキ先生はカナに言いました，「なんてかわいい買い物バッグでしょう！私はこれをうちのかわいい子どもたちに見せて一緒に環境について話します」。カナは言いました，「環境についてですか？　それは考えていませんでした。私はただ楽しんで品物を作っただけでした」。クロキ先生は言いました，「古い衣服から物を作ることは環境によいことですよ。ごみを減らすことができるのですから」。

次の日の放課後，カナはワタルと話をしていました。カナは言いました，「クロキ先生が学園祭での私たちのアイディアは環境に良いことだとおっしゃっていたの。それを聞いて嬉しかったわ」。ワタルは言いました，「今は多くの古い衣服がごみになっているんだ，そしてそれは僕たちの社会の大きな問題なんだよ。でも，僕はみんなが古い衣服から作られたものを気に入ってくれて驚いているよ」。彼女は言いました，「そのとおりね。私たちの社会にはたくさんのごみが出るけれど，違うものを作るためにまだ使えるものもあるわ。そういうものを見つけてみましょう」。ワタルは言いました，「面白そうだね」。

2週間後，カナとワタルはクロキ先生に会いに職員室に行きました。カナはクロキ先生に言いました，「②私たちはウェブサイトで珍しいものをたくさん見つけました。見てください」。彼女はタブレット端末でバッグの写真を見せてこう言いました，「これはシートベルトから作られています。新車に古いシートベルトを使うのは安全ではありません。でも，古いシートベルトを洗ってから，この会社はそれらを使って長く使えるバッグと財布を生産しました，シートベルトはとても丈夫ですから」。ワタルは言いました，「傘から品物を作っている会社もあります。このバッグは濡れないので雨の日に便利です」。クロキ先生は言いました，「興味深いですね」。カナは言いました，「ウェブサイトを見ている時，私たちは毎日たくさんのものを捨てているということに驚きました。私はほかの生徒たちにもこの問題についてもっと知ってもらいたいです」。クロキ先生は言いました，「この問題について伝えるポスターを作るのはどうでしょう？　君たちはごみを減らす方法をもっと見つけられると思いますよ，そうすればそういう方法もポスターで表現できるでしょう」。カナは言いました，「いいですね」。

(3年後)

カナはロンドンの大学で勉強し，ヨーロッパの人々の環境を守るための行動について学んでいます。ワタルは日本の大学で学んでいます。彼らは良い友だちです。

ある日，カナはワタルとオンラインで話していました。カナは言いました，「先週，製品の包装にプラスティックを使うのをやめた食品会社に行ってきたの。そこで働く人たちはいかにしてごみを減らそうとしているかを教えてくれたのよ。日本に帰ったら会社を始めて，人々に環境を保護するためにできることを示したいわ」。ワタルは言いました，「それをクロキ先生に言ったほうがいいよ。それを聞いたら喜ぶよ」。カナは言いました，「もちろんよ。高校生の時，クロキ先生と話すのが楽しかったわ。私はその時から環境を保護する方法に興味をもっているのよ」。

(1)　全訳参照。　①　空所①直後のワタルの発言に注目。空所①の質問に対して「買い物バッグとエプロンはどうかな？」と答えているのでイが適当。　②　第4段落最後の一文に注目，「ごみを使って作られる品物を探してみましょう」と言っている。

(2)　(問題文訳)学園祭の後，カナとワタルはクロキ先生に人が必要としなくなったものから$_A$作られたいくつかの製品を見せました。クロキ先生はカナに，ポスターを作るアイディアを教えました，なぜなら彼女が社会におけるごみ$_B$問題についてほかの生徒たちに伝えたいと思っていたからです。　A　make の過去分詞 made が適当。「作られた」(受け身)の意味を表し some products 後ろから修飾している。**(分詞の形容詞的用法)**　make A from B ＝BからAを作る　B　第4段落でごみの問題についてカナとワタルが話をしている。

(3)　ア　クロキ先生はカナのクラスが古い衣服を集めていることを喜んだ。　第3段落4文目参照。　イ　古い衣服から物を作ることは環境にとって良いことだ。　第3段落最後の一文参照。　ウ　カナはポスターでごみを減らすいくつかの方法を示すことができる。　第5段落3文目以降のカナとクロキ先生の会話に注目。　エ　ほかの国々の環境についてもっと学ぶことはよいことだ。

(4)　全訳参照。　ア　ワタルのクラスメイトは学園祭に向けての彼の意見に興味をもち，古い衣服を集め始めた。(○)　第2段落5文目参照。　イ　ワタルは彼の古い学校のカバンを筆入れを作るために使い，3か月前にそれを彼の母にあげた。　ウ　カナが学園祭の前にクロキ先生と話した時，彼に彼女の買い物バッグを見せた。　エ　カナは学園祭に向けて熱心に取り組んだ，なぜなら品物を作ることは環境に良いことだと考えたからだ。　オ　学園祭の後，カナはクロキ先生に長い間使うことができるバッグについて話した。(○)　第5段落3文目参照。　カ　カナは，ロンドンで勉強していた時，食品会社で働いている人たちにどのようにごみを減らすかを教えた。

2024年度英語　リスニング検査

〔放送台本〕

今から1のリスニング検査を行います。問題は，(1)，(2)，(3)，(4)の4つです。問題用紙の各問いの指示に従って答えなさい。聞いている間にメモを取ってもかまいません。

それでは，(1)の問題から始めます。(1)の問題は，表を見て答える問題です。下の表についての英語による質問を聞いて，その質問に対する答えとして，ア～エから最も適当なものを1つ選び，その記号を書きなさい。質問は1回だけ放送します。では，始めます。

Who bought a dictionary two days ago?

これで(1)の問題を終わり，(2)の問題に移ります。

〔英文の訳〕

誰が2日前に辞書を買いましたか？

答え：ウ　ケンジが買いました。

〔放送台本〕

(2)の問題は，英語による対話を聞いて，質問に答える問題です。それぞれの質問に対する答えとして，ア～エから最も適当なものを1つ選び，その記号を書きなさい。対話は，No. 1，No. 2，No. 3の3つです。対話と質問は1回ずつ放送します。では，始めます。

No. 1 A: Kevin, which would you like, tea or coffee?
B: I'd like coffee with milk.
A: Oh, really?
B: I can't drink coffee without milk.
質問します。 Does Kevin need milk to drink coffee?

No. 2 A: How was your summer vacation, Sara?
B: It was nice, Masato. I visited Okinawa with my family. That was my first trip to Okinawa. The nature there was really beautiful. Have you ever been there?
A: Yes, twice in spring. To see my aunt in Okinawa, I wanted to go there with my brother during this summer vacation, but we didn't. We couldn't get airplane tickets.
B: Oh, I'm sorry to hear that.
質問します。 Who went to Okinawa during the summer vacation?

No. 3 A: Riku, you're going to leave home at nine in the morning tomorrow, right?
B: Yes, mom. I'm going to visit an amusement park in Hikari City with my friend, Tim.
A: Oh, I thought you were going to play tennis in Wakaba City tomorrow.
B: No. I m going to practice tennis there next Sunday. I have an important tennis match next month.
A: I see. Have a good time with Tim tomorrow.
質問します。 What is Riku going to do next Sunday?

これで(2)の問題を終わり，(3)の問題に移ります。

〔英文の訳〕

No. 1 A：ケビン，紅茶とコーヒー，どちらがいい？
B：ミルクを入れたコーヒーがいいな。
A：おお，そうなの？
B：僕はミルクがないとコーヒーが飲めないんだ。
質問：ケビンはコーヒーを飲むためにミルクが必要ですか？
答え：ア　はい，必要です。

No. 2　A：夏休みはどうだった，サラ？
B：楽しかったわ，マサト。家族と沖縄に行ったのよ。初めての沖縄旅行だったの。沖縄の自然は本当に美しかったわ。あなたは沖縄に行ったことはある？
A：あるよ，春に2度行ったよ。沖縄にいるおばに会いに，この夏休みの間に兄(弟)と行きたかったんだけど，行かなかったんだ。飛行機のチケットが取れなかったんだよ。
B：まあ，それは残念だったわね。
質問：誰が夏休みの間に沖縄に行きましたか？
答え：イ　サラと彼女の家族が行きました。

No. 3　A：リク，明日は午前9時に家を出るのよね？
B：そうだよ，お母さん。友達のティムとヒカリ市にある遊園地に行くことになってるんだ。
A：まあ，明日はワカバ市でテニスをするのだと思っていたわ。
B：違うよ。そこでテニスを練習するのは次の日曜日だよ。来月大事なテニスの試合があるんだ。
A：わかったわ。明日はティムと楽しんでね。
質問：次の日曜日，リクは何をする予定ですか？
答え：イ　彼はワカバ市でテニスの練習をする予定です。

〔放送台本〕

(3)の問題は，英語による対話を聞いて，答える問題です。それぞれの対話の最後の英文に対する受け答えとして，ア～ウから最も適当なものを1つ選び，その記号を書きなさい。対話は，No. 1，No. 2，No. 3，No. 4の4つです。対話は1回ずつ放送します。では，始めます。

No. 1　A: Good morning, Hannah. You look happy today.
B: Yes. I got a dog from my uncle yesterday. I wanted to have a dog for a long time. It's very cute.
A: That's nice. Can I visit your house to see the dog?

No. 2　A: Wait, Peter. Do you have an umbrella with you?
B: No. Why, mom? It's sunny.
A: Now it's sunny, but it'll be rainy when you come home. So, you should take an umbrella with you.

No. 3　A: Rachel, what are you doing?
B: Oh, Takashi. Look. I've just finished making this poster about our club for new students.
A: How beautiful! Where should we put it?

No. 4　A: Hi, Paul. Did you watch the soccer game at Yamanaka Stadium on TV yesterday?
B: I watched half of the game and left home.
A: Oh, why?

これで(3)の問題を終わり，(4)の問題に移ります。

〔英文の訳〕

No. 1　A：おはよう，ハンナ。今日はうれしそうだね。
B：ええ。昨日おじさんから犬をもらったの。長い間犬を飼いたいと思っていたのよ。とてもかわいいわ。

A：それはいいね。犬に会いに君の家に行ってもいい？

答え：ア　もちろんよ。

No. 2　A：待って，ピーター。傘は持った？

B：ううん。どうして，お母さん？　晴れているよ。

A：今は晴れているけれど，家に帰る頃に雨が降るのよ。だから傘を持って行ったほうがいいわ。

答え：ウ　わかった，持っていくよ。

No. 3　A：レイチェル，何をしているの？

B：ああ，タカシ。見て。新入生に向けた僕たちのクラブについてのこのポスターを作り終えたところだよ。

A：わあ，きれいだね！どこに貼るのがいいかな？

答え：ア　入口にある黒板がいいよ。

No. 4　A：ハイ，ポール。昨日ヤマナカスタジアムでのサッカーの試合をテレビで見た？

B：試合の半分まで見て，家を出たよ。

A：おお，どうして？

答え：イ　スイミングスクールに行かなければいけなかったんだ。

〔放送台本〕

(4)の問題は，高校生のAkikoと，イギリスからの留学生のNickとの英語による対話を聞いて，質問に答える問題です。それぞれの質問に対する答えとして，ア～エから最も適当なものを1つ選び，その記号を書きなさい。対話と質問は2回ずつ放送します。では，始めます。

Nick: Hi, Akiko. Happy birthday! This is for you.

Akiko: Thank you, Nick. Oh, a book about sweets in your country. How did you know I like making sweets?

Nick: Your sister told me about that. She said the cookies you make are really nice.

Akiko: I'm happy to hear that. I usually enjoy making sweets on weekends and my sister likes having them. Do you like sweets?

Nick: Yes. When I lived in London, my mother sometimes baked pies and cakes for me. She is a teacher at a cooking school.

Akiko: Really? I want to talk about cooking with your mother.

Nick: Actually, she is going to see me and stay in this city for a week next month. Can you make some Japanese sweets for her?

Akiko: I'm sorry, but I can't. I've never made them. I know some Japanese sweet shops, so how about going there with her?

Nick: Sounds great. She told me that she wants to wear a kimono. Can she have such an experience in this city?

Akiko: Yes. I can take you and your mother to a nice kimono shop near a sweet shop. If she pays five thousand yen at the kimono shop, she can wear a kimono for a day.

Nick:　That s interesting. I want to wear a kimono, too.

Akiko:　You're a student, so if you pay half of the price, you can have the same experience with your mother. You'll look nice in a kimono.

Nick:　Can you take a picture when my mother and I wear kimonos?

Akiko:　Of course.

質問します。

No.1　Who told Nick Akiko likes making sweets?

No.2　Will Akiko make Japanese sweets for Nick's mother?

No.3　How much does Nick need when he wears a kimono at the kimono shop?

これで1のリスニング検査の放送を終わります。

〔英文の訳〕

ニック：ハイ，アキコ。お誕生日おめでとう！これを君に。

アキコ：ありがとう，ニック。まあ，あなたの国のお菓子についての本ね。私がお菓子作りが好きだってどうやって知ったの？

ニック：君のお姉さん(妹さん)がそれを僕に教えてくれたんだよ。彼女は，君が作るクッキーはとてもおいしいと言っていたよ。

アキコ：それを聞いて嬉しいわ。私はたいてい週末にお菓子作りを楽しむの，私の姉(妹)はそれを食べるのが好きなのよ。あなたはお菓子が好き？

ニック：うん。ロンドンに住んでいた時，母が時々僕のためにパイやケーキを焼いてくれたよ。彼女は料理学校の先生なんだ。

アキコ：そうなの？　あなたのお母さんと料理についてお話ししたいわ。

ニック：実は，彼女は僕に会いに来月1週間この町に滞在する予定なんだよ。彼女のために何か日本のお菓子を作ってくれるかな？

アキコ：ごめんなさい，できないわ。作ったことがないのよ。いくつか和菓子のお店を知っているから，そこへお母さんと行くのはどうかしら？

ニック：すごくいいね。彼女は着物を着てみたいと言っていたんだ。この町でそういう経験はできるかな？

アキコ：できるわよ。私があなたとお母さんをお菓子屋さんの近くにある素敵な着物屋さんに連れて行くわ。着物屋さんでは5000円支払えば，1日着物を着ることができるのよ。

ニック：おもしろいね。僕も着物を着たいな。

アキコ：あなたは学生だから，半分の金額を支払えば，お母さんと同じ経験ができるわ。あなたは着物が似合うでしょうね。

ニック：お母さんと僕が着物を着たら写真を撮ってくれる？

アキコ：もちろんよ。

No. 1　誰がニックにアキコはお菓子作りが好きだということを教えましたか？
　答え：イ　アキコの姉(妹)が教えました。

No. 2　アキコはニックのお母さんのために和菓子を作るつもりですか？
　答え：イ　いいえ，彼女はしません。

No. 3　ニックは，着物屋さんで着物を着るとき，いくら支払う必要がありますか？
　答え：ア　2500円。

＜理科解答＞

1　(1)　胎生　(2)　C　エ　D　イ　(3)　イ，ウ，エ

2　(1)　エ　(2)　(a)　ウ
(b)　10000〔N〕

3　(1)　ウ　(2)　20〔cm〕　(3)　右図
(4)　エ

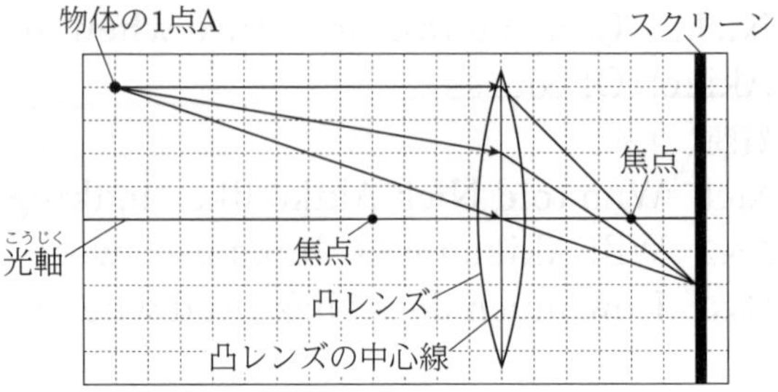

4　(1)　(a)　エ　(b)　イ
(c)　質量保存〔の法則〕
(2)　気体が容器の外へ出ていったから。

5　(1)　(a)　石基　(b)　等粒状組織
(c)　(マグマが)地下深くで長い時間をかけて冷え固まったから。　(d)　ア
(2)　(a)　溶岩　(b)　イ　(3)　エ

6　(1)　エ　(2)　(a)　a　(b)　イ　(c)　(A)→B→F→D→E→C　(d)　あ　染色体　い　遺伝子〔DNA，デオキシリボ核酸〕　(3)　細胞の数がふえ，細胞の大きさが大きくなる。

7　(1)　(a)　$HCl \rightarrow H^+ + Cl^-$　(b)　イ　(c)　ア　(d)　加えたうすい水酸化ナトリウム水溶液の体積と水溶液中のナトリウムイオンの数の関係　ア　加えたうすい水酸化ナトリウム水溶液の体積と水溶液中の水酸化物イオンの数の関係　ウ　(2)　エ
(3)　あ　中和　い　塩　う・え　ウ

8　(1)　(a)　0.3〔A〕　(b)　オーム　(c)　1.5〔倍〕　(d)　1.2〔W〕
(2)　(a)　0.24〔A〕　(b)　(I_1：I_2＝)6：25　(c)　エ

＜理科解説＞

1　(動物の分類)

(1)　イヌのように，母親の体内で育った子が生まれる生まれ方を，胎生という。

(2)　イヌ，ハト，メダカは，背骨をもつセキツイ動物である。メダカ，イカ，エビは，水中でくらしているため，一生えらで呼吸する動物である。

(3)　外骨格が見られる動物を選ぶ。ヒトデは節足動物や軟体動物以外の無セキツイ動物，アサリは軟体動物である。

2　(大気圧)

(1)　水蒸気などの気体は，冷やすことで液体に状態変化する。これによりペットボトル内の気体の体積が減り，気圧がまわりより小さくなる。

(2)　(a)　ふもとで密閉された袋を山頂へ持っていくと，山頂の気圧が低いために袋が膨張する。
(b)　100000Nの力が$1m^2$($10000cm^2$)に加わっているので，$1000cm^2$に加わっている力は，
$100000〔N〕\times\frac{1000〔cm^2〕}{10000〔cm^2〕}=10000〔N〕$

3　(凸レンズの性質)

(1)　**焦点距離の2倍の位置**(凸レンズから20cmの位置)に物体を置くと，凸レンズの反対側にある焦点距離の2倍の位置に物体の実像ができる。このときできる像の大きさは，物体の大きさに等

しい。図1は，この状態よりも物体を凸レンズに近づけている状態である。物体を凸レンズに近づけるほどスクリーン上にできる実像の大きさは，実物よりも大きくなる。

(2)　②では，物体が凸レンズから20cmの距離にある。このとき，物体は**焦点距離の2倍の位置**にあるので，スクリーンに実像ができる位置も，焦点距離の2倍の位置になる。よって，10〔cm〕×2＝20〔cm〕

(3)　点Aから出て凸レンズの中心を通った光は直進し，点Aから出て光軸に平行に進んだ光は凸レンズを通過すると，焦点を通る。この2本の光が交わる点(Xとする)に点Aの実像ができる。よって，**点Aから出た光はすべて，凸レンズを通過後点Xを通る。**

(4)　アは虚像，イは全反射，ウは反射による現象である。

4　(質量保存の法則)

(1)　(a)　石灰石にうすい塩酸を加えると，二酸化炭素が発生する。　(b)　アは塩素，ウは酸素，エはアンモニアが発生する。　(c)　化学変化の前後で，全体の質量は変化しないことを，質量保存の法則という。

(2)　ふたをゆるめたことで，発生した気体が容器の外へ出ていったため，全体の質量が小さくなった。

5　(火山と火成岩)

(1)　(a)　斑晶をとり囲んでいる粒が見えない均一な部分を，石基という。　(b)　大きな鉱物が組み合わさってできた火成岩のつくりを，等粒状組織という。　(c)　地下深くで鉱物がゆっくり冷えることで，同じ鉱物が集まって結晶となることができる。急に冷え固まると，鉱物が集まる前に固まってしまう。　(d)　火成岩Bは，斑状組織であることから火山岩であり，黒っぽいため玄武岩とわかる。火成岩Cは等粒状組織であることから深成岩であり，白っぽいため花こう岩である。

(2)　(a)　マグマが地表に流れ出たものを溶岩という。　(b)　マグマのねばりけが大きいと流れにくいため，傾斜が急な火山となる。

(3)　昭和新山や平成新山は，マグマのねばりけが大きい代表的な火山である。よって，傾斜が急な火山を形成し，激しい爆発をともなう噴火をする。

6　(細胞分裂)

(1)　うすい塩酸によって細胞どうしを離しやすくしている。

(2)　(a)　根の先端の少し内側に，細胞分裂を盛んに行っている部分がある。　(b)　顕微鏡は，実物と上下左右が反対に見えるので，視野の中でPを左下に動かしたい場合，実際にプレパラートを動かす向きは左下の反対の右上である。　(c)　核の中に染色体が現れ(B)，染色体が太く短くなり細胞の真ん中に集まる(F)。染色体が細胞の両極に分かれて移動し(D)，新しい核をつくり始め，細胞の真ん中に仕切りができる(E)。このようにして2つの新しい細胞ができる(C)。
(d)　細胞分裂が始まると，核の中に太く短い糸のようなものが現れる。これを染色体といい，この中には生物の形質を決める遺伝子が含まれている。

(3)　生物は，**細胞の数を増やし，それぞれの細胞が大きくなる**ことで成長している。

7　(中和)

(1)　(a)　塩化水素(HCl)が電離すると，水素イオン(H^+)と塩化物イオン(Cl^-)に分かれる。

(b)　酸の水溶液には，マグネシウムを溶かす性質がある。アルカリの水溶液にこの性質は見られない。　(c)　pHは7が中性で，値が小さいほど酸性が強く，値が大きいほどアルカリ性が強い。うすい水酸化ナトリウム水溶液を加えることで，溶液は酸性→中性→アルカリ性の順に性質が変化する。　(d)　**ナトリウムイオン(Na^+)**も**水酸化物イオン(OH^-)**も水酸化ナトリウム水溶液に含まれている。よって，水酸化ナトリウム水溶液を加えるとともに，増加を示しているア，イ，ウ，オのグラフから選ぶことになる。Na^+は，水酸化ナトリウム水溶液を加えると塩酸中の塩化物イオンと結びついて塩化ナトリウムになるが，塩化ナトリウムは電解質なので水溶液中ではイオンとして存在している。よって，加える水酸化ナトリウム水溶液の増加とともに数が増えているアのグラフが適切である。OH^-は，水酸化ナトリウム水溶液を加えると塩酸中の水素イオンと結びつき水に変化するため，液が完全に中性になるまでは，水酸化ナトリウム水溶液を加え続けても増加しない。水酸化ナトリウム水溶液$8cm^3$以上加えるようになると，初めて増加を始める。よって，ウのグラフが適切である。

(2)　**塩酸＋水酸化ナトリウム→塩化ナトリウム＋水**の反応が起こるため，液を蒸発させると塩化ナトリウムの結晶が残る。塩化ナトリウムの結晶は，立方体のような形をしている。

(3)　酸の陽イオン(H^+)とアルカリの陰イオン(OH^-)が結びついて水になる化学変化を中和という。中和で水のほかにできる物質を塩という。

8　**(電流のはたらき)**

(1)　(a)　図3より読み取ると，0.3Aとわかる。　(b)　加えた電圧に電流の大きさが比例することを，オームの法則という。　(c)　**抵抗〔Ω〕＝電圧〔V〕÷電流〔A〕**より，抵抗器Xの電気抵抗は，8〔V〕÷0.4〔A〕＝20〔Ω〕　抵抗器Yの電気抵抗は，6〔V〕÷0.2〔A〕＝30〔Ω〕　よって，30÷20＝1.5〔倍〕　(d)　図3から，抵抗器Yに6.0Vの電圧を加えると，0.2Aの電流が流れている。**電力〔W〕＝電圧〔V〕×電流〔A〕**より，求める電力は，6.0〔V〕×0.2〔A〕＝1.2〔W〕

(2)　(a)　それぞれの抵抗器の電気抵抗は，抵抗器Xが20Ω，抵抗器Yが30Ωなので，図4の回路は直列回路であるから，回路の全抵抗は，20＋30＝50〔Ω〕　直列回路の場合，回路のどの点を流れる電流も一定であることから，オームの法則より，12〔V〕÷50〔Ω〕＝0.24〔A〕　(b)　図4の回路の全抵抗は，20＋30＝50〔Ω〕　よって，電源電圧を仮に6Vにすると，流れる電流は6〔V〕÷50〔Ω〕＝0.12〔A〕　図5の回路は並列回路であるから，図3より電源電圧を仮に6Vにすると，回路を流れる電流は0.3＋0.2＝0.5〔A〕　よって，I_1：I_2＝0.12：0.5＝6：25　(c)　抵抗器Xは20Ω，抵抗器Yは30Ωである。図4の場合，直列回路であるため，回路に電流を流すには電気抵抗が大きい抵抗器Yのほうが大きな電圧が必要である。電力は電圧と電流の積で求めることから，電流が一定の場合，大きな電圧が必要な抵抗器Yのほうが，消費する電力が大きくなる。図5の場合，並列回路であるため電圧が一定になる。また，図3からもわかるように，電圧が等しい場合，抵抗器Xのほうが大きな電流が流れるため，抵抗器Xのほうが消費する電力が大きくなる。

＜社会解答＞

1　(1)　エ　(2)　d　(3)　ア　(4)　(例)一人あたりの国民総所得が低い
(5)　サンベルト　(6)　イ　(7)　ウ

2　(1)　ウ　(2)　エ　(3)　(例)湿った風が山地にさえぎられるから。　(4)　エ
(5)　オ　(6)　(例)東京都に通勤，通学してくる人が多いから。　(7)　イ

3　(1)　ウ　(2)　イ　(3)　ア　(4)　(例)異国船打払令をやめ，燃料や水を与えること。　(5)　エ　(6)　治安維持法　(7)　ウ

4　(1)　イ　(2)　ルネサンス[文芸復興]　(3)　エ　(4)　ア　(5)　(例)アメリカとの貿易において，生糸の輸出量が減り，まゆの価格が下がったから。　(6)　ウ

5　(1)　平和主義　(2)　(a)　イ　(b)　公共の福祉　(3)　(a)　ア　(b)　エ
(4)　ア　(5)　ア　(6)　ウ　(7)　エ　(8)　(例)1トンの貨物を1km輸送したときの二酸化炭素の排出量の多い自動車が，国内貨物輸送量に占める輸送機関別割合の多くを占めているから。

<社会解説>

1　(地理的分野―世界―人々のくらし・宗教，地形・気候，産業)

(1)　南アメリカ大陸西部を南北に縦断していることから判断する。

(2)　資料Ⅰから，年中気温が高い**熱帯**の雨温図であることが読み取れる。aが乾燥帯，bが冷帯(亜寒帯)，cが温帯。

(3)　日本の標準時子午線が**東経135度**線であることから，ドバイとの時差は(135－60)÷15＝5(時間)。日本の方が東に位置するので，ドバイより時間が進んでいることになる。

(4)　資料4中のゆきこさんの二度目の発言から，加盟国の間の経済格差についての内容が空欄にあてはまるとわかる。資料3から，一人あたりの国民総所得について，2003年以前に加盟した国の多くが40001ドル以上であるのに対して，2004年以降に加盟した国の多くが30000ドル以下であることが読み取れる。

(5)　サンベルトには，航空宇宙産業がさかんなヒューストンや映画産業がさかんなロサンゼルスなどが位置する。

(6)　**ギニア湾**沿岸の熱帯の地域ではカカオの生産がさかん。アが中国，ウがインド，エがオーストラリア。

(7)　ブラジルは，**さとうきび**の他に**コーヒー豆**の生産量も世界一。アメリカは，とうもろこしや牛肉の他に大豆などの生産量も世界一。

2　(地理的分野―日本―地形図の見方，日本の国土・地形・気候，人口・都市，農林水産業，工業)

(1)　熊本県に位置する**阿蘇山**は，世界最大級の**カルデラ**をもつ。

(2)　漁業産出額が高いaが，沖合に**潮目**があり好漁場となっている宮城県，果実の産出額が高いcが，みかんなどの栽培がさかんな和歌山県と判断する。bが秋田県，dが三重県。

(3)　資料2から，冬には湿った風が日本海側の地域に多くの雪をもたらすが中国山地の瀬戸内海沿岸地域以南の降水量が少なくなること，夏には湿った風が太平洋側の地域に多くの雨をもたらすが四国山地の瀬戸内海沿岸地域以北の降水量が少なくなることが読み取れる。

(4)　等高線の間隔が**狭いほど急**，**広いほど緩やか**な傾斜が見られる。　ア　[A]の地域における主な土地利用は田。　イ　[P]地点から[Q]地点までの地形図上の距離が約8cmなので，実際の距離は8(cm)×25000＝200000(cm)＝2000(m)＝2(km)。　ウ　[Q]地点から見た[R]地点のおおよその方位は南西。

(5)　製造品出荷額が少ないⅠが**瀬戸内工業地域**に含まれない島根県，輸送用機械工業などの出荷額が多いⅢが広島県と判断する。

(6)　資料8から，事業所や大学が東京都に一極集中していることが読み取れるので，通勤・通学

で多くの人が周辺の県から東京都に移動するため，東京都のみ昼間人口が多くなると判断する。

(7)　国内生産だけでまかなえず**海外からの輸入が増加する場合に食料自給率が低下する**。資料9中の国内消費量から国内生産量を差し引いた数値が輸入量の推移を表す。それによると，1980年から2000年にかけて輸入量が緩やかに増加し，その後は大きく変化していないことが読み取れる。アが米，ウが魚介類，エが小麦。

3　(歴史的分野―日本史―時代別―古墳時代から平安時代，鎌倉・室町時代，安土桃山・江戸時代，明治時代から現代，日本史―テーマ別―政治・法律，経済・社会・技術，文化・宗教・教育)

(1)　聖徳太子が立てた法隆寺は，奈良県に位置する現存する世界最古の木造建築物。

(2)　鎌倉時代には，栄西の他にも道元が禅宗を伝え，曹洞宗を広めた。

(3)　資料1中の「自治組織」「村のおきて」などから判断する。イは室町時代の商工業者の同業者組合。ウ・エは江戸時代の組織。

(4)　資料2には，異国船打払令をやめて**天保の薪水給与令**を出したことが記されている。

(5)　資料3のできごとは1911年に起こった。資料4中のⓐが1871年，ⓑが1889年，ⓒが1894年，ⓓが1904年，ⓔが1920年のできごと。

(6)　問題文中の「普通選挙法と同年に制定」や資料5中の「私有財産制度を否定」などから判断する。私有財産制度の否定は，**社会主義**の考え方の一つ。

(7)　日本は1950年代後半～1970年代前半に**高度経済成長**を迎えた。**バブル経済**は1980年代後半～1990年代前半。アが1964年，イが1967年，エが1963年のできごと。

4　(歴史的分野―日本史―時代別―古墳時代から平安時代，安土桃山・江戸時代，明治時代から現代，日本史―テーマ別―政治・法律，経済・社会・技術，外交，世界史―政治・社会・経済史)

(1)　土偶は縄文時代に作られた，女性をかたどった土製の人形。南朝の歴史書である『宋書』倭国伝には，倭の五王がたびたび使いを送ってきたことが記されている。

(2)　キリスト教成立以前の文化に回帰するルネサンスの風潮は，文芸復興ともよばれる。

(3)　ⓐの朱印状を発行したのが**豊臣秀吉**や**徳川家康**。ⓑが1543年，ⓒが1582年，ⓓが1641年のできごと。

(4)　ピューリタン革命が起こったイギリスでは，絶対王政の王朝が倒れて一旦は共和政が敷かれたものの，再び王政に戻り**名誉革命**が起こった。これが成功して**権利の章典**が制定され，立憲君主政が敷かれて議会政治が始まった。

(5)　1929年に**世界恐慌**が起こり，不景気となったアメリカへの生糸の輸出が激減したことで，供給量が需要量を大幅に上回ってまゆの価格が暴落した。

(6)　東ドイツや中華人民共和国は，ソ連を中心とする社会主義陣営の国。

5　(公民的分野―憲法・基本的人権，国の政治の仕組み・裁判，地方自治，経済一般，財政・消費生活，公害・環境問題)

(1)　平和主義は，日本国憲法前文と第9条に明記されている。

(2)　(a)資料1中のタレントAにとって，みずからの私生活の情報はプライバシーにあたる。出版社がもつ出版の自由は，**表現の自由**に含まれる。　(b)　問題文中および資料2中の「人権が制限される」から判断する。**公共の福祉**とは，社会全体の利益や幸福のこと。

(3)　(a)　資料3は**三審制**についての内容。　(b)　資料5で述べられた内容の主語が「裁判所」であることから判断する。アは内閣，イは国会，ウは国民がそれぞれ行う。

(4)　条例の制定・改廃を直接請求する場合，有権者の**50分の1**以上の署名が必要となる。

(5)　日本で200万円の自動車は，1ドル＝80円のとき2000000÷80＝25000(ドル)，1ドル＝125円のとき2000000÷125＝16000(ドル)となり，アメリカでの価格が高くなるのは1ドル＝80円のときであることがわかる。

(6)　好景気のとき，政府は通貨量を減らす政策をとる。

(7)　ア　日本の国民負担率はスウェーデンより低い。　イ　アメリカの租税負担率と社会保障負担率はともに日本より低い。　ウ　スウェーデンの国民負担率はフランスより低い。

(8)　資料11からは，自動車の1トンの貨物を1km輸送したときの二酸化炭素の排出量が非常に多いこと，資料12からは，国内貨物輸送量に占める輸送機関別割合の大半を自動車が占めていることが読み取れる。

＜国語解答＞

1　①　いとな(む)　②　うなが(す)　③　かくちょう　④　ぎょうしゅく
⑤　短(い)　⑥　鳴(らす)　⑦　看板　⑧　若干

2　(一)　イ　(二)　イ　(三)　ウ　(四)　(例)心から夢中になれるものを持ち，それをひたむきに追いかけている那彩たちがうらやましかった(ことに気づいたから。)
(五)　エ

3　(一)　②　(二)　エ　(三)　(例)警戒心が強い　(四)　D
(五)　(例)信仰の対象である高山に生息するため，狩猟の対象とならなかった

4　(一)　おなじように　(二)　ウ　(三)　家貧不常得油　(四)　ア

5　(一)　イ　(二)　(例)　私は，中学生と老人クラブの皆さんが一緒に歌いたい曲を話し合い，皆で合唱できるとよいと思います。なぜなら，「中学生と一緒に歌うことができて楽しかった」や「中学生と話ができず，残念だった」という意見があるからです。だから，中学生と老人クラブの皆さんが班になって好きな歌や思い出の歌を出し合い，一緒に話し合って合唱する歌を決め，それを歌う活動を行えば，老人クラブの皆さんに楽しんでもらえると思います。　(三)　エ

＜国語解説＞

1　(知識問題－漢字の読み書き)

①　音読みは「**エイ**」で，熟語は「営業」などがある。　②　音読みは「**ソク**」で，熟語は「促進」などがある。　③　「拡張」は，広げて大きくすること。　④　「凝縮」は，一点に集中させるという意味。　⑤　音読みは「**タン**」で，熟語は「短所」などがある。　⑥　音読みは「**メイ**」で，熟語は「雷鳴」などがある。　⑦　「看」の一画目は左払い。　⑧　「若干」は，少しという意味。

2　(小説－情景・心情，内容吟味，文と文節，品詞・用法)

(一)　後に過去の助動詞「た(だ)」が接続するのは，**連用形**である。

(二)　「すとんと」が「座った」を修飾しているという関係である。

(三)　この後の那彩の発言に注目する。那彩は，自分が千春を天文部に「強引に誘っちゃったか

ら」,「千春に，無理させてないかな」と思っているということを明かしている。

(四)　千春は「なんかちょっと，うらやましかった」と言ったことで，「心から夢中になれるものを持ち，それをひたむきに追いかけている那彩たち」を，自分がうらやましく思っていたことに気づいたのである。

(五)　千春と那彩の会話を中心に展開されている文章である。那彩は，「小学校で仲のよかった友だち」に対して「失敗した」ことから，千春が天文部に誘われたことをどう思っているのか不安になっているという気持ちを打ち明けている。それを受け，千春も素直な気持ちを伝えたことで，那彩に「言いたいことは通じたようだ」と感じているのだから，エが正解。

3　**(説明文－大意・要旨，内容吟味，脱文・脱語補充，品詞・用法)**

(一)　「登り」と②「近づい」は，**五段活用動詞**。①「受け」は下一段活用動詞，③「接し」はサ行変格活用動詞，④「すぎ」は上一段活用動詞。

(二)　「強い」は，言い切りの形が「い」で終わり，状態や性質を表す**形容詞**。

(三)　日本のライチョウが「人を恐れない」のに対し，人が近づくと飛んで逃げる外国のライチョウは，「警戒心が強」いと言える。

(四)　「こうして，今日の里の環境がつくり出された」という一文なのだから，「里の環境」がどのようにしてでき上がったかを説明した後に入るとわかる。Dを含む段落では，「水田の近くに集落をつくって定住する生活が基本となった」いきさつが説明されている。

(五)　人を恐れる外国のライチョウをみた筆者は，日本のライチョウは「狩猟の対象とならなかった」ために人を恐れないのだとすぐに理解できたと述べたうえで，狩猟の対象ではない理由を日本文化の本質から探っている。そして，最終段落で「ライチョウの生息する高山は信仰の対象であり，奥山の最も奥の神の領域にすむ」ので，ライチョウは「神の鳥」であり，「狩猟の対象とならなかった」のだという結論をだしている。

4　**(古文，漢文・漢詩－内容吟味，仮名遣い)**

〈口語訳〉　Ⅰ　中国に，昔，孫康といった人は，非常に学問を好んでいたが，家が貧しくて，油を買うことができなかったので，夜は雪の光で書物を読み，また，同じ国の車胤といった人も，非常に書物を読むことが好きだったが，こちらも同じように大変貧しくて，油を得ることができなかったので，夏の頃は蛍をたくさん集めて読んだ。この二つの故事は，非常に有名で，知らない人はなく，歌にさえ多く見られることである。　Ⅱ　『孫氏世録』にいうことには，孫康は家が貧しくて油がなく，いつも雪に照らして書物を読む。　Ⅲ　晋の車胤，字は武子とは，南平の人だ。まじめに学業にはげみ，ひろくたくさんの書物に目を通していた。家が貧しくて常には油を得られなかった。そのため，夏の頃にはねり絹のふくろにたくさんの蛍を入れ，そのあかりで書物を照らして読み，夜も勉強した。

(一)　歴史的仮名遣いの「ア段音＋う」は「オウ」と読むので，「同じやうに」は「おなじ**よう**に」となる。

(二)　一字返って読む場合には**レ点**，二字以上返って読む場合には**一・二点**を使う。「映雪」は「雪に映して」,「読書」は「書を読む」と，それぞれ一字返って読んでいるので，「映」「読」のあとにレ点をつけられる。

(三)　傍線部分②のようにしていたのは，家が貧しくて油を得ることができなかったからだと，Ⅰからわかる。Ⅲの文章中でその内容にあたるのは，「家貧不常得油」の部分である。

(四)　①の前にある「あかり」とは，「ともし火の光」のことである。その「あかり」と比べても

「あかり」がまさっているのだから，「雪蛍」が入る。二つの故事では，雪や蛍の光で書物を読む人物のことが紹介されている。書物を読むときに光を必要としているのだから，②は「夜」があてはまる。Ⅰに「夜は雪のひかりにてふみをよみ」とあることからもわかる。

5　(作文(自由・課題)，敬語)

(一)　アは，【資料2】の読みが正しくない。ウは，「楽しかった」「まあまあ楽しかった」の回答を合わせると96%になるので，正しくない。エは，【資料3】の「楽しかった」「まあまあ楽しかった」という老人クラブの皆さんの回答は88%になるので，正しくない。

(二)　【資料4】の，交流会が「楽しかった」理由を生かせるような項目や，「楽しくなかった」理由を解消できるような項目を考える。構成としては，最初に具体的な項目を挙げ，その後，その項目を提案した理由を，【資料4】の内容を交えながらまとめるとよいだろう。

(三)　「出席する」ことをお願いしているのだから，「ご出席くださいますよう」とするのが最も丁寧でふさわしい。

MEMO

大切なことはメモしておこうネ！

三重県公立高等学校

2023年度

★★★★★★★★★★★★★★★★★★★★★★★

入 試 問 題

2023年度

●くわしい解説……51ページ

＜数学＞

時間　45分　　満点　50点

1　あとの各問いに答えなさい。(18点)

(1)　$4-(-3)$　を計算しなさい。

(2)　$6(2x-5y)$　を計算しなさい。

(3)　$\dfrac{5}{\sqrt{5}}+\sqrt{20}$　を計算しなさい。

(4)　x^2-5x+4　を因数分解しなさい。

(5)　二次方程式　$3x^2-7x+1=0$　を解きなさい。

(6)　$\dfrac{\sqrt{40n}}{3}$の値《あたい》が整数となるような自然数nのうち，もっとも小さい数を求めなさい。

(7)　yはxに比例し，$x=10$のとき，$y=-2$である。このとき，$y=\dfrac{2}{3}$となるxの値を求めなさい。

(8)　右の図で，2直線ℓ，mが平行のとき，$\angle x$の大きさを求めなさい。

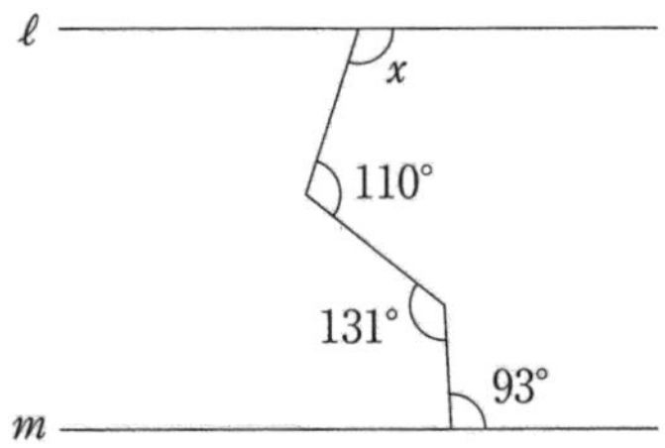

(9)　右の図のような，点A，B，C，D，E，Fを頂点とする三角柱があるとき，直線ABとねじれの位置にある直線はどれか，次の**ア**～**ク**から適切なものをすべて選び，その記号を書きなさい。

ア．直線BC　**イ**．直線CA　**ウ**．直線AD
エ．直線BE　**オ**．直線CF　**カ**．直線DE
キ．直線EF　**ク**．直線FD

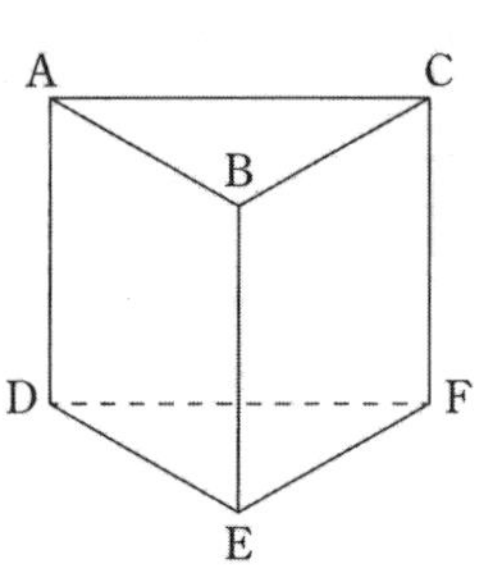

(10)　次のページの図は，P中学校の3年生25人が投げた紙飛行機の滞空《たいくう》時間について調べ，その度数分布表からヒストグラムをつくったものである。例えば，滞空時間が2秒以上4秒未満の人は3人いたことがわかる。

このとき，紙飛行機の滞空時間について，最頻《さいひん》値《ち》を求めなさい。

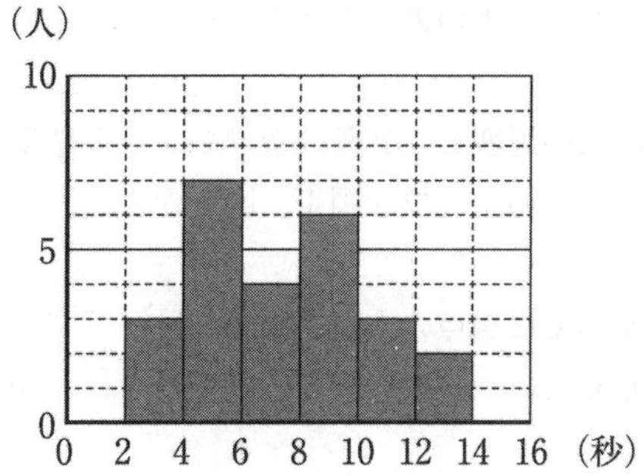

⑾　次の図で，直線ℓと点Aで接する円のうち，中心が２点B，Cから等しい距《きょ》離《り》にある円を，定規とコンパスを用いて作図しなさい。

なお，作図に用いた線は消さずに残しておきなさい。

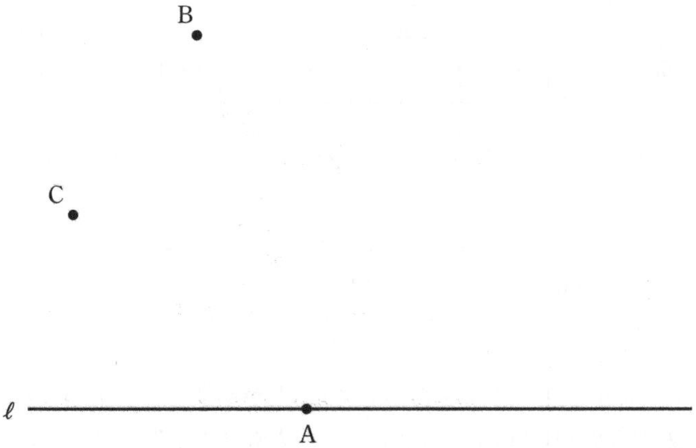

2　ひびきさんは，A班８人，B班８人，C班10人が受けた，20点満点の数学のテスト結果について，図１のように箱ひげ図にまとめた。図２は，ひびきさんが図１の箱ひげ図をつくるのにもとにしたB班の数学のテスト結果のデータである。　　（図１，図２は次のページにあります。）

このとき，あとの各問いに答えなさい。

ただし，得点は整数とする。（７点）

⑴　A班の数学のテスト結果の第１四分位数を求めなさい。

⑵　B班の数学のテスト結果について，m，nの値をそれぞれ求めなさい。

ただし，$m < n$とする。

⑶　C班の数学のテスト結果について，データの値を小さい順に並べると，小さい方から６番目のデータとしてありえる数をすべて答えなさい。

⑷ 図１，図２から読みとれることとして，次の①，②は，「正しい」，「正しくない」，「図１，図２からはわからない」のどれか，下の**ア**～**ウ**から最も適切なものをそれぞれ１つ選び，その記号を書きなさい。

① A班の数学のテスト結果の範囲《はんい》と，B班の数学のテスト結果の範囲は，同じである。

ア．正しい　**イ**．正しくない　**ウ**．図１，図２からはわからない

② A班，B班，C班のすべてに14点の人がいる。

ア．正しい　**イ**．正しくない　**ウ**．図１，図２からはわからない

図１

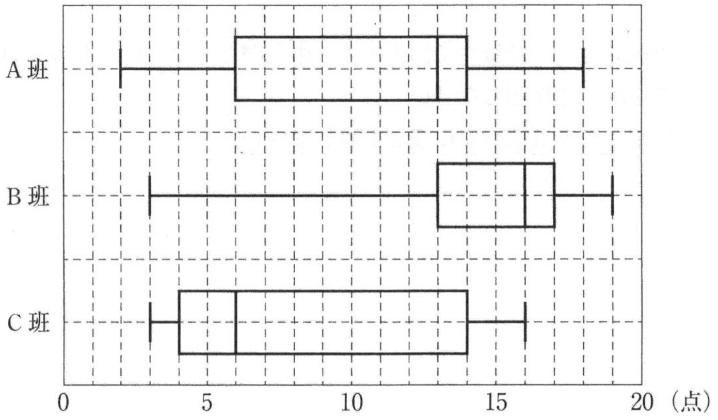

図２

17，	14，	15，	17，	12，	19，	m，	n	（単位　点）

3 ある陸上競技大会に小学生と中学生あわせて120人が参加した。そのうち，小学生の人数の35％と中学生の人数の20％が100m走に参加し，その人数は小学生と中学生あわせて30人だった。このとき，あとの各問いに答えなさい。（３点）

⑴ 次の［　］は，陸上競技大会に参加した小学生の人数と，中学生の人数を求めるために，連立方程式に表したものである。［①］，［②］に，それぞれあてはまる適切なことがらを書き入れなさい。

陸上競技大会に参加した小学生の人数を x 人，中学生の人数を y 人とすると，

$$\begin{cases} \boxed{\quad①\quad} = 120 \\ \boxed{\quad②\quad} = 30 \end{cases}$$

と表すことができる。

⑵ 陸上競技大会に参加した小学生の人数と，中学生の人数を，それぞれ求めなさい。

4　のぞみさんは，グーのカードを２枚，チョキのカードを１枚，パーのカードを１枚持っており，４枚すべてを自分の袋《ふくろ》に入れる。けいたさんは，グーのカード，チョキのカード，パーのカードをそれぞれ10枚持っており，そのうちの何枚かを自分の袋に入れる。のぞみさんとけいたさんは，それぞれ自分の袋の中のカードをかき混ぜて，カードを１枚取り出し，じゃんけんのルールで勝負をしている。

このとき，あとの各問いに答えなさい。

ただし，あいこの場合は，引き分けとして，勝負を終える。(４点)

(1)　けいたさんが自分の袋の中に，グーのカードを１枚，チョキのカードを２枚，パーのカードを１枚入れる。このとき，けいたさんが勝つ確率を求めなさい。

(2)　けいたさんが自分の袋の中に，グーのカードを１枚，チョキのカードを３枚，パーのカードを a 枚入れる。のぞみさんが勝つ確率と，けいたさんが勝つ確率が等しいとき，a の値を求めなさい。

5　次の図のように，関数 $y=\frac{1}{4}x^2$…㋐のグラフと関数 $y=ax+b$…㋑のグラフとの交点A，Bがあり，点Aの x 座標が－６，点Bの x 座標が２である。㋐のグラフ上に x 座標が４となる点Cをとり，点Cを通り x 軸《じく》と平行な直線と y 軸との交点をDとする。３点A，B，Dを結び△ABDをつくる。

このとき，あとの各問いに答えなさい。(７点)

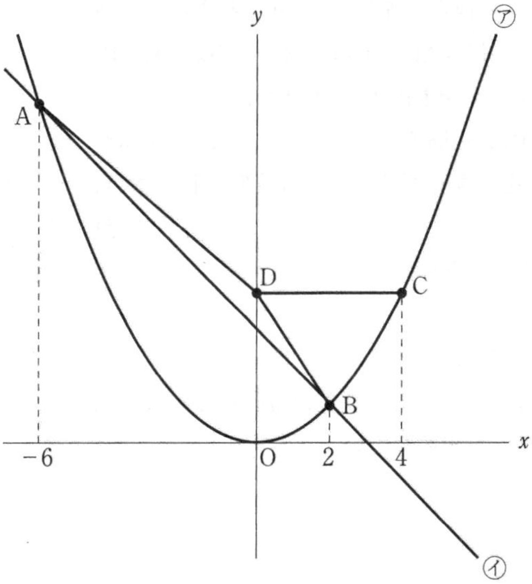

(1)　点Bの座標を求めなさい。

(2)　a，b の値をそれぞれ求めなさい。

(3)　△ABDの面積を求めなさい。
ただし，座標軸の１目もりを１㎝とする。

⑷　㋑のグラフ上に点Ｅをとり，△CDEをつくるとき，△CDEがCD＝CEの二等辺三角形となるときの点Ｅの x 座標をすべて求めなさい。

なお，答えに$\sqrt{\quad}$がふくまれるときは，$\sqrt{\quad}$の中をできるだけ小さい自然数にしなさい。

6　右の図のように，円Ｏの円周上に３点Ａ，Ｂ，Ｃをとり，△ABCをつくる。∠ABCの二等分線と線分AC，円Ｏとの交点をそれぞれＤ，Ｅとし，線分ＡＥをひく。点Ｄを通り線分ABと平行な直線と線分AE，BCとの交点をそれぞれＦ，Ｇとする。

このとき，あとの各問いに答えなさい。

ただし，点Ｅは点Ｂと異なる点とする。（７点）

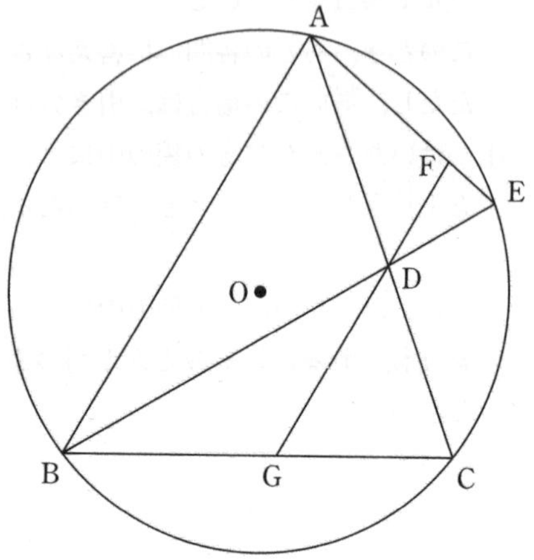

⑴　△ABD∽△DAFであることを証明しなさい。

⑵　AD＝６㎝，DF＝３㎝，BC＝10㎝のとき，次の各問いに答えなさい。

①　線分ABの長さを求めなさい。

②　線分DGの長さを求めなさい。

7　右の図のように，点Ａを頂点，線分BCを直径とする円を底面とした円すいＰがあり，母線ABの中点をＭとする。AB＝12㎝，BC＝８㎝のとき，あとの各問いに答えなさい。

ただし，各問いにおいて，円周率は π とし，答えに$\sqrt{\quad}$がふくまれるときは，$\sqrt{\quad}$の中をできるだけ小さい自然数にしなさい。

（４点）

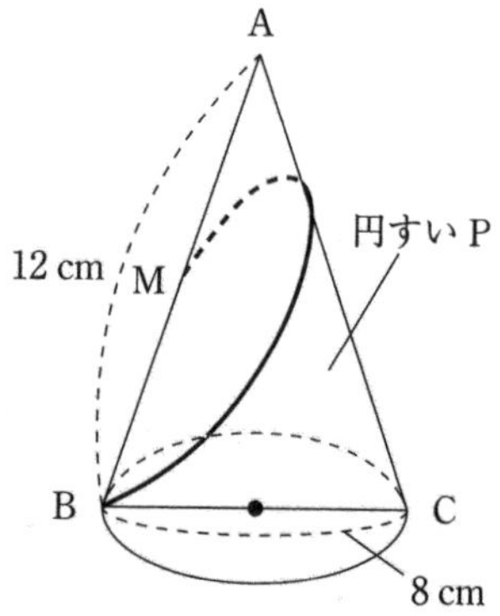

⑴　円すいＰの体積を求めなさい。

⑵　円すいＰの側面に，点Ｍから点Ｂまで，母線ACを通って，ひもをゆるまないようにかける。かけたひもの長さが最も短くなるときのひもの長さを求めなさい。

＜英語＞　時間　45分　満点　50点

1　放送を聞いて，あとの各問いに答えなさい。(18点)

(1)　下の表についての英語による質問を聞いて，その質問に対する答えとして，ア～エから最も適当なものを１つ選び，その記号を書きなさい。

名前	練習したスポーツ	練習した日
Kana	バスケットボール	この前の水曜日
Akiko	バスケットボール	この前の土曜日
Kenji	テニス	この前の水曜日
Naoto	テニス	この前の土曜日

ア. Kana did.　イ. Akiko did.　ウ. Kenji did.　エ. Naoto did.

(2)　英語による対話を聞いて，それぞれの質問に対する答えとして，ア～エから最も適当なものを１つ選び，その記号を書きなさい。

No. 1　ア. Yes, he did.　イ. No, he didn't.
ウ. Yes, he will.　エ. No, he won't.

No. 2　ア. She climbed a mountain with her sister.
イ. She climbed a mountain with her friend.
ウ. She watched a movie with her sister.
エ. She watched a movie with her friend.

No. 3　ア. He will have soup.　イ. He will buy bread.
ウ. He will make salad.　エ. He will cook omelets.

(3)　英語による対話を聞いて，それぞれの対話の最後の英文に対する受け答えとして，ア～ウから最も適当なものを１つ選び，その記号を書きなさい。

No. 1　ア. Here you are.　イ. You're welcome.　ウ. It's perfect.

No. 2　ア. This morning.　イ. Two hours later.　ウ. Near the bed.

No. 3　ア. About two hours ago.　イ. At about seven in the evening.
ウ. For about three minutes.

No. 4　ア. When I was eight years old.　イ. It was so difficult.
ウ. My brother taught me.

(4)　高校生のEmiと，カナダからの留学生のMarkとの英語による対話を聞いて，それぞれの質問に対する答えとして，ア～エから最も適当なものを１つ選び，その記号を書きなさい。

No. 1　ア. Yes, she has.　イ. No, she hasn't.
ウ. Yes, she does.　エ. No, she doesn't.

No. 2　ア. How to find interesting flowers and trees.
イ. How to take pictures of flowers.

ウ. The names of flowers in Japanese.
エ. The names of flowers in English.

No. 3 ア. At 7:30. イ. At 7:40. ウ. At 8:20. エ. At 8:30.

2 あとの各問いに答えなさい。（8点）

(1) 次の対話文は，高校生のManaと，友人のRisaが，教室で話をしているときのものです。対話文を読んで，次の各問いに答えなさい。

Mana : What are you going to do during the summer vacation, Risa?
Risa : I'm going to visit my uncle in China with my family.
Mana : That's great. Have you ever been there?
Risa : No, that will be my first time there. I haven't seen my uncle since he moved to China this April. He is going to take my family to some museums and a big temple.
Mana : Sounds wonderful. I wish I could go to China with you. Can you tell me about your trip when you come back to Japan?
Risa : Sure. I' ll buy something nice for you in China. I'll bring it for you when we meet next time after the trip.
Mana : Thank you. （ ① ）
Risa : For a week. I'm going to leave Japan on July 27.
Mana : So, you will be back in this city in August before the city festival.
Risa : That's right. Your parents will take us to the city festival on August 5, right?
Mana : Yes. I'm looking forward to the fireworks at the festival.
Risa : Me, too. We couldn't see them last year because it was rainy, so I want to see them this year.
Mana : We were very sad at the festival last year. （ ② ） By the way, one of my cousins will come to stay with my family on that day.
Risa : Is that the cousin who studies at a university in Tokyo?
Mana : Yes. Is it OK if he joins us for the festival?
Risa : Sure. It will be fun.

（注） moved to ～ ～に引っ越《こ》した

No. 1 （①），（②）に入るそれぞれの文として，ア～エから最も適当なものを1つ選び，その記号を書きなさい。

① ア. How was the summer vacation?
イ. How long are you going to stay there?
ウ. What time did you go there?
エ. When will you come back to Japan?

② ア. I hope the weather will be good this year.
イ. I didn't know that it was rainy last year.

ウ. I don't think my parents will go to the festival.

エ. I understand why you didn't have the fireworks.

No. 2　対話文の内容に合う文として，ア～エから最も適当なものを１つ選び，その記号を書きなさい。

ア. Risa hasn't met her uncle for ten years, so she decided to go to China to see him.

イ. Mana is going to visit China with Risa in July to go to some museums and a temple.

ウ. Risa will give a present to Mana in August after Risa's trip to China with her family.

エ. Mana's cousin will come to stay in Mana's house and go to the festival with Mana and Risa in July.

⑵　下に示すのは，高校生の Yuko が留学している St. Edwards High School の図書館にある掲示物《けいじぶつ》です。この掲示物から読み取れることを正しく表している文として，次のページのア～エから最も適当なものを１つ選び，その記号を書きなさい。

Library News ～September～

Welcome to St. Edwards High School Library!!

Open

Monday, Tuesday, Thursday, Friday

9:00 a.m. - 5:00 p.m.

Wednesday

9:00 a.m. - 3:30 p.m.

I'm Anna, the staff member in the library.

I hope this library will be a good place for you all.

In this library ...

・You can borrow three books for a week.

・You can borrow ten books during the summer vacation and the winter vacation.

(If you can't find the book that you want to read, I will help you.)

Library Rules

・Be quiet.　Respect others.

・Don't eat.　Don't drink.

What is your favorite book?

If you want to tell other students a book you like, please use a note, **I LOVE THIS BOOK** , and put it in the **Library Box**.

I will show the notes to other students in the Library News in October and November.

(Your Name　　　　　　　　)

I LOVE THIS BOOK

The name of the book:

____

Writer: ____________

Reason: ____________

____

____

ア. Students can borrow three books in the library at four in the afternoon on Wednesday.

イ. Students can drink in the library during the vacation, but they can't eat at all there.

ウ. Anna wants students to tell her about the books they read during the summer vacation.

エ. Notes will be used by students who want to tell their favorite books to other students.

3 あとの各問いに答えなさい。(12点)

(1) 次のような状況《じょうきょう》において，あとの①～③のとき，あなたならどのように英語で表しますか。それぞれ４語以上の英文を書きなさい。

ただし，I'm などの短縮形は１語として数え，コンマ (,)，ピリオド (.) などは語数に入れません。

【状況】

あなたは，アメリカから来た留学生のSamと，休み時間に教室で話をしているところです。

① どんなスポーツが得意かと尋《たず》ねるとき。

② 自分たちの野球チームが昨日試合に初めて勝ったことがうれしいと伝えるとき。

③ 次の土曜日，自分たちの練習に参加しないかと尋ねるとき。

(2) Wataru は，英語の授業で，お気に入りのものについて紹介《しょうかい》するために，自分のバイオリンの写真を見せながらスピーチをすることにし，下の原稿《げんこう》を準備しました。

あなたが Wataru なら，①～③の内容をどのように英語で表しますか。それぞれ４語以上の英文を書き，下の原稿を完成させなさい。

ただし，I'm などの短縮形は１語として数え，コンマ (,)，ピリオド (.) などは語数に入れません。

【原稿】

Hello, everyone. I'm going to tell you about my violin.
① 祖母が誕生日にくれたということ。
② 祖母が私にバイオリンの弾《ひ》き方を教えてくれるということ。
③ 昨日夕食を食べる前に，家族のために演奏したということ。
Thank you.

4 次の文章を読んで，あとの各問いに答えなさい。(12点)

Ryota is sixteen and a member of the English club at Hikari High School.

One day after school in July, Ryota and the other members of the English club were going to decide what to do for their next activity. Ryota said, "I like

Hikari City, but only a few foreign tourists come to the city. Can we do anything to make foreign tourists more interested in our city?" Mary, one of the members from Australia, said, "Why don't we make a video about Hikari City in English?" All the members said, "(①)" The leader said, "OK. Let's make a great video and ask the staff members in Hikari City Hall to use it on their website." Then, three members went to Hikari Castle to get information and two members visited Hikari Flower Park to know more about it. Ryota and Mary were talking about Hikari Sunday Market. Mary said, "We can see the market in front of Hikari Station every Sunday. One of my classmates told me about it when I came to this city from Australia last year. I like talking with local people there. We can eat local food." Ryota said, "That's great. We can find something interesting there for our video. Can you go there with me this Sunday?" She said, "Of course."

On the Sunday morning, Ryota and Mary went to Hikari Sunday Market. There were about fifteen stands and some people were buying products there. Mary said, "Look, that is my favorite stand." A woman at the stand was selling juice and cookies. Mary said to her, "Ms. Tanaka, the carrot cookies I bought last week were delicious. What do you recommend today?" The woman smiled and said, "Thank you, Mary. How about fresh tomato juice?" Ryota and Mary had the tomato juice and Ryota said, "Wow, it's delicious. How did you make this delicious juice?" Ms. Tanaka said, "Well, I use my mother's fresh tomatoes. She is a farmer in this city and picks them early in the morning every day." Ryota said to Ms. Tanaka, "I really love this juice." After saying goodbye to Ms. Tanaka, Mary found a new stand. She said, "Look at the stand which sells bags. They are so cute." Ryota agreed and said to Mr. Ito, the man in the stand, "Did you design them?" Mr. Ito said, "Yes. I designed them and the bags' cloth is made in Hikari City." Ryota said, "Sounds interesting." Ryota and Mary walked around the market and enjoyed spending time there.

When Ryota and Mary were going home, he said, "I didn't know about the market at first. However, the people I met there taught me about the market and Hikari City. I understand why you like the market." They decided to go there again the next week and talk to people to get more information.

Four months later, the members of the English club finished making the video and showed it to the staff members in Hikari City Hall. In the video, the members of the club showed some pictures of old walls in the castle, beautiful flowers in the park, and local products in the market, and explained them in English. The leader of the club said to the staff members, "(②)" Ms. Sato, one of the staff members, said, "We really liked it. We will use it on our city's website for foreign tourists." The leader said, "Thank you." Ryota said, "I hope more foreign tourists will come and enjoy our city."

(Ten years later)

Ryota is a staff member in Hikari City Hall now and helps tourists enjoy the city. Mary is now in Australia, but they are still good friends.

One evening in June, Ryota and Mary were talking online. Mary said, "I'm going to visit Japan with my friend, Kate, next month. Can we meet in Hikari City on the second Sunday of that month?" He said, "Sure. Let's meet at Hikari Station."

That Sunday morning, Mary and Kate were waiting in front of the station, and found Hikari Sunday Market. Then, Ryota came from the market and said to them, "Welcome. Mary, do you remember this market?" Mary said, "Hi! I'm surprised that many foreign tourists are buying local products here. There were only a few foreign tourists ten years ago." He said, "I'm trying to make this market more popular among foreign tourists with some other staff members in the city hall." Mary said to Ryota, "How nice! There are still some stands we showed in the video ten years ago." He said, "Yes, you can still drink Ms. Tanaka's fresh tomato juice."

(注) activity 活動 leader 部長 stand(s) 屋台 cloth 布 explained ~ ~を説明した online オンラインで remember ~ ~を覚えている

⑴ (①), (②) に入るそれぞれの文として，ア～エから最も適当なものを１つ選び，その記号を書きなさい。

① ア. That's a good idea. イ. Show me the video you made.
ウ. We didn't know that. エ. We enjoyed it very much.

② ア. I took the pictures in Hikari City Hall.
イ. I'm going to tell you more about local products.
ウ. We saw a lot of foreign tourists in the city.
エ. We'll be happy if you are interested in our video.

⑵ 本文の内容に合うように，下の英文の（A），（B）のそれぞれに入る最も適当な１語を，本文中から抜《ぬ》き出して書きなさい。

When Ryota was a high school student, he went to Hikari Sunday Market with Mary. Ryota and Mary found some interesting local (A), such as fresh juice and bags. They got more information by (B) to people they met in the market.

⑶ 下線部に There are still some stands we showed in the video ten years ago. とあるが，the video の内容として，ア～エから最も適当なものを１つ選び，その記号を書きなさい。

ア. The video about Hikari High School in English,
イ. The video that shows some places in Hikari City.
ウ. The video taken by foreign tourists in Hikari City.

エ. The video the staff members in Hikari City Hall made.

(4) 本文の内容に合う文として，ア～カから適当なものを2つ選び，その記号を書きなさい。

ア. Ryota asked the other members of the English club to make a video because he wanted foreign tourists to come to Hikari City.

イ. The leader of the English club was going to make a website to show their video to foreign tourists.

ウ. Mary knew about Hikari Sunday Market because one of her classmates told her about it.

エ. Mary bought carrot cookies at Hikari Sunday Market when she went there with Ryota to get information.

オ. After going to Hikari Sunday Market, Ryota asked Mary why she liked the market, but he didn't understand the reason.

カ. When Mary went to Hikari Sunday Market with Kate, she found many foreign tourists there.

＜理科＞

時間　45分　　満点　50点

1　次の実験について，あとの各問いに答えなさい。（４点）

〈実験〉　唾液《だえき》によるデンプンの変化を調べるために，次の①～③の順序で実験を行った。

①　試験管Aに0.5%デンプン溶液《ようえき》を10cm^{3}と，水でうすめた唾液を２cm^{3}入れた。

②　図１のように，試験管Aを約40℃の湯に10分間入れた後，試験管Aの液を試験管Bと試験管Cに，半分ずつとり分けた。

③　図２のように，②でとり分けた試験管Bにヨウ素溶液を２，３滴《てき》加えて色の変化を見た。また，試験管Cにベネジクト溶液を少量加え，ある操作をした後，色の変化を見た。

表は，ヨウ素溶液とベネジクト溶液それぞれに対する反応をまとめたものである。

図１

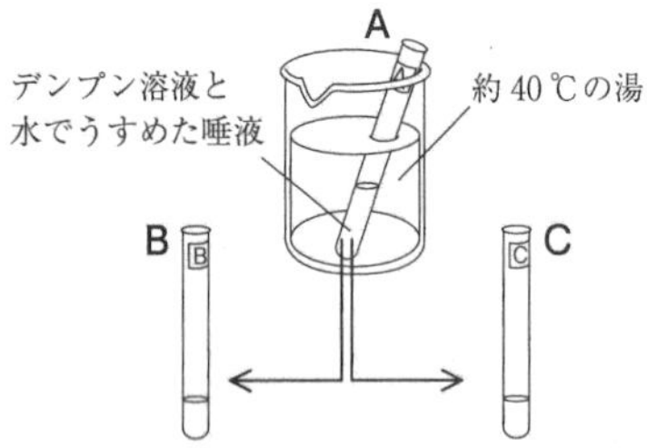

図２

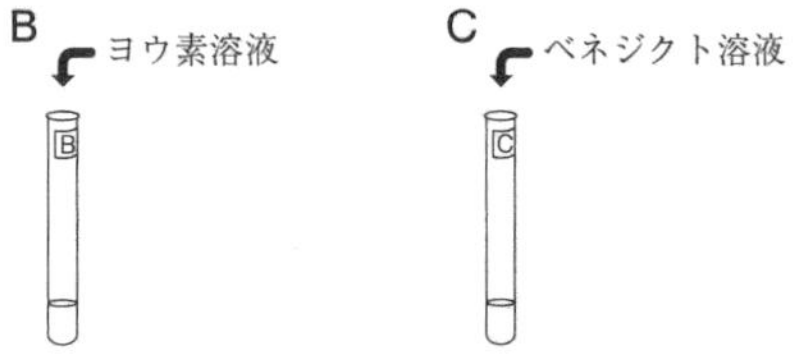

表

ヨウ素溶液に対する反応	ベネジクト溶液に対する反応
変化しなかった	赤褐《せきかっしょく》色になった

⑴　唾液にふくまれるアミラーゼのように，消化液にふくまれ，食物を分解して吸収されやすい物質に変えるはたらきをする物質を何というか，その名称《めいしょう》を書きなさい。

⑵　下線部の操作について，試験管Cの中の物質とベネジクト溶液を反応させるためにはどのような操作が必要か，簡単に書きなさい。

⑶　試験管B，Cで見られたデンプンの変化が，唾液のはたらきによるものであることを確認するためには，対照実験が必要である。唾液のはたらきによるものであることを確認するための対照実験において，①で試験管に入れる液として最も適当なものはどれか，次の**ア**～**エ**から１つ選び，その記号を書きなさい。また，②，③と同様の操作を行い，ヨウ素溶液とベネジクト溶液それぞれに対する反応を調べた結果として最も適当なものはどれか，次のページの**オ**～**ク**から１つ選び，その記号を書きなさい。

ア．0.5%デンプン溶液を10cm^{3}入れる。

イ．0.5%デンプン溶液を12cm^{3}入れる。

ウ．0.5%デンプン溶液を10cm^{3}と，水を２cm^{3}入れる。

エ．水を10cm^{3}と，水でうすめた唾液を２cm^{3}入れる。

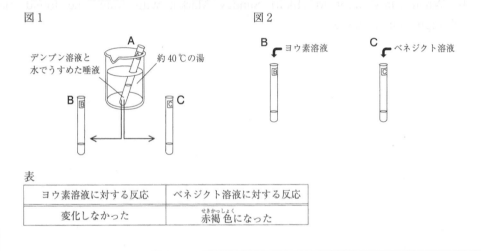

	ヨウ素溶液に対する反応	ベネジクト溶液に対する反応
オ	青紫色《あおむらさきいろ》になる	変化しない
カ	青紫色になる	赤褐色になる
キ	変化しない	変化しない
ク	変化しない	赤褐色になる

2 あとの各問いに答えなさい。（４点）

⑴ 雲のでき方について調べるために，図のように，フラスコの内部をぬるま湯でぬらし，線香《せんこう》のけむりを少量入れ，ピストンを押《お》しこんだ状態の大型注射器をフラスコにつないだ。大型注射器のピストンを引いたり，押したりしたとき，フラスコ内のようすと温度変化を調べたところ，ピストンを引くとフラスコ内が白くくもり，温度が変化した。

図

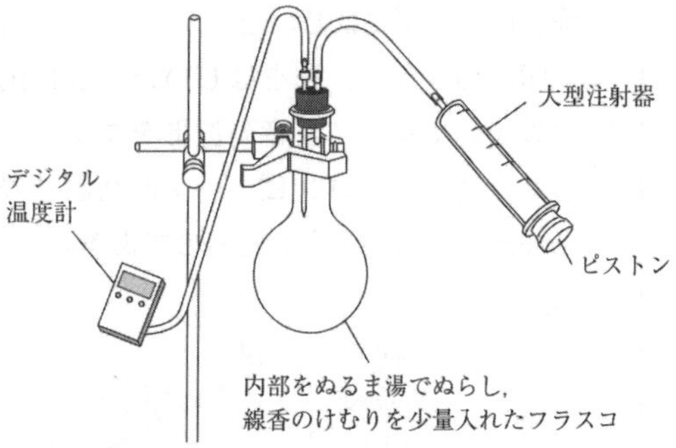

次の文は，フラスコ内のようすと温度変化，雲のでき方についてまとめたものである。文中の（X），（Y）に入る言葉はそれぞれ何か，下の**ア**～**エ**から最も適当なものを１つ選び，その記号を書きなさい。また，（あ）に入る最も適当な言葉は何か，**漢字**で書きなさい。

> ピストンを引くと，フラスコ内が白くくもったことから，空気は（　X　）すると温度が（　Y　），水滴《すいてき》ができることがわかった。自然界では，空気は上昇《じょうしょう》すると，上空の（　あ　）が低いため（　X　）して温度が（　Y　），温度が露点《ろてん》に達すると空気中の水蒸気の一部が水滴になり，雲ができる。

	ア	イ	ウ	エ
X	膨張《ぼうちょう》	膨張	圧縮	圧縮
Y	上がり	下がり	上がり	下がり

⑵ 温度20℃の空気のかたまりが，高さ０ｍの地表から上昇すると，高さ800ｍで雲ができはじめた。表は，温度と飽和《ほうわ》水蒸気量の関係を示したものである。高さ０ｍにおける空気のかたまりの湿度《しつど》は何％であったと考えられるか，求めなさい。ただし，答えは小数第１位を四捨五入し，整数で求めなさい。また，雲ができはじめるまでは空気が100ｍ上昇するごとに温度は１℃変化するものとし，空気のかたまりが上昇しても，空

表

温度〔℃〕	飽和水蒸気量〔g/m³〕	温度〔℃〕	飽和水蒸気量〔g/m³〕
0	4.8	16	13.6
2	5.6	18	15.4
4	6.4	20	17.3
6	7.3	22	19.4
8	8.3	24	21.8
10	9.4	26	24.4
12	10.7	28	27.2
14	12.1	30	30.4

気１ m^3 あたりにふくまれる水蒸気量は変わらないものとする。

3 次の実験について，あとの各問いに答えなさい。（５点）

〈実験〉 音の大きさや高さと弦《げん》の振動《しんどう》の関係を調べるために，次の①，②の実験を行った。

① 図１のように，モノコードの弦のＡＢ間をはじいて，音を聞いた。１回目は，弦のＡＢ間の長さを34㎝にしてはじいた。２回目は，ことじを移動させて，弦のＡＢ間の長さを47㎝にして，弦の張り，弦をはじく強さは変えずにはじいた。

図１

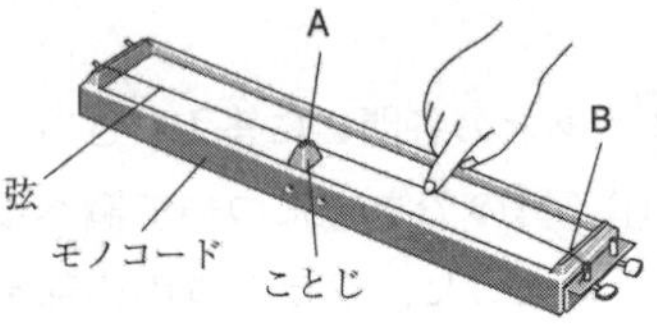

② 図２のように，弦をはじいたときに出た音をマイクロホンで拾って，音の波形をコンピュータで観察した。図３は，コンピュータの画面に表示された音の波形を模式的に表したものである。

図２

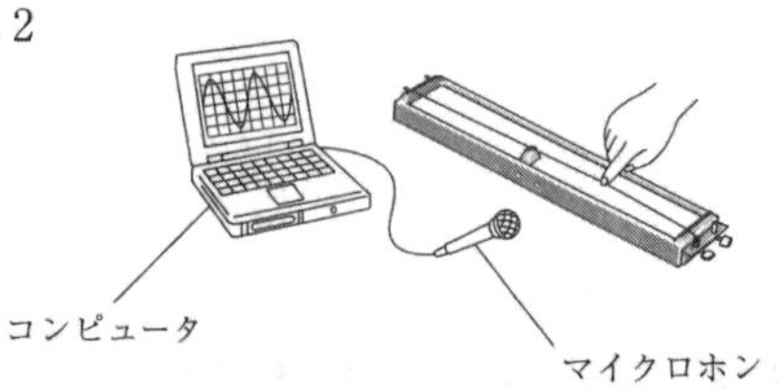

図３

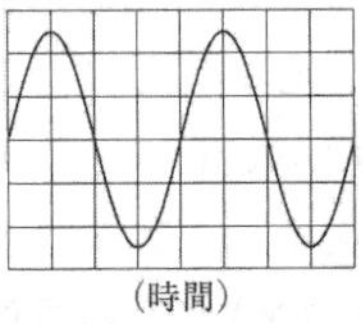

(1) ①について，次の(a)，(b)の各問いに答えなさい。

(a) 次の文は，弦をはじいたときの音を，ヒトがどのように受け取るかを説明したものである。文中の（Ｘ）に入る最も適当な言葉は何か，書きなさい。

> 弦の振動が空気を振動させ，その振動が空気中を次々と伝わり，耳の中にある（ Ｘ ）で空気の振動をとらえる。

(b) ２回目は，１回目と比べて，音の高さや振動数はどのように変化するか，次のア～エから最も適当なものを１つ選び，その記号を書きなさい。

ア．音の高さは高くなり，振動数は多くなった。

イ．音の高さは高くなり，振動数は少なくなった。

ウ．音の高さは低くなり，振動数は多くなった。

エ．音の高さは低くなり，振動数は少なくなった。

(2) ②について，あとの(a)，(b)の各問いに答えなさい。

(a) 図３の横軸《よこじく》の１目盛りが0.001秒を表しているとき，この音の振動数は何Hzか，求めなさい。

(b) 弦をはじいたときに出た音は，音の高さは変わらず，音の大きさが小さくなっていき，やがて聞こえなくなった。図４（次のページ）は，音が出てから聞こえなくなるまでの，コンピュータで観察された音の波形の変化を表している。**Y** に入る波形はどれか，次のページのア～エから最も適当なものを１つ選び，その記号を書きなさい。ただし，音の波形を表した図３と図４の縦軸《たてじく》，横軸の１目盛りが表す値《あたい》は同じものとする。

図４

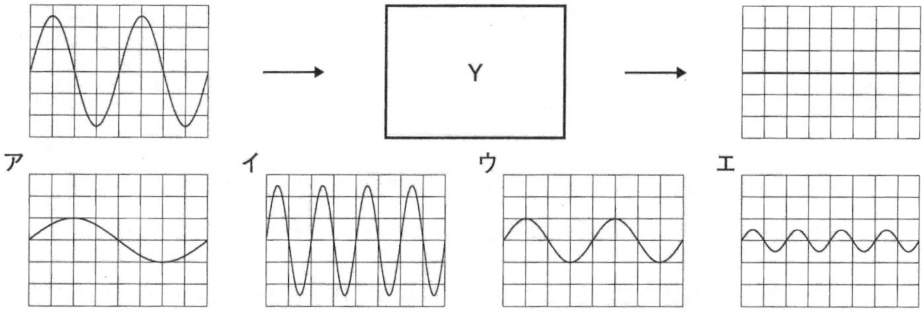

4　次の実験について，あとの各問いに答えなさい。(４点)

〈実験〉　水とエタノールの混合物から，エタノールをとり出せるか調べるために，次の①，②の順序で実験を行った。

①　図１のように，水20cm³とエタノール５cm³の混合物を枝つきフラスコに入れ，弱火で加熱して，枝つきフラスコから出てきた液体を，試験管**A**，試験管**B**，試験管**C**の順に約３cm³ずつ集めた。

②　試験管**A**，**B**，**C**に集めた液体をそれぞれ蒸発皿に入れ，図２のようにマッチの火を近づけた。表は，マッチの火を近づけたときのようすをまとめたものである。

図１

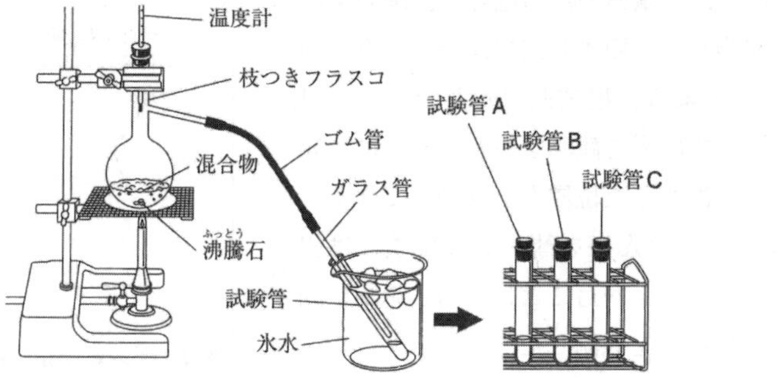

図２

表

	マッチの火を近づけたときのようす
試験管**A**に集めた液体	よく燃えた
試験管**B**に集めた液体	少しだけ燃えた
試験管**C**に集めた液体	燃えなかった

⑴　試験管**A**，**B**，**C**に集めた液体を比べたとき，水の割合が最も高い液体とエタノールの割合が最も高い液体は，それぞれどの試験管に集めた液体か，試験管**A**，**B**，**C**から最も適当なものを１つずつ選び，**A**，**B**，**C**の記号で書きなさい。

⑵　水とエタノールの混合物を加熱したときの温度変化を示したグラフはどれか，次のページの**ア**～**エ**から最も適当なものを１つ選び，その記号を書きなさい。

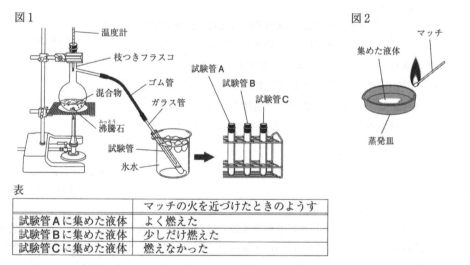

ア

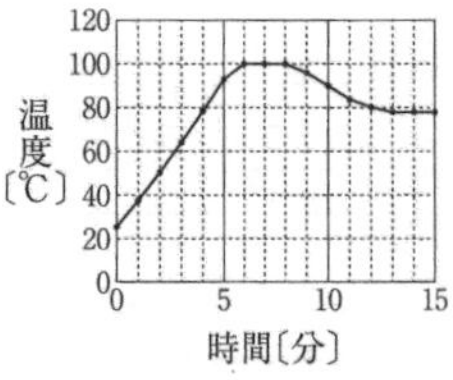

イ

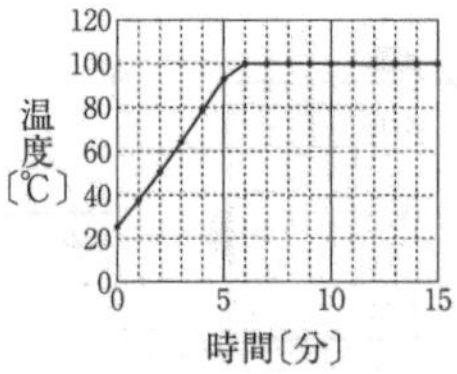

ウ

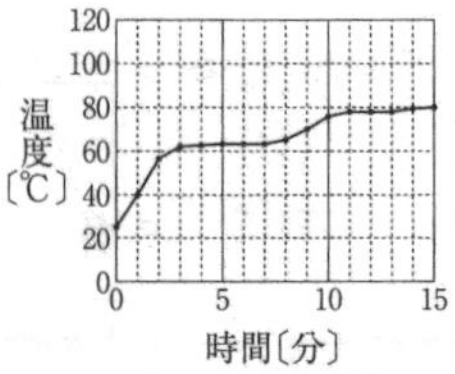

エ

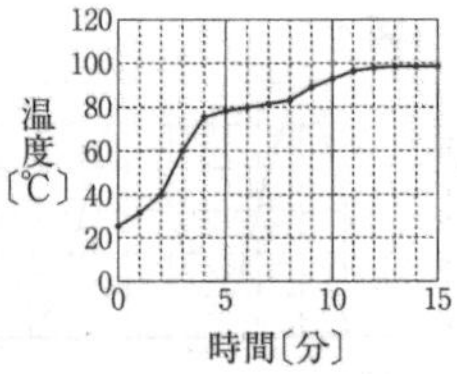

⑶　次の文は，液体の混合物を加熱して，目的の物質をとり出す方法について説明したものである。文中の（**あ**），（**い**）に入る最も適当な言葉はそれぞれ何か，書きなさい。

> 液体を加熱して沸騰させ，出てくる蒸気である気体を冷やして再び液体にして集める方法を（　**あ**　）という。（　**あ**　）を利用すると，混合物中の物質の（　**い**　）のちがいにより，目的の物質をとり出すことができる。

5　次の文を読んで，あとの各問いに答えなさい。（８点）

あすかさんは，季節によって見える星座が変化することに興味をもち，星座を観測し，季節によって見える星座が変化することについて，インターネットや資料集を用いて調べた。そして，観測したことや調べたことを次の①，②のようにレポートにまとめた。

【あすかさんのレポートの一部】

①　星座の観測

５月１日の午前０時に，三重県のある地点で，南の空に見えたてんびん座を観測した。観測したてんびん座を，周りの風景も入れて図１のように模式的に示した。１か月後，同じ時刻に同じ地点で星座を観測すると，てんびん座は５月１日の午前０時に観測した位置から移動して見え，５月１日の午前０時にてんびん座を観測した位置には異なる星座が見えた。その後，１か月ごとに，同じ時刻に同じ地点で南の空に見えた星座を観測した。

図１

てんびん座

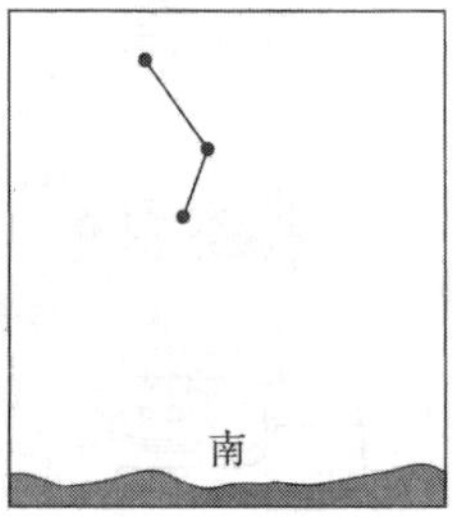

５月１日午前０時

②　季節によって見える星座の変化と地球の公転

季節によって見える星座が変化することについて考えるために，太陽，地球，星座の位置関係と，地球の公転について調べた。地球から見た太陽は，星座の星の位置を基準にすると，地球の公転によって星座の中を動いていくように見えることがわかった。この星座の中の太陽の通り道付近にある星座の位置を調べ，図２（次のページ）のように模式的にまとめた。**A**～**D**は，それぞれ３月１日，６月１日，９月１日，12月１日の公転《こうてん》軌道《きどう》上の地球の位置を示している。

図2

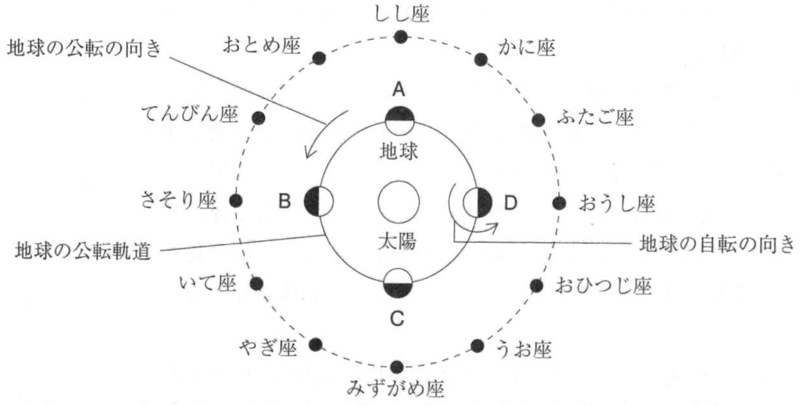

(1)　①について，次の(a)～(c)の各問いに答えなさい。

(a)　星座の星や太陽のようにみずから光をはなつ天体を何というか，その名称を書きなさい。

(b)　次の文は，観測した星座の1年間の見かけの動きについて，説明したものである。文中の(**あ**)に入る方位と，(**い**)に入る数は何か，下の**ア**～**エ**から最も適当な組み合わせを1つ選び，その記号を書きなさい。また，(**う**)に入る最も適当な言葉は何か，**漢字**で書きなさい。

> 南の空に見えた星座は，1か月後の同じ時刻には，(　**あ**　)に約(　**い**　)°移動して見え，1年後の同じ時刻には，また同じ位置に見える。これは，地球が太陽を中心にして，公転軌道上を1年かかって360°移動するからである。このような，地球の公転による星の1年間の見かけの動きを，星座の星の(　**う**　)という。

ア．**あ**－東　**い**－15　　**イ**．**あ**－東　**い**－30

ウ．**あ**－西　**い**－15　　**エ**．**あ**－西　**い**－30

(c)　ある日の午後8時にやぎ座が，図3の**ウ**の位置に南中して見えた。この日から2か月前の午後10時には，やぎ座がどの位置に見えたか，図3の**ア**～**オ**から最も適当なものを1つ選び，その記号を書きなさい。ただし，図3の点線のうち，となり合う線の間の角度はすべて30°とする。

図3

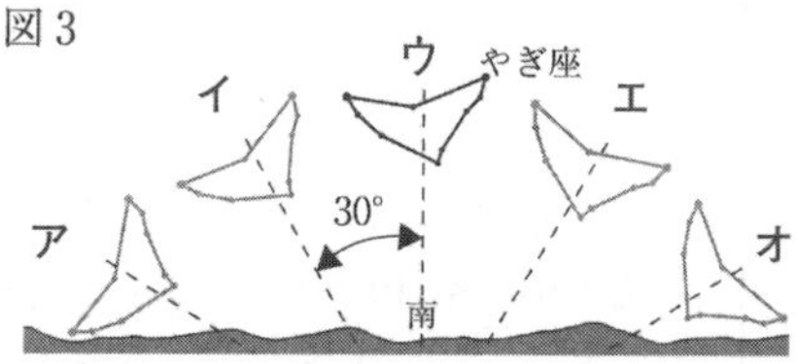

(2)　①，②について，あとの(a)～(d)の各問いに答えなさい。

(a)　地球から見た太陽は，星座の星の位置を基準にすると，地球の公転によって星座の中を動いていくように見える。この星座の中の太陽の通り道を何というか，その名称を書きなさい。

(b)　あすかさんが，5月1日の午前0時にてんびん座を観測した後，1か月ごとに，午前0時に同じ地点で南の空に見えた星座を，6月1日から順に並べるとどうなるか，次の**ア**～**エ**から最も適当なものを1つ選び，その記号を書きなさい。

ア．おとめ座→しし座→かに座　　**イ**．しし座→ふだご座→おひつじ座

ウ．さそり座→いて座→やぎ座　　**エ**．いて座→みずがめ座→おひつじ座

(c) 地球が図2の**D**の位置にあるとき，さそり座は一日中見ることができない。一日中見ることができないのはなぜか，その理由を，「さそり座は」に続けて，「方向」という言葉を使って，簡単に書きなさい。

(d) ①と同じ地点で観測したとき，観測した星座の見え方について，正しく述べたものはどれか，次の**ア**～**エ**から最も適当なものを１つ選び，その記号を書きなさい。

ア．３月１日には，午前２時の東の空に，おうし座が見える。

イ．６月１日には，午前２時の東の空に，おとめ座が見える。

ウ．９月１日には，午前２時の西の空に，てんびん座が見える。

エ．12月１日には，午前２時の西の空に，うお座が見える。

6 次の観察や実験について，あとの各問いに答えなさい。（８点）

植物の葉や茎《くき》のつくりとはたらきについて調べるために，次の①，②の観察や実験を行った。

① アジサイの葉の表面を観察するために，葉の表側と裏側の表面のプレパラートをつくり，図１のように，顕微鏡《けんびきょう》のステージにプレパラートをのせ，アジサイの葉の表面を観察した。図２，図３は，それぞれ顕微鏡で観察したアジサイの葉の表側と裏側の表面をスケッチしたものである。

図１

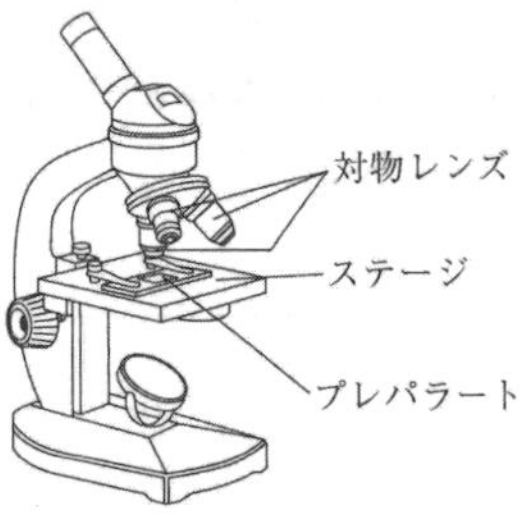

図２

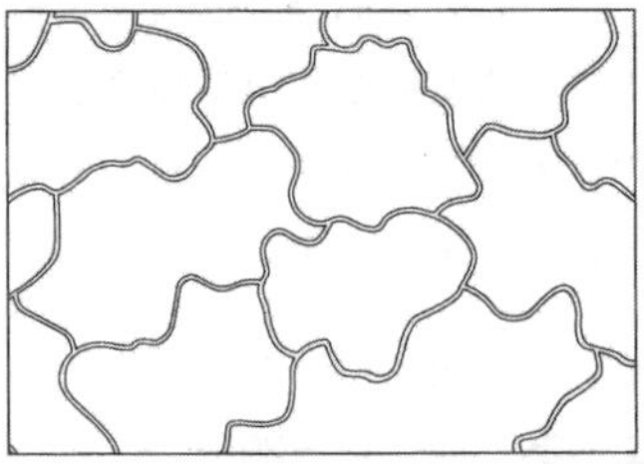

図３

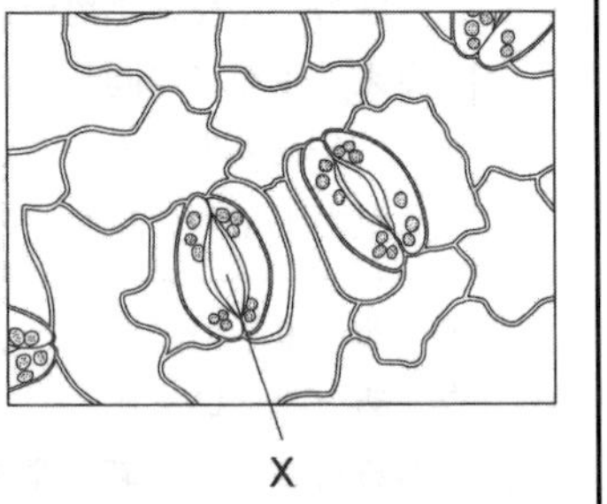

② 図４（次のページ）のように，アジサイの葉の枚数や大きさがほぼ同じ枝を４本用意し，何も処理しないものを**A**，すべての葉の表側全体にワセリンをぬったものを**B**，すべての葉の裏側全体にワセリンをぬったものを**C**，すべての葉の両側全体にワセリンをぬったものを**D**とし，水を入れたメスシリンダーに入れ，メスシリンダーの水面に少量の油を入れた。水面の位置に印をつけ，電子てんびんでそれぞれの質量を測定した後，明るく風通しのよいところに２時間置いて，再び水面の位置を調べ，それぞれの質量を測定し，水の減少量を求めた。表（次のページ）は，**A**～**D**における，水の減少量をまとめたものである。また，水面の位置は水の減少量に比例して下がっていた。ただし，葉にぬったワセリンは，ぬった部分からの蒸散をおさえることができ，ぬらなかった部分からの蒸散には影響《えいきょう》を与《あた》えないものとする。

図4

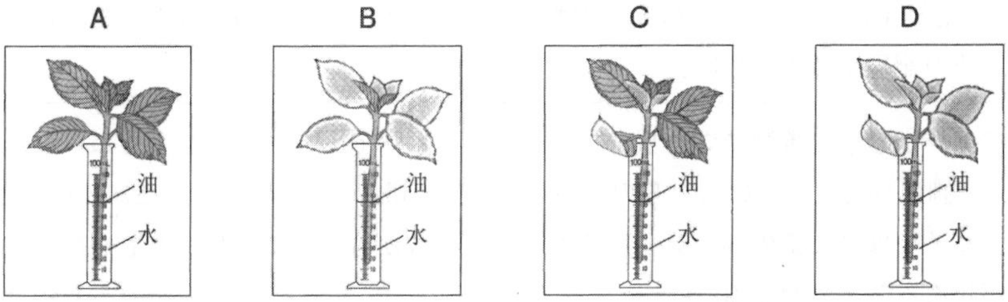

表

	A	B	C	D
水の減少量〔g〕	4.8	4.1	1.2	Y

(1)　①について，次の(a)，(b)の各問いに答えなさい。

(a)　顕微鏡でアジサイの葉の表面を観察するとき，対物レンズを低倍率のものから高倍率のものにかえると，視野の明るさと，レンズを通して見える葉の範囲《はんい》が変わった。対物レンズを低倍率のものから高倍率のものにかえると，視野の明るさと，レンズを通して見える葉の範囲はそれぞれどのように変わるか，次の**ア**～**エ**から最も適当なものを１つ選び，その記号を書きなさい。

	ア	イ	ウ	エ
視野の明るさ	明るくなる	明るくなる	暗くなる	暗くなる
レンズを通して見える葉の範囲	広くなる	せまくなる	広くなる	せまくなる

(b)　図３に示したXは，２つの三日月形の細胞《さいぼう》で囲まれたすきまで，水蒸気の出口，酸素や二酸化炭素の出入り口としての役割を果たしている。図３の**X**を何というか，その名称を書きなさい。

(2)　②について，あとの(a)～(e)の各問いに答えなさい。

(a)　メスシリンダーの水面に油を入れたのはなぜか，その理由を簡単に書きなさい。

(b)　図５，図６は，それぞれアジサイの茎と葉の断面を模式的に表したものである。茎の切り口から吸収された水が通る管は，図５，図６の**P**～**S**のうちどれか，次の**ア**～**エ**から最も適当な組み合わせを１つ選び，その記号を書きなさい。また，茎の切り口から吸収された水が通る，維管束《いかんそく》の一部の管を何というか，その名称を**漢字**で書きなさい。

図5

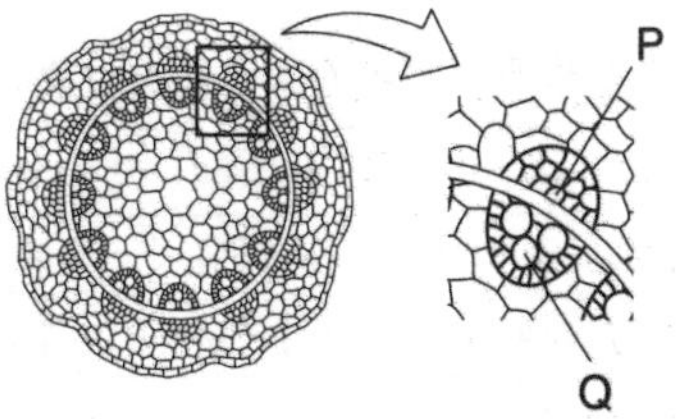

図6

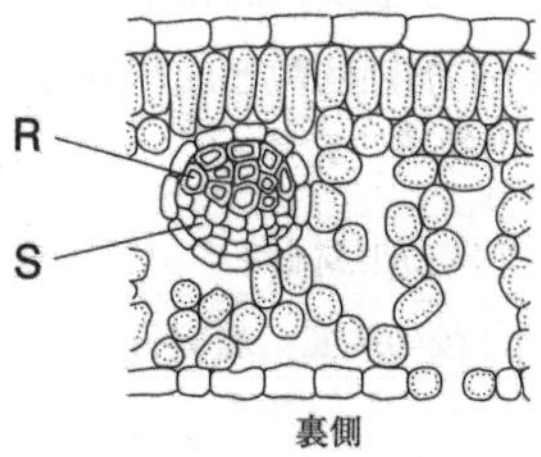

ア．PとR　　イ．PとS　　ウ．QとR　　エ．QとS

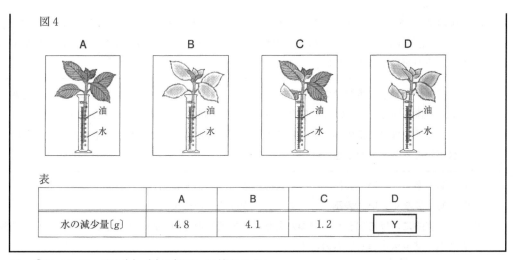

(c) 次の文は，表にまとめた水の減少量から，蒸散と吸水の関係について考察したものである。文中の（**あ**），（**い**）に入る言葉はそれぞれ何か，下の**ア**～**エ**から最も適当な組み合わせを1つ選び，その記号を書きなさい。

> アジサイの葉の裏側にワセリンをぬった**C**と比べて，ワセリンを全くぬらなかった**A**や，表側にワセリンをぬった**B**の方が，水の減少量が（ **あ** ）なった。このことから，アジサイでは主に葉の（ **い** ）でさかんに蒸散が行われており，蒸散が行われると吸水が起こることがわかる。

ア．**あ**－多く　**い**－表側　　**イ**．**あ**－多く　**い**－裏側
ウ．**あ**－少なく　**い**－表側　　**エ**．**あ**－少なく　**い**－裏側

(d) この実験におけるアジサイの葉の裏側からの蒸散量は何gか，求めなさい。ただし，蒸散量は水の減少量と等しいものとする。

(e) 表の中の **Y** に入る数は何か，次の**ア**～**エ**から最も適当なものを1つ選び，その記号を書きなさい。

ア．0.5　**イ**．0.7　**ウ**．2.9　**エ**．5.3

7 次の実験について，あとの各問いに答えなさい。（9点）

〈実験〉 銅が酸素と結びつく変化と酸化銅から酸素をとり除く変化について調べるために，次の①，②の実験を行った。

① 〈目的〉 銅と酸素が結びついて酸化銅ができるときの，銅の質量と酸素の質量との関係について調べる。

〈方法〉 1.40gの銅の粉末をステンレス皿にうすく広げ，図1のようにガスバーナーでステンレス皿ごと一定時間加熱した。加熱をやめて，ステンレス皿全体をじゅうぶんに冷ましてから，電子てんびんでステンレス皿全体の質量を測定した。

測定後，ステンレス皿の中の物質をよくかき混ぜてからうすく広げて，ふたたび加熱し，冷ましてから質量を測定する操作を，質量が増えることなく一定になるまでくり返した。加熱後の物質の質量は，測定したステンレス皿全体の質量からステンレス皿の質量を引いて求めた。

図1

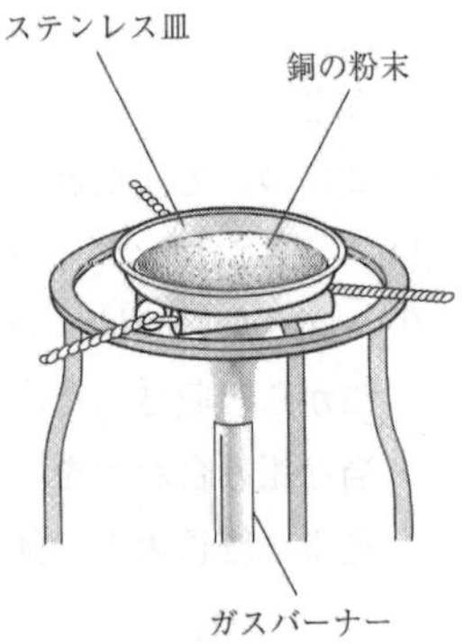

〈結果〉 加熱回数と加熱後の物質の質量をまとめると，表のようになった。

表

加熱回数	1回	2回	3回	4回	5回	6回
加熱後の物質の質量〔g〕	1.57	1.67	1.73	1.75	1.75	1.75

② 〈目的〉 酸化銅から酸素をとり除く変化について調べる。

〈方法〉　図２のように，試験管 a に1.33 g の酸化銅と0.10 g の炭素の粉末の混合物を入れて，ガスバーナーで加熱し，発生した気体を試験管 b の石灰水《せっかいすい》に通した。反応が終わった後，ガラス管を石灰水から引きぬき，ガスバーナーの火を消した。その後，図３のようにすぐに目玉クリップでゴム管を閉じた。試験管 a をじゅうぶんに冷ましてから，試験管 a の中に残った物質をとり出して調べた。

〈結果〉　石灰水が白くにごった。試験管 a の中に残った物質は，赤色をしていた。

図２

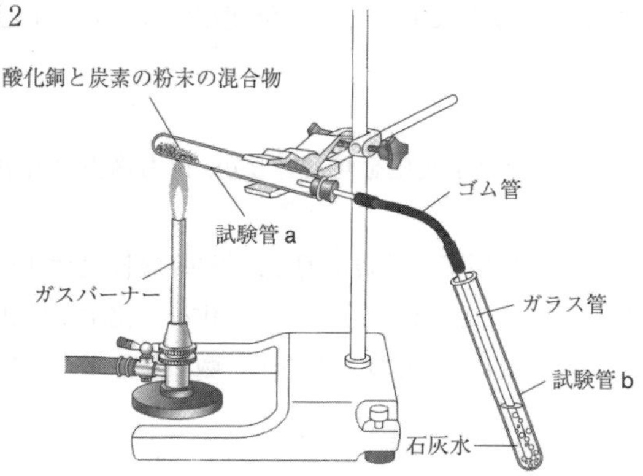

図３

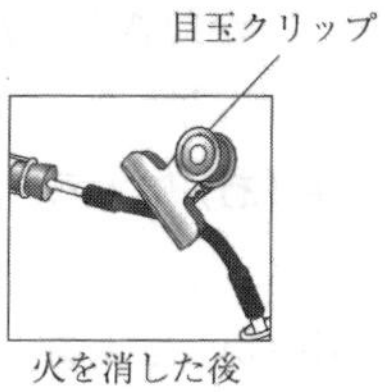

⑴　①について，次の(a)～(c)の各問いに答えなさい。

(a)　銅と酸素が結びついてできる酸化銅は何色か，次のア～エから最も適当なものを１つ選び，その記号を書きなさい。

ア．緑色　　**イ**．白色　　**ウ**．黒色　　**エ**．銀色

(b)　銅と酸素が結びついて酸化銅ができるとき，銅と酸素の質量の比はどうなるか，最も簡単な整数の比で表しなさい。

(c)　銅の粉末の加熱回数が２回のとき，加熱後の物質の中に残っている，酸素と結びつかなかった銅の質量は何 g か，求めなさい。

⑵　②について，次の(a)～(c)の各問いに答えなさい。ただし，試験管 a の中では，酸化銅と炭素の粉末との反応以外は起こらないものとする。

(a)　下線部の操作を行うのはなぜか，その理由を「試験管 a に」に続けて，簡単に書きなさい。

(b)　次の文は，実験の結果についての，あかりさんと先生の会話文である。このことについて，次のページのの(i)，(ii)の各問いに答えなさい。

先　生：実験の結果から，どのような化学変化が起こったのか，考えてみましょう。まず，この実験で何ができたと考えられますか。

あかり：石灰水が白くにごったことから，発生した気体は二酸化炭素だとわかります。また，試験管 a に残った物質が赤色だったことから，銅ができたと考えられます。

先　生：そのとおりです。では，どのような化学変化によって，二酸化炭素や銅ができたのでしょうか。

あかり：炭素は，酸化銅から酸素を奪《うば》いとり，二酸化炭素になりました。また，酸化銅

は，炭素によって酸素をとり除かれ，銅になりました。つまり，炭素は酸化され，酸化銅は（　**あ**　）されました。

先　生：そうですね，よく整理できています。最後に，炭素と銅の性質を，酸素との反応に注目して比べると，何かわかることはありますか。

あかり：炭素を用いて，酸化銅から酸素をとり除くことができたことから，炭素は，銅よりも（　**い**　）性質であると考えられます。

先　生：はい，そのとおりです。この実験で起こった化学変化について，まとめることができましたね。

(i)　文中(**あ**)に入る，酸化銅に起こった化学変化を何というか，最も適当な言葉を書きなさい。

(ii)　文中(**い**)に入る，銅と比べたときの炭素の性質は何か，簡単に書きなさい。

(c)　酸化銅と炭素の粉末の混合物を加熱したときに起きた化学変化を，化学反応式で表すとどうなるか，書きなさい。ただし，酸化銅は，銅と酸素の原子の数の比が１：１で結びついているものとする。

8　次の実験について，あとの各問いに答えなさい。（８点）

（図１～図３は次のページにあります。）

〈実験〉　道具を使う場合と道具を使わない場合の仕事について，仕事の大きさや仕事の能率を調べるために，次の①，②の実験を行った。

①　〈目的〉　物体を決められた高さまで引き上げるとき，道具を使う場合と道具を使わない場合の，力の大きさと引く距離《きょり》について調べる。

〈方法〉　次の**A**～**C**の方法で同じ台車と滑車《かっしゃ》を使い，台車と滑車を矢印➡の向きに引き上げた。

A：そのまま引き上げる

図１のように，台車と滑車を真上にゆっくりと20㎝引き上げて，力の大きさと糸を引いた距離をはかった。

B：動滑車《どうかっしゃ》を使う

図２のように，滑車を動滑車として使い，台車を真上にゆっくりと20㎝引き上げて，力の大きさと糸を引いた距離をはかった。

C：斜面《しゃめん》を使う

図３のように，滑車をのせた台車を，斜面に沿って高さ20㎝までゆっくりと引き上げて，力の大きさと糸を引いた距離をはかった。

図1

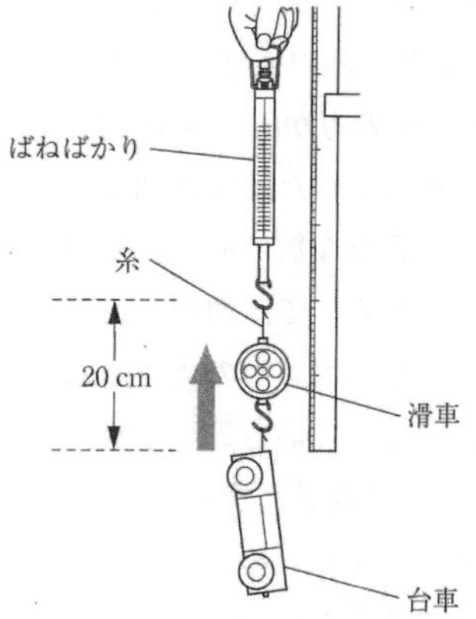

図2

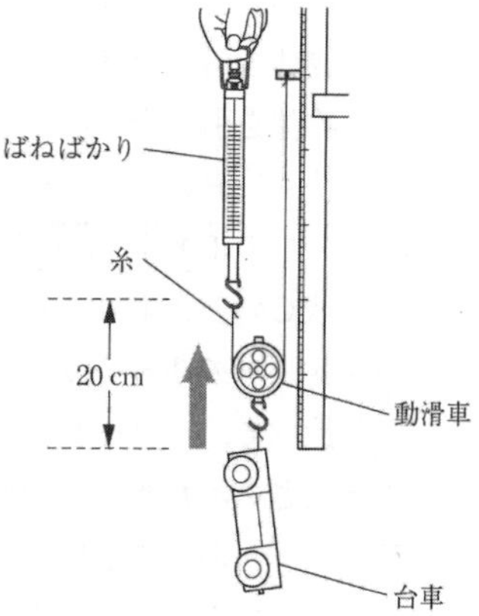

図3

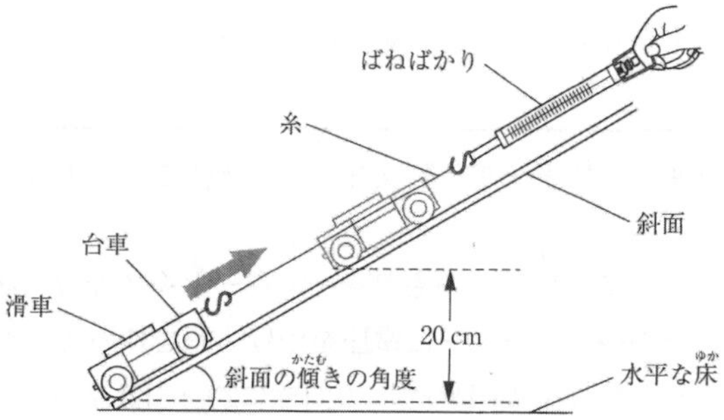

〈結果〉 実験結果をまとめると，表のようになった。

表

方法	力の大きさ〔N〕	糸を引いた距離〔cm〕
A：そのまま引き上げる	2.4	20
B：動滑車を使う	X	Y
C：斜面を使う	Z	30

(1) ①について，あとの(a)～(d)の各問いに答えなさい。ただし，糸やばねばかりの重さ，糸と動滑車にはたらく摩擦力《まさつりょく》，台車と斜面にはたらく摩擦力は考えないものとする。また，台車と滑車を引き上げるときは，ゆっくりと一定の速さで動かした。

(a) 方法Aのように，ばねばかりに物体をつり下げたときの，物体にはたらく重力をF_1，ばねばかりが物体を引く上向きの力をF_2とする。物体をゆっくりと一定の速さで真上に引き上げているときと，物体をゆっくりと一定の速さで真下に下げているときの，力の大きさの関係として正しいものはどれか，あとのア～オから最も適当なものを1つ選び，その記号を書きなさい。

ア．物体を引き上げるときはF_1の方がF_2より大きく，下げるときはF_1の方がF_2より小さい。

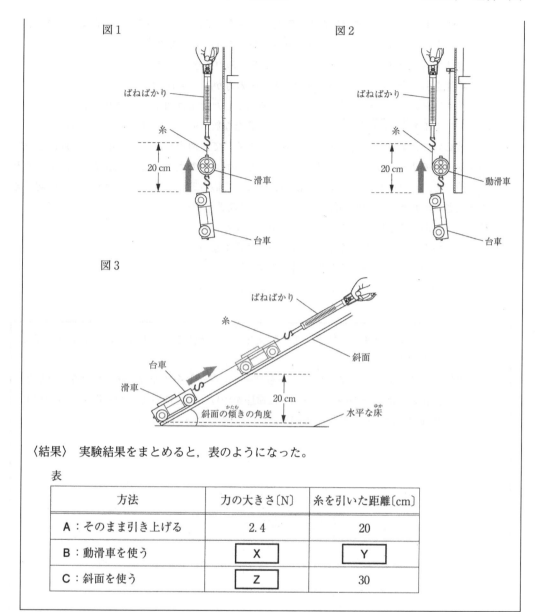

イ．物体を引き上げるときはF_1の方がF_2より小さく，下げるときはF_1の方がF_2より大きい。

ウ．物体を引き上げるときも下げるときも，F_1の方がF_2より大きい。

エ．物体を引き上げるときも下げるときも，F_1とF_2の大きさは等しい。

オ．物体を引き上げるときも下げるときも，F_1の方がF_2より小さい。

(b)　方法Aにおいて，台車と滑車を引き上げる力がした仕事は何Ｊか，求めなさい。

(c)　表の中の X ， Y ， Z に入る最も適当な数は何か，それぞれ求めなさい。

(d)　方法Cのときより，斜面の傾きの角度を大きくして，滑車をのせた台車を，斜面に沿って高さ20㎝までゆっくりと引き上げた。このときの引く力の大きさと引く距離は，方法Cのときと比べて，それぞれどうなるか，次のア～エから最も適当なものを１つ選び，その記号を書きなさい。ただし，斜面の傾きの角度は，90°未満とする。

ア．引く力の大きさは大きくなり，引く距離は短くなる。

イ．引く力の大きさは大きくなり，引く距離は長くなる。

ウ．引く力の大きさは小さくなり，引く距離は短くなる。

エ．引く力の大きさは小さくなり，引く距離は長くなる。

② 〈目的〉 モーターを使って仕事をする実験を行い，物体を引き上げるのにかかった時間を調べる。

〈方法〉 図４のように，重さ0.8Nのおもりをモーターと糸で結び，床につかない状態で静止させた。その後，モーターに電圧をかけ，糸をゆっくりと一定の速さで真上に巻き上げて，おもりを矢印➡の向きに20㎝引き上げた。

図４

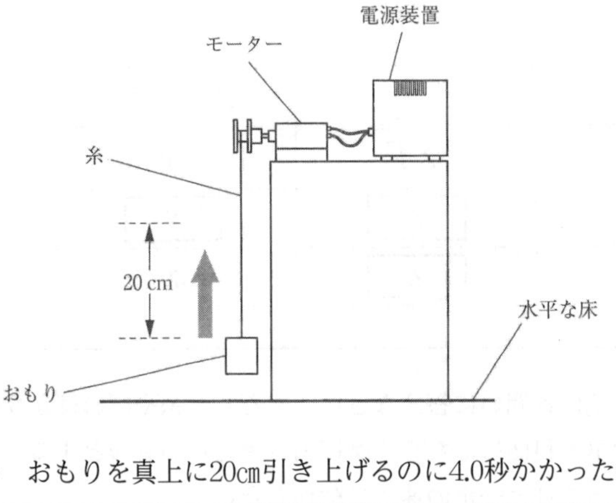

〈結果〉 おもりを真上に20㎝引き上げるのに4.0秒かかった。

(2)　②について，次の(a)，(b)の各問いに答えなさい。

(a)　モーターの仕事率は何Wか，求めなさい。ただし，糸の重さは考えないものとする。

(b)　②の実験のモーターとおもりを使い，②の実験と同じ大きさの電圧をかけ，図５（次のページ）のように，斜面の傾きの角度が30°の斜面に沿って高さ20㎝まで，ゆっくりと一定の速さで，おもりを矢印➡の向きに引き上げた。斜面を上がっていくおもりの平均の速さは何㎝/sか，求めなさい。ただし，糸の重さ，糸と斜面に固定された滑車にはたらく摩擦力，おもりと斜面にはたらく摩擦力は考えないものとする。

図5

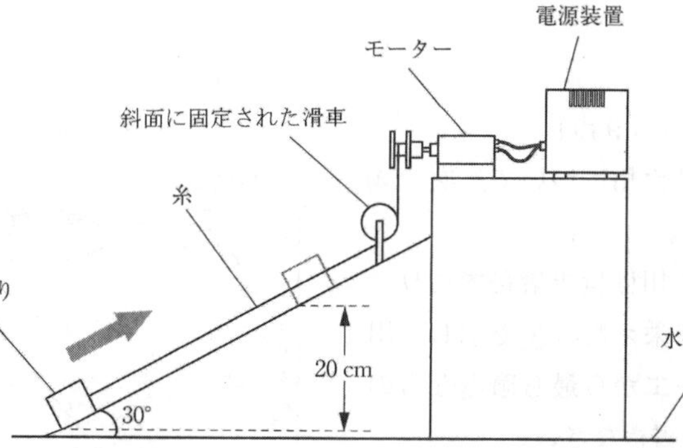

＜社会＞

時間　45分　　満点　50点

1　あとの各問いに答えなさい。(９点)

(1)　略地図１に示したアフリカ州について，次の(a)～(c)の各問いに答えなさい。

〈略地図１〉

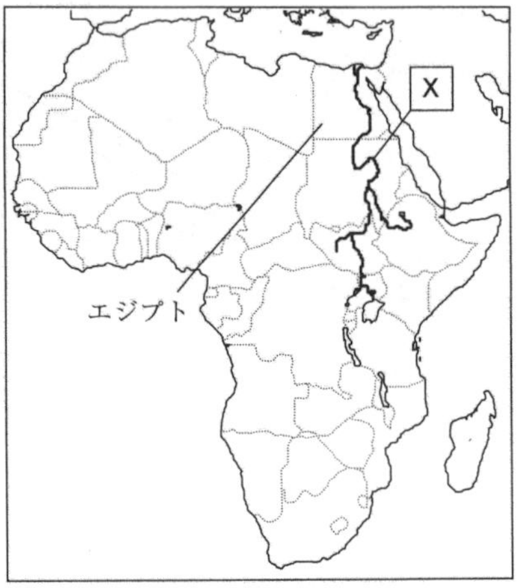

〔注：国境は一部省略〕

(a)　略地図１にXで示した川は世界最長であり，その流域では古代文明が栄えた。Xで示した川の名称《めいしょう》は何か，次の**ア**～**エ**から最も適当なものを１つ選び，その記号を書きなさい。

ア．ナイル川　　**イ**．インダス川
ウ．ライン川　　**エ**．アマゾン川

(b)　略地図１に示したアフリカ州には，緯線《いせん》や経線を利用して引かれた，直線的な国境線が見られる。このように，直線的な国境線が見られるのはなぜか，その理由の１つとして考えられることを，「ヨーロッパ諸国」,「境界線」という２つの言葉を用いて，書きなさい。

(c)　資料１は，エジプトの総人口に占《し》める宗教別人口の割合を示したものである。資料２のA，Bは，資料１のあ，いのいずれかの宗教について説明したものの一部である。資料１のあにあてはまる宗教の名称と，その宗教の説明の組み合わせはどれか，下の**ア**～**エ**から最も適当なものを１つ選び，その記号を書きなさい。

〈資料１〉

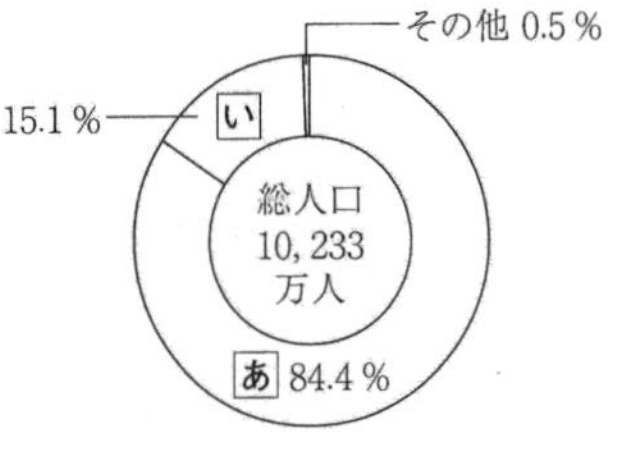

(『データブック オブ・ザ・ワールド 2022』から作成)

〈資料２〉

A	日曜日になると多くの人々が教会へ礼拝《れいはい》に訪《おとず》れる。食事の前に神への感謝のいのりをささげる人々もいる。
B	１日に５回，聖地に向かって礼拝を行ったり，約１か月の間，日中は飲食をしない断食《だんじき》を行ったりするなど，日常生活にかかわる細かい決まりがある。

ア．あ－イスラム教　宗教の説明－A　　**イ**．あ－キリスト教　宗教の説明－A
ウ．あ－イスラム教　宗教の説明－B　　**エ**．あ－キリスト教　宗教の説明－B

(2)　略地図２（次のページ）に示したヨーロッパ州について，あとの(a)，(b)の各問いに答えなさい。

(a)　略地図２にで示したあたりに見られる，氷河によってけずられた谷に海水が深く入りこんでできた地形を何というか，その名称を書きなさい。

〈略地図２〉

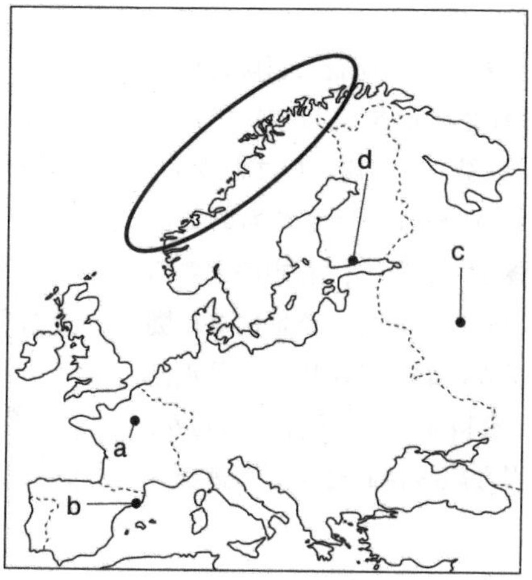

〔注：国境は一部省略〕

(b)　資料３の**ア**～**エ**は，略地図２に示した**a**～**d**のいずれかの都市における雨温図である。略地図２に**a**で示した都市の雨温図はどれか，資料３の**ア**～**エ**から最も適当なものを１つ選び，その記号を書きなさい。

〈資料３〉

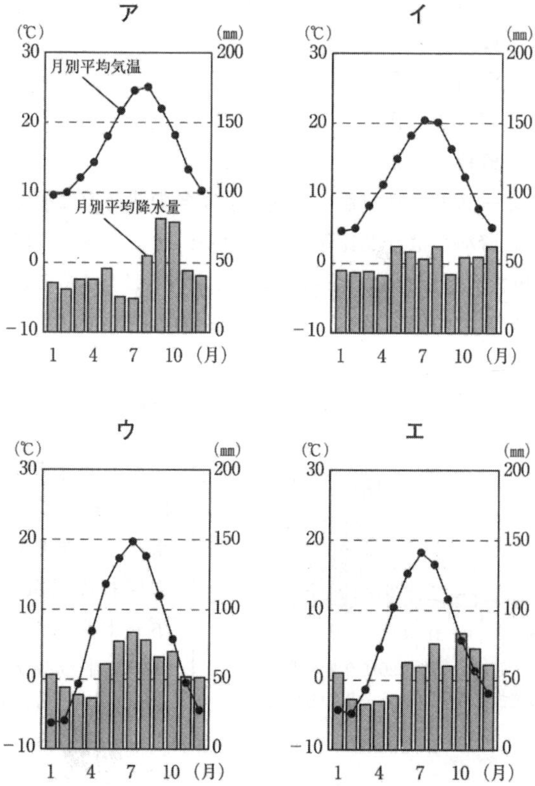

(『理科年表 2022』から作成)

(3) 略地図3に示したオーストラリアについて，次の(a)，(b)の各問いに答えなさい。

〈略地図3〉

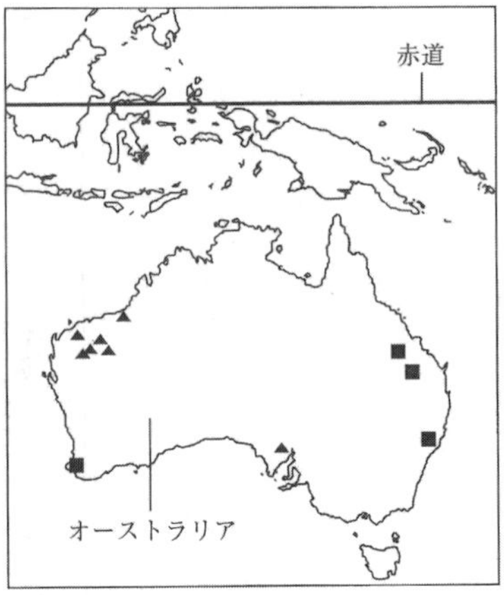

(a) 略地図3に示した■，▲は，鉄鉱石，石炭のいずれかの，鉱産資源のおもな産地を示している。また，資料4のⅠ，Ⅱは，鉄鉱石，石炭のいずれかの，世界における輸出量の国別割合を示したものである。略地図3に示した■は，鉄鉱石，石炭のどちらのおもな産地を示しているか。また，略地図3に■で示した鉱産資源の，世界における輸出量の国別割合にあてはまるものは，資料4のⅠ，Ⅱのどちらか，下のア～エから最も適当な組み合わせを1つ選び，その記号を書きなさい。

〈資料4〉 世界における輸出量の国別割合

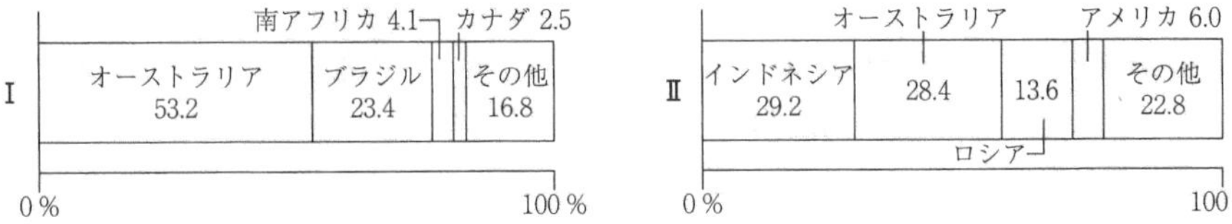

〔注：数値は 2017 年のもの〕
(『世界国勢図《ず》会《え》 2021/2022』ほかから作成)

ア．■－鉄鉱石　資料4－Ⅰ
イ．■－石炭　資料4－Ⅰ
ウ．■－鉄鉱石　資料4－Ⅱ
エ．■－石炭　資料4－Ⅱ

(b) さちこさんは，オーストラリアからの観光客が冬の北海道に多く見られることに興味をもち，資料を集めた。資料5は，2018年度における，オーストラリアから北海道を訪れた観光客の月別宿泊者《しゅくはくしゃ》数を示したものである。また，資料6は，さちこさんがオーストラリアから北海道を訪れる観光客について調べ，まとめたものの一部である。資料6の A にあてはまる内容は何か，書きなさい。

〈資料5〉

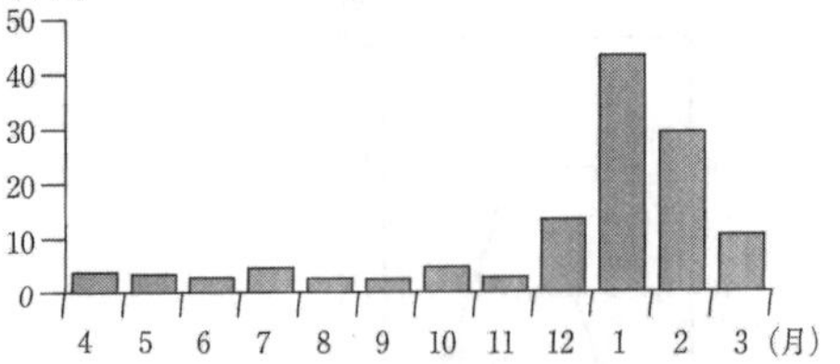

〔注：数値は 2018 年度のもの〕
(北海道観光振興《しんこう》機構 Web ページから作成)

〈資料6〉

オーストラリアは， A に位置するため，日本と季節が逆になる。また，北海道では，パウダースノーとよばれる良質な雪でスキーやスノーボードを楽しむことができるので，オーストラリアからの観光客が冬の北海道に多くみられると考えられる。

2　次の略地図を見て，あとの各問いに答えなさい。(９点)

⑴　資料１は，略地図に□で示した範囲《はんい》の拡大図である。資料１に　で示したあたりに広がる自然環境《かんきょう》について述べた文はどれか，下の**ア**～**エ**から最も適当なものを１つ選び，その記号を書きなさい。

〈略地図〉

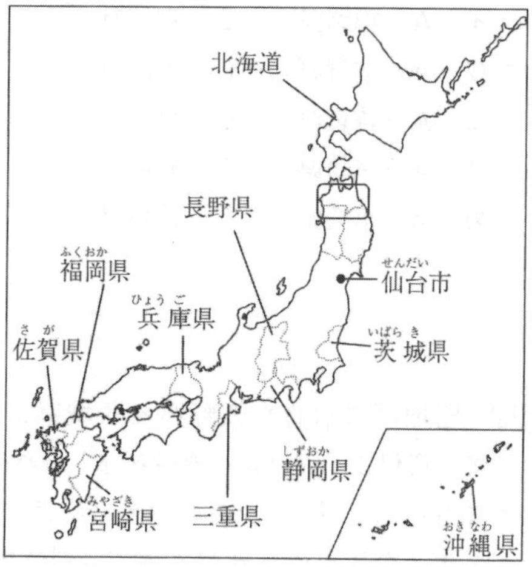

〈資料１〉

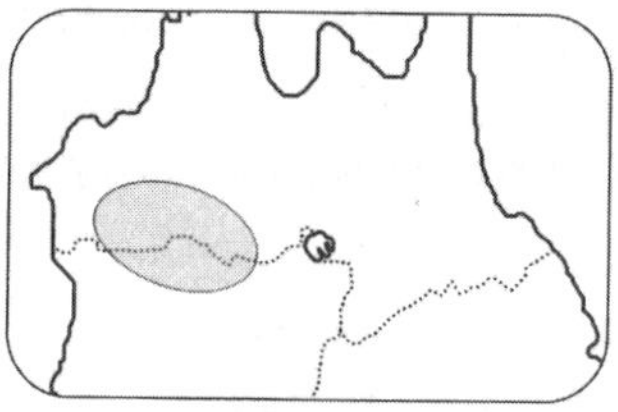

ア．吉野《よしの》すぎなどの良質な樹木が育っている。
イ．縄文《じょうもん》すぎをはじめとする貴重な自然が残っている。
ウ．日本アルプスと呼ばれる，3000m級の山脈がある。
エ．ブナの原生林が残る，白神山地《しらかみさんち》が広がっている。

⑵　略地図に示した仙台市について，次の(a)，(b)の各問いに答えなさい。

(a)　仙台市のように，政府によって指定を受け，都道府県が担《にな》う業務の一部を分担する都市を何というか，その名称を**漢字**で書きなさい。

(b)　資料２は，仙台市の一部を示した２万５千分の１の地形図である。まもるさんは，資料２に示した**P**地点から**Q**地点までの道のりを調べるために，●━●で経路を書きこみ，長さをはかると４㎝であった。●━●で示した経路の実際の道のりと，**P**地点から見た**Q**地点のおおよその方位の組み合わせはどれか，次の**ア**～**エ**から最も適当なものを１つ選び，その記号を書きなさい。

〈資料２〉

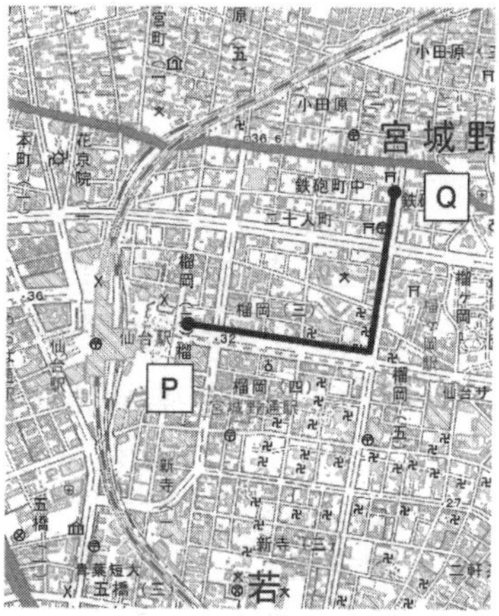

(国土地理院 電子地形図 25000 から作成)

ア．道のり－1000m　　方位－北西
イ．道のり－1000m　　方位－北東
ウ．道のり－2000m　　方位－北西
エ．道のり－2000m　　方位－北東

⑶　資料３(次のページ)は，略地図に示した福岡県，佐賀県，宮崎県における，耕地面積に占める水田の割合，農業産出額のうち米と畜産《ちくさん》の産出額，工業出荷額《しゅっかがく》を示したものである。資料３の**A**と**C**にあてはまる県名の組み合わせはどれか，次のページの**ア**～**カ**から最も適当なものを１つ選び，その記号を書きなさい。

ア．A－福岡県　C－佐賀県
イ．A－福岡県　C－宮崎県
ウ．A－佐賀県　C－福岡県
エ．A－佐賀県　C－宮崎県
オ．A－宮崎県　C－福岡県
カ．A－宮崎県　C－佐賀県

〈資料３〉

	耕地面積に占める水田の割合（%）	農業産出額（億円）		工業出荷額（億円）
		米	畜産	
A	53.4	172	2,209	16,523
B	82.8	155	340	20,839
C	80.7	376	389	99,760

〔注：数値は2019年のもの。ただし，耕地面積に占める水田の割合は2021年のもの。〕
（『データでみる県勢 2022』ほかから作成）

(4)　略地図に示した長野県と茨城県について，資料４，資料５，資料６は，それぞれ，まもるさんが，レタスの生産と出荷に関して集めた資料の一部である。資料４の▒で示した時期における，長野県産のレタスの，東京都中央卸売市場《おろしうりしじょう》への月別出荷量には，どのような特徴《とくちょう》があるか，資料４，資料５，資料６から読み取り，長野県の気候にふれて，書きなさい。

〈資料４〉　長野県産のレタスと，茨城県産のレタスの，東京都中央卸売市場への月別出荷量

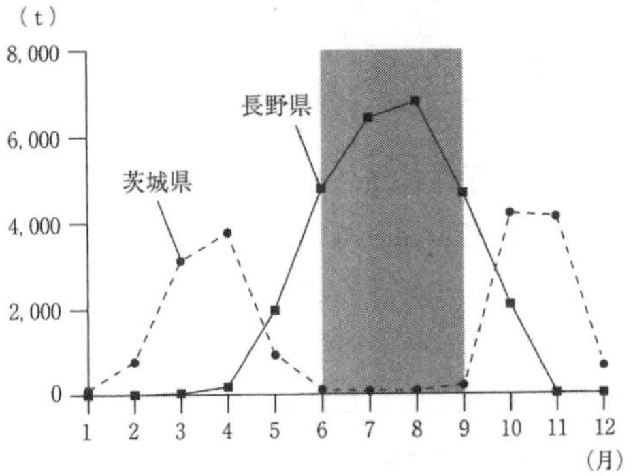

〔注：長野県と茨城県は，東京都中央卸売市場への出荷量が多い上位１位と２位の県。数値は2021年のもの。〕
（東京都中央卸売市場 Web ページから作成）

〈資料５〉　レタスの生育についてまとめたものの一部

レタスの生育に適した気温は，15～20℃である。

〈資料６〉　レタスの生産がさかんである，長野県の南牧村《みなみまきむら》（野辺山原《のべやまはら》）と茨城県の古河市《こがし》の月別平均気温

	1月	2月	3月	4月	5月	6月	7月	8月	9月	10月	11月	12月
長野県南牧村（野辺山原）	－5.3	－4.5	－0.3	5.8	11.0	14.8	18.9	19.5	15.5	9.3	3.8	－1.9
茨城県古河市	3.6	4.6	8.2	13.5	18.4	21.8	25.6	26.8	23.0	17.2	11.0	5.8

〔注：単位は℃〕
（気象庁 Web ページから作成）

(5)　略地図に示した静岡県の工業について述べた文はどれか，あとの**ア**～**エ**から最も適当なものを１つ選び，その記号を書きなさい。

ア．豊かな水を利用した製紙・パルプ工業がさかんで，パルプ・紙・紙加工品の出荷額は，全国１位である。

イ．金属加工の技術が発達し，ナイフやフォークなどの金属洋食器の出荷額は，全国１位である。

ウ．織物機械をつくる技術を土台にして自動車の生産が始まり，輸送用機械の出荷額は，全国1位である。

エ．明治時代に副業として眼鏡《めがね》フレームづくりが始まり，眼鏡フレームの出荷額は，全国1位である。

(6) 資料7は，略地図に示した北海道，三重県，兵庫県，沖縄県における産業別人口の割合と，人口を示したものである。北海道は，資料7のどれにあてはまるか，**ア**～**エ**から最も適当なものを1つ選び，その記号を書きなさい。

〈資料7〉

	産業別人口の割合(%)			人口(千人)
	第一次産業	第二次産業	第三次産業	
ア	4.0	15.4	80.7	1,453
イ	1.9	25.0	73.0	5,466
ウ	6.1	17.4	76.5	5,250
エ	3.0	32.3	64.7	1,781

〔注：数値は2017年のもの。ただし，人口は2019年のもの。〕
(『データでみる県勢 2022』ほかから作成)

3 右の表は，さとるさんのクラスで歴史的分野の学習を行ったときに設定されたテーマを示したものである。これを見て，あとの各問いに答えなさい。(9点)

テーマ1	古代までの日本
テーマ2	摂関《せっかん》政治
テーマ3	鎌倉《かまくら》時代の人々のくらし
テーマ4	室町《むろまち》時代の産業の発達
テーマ5	立憲制国家の成立
テーマ6	大正デモクラシー

(1) テーマ1について，資料1は，1949年に群馬県《ぐんまけん》の岩宿遺跡《いわじゅくいせき》で発見された石器を示した写真である。資料1に示した石器の名称と，資料1の石器が発見されたことによって，日本にもあったことが明らかになった時代の組み合わせはどれか，次の**ア**～**エ**から最も適当なものを1つ選び，その記号を書きなさい。

〈資料1〉

ア．石器の名称－打製石器　　時代－新石器時代
イ．石器の名称－打製石器　　時代－旧石器時代
ウ．石器の名称－磨製《ませい》石器　　時代－新石器時代
エ．石器の名称－磨製石器　　時代－旧石器時代

(2) テーマ2について，資料2は，摂関政治が行われていたころに政治の実権をにぎっていた人物が，娘《むすめ》を天皇のきさきにした日によんだ歌を示したものである。資料2の歌をよんだ人物は誰《だれ》か，次の**ア**～**エ**から最も適当なものを1つ選び，その記号を書きなさい。

〈資料2〉

この世をば
わが世とぞ思う
望月《もちづき》の欠けたることも
無しと思えば

ア．藤原鎌足《ふじわらのかまたり》　　**イ**．藤原純友《ふじわらのすみとも》
ウ．藤原道長《ふじわらのみちなが》　　**エ**．藤原頼通《ふじわらのよりみち》

(3) テーマ３について，資料３は，鎌倉時代に，紀伊国《きいのくに》（和歌山《わかやま》県）にあった阿氏河荘《あてがわのしょう》の百姓《ひゃくしょう》たちが，荘園《しょうえん》領主に提出した訴《うった》え状の要約の一部を示したものである。資料４は，資料３を見たさとるさんが，鎌倉時代の農民のくらしについて調べ，まとめたものの一部である。資料３，資料４の Ｉ に共通してあてはまる言葉は何か，**漢字**で書きなさい。

〈資料３〉

阿氏河荘の百姓らが申し上げます。領家の寂楽寺《じゃらくじ》に納める材木が遅《おく》れていますが， Ｉ が，奉公《ほうこう》のために上京するとか，近くで作業があると言っては村の人を責め使うので，暇《ひま》がありません。

〈資料４〉

鎌倉時代の農民は，荘園領主に年貢《ねんぐ》を納めていたが，阿氏河荘のように， Ｉ がおかれた荘園では， Ｉ と荘園領主との二重の支配を受けていた。

(4) テーマ４について，資料５は，室町時代における商工業のしくみについて模式的に示したものである。次の(a)，(b)の各問いに答えなさい。

〈資料５〉

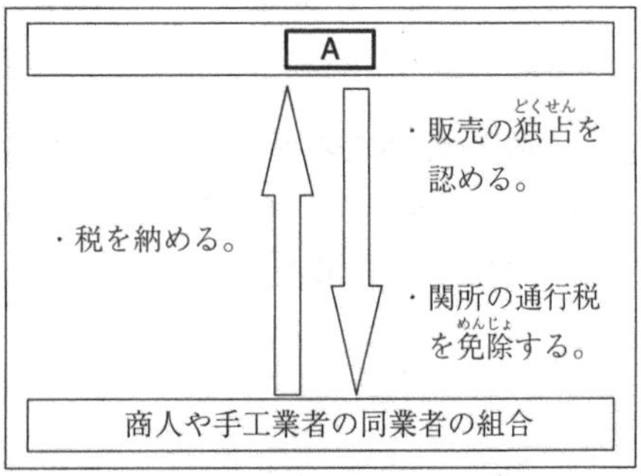

(a) 資料５の A にあてはまる言葉として誤っているものはどれか，次の**ア**～**エ**から１つ選び，その記号を書きなさい。

ア．貴族　　**イ**．武士

ウ．寺社　　**エ**．庄屋《しょうや》

(b) 室町時代から安土桃山《あづちももやま》時代にかけて，商工業を発展させるために出された楽市令により，資料５の A が打撃《だげき》を受けることになった理由は何か，その１つとして考えられることを，資料５から読み取り，楽市令の内容にふれて，書きなさい。

(5) テーマ５について，資料６は，大日本帝国《ていこく》憲法に定められた統治のしくみについてまとめたものの一部である。資料６の X ， Y にあてはまる言葉の組み合わせはどれか，次の**ア**～**エ**から最も適当なものを１つ選び，その記号を書きなさい。

〈資料６〉

大日本帝国憲法では，帝国議会は， X と衆議院の二院制がとられ， Y は，天皇の政治を補佐《ほさ》する機関として位置づけられた。

ア． X －参議院　 Y －太政官《だじょうかん》　　**イ**． X －参議院　 Y －内閣

ウ． X －貴族院　 Y －太政官　　**エ**． X －貴族院　 Y －内閣

(6) テーマ６について，護憲運動が起こるきっかけの１つとなったできごとはどれか，次の**ア**～**エ**から最も適当なものを１つ選び，その記号を書きなさい。

ア．立憲政友会の内閣が倒《たお》され，藩閥《はんばつ》や官僚《かんりょう》に支持された，桂太郎《かつらたろう》内閣が成立した。

イ．閣僚《かくりょう》のほとんどを立憲政友会の党員で組織する，原敬《はらたかし》内閣が成立した。

ウ．加藤高明《かとうたかあき》内閣のもとで，満25歳《さい》以上の男子に選挙権を与《あた》える普通《ふつう》選挙法が成立された。

エ．近衛文麿《このえふみまろ》内閣のもとで，議会の承認《しょうにん》なしに労働力や物資を動員する国家総動員法が制定された。

4　次の表は，まさみさんのクラスで歴史的分野を学習したときの内容をまとめたものの一部である。これを見て，あとの各問いに答えなさい。（9点）

稲作《いなさく》とともに，①青銅器や鉄器などの金属器も伝わった。
飛鳥《あすか》地方を中心に，日本で最初の②仏教文化である飛鳥文化が栄えた。
江戸《えど》幕府は，③長崎《ながさき》に外国との交流の窓口を開き，交易を行った。
産業革命の結果，強い工業力と軍事力をもった欧米《おうべい》諸国は，④アジアに支配の手をのばした。
第一次世界大戦後の1919年に，⑤パリで講和会議が開かれ，国際協調の動きが見られた。
1973年の第四次中東戦争によって，世界や⑥日本の経済は大きな打撃を受けた。

(1)　下線部①について，資料1は，弥生《やよい》時代に大陸から伝わった銅鐸《どうたく》を示した写真である。資料1で示した銅鐸は，おもにどのような目的で使用された道具と考えられているか，次の**ア**～**エ**から最も適当なものを1つ選び，その記号を書きなさい。

〈資料1〉

ア．農作業の道具　　**イ**．祭りの道具
ウ．煮《に》たきの道具　　**エ**．狩《か》りの道具

(2)　下線部②について，6世紀の半ばに日本に仏教を伝えたとされる国はどこか，次の**ア**～**エ**から最も適当なものを1つ選び，その記号を書きなさい。

ア．百済《くだら》《ペクチェ》　　**イ**．高句麗《こうくり》《コグリョ》　　**ウ**．新羅《しらぎ》《シルラ》　　**エ**．渤海《ぼっかい》

(3)　下線部③について，次の(a)，(b)の各問いに答えなさい。

(a)　資料2は，江戸幕府の鎖国《さこく》下の窓口の一部とその相手国を示したものである。資料2の [Ⅰ]，[Ⅱ] にあてはまる言葉の組み合わせはどれか，次の**ア**～**エ**から最も適当なものを1つ選び，その記号を書きなさい。

〈資料2〉

鎖国下の窓口	相手国
長崎	中国(清《しん》)・オランダ
薩摩藩《さつまはん》	[Ⅰ]
[Ⅱ]	朝鮮《ちょうせん》

ア．[Ⅰ] −琉球《りゅうきゅう》王国　[Ⅱ] −松前藩
イ．[Ⅰ] −ロシア　[Ⅱ] −松前藩
ウ．[Ⅰ] −琉球王国　[Ⅱ] −対馬《つしま》藩
エ．[Ⅰ] −ロシア　[Ⅱ] −対馬藩

(b)　江戸幕府の成立後，日本との国交が回復し，江戸幕府の将軍が代わるごとに日本に使節を派遣《はけん》した国はどこか，次の**ア**～**エ**から最も適当なものを1つ選び，その記号を書きなさい。

ア．中国（清）　**イ**．朝鮮　**ウ**．琉球王国　**エ**．ロシア

(4)　下線部④について，次のⓐ～ⓓのカードは，17世紀から19世紀にかけてインドとイギリスの間で起こったできごとを示したものである。ⓐ～ⓓのカードを，書かれた内容の古いものから順に並べると，どのようになるか，次のページの**ア**～**エ**から最も適当なものを1つ選び，その記号を書きなさい。

ⓐ 産業革命後，イギリスは大量の綿織物をインドへ輸出した。

ⓑ インドの綿織物業が衰退《すいたい》し，イギリスへの不満が高まりインド大反乱が起こった。

ⓒ イギリスは東インド会社をつくり，インドから大量の綿織物を輸入した。

ⓓ イギリス政府がインド全土を直接支配するようになった。

ア．ⓐ→ⓒ→ⓓ→ⓑ　イ．ⓐ→ⓓ→ⓑ→ⓒ　ウ．ⓒ→ⓐ→ⓑ→ⓓ　エ．ⓒ→ⓑ→ⓓ→ⓐ

(5) 下線部⑤について，資料3は，パリで開かれた講和会議において結ばれた条約の内容を示したものの一部である。資料3に示した条約を何というか，その名称を書きなさい。

〈資料3〉

・ドイツにすべての植民地を放棄《ほうき》させる。
・国際連盟を設立する。

(6) 下線部⑥について，資料4は，1973年における日本のエネルギー資源の割合を示したものである。また，資料5は，1971年から1974年における原油の国際価格の推移を示したもの，資料6は，1971年から1974年における日本の消費者物価指数の推移を示したものである。日本の消費者物価指数が，資料6の■で示した時期に急上昇したのはなぜか，その理由の1つとして考えられることを，資料4，資料5から読み取り，「エネルギー資源」という言葉を用いて，書きなさい。

〈資料4〉

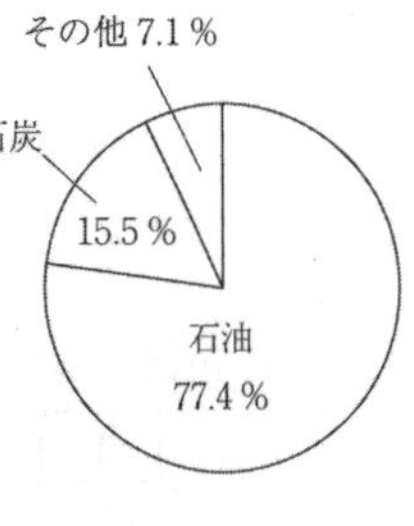

(『数字で見る日本の 100 年』から作成)

〈資料5〉

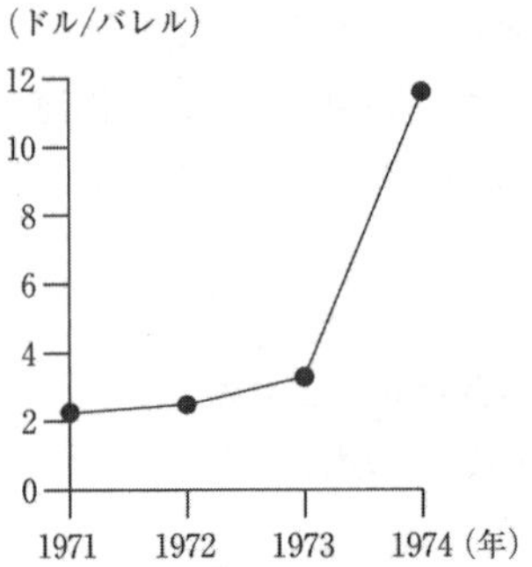

〔注：1バレル＝約 159 リットル〕
(BP Web ページから作成)

〈資料6〉

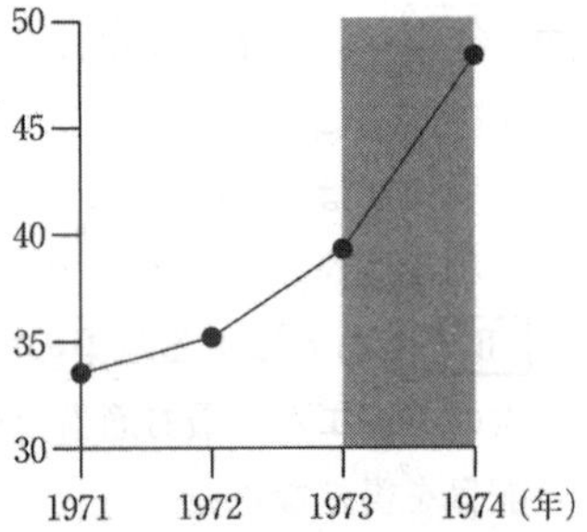

〔注：2015 年を 100 としたときの数値〕
(『数字で見る日本の 100 年』から作成)

5 次のページの表は，あゆみさんのクラスで行った公民的分野の学習において，班ごとに設定した学習課題をまとめたものである。これを見て，あとの各問いに答えなさい。(14点)

(1) A班の学習課題について，資料1は，A班が，政治と憲法について調べ，まとめたものの一部である。資料1の Ⅰ にあてはまる言葉はどれか，次のア～エから最も適当なものを1つ選び，その記号を書きなさい。

〈資料1〉

国の政治の基本的なあり方を定める法を憲法といいます。また，憲法によって，政治の権力を Ⅰ し，人権を保障するという考え方を立憲主義といいます。

ア．拡大　イ．集中　ウ．制限　エ．否定

A班	なぜ憲法は必要なのだろうか。
B班	地方公共団体は，どのようにして財源を確保しているのだろうか。
C班	私たちは，政治にどのように関わればよいのだろうか。
D班	市場経済《しじょうけいざい》において，価格はどのようにしてきまるのだろうか。
E班	物事を決定するとき，みんなが納得《なっとく》するためには何が必要なのだろうか。
F班	私たちの消費行動は，社会にどのような影響《えいきょう》を与えるのだろうか。
G班	日本は，世界とどのような協力を行っているのだろうか。

⑵　B班の学習課題について，B班は，三重県の財政についてクラスで発表するために資料を集めた。資料２は，三重県の令和４年度予算の歳入《さいにゅう》とその内訳を示したもの，資料３は，三重県の令和４年度予算の歳出《さいしゅつ》とその内訳を示したものである。また，資料４は，B班が資料２，資料３をもとに作成した発表原稿《げんこう》の一部である。資料４の［A］，［B］にあてはまる言葉の組み合わせはどれか，下のア～エから最も適当なものを１つ選び，その記号を書きなさい。

〈資料２〉

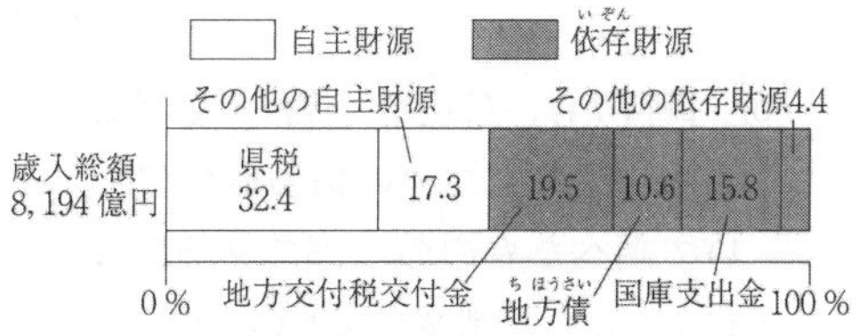

〈資料３〉

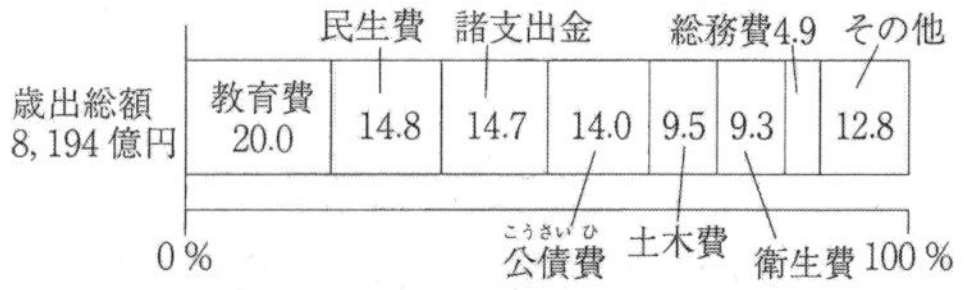

（資料２，資料３は，『令和４年度三重県版 ハロー・タックス』から作成）

〈資料４〉

> 歳入のうち，依存財源は，50％を超《こ》えています。依存財源のうち，［A］は，使いみちが特定されていないものです。また，地方債は，地方公共団体が債券《さいけん》を発行して借りたお金のことです。
>
> 歳出のうち，［B］は，借りたお金を返すための費用です。地方債の発行が増えすぎると，地方公共団体は，収入のほとんどを［B］に使わなければならなくなり，住民の生活に必要な仕事ができなくなるおそれがあります。

ア．［A］－国庫支出金　［B］－民生費
イ．［A］－国庫支出金　［B］－公債費
ウ．［A］－地方交付税交付金　［B］－民生費
エ．［A］－地方交付税交付金　［B］－公債費

⑶　C班の学習課題について，次のページの(a)，(b)の各問いに答えなさい。

(a) 資料５は，令和３年10月31日に実施《じっし》された第49回衆議院議員総選挙における，有権者の年代別選挙関心度を示したものの一部，資料６は，第49回衆議院議員総選挙における，年代別投票率を示したものの一部である。18～29歳の年代の選挙への関わり方にはどのような問題点が見られるか，資料５，資料６からそれぞれ読み取り，「他の年代と比べて，」で始めて，書きなさい。

〈資料５〉

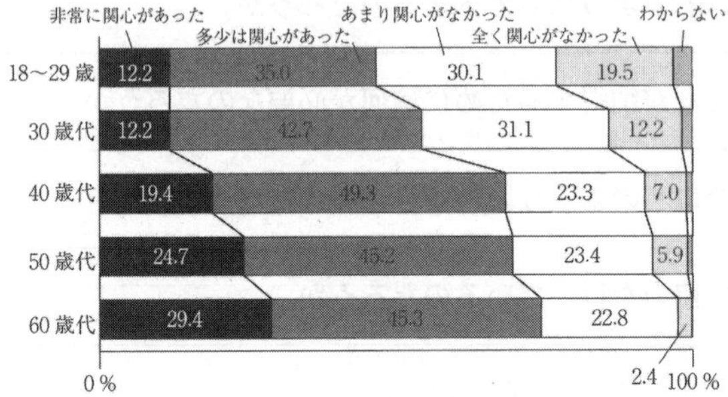

（明るい選挙推進協会資料から作成）

〈資料６〉

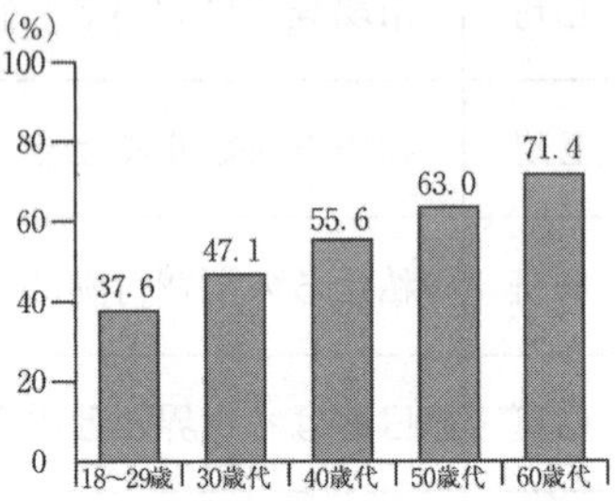

（総務省Webページから作成）

(b) 資料７は，Ｃ班が，住民の意見を政治に生かすためのある制度について調べたものの一部である。資料７に示した制度を何というか，その名称を書きなさい。

〈資料７〉

実施した地方公共団体	実施年	問われた内容
新潟県巻町《にいがたけんまきまち》（現新潟市）	1996年	原子力発電所の建設
滋賀県米原町《しがけんまいはらちょう》（現米原市《まいばらし》）	2002年	市町村合併《がっぺい》
大阪府大阪市	2015年	特別区の導入（大阪都構想《とこうそう》）

(4) Ｄ班の学習課題について，資料８は，Ｄ班が，市場経済において，ある商品の価格と需要量《じゅようりょう》および価格と供給量の関係が，状況《じょうきょう》により変化することを説明するために作成したものである。資料８の曲線Ｘ，曲線Ｙは，需要曲線，供給曲線のいずれかであり，２つの曲線が交わる点の価格は，この商品の均衡《きんこう》価格を示している。資料８の曲線Ｘについて，曲線Ｘが，ａの位置からｂの位置に移動したときの状況について，正しく述べたものはどれか，次のア～エから最も適当なものを１つ選び，その記号を書きなさい。

〈資料８〉

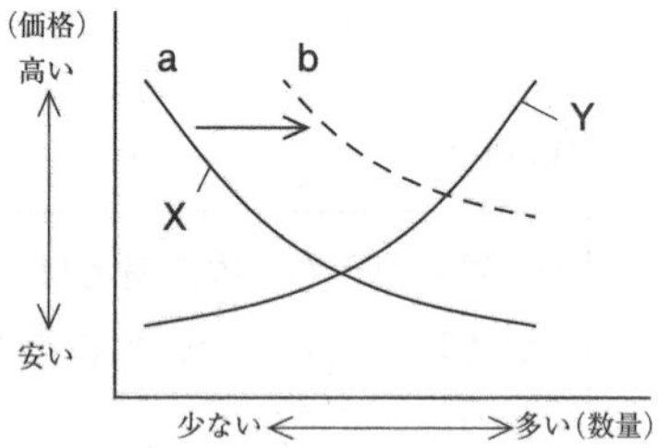

ア．この商品より品質のよい別の商品が販売《はんばい》されたため，需要量が減り，価格が下がった。
イ．この商品がテレビで紹介《しょうかい》されて人気が出たため，需要量が増え，価格が上がった。
ウ．この商品の原材料の調達が難しくなったため，供給量が減り，価格が上がった。
エ．この商品の製造工場を拡張したため，供給量が増え，価格が下がった。

(5) Ｅ班の学習課題について，Ｅ班は，合唱コンクールで歌いたい曲について，クラスで行った投票結果をもとに考えた。資料９（次のページ）は，最も歌いたい曲だけに投票した結果を示したもの，資料10は，歌いたい曲に順位をつけて投票し集計した結果を示したものである。また，資料11は，はるみさんとひふみさんが，それぞれの投票の結果について，話し合った内容の一部である。これらを見て，次の(a)，(b)の各問いに答えなさい。

〈資料９〉　最も歌いたい曲だけに投票した結果

	結果
曲Ａ	16 票
曲Ｂ	11 票
曲Ｃ	8 票

〈資料 10〉　歌いたい曲に順位をつけて投票し集計した結果

	1 位（3 点）	2 位（2 点）	3 位（1 点）	合計
曲Ａ	16 人	5 人	14 人	72 点
曲Ｂ	11 人	17 人	7 人	74 点
曲Ｃ	8 人	13 人	14 人	64 点

〔注：1 位が 3 点，2 位が 2 点，3 位が 1 点として集計〕

〈資料11〉

はるみ：最も歌いたい曲だけに投票した結果を見ると，曲Ａが一番人気があるね。
ひふみ：でも，最も歌いたい曲を，曲Ａに投票した人よりも，曲Ａ以外に投票した人の方が多いね。この結果から曲Ａに決定することは，[あ] の考え方から，良い方法だといえるかな。
はるみ：歌いたい曲に順位をつけて投票し集計すると，結果が変わるね。曲を決定する前に，みんなでよく話し合うことが大切だね。
ひふみ：意見の対立を解消し，[い] をめざす努力をすることが大切だね。

(a)　資料11の [あ]，[い] にあてはまる言葉の組み合わせはどれか，次の**ア**～**エ**から最も適当なものを１つ選び，その記号を書きなさい。

ア．[あ] －効率　[い] －合意　　**イ**．[あ] －効率　[い] －共生
ウ．[あ] －公正　[い] －合意　　**エ**．[あ] －公正　[い] －共生

(b)　ひふみさんは，資料９の投票結果で曲Ａに決定した場合，曲Ｂと曲Ｃに投票された票は，以前に学習した，選挙における死票にあたるのではないかと考え，公民的分野のノートを見直した。資料12は，ひふみさんの公民的分野のノートの一部である。資料12の [X] にあてはまる選挙制度はどれか，下の**ア**～**エ**から最も適当なものを１つ選び，その記号を書きなさい。

〈資料 12〉

選挙制度	特徴	課題
[X]	最も多くの票を集めた政党が，多数の議席を得るため，政権が安定する。	死票が多い。
[Y] [Z]	死票が少ない。	得票の少ない政党も議席を得やすくなるため，政権が安定しない。

ア．大選挙区制　　**イ**．小選挙区制　　**ウ**．議院内閣制　　**エ**．比例代表制

(6)　Ｆ班の学習課題について，資料13（次のページ）は，Ｆ班が，商品選択《せんたく》のめやすとなるマークについて調べ，まとめたものの一部である。また，資料14（次のページ）は，資料13をもとに，

F班が，私たちの消費行動が与える影響について，持続可能性の観点から話し合い，意見をまとめたものの一部である。資料14の **a** にあてはまる内容は何か，その１つとして考えられることを，「生産者」という言葉を用いて，書きなさい。

〈資料 13〉

このマークは，国際フェアトレード認証《にんしょう》ラベルを示したもので，発展途上国で生産された農産物や製品を適正な価格で継続《けいぞく》的に取り引きしている商品に付けられます。

〈資料 14〉

私たちの消費行動は，持続可能な社会の実現に影響を与えます。だから，私たちが，国際フェアトレード認証ラベルのついた商品を選んで購入《こうにゅう》することで，　**a**　ことができます。

(7)　G班の学習課題について，G班では，政府開発援助《えんじょ》（ODA）について調べ，資料を集めた。資料15は，政府開発援助についてまとめたものの一部，資料16は，先進国（29か国）における政府開発援助額の順位を示したもの，資料17は，日本の政府開発援助額と日本の国民総所得（GNI）を示したものである。日本の政府開発援助額には，どのような特徴があるか，資料15，資料16，資料17から読み取れることにふれて，書きなさい。

〈資料15〉

政府開発援助とは，先進国（29か国）の政府が，発展途上国の経済や福祉《ふくし》の向上のために，さまざまな技術の協力や資金の援助を行うことです。国際連合は，先進国の政府開発援助の目標額を，国民総所得の0．7%としています。

〈資料 16〉

順位	国名
1	アメリカ
2	ドイツ
3	イギリス
4	日本
5	フランス
6	スウェーデン
7	オランダ
8	カナダ
9	イタリア
10	ノルウェー
	その他 19 か国

〈資料 17〉

日本の政府開発援助額 163 億ドル
日本の国民総所得 51, 564 億ドル

〔注：数値は 2020 年のもの〕

（資料 15，資料 16，資料 17 は，外務省 Web ページから作成）

【資料1】 あなたは自分の読書量を増やしたいと思いますか
(16歳から19歳の回答)

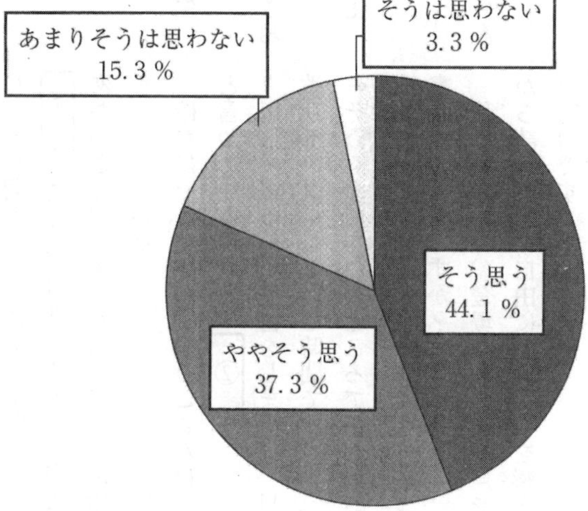

【資料2】 あなたの読書量が減っているのはなぜですか(主な項目《こうもく》)(複数回答可)
(以前に比べて読書量が減っていると答えた16歳から19歳の回答)

情報機器(携帯《けいたい》電話、スマートフォン、タブレット端末《たんまつ》、パソコン、ゲーム機等)で時間がとられる	73.5 %
仕事や勉強が忙《いそが》しくて読む時間がない	70.6 %
テレビの方が魅力的《みりょくてき》である	8.8 %
魅力的な本が減っている	8.8 %
良い本の選び方が分からない	5.9 %

【資料3】 読書をすることの良いところは何だと思いますか(主な項目)(複数回答可)
(16歳から19歳の回答)

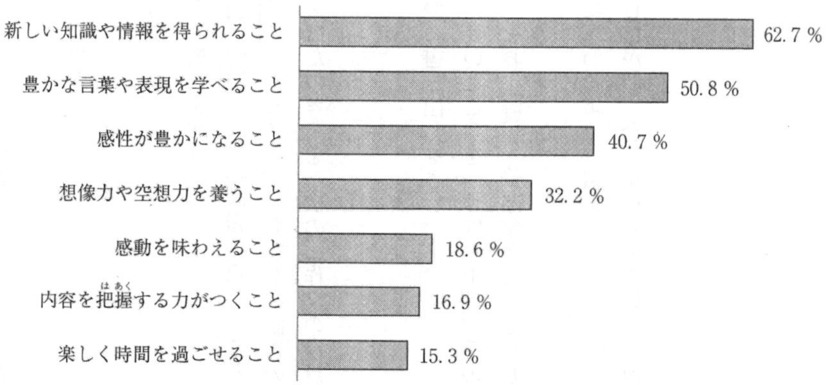

〔文化庁「国語に関する世論調査(平成30年度)」から作成〕

が減っているなあ。読書をもっとしたいなと思っているんだけど。

ようこさん 【資料2】を見ると、「あなたの読書量が減っているのはなぜですか」という質問に、あおいさんと同じことを回答している人が七割以上いるね。また、①という項目は、メディアの視聴《しちょう》という点であおいさんの読書量が減っている理由と共通しているんじゃないかな。

鈴木先生 確かにそうですね。ようこさんは、読書が好きだと言っていたけれど、②?

ようこさん 毎日、寝《ね》る前に読書をします。一日が終わって一番リラックスしている時間です。

鈴木先生 そうなんですね。ところであおいさんは、もっと読書をしたいと思っていると言っていたけれど、読書の魅力は何ですか?

あおいさん 私は頭の中で、登場人物の姿や声を思《おも》い浮《う》かべながら読みます。自由にイメージを膨《ふく》らませられるのが魅力です。

鈴木先生 なるほど。読書の良いところについてもう少し考えてみたいですね。

(一) 【話し合いの様子の一部】の①に入る言葉として最も適当なものを、次の**ア**〜**エ**から一つ選び、その記号を書きなさい。

ア、仕事や勉強が忙しくて読む時間がない
イ、テレビの方が魅力的である
ウ、魅力的な本が減っている
エ、良い本の選び方が分からない

(二) 【話し合いの様子の一部】の②に入る**鈴木先生**の会話として最も適当なものを、次の**ア**〜**エ**から一つ選び、その記号を書きなさい。

ア、読書を始めたのはいつですか
イ、なぜ読書をしますか
ウ、どんなときに読書をしますか
エ、読書のための本をどこで選びますか

(三) 【話し合いの様子の一部】の傍線部分「読書の良いところについてもう少し考えてみたいですね」とあるが、あなたは読書の良いところは何だと考えるか。あなたの考えを、次の〔作文の注意〕にしたがって書きなさい。

〔作文の注意〕
① 題名は書かずに本文から書き出しなさい。
② あなたが考える読書の良いところを一つ取り上げ、その理由を明確にして書きなさい。なお、【資料3】は参考にしてもしなくてもよい。
③ あなたの考えが的確に伝わるように書きなさい。
④ 原稿《げんこう》用紙の使い方にしたがい、全体を百六十字以上二百字以内にまとめなさい。

（注2）　刹那――きわめて短い時間。一瞬間。

【話し合いの様子の一部】

たくやさん　私はこの文章を読んで、②一寸の光陰軽《かろ》んずべからずということわざを思い出したよ。

よしこさん　筆者の兼好《けんこう》法師は「徒然草」の中で、自分の考えや意見を自由に述べていて、今回の文章では、時間の使い方についての考えを述べているよね。

たくやさん　それから、③商人のたとえ話が書かれていることで、筆者の言いたいことが分かりやすく感じたよ。

よしこさん　そうだね。そのようなたとえ話や、文章の最後の部分で書かれている、仏道の修行者の心構えなどを通じて、［④］べきだと筆者は言っているんだね。

㈠　傍線部分①「言はば」を現代仮名遣《かなづか》いに改め、すべてひらがなで書きなさい。

㈡　傍線部分②「一寸の光陰軽んずべからず」とあるが、この言葉のもとになった漢文の「一 寸 光 陰 不 可 軽」を「一寸の光陰軽んずべからず」と読むことができるように返り点をつけたものは、次の**ア**～**エ**のうちどれか。最も適当なものを一つ選び、その記号を書きなさい。

ア、一 寸 光 陰 不㆓ 可 軽㆒

イ、一 寸 光 陰 不㆑ 可㆑ 軽

ウ、一 寸 光 陰㆓ 不㆑ 可 軽㆒

エ、一 寸 光 陰㆓ 不 可㆑ 軽

㈢　傍線部分③「商人のたとえ話」とあるが、商人がわずかなお金を大切にしていることが書かれている部分を、文章中の古文から十五字以内で抜《ぬ》き出して書きなさい。（句読点も一字に数える。）

㈣　［④］に入る言葉として最も適当なものを、次の**ア**～**エ**から一つ選び、その記号を書きなさい。

ア、一瞬間という短い時間を意識することなく生活する

イ、物事を成功させるために、遠い将来を考えて生きる

ウ、現在の一瞬間を無駄《むだ》にせず、大切にしながら生きる

エ、生涯《しょうがい》には長い月日があることを期待しつつ生活する

5　41ページの【資料1】、【資料2】、【資料3】は、文化庁が実施《じっし》した「国語に関する世論調査（平成三十年度）」について、図書館担当の鈴木《すずき》先生が、十六歳《さい》から十九歳の結果をもとにまとめたものである。また、あとの【話し合いの様子の一部】は、【資料1】、【資料2】、【資料3】について、鈴木先生と図書委員のようこさんとあおいさんが話し合ったときのものである。これらを読んで、あとの各問いに答えなさい。（十点）

【話し合いの様子の一部】

鈴木先生　図書館をもっと利用してもらうための参考になればと思って、資料を作ってみました。【資料1】を見てください。「あなたは自分の読書量を増やしたいと思いますか」では、「そう思う」と回答した人と「ややそう思う」と回答した人がたくさんいますね。

ようこさん　そうですね。私は読書が好きだから、もっと読書をしたいと思っているけれど、あおいさんはどう？

あおいさん　私は、情報機器を使っている時間が多くて読書量

れている「快適領域」、「学習領域」、「危険領域」の三つの領域における心の状態について次の表にまとめるとき、表の中の [a] ～ [c] にはそれぞれ何が入るか。あとのア～オからすべて選び、その記号を書きなさい。なお、ア～オの記号はすべて一回ずつ使うこと。

領域	心の状態
快適領域（コンフォートゾーン）	[a]
学習領域（ラーニングゾーン）	[b]
危険領域（デンジャーゾーン）	[c]

ア、新しい体験にワクワクを感じる
イ、居心地《いごこち》がいいので出たくない
ウ、逃《に》げ出《だ》したい
エ、意欲的に挑戦してみよう
オ、ワクワク感よりも恐怖《きょうふ》や不安の方が強い

(五)　傍線部分⑷「大事なのは、自分のレベルよりちょっとだけ上の目標を立てる、ということです」とあるが、次の □ の中は、自分のレベルよりちょっとだけ上の目標を立てることが大事であることについて、筆者の考えをまとめたものである。□ に入る言葉を、ドーパミンの効果にふれて、本文中の言葉を使って三十五字以上五十五字以内で書きなさい。（句読点も一字に数える。）

> いきなり難しいことにチャレンジすると恐怖や不安を感じてしまうが、ちょっとがんばればできそうなことに挑戦するとき脳内にドーパミンがもっとも大量に分泌《ぶんぴつ》され、□ 最終的に「大きな目標」を達成できるため、自分のレベルよりちょっとだけ上の目標を立てることが大事である。

4　次の文章と、文章についてのたくやさんとよしこさんの【話し合いの様子の一部】を読んで、あとの各問いに答えなさい。（八点）

（注1）寸陰《すんいん》惜《を》しむ人なし。これよく知れるか、愚《おろ》かなるか。（これは、わずかな時間を惜《お》しむ必要がないと、よく分かっているためなのか、それとも愚かであるためなのか）愚かにして怠《おこた》る人（怠《なま》けている人）のために①言はば、一銭軽《かろ》しといへども（一銭はわずかではあるが）、是《これ》をかさぬれば、貧しき人を富める人となす。されば、商人《あきびと》の一銭を惜しむ心、切《せつ》なり（切実である）。刹那《せつな》覚えずといへども、これを運びてやまざれば（意識されないでも、これをずっと積み上げていけば）、命を終《を》ふる期《ご》（時期）、忽《たちま》ちに至る。

されば、道人《だうにん》は、遠く日月《にちぐわつ》を惜しむべからず（仏道の修行者《しゅぎょうしゃ》は、遠い将来にわたる歳月《さいげつ》を惜しむべきではない）。ただ今の一念（現在の一瞬《いっしゅん》が）、むなしく過ぐる事を惜しむべし。

（『新編　日本古典文学全集　徒然草《つれづれぐさ》』による。）

＊一部表記を改めたところがある。

（注1）　寸陰――「一寸《いっすん》の光陰《こういん》」の略。わずかな時間。

「学習領域（ラーニングゾーン）」は、軽いストレスは感じても、恐怖や不安、危険までは感じない。むしろ、新しい体験にワクワクを感じ、意欲的に挑戦してみようという気持ちになる領域です。

「学習領域」の外側、「学習領域」よりも大変な挑戦が「危険領域（デンジャーゾーン）」。「危険領域」に入ると難易度が高すぎて、ワクワク感よりも恐怖や不安の方が強くなってしまい、「できればやりたくない」「逃《に》げ出《だ》したい」気持ちになります。

C

このように、「ちょい難」の目標を、一つひとつクリアして「自分のできる範《はん》囲《い》」を広げていくと、最終的に「大きな目標」を達成することができます。

私たちの脳内では、ちょっとがんばればできる課題に挑戦するとき、ドーパミンがもっとも大量に分泌されます。すると前述したように、集中力や記憶力、学習機能などが高まり、結果として、自己成長が引き起こされるのです。(4)大事なのは、自分のレベルよりちょっとだけ上の目標を立てる、ということです。

（樺沢《かばさわ》　紫苑《しおん》『極《エッセンシャル》　アウトプット「伝える力」で人生が決まる』による。）

＊一部表記を改めたところがある。

（注1）　メリット——ある物事から得られる利益。

（注2）　分泌——細胞《さいぼう》が作り出した物質を細胞外に出すこと。

（注3）　大脳新皮質——脳の一番外側の部分で、哺乳類《ほにゅうるい》において特に発達した部分。

（注4）　リスク——危険。

(一)　傍線部分(1)「それを行動に移さない人は多いです」とあるが、この部分は、いくつの文節に分けられるか。次の**ア**～**エ**から最も適当なものを一つ選び、その記号を書きなさい。

ア、四　**イ**、五　**ウ**、六　**エ**、七

(二)　傍線部分(2)「全く」の品詞名として最も適当なものを、次の**ア**～**オ**から一つ選び、その記号を書きなさい。

ア、副詞　**イ**、連体詞　**ウ**、接続詞　**エ**、形容詞

オ、形容動詞

(三)　次の［　］の中の文章は、本文の A 、 B 、 C のいずれかに入る文章である。この文章が入る最も適当な箇所《かしょ》を、 A 、 B 、 C から一つ選び、その記号を書きなさい。

たとえば、「跳《と》び箱《ばこ》」を例に考えてみましょう。

あなたは、今、五段を跳べます。最終的に八段を跳べるようになりたい。その場合、いきなり八段に挑戦《ちょうせん》しますか？　高すぎますよね。足がすくみます。

「絶対に無理！」と拒否《きょひ》反応を起こしてしまうかもしれません。

では、六段だとどうでしょう？　五段よりは少しは高いけど、「何度か練習したら跳べるかもしれない」という気持ちになるのではないでしょうか。

では、四段だとどうでしょう？　五段を跳べるあなたにとっては、楽勝。むしろ、「つまらない」と思うでしょう。

このときの八段が危険領域、六段が学習領域、五段以下が快適領域です。ですから、六段を練習して六段を跳べるようになったら、七段に挑戦する。七段を跳べるようになったら、次はようやく八段へ挑戦する。

(四)　傍線部分(3)「私たちの心の中には『快適領域』の他に『学習領域』と『危険領域』という領域があります」とあるが、本文中に述べら

も自己成長できる、ということです。

人は新しいことにチャレンジすると、脳内物質のドーパミンが(注2)分泌《ぶんぴつ》されます。ドーパミンは「楽しい」という感情を引き起こす物質ですが、それと同時に「新しいことを学習する」のをサポートする物質でもあります。

ドーパミンが分泌されると、集中力、やる気、記憶力《きおくりょく》、学習機能などが高まります。結果として効率的な学習が行われ、自己成長が引き起こされるのです。

また、人間と他の動物では、決定的に違《ちが》うものがあります。

(注3)大脳新皮質の発達です。

人間は進化とともに大脳新皮質を発達させ、その発達によって「言語」を獲得《かくとく》し、人と「言葉」でコミュニケーションできるようになりました。

また、直立歩行できるようになった人類は、手を使って「道具」をつくるようになりました。大脳新皮質が発達したからこそ、人は無数のチャレンジに挑《いど》み続《つづ》け、これほどの文明を築くことができたのです。

これは他の動物とは決定的に違う点であり、人間以外の動物は、基本的に生命を脅《おびや》かす危険を冒《おか》してまで新しいチャレンジをすることはありません。

ですから、あなたが「何か新しいことをして失敗したくない」という不安を感じたとしても、それは生物としての本能で、間違ってはいません。

B

ただ覚えておいてほしいのは、私たち人間は進化の過程で「チャレンジする力」や「考える力」を獲得したのです。そうした力をうまく使うことで、本能的な不安や恐怖に打《う》ち克《か》ち、新しいチャレンジに立ち向かうことができます。その結果、できることが増えていき、あなたが活躍《かつやく》できる世界はどんどん広がっていくのです。

初めての人に話しかける。

行ったことのないところに行ってみる。

やったことのないことをやってみる。

こうしたことは楽ではありませんが、確実にあなたの持つ「可能性」を大きく広げます。

ですから、少しでも今の自分を変えたい、現実世界を変えたいと思っているのなら、勇気を出して、居心地のいい快適領域を一歩抜け出し、新しい行動を始めることです。

では、次から「行動する」ための具体的な方法についてお伝えします。

新しい行動やチャレンジが自己成長につながるとはいっても、恐怖や不安の方が強い人もいるでしょう。先ほども言ったように、快適な領域から出るときに恐怖や不安を感じるのは生物としては当然ですし、無謀《むぼう》な挑戦《ちょうせん》をしたら何かを失うリスク(注4)もあります。

そこで私が提案したいのが、「ちょっと難しいこと(ちょい難《むず》)」にチャレンジする、ということです。

いきなり難しいことにチャレンジすると恐怖や不安を感じてしまいますから、「少しがんばれば、できそうなこと」に挑戦するのです。

先ほど快適領域のことをお話ししましたが、(3)私たちの心の中には「快適領域」の他に「学習領域」と「危険領域」という領域があります。

「快適領域」のすぐ外には、「学習領域」があり、その外側に「危険領域」が広がっています。

詞の活用形が「行こ」と同じものを一つ選び、その番号を書きなさい。

(二)　傍線部分(2)「そう言ってくるりと背を向けると、そのまま部屋から出て行った」とあるが、壮太《そうた》がいなくなった後のぼくの気持ちについて、直喩《ちょくゆ》を用いて表現している部分を、本文中から十字以上二十字以内で抜《ぬ》き出《だ》して書きなさい。（句読点も一字に数える。）

(三)　傍線部分(3)「午後は部屋で漫画《まんが》を読んだ」とあるが、「午後は」は、どの文節を修飾《しゅうしょく》しているか。次のア～ウから最も適当なものを一つ選び、その記号を書きなさい。

ア、部屋で　**イ**、漫画を　**ウ**、読んだ

(四)　傍線部分(4)「壮太だ……。赤青黄緑銀金、いろんな色の折り紙で作った紙飛行機は、三十個以上はある」とあるが、紙飛行機を見つけてぼくはどのように考えるようになったか。壮太がいなくなった後のぼくがどのようになると壮太は思っていたかにふれて、「……と考えるようになった。」につながるように、本文中の言葉を使って六十字以上八十字以内で書きなさい。（句読点も一字に数える。）

(五)　本文の描写《びょうしゃ》について説明したものとして最も適当なものを、次の**ア**～**エ**から一つ選び、その記号を書きなさい。

ア、ぼくと壮太の関係が、お互《たが》いの気持ちを理解し合うことで深くなっていく様子を、二人の会話を中心に描《えが》いている。

イ、ぼくと母親の考え方の違《ちが》いを対比的に表すことで、わかり合えない親子関係に思い悩《なや》む母親の姿を描いている。

ウ、壮太にぼくとの過去を振《ふ》り返《かえ》り語らせることで、ぼくとの楽しかった生活に満足している様子を丁寧《ていねい》に描いている。

エ、ぼく自身が心の中で思ったことを詳細《しょうさい》に表現することで、他の登場人物が気づいていないぼくの内面を描いている。

3　次の文章を読んで、あとの各問いに答えなさい。（十二点）

本を一冊読んで、「すごく勉強になった！」と思っても、(1)それを行動に移さない人は多いです。「学び」や「気づき」を行動に移さなければ現実世界は(2)全く変わらない。多少賢《かしこ》くなったかもしれませんが、現実的なメリット(注1)は何一つ得られないのです。

では、なぜ、人はなかなか行動に移せないのでしょうか。

それは、人間が「快適領域（コンフォートゾーン）」を出ることを恐《おそ》れるように、生物学的にプログラミングされているからです。

快適領域とは何かというと、「なわばり」のようなもの。

動物にはなわばりがあり、そこから出ると敵が襲《おそ》ってくる危険があります。ですから、なわばりから出ないようにプログラミングされている。これは生命を維持《いじ》するためには欠かせない本能であり、動物である人間にも受《う》け継《つ》がれています。「なわばり」（快適領域）から出て自分の知らない世界に踏《ふ》み出《だ》すことに不安や恐怖《きょうふ》を感じるのは、生物的な本能ということです。

快適領域は、日々あなたが活動する場所であり、日々あなたが会う人であり、日々通う学校や部活、塾《じゅく》、習い事の場です。それが、あなたの居心地《いごこち》のいい領域です。居心地がいいので出たくない。

A

このように、人間は本来「現状維持」がもっとも心地《ここち》よいようにできています。しかしながら、この快適領域にいる限り、変化も自己成長もありません。新しいことができるようになることが自己成長ですから、自己成長には「変化」や「チャレンジ」が必要です。快適領域にとどまっている限り、安心はできても自己成長することはないのです。

逆に言えば、快適領域を抜《ぬ》け出《だ》して新しい行動を始めれば、いつで

やっとゴールが見えてきた。ようやく外に出られる。それはうれしくてたまらない。だけど、どうしても確認したくて、

「一週間ですか？　二週間ですか？」

とぼくは聞いた。

「そこは次回の検査結果を見てからかな」

先生はそう答えた。

「はあ」

「どっちにしても一、二週間で帰れると思うよ」

先生は、「よくがんばったからね」と褒《ほ》めてくれた。

一、二週間。ひとくくりにしてもらっては困る。一週間と二週間では、七日間も違《ちが》うのだ。七日後にここを出られるのか、十四日間ここで過ごすのかは、まるで違う。ここでの一日がどれほど長いのかを、壮太のいない時間の退屈《たいくつ》さを、先生は知っているのだろうか。ぼくら子どもにとっての一日を、大人の感覚で計算するのはやめてほしい。

お母さんは診察室を出た後も、何度も「よかったね」と言った。ぼくは間近に退院が迫《せま》っているのに、時期があやふやなせいか、気分は晴れなかった。明日退院できる。それなら手放しで喜べる。だけど、一週間か二週間、まだここでの日々は続くのだ。

がっかりしながらも、病室に戻《もど》る途中《とちゅう》に西棟《にしとう》の入り口が見えて、ぼくは自分が嫌《いや》になった。何をぜいたく言っているのだ。遅《おそ》くとも二週間後にはここから出られるし、ここでだって苦しい治療《ちりょう》を受けているわけじゃない。西棟には、何ヶ月も入院している子だっているのだ。それを思うと、胸がめちゃくちゃになる。病院の中では、自分の気持ちをどう動かすのが正解なのか、どんな感情を持つことが正しいのか、よくわからなくなってしまう。

就寝《しゅうしん》時間が近づいてくると、やっぱり気持ちが抑《おさ》えきれなくなってプレイルームに向かった。真っ暗な中、音が出ないようマットに向かっておもちゃ箱をひっくり返す。三つの大きな箱の中身をぶちまけるのだ。ただそれだけの行為《こうい》が、ぼくの気持ちを保ってくれた。悪いことだとはわかっている。でも、こうでもしないと、ぼくの中身が崩《くず》れてしまいそうだった。いつも、翌朝にはおもちゃは片付けられ、きれいにプレイルームは整えられている。きっと、お母さんか(注1)三園《みその》さんが直してくれているのだろう。それを思うと、ひどいことをしてるよなと申し訳ない。だけど、何かしないと、おかしくなりそうで止められなかった。

三つ目のおもちゃ箱をひっくり返し、あれ、と思った。布の箱から、がさっと何かが落ちた。硬《かた》いプラスチックのおもちゃの音とはちがう。暗い中、目を凝《こ》らしてみると、紙飛行機だ。

ぼくは慌《あわ》てて電気をつけた。

(4)壮太だ……。赤青黄緑銀金、いろんな色の折り紙で作った紙飛行機は、三十個以上はある。片手に管を刺《さ》して固定していたから、使いにくい手で折ったんだろう。形は不格好だ。それでも、紙飛行機には顔まで描《えが》かれていて、「おみそれ号」「チビチビ号」「瑛ちゃん号」「またね号」と名前まで付いている。

壮太は、知っていたんだ。ぼくが夜にプレイルームでおもちゃ箱をひっくり返していたことを。そして、壮太がいなくなった後、ぼくがどう過ごせばいいかわからなくなることも。

明日から、一つ一つ飛ばそう。三十個の紙飛行機。これを飛ばしている間、少しは時間を忘れることができそうだ。

（瀬尾《せお》　まいこ『夏の体温』による。）

（注1）　三園さん――病院に勤務している保育士。

(一)　傍線部分(1)「行こ」は動詞であるが、波線部分①～④のうち、動

〈国語〉

時間　四五分　満点　五〇点

1 次の①～⑧の文の傍線部分について、漢字は読みをひらがなで書き、ひらがなは漢字に直しなさい。（八点）

① 空に太陽が輝く。
② 五年ぶりの優勝を遂げる。
③ 出場する選手を激励する。
④ 空き地に雑草が繁茂する。
⑤ 開会の時刻をつげる。
⑥ 生涯《しょうがい》の師とうやまう。
⑦ 生徒会長のせきにんを果たす。
⑧ 友だちと公園をさんさくする。

2 次の文章を読んで、あとの各問いに答えなさい。（十二点）

約一ケ月《いっかげつ》の入院をしている小学三年生のぼく（瑛《えい》ちゃん）は、入院してきた同学年の壮太《そうた》と一緒《いっしょ》に過ごしたが、壮太の退院の日を迎《むか》えることとなった。

「⑴行こうか。壮太」
母親に肩《かた》に手を①置かれ、
「瑛ちゃん、じゃあな」
と壮太は②言った。
「ああ、元気でな」
ぼくは手を振《ふ》った。
壮太は、
「瑛ちゃんこそ元気で」
⑵そう言ってくるりと背を向けると、そのまま部屋から出て行った。
壮太たちがいなくなると、
「フロアの入り口まで③見送ればよかったのに。案外二人ともお別れはあっさりしているんだね。ま、男の子ってそんなもんか」
とお母さんは言った。
お母さんは何もわかっていない。あれ以上言葉を発したら、泣きそうだったからだ。きっと壮太も同じなのだと④思う。もう一言、言葉を口にしたら、あと少しでも一緒にいたら、さよならができなくなりそうだった。口や目や鼻。いろんなところがじんと熱くなるのをこらえながら、ぼくは「まあね」と答えた。
壮太がいなくなったプレイルームには行く気がせずに、⑶午後は部屋で漫画《まんが》を読んだ。時々、壮太は本当に帰ったんだな、もう遊ぶことはないんだなと気づいて、ぽっかり心に穴が空いていくようだった。これ以上穴が広がったらやばい。そう思って、必死で漫画に入《はい》り込《こ》もうとした。
二時過ぎからは診察《しんさつ》があった。この前の採血の結果が知らされる。
「だいぶ血小板が増えてきたね」
先生は優《やさ》しい笑顔《えがお》をぼくに向けると、さもビッグニュースのように、
「あと一週間か二週間で退院できそうかな」
と言った。
「よかったです。ありがとうございます」
お母さんは頭を下げた。声が震《ふる》えているのは本当に喜んでいるからだろう。

MEMO

大切なことはメモしておこうネ！

T.G

2023年度

解　答　と　解　説

《2023年度の配点は解答用紙集に掲載してあります。》

＜数学解答＞

1 (1) 7　(2) $12x-30y$　(3) $3\sqrt{5}$
(4) $(x-1)(x-4)$　(5) $x=\frac{7\pm\sqrt{37}}{6}$　(6) $n=90$
(7) $x=-\frac{10}{3}$　(8) $\angle x=108°$　(9) オ，キ，ク
(10) 5秒　(11) 右図

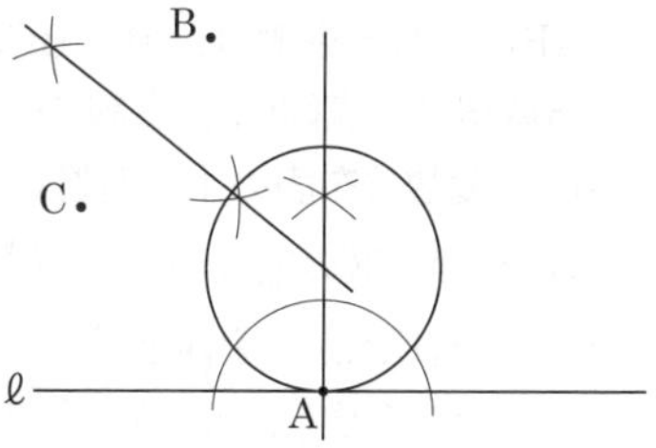

2 (1) 6点　(2) $m=3$，$n=17$　(3) 6，7，8
(4) ① ア　② ウ

3 (1) ① $x+y$　② $\frac{35}{100}x+\frac{20}{100}y$　(2) 陸上競技大会に参加した小学生40人，中学生80人

4 (1) $\frac{5}{16}$　(2) $a=3$

5 (1) B(2，1)　(2) $a=-1$，$b=3$　(3) 4cm^2　(4) $x=\frac{3-\sqrt{7}}{2}$，$\frac{3+\sqrt{7}}{2}$

6 (1) 解説参照　(2) ① 12cm　② $\frac{60}{11}$cm

7 (1) $\frac{128\sqrt{2}}{3}\pi\ \text{cm}^3$　(2) $6\sqrt{7}$ cm

＜数学解説＞

1 (数・式の計算，平方根，因数分解，二次方程式，数の性質，比例関数，角度，空間内の2直線の位置関係，資料の散らばり・代表値，作図)

(1) 正の数・負の数をひくには，符号を変えた数をたせばよい。$4-(-3)=4+(+3)=4+3=7$

(2) 分配法則を使って，$6(2x-5y)=6\times2x+6\times(-5y)=12x-30y$

(3) $\frac{5}{\sqrt{5}}=\frac{5\times\sqrt{5}}{\sqrt{5}\times\sqrt{5}}=\frac{5\sqrt{5}}{5}=\sqrt{5}$，$\sqrt{20}=\sqrt{2^2\times5}=2\sqrt{5}$ だから，$\frac{5}{\sqrt{5}}+\sqrt{20}=\sqrt{5}+2\sqrt{5}=(1+2)\sqrt{5}=3\sqrt{5}$

(4) たして-5，かけて$+4$になる2つの数は，$(-1)+(-4)=-5$，$(-1)\times(-4)=+4$より，-1と-4だから$x^2-5x+4=\{x+(-1)\}\{x-(-4)\}=(x-1)(x-4)$

(5) **2次方程式$ax^2+bx+c=0$の解は，$x=\frac{-b\pm\sqrt{b^2-4ac}}{2a}$**で求められる。問題の2次方程式は，$a=3$，$b=-7$，$c=1$の場合だから，$x=\frac{-(-7)\pm\sqrt{(-7)^2-4\times3\times1}}{2\times3}=\frac{7\pm\sqrt{49-12}}{6}=\frac{7\pm\sqrt{37}}{6}$

(6) $\frac{\sqrt{40n}}{3}=\sqrt{\frac{40n}{9}}$ より，$\frac{\sqrt{40n}}{3}$の値が整数となるためには，$\sqrt{\frac{40n}{9}}$ の根号の中が(自然数)^{2}の形になればいい。$\sqrt{\frac{40n}{9}}=\sqrt{\frac{2^3\times5\times n}{9}}=\sqrt{\frac{2^2\times2\times5\times n}{9}}=2\sqrt{\frac{2\times5\times n}{9}}$ より，このような自然数nは$2\times5\times9\times$(自然数)^{2}と表され，このうちで最も小さい数は$2\times5\times9\times1^2=90$である。

(7)　**yがxに比例する**から，xとyの関係は$y=ax$と表せる。$x=10$，$y=-2$を代入して，$-2=a\times10$　$a=-\frac{1}{5}$　よって，$y=-\frac{1}{5}x$　これに，$y=\frac{2}{3}$を代入すると$\frac{2}{3}=-\frac{1}{5}x$　$x=\frac{2}{3}\times\left(-\frac{5}{1}\right)=-\frac{10}{3}$

(8)　右図のように，2本の線分を延長して考える。ℓ//mより，**平行線の錯角は等しい**から，$\angle x=\angle y$　**多角形の外角の和は360°**であることから，$\angle y=360^\circ-(93^\circ+\angle z+110^\circ)=360^\circ-\{93^\circ+(180^\circ-131^\circ)+110^\circ\}=108^\circ$　よって，$\angle x=\angle y=108^\circ$

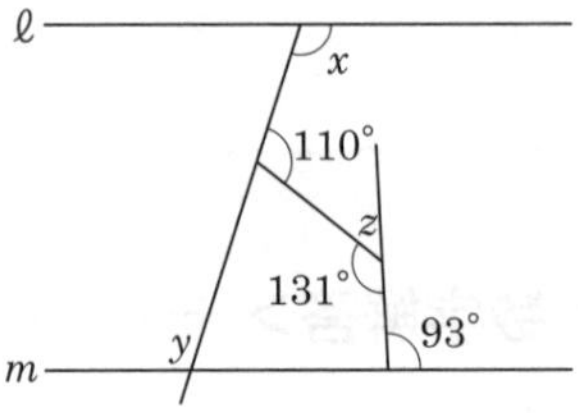

(9)　**空間内で，平行でなく，交わらない2つの直線はねじれの位置にあるという。**直線ABと平行な直線は，直線DEの1本　直線ABと交わる直線は，直線BC，直線CA，直線AD，直線BEの4本　直線ABとねじれの位置にある直線は，直線CF，直線EF，直線FDの3本である。

(10)　**度数分布表**の中で**度数**の最も多い**階級**の**階級値**が**最頻値**だから，度数が7人で最も多い4秒以上6秒未満の階級の階級値$\frac{4+6}{2}=5$(秒)が最頻値である。

(11)　(着眼点)　**接線と接点を通る半径は垂直に交わる**ので，点Aを通る直線ℓの垂線上に円の中心がある。また，**2点B，Cから等しい距離にある点は，線分BCの垂直二等分線上にある。**　(作図手順)　次の①～④の手順で作図する。　①　点Aを中心とした円を描き，直線ℓ上に交点をつくる。　②　①でつくったそれぞれの交点を中心として，交わるように半径の等しい円を描き，その交点と点Aを通る直線(点Aを通る直線ℓの垂線)を引く。　③　点B，Cをそれぞれ中心として，交わるように半径の等しい円を描き，その交点を通る直線(線分BCの垂直二等分線)を引き，点Aを通る直線ℓの垂線との交点をOとする。　④　点Oを中心として，点Aを通る円を描く。(ただし，解答用紙には点Oの表記は不要である。)

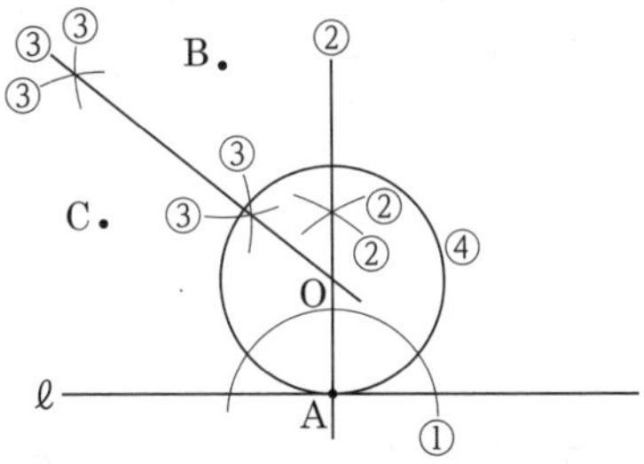

② (資料の散らばり・代表値)

(1)　**箱ひげ図**とは，右図のように，**最小値，第1四分位数，第2四分位数(中央値)，第3四分位数，最大値**を箱と線(ひげ)を用いて1つの図に表したものである。これより，A班の数学のテスト結果の第1四分位数は6点である。

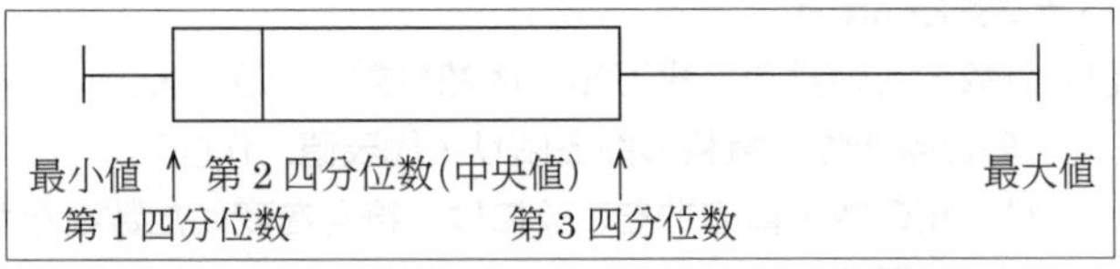

(2)　B班の箱ひげ図より，最小値は3点であるが，問題図2の中に3点がないことから，$m=3$と決まる。ここで，n以外の7人の点数を小さい順に並べると，3，12，14，15，17，17，19　また，B班の箱ひげ図から，第1四分位数(点数の低いほうから2番目と3番目の平均値)＝13点，第2四分位数(点数の低いほうから4番目と5番目の平均値)＝16点，第3四分位数(点数の高いほうから2番目と3番目の平均値)＝17点，最大値＝19点である。これらより，$4\leqq n\leqq19$であることがわかる。さらに，$4\leqq n\leqq16$の場合，第2四分位数が16点にならないから，問題の条件に合わない。$18\leqq n\leqq19$の場合，第3四分位数が17点にならないから，問題の条件に合わない。$n=17$の場合，すべての問題の条件に合う。

(3)　C班の箱ひげ図から，第1四分位数(点数の低いほうから3番目)＝4点，第2四分位数(点数の低いほうから5番目と6番目の平均値)＝6点，第3四分位数(点数の高いほうから3番目)＝14点である。これらより，点数の低いほうから5番目と6番目のデータをそれぞれk点，ℓ点とすると，

$4 \leqq k \leqq 6$…①　$\frac{k+1}{2}=6$…②　$6 \leqq \ell \leqq 14$…③である。①について，$k=4$のとき，②より，$\ell=8$　これは③を満たす。$k=5$のとき，②より，$\ell=7$　これは③を満たす。$k=6$のとき，②より，$\ell=6$　これは③を満たす。以上より，小さい方から6番目のデータとしてありえる数は6，7，8である。

(4)　①　データの最大値と最小値の差がテスト結果の**範囲**だから，A班の数学のテスト結果の範囲＝18－2＝16(点)，B班の数学のテスト結果の範囲＝19－3＝16(点)である。正しい。

②　例えば，B班8人のデータが3，13，13，15，17，17，17，19の場合でも，同じ箱ひげ図になる。図1，図2からはわからない。

3　(方程式の応用)

(1)　①に関して，右辺が120であることから，①は陸上競技大会に参加した小学生と中学生の合計の人数であることがわかる。これより，①＝$x+y$　②に関して，右辺が30であることから，②は100m走に参加した小学生と中学生の合計の人数であることがわかる。100m走には，小学生の人数の35％$\left(\frac{35}{100}x\text{人}\right)$と中学生の人数の20％$\left(\frac{20}{100}y\text{人}\right)$が参加したから，②＝$\frac{35}{100}x+\frac{20}{100}y$

(2)　連立方程式$\begin{cases} x+y=120 \cdots ㋐ \\ \frac{35}{100}x+\frac{20}{100}y=30 \cdots ㋑ \end{cases}$　を解く。㋑の両辺に100をかけて，$35x+20y=3000$　両辺を5で割って，$7x+4y=600$…㋒　㋒－㋐×4より，$(7x+4y)-(x+y)\times 4=600-120\times 4$　$7x+4y-4x-4y=600-480$　$3x=120$　$x=40$　これを㋐に代入して，$40+y=120$　$y=80$　以上より，陸上競技大会に参加した小学生は40人，中学生は80人である。

4　(確率)

(1)　図1に，2人のすべてのカードの取り出し方と，それぞれの勝敗を示している。ここで，「のぞみ」はのぞみさんが勝つことを，「けいた」はけいたさんが勝つことを，「△」は引き分けを意味する。2人のすべてのカードの取り出し方は4×4＝16(通り)。このうち，けいたさんが勝つのは5通りだから，求める確率は$\frac{5}{16}$

けいたさん／のぞみさん	グー	チョキ	チョキ	パー
グー	△	のぞみ	のぞみ	けいた
グー	△	のぞみ	のぞみ	けいた
チョキ	けいた	△	△	のぞみ
パー	のぞみ	けいた	けいた	△

図1

けいたさん／のぞみさん	グー	チョキ	チョキ	チョキ	パー
グー	△	のぞみ	のぞみ	のぞみ	けいた
グー	△	のぞみ	のぞみ	のぞみ	けいた
チョキ	けいた	△	△	△	のぞみ
パー	のぞみ	けいた	けいた	けいた	△

図2

(2)　$a=1$の場合を図2に示す。このとき，のぞみさんが勝つ場合の数は8通り，けいたさんが勝つ場合の数は6通りある。パーのカードを1枚増やすごとに，のぞみさんが勝つ場合の数は1通りずつ増え，けいたさんが勝つ場合の数は2通りずつ増えるから，パーのカードをa枚入れたとき，

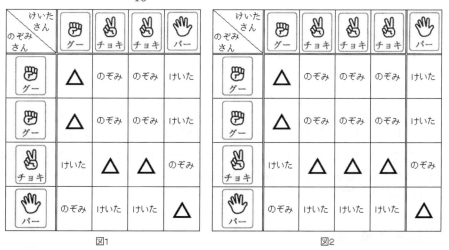

のぞみさんが勝つ場合の数は$(7+a)$通り，けいたさんが勝つ場合の数は$(4+2a)$通りと表すことができる。のぞみさんが勝つ確率と，けいたさんが勝つ確率が等しくなるのは，$7+a=4+2a$のとき。これを解いて，$a=3$である。

5　**(図形と関数・グラフ)**

(1)　点Bは$y=\frac{1}{4}x^2$上にあるから，そのy座標は$y=\frac{1}{4}\times 2^2=1$　よって，B(2, 1)

(2)　(1)と同様にして，点Aのy座標は$y=\frac{1}{4}\times(-6)^2=9$　よって，A(−6, 9)　直線ABの傾きは，$a=\frac{1-9}{2-(-6)}=-1$　直線ABの式を$y=-x+b$とおくと，点Bを通るから，$1=-2+b$　$b=3$　直線ABの式は$y=-x+3$

(3)　点Cは$y=\frac{1}{4}x^2$上にあるから，そのy座標は$y=\frac{1}{4}\times 4^2=4$　よってC(4, 4)　点Dのy座標は点Cのy座標と等しいからD(0, 4)　直線ABとy軸との交点をFとすると，直線ABのグラフの切片が3であることからF(0, 3)　以上より，△ABD＝△AFD＋△BFD＝$\frac{1}{2}$×DF×(点Aのx座標の**絶対値**)＋$\frac{1}{2}$×DF×(点Bのx座標の絶対値)＝$\frac{1}{2}\times(4-3)\times 6+\frac{1}{2}\times(4-3)\times 2=4$(cm^2)

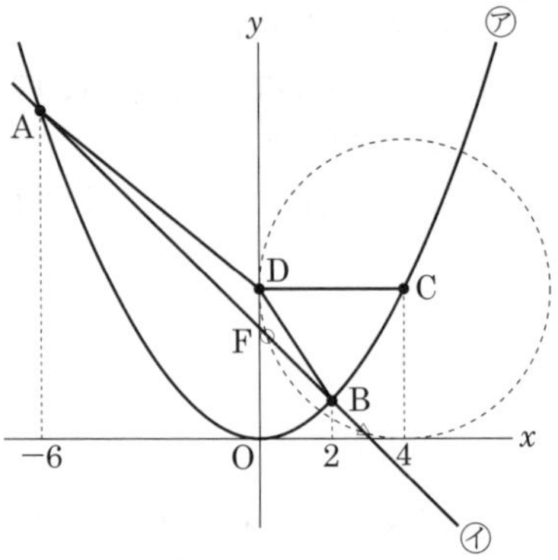

(4)　右図のように，点Cを中心として，半径CDの円をかくと，円Cは直線ABと2点(○印と△印)で交わり，そのどちらもがCD＝CEとなる点Eを表す。この点Eのx座標をtとおくと，点Eは$y=-x+3$上にあるから，そのy座標は$y=-t+3$　よってE$(t, -t+3)$　点Eから，点Cを通りy軸と平行な直線へ垂線EGを引くとG$(4, -t+3)$　△CEGに**三平方の定理**を用いると，$CE^2=EG^2+CG^2=(4-t)^2+\{4-(-t+3)\}^2=(4-t)^2+(1+t)^2=2t^2-6t+17$…①　また，CE＝CD＝4より，$CE^2=16$…②　①，②より，$2t^2-6t+17=16$　$2t^2-6t+1=0$　**解の公式**を用いて，$t=\frac{-(-6)\pm\sqrt{(-6)^2-4\times 2\times 1}}{2\times 2}=\frac{3\pm\sqrt{7}}{2}$

6　**(円の性質，相似の証明，線分の長さ)**

(1)　(証明)　(例)△ABDと△DAFにおいて，AB//FGより，平行線の錯角は等しいから，∠BAD＝∠ADF…①　線分BEは，∠ABCの二等分線だから，∠ABD＝∠CBE…②　$\overset{\frown}{CE}$に対する**円周角**は等しいから，∠CBE＝∠DAF…③　②，③より，∠ABD＝∠DAF…④　①，④より，2組の角がそれぞれ等しいので，△ABD∽△DAF

(2)　①　△ABD∽△DAFより，AB：DA＝AD：DF＝6：3＝2：1　AB＝2DA＝2×6＝12(cm)

②　線分BEは∠ABCの二等分線だから，**角の二等分線と線分の比の定理**より，AD：CD＝AB：BC＝12：10＝6：5　CD＝AD×$\frac{5}{6}$＝6×$\frac{5}{6}$＝5(cm)　DG//ABより，△ABCに**平行線と線分の比についての定理**を用いると，DG：AB＝CD：CA＝CD：(CD＋AD)＝5：(5＋6)＝5：11　DG＝12×$\frac{5}{11}$＝$\frac{60}{11}$(cm)

7　**(空間図形，体積，線分の長さ)**

(1)　底面の円の中心をOとして，△ABOに三平方の定理を用いると，$AO=\sqrt{AB^2-BO^2}=\sqrt{12^2-\left(\frac{8}{2}\right)^2}=8\sqrt{2}$(cm)　よって，(円すいPの体積)＝$\frac{1}{3}\pi\times BO^2\times AO=\frac{1}{3}\pi\times 4^2\times 8\sqrt{2}=\frac{128\sqrt{2}}{3}\pi$(cm^3)

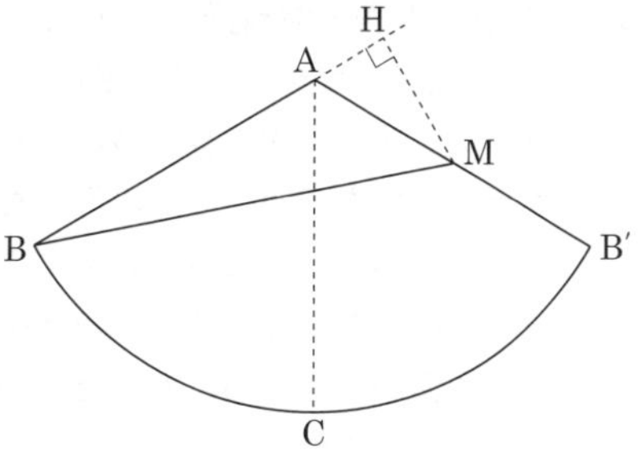

(2)　側面を展開したときのおうぎ形を右図に示す。このおうぎ形の中心角の大きさを$a°$とすると，**中心角の大きさは弧の長さに比例する**から，$\frac{a°}{360°}=\frac{2\pi\times(\text{底面の半径})}{2\pi\times(\text{母線の長さ})}=\frac{2\pi\times4}{2\pi\times12}=\frac{1}{3}$　$a°=120°$　点Mから点Bまで，母線ACを通って，かけたひもの長さがもっとも短くなるようにかけたとき，展開図上でひもは線分BMとなる。点Mから直線ABへ垂線MHを引くと，$\angle MAH=180°-a°=180°-120°=60°$より，**△AMHは30°，60°，90°の直角三角形で，3辺の比は2：1：$\sqrt{3}$** だから，$AH=\frac{AM}{2}=\frac{6}{2}=3$(cm)　$MH=\sqrt{3}AH=3\sqrt{3}$(cm)
△BMHに三平方の定理を用いると，かけたひもの長さがもっとも短くなるときのひもの長さは，$BM=\sqrt{BH^2+MH^2}=\sqrt{(AB+AH)^2+MH^2}=\sqrt{(12+3)^2+(3\sqrt{3})^2}=6\sqrt{7}$(cm)

＜英語解答＞

[1]　(1)　ア　(2)　No. 1　イ　No. 2　エ　No. 3　ウ　(3)　No. 1　ウ　No. 2　ア　No. 3　イ　No. 4　ウ　(4)　No. 1　イ　No. 2　エ　No. 3　エ

[2]　(1)　No. 1　①　イ　②　ア　No. 2　ウ　(2)　エ

[3]　(1)　①　(例1)What sport are you good at?　(例2)What sports can you play well?　(例3)Tell me the sport you are able to play well.
②　(例1)I'm glad that our baseball team won a game for the first time yesterday.　(例2)I'm happy because my baseball team won for the first time yesterday.　(例3)Our team won the baseball game for the first time yesterday, so I'm pleased.　③　(例1)Can you join our practice next Saturday?　(例2)Why don't you take part in our practice this Saturday?
(例3)Let's practice on Saturday.　(2)　①　(例1)My grandmother gave it to me for my birthday.　(例2)I got this violin from my grandmother as a birthday present.　(例3)It's a birthday present from my grandma.
②　(例1)She teaches me how to play the violin.　(例2) I'm learning the way to play it from my grandmother.　(例3)She's my violin teacher.
③　(例1)I played the violin for my family before we had dinner yesterday.
(例2)I played it in front of my family before eating dinner yesterday.
(例3)Before dinner yesterday, I played it for my family.

[4]　(1)　①　ア　②　エ　(2)　A　products　B　talking　(3)　イ
(4)　ウ，カ

＜英語解説＞

[1]　(リスニング)
放送台本の和訳は，59ページに掲載。

2 (会話文問題・資料読み取り問題：文挿入，内容真偽)

(1) (全訳) マナ：リサ，夏休みは何をする予定なの？

リサ：家族で中国の叔父のところに行く予定だよ。

マナ：すてきだね。そこに行ったことあるの？

リサ：ないよ，そこへは初めてだよ。この4月に叔父が中国へ引っ越してから叔父には会っていないの。彼は私たち家族を博物館とか大きなお寺に連れて行ってくれる予定なんだ。

マナ：素晴らしいね。あなたと一緒に中国に行けたらなあ。日本に帰ってきたら旅行のことを教えてくれる？

リサ：もちろん。中国で何か良いものをあなたに買ってくるね。旅行のあとに次に会うときに持ってくるね。

マナ：ありがとう。①(そこにはどれくらい泊まるの？)

リサ：1週間。7月27日に日本を出発するよ。

マナ：じゃあ，8月の市民祭りの前にこの町に帰ってるんだね。

リサ：その通り。あなたの両親が8月5日に市民祭りに私たちを連れて行ってくれるんだよね？

マナ：うん。お祭りの花火が楽しみ。

リサ：私も。昨年は雨で見られなかったから今年は見たいな。

マナ：昨年はお祭りでとっても悲しかったよね。②(今年は天気がいいといいな。)ところで，私のいとこの一人がその日に我が家に泊まりに来るの。

リサ：東京の大学で勉強しているあのいとこのこと？

マナ：うん。お祭りに彼が一緒に来てもいい？

リサ：もちろん。楽しくなるね。

No.1　①　直後に滞在期間を答えているので期間を訪ねる How long で始まるイがふさわしい。　②　直前の悲しかったという内容から今年に期待するアがふさわしい。　イ「昨年雨だったとは知らなかった」　ウ「私の両親がお祭りに行くとは思わない」　エ「あなたがなぜ花火を持っていなかったかわかる」は内容と合わない。

No.2　ア　「リサは10年間叔父と会っていないので彼に会いに中国へ行くことに決めた」(×)　2つ目のリサの発話参照。　イ「マナは博物館やお寺に行くために7月にリサと一緒に中国を訪れるつもりだ」(×)　2つ目のリサ，3つ目のマナの発話参照。　ウ「リサは家族との中国旅行のあと，8月にマナにプレゼントを渡す」(○)　3，5つ目のリサ，5つ目のマナの発話参照。　エ「マナのいとこはマナの家に泊まりに来て，7月にマナとリサと一緒にお祭りに行く」(×)　お祭りは8月。最後から2つ目のマナの発話以降の対話を参照。

(2)　ア　「生徒たちは水曜日の午後4時に図書館で本を3冊借りられる」(×)　掲示物上部の Open 欄に Wednesday「水曜日」は午前9時から午後3時半までとある。　イ「生徒たちは休暇中は図書館で飲み物を飲めるが，そこでは何も食べることはできない」(×)　Library Rules「図書館のルール」欄に Don't eat. Don't drink.「食べてはいけません。飲んではいけません」とある。　ウ「アンナは生徒たちに夏休み中に読んだ本について彼女に話してもらいたい」(×)　What is your favorite book?「あなたの好きな本は何ですか」欄に「もし他の生徒に好きな本を伝えたい場合，『この本が大好き』メモを使って，ライブラリーボックスに入れてください。10月と11月の図書館ニュースでそのメモを他の生徒へ見せます」とある。　エ「メモは自分の好きな本を他の生徒に伝えたい生徒によって使われる」(○)　What is your favorite book?「あなたの好きな本は何ですか」欄参照。

③ (条件英作文：現在形，前置詞，助動詞，接続詞，不定詞，過去形)

(1)　会話表現をよく覚えておこう。　①　(例1)「あなたはどんなスポーツが得意ですか」**be good at**「〜が得意だ」(例2)「あなたはどんなスポーツが上手にできますか」(例3)「あなたが上手にできるスポーツを教えてください」**be able to に動詞の原形を続けて「〜ができる」**。　②　(例1)「昨日私たちの野球チームが初めて試合に勝ったことが嬉しい」glad「嬉しく思う」for the first time「初めて」(例2)「昨日初めて私の野球チームが勝ったので幸せだ」**because 〜「〜なので」**(例3)「昨日初めて私たちのチームが試合に勝った，だから私は嬉しい」pleased「喜んだ，うれしい」　③　(例1)「次の土曜日私たちの練習に参加できますか？」(例2)「この土曜日に私たちの練習に参加したらどうですか？」take part in「〜に参加する」**Why don't you〜?「〜したらどうですか」**提案の表現。　(例3)「土曜日に練習しよう」

(2)　①　(例1)「私の祖母が誕生日に私にそれをくれました」　(例2)「私はこのバイオリンを誕生日プレゼントとして祖母からもらいました」　(例3)「これは祖母からの誕生日プレゼントです」
②　(例1)「彼女は私にバイオリンの弾き方を教えてくれます」<how to ＋動詞の原形>「〜のやり方，方法」　(例2)「私は祖母からそれの弾き方を学んでいます」　(例3)「彼女は私のバイオリンの先生です」　③　(例1)「昨日夕食を食べる前に家族のためにバイオリンを演奏しました」**before「〜の前に」**(例2)「昨日夕食を食べる前に家族の前でそれを演奏しました」**in front of「〜の前に，前で」**(例3)「昨日の夕食の前に私は家族のためにそれを弾きました」

④ (読解問題・物語文：文挿入，語句補充，内容真偽)

(全訳)　リョウタは16歳でヒカリ高校の英語部の部員です。

7月のある日の放課後，リョウタと他の英語部の部員は次の活動で何をするか決めるつもりでした。リョウタは「僕はヒカリ市が好きだけど，この市にはほんの数人しか外国人観光客が来ない。外国人観光客がもっとこの市に興味を持つように何かできるかな？」と言いました。オーストラリア出身の部員の一人，メアリーが「ヒカリ市の動画を英語で作るのはどうかな？」と言いました。部員全員が「①(それはいいアイディアだね)」と言いました。部長が「オーケー。素晴らしい動画を作って，市役所の職員に市のウェブサイトでそれを使ってもらうように頼もう」と言いました。そして3人の部員が情報を得るためにヒカリ城に行き，2人の部員がそれについてもっと知るためにヒカリフラワーパークを訪れました。リョウタとメアリーはヒカリサンデーマーケットについて話していました。メアリーは「毎週日曜日にヒカリ駅の前でマーケットを見られるね。私のクラスメイトの一人が昨年オーストラリアからこの市に来た時にそれについて教えてくれたの。私はそこで地元の人たちと話をするのが好き。地元の食べ物を食べられる」と言いました。リョウタは「それはすばらしいね。僕たちの動画のために何か面白いことをそこで見つけられるね。この日曜日にそこに一緒に行ける？」と言いました。彼女は「もちろん」と言いました。

日曜日の朝，リョウタとメアリーはヒカリサンデーマーケットへ行きました。そこには約15の屋台があり，そこで商品を買っている人たちがいました。メアリーは「見て，あれが私の好きな屋台」と言いました。屋台で，女性はジュースとクッキーを売っていました。メアリーは彼女に「タナカさん，先週私が買った人参クッキーはおいしかったです。今日は何がおすすめですか？」と言いました。その女性は微笑んで「ありがとう，メアリー。フレッシュトマトジュースはどう？」と言いました。リョウタとメアリーはトマトジュースを飲んで，リョウタは「わあ，おいしい。どうやってこのおいしいジュースを作ったんですか？」と言いました。タナカさんは「えっとね，母の新鮮なトマトを使っているの。彼女はこの市の農家で毎日朝早くトマトを摘んでいるのよ」と言いました。リョウタはタナカさんに「僕はこのジュースがとても好きです」と言いました。タナカさんにお別れを言ったあと，メアリーは新しい屋台を見つけました。彼女は「カバンを売っている屋台を見て。とってもかわいい」と言いました。リョウタは同意して，屋台の中の男性，イトウさんに「あなたがこれをデザインしたのですか？」と言いました。イトウさんは「はい。私がこれをデザインして，カバンの布はヒカリ市で作られています」と言いました。リョウタは「面白いですね」と言いました。リョウタとメアリーはマーケットを歩いて回り，そこでの時間を過ごして楽しみました。

リョウタとメアリーが家に帰っているとき，彼は「僕は最初マーケットについて知らなかった。でもそこで会った人たちがマーケットとヒカリ市のことを教えてくれた。なんであなたがこのマーケットを好きなのかわかったよ」と言いました。彼らは来週またそこへ行き，もっと情報を得るために人と話すことに決めました。

4か月後，英語部の部員たちは動画を作り終え，ヒカリ市役所の職員たちにそれを見せました。動画では部員たちがお城の古い壁や公園の美しい花，マーケットの地元の製品の写真を見せ，英語で説明をしました。部長が職員に「②(動画に興味を持ってもらえたら私たちは嬉しいです)」と言いました。職員の一人であるサトウさんが「私たちはそれをとても気に入りました。外国人観光客のために市のウェブサイトでこれを使います」と言いました。部長は「ありがとうございます」と言いました。リョウタは「もっと外国人観光客が来て私たちの市を楽しんでくれることを願っています」と言いました。

(10年後)

リョウタは今ヒカリ市役所の職員で観光客がこの市を楽しむお手伝いをしています。メアリーは今オーストラリアにいますが，彼らはまだいい友達です。

6月のある夜，リョウタとメアリーはオンラインで話していました。メアリーは「来月友達のケイトと日本を訪れるつもりよ。その月の第2日曜日にヒカリ市で会えるかな？」と言いました。彼は「もちろん。ヒカリ駅で会おう」と言いました。

その日曜日の朝，メアリーとケイトは駅の前で待っていて，ヒカリサンデーマーケットを見つけました。するとリョウタがマーケットからやってきて，彼らに「ようこそ，メアリー，このマーケットを覚えている？」と言いました。メアリーは「こんにちは！　たくさんの外国人観光客がここで地元の製品を買っていて驚いたわ。10年前はほんの数人の外国人観光客しかいなかったのに」と言いました。彼は「僕は市役所で他の職員と一緒に，このマーケットが外国人観光客の間でもっと人気になるように努めているんだよ」と言いました。メアリーはリョウタに「それはいいね！　10年前に動画で紹介した屋台がまだあるね」と言いました。彼は「うん，まだタナカさんのフレッシュトマトジュースを飲めるよ」と言いました。

(1)　①　直前のメアリーの提案について部員が賛成している場面なのでアがふさわしい。　②　直後にサトウさんが気に入ったと述べているのでエがふさわしい。

(2)　(A)　「リョウタとメアリーはフレッシュジュースやカバンなどの興味深い地元の製品を見つけた」第3段落参照。　(B)　「彼らはマーケットで出会った人たちと話すことによってより多くの情報を得た」第4段落参照。

(3)　第5段落第2文に動画について述べられている。ア「ヒカリ高校についての英語の動画」(×)　イ「ヒカリ市のいくつかの場所を紹介している動画」(○)　ウ「ヒカリ市の外国人観光客によって撮られた動画」(×)　エ「ヒカリ市役所の職員が作った動画」(×)

(4)　ア「リョウタは外国人観光客にヒカリ市に来てもらいたいので英語部の他の部員に動画を作るように頼んだ」(×)　第2段落第3文メアリーの発話参照。　イ「英語部の部長は外国人観光客に動画を見せるためにウェブサイトを作るつもりだった」(×)　第2段落第5文部長の発話参照。　ウ「メアリーはクラスメイトの一人がそのことについて彼女に教えていたのでヒカリサンデーマーケットについて知っていた」(○)　第2段落第8文メアリーの発話参照。　エ「メアリーはリョウタと情報を得るためにヒカリサンデーマーケットへ行ったときに人参クッキーを買った」(×)　第3段落第5文参照。　オ「ヒカリサンデーマーケットへ行ったあと，リョウタはメアリーになぜマーケットが好きなのかをたずねたが，彼はその理由はわからなかった」(×)　第4段落参照。　カ「メアリーがケイトとヒカリサンデーマーケットへ行ったとき，そこにたくさんの外国人観光客を見た」(○)　最終段落第3文メアリーの発話参照。

2023年度英語　リスニング検査

〔放送台本〕

今から1のリスニング検査を行います。問題は，(1)，(2)，(3)，(4)の4つです。問題用紙の各問いの指示に従って答えなさい。聞いている間にメモを取ってもかまいません。

それでは，(1)の問題から始めます。(1)の問題は，表を見て答える問題です。下の表についての英語による質問を聞いて，その質問に対する答えとして，ア~エから最も適当なものを1つ選び，その記号を書きなさい。質問は1回だけ放送します。では，始めます。

Who practiced basketball last Wednesday?

これで(1)の問題を終わり，(2)の問題に移ります。

〔英文の訳〕

この前の水曜日にバスケットボールの練習をしたのは誰ですか？

答え：ア　カナがしました。

〔放送台本〕

(2)の問題は，英語による対話を聞いて，質問に答える問題です。それぞれの質問に対する答えとして，ア~エから最も適当なものを1つ選び，その記号を書きなさい。対話は，No.1，No.2，No.3の3つです。対話と質問は1回ずつ放送します。では，始めます。

No. 1　A: Hi, Mike. I'm hungry. Why don't we have lunch?

B: Sure, Yumi. I'm hungry, too.

A: There are two restaurants near here. Which do you want to have, a hamburger or curry?

B: Well.... I had curry last night. So, I want a hamburger for lunch.

質問します。　Did Mike eat a hamburger last night?

No. 2　A: Hi, Paul. How was your weekend?

B: It was nice! I climbed a mountain with my sister. How about you, Hannah?

A: I enjoyed watching a movie with my friend. The story was so nice. I want to watch it again!

B: Oh, that's good.

質問します。　What did Hannah do on the weekend?

No. 3　A: Can you help me cook dinner, John?

B: Sure, mom. What will we have for dinner today?

A: We will have salad, omelets, soup and bread. I'm cooking soup and I asked your father to buy bread for dinner.

B: OK. Then, I will make salad first. Next, I will cook omelets, too.

A: Thank you. You always make delicious dishes.

B: I want to be a cook in the future.

質問します。　What will John do first?

これで(2)の問題を終わり，(3)の問題に移ります。

〔英文の訳〕

No.1　A：こんにちは，マイク。お腹が空いたな。ランチを食べない？

B：もちろん，ユミ。僕もお腹が空いているんだ。

A：この近くに2つレストランがあるよね。ハンバーガーとカレー，どっちを食べたい？

B：うーん…。昨夜カレーを食べたんだ。だからランチにはハンバーガーが食べたいな。

質問：昨夜マイクはハンバーガーを食べましたか？

答え：イ　いいえ，彼はしません(食べません)でした。

No.2　A：こんにちは，ポール。週末はどうだった？

B：よかった！　姉[妹]と山に登ったんだ。ハンナはどうだった？

A：友達と映画を見て楽しんだよ。ストーリーがとてもよかった。もう一回見たい！

B：ああ，それはいいね。

質問：ハンナは週末何をしましたか？

答え：エ　彼女は友達と映画を見ました。

No.3　A：夕飯を作るのを手伝ってくれる，ジョン？

B：もちろん，お母さん。今日の夕飯は何を食べるの？

A：サラダ，オムレツ，そしてスープとパンよ。私はスープを作っているから，お父さんに夕飯のパンを買うように頼んだのよ。

B：オーケー。じゃあ，僕はまずサラダを作ろう。次にオムレツも作るよ。

A：ありがとう。あなたはいつもおいしい料理を作るわよね。

B：将来シェフになりたいんだ。

質問：ジョンは最初に何をしますか？

答え：ウ　彼はサラダを作ります。

〔放送台本〕

(3)の問題は，英語による対話を聞いて，答える問題です。それぞれの対話の最後の英文に対する受け答えとして，ア～ウから最も適当なものを1つ選び，その記号を書きなさい。対話は，No. 1，No. 2，No. 3，No.4の4つです。対話は1回ずつ放送します。

では，始めます。

No. 1　A: May I help you?

B: Yes, I'm looking for a cap. I like this one, but it's a little small for me.

A: OK. How about this bigger one?
No. 2 A: Good morning, Bob. Oh, what's wrong?
B: I feel sick and I have a stomachache.
A: Oh, no. When did the stomachache start?
No. 3 A: Hello, this is Harry. May I speak to Jack, please?
B: Sorry, he isn't at home now. Any messages?
A: No, thank you. What time will he come back?
No. 4 A: Nick, what are you doing?
B: I'm drawing a picture with a computer.
A: Wow, it's beautiful. How did you learn about drawing pictures with a computer?

これで(3)の問題を終わり，(4)の問題に移ります。

〔英文の訳〕

No.1 A：おうかがいしましょうか？
B：はい，帽子を探しているんです。これが好きなのですが，私には少し小さいです。
A：オーケー。この大きい方はどうですか？
答え：ウ　完璧です。

No.2 A：おはよう，ボブ。あら，どうしたの？
B：気分が悪くて胃が痛いんだ。
A：ああ，大変。いつ胃が痛くなり始めたの？
答え：ア　今朝。

No.3 A：もしもし，ハリーです。ジャックはいますか？
B：すみません，彼は今家にいません。伝言はありますか？
A：いいえ，ありがとうございます。彼は何時に帰ってきますか？
答え：イ　夜の7時くらいです。

No.4 A：ニック，何をしているの？
B：コンピューターで絵を描いているよ。
A：わあ，きれいだね。コンピューターで絵を描くのをどうやって学んだの？
答え：ウ　私の兄[弟]が教えてくれた。

〔放送台本〕

(4)の問題は，高校生の Emi とカナダからの留学生の Mark との英語による対話を聞いて，質問に答える問題です。 それぞれの質問に対する答えとして，ア~エから最も適当なものを1つ選び，その記号を書きなさい。対話と質問は2回ずつ放送します。では，始めます。

Emi: Mark, do you have any plans this weekend?
Mark: Yes, I'm going to join the event to enjoy hiking in Midori Park this Sunday.
Emi: Oh, I'm going to join it with my sister, Chika, too. Can you come with us?

Mark: Sounds good. Thank you. Have you joined the event before?

Emi: Yes. My mother and I join it every year. This year, she can't join it, but Chika will come with me. She will join it for the first time.

Mark: Me, too. I want to find interesting flowers and trees in the park. Look. I took these pictures of flowers in my country.

Emi: How beautiful! Do you know the names of these flowers?

Mark: Yes. I learned them from books about flowers.

Emi: : Chika and I often read books about flowers, too. At the event, we want to find the flowers we saw in the books.

Mark: How nice! Can you teach me the names of flowers in Japanese at the event?

Emi: Sure. Then, can you teach us the names of flowers in English?

Mark: Yes, of course. Where should we meet on Sunday?

Emi: Let's meet at Yamanaka Station at 7:30. We can take the train that leaves the station at 7:40.

Mark: OK. Can we get to the park before the event by that train?

Emi: : Don't worry. The train arrives at Midori Park Station at 8:10, and then it takes ten minutes to the park. So at the park, we'll still have ten minutes before the event starts.

Mark: I see. I'm looking forward to the event.

質問します。

No. 1 Has Chika joined the event to enjoy hiking in Midori Park before?

No. 2 What will Mark teach Emi and her sister?

No. 3 What time will the event to enjoy hiking in Midori Park start?

これで[1]のリスニング検査の放送を終わります。

〔英文の訳〕

エミ　：マーク，この週末の予定は何かあるの？

マーク：うん，この日曜日にミドリ公園でのハイキングを楽しむイベントに参加するつもりだよ。

エミ　：あら，私も姉[妹]のチカと一緒に参加するつもりなの。一緒に行ける？

マーク：いいね。ありがとう。前にこのイベントに参加したことはある？

エミ　：うん，母と私で毎年参加しているの。今年は母が参加できないけれどチカが私と一緒に来るの。彼女は始めての参加だよ。

マーク：僕もだよ。僕は公園で興味深い花や木を見つけたいんだ。見て。僕が国でこれらの花の写真を撮ったんだよ。

エミ　：なんて美しいのかしら！　これらの花の名前を知っている？

マーク：うん，花の本から学んだんだ。

エミ　：チカと私もよく花に関する本を読むのよ。イベントでは本で見た花を見つけたいな。

マーク：それはいいね！　イベントでは日本語での花の名前を教えてくれる？

エミ　：もちろん。じゃあ英語での花の名前を私たちに教えてくれる？

マーク：うん，もちろんだよ。日曜日はどこで会うのがいいかな？

エミ　：ヤマナカ駅で7時半に会おう。7時40分にその駅発の電車に乗れるよ。

マーク：オーケー。その電車でイベントの前に公園に着けるの？

エミ　：心配しないで。電車はミドリ公園駅に8時10分について，公園まで10分かかるの。だから公園でイベントが始まるまでまだ10分あるから。

マーク：なるほど。イベントが楽しみだよ。

No.1：チカは以前にミドリ公園でハイキングを楽しむイベントに参加したことがありますか？
　答え：イ　いいえ，彼女はありません。

No.2：マークはエミと彼女の姉[妹]に何を教えますか？
　答え：エ　英語での花の名前。

No.3：ミドリ公園でハイキングを楽しむイベントは何時に始まりますか？
　答え：エ　8時半。

＜理科解答＞

1　(1)　消化酵素　(2)　(例)加熱する。　(3)　試験管に入れる液　ウ　結果　オ

2　(1)　XY　イ　あ　気圧　(2)　62〔%〕

3　(1)　(a)　鼓膜　(b)　エ　(2)　(a)　250〔Hz〕　(b)　ウ

4　(1)　水の割合が最も高い　C　エタノールの割合が最も高い　A　(2)　エ
(3)　あ　蒸留　い　(例1)沸点　(例2)沸騰する温度

5　(1)　(a)　恒星　(b)　あい　エ　う　年周運動　(c)　イ　(2)　(a)　黄道
(b)　ウ　(c)　(さそり座は)(例)太陽と同じ方向にあるから。　(d)　エ

6　(1)　(a)　エ　(b)　気孔　(2)　(a)　(例)水が水面から蒸発するのを防ぐため。
(b)　(記号)　ウ　(名称)　道管　(c)　イ　(d)　3.6〔g〕　(e)　ア

7　(1)　(a)　ウ　(b)　(銅：酸素＝)4：1　(c)　0.32〔g〕　(2)　(a)　(例)(試験管aに)空気が吸い込まれるのを防ぐため。　(b)　(i)　還元　(ii)　(例1)酸素と結びつきやすい　(例2)酸化されやすい　(c)　$2CuO + C \rightarrow 2Cu + CO_2$

8　(1)　(a)　エ　(b)　0.48〔J〕　(c)　X　1.2　Y　40　Z　1.6　(d)　ア
(2)　(a)　0.04〔W〕　(b)　10〔cm/s〕

＜理科解説＞

1　(消化)

(1)　食物の消化を行うのは，消化液にふくまれる消化酵素である。

(2)　ベネジクト液は，ブドウ糖やブドウ糖が複数結びついた物質をふくむ水溶液と混合し，加熱すると，赤褐色の沈殿を生じる。

(3)　だ液のはたらきであることを確かめるには，だ液を入れないかわりに同量の水を入れ，デンプン溶液も同量入れて実験を行う。

2　(雲のでき方)

(1)　空気は，膨張すると温度が下がる。上空は気圧が低いため，空気は膨張して温度が下がる。

(2)　地表から800m上空で雲ができたので，地表の温度よりも8℃下がると露点に達することになる。よって，20－8＝12〔℃〕で露点に達したことから，この空気には$1m^3$あたり$10.7g/m^3$の水蒸

気がふくまれている。よって湿度は，10.7〔g/m^3〕÷17.3〔g/m^3〕×100＝61.8…〔％〕→62％

3 (音)

(1) (a) 音をはじめにとらえる部分は，耳の鼓膜である。 (b) 弦の長さを長くしているので振動数が少なくなり，音の**高さが低くなる**。ただし，はじく強さは変えていないので，音の**大きさは等しい**。

(2) (a) 1回振動するのに0.004秒かかっていることになる。振動数は，1秒間に振動する回数を表すことから，振動数は，1÷0.004＝250〔Hz〕 (b) 音の高さは変わらないので，波の数は変わらない。ただし，音の大きさがしだいに小さくなるので，振幅が小さくなっていく。

4 (状態変化)

(1) 水とエタノールでは，エタノールのほうが沸点が低いので，水が沸騰する前にエタノールが沸騰して出てくる。よって，はじめに集めた液体ほどエタノールが多く，後に集めた液体ほど水が多い。

(2) 加熱しているため，温度は徐々に上昇するが，80℃付近でエタノールが沸騰を始めると，温度の上昇がゆるやかになるが上昇を続ける。

(3) 蒸留は，物質の**沸点のちがいを利用**して，混合物から物質を分ける方法の1つである。

5 (天体)

(1) (a) 自ら光りかがやく天体を恒星という。 (b) 星は，同じ時刻に観察すると，1か月たつごとに**30度西**へ傾いていく。 (c) 2か月前の同時刻(午後8時)には，アの位置にある。星は1時間たつごとに15°ずつ西へ移動するため，午後8時にアにあった星は，2時間後の午後10時にはイの位置にある。

(2) (a) 太陽は，星座の間を動いているように見える。このとき，太陽の通り道を黄道という。 (b) 地球の公転は，太陽を中心に1か月に約30°である。よって，5月1日には太陽とてんびん座の間にあった地球は，1か月後には30°ずれて，さそり座と太陽の間にいることになる。つまり，1か月後の同時刻に観測すると，図2の星座が同じ位置に1つずつ順にずれて見えるようになる。 (c) 太陽の方向にある星座は，太陽とともに昼間に空にのぼっているため，見ることができない。 (d) 午前2時の地球は，真夜中の方向から30°東にある。12月1日，地球はDの位置にある。Dの地球では，真夜中におうし座が南中し，その2時後にふたご座が南中する。このとき，西の空に見えるのは，ふたご座から西に90°の位置にあるうお座となる。

6 (蒸散)

(1) (a) 低倍率から高倍率にするということは，狭い範囲をより拡大して見るということである。よって，少ない光の量で観察することになるので，視野は暗くなる。 (b) 気孔からは，酸素や二酸化炭素などの気体が出入りする。

(2) (a) この実験では，植物の蒸散による水の減少量を調べているので，水面から水が蒸発して減るのを防ぐ必要がある。 (b) 茎の維管束を茎の中心側と茎の表皮側に分けたとき，水が通る**道管**は茎の中心側に見られる。また，葉では表側を通る。 (c)・(d) 蒸散を行っている部分は，Aは葉の表側と裏側と葉以外の部分，Bは葉の裏側と葉以外の部分，Cは葉の表側と葉以外の部分である。葉の表側からの蒸散量は，A−B＝4.8−4.1＝0.7〔g〕，葉の裏側からの蒸散量は，A−C＝4.8−1.2＝3.6〔g〕と求められる。よって，葉の表側よりも葉の裏側からの蒸散量のほうが多い。　(e)　(c)・(d)より，葉の表側からの蒸散量は0.7g，葉の裏側からの蒸散量は3.6gと求められているので，A－3.6－0.7＝4.8－3.6－0.7＝0.5〔g〕と求められる。

7　**(化学変化)**

(1)　(a)　赤色の銅が酸化してできる酸化銅は，黒色である。　(b)　1.40gの銅が1.75gの酸化銅に変化したので，1.75－1.40＝0.35〔g〕の酸素が1.40gの銅に結びついたことがわかる。よって，銅：酸素＝1.40：0.35＝4：1　(c)　2回加熱したときに，銅に結びついた酸素の質量は，1.67－1.40＝0.27〔g〕　**銅：酸素＝4：1**の質量の比で結びつくことから，0.27gの酸素に結びついた銅の質量をxgとすると，4：1＝x：0.27　x＝1.08〔g〕　よって，酸素と結びつかなかった銅の質量は，1.40－1.08＝0.32〔g〕

(2)　(a)　試験管aの中に空気が入ってしまうと，還元でできた銅が再び酸化してしまう。　(b)　(i)　酸化銅は，化学変化によって銅に変化している。酸化物から酸素が取られているため，酸化銅に生じた化学変化は還元である。　(ii)　炭素は，酸化銅から酸素を奪っているので，酸素は銅よりも炭素とのほうが結びつきやすいとわかる。　(c)　化学反応式では，矢印の左右で原子の種類と数が同じになるようにする。酸化銅＋炭素→銅＋二酸化炭素

8　**(仕事，力の規則性)**

(1)　(a)　等速直線運動をしていることから，力はつり合っていると考えられる。よって，物体にはたらく重力F_1とばねばかりが物体を引く上向きの力F_2は大きさが等しい。　(b)　2.4〔N〕×0.2〔m〕＝0.48〔J〕　(c)　BとCの仕事は，仕事の原理から，それぞれAと同じ0.48Jである。Bは動滑車を使っているので，ばねばかりの値はAの半分(1.2N)となるが，引くひもの長さは2倍(40cm)となる。Cの力の大きさは，0.48〔J〕÷0.3〔m〕＝1.6〔N〕　(d)　斜面の角度が急になると，重力の斜面に沿う方向の分力が大きくなるため，引く力は大きくなるが，仕事の原理より仕事の大きさは一定であるため，引く距離は短くなる。

(2)　(a)　**仕事〔J〕÷かかった時間〔s〕＝仕事率〔W〕**より，0.8〔N〕×0.2〔m〕÷4〔s〕＝0.04〔W〕　(b)　三平方の定理を利用すると，斜面の長さは，20〔cm〕×2＝40〔cm〕　前問から，このモーターは0.04Wで仕事をするので，0.8〔N〕×0.2〔m〕＝0.16〔J〕の仕事を行うのにかかる時間は，0.16〔J〕÷0.04〔W〕＝4〔s〕　よって，40cmの斜面を4秒間で移動させることから，40〔cm〕÷4〔s〕＝10〔cm/s〕

<社会解答>

1　(1)　(a)　ア　(b)　(例)ヨーロッパ諸国が植民地にした際の境界線を，国境線として使っているから。　(c)　ウ　(2)　(a)　フィヨルド　(b)　イ　(3)　(a)　エ　(b)　(例)赤道より南[南半球]

2　(1)　エ　(2)　(a)　政令指定都市　(b)　イ　(3)　オ　(4)　(例)6月から9月に，レタスの生育に適した気温となり，出荷量が多くなっているという特徴。[夏でもすずしい気候を生かして，茨城県産のレタスの出荷量が少ない時期に多く出荷している。]
(5)　ア　(6)　ウ

3　(1)　イ　(2)　ウ　(3)　地頭　(4)　(a)　エ　(b)　(例)座が廃止されたことにより，税が入らなくなったから。　(5)　エ　(6)　ア

4 (1) イ　(2) ア　(3) (a) ウ　(b) イ　(4) ウ　(5) ベルサイユ条約
(6) (例)日本のエネルギー資源の大半を占める石油の価格が上昇したから。

5 (1) ウ　(2) エ　(3) (a) (例)他の年代と比べて，選挙に関心がない人が多く，投票率が低い。　(b) 住民投票　(4) イ　(5) (a) ウ　(b) イ
(6) (例)発展途上国の生産者を支援する　(7)(例)政府開発援助額は上位(第四位)だが，国際連合の目標額より少ない。[政府開発援助額は上位(第四位)だが，国民総所得の0.7%に達していない。]

＜社会解説＞

1 (地理的分野―世界―人々のくらし・宗教，地形・気候，産業)

(1) (a) **ナイル川**流域ではエジプト文明が栄えた。 (b) ヨーロッパ諸国からの独立が相次いだことから，1960年は**アフリカの年**と呼ばれる。 (c) エジプトが位置するアフリカ大陸北部や西アジア・中央アジアなどは**イスラム教**徒が多い。資料2のAはキリスト教の説明。

(2) (a) 三陸海岸(岩手・宮城県など)や若狭湾(福井県)などにみられる**リアス海岸**とは区別する。 (b) 略地図2にaで示した都市が位置するのがフランス北部であることから，年間降水量がほぼ一定の**西岸海洋性気候**(温帯)であると判断する。アの雨温図も温帯であるが，夏の降水量が少ないことから地中海性気候の雨温図となる。

(3) (a) オーストラリア西部は鉄鉱石，東部は石炭の産出がさかん。また，ブラジルは鉄鉱石，インドネシアは石炭の産出・輸出がさかん。 (b) 資料6中の「日本と季節が逆になる」から判断する。南半球では，1月・12月の気温が高く，6月などの気温が低くなる。

2 (地理的分野―日本―地形図の見方，日本の国土・地形・気候，人口・都市，農林水産業，工業)

(1) **白神山地**は青森・秋田県境に位置し，世界自然遺産に登録されている。アは近畿地方，イは九州地方，ウは中部地方の自然環境。

(2) (a) 2023年現在20の都市が指定されている。 (b) 2万5千分の1の地形図上での4cmの実際の距離は，4(cm)×25000＝100000(cm)＝1000(m)となる。

(3) 畜産の産出額が多いAが宮崎県，工業出荷額が多いCが福岡県と判断する。福岡県には**北九州工業地帯**が位置する。

(4) 資料5・6から，長野県では6～9月がレタスの生育に適した気温となることを読み取る。

(5) 静岡県には**東海工業地域**が位置し，その東部に位置する富士市で製紙・パルプ工業がさかん。

(6) 第一次産業の人口の割合が最も高いことから判断する。アが沖縄県，イが兵庫県，エが三重県。

3 (歴史的分野―日本史―時代別―旧石器時代から弥生時代，古墳時代から平安時代，鎌倉・室町時代，安土桃山・江戸時代，明治時代から現代，日本史―テーマ別―政治・法律，経済・社会・技術)

(1) 打製石器は旧石器時代に使われた。

(2) 4人の娘を天皇のきさきにして権勢をほこった父道長のあとに摂関政治を行った**藤原頼通**は，京都の宇治に**平等院鳳凰堂**を建てた。

(3) 資料4中の「荘園領主との二重の支配を受けていた」などから判断する。**地頭**は，荘園や公領などに置かれた年貢の徴収を行う幕府の役人のこと。

(4)　(a)　資料5は，商工業者の同業者組合である**座**に関する模式図。庄屋は江戸時代の村役人の名称。　(b)　織田信長の楽市令では，座を廃止して市での税を免除する方針が示された。

(5)　参議院は日本国憲法下での上院の名称。太政官制は1885年の内閣制度創設により廃止された。

(6)　護憲運動とは，軍部や藩閥ではなく民衆の考えを政治に反映していこうという運動のこと。第一次護憲運動の結果，桂太郎内閣が退陣した。

4　**(歴史的分野―日本史―時代別―旧石器時代から弥生時代，古墳時代から平安時代，鎌倉・室町時代，安土桃山・江戸時代，明治時代から現代，日本史―テーマ別―政治・法律，文化・宗教・教育，外交，世界史―政治・社会・経済史)**

(1)　銅鐸は**青銅器**の一種。ともに伝わった**鉄器**がおもに農具や武具などに使用されたのに対して，青銅器は祭器などに使用された。

(2)　百済は朝鮮半島南西部に位置した国。

(3)　(a)　薩摩藩は現在の鹿児島県，対馬藩は現在の長崎県に位置し，近隣国と交易を行ったことから判断する。　(b)　豊臣秀吉の朝鮮侵略以降断絶していた国交が対馬藩の宗氏の尽力などで回復し，**朝鮮通信使**を派遣するようになった。

(4)　ⓐが18世紀末，ⓑが1857年，ⓒが1600年，ⓓが1858年のできごと。

(5)　第一次世界大戦の講和会議がパリで開かれ，**ベルサイユ条約**が締結された。

(6)　資料4から，日本のエネルギー資源の大半を石油が占めていたこと，資料5から，該当時期に石油の国際価格が高騰していることが読み取れる。石油価格の高騰は，1973年の**石油危機**によるもの。

5　**(公民的分野―憲法・基本的人権，民主主義，地方自治，経済一般，国際社会との関わり)**

(1)　立憲主義とは，法の支配を確立する考え方。国民の権利を守るために，国王・君主・政府などの政治権力を持つ者も法に従わなければならないという考え方を，**法の支配**という。

(2)　Aは資料4中の「使いみちが特定されていないもの」，Bは「借りたお金を返すための費用」から判断する。**国庫支出金**は国から委託された業務をこなすために国から支給されるため，使いみちが決められている。民生費とは，福祉に支出される費用のこと。

(3)　(a)　18～29歳について，資料5から，選挙に関心がある割合が全年代の中で最も低いこと，資料6から，投票率も全年代の中で最も低いことが読み取れる。　(b)　**住民投票**とは，政治的事項を決定する際に住民の意思を直接，投票などの方法により確認するもの。その結果に法的拘束力が伴う場合と伴わない場合がある。

(4)　資料8中の曲線aは**需要曲線**。曲線が右に動くと増加，左に動くと減少を意味する。

(5)　(a)　あは資料11中の「曲Aに投票した人よりも，曲A以外に投票した人の方が多い」から，いは「対立を解消」から判断する。　(b)　**小選挙区制**では一つの選挙区から一名しか選出されないため，死票が多くなる。資料12中のY・Zにあてはまるのはア・エ。

(6)　フェアトレード商品を購入することで，発展途上国の生産者の生活を守ることにつながる観点から，持続可能な社会の実現に寄与することができる。

(7)　資料17から，日本の政府開発援助額が日本の国民総所得の約0.3％であることがわかるが，資料15中の示された目標額である0.7％に達していないことが読み取れる。

＜国語解答＞

1　①　かがや(く)　②　と(げる)　③　げきれい　④　はんも　⑤　告(げる)
⑥　敬(う)　⑦　責任　⑧　散策

2　(一)　①　(二)　ぽっかり心に穴が空いていくようだった　(三)　ウ
(四)　(例)壮太はぼくがどう過ごせばいいかわからなくなると思っていて，壮太が作ってくれた紙飛行機を飛ばしている間，少しは時間を忘れることができそうだ(と考えるようになった。)　(五)　エ

3　(一)　イ　(二)　ア　(三)　C　(四)　a　イ　b　ア・エ　c　ウ・オ
(五)　(例)集中力や記憶力，学習機能などが高まるので，結果として，自己成長が引き起こされ，

4　(一)　いわば　(二)　イ　(三)　商人の一銭を惜しむ心，切なり　(四)　ウ

5　(一)　イ　(二)　ウ　(三)　(例)私は，読書の良いところは，想像力を養えるところだと思います。なぜなら，想像力を養うことはよい人間関係を築くことにつながると考えるからです。私は読書をする時，読み取った表現から登場人物の姿や表情を想像したり，登場人物の発する言葉や態度から，その人物の気持ちを推測したりします。このようにして養われた想像力は，現実の人間関係においても，相手の気持ちを大切に考えて接することにつながっていると思います。

＜国語解説＞

1　(知識問題－漢字の読み書き)

①　音読みは「**キ**」で，熟語は「光輝」などがある。　②　音読みは「**スイ**」で，熟語は「遂行」などがある。　③「激励」は，励まして元気づけるという意味。　④「繁茂」は，草木が勢いよく生い茂ること。　⑤　音読みは「**コク**」で，熟語は「広告」などがある。　⑥　音読みは「**ケイ**」で，熟語は「尊敬」などがある。　⑦「責任」は，その立場において負わなければならない任務や義務のこと。　⑧「散策」は，目的もなくぶらぶらと歩くこと。

2　(小説－情景・心情，内容吟味，文と文節，品詞・用法)

(一)　「行こ」と①「置か」は未然形。②「言っ」は連用形，③「見送れ」は仮定形，④「思う」は終止形。

(二)　少し後に，時々「壮太は本当に帰ったんだな」と気づいたときの「ぼく」の気持ちについて，「ぽっかり心に穴が空いていくようだった」と述べられている。「直喩」とは，「ようだ」などの言葉を用いた比喩のこと。

(三)　修飾している文節は，直接つなげて確認する。「午後は」「読んだ」とつなげておかしくないので，「読んだ」を修飾しているとわかる。

(四)　紙飛行機をみつけた「ぼく」は，壮太が自分の退院後に「ぼくがどう過ごせばいいかわからなくなること」を知っていたのだろうと推測している。「ぼく」は，退院まで一週間か二週間かわからないために「気分は晴れ」ずに「がっかりし」ている。そのようなところに紙飛行機をみつけ，紙飛行機を飛ばすことで「少しは時間を忘れることができそうだ」という気持ちに変化したのである。

(五)　「ぼく」の視点から語られていて，「泣きそうだったからだ」「気分は晴れなかった」など，表

には出していない「ぼく」の気持ちが描かれている文章である。

3 **(説明文－内容吟味，脱文・脱語補充，文と文節，品詞・用法)**

(一)　「それを／行動に／移さない／人は／多いです」の五文節に分けられる。

(二)　「全く」は副詞。副詞は，**活用しない自立語**で，主に**用言**(動詞・形容詞・形容動詞)**を修飾**する。

(三)　戻す文章は，「跳び箱」で挑戦する段を一段ずつ増やすことを例に，「快適領域」から「学習領域」，そして「危険領域」へと，「『自分のできる範囲』を広げていく」のがよいということを説明している。よって，Cに入れると，直後の「このように」が戻す文章の内容を指すことになり，文脈が通る。

(四)　それぞれの領域について，どのように説明されているかをつかむ。「快適領域」とは，「『なわばり』のようなもの」で「居心地のいい領域」のこと。「学習領域」とは，「軽いストレスは感じ」るものの「新しい体験にワクワクを感じ，意欲的に挑戦してみようという気持ちになる領域」のこと。「危険領域」とは，「難易度が高すぎて，ワクワク感よりも恐怖や不安の方が強く」，「『逃げ出したい』気持ち」になる領域のこと。

(五)　脳内に「ドーパミンがもっとも大量に分泌され」ると，「集中力や記憶力，学習機能などが高まり，結果として，自己成長が引き起こされる」と直前に述べられているので，この部分をまとめる。

4 **(古文，漢文・漢詩－内容吟味，仮名遣い)**

〈口語訳〉　わずかな時間を惜しむ人はいない。これは，わずかな時間を惜しむ必要がないと，よく分かっているためなのか，それとも愚かであるためなのか。愚かで怠けている人のために言うと，一銭はわずかではあるが，これを重ねると，貧しい人が裕福な人になる。そうであるから，商人の一銭を惜しむ気持ちは，切実である。一瞬は意識されないでも，これをずっと積み上げていけば，命を終える時期は，すぐに来る。

だから，仏道の修行者は，遠い将来にわたる歳月を惜しむべきではない。現在の一瞬が，むなしく過ぎていくことを惜しむべきだ。

(一)　歴史的仮名遣いでは，語頭と助詞以外の「ハヒフヘホ」は「**ワイウエオ**」と読む。

(二)　「～べからず」は，漢文では「不可～」と表記される。「不」を「ず」と読み，「可」を「べから」と読むので，「不可軽」の部分を「軽んずべからず」と読めるようにするには，「軽」「可」「不」の順になるよう，「不」「可」にそれぞれ「レ点」を打つ。「レ点」は一字返って読むことを示した返り点。

(三)　「されば，商人の一銭を惜しむ心，切なり」という一文で，商人について述べられている。

(四)　わずかな時間を惜しむことについての筆者の考えは，「刹那覚えずといへども，これを運びてやまざれば，命を終ふる期，忽ちに至る」，「ただ今の一念，むなしく過ぐる事を惜しむべし」と表現されている。一瞬一瞬を意識しないとすぐに人生が終わってしまうので，一瞬がむなしく過ぎていくことを惜しむべきだと述べているのだから，ウが正解。

5 **(作文(自由・課題)，会話)**

(一)　「メディアの視聴という点」が，あおいさんの「情報機器を使っている時間が多」いという理由と共通しているのだから，テレビを理由としているイがあてはまる。

(二)　鈴木先生の質問に対し，ようこさんは「毎日，寝る前に読書をします」と，読書をするタイミングを答えている。よって，「どんなときに」読書をするのかと尋ねたのだとわかる。

(三)　【資料3】を参考にして考えてもよいし，【資料3】にはない点を挙げてもよい。構成としては，最初に自分の考える読書の良いところを挙げ，その後に理由を詳しく述べるというものがよいだろう。自分の経験などを交えて理由を書くと，より説得力のある文章になる。

三重県公立高等学校

2022年度

★★★★★★★★★★★★★★★★★★★★★★★

入 試 問 題

●くわしい解説…… 49ページ

＜数学＞

時間 45分 満点 50点

1 あとの各問いに答えなさい。(13点)

(1) $8\times(-7)$ を計算しなさい。

(2) $\frac{4}{5}x-\frac{2}{3}x$ を計算しなさい。

(3) $15xy\div5x$ を計算しなさい。

(4) $5(2a+b)-2(3a+4b)$ を計算しなさい。

(5) $(\sqrt{3}+2\sqrt{7})(2\sqrt{3}-\sqrt{7})$ を計算しなさい。

(6) y は x に反比例し，グラフが点 $(-2,\ 8)$ を通る。y を x の式で表しなさい。

(7) 二次方程式 $2x^2+5x-2=0$ を解きなさい。

(8) 右の表は，あるクラス20人の通学時間をまとめたものである。[(ウ)] にあてはまる数が0.80以下のとき，[(ア)] にあてはまる数をすべて求めなさい。

通学時間(分)	度数(人)	相対度数	累積《るいせき》相対度数
以上　　未満			
0 ～ 5	2	0.10	0.10
5 ～ 10	4	0.20	0.30
10 ～ 15	7	0.35	0.65
15 ～ 20	[(ア)]	[(イ)]	[(ウ)]
20 ～ 25	[(エ)]	[(オ)]	[(カ)]
25 ～ 30	1	0.05	1.00
計	20	1.00	

2 あとの各問いに答えなさい。(12点)

(1) まなぶさんは，A組19人とB組18人のハンドボール投げの記録について，ノートにまとめている。次のページの〈まなぶさんがまとめたノートの一部〉の図1は，B組全員のハンドボール投げの記録を記録が小さい方から順に並べたもの，図2は，A組全員のハンドボール投げの記録を箱ひげ図にまとめたものである。

このとき，あとの各問いに答えなさい。

〈まなぶさんがまとめたノートの一部〉

図1

B組全員のハンドボール投げの記録(m)	8，9，13，14，15，16，16，18，18， 20，21，22，23，23，25，27，30，35

図2

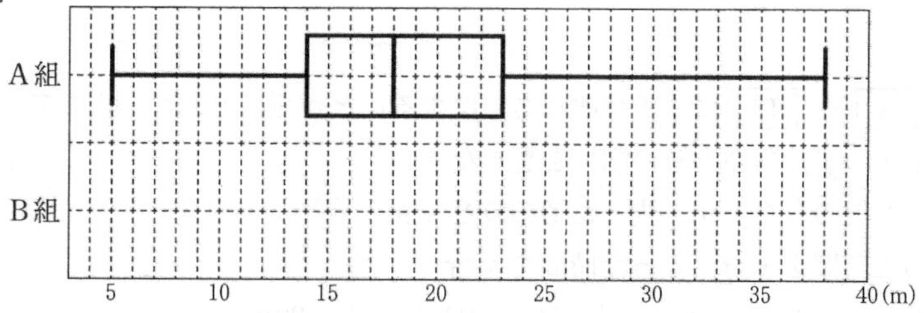

①　B組全員のハンドボール投げの記録の中央値を求めなさい。

②　図1をもとにして，B組全員のハンドボール投げの記録について，箱ひげ図をかき入れなさい。

③　図1，図2から読みとれることとして，次の(i)，(ii)は，「正しい」，「正しくない」，「図1，図2からはわからない」のどれか，下の**ア**～**ウ**から最も適切なものをそれぞれ1つ選び，その記号を書きなさい。

(i)　ハンドボール投げの記録の第1四分位数は，A組とB組では同じである。

ア．正しい
イ．正しくない
ウ．図1，図2からはわからない

(ii)　ハンドボール投げの記録が27m以上の人数は，A組のほうがB組より多い。

ア．正しい
イ．正しくない
ウ．図1，図2からはわからない

(2)　下の〈問題〉について，次の各問いに答えなさい。

〈問題〉
Pさんは家から1200m離《はな》れた駅まで行くのに，はじめ分速50mで歩いていたが，途中《とちゅう》から駅まで分速90mで走ったところ，家から出発してちょうど20分後に駅に着いた。Pさんが家から駅まで行くのに，歩いた道のりと，走った道のりを求めなさい。

次のページの □ は，まどかさんとかずとさんが，〈問題〉を解くために，それぞれの考え方で連立方程式に表したものである。

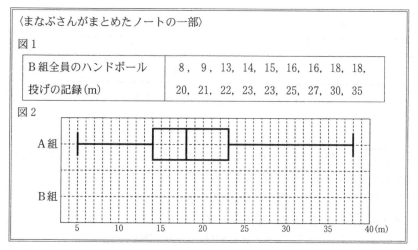

〈まどかさんの考え方〉

[(A)] とすると，

$$\begin{cases} x + y = 1200 \\ [\ (B)\ ] = 20 \end{cases}$$

と表すことができる。

〈かずとさんの考え方〉

[(C)] とすると，

$$\begin{cases} [\ (D)\ ] = 20 \\ 50x + 90y = 1200 \end{cases}$$

と表すことができる。

① 上の [(A)] ～ [(D)] に，それぞれあてはまることがらはどれか，次の**ア**～**コ**から最も適切なものを1つずつ選び，その記号を書きなさい。

ア．歩いた道のりを x m，走った道のりを y m

イ．歩いた時間を x 分，走った時間を y 分

ウ．$x + y$　　**エ**．$x - y$　　**オ**．$50x + 90y$　　**カ**．$90x + 50y$

キ．$\dfrac{50}{x} + \dfrac{90}{y}$　　**ク**．$\dfrac{90}{x} + \dfrac{50}{y}$　　**ケ**．$\dfrac{x}{50} + \dfrac{y}{90}$　　**コ**．$\dfrac{x}{90} + \dfrac{y}{50}$

② Pさんが家から駅まで行くのに，歩いた道のりと走った道のりを，それぞれ求めなさい。

(3) 次の図のように，1から n までの自然数が順に1つずつ書かれた n 枚のカードがある。このカードをよくきって1枚取り出すとき，取り出したカードに書かれた自然数を a とする。

このとき，次の各問いに答えなさい。

① $n = 10$ のとき，$\sqrt{a}$ が自然数となる確率を求めなさい。

② $\dfrac{12}{a}$ が自然数となる確率が $\dfrac{1}{2}$ になるとき，n の値をすべて求めなさい。

3 次のページの図のように，関数 $y = \dfrac{1}{4}x^2$ …㋐のグラフ上に2点A，Bがあり，点Aの x 座標が−2，点Bの x 座標が4である。3点O，A，Bを結び△OABをつくる。

このとき，あとの各問いに答えなさい。

ただし，原点をOとする。（8点）

(1) 点Aの座標を求めなさい。

(2) 2点A，Bを通る直線の式を求めなさい。

(3) x 軸《じく》上の $x > 0$ の範囲《はんい》に2点C，Dをとり，△ABCと△ABDをつくる。

このとき，次のページの各問いに答えなさい。

なお，各問いにおいて，答えに$\sqrt{}$ がふくまれるときは，$\sqrt{}$ の中をできるだけ小さい自然数にしなさい。

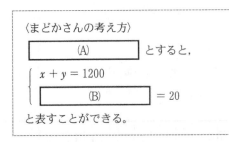

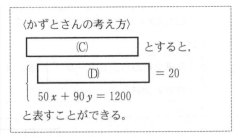

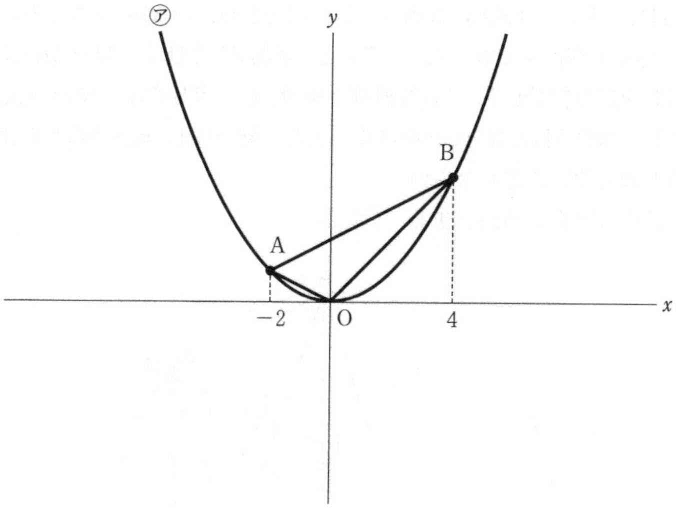

① △OABの面積と△ABCの面積の比が1：3となるとき，点Cの座標を求めなさい。

② △ABDが∠ADB＝90°の直角三角形となるとき，点Dの座標を求めなさい。

4 あとの各問いに答えなさい。(6点)

(1) 右の図のように，点A，B，C，D，E，F，G，Hを頂点とし，AE＝6㎝，EF＝9㎝，FG＝3㎝の直方体Pがある。直方体Pの対角線DF上に点Iをとり，4点E，F，H，Iを結んで三角すいQをつくる。

三角すいQの体積が直方体Pの体積の$\frac{1}{9}$のとき，次の各問いに答えなさい。

なお，各問いにおいて，答えの分母に$\sqrt{\ }$がふくまれるときは，分母を有理化しなさい。

また，$\sqrt{\ }$の中をできるだけ小さい自然数にしなさい。

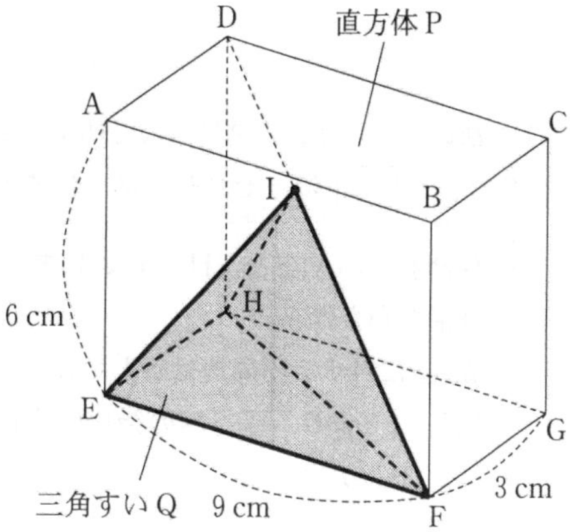

① △EFHを底面としたときの三角すいQの高さを求めなさい。

② 線分EIの長さを求めなさい。

(2) 右の図で，線分ABを直径とする半円の弧《こ》AB上に点Cがあり，線分ABの中点をOとするとき，∠OBD＝90°，∠DOB＝∠CAOとなる直角三角形DOBを1つ，定規とコンパスを用いて作図しなさい。

なお，作図に用いた線は消さずに残しておきなさい。

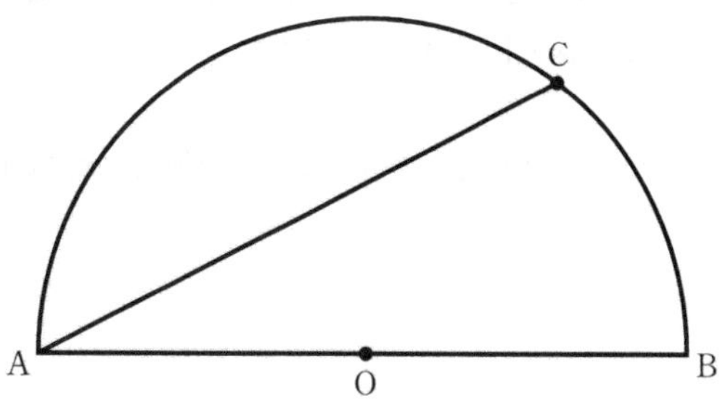

5 次の図のように，円Oの円周上に３点A，B，Cをとり，△ABCをつくる。∠BACの二等分線と線分BC，円Oとの交点をそれぞれD，Eとし，線分ECをひく。線分AE上にEC＝AFとなる点Fをとり，点Fを通り線分ECと平行な直線と線分AC，点Bをふくまない弧ACとの交点をそれぞれG，Hとし，線分AHと線分CHをひく。また，線分EHと線分ACとの交点をＩとする。

このとき，あとの各問いに答えなさい。

ただし，点Eは点Aと異なる点とする。(11点)

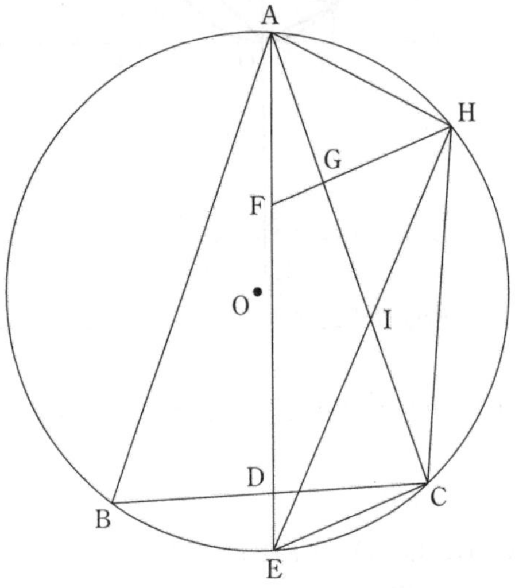

(1) 次の［　］は，△AIH∽△HIGであることを証明したものである。

［(ア)］～［(ウ)］に，それぞれあてはまる適切なことがらを書き入れなさい。

〈証明〉　△AIHと△HIGにおいて，

共通な角だから，　［(ア)］　…①

弧AEに対する円周角は等しいから，　∠AHI　＝　［(イ)］　…②

FH // ECより，平行線の錯角《さっかく》は等しいから，　［(イ)］　＝　∠HGI　…③

②，③より，　∠AHI　＝　∠HGI　…④

①，④より，［(ウ)］がそれぞれ等しいので，

△AIH　∽　△HIG

(2) △AFG≡△CEDであることを証明しなさい。

(3) AF＝６㎝，FG＝２㎝，GH＝５㎝のとき，次の各問いに答えなさい。

① 線分FEの長さを求めなさい。

② △IECと△AGHの面積の比を，最も簡単な整数の比で表しなさい。

＜英語＞　時間　45分　満点　50点

1　放送を聞いて，あとの各問いに答えなさい。(18点)

(1)　下の表についての英語による質問を聞いて，その質問に対する答えとして，ア～エから最も適当なものを１つ選び，その記号を書きなさい。

名前	昨日したスピーチのテーマ	そのスピーチをした場所
Takashi	絶滅《ぜつめつ》のおそれがある動物	教室
Hiroko	大気汚染《おせん》	教室
Masato	絶滅のおそれがある動物	体育館
Rika	大気汚染	体育館

ア．Takashi did.　イ．Hiroko did.　ウ．Masato did.　エ．Rika did.

(2)　英語による対話を聞いて，それぞれの質問に対する答えとして，ア～エから最も適当なものを１つ選び，その記号を書きなさい。

No. 1

ア．Yes, she does.
イ．No, she doesn't.
ウ．Yes, she did.
エ．No, she didn't.

No. 2

ア．Miyuki did.
イ．Miyuki and her uncle did.
ウ．Miyuki and Mr. Smith did.
エ．Mr. Smith and John did.

No. 3

ア．She is going to help Tom with his math homework.
イ．She is going to help her mother cook dinner.
ウ．She is going to ask Mr. Tanaka to help Tom.
エ．She is going to ask Satoshi to help Tom.

(3)　英語による対話を聞いて，それぞれの対話の最後の英文に対する受け答えとして，ア～ウから最も適当なものを１つ選び，その記号を書きなさい。

No. 1

ア．About five minutes.
イ．Two hours ago.
ウ．Three times.

No. 2

ア. The train stopped suddenly.

イ. I'll take you to the hospital.

ウ. The bus usually stops at the station.

No. 3

ア. I'd like to help you.

イ. Here you are.

ウ. Orange juice, please.

No. 4

ア. I have been there twice.

イ. My brother liked it, but I didn't.

ウ. We went there by bus.

(4) 高校生で放送部員のMakiが，カナダからの留学生のJackにインタビューしているときの英語による対話を聞いて，それぞれの質問に対する答えとして，ア～エから最も適当なものを1つ選び，その記号を書きなさい。

No. 1

ア. At 7:10.　イ. At 7:40.　ウ. At 8:10.　エ. At 8:30.

No. 2

ア. Because Yoshie taught him a Japanese song after dinner.

イ. Because his father's experiences in Japan were interesting for him.

ウ. Because his father sometimes read Japanese books.

エ. Because his classmates had a chance to talk with him.

No. 3

ア. He came to school by bicycle,

イ. He talked with Hiroshi's family.

ウ. He practiced calligraphy.

エ. He made a poster about it.

2 あとの各問いに答えなさい。（8点）

(1) 次の対話文は，高校生のChikaと，Chikaの家でホームステイを始めた，アメリカからの留学生のKateが，話をしているときのものです。対話文を読んで，次の各問いに答えなさい。

Kate : Do you have any plans for this weekend, Chika?

Chika : Actually, I want to take you to some places in this town. Where do you want to go, Kate?

Kate : I want to see some traditional Japanese buildings.

Chika : Oh, why do you want to see them?

Kate : I love Japanese anime and I watched many Japanese anime movies before I came to Japan. I saw a beautiful Japanese castle in one of my favorite movies. Since then, I've wanted to see some traditional

Japanese buildings.

Chika : There isn't a castle in this town, but there is a shrine near here. It's a traditional Japanese building, too. I will take you there on Saturday. (①)

Kate : I'm so excited!

Chika : Is there anything else you want to do?

Kate : I want to eat some Japanese food I've never eaten before.

Chika : I see. Do you know *okonomiyaki*?

Kate : Yes. One of my classmates told me about it before, but I've never eaten it.

Chika : Let's make and eat it together on Sunday.

Kate : Sounds good!

Chika : I've never made it before, but my father often makes it for me. He will help us make it if he is free on Sunday. I'll ask him later.

Kate : Wow! It'll be a lot of fun!

Chika : We need to go to the supermarket to buy the ingredients before Sunday.

Kate : (②)

Chika : That's a good idea.

（注） anime　アニメ　　ingredients　材料

No.1 （①），（②）に入るそれぞれの文として，ア～エから最も適当なものを１つ選び，その記号を書きなさい。

① ア．I hope you'll like it.
イ．I know you did it.
ウ．I don't think you can do it.
エ．I understand it's too difficult.

② ア．How about going there after school on Friday?
イ．How are we going to get there after school on Friday?
ウ．What are we going to buy there after school on Friday?
エ．What time are we going to go there after school on Friday?

No.2 対話文の内容に合う文として，ア～エから最も適当なものを１つ選び，その記号を書きなさい。

ア．Chika is going to take Kate to the beautiful castle in Chika's town on Saturday.
イ．Kate wants to go to the shrine because she saw it in one of her favorite movies.
ウ．Kate didn't understand what *okonomiyaki* was when Chika talked about it.
エ．Chika has never made *okonomiyaki* before, but her father knows how to make it.

(2) 下に示すのは，Kevin といとこの Alice の携帯《けいたい》電話でのメッセージのやり取りです。このメッセージのやり取りから読み取れることを正しく表している文として，ア～エから最も適当なものを1つ選び，その記号を書きなさい。

Can you help me make a cake if you have some time next Saturday? I found a recipe on the Internet and tried to make it, but it was too difficult.
Kevin
OK. I'll show you how to make it. Why do you want to make it?
Alice
My mother's birthday will come soon. I want to do something that makes her surprised, so I decided to make a cake for her.
Kevin
That's a good idea. I will have a dance lesson in the morning, and then I will be home by noon. Can you come to my house at 1:30 p.m.?
Alice
Sure. Thank you.
Kevin

ア. Alice is going to make a cake for Kevin's birthday next Saturday afternoon.

イ. Kevin was surprised when Alice told him about the recipe she found on the Internet.

ウ. Alice wanted Kevin to go to a dance lesson with her next Saturday, but he couldn't.

エ. Kevin will go to Alice's house at 1:30 p.m. next Saturday to learn how to make a cake.

3　あとの各問いに答えなさい。(12点)

(1)　次のような状況《じょうきょう》において，あとの①～③のとき，あなたならどのように英語で表しますか。それぞれ6語以上の英文を書きなさい。

ただし，I'm などの短縮形は1語として数え，コンマ（,），ピリオド（.）などは語数に入れません。

【状況】

> あなたは，オーストラリアから来た外国語指導助手（ALT）の Mr. Green と，学校の廊下《ろうか》で話をしているところです。

①　日本の文化に興味があるか尋《たず》ねるとき。

②　日本には訪れる場所がたくさんあると伝えるとき。

③　オーストラリアで撮《と》った写真を見せてほしいと伝えるとき。

(2)　Ryota は，英語の授業で，自分が住むあおぞら町（Aozora Town）について紹介《しょうかい》することになり，下の原稿《げんこう》を準備しました。

あなたが Ryota なら，①～③の内容をどのように英語で表しますか。それぞれ4語以上の英文を書き，下の原稿を完成させなさい。

ただし，I'm などの短縮形は1語として数え，コンマ（,），ピリオド（.）などは語数に入れません。

【原稿】

> Hello, everyone.　I am going to tell you about Aozora Town.
> ①　あおぞら町はひかり山（Mt. Hikari）で有名だということ。
> ②　春にひかり山に登ったら，多くの美しい花を見ることができるということ。
> ③　ひかり山の近くのレストランはあおぞら町で一番人気があるということ。
> Thank you.

4　次の文章を読んで，あとの各問いに答えなさい。(12点)

Kenta is sixteen.　He is a high school student.　He is a member of the music club and plays the guitar in a band.　His band is going to perform at the school festival in September.

One day in August, when Kenta's band members were practicing for the festival, one of the members, Erika, said to other members, "I'm looking forward to the festival.　It'll be exciting." She is the leader of the music club and plays the drums.　She has performed on the stage many times.　Kenta didn't say anything.　Erika said to him, "(　　①　　)" He said, "I'm a little nervous because I have never performed on the stage.　I don't want to make mistakes in front of many people."　She said, "Don't be afraid of making mistakes.　The important thing is to do your best."　She tried to encourage him, but he didn't look happy.

One Sunday in September, Kenta went to his favorite band's concert with Erika. They were very excited to see the great performance by the band. After the concert, they saw their ALT, Ms. Brown. Erika said to Ms. Brown, "Hello, Ms. Brown. I didn't know you were here. Did you enjoy the concert?" Ms. Brown said, "Hi, Erika. The concert was great. I really enjoyed it. I love music." When they were walking to the station together, all of them were excited and enjoyed talking about the concert.

The next day, when Kenta was looking for some magazines about guitars in the school library, he saw Ms. Brown again. She was reading a magazine. He asked her, "What are you reading, Ms. Brown?" She said, "Hi, Kenta. I'm reading a magazine about guitars. I like playing the guitar." He said, "Really? Me, too!" He was glad that she also played the guitar. He asked, "When did you start playing the guitar?" She said, "When I was sixteen, I started playing it. That year, I played it in front of many people for the first time." He asked, "Did you play it well?" She said, "I made some mistakes, but I did my best. I felt happy when I saw my friends' smiling faces from the stage." After he listened to her experience, Kenta wanted the people coming to the festival to enjoy his band's performance. She said, "I want to listen to your performance." He said, "My band is going to perform at the school festival soon. (②)" She said, "Sure."

After talking with Ms. Brown, Kenta called Erika. He said, "Now I understand your words." Erika asked, "What do you mean?" He said, "I'll try hard at the festival to make people happy."

On the day of the festival, Kenta's band performed on the stage. Kenta made some mistakes, but he was happy to see many smiling faces from the stage. After the performance, Ms. Brown came to see him. She said, "Your performance was really good." He said, "Thank you. I enjoyed playing the guitar on the stage."

(Two years later)

Kenta is the leader of the music club now. This year, he is going to perform at the school festival with his new band members who are going to perform on the stage for the first time.

One day before the festival, one of Kenta's band members, Manami, said to Kenta, "I'm so nervous. What should I do if I make a mistake?" He said to her with a smile, "When I performed on the stage for the first time, I made some mistakes. So you don't have to be afraid of making mistakes. Let's do our best!"

（注） leader 部長　stage 舞台《ぶたい》　encourage ～ ～を励《はげ》ます　ALT 外国語指導助手

⑴　(①)，(②) に入るそれぞれの文として，**ア**～**エ**から最も適当なものを１つ選び，その記号を書きなさい。

①　**ア**．Who is that student?!
　　イ．What's wrong?
　　ウ．When is the festival?
　　エ．Whose guitar is this?

②　**ア**．Did you listen to it?
　　イ．Was it very exciting?
　　ウ．Would you like to come?
　　エ．Were they at the festival?

⑵　本文の内容に合うように，下の英文の（A），（B）のそれぞれに入る最も適当な１語を，本文中から抜《ぬ》き出して書きなさい。

Kenta and Erika saw Ms. Brown after his favorite band's concert on Sunday. All of them enjoyed (　A　) about it when they were walking to the station. The next day, he saw Ms. Brown in the school library.　She was reading a (　B　) about guitars there.

⑶　下線部に He said, "Now I understand your words." とあるが，Erika が Kenta に言った内容として，**ア**～**エ**から最も適当なものを１つ選び，その記号を書きなさい。

ア．It is important for Kenta to do his best.
イ．Kenta has to go to his favorite band's concert.
ウ．It is necessary for Kenta to talk with Ms. Brown.
エ．Kenta should be the leader of the music club.

⑷　本文の内容に合う文として，**ア**～**カ**から適当なものを２つ選び，その記号を書きなさい。

ア．All students of Kenta's high school were going to perform at the school festival in September.
イ．Kenta tried to encourage Erika when they were practicing for the festival, but she didn't look happy.
ウ．Ms. Brown started playing the guitar when she was sixteen, and two years later, she played it in front of many people for the first time.
エ．Ms. Brown felt happy to see her friends' smiling faces when she played the guitar on the stage.
オ．Kenta didn't make any mistakes when he played the guitar on the stage for the first time at the school festival.
カ．When Manami was very nervous, Kenta told her that she didn't have to be afraid of making mistakes.

＜理科＞

時間 45分 満点 50点

1 次の実験について，あとの各問いに答えなさい。(4点)

〈実験〉 光の進み方を調べるため，光源装置，スリット台，半円形レンズ，全円分度器（360°の目盛りが示されている円形の分度器)を用いて，水平な机の上で，次の①～③の実験を行った。

① 図1のように，スリット台の上に，全円分度器，半円形レンズを置き，光源装置から半円形レンズの中心に向かって光を当て，光の進み方を調べた。ただし，半円形レンズの中心は，全円分度器の中心に重ね合わせて置いてある。図の点線-----は，半円形レンズの平らな側面に垂直な直線を半円形レンズの中心を通るように引いたものであり，この点線と光の道すじがなす角を角A，角Bとした。角Aの大きさを変化させて，角Bの大きさを調べ，その結果を表にまとめた。

図2は，図1の半円形レンズと全円分度器と光の道すじを真上から見たようすを模式的に示したものである。ただし，全円分度器には，10°間隔《かんかく》に目盛りが示してある。

② 次に半円形レンズの曲面側からレンズの中心に向かって光を当てた。図3は，そのときの半円形レンズと全円分度器とレンズの中心までの光の道すじを真上から見たようすを模式的に示したものである。

③ 図3の状態から，半円形レンズを時計回りに10°ずつ回転させ，光の道すじを調べたところ，図4のように時計回りに30°回転させたとき，光はレンズの中心で全反射し，レンズの中心から空気中へ進む光の道すじを見ることができなかった。

図1

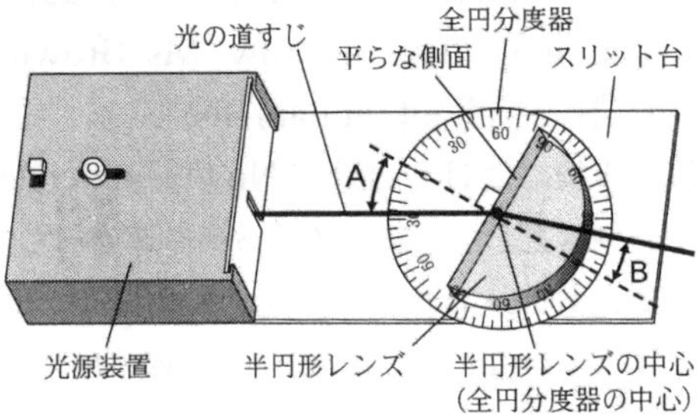

表

角A(°)	0	10	20	30	40	50	60
角B(°)	0	7	13	19	25	30	35

図2

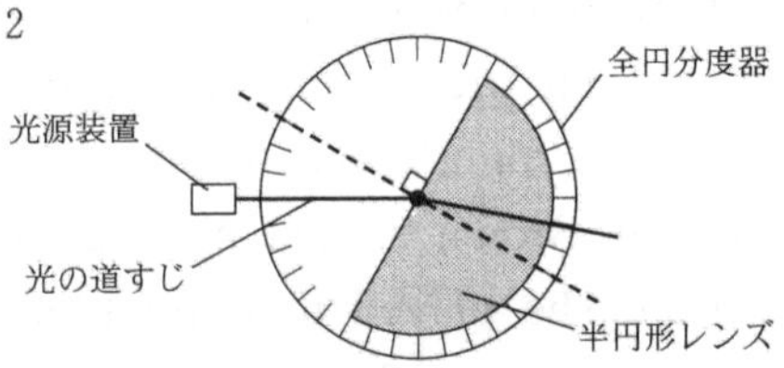

図3

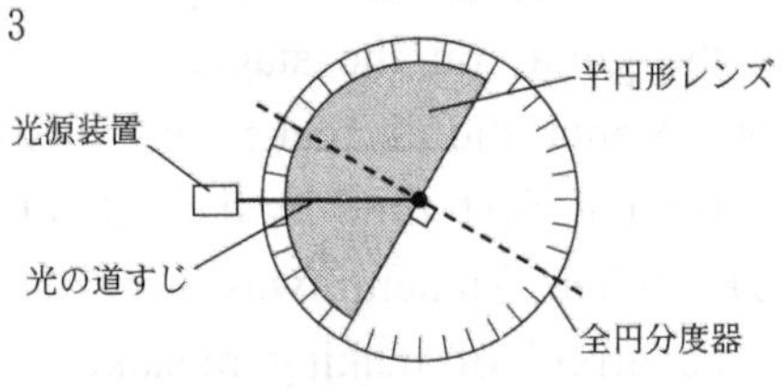

図4

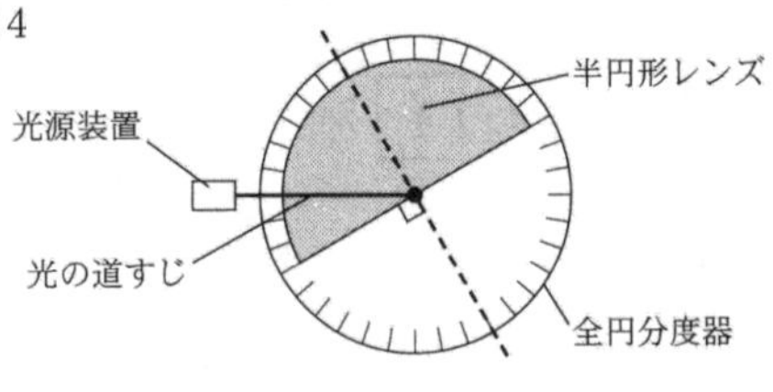

(1)　①について，次の(a)，(b)の各問いに答えなさい。

(a)　角Bのことを何というか，その名称《めいしょう》を書きなさい。

(b)　図5のように光を当てたとき，角Bは何度になるか，その角度を書きなさい。ただし，図5は，そのときの半円形レンズと全円分度器とレンズの中心までの光の道すじを真上から見たようすを模式的に示したものである。

図5

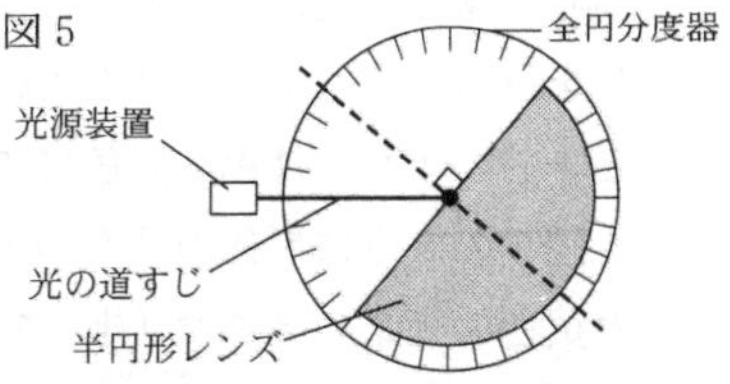

(2)　②について，前のページの図3のように光を当てたとき，半円形レンズの中心から空気中へ進む光はどのように進むか，光の道すじを，図3に──を使って表しなさい。

(3)　③について，前のページの図4のように光を当てたとき，入射した光の道すじと，反射した光の道すじのなす角は何度になるか，その角度を書きなさい。ただし，この角度は180°以下とする。

2　三重県のある場所で，3月1日のある時刻に，天体望遠鏡で金星の観測を行ったところ，ある方位の空に金星が見えた。図は，このときの，太陽，金星，地球の位置関係を模式的に示したものである。このことについて，あとの各問いに答えなさい。(4点)

図

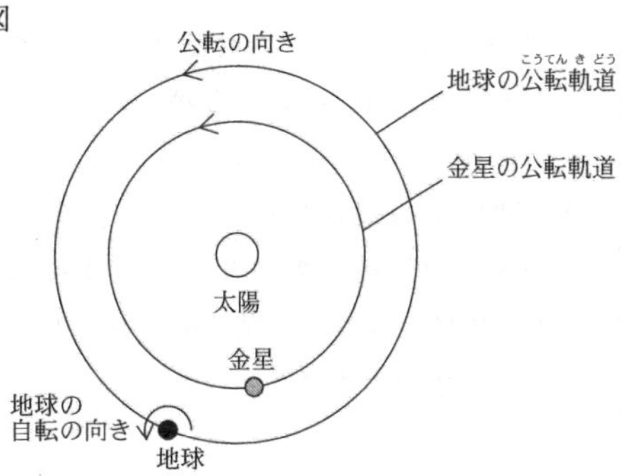

(1)　金星や地球のように，太陽などの恒星《こうせい》のまわりを公転する天体を何というか，その名称を書きなさい。

(2)　3月1日に観測した金星は，いつ頃《ごろ》どの方位の空に見えたか，次の**ア**～**エ**から最も適当なものを1つ選び，その記号を書きなさい。

ア．明け方，東の空　　**イ**．明け方，西の空　　**ウ**．夕方，東の空　　**エ**．夕方，西の空

(3)　3月1日から4か月間，地球から金星を2週間ごとに観測し続けると，金星の見える形と見かけの大きさは，どのように変化していくか，次の**ア**～**カ**から最も適当なものを1つ選び，その記号を書きなさい。ただし，金星の公転周期は約0.62年であり，観測には同じ天体望遠鏡の同じ倍率を使用するものとする。

	見える形	見かけの大きさ
ア	満ちていく	大きくなる
イ	満ちていく	変化しない
ウ	満ちていく	小さくなる
エ	欠けていく	大きくなる
オ	欠けていく	変化しない
カ	欠けていく	小さくなる

(4)　地球から金星は真夜中には見えない。地球から金星が真夜中には見えないのはなぜか，その理由を「金星は」に続けて，「公転」という言葉を使って，簡単に書きなさい。

3　次の実験について，あとの各問いに答えなさい。（4点）

〈実験〉 遺伝の規則性を調べるために，メダカの黒色と黄色の体色について，次の①～③の実験を行った。ただし，メダカの黒色と黄色の体色の遺伝は，一組の遺伝子により決まるものとする。また，体色を黒色にする遺伝子をB，黄色にする遺伝子をbとする。

① 図1のように黒色の純系のメダカ（雌《めす》）と黄色の純系のメダカ（雄《おす》）を親としてかけ合わせて，できた受精卵《じゅせいらん》を採取し体色がわかるまで育てると，子はすべて黒色だった。

　また，黄色の純系のメダカ（雌）と黒色の純系のメダカ（雄）を親としてかけ合わせても，子はすべて黒色になった。

② 図2のように①で生まれた子を育てて子どうしをかけ合わせると，孫には黒色のメダカと黄色のメダカが，3：1の割合で生まれた。

③ 遺伝子の組み合わせのわからない黒色のメダカに黄色のメダカをかけ合わせると，黒色のメダカと黄色のメダカがそれぞれ6匹《ぴき》ずつ生まれた。

図1

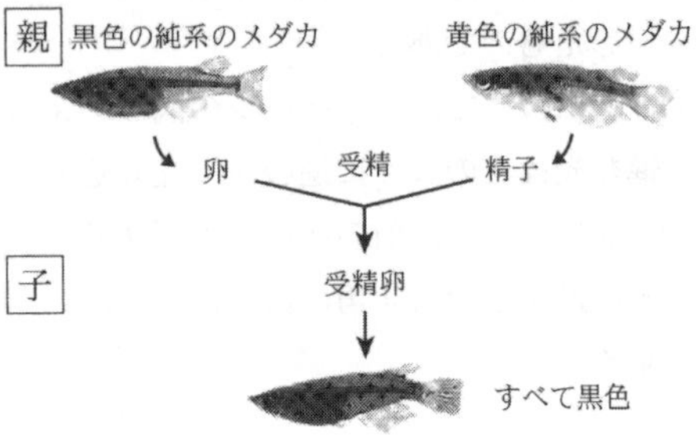

図2

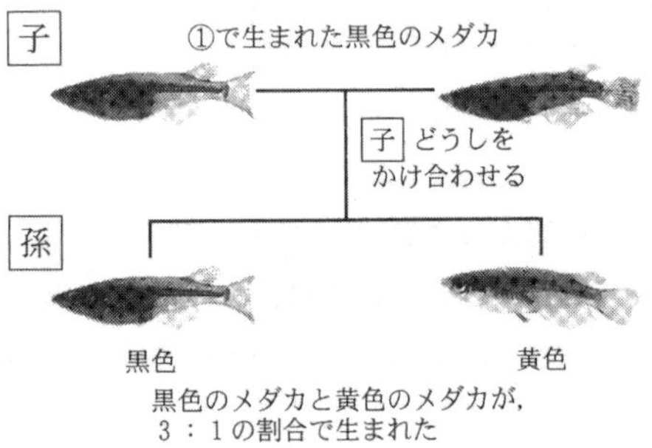

(1) ①について，対立形質をもつ純系の親どうしをかけ合わせたときに，子に現れる形質を何というか，その名称を書きなさい。

(2) ②について，子の生殖細胞《せいしょくさいぼう》の遺伝子はどのように表せるか，次の**ア**～**オ**から適当なものをすべて選び，その記号を書きなさい。

ア．B　　**イ**．b　　**ウ**．BB　　**エ**．Bb　　**オ**．bb

(3) ③について，かけ合わせた黒色のメダカと黄色のメダカそれぞれの遺伝子の組み合わせとして推測されるものはどれか，次の**ア**～**オ**から最も適当なものを1つずつ選び，その記号を書きなさい。

ア．B　　**イ**．b　　**ウ**．BB　　**エ**．Bb　　**オ**．bb

4　次の実験について，あとの各問いに答えなさい。（5点）

〈実験〉 塩化ナトリウム，硝酸《しょうさん》カリウム，ミョウバンについて，水の温度によるとけ方のちがいを調べるために次の①～③の実験を行った。

① 室温20℃ で，ビーカーA，B，Cに20℃ の水を50gずつ入れ，次のページの図1のようにビーカーAに塩化ナトリウム15gを，ビーカーBに硝酸カリウム15gを，ビーカーCに

ミョウバン15ｇをそれぞれ入れてじゅうぶんにかき混ぜ，ビーカーの中のようすを観察した。

② ①でできたビーカーＡ，Ｂ，Ｃを加熱し，水溶液《すいようえき》の温度を60℃まで上げてじゅうぶんにかき混ぜ，ビーカーの中のようすを観察した。

③ ②でできたビーカーＡ，Ｂ，Ｃを冷やし，水溶液の温度を10℃まで下げ，ビーカーの中のようすを観察した。

図１

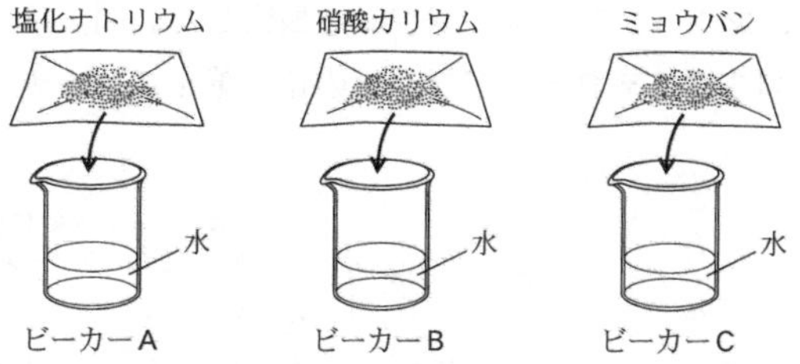

(1) ①，②について，次の(a)，(b)の各問いに答えなさい。ただし，図２は，それぞれの物質についての，100ｇの水にとける物質の質量と水の温度との関係を表したものである。

(a) ①について，ビーカーＡ，Ｂ，Ｃそれぞれで，物質が水にすべてとけている場合には○を，とけ残っている場合には×を書きなさい。

(b) ②について，ビーカーＢに硝酸カリウムはあと約何ｇとかすことができるか，次のア～オから最も適当なものを１つ選び，その記号を書きなさい。ただし，実験をとおして，溶媒《ようばい》の水の蒸発は考えないものとする。

ア．15ｇ　**イ**．40ｇ　**ウ**．55ｇ　**エ**．80ｇ　**オ**．95ｇ

図２

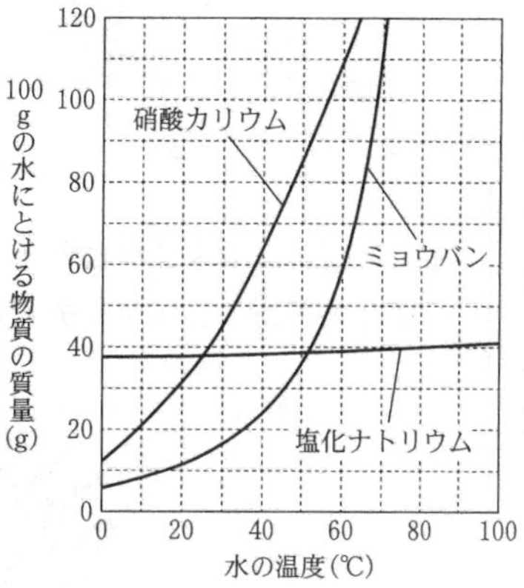

(2) ③について，下の表は，図２のグラフから，10℃の100ｇの水にとける塩化ナトリウム，硝酸カリウム，ミョウバンの質量を読みとったものである。次の(a)，(b)の各問いに答えなさい。

(a) 固体として出てきた物質の質量が最も多いのは，ビーカーＡ，Ｂ，Ｃのうちどれか，最も適当なものを１つ選び，Ａ，Ｂ，Ｃの記号で書きなさい。

(b) ビーカーＢの硝酸カリウム水溶液の質量パーセント濃度《のうど》は何％か，求めなさい。ただし，答えは小数第１位を四捨五入し，整数で求めなさい。

表

物質	塩化ナトリウム	硝酸カリウム	ミョウバン
10℃の100ｇの水にとける物質の質量(g)	37.7	22.0	7.6

5 次の文を読んで，あとの各問いに答えなさい。（8点）

はるかさんは，学校とその周辺の植物を観察した。また，観察した植物について，その特徴《とくちょう》をもとに，分類を行った。そして，観察したことや分類した結果を，次の①～③のようにノートにまとめた。

【はるかさんのノートの一部】

① 学校の周辺で，マツ，アブラナ，ツツジを観察した。図1は，マツの雌花《めばな》と雄花《おばな》のりん片《ぺん》を，図2，図3は，それぞれアブラナの花と葉をスケッチしたものである。

図1

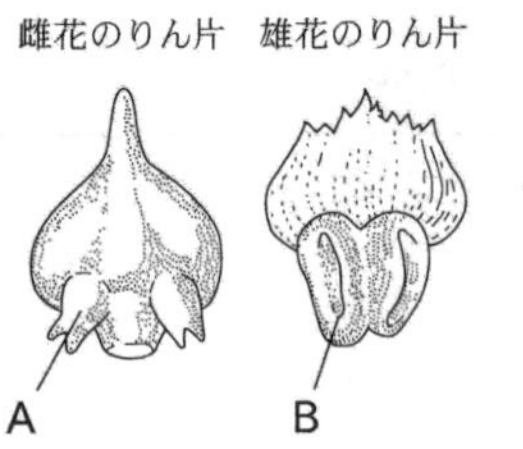

図2

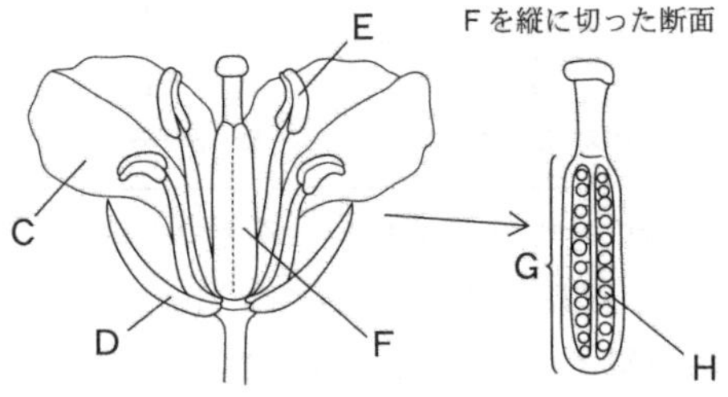

図3

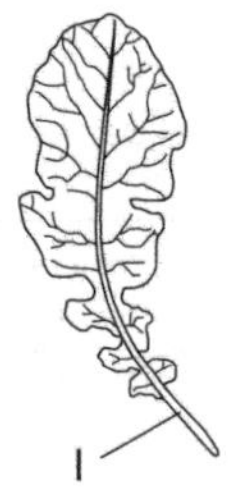

② 学校で，イヌワラビとスギゴケを観察した。図4，図5は，それぞれ観察したイヌワラビとスギゴケをスケッチしたものである。

図4

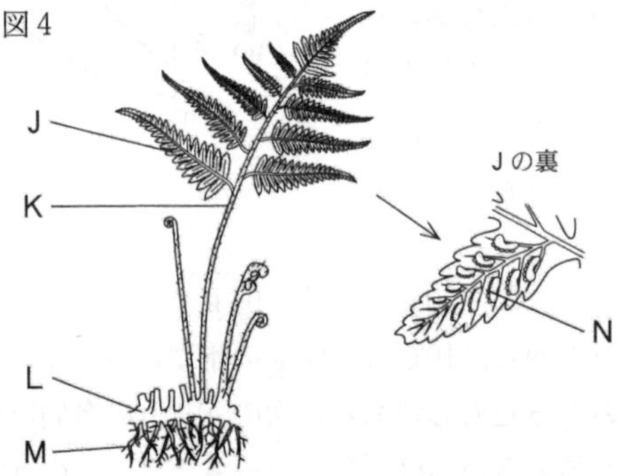

図5

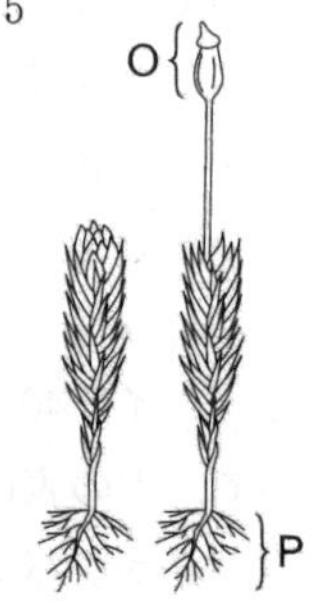

③ 図6は，観察した5種類の植物を，さまざまな特徴によって分類した結果である。

図6

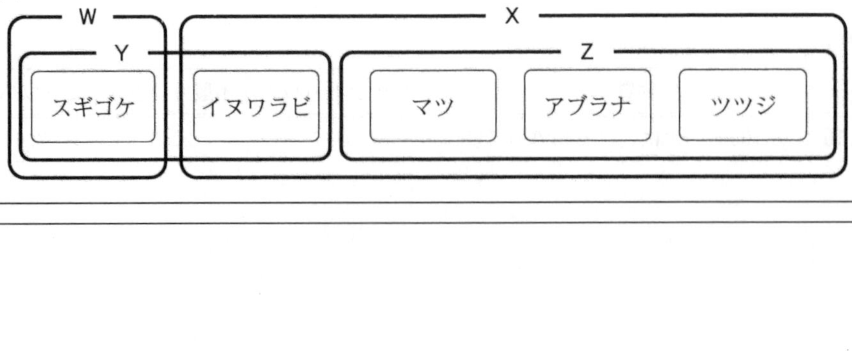

(1)　①について，次の(a)~(e)の各問いに答えなさい。

(a)　次の文は，生物を観察しスケッチするときの，理科における適切なスケッチのしかたについて説明したものである。文中の（**あ**），（**い**）に入る言葉はそれぞれ何か，下の**ア**～**オ**から最も適当なものを１つずつ選び，その記号を書きなさい。

スケッチは，（　**あ**　）線と点で（　**い**　）かく。

ア．細い　　**イ**．太い　　**ウ**．ぼやかして　　**エ**．はっきりと　　**オ**．二重がきして

(b)　図１の**A**を何というか，その名称を書きなさい。また，図２の**C**，**D**，**E**，**G**，**H**のうち図１の**A**と同じはたらきをする部分はどれか，**C**，**D**，**E**，**G**，**H**から最も適当なものを１つ選び，その記号を書きなさい。

(c)　アブラナのように，図２の**H**が**G**で包まれている植物を何というか，その名称を書きなさい。

(d)　図３のアブラナの葉のつくりから予想される，アブラナの子葉の枚数と茎《くき》の横断面の特徴を模式的に表したものはどれか，次の**ア**～**エ**から最も適当なものを１つ選び，その記号を書きなさい。

	ア	**イ**	**ウ**	**エ**
子葉の枚数	１枚	１枚	２枚	２枚
茎の横断面	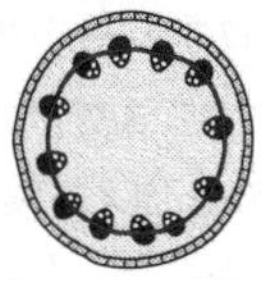	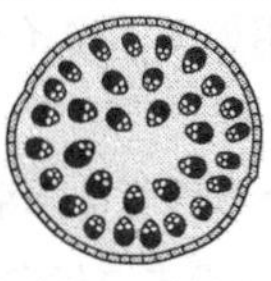	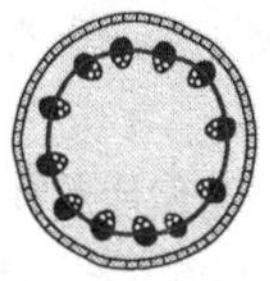	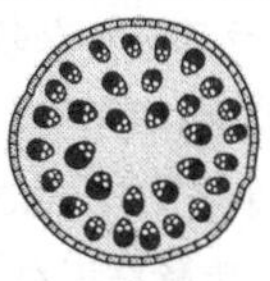

(e)　アブラナとツツジの花弁を比較《ひかく》したところ，アブラナは花弁が１枚１枚離《はな》れており，ツツジは花弁が１つにくっついていた。花弁に注目したとき，アブラナのように花弁が１枚１枚離れている植物を何類というか，その名称を書きなさい。

(2)　①，②について，観察した植物のからだのつくりとはたらきの説明として正しいものはどれか，次の**ア**～**エ**から最も適当なものを１つ選び，その記号を書きなさい。

ア．図１の**B**と図５の**O**の中には，どちらも胞子《ほうし》が入っている。

イ．図２の**E**と図４の**N**は，どちらも花粉をつくるところである。

ウ．図３の**I**と図４の**K**の中には，どちらも維管束《いそくかん》がある。

エ．図４の**M**と図５の**P**は根で，どちらもからだ全体に運ぶための水を吸収する。

(3)　③について，**W**と**X**のグループを比較したとき，**X**のグループのみにみられる特徴はどれか，また，**Y**と**Z**のグループを比較したとき，**Z**のグループのみにみられる特徴はどれか，次の**ア**～**エ**から最も適当なものを１つずつ選び，その記号を書きなさい。

ア．葉・茎・根の区別がある。

イ．根がひげ根である。

ウ．種子をつくる。

エ．葉緑体がある。

6 次の実験について，あとの各問いに答えなさい。(８点)

〈実験〉 金属のイオンへのなりやすさのちがいと電池のしくみについて調べるために，次の①，②の実験を行った。

① 〈目的〉 銅，亜鉛《あえん》，マグネシウムのイオンへのなりやすさのちがいを調べる。

〈方法〉

1. 図１のように，マイクロプレートの穴の大きさに合わせて，台紙に表をかき，銅《どう》片《へん》，亜鉛片，マグネシウム片の３種類の金属片と，硫酸《りゅうさん》銅水溶液，硫酸亜鉛水溶液，硫酸マグネシウム水溶液の３種類の水溶液を入れる場所を決めた。ただし，図１の金属A，金属Bは銅，亜鉛のいずれかである。また，水溶液A，水溶液Bは硫酸銅水溶液，硫酸亜鉛水溶液のいずれかであり，それぞれ金属A，金属Bがイオンとしてふくまれている。

図１

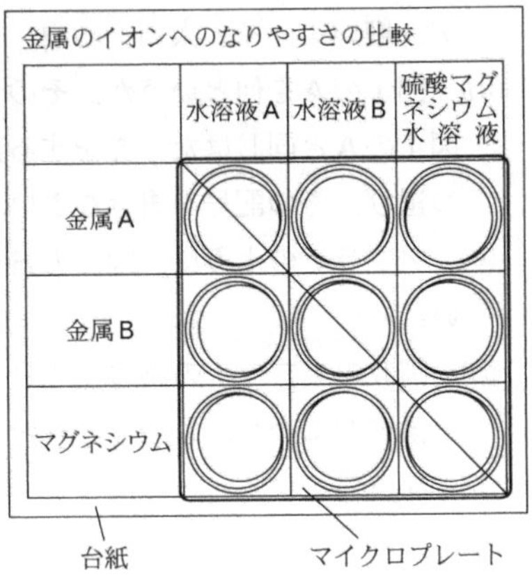

2. マイクロプレートを，台紙の表の位置に合わせて置いた。
3. プラスチックのピンセットを用いて，マイクロプレートのそれぞれの穴に金属片を入れた。
4. それぞれの穴に，金属片がひたる程度に水溶液を加え，変化のようすを観察した。

〈結果〉 実験結果をまとめると，表１のようになった。

表１

	水溶液A	水溶液B	硫酸マグネシウム水溶液
金属A		変化が起こらなかった。	変化が起こらなかった。
金属B	金属Bが変化し，赤色の固体が現れた。水溶液Aの青色がうすくなった。		変化が起こらなかった。
マグネシウム	マグネシウム片が変化し，赤色の固体が現れた。水溶液Aの青色がうすくなった。	マグネシウム片が変化し，灰色の固体が現れた。	

② 〈目的〉 金属と電解質の水溶液を用いてダニエル電池をつくり，電気エネルギーをとり出せるかどうかを調べる。

〈方法〉

1. 図２のように，素《す》焼《や》きの容器をビーカーに入れ，素焼きの容器の中に14％硫酸銅水溶液を入れた。
2. ビーカーの素焼きの容器が入っていないほうに，５％硫酸亜鉛水溶液を入れた。
3. それぞれの水溶液に銅板，亜鉛板をさしこみ，ダニエル電池を組み立てた。
4. ダニエル電池に光電池用のプロペラつきモーターをつなぎ，電気エネルギーをとり出せるかを調べた。電池にプロペラつきモーターをしばらくつないだままにした後，金属板のようすを観察した。

〈結果〉 ダニエル電池に光電池用のプロペラつきモーターをつなぐと，プロペラつきモーターが回転した。電池にプロペラつきモーターをしばらくつないだままにした後の金属板のようすは，表2のようになった。

図2

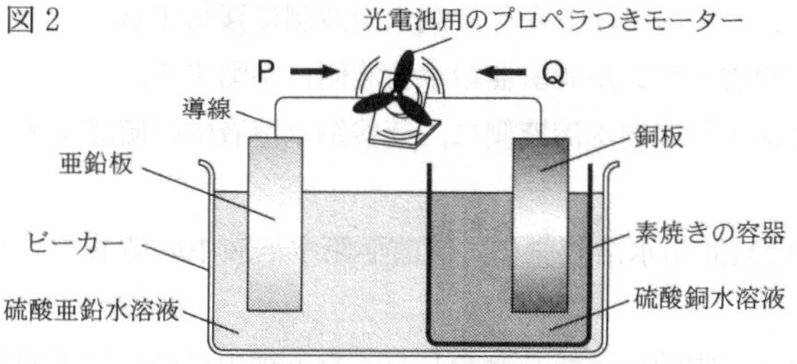

表2

	金属板のようす
亜鉛板	X
銅板	表面に新たな銅が付着していた。

(1) ①について，次の(a)，(b)の各問いに答えなさい。

(a) 金属Bに水溶液Aを加えたときの，次の(i)，(ii)の化学変化を化学反応式で表すとどうなるか，それぞれ金属原子とイオンの化学反応式で書きなさい。ただし，電子はe^-で表しなさい。

(i) 金属Bが変化した。

(ii) 赤色の固体が現れ，水溶液Aの青色がうすくなった。

(b) 実験結果より，金属A，金属B，マグネシウムを，イオンになりやすい順に並べるとどうなるか，次のア～カから最も適当なものを1つ選び，その記号を書きなさい。

ア．金属A→金属B→マグネシウム　　イ．金属A→マグネシウム→金属B
ウ．金属B→金属A→マグネシウム　　エ．金属B→マグネシウム→金属A
オ．マグネシウム→金属A→金属B　　カ．マグネシウム→金属B→金属A

(2) ②について，次の(a)～(d)の各問いに答えなさい。

(a) ②の実験では，物質がもっているエネルギーを電気エネルギーに変換《へんかん》してとり出すことで，モーターが回転している。②の実験で，電気エネルギーに変換された，物質がもっているエネルギーを何エネルギーというか，**漢字**で書きなさい。

(b) 図2において，電子の移動の向きはP，Qのどちらか，また，＋極は亜鉛板，銅板のどちらか，次のア～エから最も適当なものを1つ選び，その記号を書きなさい。

	ア	イ	ウ	エ
電子の移動の向き	P	P	Q	Q
＋極	亜鉛板	銅板	亜鉛板	銅板

(c) 表2の中の X に入ることがらは何か，次のア～エから最も適当なものを1つ選び，その記号を書きなさい。

ア．表面に新たな亜鉛が付着していた。　　イ．表面に銅が付着していた。
ウ．表面がぼろぼろになり，細くなっていた。　　エ．表面から気体が発生していた。

(d) ②の実験において，素焼きの容器を使用する理由について，次の(i)，(ii)の各問いに答えなさい。

(i) 素焼きの容器を使用することで，水溶液中の陽イオンと陰《いん》イオンが素焼きの容器を通って移動し，陽イオンと陰イオンによる電気的なかたよりができないようにしている。電気的なかたよりができないようにする水溶液中のイオンの移動について，正しく述べたものはどれか，次の**ア**～**エ**から最も適当なものを１つ選び，その記号を書きなさい。

ア．硫酸亜鉛水溶液中の亜鉛イオンと硫酸イオンが硫酸銅水溶液側に移動する。

イ．硫酸銅水溶液中の銅イオンと硫酸イオンが硫酸亜鉛水溶液側に移動する。

ウ．硫酸亜鉛水溶液中の亜鉛イオンが硫酸銅水溶液側に，硫酸銅水溶液中の硫酸イオンが硫酸亜鉛水溶液側に移動する。

エ．酸銅水溶液中の銅イオンが硫酸亜鉛水溶液側に，硫酸亜鉛水溶液中の硫酸イオンが硫酸銅水溶液側に移動する。

(ii) 次の文は，素焼きの容器がないと，電池のはたらきをしなくなる理由について説明したものである。文中の（**あ**）～（**え**）の入る言葉はそれぞれ何か，下の**ア**～**エ**から最も適当な組み合わせを１つ選び，その記号を書きなさい。

> 素焼きの容器がないと，２つの電解質水溶液がはじめから混じり合い，（　**あ**　）イオンが（　**い**　）原子から直接電子を受けとり，（　**う**　）板に（　**え**　）が現れ，導線では電子の移動がなくなるから。

ア．	**あ**－銅	**い**－亜鉛	**う**－銅	**え**－亜鉛
イ．	**あ**－銅	**い**－亜鉛	**う**－亜鉛	**え**－銅
ウ．	**あ**－亜鉛	**い**－銅	**う**－銅	**え**－亜鉛
エ．	**あ**－亜鉛	**い**－銅	**う**－亜鉛	**え**－銅

7　次の文を読んで，あとの各問いに答えなさい。（８点）

とおるさんは，前線の通過と天気の変化，日本の天気の特徴と大気の動きについて，インターネットで調べ，次の①，②のようにノートにまとめた。

【とおるさんのノートの一部】

①　前線の通過と天気の変化

図１は三重県のある地点Ａで３月21日に測定された気温，天気，風向，風力のデータを集め，まとめたものである。また，図２は３月21日３時の，図３は３月21日21時の天気図である。図２，図３の★は，気象要素のデータを測定した三重県のある地点Ａの位置を表している。

図１

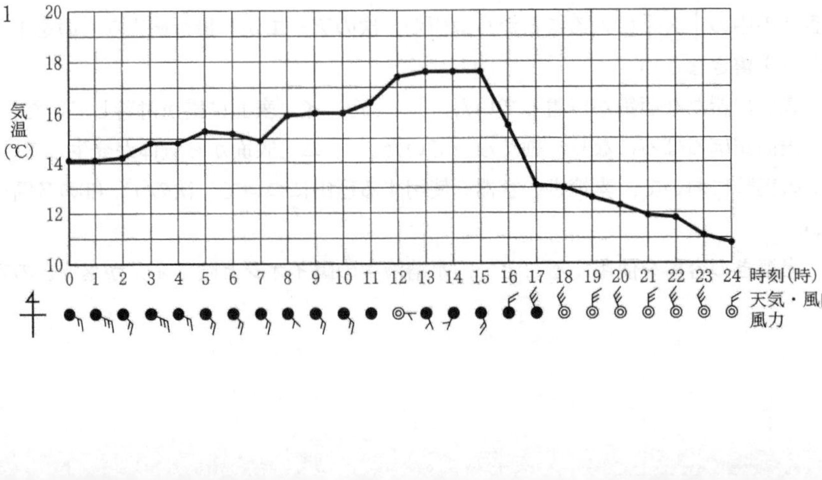

図２

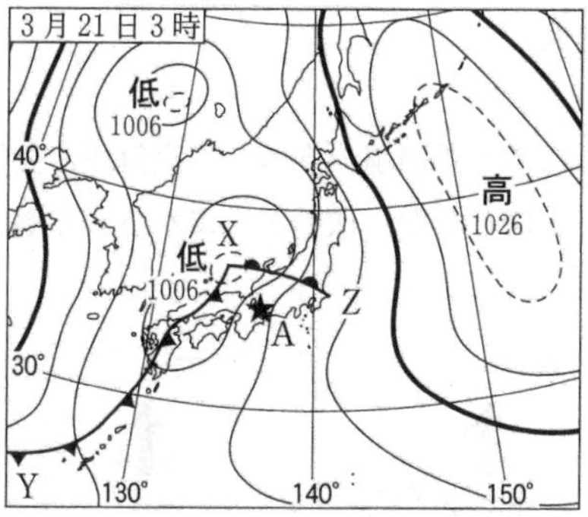

図３

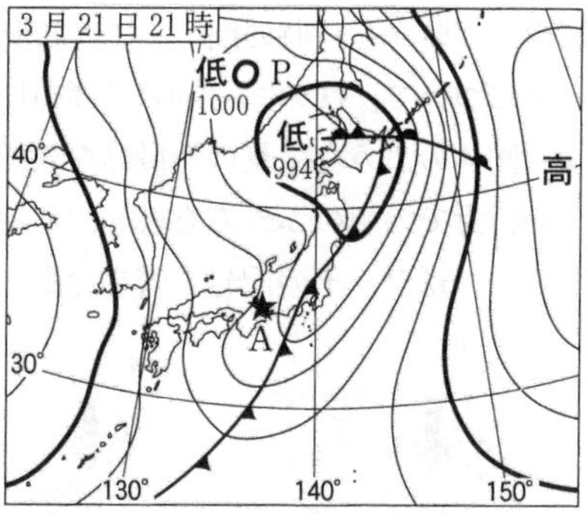

②　日本の天気の特徴と大気の動き

図４は夏の，図５は冬の特徴的な天気図である。

図４

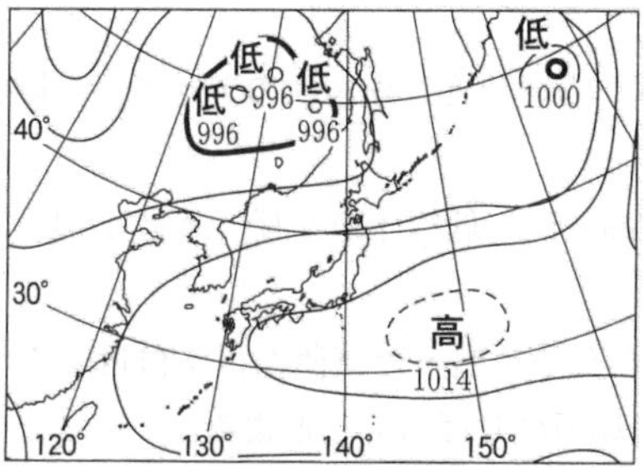

図５

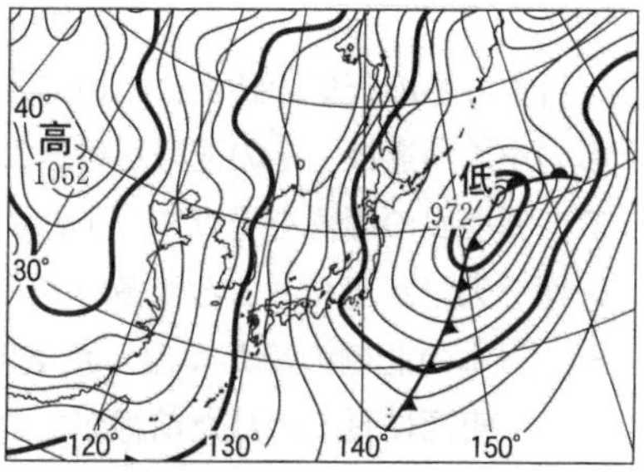

(1)　①について，次の(a)～(d)の各問いに答えなさい。

(a)　図３のある地点Aにおける３月21日21時の気圧はおよそ何hPaか，次の**ア**～**エ**から最も適当なものを１つ選び，その記号を書きなさい。

ア．994hPa　　**イ**．997hPa　　**ウ**．1003hPa　　**エ**．1007hPa

(b)　図３の  で示された前線Pは，図２に示した前線XYが前線XZに追いついてできた前線である。この前線Pを何というか，その名称を書きなさい。

(c)　次の文は，図３の前線Pができると，低気圧が消滅《しょうめつ》するしくみについて説明したものである。文中の（**あ**），（**い**）に入る言葉はそれぞれ何か，下の**ア**～**エ**から最も適当な組み合わせを１つ選び，その記号を書きなさい。

> 前線Pができると地上付近は（　**あ**　）でおおわれ，（　**い**　）気流が発生しなくなるため，低気圧が消滅することが多い。

ア．**あ**－寒気　**い**－上昇《じょうしょう》　　**イ**．**あ**－寒気　**い**－下降

ウ．**あ**－暖気　**い**－上昇　　**エ**．**あ**－暖気　**い**－下降

(d)　図１の気象観測の結果から，前線XY通過後の特徴的な気温と風向の変化を根拠《こんきょ》として，前線XYが３月21日の何時から何時の間に三重県のある地点Aを通過したと判断できるか，次のページの**ア**～**エ**から最も適当なものを１つ選び，その記号を書きなさい。また，判断の根拠とした，気温と風向の変化とはどのような変化か，「気温」，「風向」という言葉を使って，簡単に書きなさい。

ア．10時から12時の間　　イ．12時から14時の間

ウ．15時から17時の間　　エ．17時から19時の間

(2) ②について，次の(a)，(b)の各問いに答えなさい。

(a) 図4のような，夏の特徴的な気圧配置のときにふく季節風の向きと，高気圧と低気圧の中心付近での風のふき方を模式的に示しているものはどれか，次のア～エから最も適当なものを1つ選び，その記号を書きなさい。

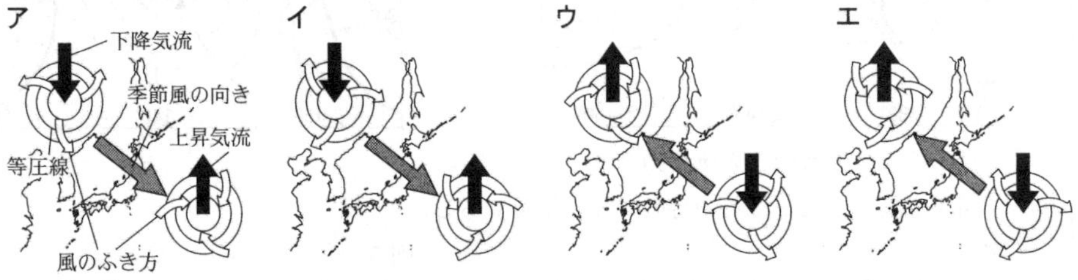

(b) 日本の冬の天気の特徴について，正しく述べたものはどれか，次のア～エから最も適当なものを1つ選び，その記号を書きなさい。

ア．偏西風《へんせいふう》の影響《えいきょう》を受けて，日本付近を移動性高気圧と低気圧が交互《こうご》に通過し，4～7日の周期で天気が変わることが多い。

イ．日本の北側の冷たく湿《しめ》った気団と南のあたたかく湿った気団が日本付近でぶつかり合い，東西に長くのびた前線ができ，ほぼ同じ場所にしばらくとどまる。

ウ．日本の西の大陸上にあるシベリア高気圧が勢力を増し，大陸に比べてあたたかい太平洋上には低気圧が発生し，西高東低の気圧配置となる。

エ．日本の南東にある太平洋高気圧が発達し，小笠原《おがさわら》気団におおわれ，太平洋側の各地では晴れる日が多い。

8 次の文を読んで，あとの各問いに答えなさい。（9点）

次の文は，モーターについて興味をもっただいちさんと，先生の会話文である。

【だいちさんと先生の会話】

だいち：モーターはどのように動いているのか，その中のようすや回転するしくみについて詳《くわ》しく知りたいです。

先　生：モーターは，その中に磁石とコイルが入っています。そして，電流と磁石のはたらきを利用して，そのコイルを動かすことができます。コイル，U字形磁石，電流計，電圧計，抵抗器《ていこうき》X（5.0Ω），抵抗器Y（10.0Ω），直流電源装置を準備し，回路をつくって，コイルが動くようすを実験により確かめてみましょう。そうすることで，モーターが回転するようすやしくみを理解することにつながります。実験をする際，電源装置のあつかいにじゅうぶん注意して，コイルの動きを調べましょう。

① だいちさんは，先生と一緒《いっしょ》に実験を行い，次のようにノートにまとめた。

【だいちさんのノートの一部】

〈目的〉

磁界の中でコイルに電流を流したときのコイルの動きを調べる。

〈方法・結果〉

抵抗器X，Yのそれぞれについて，図1のように回路をつくり，直流電源装置により電圧を変化させて，コイルに電流を流し，コイルの動きを調べ，その結果を表にまとめた。

図1

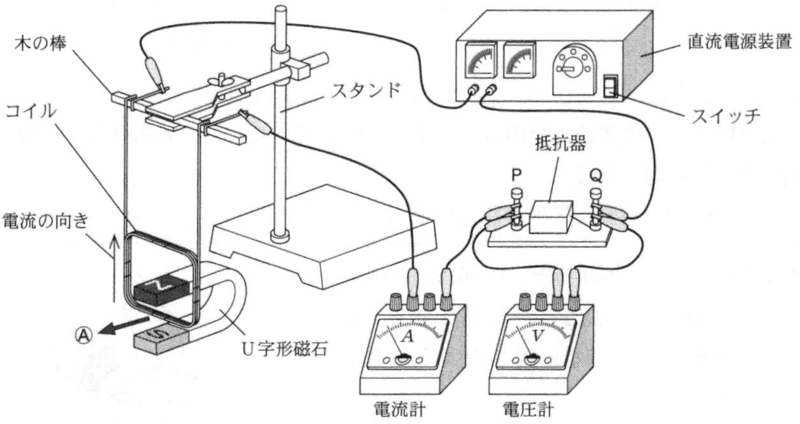

表

コイルが動いた向き	図1のⒶの方向へ動いた。
コイルの動き方	電圧が大きいほど，大きく動いた。
	抵抗器Xのときのほうが，抵抗器Yのときより大きく動いた。

(1)　①について，次の(a)～(c)の各問いに答えなさい。

(a)　次の文は，実験を安全に進めるために，実験を行う際の注意点を説明したものである。文中の（**あ**）に入る最も適当な言葉は何か，書きなさい。

> 電源装置の電源を入れたままにしておくと，コイルや抵抗器が（　**あ**　）ため，こまめに電源を切り，観察をするときだけ電流を流すようにする。

(b)　次の文は，表にまとめたコイルの動き方について考察したものである。文中の（い）に入る最も適当な言葉は何か，**漢字**で書きなさい。

> コイルに流れる電流は，電圧が大きいほど，また，抵抗器の抵抗が小さいほど大きい。つまり，コイルに流れる電流が大きいほど，コイルは（　**い**　）から受ける力が強くなり，大きく動くと考えられる。

(c)　抵抗器X，Yを用いて，図1の**PQ**間が次の**ア**～**エ**のつなぎ方になる回路をつくった。それぞれの回路に電流を流すと，コイルの動き方にちがいが見られた。コイルの動き方が大きいものから並べるとどうなるか，コイルの動き方の大きいものから順に**ア**～**エ**の記号を左から並べて書きなさい。ただし，PQ間の電圧は，すべて等しいものとする。

ア

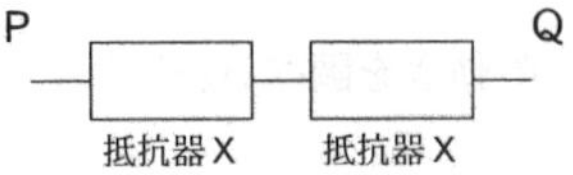

イ

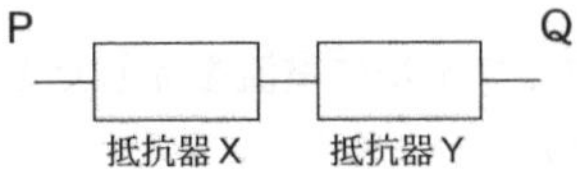

ウ

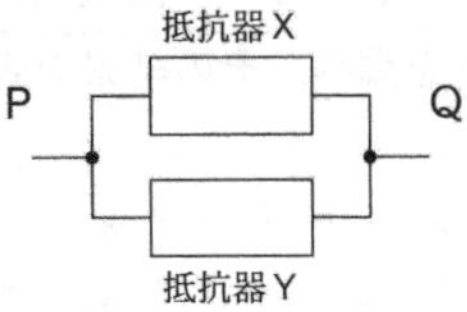

エ

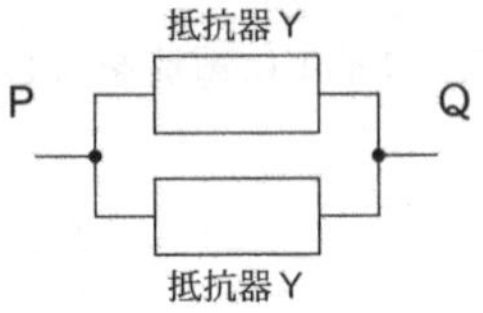

② 次の文と図は，①の実験の後の，モーターについてのだいちさんと先生の会話文と，先生が説明に使用した図である。

【だいちさんと先生の会話と，先生が説明に使用した図】

先　生：モーターを分解すると，内部は図2のようになっていることがわかります。これを模式的に示すと図3のようになります。

　このコイルに流れる電流と磁石のはたらきについて考えてみましょう。図4のように電流を流したとします。この場合，磁界の向きとコイルが受ける力の向きはどうなると思いますか。

だいち：①の実験の結果を参考に図4に書き加えてみます。コイルが力を受けて回転することが理解できました。

先　生：正しく理解できていますね。では次に，コイルの回転を速くするにはどうしたらよいと思いますか。

だいち：［　I　］によって，コイルが速く回転すると思います。

先　生：よくわかりましたね。最後に，整流子はどのようなはたらきをしているでしょうか。

だいち：整流子には，図5のように電気を流さない部分がありますよね。

先　生：そうですね。コイルが図4の状態では，a→b→c→dの向きに電流が流れていますが，90°回転し図5の状態になる

図2

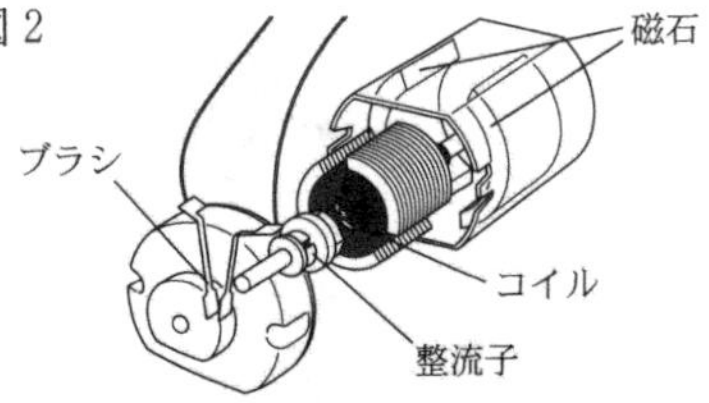

図3

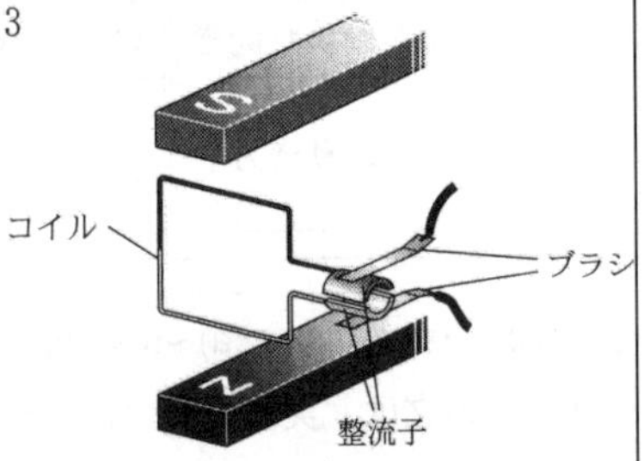

図4

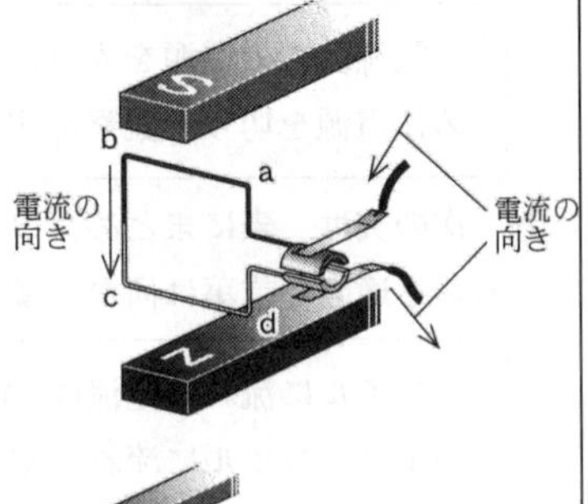

図5

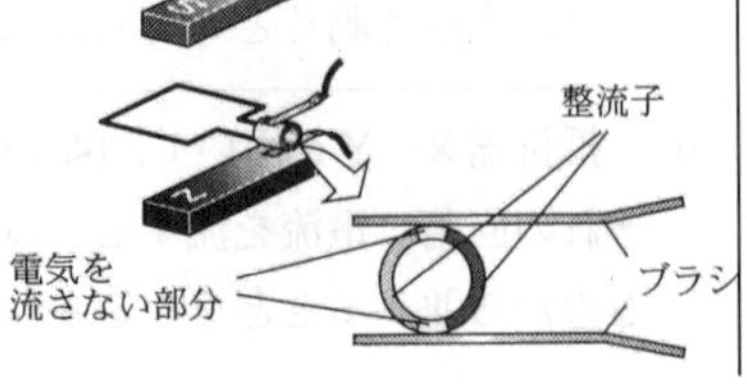

と，コイルに電流が流れず力を受けなくなります。しかし，コイルは勢いで回転し，図6のようになります。このとき，電流の流れはどうなっていると思いますか。

図6

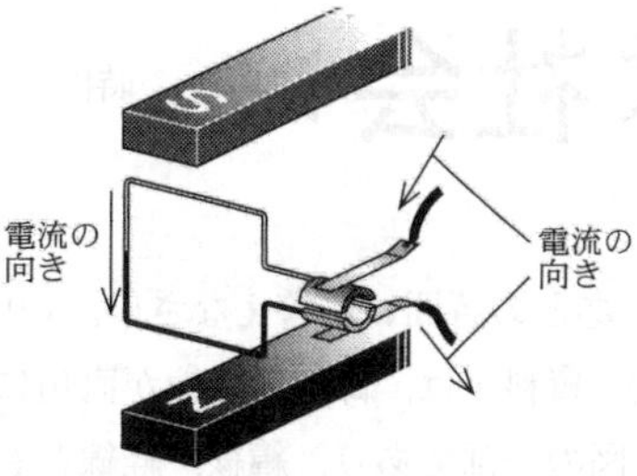

だいち：電流の流れる向きを考えると，整流子のはたらきも理解できますね。整流子は，コイルが180°回転するごとに，［ Ⅱ ］はたらきをしているのだと思います。図4と図6を見比べて考えるとわかりやすいです。

先　生：そのとおりです。このようにして，コイルは同じ向きに回転し続けます。

(2)　②について，次の(a)～(d)の各問いに答えなさい。

(a)　コイルに流れる電流について，電流がつくる磁界を模式的に示した図はどれか，次の**ア**～**エ**から最も適当なものを1つ選び，その記号を書きなさい。

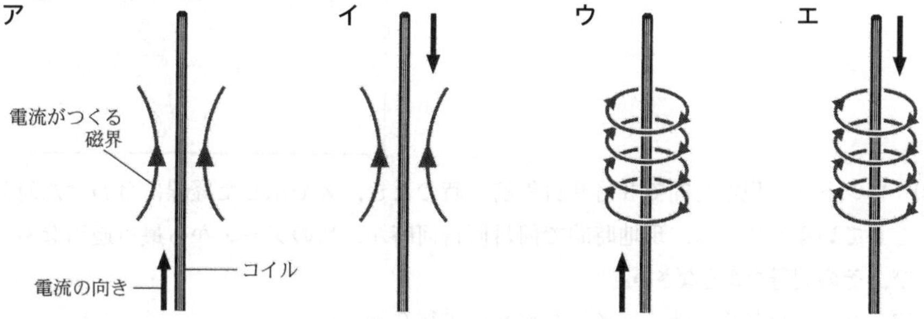

(b)　だいちさんが図4に書き加えた，磁界の向きとコイルが受ける力の向きを表したものはどれか，次の**ア**～**エ**から最も適当なものを1つ選び，その記号を書きなさい。

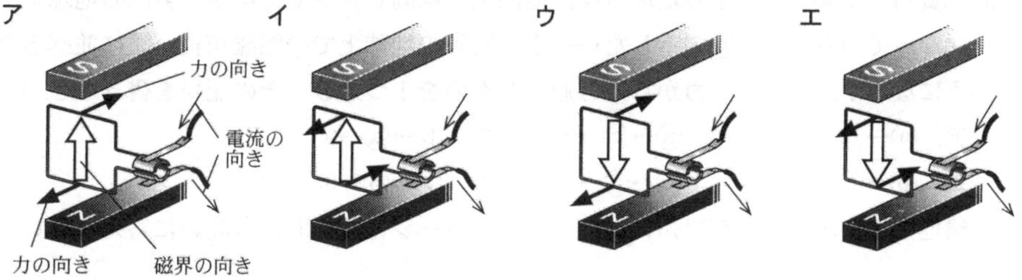

(c)　次の文は，［ Ⅰ ］に入る，モーターのコイルの回転を速くするために必要なことについて説明したものである。(**う**)，(**え**) に入る言葉はそれぞれ何か，下の**ア**～**エ**から最も適当な組み合わせを1つ選び，その記号を書きなさい。

コイルに流れる電流を（　**う**　）することや，磁力の（　**え**　）磁石を使用すること

ア．**う**－大きく　**え**－強い　　**イ**．**う**－大きく　**え**－弱い

ウ．**う**－小さく　**え**－強い　　**エ**．**う**－小さく　**え**－弱い

(d)　［ Ⅱ ］に入る，整流子のはたらきは何か，「コイルが180°回転するごとに，」に続けて，「コイル」，［電流］という言葉を使って，簡単に書きなさい。

＜社会＞

時間　45分　　満点　50点

1　あとの各問いに答えなさい。（9点）

(1)　資料1は，緯線《いせん》と経線が直角に交わった地図の一部であり，緯線，経線ともに30度間隔《かんかく》で示している。資料1について，次の(a)，(b)の各問いに答えなさい。

〈資料1〉

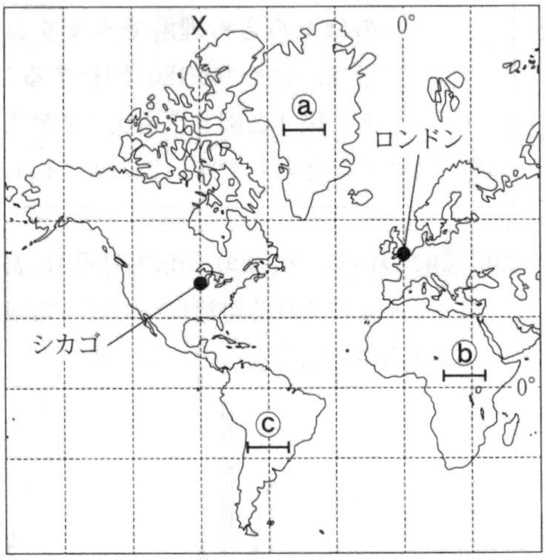

(a)　ロンドンが現地時間で3月9日午前0時のとき，Xで示した経線に合わせた時刻を標準時としているシカゴは，現地時間で何月何日何時か，次のア～エから最も適当なものを1つ選び，その記号を書きなさい。

ア．3月8日午後6時　　イ．3月8日午後9時

ウ．3月9日午前3時　　エ．3月9日午前6時

(b)　資料1にⓐ～ⓒで示した├─┤は，地図上では同じ長さであるが，実際の地球上での距離《きょり》は異なっている。ⓐ～ⓒで示した├─┤を，実際の地球上での距離が長い順に並べると，どのようになるか，次のア～カから最も適当なものを1つ選び，その記号を書きなさい。

ア．ⓐ→ⓑ→ⓒ　　イ．ⓐ→ⓒ→ⓑ　　ウ．ⓑ→ⓐ→ⓒ

エ．ⓑ→ⓒ→ⓐ　　オ．ⓒ→ⓐ→ⓑ　　カ．ⓒ→ⓑ→ⓐ

(2)　略地図1に示したアジア州について，次のページの(a)，(b)の各問いに答えなさい。

〈略地図1〉

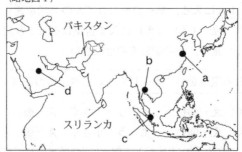

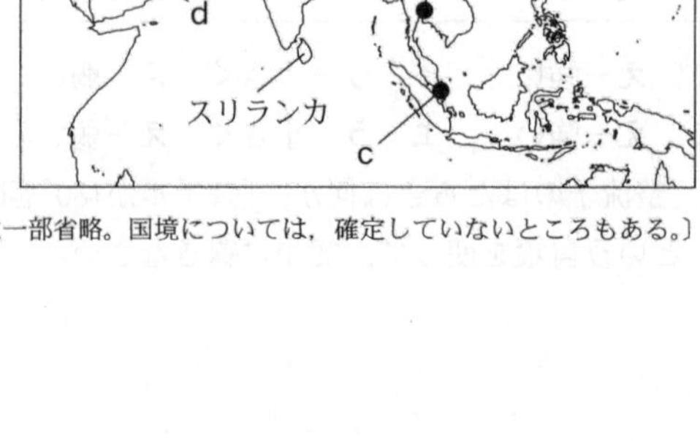

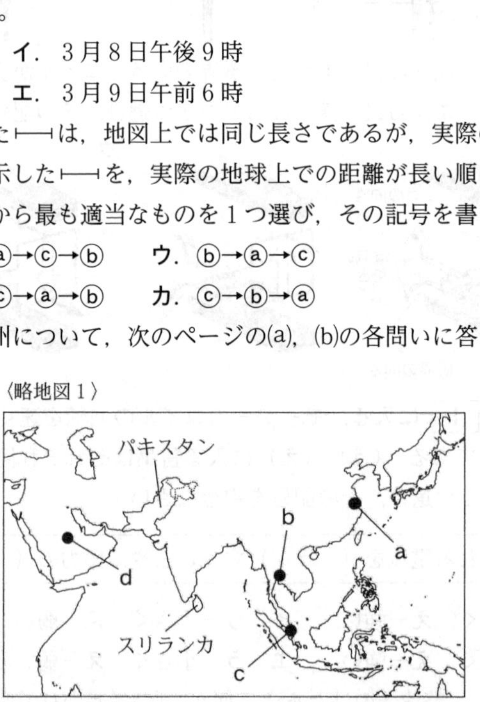

〔注：国境は一部省略。国境については，確定していないところもある。〕

(a)　資料２は，略地図１に示した**a**～**d**のいずれかの都市における雨温図である。資料２はいずれの都市の雨温図か，略地図１の**a**～**d**から最も適当なものを１つ選び，その記号を書きなさい。

〈資料２〉

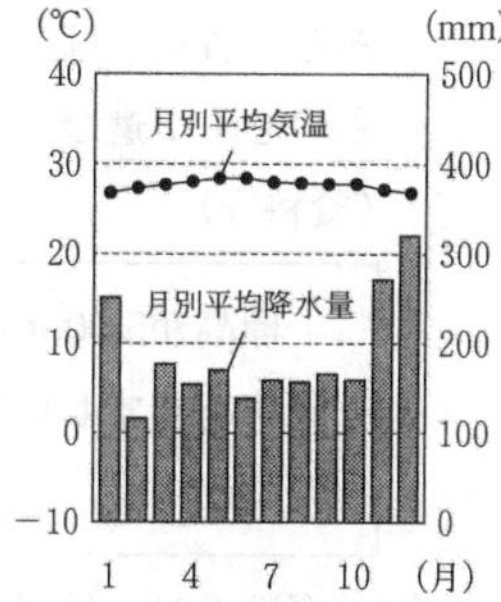

(『理科年表 2021』から作成)

(b)　略地図１に示したパキスタン，スリランカについて，資料３のⅠ，Ⅱは，いずれかの国の宗教別人口の割合を示したもの，資料４のⅢ，Ⅳは，いずれかの国の日本への輸出品目別割合を示したものである。スリランカの宗教別人口の割合にあてはまるものは，資料３のⅠ，Ⅱのどちらか，また，スリランカの日本への輸出品目別割合にあてはまるものは，資料４のⅢ，Ⅳのどちらか，下の**ア**～**エ**から最も適当な組み合わせを１つ選び，その記号を書きなさい。

〈資料３〉　宗教別人口の割合

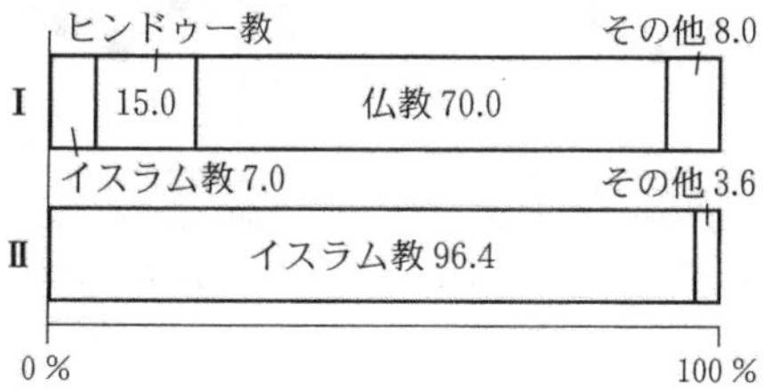

〈資料４〉　日本への輸出品目別割合

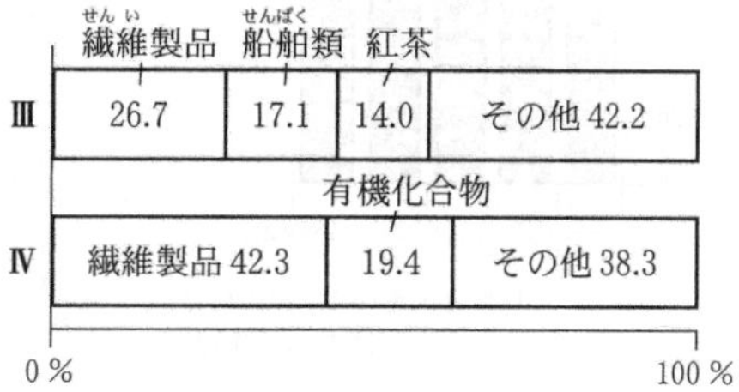

(資料３，資料４は，『データブック オブ・ザ・ワールド 2021』から作成)

ア．資料３－Ⅰ　資料４－Ⅲ　　**イ**．資料３－Ⅰ　資料４－Ⅳ
ウ．資料３－Ⅱ　資料４－Ⅲ　　**エ**．資料３－Ⅱ　資料４－Ⅳ

(3)　略地図２に示したアフリカ州について，次のページの(a)，(b)の各問いに答えなさい。

〈略地図２〉

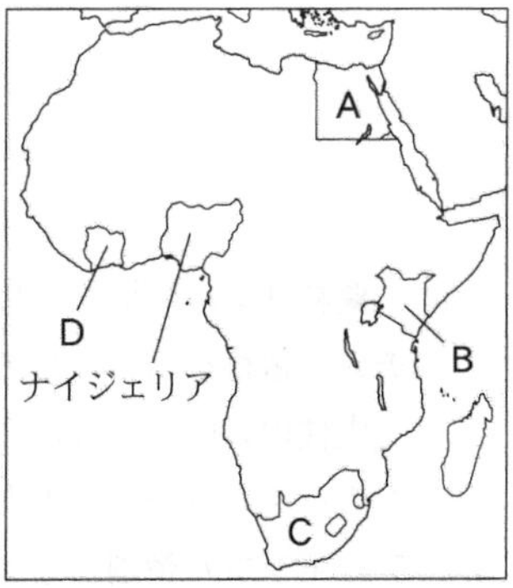

〔注：国境は一部省略。国境については，確定していないところもある。〕

(a)　資料5は，略地図2に示したＡ～Ｄのいずれかの国の特徴《とくちょう》についてまとめたものの一部である。資料5は，どの国の特徴についてまとめたものか，略地図2のＡ～Ｄから最も適当なものを1つ選び，その記号を書きなさい。

〈資料5〉

> 標高が5,000mを超《こ》える高い山や，標高が2,000m以上ある高原が広がり，高山気候に属するすずしい気候であることを利用して，茶や切り花が栽培《さいばい》され，多くが輸出されている。

(b)　資料6は，略地図2に示したナイジェリアにおける輸出総額に占《し》める原油の輸出額の割合，資料7は，原油の国際価格の推移を示したものである。また，資料8は，ナイジェリアの輸出総額の推移を示したものである。資料8に示した，ナイジェリアの輸出総額の推移には，どのような特徴があるか，その1つとして考えられることを，資料6，資料7から読み取り，「原油」という言葉を用いて，書きなさい。

〈資料6〉

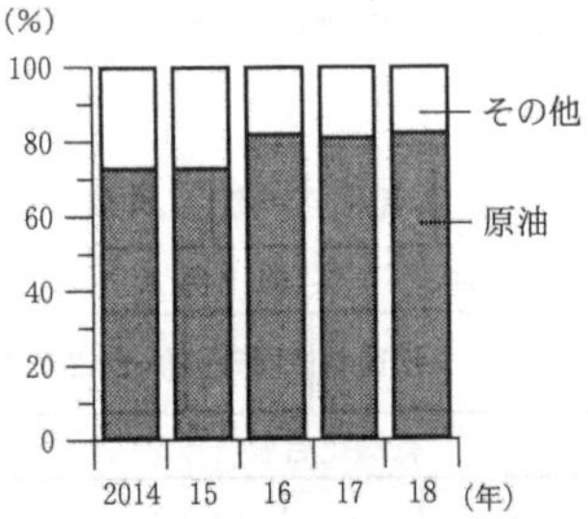

(『世界国勢図会《ずえ》 2020/21』
ほかから作成)

〈資料7〉

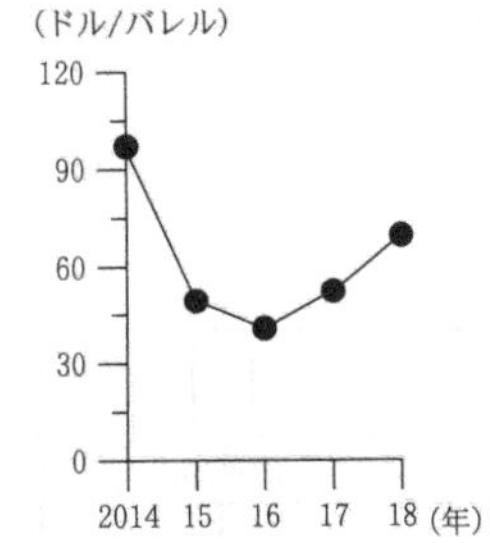

(OPEC Webページから作成)
〔注：1バレル＝約159リットル〕

〈資料8〉

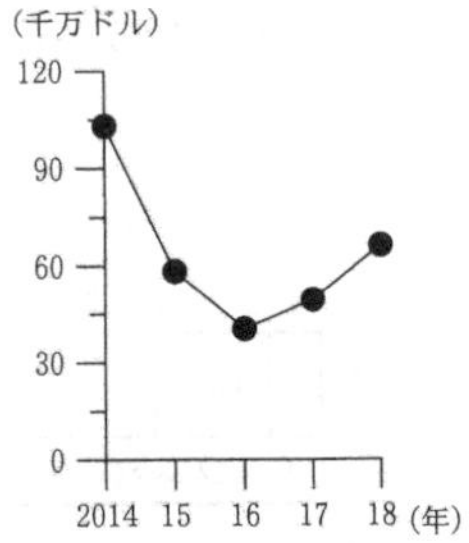

(『世界国勢図会 2020/21』
ほかから作成)

(4)　略地図3に示した南アメリカ州について，次の(a)，(b)の各問いに答えなさい。

〈略地図3〉

〔注：国境は一部省略〕

(a)　資料9は，略地図3にｅで示した場所にあるマチュピチュの遺跡《いせき》を示したものである。マチュピチュをつくった先住民の国の名称《めいしょう》は何か，次のア～エから最も適当なものを1つ選び，その記号を書きなさい。

ア．モンゴル帝国《ていこく》　　**イ**．インカ帝国

ウ．ムガル帝国　　**エ**．オスマン帝国

〈資料9〉

(b)　資料10は，略地図3に示した，ブラジルとアルゼンチンの，2000年と2017年における，大豆の生産量と輸出量を示したものである。また，資料11は，2000年と2017年における，世界の大豆の生産量と輸出量の国別割合を示したものである。資料10，資料11から読み取れることとして，誤っているものはどれか，下のア～エから1つ選び，その記号を書きなさい。

〈資料10〉　大豆の生産量(単位：百万トン)

国名	2000年	2017年
ブラジル	32.7	114.7
アルゼンチン	20.2	55.0

大豆の輸出量(単位：百万トン)

国名	2000年	2017年
ブラジル	11.5	68.2
アルゼンチン	4.1	7.4

〈資料11〉　大豆の生産量の国別割合

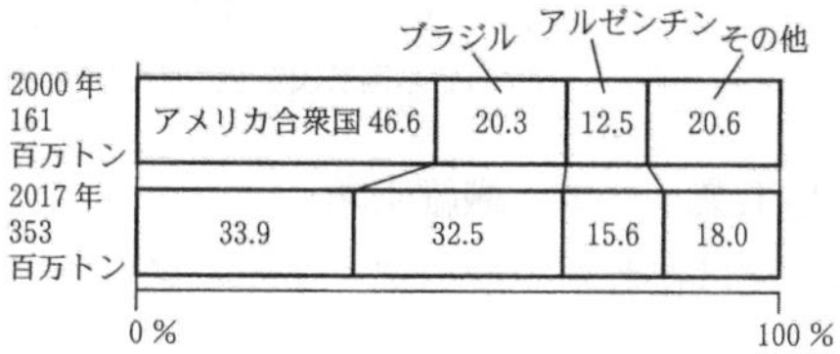

大豆の輸出量の国別割合

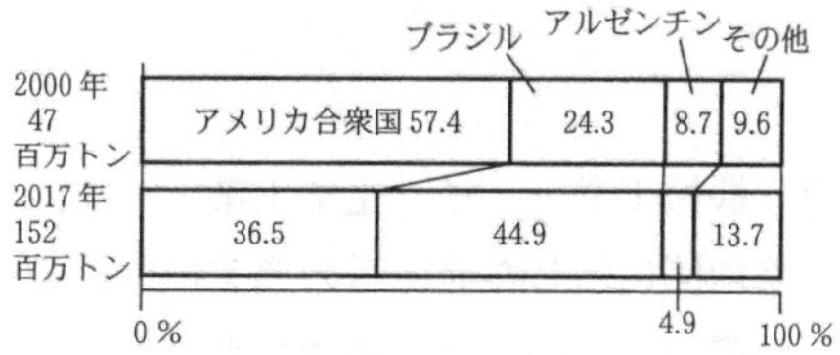

(資料10，資料11は，『世界国勢図会 2020/21』ほかから作成)

ア．ブラジルでは，2017年は2000年と比べると，大豆の生産量も生産量の国別割合も増加した。

イ．ブラジルでは，2017年は2000年と比べると，大豆の生産量に占める輸出量の割合は増加した。

ウ．アルゼンチンでは，2017年は2000年と比べると，大豆の生産量も輸出量も2倍以上になった。

エ．アルゼンチンでは，2017年は2000年と比べると，大豆の輸出量の国別割合は減少したが，輸出量は増加した。

2　あとの各問いに答えなさい。(9点)

(1)　略地図に示した岩手県について述べた文はどれか，次の**ア**～**エ**から最も適当なものを1つ選び，その記号を書きなさい。

ア．ねぶた祭が開催《かいさい》され，津軽塗《つがるぬり》が伝統的工芸品に指定されている。

イ．中尊寺金色堂《ちゅうそんじこんじきどう》が国宝に，南部鉄器が伝統的工芸品にそれぞれ指定されている。

ウ．国宝・重要文化財の指定件数が全国1位で，西陣織《にしじんおり》が伝統的工芸品に指定されている。

エ．花笠《はながさ》まつりが開催され，天童将棋駒《てんどうしょうぎこま》が伝統的工芸品に指定されている。

〈略地図〉

(2)　略地図に示した千葉県にある，貿易額が全国1位の国際空港を何というか，その名称を書きなさい。

(3)　資料１は，略地図に で示したあたりに広がる瀬戸内工業地域と，全国の，2017年における工業別の製造品出荷《しゅっか》額《がく》の割合を示したものであり，資料１の**Ａ**～**Ｄ**は，機械工業，化学工業，食料品工業，繊維工業のいずれかである。資料１の**Ｂ**にあてはまる工業として最も適当なものはどれか，下の**ア**～**エ**から１つ選び，その記号を書きなさい。

〈資料１〉

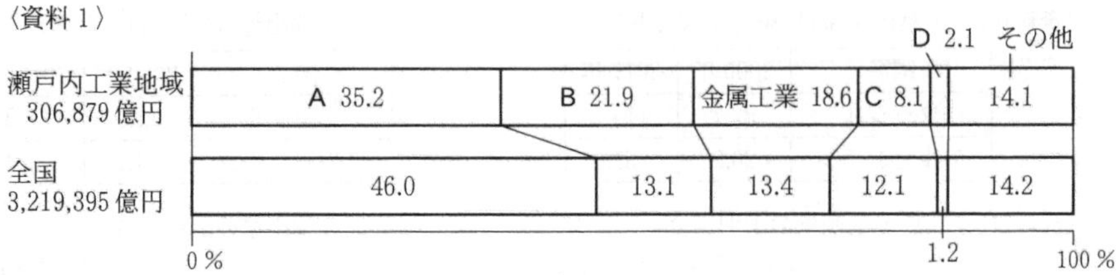

（『日本国勢図会 2020/21』から作成）

ア．機械工業　　**イ**．化学工業　　**ウ**．食料品工業　　**エ**．繊維工業

(4)　略地図に示した北海道の農業について述べた文はどれか，次の**ア**～**エ**から最も適当なものを１つ選び，その記号を書きなさい。

ア．泥炭地《でいたんち》に農業に適した土を運び入れて土地を改良し，全国有数の米の生産地になっている。

イ．日本最大級の砂丘《さきゅう》が広がり，なしやらっきょうの栽培がさかんである。

ウ．夜間に照明を当てて生育を遅《おく》らせる方法で，菊《きく》の生産量は全国１位となっている。

エ．みかんや梅の栽培がさかんで，生産量は，ともに全国１位である。

(5)　資料２は，略地図に示した岩手県，千葉県，鹿児島県における農業産出額の割合を示したものであり，資料２の**Ｘ**～**Ｚ**は，米，野菜，畜産《ちくさん》のいずれかである。資料２の**Ｘ**～**Ｚ**にあてはまる項目《こうもく》の組み合わせはどれか，次の**ア**～**カ**から最も適当なものを１つ選び，その記号を書きなさい。

ア．Ｘ－米　　Ｙ－野菜　　Ｚ－畜産
イ．Ｘ－米　　Ｙ－畜産　　Ｚ－野菜
ウ．Ｘ－野菜　　Ｙ－米　　Ｚ－畜産
エ．Ｘ－野菜　　Ｙ－畜産　　Ｚ－米
オ．Ｘ－畜産　　Ｙ－米　　Ｚ－野菜
カ．Ｘ－畜産　　Ｙ－野菜　　Ｚ－米

〈資料２〉

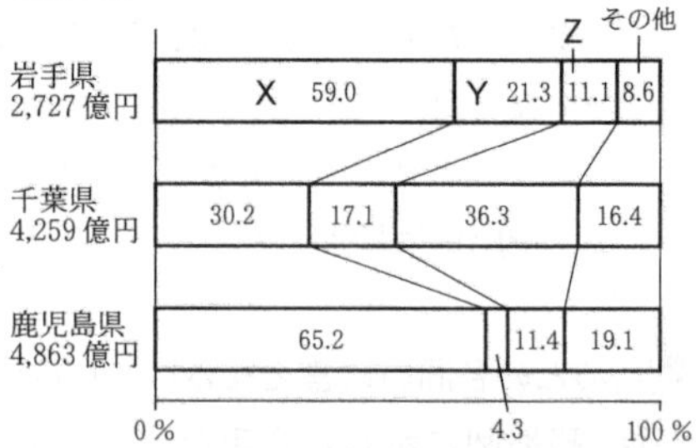

〔注：数値は 2018 年のもの〕
（『データでみる県勢 2021』から作成）

(6)　資料３は，茶の生産量の県別割合を示したもの，資料４は，茶の生産額の県別割合を示したものである。資料3，資料４の ａ は，略地図に示したいずれかの道県である。 ａ にあてはまる道県の名称は何か，次の**ア**～**エ**から最も適当なものを１つ選び，その記号を書きなさい。

ア．北海道　　**イ**．岩手県
ウ．千葉県　　**エ**．鹿児島県

〈資料３〉

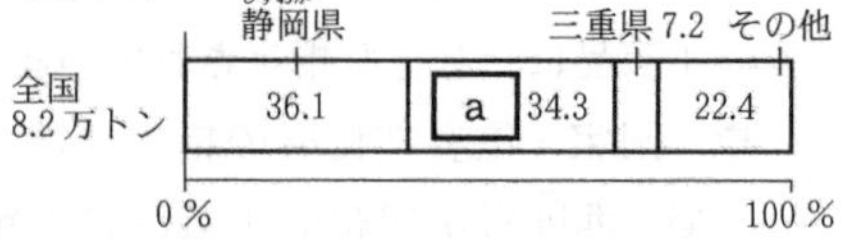

〈資料４〉

〔注：数値は 2019 年のもの〕
（資料３，資料４は，農林水産省 Web ページから作成）

(7)　まゆみさんは，日本の農業について調べるために，いくつかの資料を集めた。資料5は，日本の農業就業人口の推移を示したもの，資料6は，日本の年齢《ねんれい》別の農業就業人口の割合の推移を示したものである。日本の農業には，どのような課題がみられるか，その1つとして考えられることを，資料5，資料6から読み取り，書きなさい。

〈資料5〉

	農業就業人口(千人)
1994年	4,296
1999年	3,845
2004年	3,622
2009年	2,895
2014年	2,266
2019年	1,681

〈資料6〉

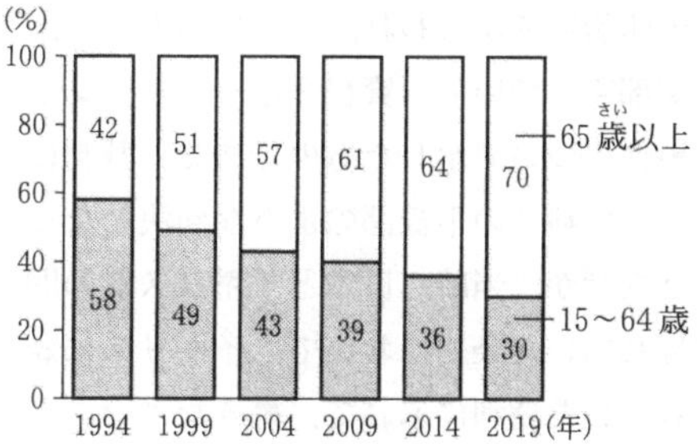

（資料5，資料6は，農林水産省Webページから作成）

3　次の表は，まさきさんの学級で歴史的分野を学習したときの内容をまとめたものの一部である。これを見て，あとの各問いに答えなさい。(9点)

稲作《いなさく》が始まり，弥生《やよい》土器や金属器を使うようになった時代を弥生時代①という。
源氏《げんじ》の将軍が3代で絶えると，幕府を倒《たお》そうとする承久《じょうきゅう》の乱②が起こった。
室町《むろまち》時代になると，③商業がますます発展し，各地の特産物も増えた。
1886年に，④ノルマントン号事件が起こった。
大正時代になると，都市化や教育の普及《ふきゅう》が進むなかで，⑤人々は大衆と呼ばれるようになった。
連合国軍総司令部(GHQ)の指令に従って，戦後改革⑥が行われた。
1980年代には，日本は世界のなかの経済大国⑦となった。

(1)　下線部①について，資料1は，弥生時代のようすについて，まさきさんがまとめたものの一部である。資料1の Ⅰ ， Ⅱ にあてはまる言葉の組み合わせはどれか，次のア～エから最も適当なものを1つ選び，その記号を書きなさい。

〈資料1〉

稲作が本格的に始まり，収穫《しゅうかく》した米を Ⅰ におさめて貯蔵した。代表的な遺跡として佐賀《さが》県の Ⅱ がある。

ア．Ⅰ －高床倉庫《たかゆかそうこ》　Ⅱ －岩宿《いわじゅく》遺跡　　イ．Ⅰ －高床倉庫　Ⅱ －吉野ヶ里《よしのがり》遺跡

ウ．Ⅰ －竪穴《たてあな》住居　Ⅱ －岩宿遺跡　　エ．Ⅰ －竪穴住居　Ⅱ －吉野ヶ里遺跡

(2)　下線部②について，鎌倉《かまくら》幕府が承久の乱後に，京都に置いた役所の名称は何か，次のア～エから最も適当なものを1つ選び，その記号を書きなさい。

ア．六波羅探題《ろくはらたんだい》　　イ．遠国奉行《おんごくぶぎょう》　　ウ．問注所《もんちゅうじょ》　　エ．京都所司代《きょうとしょしだい》

(3)　下線部③について，室町時代における商業のようすについて述べた文はどれか，次の**ア**～**エ**から最も適当なものを１つ選び，その記号を書きなさい。

ア．商人や手工業者は，座と呼ばれる同業者の組合をつくり，生産や販売《はんばい》を独占《どくせん》した。

イ．平城京《へいじょうきょう》には市がおかれ，全国から運びこまれた商品が取り引きされた。

ウ．蔵屋敷《くらやしき》が置かれた大阪《おおさか》は，全国の商業の中心地で「天下の台所」と呼ばれた。

エ．朱印船貿易《しゅいんせんぼうえき》が行われ，日本の商人が東南アジア各地に進出した。

(4)　下線部④について，資料２は，ノルマントン号事件について示したものである。裁判において，資料２の下線部のような判決となったのはなぜか，当時，日本とイギリスとの間で結ばれていた条約において，イギリスに認められていた権利にふれて，書きなさい。

〈資料２〉

1886 年，イギリス船のノルマントン号が，和歌山県沖で沈没《ちんぼつ》し，イギリス人船長と船員はボートで脱出したが，日本人乗客 25 人が全員溺《おぼ》れて亡くなった事件が起こった。しかし，裁判では，イギリス人船長に，軽い刑罰《けいばつ》が与えられただけだった。

(5)　下線部⑤について，大正時代の大衆の文化について述べた文のうち，誤っているものはどれか，次の**ア**～**エ**から１つ選び，その記号を書きなさい。

ア．労働者の生活をえがいた，プロレタリア文学が登場した。

イ．ラジオ放送が全国に普及し，新聞と並ぶ情報源になった。

ウ．1冊１円の円本が刊行された。

エ．話し言葉のままで文章を書く，言文一致《いっち》体が確立された。

(6)　下線部⑥について，資料３は，日本の民主化に向けた動きについてまとめたものの一部である。資料３の A ， B にあてはまる言葉の組み合わせはどれか，次の**ア**～**エ**から最も適当なものを１つ選び，その記号を書きなさい。

〈資料３〉

経済の面では，これまで日本の経済を支配してきた A が解体された。また，農村では農地改革が行われ，その結果，多くの B が生まれた。

ア． A －労働組合　 B －自作農家　　**イ**． A －財閥《ざいばつ》　 B －自作農家

ウ． A －労働組合　 B －小作農家　　**エ**． A －財閥　 B －小作農家

(7)　下線部⑦について，資料４は，1985年度から1989年度，1995年度から1999年度の，それぞれ５年間の，日本の経済成長率の平均を示したものである。また，資料５のX，Yは，1989年度と1999年度のいずれかの年度における，国の一般《いっぱん》会計の歳入《さいにゅう》内訳を示したグラフである。1989年度の歳入内訳を表しているグラフは，資料５のX，Yのどちらか，その記号を書きなさい。また，そのように判断した理由を，資料４から読み取れる景気のようすをもとにして，資料５の項目の言葉を用いて，書きなさい。

〈資料４〉

期間	日本の経済成長率の平均
1985 年度～1989 年度	5.1 %
1995 年度～1999 年度	1.2 %

〈資料５〉

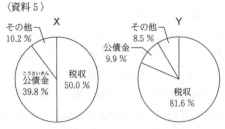

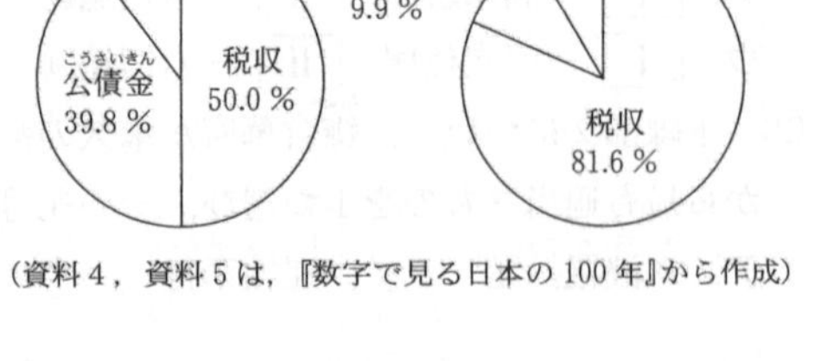

（資料４，資料５は，『数字で見る日本の 100 年』から作成）

4 右の表は，ひできさんの学級で歴史的分野の学習を行ったときに設定されたテーマを示したものである。これを見て，あとの各問いに答えなさい。(９点)

テーマ１	国風文化
テーマ２	武士の世の始まり
テーマ３	江戸《えど》幕府の大名支配
テーマ４	宗教改革
テーマ５	開国の経済的影響《えいきょう》
テーマ６	産業革命の進展

(1) テーマ１について，紀貫之《きのつらゆき》たちによってまとめられた作品は何か，次の**ア**～**エ**から最も適当なものを１つ選び，その記号を書きなさい。

ア．万葉集《まんようしゅう》　　**イ**．古今和歌集《こきんわかしゅう》
ウ．日本書紀《にほんしょき》　　**エ**．古事記《こじき》

(2) テーマ２について，次のⓐ～ⓓのカードは，武士が登場し，政治の実権を握《にぎ》るまでのできごとを示したものである。ⓐ～ⓓのカードを，書かれた内容の古いものから順に並べると，どのようになるか，下の**ア**～**エ**から最も適当なものを１つ選び，その記号を書きなさい。

ⓐ	源 義家《みなもとのよしいえ》が，東北地方で起こった武士の戦乱をしずめた。	ⓑ	平 清盛《たいらのきよもり》は，平治の乱に勝利し，太政《だいじょう》大臣《だいじん》になった。
ⓒ	平 将門《たいらのまさかど》が，朝廷の政治に不満を感じ，反乱を起こした。	ⓓ	源 頼朝《みなもとのよりとも》は，武士の総大将として征夷《せいい》大将軍《たいしょうぐん》に任じられた。

ア．ⓐ→ⓒ→ⓑ→ⓓ　　**イ**．ⓐ→ⓓ→ⓒ→ⓑ　　**ウ**．ⓒ→ⓐ→ⓑ→ⓓ　　**エ**．ⓒ→ⓑ→ⓐ→ⓓ

(3) テーマ３について，資料１は，1797年の松江藩《まつえはん》における支出の内訳を示したものである。資料１にあるように，江戸での費用や道中での費用が必要なのは，江戸幕府が武家諸法度《ぶけしょはっと》で定めた何という制度のためか，その名称を**漢字**で書きなさい。

〈資料１〉

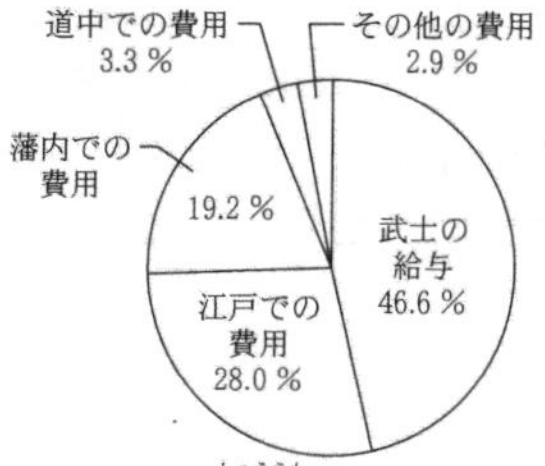

(『松江藩出入捷覧《しょうらん》』から作成)

〔注：道中での費用とは松江藩と江戸間の費用〕

(4) テーマ４について，ルターが始めた宗教改革の後に起こったできごとについて述べた文のうち，誤っているものはどれか，次の**ア**～**エ**から１つ選び，その記号を書きなさい。

ア．九州のキリシタン大名が，天正少年使節《てんしょうしょうねんしせつ》をローマ教皇のもとに派遣《はけん》した。
イ．フランシスコ＝ザビエルが，鹿児島に来てキリスト教を布教した。
ウ．マルコ＝ポーロが「東方見聞録《とうほうけんぶんろく》」の中で，日本をヨーロッパに紹介《しょうかい》した。
エ．スペイン，ポルトガルの商人たちが，九州各地に来航し，南蛮貿易《なんばんぼうえき》を行った。

(5) テーマ５について，資料２は，日本が開国した当初の欧米《おうべい》と日本における，金と銀の交換《こうかん》比率をそれぞれ示したもの，資料３は，幕末の物価の変化を示したもの，資料４は，開国後の経済への影響について資料２，資料３をもとに，ひできさんがまとめたものの一部である。資料４の X ～ Z にあてはまる言葉の組み合わせはどれか，あとの**ア**～**エ**から最も適当なものを１つ選び，その記号を書きなさい。

(資料２～４は次のページにあります。)

〈資料２〉

欧米の交換比率
金１：銀15

日本の交換比率
金１：銀５

〈資料３〉

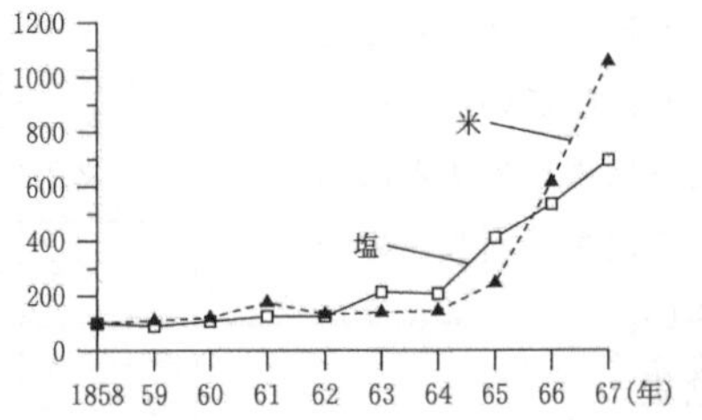

〔注：1858年の値段を100としたときの数値〕
（『近世後期における主要物価の動態』から作成）

〈資料４〉

欧米諸国は，日本との金と銀の交換比率の違《ちが》いを利用して，自国の［X］を日本に持ち込み，日本の［Y］を大量に購《こう》入《にゅう》し国外に持ち出した。幕府は，［Y］の含有量《がんゆうりょう》を減らした小判をつくって対応したが，貨幣《かへい》の価値が［Z］，物価が上昇した。

ア．［X］－金　［Y］－銀　［Z］－上がり　　イ．［X］－銀　［Y］－金　［Z］－上がり
ウ．［X］－金　［Y］－銀　［Z］－下がり　　エ．［X］－銀　［Y］－金　［Z］－下がり

(6)　テーマ６について，資料５は，日本の1882年と1899年における貿易品とその割合を示したものである。また，資料６は，資料５を見たひできさんが，綿産業に着目し，産業革命の進展による貿易の変化についてまとめたものの一部である。資料６の［Ⅰ］にあてはまる，1899年における，綿産業に関わる貿易に見られる特徴は何か，「原料」と「製品」という２つの言葉を用いて，書きなさい。

〈資料５〉

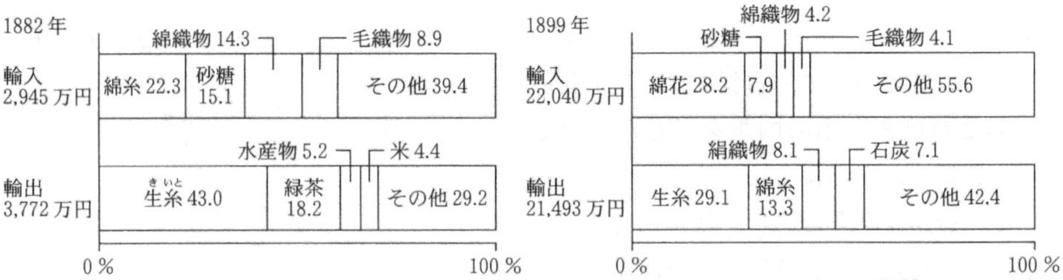

（『日本貿易精覧《せいらん》』ほかから作成）

〈資料６〉

綿産業に関わる貿易において，1882年は，綿糸の輸入割合が最も高かったが，1899年は，綿花の輸入割合が最も高くなり，綿糸が主要な輸出品になった。
これは，1899年の綿産業に関わる貿易には，産業革命の進展により，［Ⅰ］という特徴があったことを表している。

5　右の表は，すぐるさんの学級で行った公民的分野の調べ学習について，班ごとのテーマをまとめたものである。これを見て，あとの各問いに答えなさい。(14点)

A班	社会の変化と新しい人権
B班	消費生活を支える流通
C班	民主政治と選挙
D班	国民の福祉《ふくし》と財政
E班	メディアリテラシー
F班	決まりの評価と見直し
G班	地方自治のしくみ
H班	地球規模の環境問題

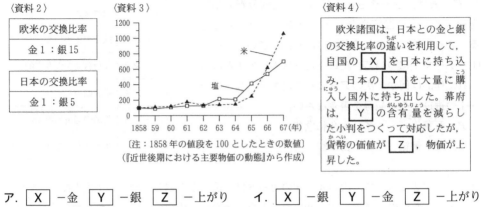

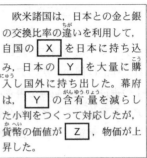

(1)　A班のテーマについて，資料1は，新しい人権についてまとめたものの一部である。資料1の A にあてはまる言葉はどれか，次のア～エから最も適当なものを1つ選び，その記号を書きなさい。

〈資料1〉

国や地方公共団体に集まっている情報を手に入れる権利として，A が認められている。

ア．請求権《せいきゅうけん》　**イ**．請願権《せいがんけん》　**ウ**．知る権利　**エ**．勤労の権利

(2)　B班のテーマについて，資料2は，ある大規模な小売業者が，製造業者から商品を直接仕入れることで，流通の合理化を図《はか》ったときの流通のしくみの変化について，模式的に示したものである。小売業者が，流通の合理化を図ったのは，どのような目的があったからか，その1つとして考えられることを，「費用」という言葉を用いて，書きなさい。

〈資料2〉

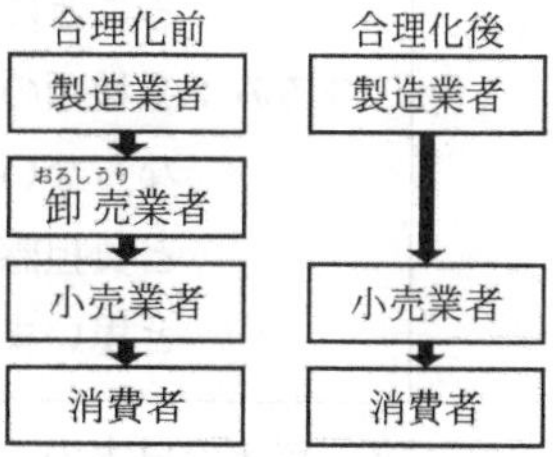

(3)　C班のテーマについて，次の(a)，(b)の各問いに答えなさい。

(a)　資料3は，国政選挙が始まった当初と現在の投票用紙を，それぞれ模式的に示したものである。資料3から読み取れる，投票用紙の変化に反映されている選挙の基本原則は何か，次の**ア**～**エ**から最も適当なものを1つ選び，その記号を書きなさい。

ア．普通《ふつう》選挙

イ．秘密選挙

ウ．直接選挙

エ．平等選挙

〈資料3〉

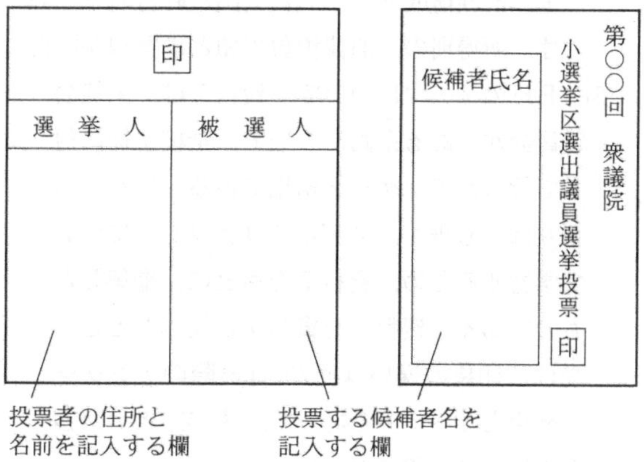

(b)　資料4は，三重県における選挙人名簿《めいぼ》登録者※の人数の推移を示したものである。2015年に比べ，2016年に選挙人名簿登録者の人数が大きく増加したのはなぜか，その理由の1つとして考えられることを，書きなさい。

※　市町村の選挙管理委員会が管理する名簿に登録されている，選挙権を持っている人。

〈資料4〉

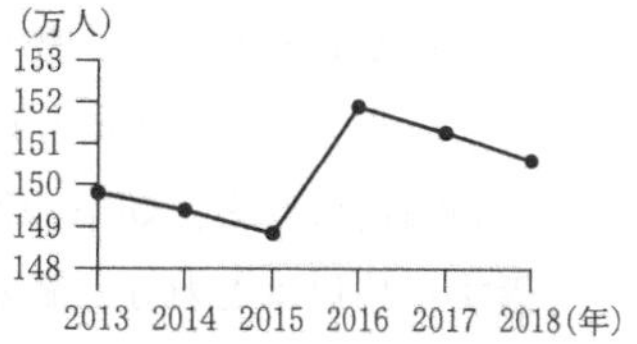

(総務省Webページから作成)

(4)　D班のテーマについて，次の(a)，(b)の各問いに答えなさい。

(a)　資料5は，ある社会保険の保険料を支払《しはら》っている人が，生活に介助《かいじょ》が必要となった時に利用できるサービスについてまとめたものの一部である。資料5に示したサービスを利用できる社会保険の制度は何か，次の**ア**～**エ**から最も適当なものを1つ選び，その記号を書きなさい。

〈資料5〉

・施設《しせつ》サービス
・居宅サービス
・地域密着型サービス

ア．介護《かいご》保険　**イ**．医療《いりょう》保険　**ウ**．雇用《こよう》保険　**エ**．年金保険

(b)　次のページの資料6は，すぐるさんとひろみさんが，2種類の同じ資料を見て，所得税と消

費税についてそれぞれの考えをまとめたものの一部である。すぐるさんとひろみさんが見た2種類の資料は何か，下の**ア**～**オ**から適当なものを2つ選び，その記号を書きなさい。

〈資料6〉

すぐる：2種類の資料を読み取ると，消費税は，所得の少ない人ほど負担感が大きいので，公正ではないと思います。一方，所得税は，所得の多い人が多く税を納めることになるので，公正だと思います。

ひろみ：2種類の資料を読み取ると，所得税は，所得が多い人ほど多く納税しなければならないので，公正ではないと思います。一方，消費税は，所得の少ない人ほど負担感が大きいものの，所得に関係なく同じ税率で課税されるので，公正だと思います。

ア．毎年の日本の，消費税と所得税の税収の推移を示した資料。

イ．毎年の日本の，直接税と間接税の割合の推移を示した資料。

ウ．課税対象となる所得別の，それぞれの額に適用される税率を示した資料。

エ．家族構成別の，消費支出と貯蓄《ちょちく》の平均額を示した資料。

オ．所得別の，消費税負担額と消費税が所得に占める割合を示した資料。

(5)　E班のテーマについて，資料7は，生徒会役員会が，ある企画《きかく》について，全校生徒に対して行ったアンケート結果である。また，資料8は，E班が，メディアリテラシーについて学習するため，資料7をもとに，編集したものである。資料8を資料7と比べたとき，受ける印象の違いは何か，「実際のアンケート結果と比べて」で始めて，「賛成」という言葉を用いて，書きなさい。

〈資料7〉

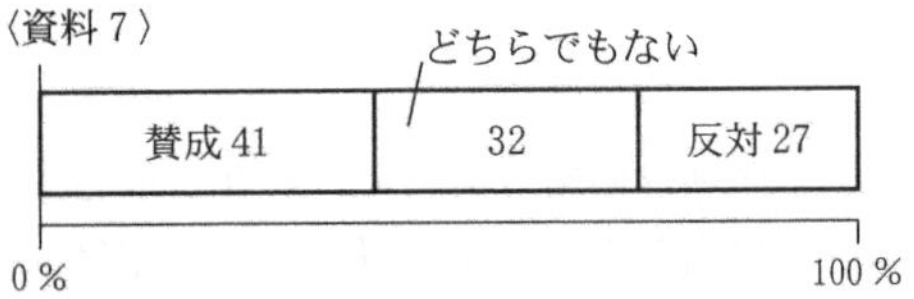

〈資料8〉

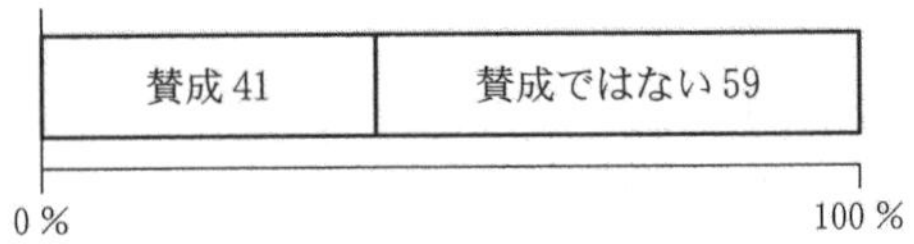

(6)　F班のテーマについて，資料9は，決まりを評価し見直す際の5つの項目を示している。資料9に示した5つの項目のうち，効率の観点から評価する項目はどれか，資料9の**ア**～**オ**から最も適当なものを1つ選び，その記号を書きなさい。

〈資料9〉

ア	目的を実現するための適切な手段となっているか。
イ	誰《だれ》にでも同じように理解できるものになっているか。
ウ	立場を変えても受け入れられるものになっているか。
エ	決まりを作る過程にみんなが参加しているか。
オ	労力や時間，お金やものが無駄《むだ》なく使われているか。

(7)　G班のテーマについて，資料10は，地方公共団体の政治のしくみを模式的に示したものの一部である。資料10の X にあてはまるものとして，誤っているものはどれか，あとの**ア**～**エ**から1つ選び，その記号を書きなさい。

〈資料10〉

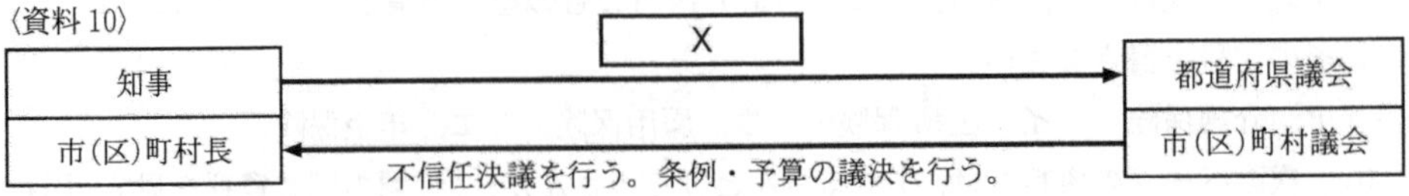

ア．予算案を提出する。　イ．議決の再検討を求める。
ウ．議会を解散する。　エ．議会に対して連帯して責任を負う。

(8)　H班のテーマについて，ひろみさんは，地球温暖化に関する資料を集めた。資料11，資料12，資料13はその一部である。また，資料14は，資料11，資料12，資料13をもとに，ひろみさんが，パリ協定が採択《さいたく》された意義についてまとめたものの一部である。資料14の下線部の課題とは何か，二酸化炭素のこれまでの排出《はいしゅつ》に関わって見られる，先進国，途上国《とじょうこく》それぞれの状況《じょうきょう》を資料12，資料13から読み取り，書きなさい。

〈資料11〉　パリ協定についてまとめたもの

採択年	2015年
対象の時期	2020年以降
対象国	すべての国
温室効果ガスの削減《さくげん》義務内容	目標の提出

〈資料12〉　1850年～2005年の間の，先進国，途上国別の二酸化炭素の排出割合

(JICA Webページから作成)

〈資料13〉　1997年，2007年，2017年の，先進国，途上国別の二酸化炭素の排出割合

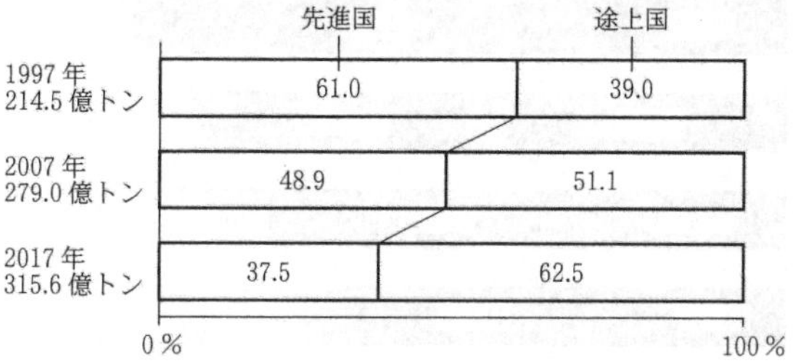

(IEA「World Energy Balances」から作成)

〈資料14〉

温室効果ガスの１つである二酸化炭素のこれまでの排出について，課題が見られる中，地球温暖化の解決に向けて，すべての国が取り組むことを明記された点である。

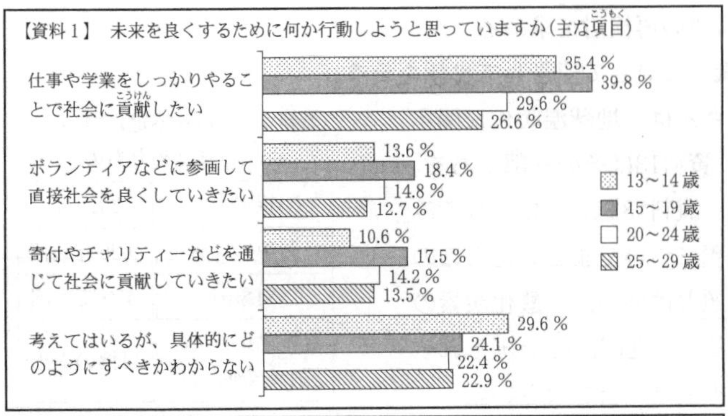

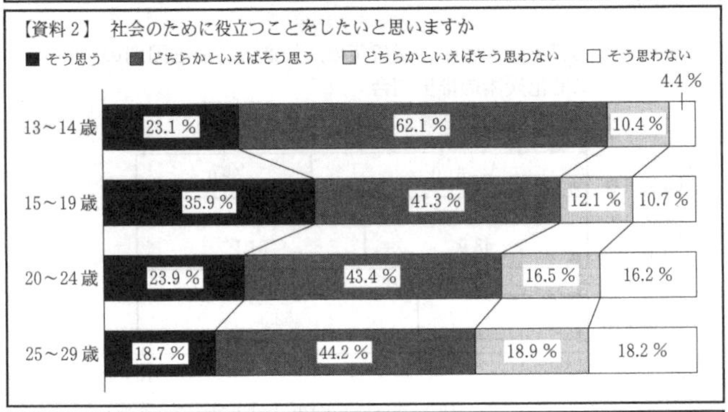

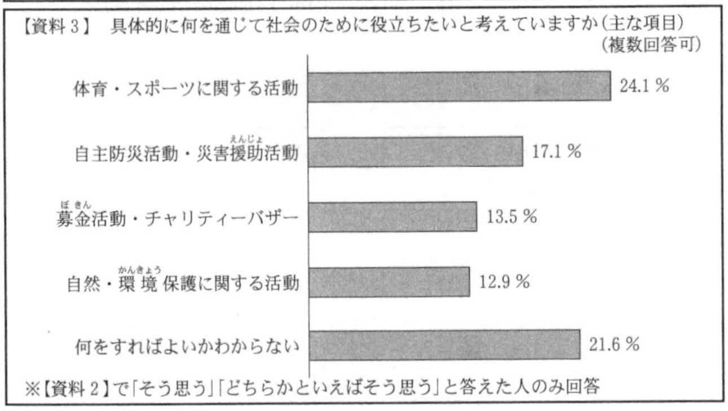

〔内閣府「子供・若者の意識に関する調査(令和元年度)」から作成〕

を、あとの**ア**～**エ**から一つ選び、その記号を書きなさい。

「社会のために役立つことをしたいと思いますか」についての回答では、「そう思う」と答えた人と、「どちらかといえばそう思う」と答えた人とを合計した割合は、年代が上がるにつれて小さくなっている。

また、「どちらかといえばそう思わない」と答えた人と、「そう思わない」と答えた人とを合計した割合は、二十～二十四歳、二十五～二十九歳で三割を超えている。

年代別に見ると、[①]は、[②]に比べて[③]と答えた人の割合が小さく、また、「そう思わない」と答えた人の割合は他の年代と比べて最も小さい。

ア、① 十三～十四歳　② 十五～十九歳　③ 「そう思う」

イ、① 十三～十四歳　② 二十～二十四歳　③ 「どちらかといえばそう思う」

ウ、① 十五～十九歳　② 十三～十四歳　③ 「どちらかといえばそう思わない」

エ、① 十五～十九歳　② 二十～二十四歳　③ 「そう思う」

(三) **【資料3】**から、具体的な活動を通じて社会のために役立ちたいと考えている人がいることがわかる。あなたはどのようにして社会のために役立ちたいと考えるか。あなたの考えを、次の〔作文の注意〕にしたがって書きなさい。

〔作文の注意〕

① 題名は書かずに本文から書き出しなさい。

② あなたが考える理由を明らかにして、具体的に書きなさい。なお、**【資料3】**の項目は、参考にしてもしなくてもよい。

③ あなたの考えが的確に伝わるように書きなさい。

④ 原稿《げんこう》用紙の使い方にしたがい、全体を百六十字以上二百字以内にまとめなさい。

(注1) 望月――陰暦《いんれき》十五夜の月の異称《いしょう》。
(注2) 詩作り・哥詠みども――漢詩を作る人や和歌を詠む人。
(注3) 浮世房――浮世物語の主人公。出家して浮世房と名乗った。

(一) 傍線部分①「作りしやうに」を現代仮名遣《かなづか》いに改め、すべてひらがなで書きなさい。

(二) 傍線部分②「雲外に鴈を聞きて夜声を」とあるが、次の［　　］の中の漢文には傍線部分②と同じ言葉が含まれている。［　　］の中の漢文の二重傍線部分「雲　外　聞　鴻　夜　射　声」を「雲外《うんぐはい》に鴻《かり》を聞いて夜声《よるこゑ》を射《い》る」と読むことができるように返り点をつけたものは、あとの**ア**～**エ**のうちどれか。最も適当なものを一つ選び、その記号を書きなさい。

> 雪　中　放　馬　朝　尋　跡　（雪中《せっちゅう》に馬を放《はな》つて朝《あした》に跡《あと》を尋《たづ》ぬ）
> 雲　外　聞　鴻　夜　射　声　（雲外に鴻を聞いて夜声を射る）
> 雁《かり》の声を聞いて
>
> （『新編　日本古典文学全集　和漢朗詠集《わかんろうえいしゅう》』による。）
> ＊一部表記を改めたところがある。

ア、雲　外　聞㆓　鴻　夜㆒　射㆑　声
イ、雲　外㆓　聞　鴻　夜㆒　射㆑　声
ウ、雲　外㆑　聞　鴻　夜　射㆑　声
エ、雲　外　聞㆑　鴻　夜　射㆑　声

(三) 波線部分(1)「詠み出だす」と波線部分(2)「詠みける」について、これらの主語の組み合わせとして最も適当なものを、次の**ア**～**エ**から一つ選び、その記号を書きなさい。

ア、(1)　浮世房　(2)　浮世房
イ、(1)　浮世房　(2)　詩作り・哥詠みども
ウ、(1)　詩作り・哥詠みども　(2)　浮世房
エ、(1)　詩作り・哥詠みども　(2)　詩作り・哥詠みども

(四) 浮世房が、詩歌を作れずに上を向いたり下を向いたりしている様子を、比喩《ひゆ》を用いてどのようにあらわしているか。文章中の古文から十二字以内で抜《ぬ》き出《だ》して書きなさい。（句読点も一字に数える。）

5 次のページの【資料1】、【資料2】、【資料3】は、内閣府が十三歳《さい》以上二十九歳以下の人を対象に実施《じっし》した「子供・若者の意識に関する調査（令和元年度）」についての結果をまとめたものである。これらを見て、あとの各問いに答えなさい。（十点）

(一) 【資料1】から読み取れることについて、あてはまらないものを次の**ア**～**エ**から一つ選び、その記号を書きなさい。

ア、「仕事や学業をしっかりやることで社会に貢献したい」と答えた人の割合は、すべての年代で他の項目より大きく、十三～十四歳、十五～十九歳では三割を超《こ》えている。
イ、「ボランティアなどに参画して直接社会を良くしていきたい」と答えた人の割合と「寄付やチャリティーなどを通じて社会に貢献していきたい」と答えた人の割合は、十五～十九歳が最も大きい。
ウ、「寄付やチャリティーなどを通じて社会に貢献していきたい」と答えた人の割合は、すべての年代において二割以下であり、年代別に見ると、十三～十四歳の割合が最も小さい。
エ、「考えてはいるか、具体的にどのようにすべきかわからない」と答えた人の割合は、十三～十四歳が最も大きく、年代が上がるにつれて小さくなっている。

(二) 【資料2】から読み取れることを、次の［　　］の中の文にまとめた。［①］～［③］に入る言葉の組み合わせとして最も適当なもの

のなかで効力を持てる存在になりたいという気持ち」とも言っているね。

Bさん　［Ⅰ］は、先人たちの残してくれた知識や先人の築いた知識とも言っているよ。

Aさん　筆者は、何かをできるようになりたい、それで苦しみを取り除いたり、楽しみを増やしたりしたい、そういう気持ちがなければ、知識を求める意欲が湧《わ》かないから、いくら先人の築いた知識があっても、自分の行動の役に立ってくれなければ意味がないと言っているね。

Bさん　何かができるようになりたいと思う気持ちは、何かをやってみたり、あるいは、だれかが何かをやっているのを見たりして、それが苦しみを取り除き、楽しみを与《あた》えてくれているのを知る経験から生まれると言っているよ。

Cさん　そのことについては、筆者がレストランを経営する例をあげて説明しているね。とてもよいレストランを作ろうと思ったら、たくさん学ぶべきことがあることに気づくと言っているよ。

Aさん　そうだね。筆者は、何かができるようになりたいという意欲は、［Ⅱ］気持ちにつながると言っているね。

4　次の文章を読んで、あとの各問いに答えなさい。（八点）

今はむかし、八月十五日夜は、名におふ（その名のとおり）月の満てる時分なり。この夜は、日と月とさし望む事の正しければ（太陽と月とが真正面に向き合うので）、月の光もことさらに明らかなる故《ゆえ》に望月《もちづき》(注1)とも云《い》ふなり。又、まんまるに満つる故に餅月《もちづき》といふとも申し伝へし。詩《し》作り(注2)・哥《うた》詠《よ》みども、日ごろより（常日頃《つねひごろ》より）含《ふく》み句《く》をこしらへて（あらかじめ詩歌《しいか》や句を作っておいて）、只《ただ》今《いま》①作《つく》りしやうにもてなし（ふりをして）、うめきすめきて（はあはあ息遣《いきづか》いをして）(1)詠《よ》み出《い》だす。さるままに（ところがさて）日暮より雲うずまきて雨ふり出でしかば、かねて作りける詩歌《しいか》相違《さうゐ》して（前もって作っておいた詩や歌が現場の情景にあわなくなって）、夜《よ》ふくれども一首《しゅ》も出です。「浮世房《うきよぼう》(注3)、いかにいかに」と仰《おお》せられしかば（主君がおっしゃるので）、仰《あを》のきうつぶき（上を向いたり下を向いたり）、麦穂《むぎほ》の風にふかるるやうにして案じける折節、鴈《がん》のわたる声聞こえければ、「②雲外《うんぐはい》に鴈《かり》を聞きて夜声《よるこゑ》を」ととなへさまに、不図《ふと》思ひよりてかくぞ(2)詠みける。

雨ふれば三五夜中の真の闇《やみ》二千里《じせんり》わたるくらかりの声（雨が降ったのでこの十五夜も真っ暗闇になってしまったが、その暗がりの中に、二千里渡《わた》って行くという鴈の声が聞こえてくる）

（『新編　日本古典文学全集　浮世物語《うきよものがたり》』による。）

＊一部表記を改めたところがある。

の競争に負けそうです。店の外見も内装も、清潔で、オシャレにしないといけません。そして、店舗《てんぽ》を経営するには、経営学の知識が必要です。化学から美術、保険から人間関係の心理学まで、何でも関係してきます。一見すると、自分と縁遠《えんどお》いと思った知識も、お店を経営しようとすると全部関係してくることがわかります。とてもよいレストランを作ろうと思ったら、たくさん学ぶべきことがあることに気づくでしょう。

このように具体的に何かができるようになりたいという意欲が、知識とスキルの必要性を理解させ、さらにそれを改良しようとする気持ちにつながります。

（河野《こうの》　哲也《てつや》『問う方法・考える方法「探究型の学習」のために』による。）

＊一部表記を改めたところがある。

（注１）調度――日常使用する道具、家具など。
（注２）初等中等教育――高等学校までの教育。
（注３）蔑ろ――大事にしなければならないものを軽く考えて粗末《そまつ》に扱《あつか》っているさま。

㈠　傍線部分⑴「いかなければならない」の「なけれ」と「ない」の品詞の組み合わせとして最も適当なものを、次の**ア**～**エ**から一つ選び、その記号を書きなさい。

ア、「なけれ」―動詞　「ない」―形容詞
イ、「なけれ」―形容詞　「ない」―助動詞
ウ、「なけれ」―形容動詞　「ない」―形容詞
エ、「なけれ」―助動詞　「ない」―助動詞

㈡　波線部分①～④は、スポーツまたは家屋が持つ「文明」、「文化」のいずれかの面をあらわしている。本文中の筆者の主張に合う「文明」、「文化」の組み合わせとして最も適当なものを、次の**ア**～**エ**から一つ選び、その記号を書きなさい。

ア、「文明」―①　③　「文化」―②　④
イ、「文明」―①　④　「文化」―②　③
ウ、「文明」―②　③　「文化」―①　④
エ、「文明」―②　④　「文化」―①　③

㈢　文中の□に入る言葉として最も適当なものを、次の**ア**～**エ**から一つ選び、その記号を書きなさい。

ア、つまり　**イ**、ところで　**ウ**、しかし　**エ**、なぜなら

㈣　次の【話し合いの様子】は、Aさんの班で文章について話し合ったときのものである。これを読んで、【話し合いの様子】の Ⅰ 、 Ⅱ に入る言葉として最も適当なものを、 Ⅰ は【話し合いの様子】の中の二重傍線部分Ⓐ、Ⓑのいずれかを一つ選んでその記号を書き、 Ⅱ は本文中から二十五字以上三十五字以内で抜《ぬ》き出《だ》して書きなさい。（句読点も一字に数える。）

【話し合いの様子】

Aさん　知りたいという気持ちには、二種類の動機があると筆者は言っているね。筆者の言う二種類の動機って何だろう。

Bさん　ひとつは、世界がどうなっているかが分かるような、Ⓐ一種の見取り図のようなもの、あるいは地図のようなものがほしいという願望のことだね。

Cさん　もうひとつは、Ⓑ何かができるようになりたいという気持ちのことだね。

Aさん　そうだね。筆者は、「ある行為《こうい》ができるようになりたい」という気持ちや「何かを達成して、自分が世界

た。被災した人々は、まだまだ生活が厳しい中でも、必要な情報を知りたいからというだけでなく、文化としての楽しみを得ようとして書物を探していたのです。小さな仮設図書館が開かれると、ひっきりなしにいろいろな年代の方が本を借りにきました。このときほど、人間は根源的に文化を必要としているのだと実感したことはありません。文化を求めるのは人間であることの証《あかし》です。

今、文化と文明という大きな枠組《わくぐ》みを述べましたが、探究型の授業のテーマとなるのは、このどちらか、あるいは両方に関わっているはずです。□、苦しいことを減らそうとするのか、楽しいことを増やそうとするのか、あるいは、その両方を兼《か》ねたものかです。

探究型の授業を行うのに、一番大切なのは、学ぶ側が学ぼうとする意欲を持っているかどうかです。(注2)初等中等教育で行うべき最も大切な教育は、生徒に一生学ぼうとする動機づけを与えることです。これが(注3)蔑《ないがし》ろにされては学習が成り立たず、学習のないところには教育は存立しえません。

では、人はどういうことに学ぼうとする意欲を持つでしょうか。「知りたい」という気持ちには、大きく言って二種類の動機があると思います。ひとつは、世界がどうなっているかが分かるような、一種の見取り図のようなもの、あるいは地図のようなものがほしいという願望です。これは子どもの頃《ころ》からの好奇心《こうきしん》に近いものです。

もうひとつは、何かができるようになりたいという気持ちです。これは、「ケーキの作り方が知りたい」「自動車の運転ができるようになりたい」「うまくダンスが踊《おど》れるようになりたい」といったように、「ある行為《こうい》ができるようになりたい」という気持ちのことです。

そしてこの何かができるようになりたいという気持ちは、「何かを達成して、自分が世界のなかで効力を持てる存在になりたいという気持ち」でもあります。自分を含《ふく》めただれかの苦しみを取り除きたいとか、だれかに楽しさを与えたいといった目的を持ち、そのために何かができるようになりたいというのが人間の学びへの動機になります。ごく単純に言えば、楽しいこと、面白《おもしろ》いことをやりたい、そして嫌《いや》なことを避《さ》けたいという気持ちに素直《すなお》になり、そのために何かがやりたいと思うことが動機づけとなるのです。

何かをうまく達成するためには、先人たちの残してくれた知識が役に立ちます。ひとつ目の「見取り図や地図のようなもの」がそれにあたります。逆に言えば、何かをできるようになりたい。それで苦しみを取り除いたり、楽しみを増やしたりしたい、そういう気持ちがなければ、知識を求める意欲が湧《わ》かないのです。いくら先人の築いた知識があっても、自分の行動の役に立ってくれなければ意味がありません。

では、どうすれば、何かができるようになりたいと思うでしょうか。それは、まさに何かをやってみたり、あるいは、だれかが何かをやっているのを見たりして、それが苦しみを取り除き、楽しみを与えてくれているのを知る経験から生まれます。

たとえば、近所のレストランがとても素敵な料理を出してくれます。家族や友人と楽しく食事をすると、みんな仲がよくなります。そうなれば、こんな店をやってみたいと思うことでしょう。自分なりにやってみたい。ここをこうしたい。もっとうまくやってみたい。こういう気持ちが、私たちの中に生じてくるのは不思議ではありません。

自分の好きな料理を出そうとして、レストランを経営するには、どのような技術と知識が必要でしょうか。調理の技術だけで済むわけがありません。栄養学、公衆衛生、関連する法規、食品と流通の知識。これだけでもまだ全然足りません。オリジナルな商品がないと他店と

(三) 傍線部分(3)「おれは……もう、これ以上泳げないと思っていた」とあるが、次の□の中は、「おれ」が海人《かいと》と泳いだことでどのような気持ちに変わったかについてまとめたものである。□に入る言葉を、本文中の言葉を使って三十字以上四十字以内で書きなさい。（句読点も一字に数える。）

「海人と泳げば、□」という前向きな気持ちに変わった。

(四) 傍線部分(4)「海人がニヤリとした」とあるが、このときの海人の心情を説明したものとして最も適当なものを、次の**ア**～**エ**から一つ選び、その記号を書きなさい。

ア、海人は、「……でも、とりあえず、また来るかも」と言った「おれ」の言葉や表情によって「おれ」の迷いにはじめて気づき、「おれ」のことを支えようと心に決めている。

イ、海人は、「……でも、とりあえず、また来るかも」と言った「おれ」の言葉を聞き、「おれ」が東京のスイミングクラブで再び水泳を始める気持ちになったことをうれしく思っている。

ウ、海人は、「……でも、とりあえず、また来るかも」と言った「おれ」の言葉を聞く前から、「おれ」がまた来るだろうと予想をしていたので、やはり自分の思ったとおりだと感じている。

エ、海人は、「……でも、とりあえず、また来るかも」と言った「おれ」の言葉が、「おれ」の本心だと龍之介や信司が気づいていたことをおもしろがっている。

(五) 傍線部分(5)「なんで、同じこと、考えてんだよ」とあるが、「おれ」と海人が考えた「同じこと」とはどのようなことか、「……ということ。」につながるように、本文中の言葉を使って、二十字以上三十字以内で書きなさい。（句読点も一字に数える。）

3 次の文章を読んで、あとの各問いに答えなさい。（十二点）

人間の行う知的活動には二つの種類があるといってよいでしょう。ひとつは苦しみを減らす活動で、これを「文明」と呼ぶことにします。もうひとつは喜びをもたらす活動で、これを「文化」と呼びましょう。

医療《いりょう》は、ケガや病気を治療《ちりょう》し、予防しようとするのですが、それは苦しみを減らそうとする努力です。水道事業も、渇《かわ》きの苦しみや汚《よご》れた水を飲むことの危険性、遠くまで水を汲《く》みに(1)いかなければならない不便さをなくそうとするものです。交通ルールは、事故を防ぎ、安全でスムーズな道路の運行を作り出そうとしています。これらはなくてはならない必要なものを生み出すという意味で、文明だと言えるでしょう。

他方で、素敵《すてき》な音楽を演奏する。美味《おい》しい料理を作る。楽しいお祭りやイベントを運営する。脚本《きゃくほん》を書いて、お芝居《しばい》を興行する。これらは人々に喜びを与《あた》えるものですから、文化と言えるでしょう。文化は、命の維持《いじ》を超《こ》えた価値を作り出し、人間らしい生活を提供してくれます。

もちろん、全てのものが二つにかっちりと分類できるわけではありません。①スポーツはやって楽しいものですが、②同時に健康づくりや病気の予防にもなるでしょう。家屋は、③人が雨露《あめつゆ》をしのいで休息と睡《すい》眠《みん》をとる場所ですが、④外見や(注1)調度が美しく、心のゆとりを与えてくれるものにもなります。これらは、文化と文明の両面を持っていると言えます。

しかし、文化は不必要な贅沢品《ぜいたくひん》だと言うことはできません。私が、東日本大震災《だいしんさい》が起こった三カ月後くらいに被災地《ひさいち》にお見舞《みま》いに行ったときのことです。まだ公共施設《しせつ》で寝泊《ねとま》りしている人たちが、お子さんから高齢者《こうれいしゃ》の方まで、小説や勉強になる本が読みたいと訴《うった》えていまし海人はすっかり息が整って、涼《すず》しそうな顔をしている。
こいつ、何者なんだ？
体は細いのに、スケールの大きさを感じるのはどうしてなんだ？
しかもこいつは、きっとまだ速くなる。
なぜかそう確信させる力が、海人からみなぎっている。
じゃあ、おれは？
(3)おれは……もう、これ以上泳げないと思っていた。
でも、海人と泳いでいた時、何かが違《ちが》った。
となりで泳いだ全身の感覚が、そう言っている。
「……向井くん、やっぱり、水泳一緒《いっしょ》にやらない？」
信司がおずおずと聞いてきた。
海人が大きくうなずき、龍之介は関心なさそうに首を回している。
海人と泳げば……何かが変わるかもしれない。
今までとは違う世界が、見えてくるのかもしれない。
でも、久しぶりの泳ぎはビクトリーでのくやしさや、みじめな感情も一緒に呼びさました。
「……わかんない」
「えっ」
信司の目がくるんと回る。
「そんなかんたんに決められないよ」
信司の顔から笑《え》みが消えた。海人は表情を変えない。
おれは耳に入った水を、頭をふって追い出した。そして、やっとひとこと、吐《は》き出した。
「……でも、とりあえず、また来るかも」
「マジかよ？」
龍之介の声が裏返る。
「向井くん……本当？」
信司が口をぽかんと開けてたずねる。
(4)海人がニヤリとした。
「いや、まだ入るってわけじゃ……」
言葉とはうらはらに、あの時からずっと沈《しず》んでいた心が、ほんの少しだけ軽くなる気がした。
信司はプールサイドを「やった、やった」と、飛びはねた。
海人は薄《うす》いくちびるの端《はし》をスッと上げた。
「きっと、向井くんは、また来るよ。そして、まだまだ速くなる」
「……なんでおまえにわかるんだよ」
「となりで泳いだから、わかる」
海人はくすっと笑った。
……となりで泳いだから……だって？
(5)なんで、同じこと、考えてんだよ。
窓の外に目を向けると、オレンジ色の大きな太陽が、海に溶《と》けるように沈んでいく途中《とちゅう》だった。
プールもその光を受けて、うすい橙色《だいだいいろ》にそまっていた。

（高田《たかだ》　由紀子《ゆきこ》『スイマー』による。）

＊一部表記を改めたところがある。

(一)　傍線部分(1)「龍之介《りゅうのすけ》は赤くなって信司《しんじ》の口を押《お》さえた」とあるが、この部分は、いくつの文節に分けられるか。次の**ア**～**エ**から最も適当なものを一つ選び、その記号を書きなさい。

ア、五　**イ**、六　**ウ**、七　**エ**、八

(二)　傍線部分(2)「はずし」は動詞であるが、その活用形として最も適当なものを、次の**ア**～**エ**から一つ選び、その記号を書きなさい。

ア、未然形　**イ**、連用形　**ウ**、連体形　**エ**、仮定形

〈国語〉

時間　四五分　満点　五〇点

1　次の①～⑧の文の傍線部分について、漢字は読みをひらがなで書き、ひらがなは漢字に直しなさい。(八点)

① 川が緩やかに流れる。

② 窓から夜景を眺める。

③ 余暇にダンスを習う。

④ 生命の神秘を探《さぐ》る。

⑤ 知人の家をおとずれる。

⑥ 判断を専門家にゆだねる。

⑦ 部分から全体をすいそくする。

⑧ 家と駅との間をおうふくする。

2　次の文章を読んで、あとの各問いに答えなさい。(十二点)

東京のスイミングクラブに通っていた「おれ」(向井航《むかいこう》)は、ある日を境に挫折《ざせつ》し、水泳をやめた。佐渡《さど》に引《ひ》っ越《こ》した「おれ」は、近くのプールで練習していた海人《かいと》・龍之介《りゅうのすけ》・信司《しんじ》に出会う。スイミングクラブに通っていたことを知られた「おれ」は海人と泳ぐことになり、わずかな差で負けた。

あれっ……おれ、ショック受けてる？　もう水泳なんて、こりごりだと思ってたのに？

海人をちらっと見ると、顔をくしゃくしゃにしてはずんだ声をあげた。

「向井くん、これで久しぶりなの？　やっぱり速いな」

……こいつのせいだ。

せっかく、忘れていたのに。

忘れようと思っていたのに。

「東京のスイミングクラブってたいしたことねえな」

龍之介が信司にこそっと言う。

「龍《りゅう》ちゃんてば！『二人ともすげえな～』って言ってたじゃん！」

(1)「うるせえ、だまれ」

龍之介は赤くなって信司の口を押《お》さえた。

今度ははっきりと、腹の底からくやしさがわき上がってくるのがわかった。

なんで……佐渡に来てまで、こんな気もちにならなきゃいけないんだよ。

三秒を縮めるのに、どれだけビクトリーでがんばったか。

でもサボっていたら、その大切な三秒はかんたんにおれのものじゃなくなってしまうんだな。

「向井くん……どこのスイミングに通ってたの？」

海人がゴーグルを(2)はずし、澄《す》んだ目をおれに向けた。

口をつぐんでいると、海人がブツブツ言い始める。

「有名っていえば……サンライズとか……スプラッシュとか、あ、もちろん岬《みさき》選手の所属しているビクトリーとか……」

ビクトリー、と聞いて思わず目をそらしたおれを、海人は見逃《みのが》さなかった。

「えっ……ビクトリーなのっ!?」

「ええっ」

信司も高い声をあげる。

おれは目をつぶるように軽くうなずくと、ため息をついた。

「す……すごい！　あの岬選手のビクトリーで泳いでたんだ……そっか……だから速いんだな」

海人の目が輝《かがや》きだしたのを見て、またカチンときた。

ビクトリーに通ってたからじゃない。おれが努力したからだっ。

叫《さけ》びたくなるのを、ぐっとこらえる。

MEMO

大切なことはメモしておこうネ！

2022年度

解 答 と 解 説

《2022年度の配点は解答用紙集に掲載してあります。》

＜数学解答＞

1 (1) -56 (2) $\frac{2}{15}x$ (3) $3y$ (4) $4a-3b$ (5) $-8+3\sqrt{21}$
(6) $y=-\frac{16}{x}$ (7) $x=\frac{-5\pm\sqrt{41}}{4}$ (8) 0，1，2，3

2 (1) ① 19m ② 右図 ③ (i) イ (ii) ウ (2) ① (A) ア (B) ケ (C) イ (D) ウ ② 歩いた道のり750m，走った道のり450m
(3) ① $\frac{3}{10}$ ② $n=10$，12

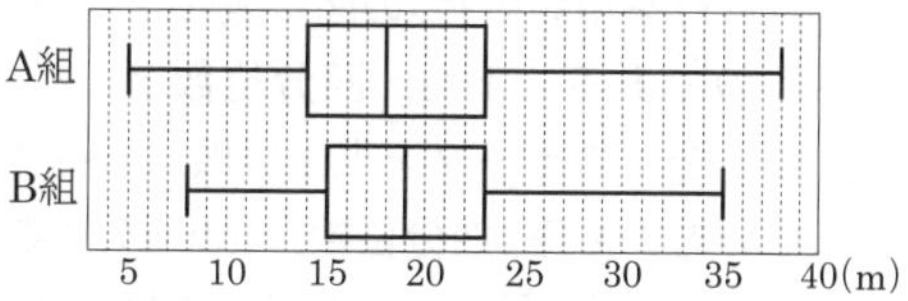

3 (1) A(-2，1) (2) $y=\frac{1}{2}x+2$
(3) ① C(8，0) ② D($1+\sqrt{5}$，0)

4 (1) ① 4cm ② $\sqrt{29}$cm (2) 右図

5 (1) (ア) ∠AIH＝∠HIG (イ) ∠ACE
(ウ) 2組の角 (2) 解説参照 (3) ① 12cm
② △IEC：△AGH＝72：55

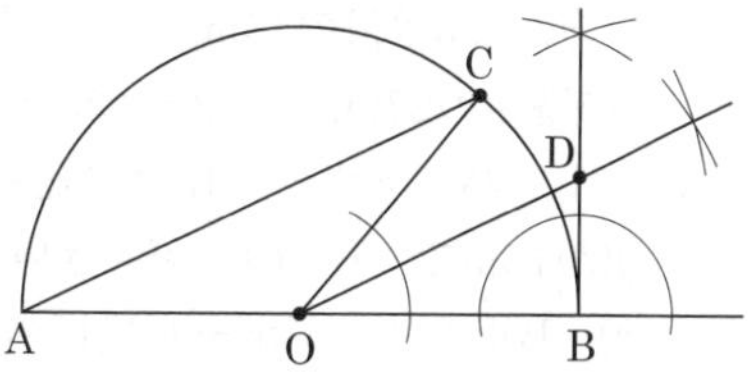

＜数学解説＞

1 (数・式の計算，平方根，比例関数，二次方程式，資料の散らばり・代表値)

(1) **異符号の2数の積の符号は負で，絶対値は2数の絶対値の積**だから，$8\times(-7)=-(8\times7)=-56$

(2) 分母を5と3の**最小公倍数**の15に通分して，$\frac{4}{5}x-\frac{2}{3}x=\frac{12}{15}x-\frac{10}{15}x=\left(\frac{12}{15}-\frac{10}{15}\right)x=\frac{2}{15}x$

(3) $15xy\div5x=15xy\times\frac{1}{5x}=\frac{15xy}{5x}=3y$

(4) **分配法則**を使って，$5(2a+b)=5\times2a+5\times b=10a+5b$，$2(3a+4b)=2\times3a+2\times4b=6a+8b$だから，$5(2a+b)-2(3a+4b)=(10a+5b)-(6a+8b)=10a+5b-6a-8b=10a-6a+5b-8b=4a-3b$

(5) 分配法則を使って，$(\sqrt{3}+2\sqrt{7})(2\sqrt{3}-\sqrt{7})=\sqrt{3}\times(2\sqrt{3}-\sqrt{7})+2\sqrt{7}\times(2\sqrt{3}-\sqrt{7})=\sqrt{3}\times2\sqrt{3}+\sqrt{3}\times(-\sqrt{7})+2\sqrt{7}\times2\sqrt{3}+2\sqrt{7}\times(-\sqrt{7})=6-\sqrt{21}+4\sqrt{21}-14=6-14-\sqrt{21}+4\sqrt{21}=-8+3\sqrt{21}$

(6) **yはxに反比例する**から，xとyの関係は$y=\frac{a}{x}$…①と表せる。$x=-2$のとき$y=8$だから，これを①に代入して，$8=\frac{a}{-2}$　$a=8\times(-2)=-16$　xとyの関係は$y=-\frac{16}{x}$と表せる。

(7) **二次方程式$ax^2+bx+c=0$の解は，$x=\frac{-b\pm\sqrt{b^2-4ac}}{2a}$**で求められる。問題の二次方程式は，$a=2$，$b=5$，$c=-2$の場合だから，$x=\frac{-5\pm\sqrt{5^2-4\times2\times(-2)}}{2\times2}=\frac{-5\pm\sqrt{25+16}}{4}=\frac{-5\pm\sqrt{41}}{4}$

(8)　(ウ)にあてはまる数が0.80以下のとき，0.65≦(ウ)≦0.80であるから，0.00≦(イ)≦0.15である。さらに，$20\times0.00=0$，$20\times0.15=3$より，0≦(ア)≦3である。以上より，(ア)の値が整数であることを考慮すると，(ア)にあてはまる数は0，1，2，3である。

2　**(資料の散らばり・代表値，連立方程式の応用，確率，数の性質)**

(1)　①　**中央値**は資料の値を大きさの順に並べたときの中央の値。生徒の人数は18人で偶数だから，記録の小さい方から9番目の18mと10番目の20mの平均値$\frac{18+20}{2}=19$(m)が中央値。

②　**箱ひげ図**とは，右図のように，**最小値**，**第1四分位数**，**中央値**，**第3四分位数**，**最大値**を箱と線(ひげ)を用いて1つの図に表したものである。また，**四分位数**とは，全てのデータを小さい順に並べて4つに等しく分けたときの3つの区切りの値を表し，小さい方から第1四分位数，第2四分位数，第3四分位数という。第2四分位数は中央値のことである。B組全員のハンドボール投げの記録について，最小値は8m，第1四分位数は記録の小さい方から5番目の15m，第2四分位数(中央値)は①より19m，第3四分位数は記録の大きい方から5番目の23m，最大値は35mである。

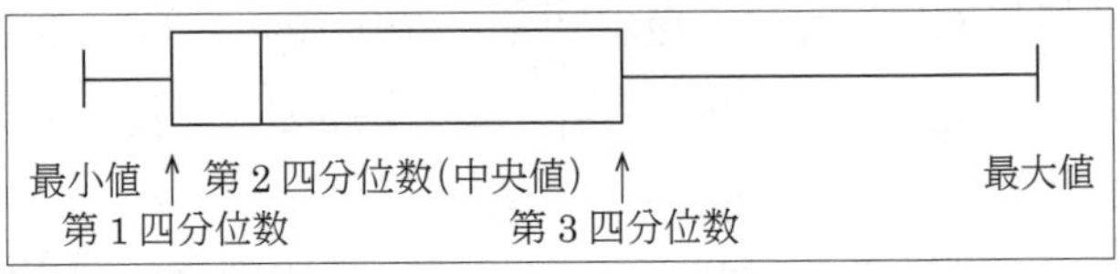

③　(i)　ハンドボール投げの記録の第1四分位数は，A組とB組の箱ひげ図より，A組が14m，B組が15mで，B組の方が大きい。正しくない。

(ii)　B組のハンドボール投げの記録が27m以上の人数は，図1より3人。A組のハンドボール投げの記録が27m以上の人数は，図2より，第3四分位数が23m，最大値が38mであるから，1人以上4人以下であることはわかるが，具体的な人数はわからない。ハンドボール投げの記録が27m以上の人数は，A組とB組でどちらが多いかは，図1，図2からはわからない。

(2)　①　〈まどかさんの考え方〉に関して，連立方程式の上の式の$x+y=1200$から，xとyの単位はmであることがわかり，(A)には「ア．歩いた道のりをxm，走った道のりをym」があてはまる。連立方程式の下の式の右辺の20は20分であるから，**(時間)＝$\frac{\text{(道のり)}}{\text{(速さ)}}$**より，(B)には「ケ．$\frac{x}{50}+\frac{y}{90}$」があてはまる。〈かずとさんの考え方〉に関して，連立方程式の下の式の$50x+90y=1200$と，**(道のり)＝(速さ)×(時間)**より，xとyの単位は分であることがわかり，(C)には「イ．歩いた時間をx分，走った時間をy分」があてはまる。連立方程式の上の式の右辺の20は20分であるから，(D)には「ウ．$x+y$」があてはまる。

②　〈まどかさんの考え方〉の連立方程式$\begin{cases} x+y=1200\cdots㋐ \\ \frac{x}{50}+\frac{y}{90}=20\cdots㋑ \end{cases}$を解く。㋑の両辺に450をかけて，$9x+5y=9000\cdots㋒$　㋒－㋐×5より，$(9x+5y)-5(x+y)=9000-1200\times5$　$4x=3000$　$x=750$　これを㋐に代入して，$750+y=1200$　$y=450$　以上より，歩いた道のりは750m，走った道のりは450mである。

(3)　①　10枚のカードから1枚のカードを取り出すとき，取り出し方は全部で10通り。このうち，$\sqrt{a}$が自然数となるのは，$\sqrt{1}=1$，$\sqrt{4}=2$，$\sqrt{9}=3$の3通り。よって，求める確率は$\frac{3}{10}$

②　$\frac{12}{a}$が自然数となるaは，$\frac{12}{1}=12$，$\frac{12}{2}=6$，$\frac{12}{3}=4$，$\frac{12}{4}=3$，$\frac{12}{6}=2$，$\frac{12}{12}=1$より，$a=1$，2，3，4，6，12の6通り。n枚のカードの中に$\frac{12}{a}$が自然数となるカードがA枚含まれているとすると，$\frac{12}{a}$が自然数となる確率は$\frac{\mathrm{A}}{n}$　$1\leqq n\leqq4$のとき$\frac{\mathrm{A}}{n}=\frac{n}{n}=1$　$n=5$のとき$\frac{\mathrm{A}}{n}=\frac{4}{5}$　$6\leqq n\leqq11$の

とき$\frac{\mathrm{A}}{n}=\frac{5}{n}$…㋐　$12\leqq n$のとき$\frac{\mathrm{A}}{n}=\frac{6}{n}$…㋑　これより，$\frac{12}{a}$が自然数となる確率が$\frac{1}{2}$となるのは，㋐より，$\frac{5}{n}=\frac{1}{2}$　$n=10$　㋑より，$\frac{6}{n}=\frac{1}{2}$　$n=12$である。

3 (図形と関数・グラフ)

(1)　点Aは$y=\frac{1}{4}x^2$上にあるから，そのy座標は$y=\frac{1}{4}\times(-2)^2=1$　よって，A$(-2,\ 1)$

(2)　(1)と同様にして，点Bのy座標は$y=\frac{1}{4}\times4^2=4$　よって，B$(4,\ 4)$　直線ABの傾き$=\frac{4-1}{4-(-2)}=\frac{1}{2}$　直線ABの式を$y=\frac{1}{2}x+b$とおくと，点Aを通るから，$1=\frac{1}{2}\times(-2)+b$　$b=2$　直線ABの式は$y=\frac{1}{2}x+2$

(3)　①　直線ABとy軸との交点をPとすると，直線ABのグラフの切片が2であることからP$(0,\ 2)$　y軸上の$y<0$の範囲にPQ＝3POとなるような点Qをとると，点Qのy座標は(点Pのy座標)－PQ＝2－3PO＝2－3×2＝－4　よって，Q$(0,\ -4)$　点Qを通り直線ABに平行な直線とx軸との交点をCとすると，直線CQのグラフは，傾きが$\frac{1}{2}$，切片が－4のグラフだから，$y=\frac{1}{2}x-4$…㋑　点Cのx座標は，㋑に$y=0$を代入して，$0=\frac{1}{2}x-4$　$x=8$　よって，C$(8,\ 0)$　このとき，平行線と面積の関係を考慮すると，△OAB：△ABC＝△OAB：△ABQ＝PO：PQ＝PO：3PO＝1：3で，問題の条件を満たしている。　(補足説明)△OAB：△ABQ＝PO：PQの説明　点A，Bからx軸へそれぞれ垂線AR，BSを引いて，**平行線と面積の関係**を用いると，△OAB＝△OAP＋△OBP＝△ORP＋△OSP＝△PRS＝$\frac{1}{2}$×RS×PO　同様にして，△ABQ＝△PRS＋△QRS＝$\frac{1}{2}$×RS×PO＋$\frac{1}{2}$×RS×OQ＝$\frac{1}{2}$×RS×(PO＋OQ)＝$\frac{1}{2}$×RS×PQより，△OAB：△ABQ＝$\left(\frac{1}{2}\times\mathrm{RS}\times\mathrm{PO}\right):\left(\frac{1}{2}\times\mathrm{RS}\times\mathrm{PQ}\right)$＝PO：PQが成り立つ。

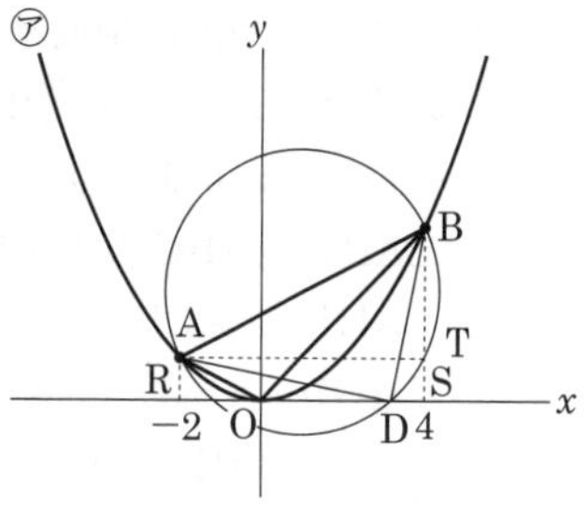

②　**直径に対する円周角が90°**であることと，∠ADB＝90°より，右図のように，点Dは線分ABを直径とする円とx軸との交点である。点Dの座標を$(d,\ 0)$とする。ただし，$d>0$　△ABDに**三平方の定理**を用いると，$\mathrm{AB}^2=\mathrm{AD}^2+\mathrm{BD}^2$より，$\mathrm{AT}^2+\mathrm{BT}^2=(\mathrm{AR}^2+\mathrm{DR}^2)+(\mathrm{BS}^2+\mathrm{DS}^2)$　$\{4-(-2)\}^2+(4-1)^2=[(1-0)^2+\{d-(-2)\}^2]+[(4-0)^2+(4-d)^2]$　整理して，$d^2-2d-4=0$　**解の公式**を用いて，$d=\frac{-(-2)\pm\sqrt{(-2)^2-4\times1\times(-4)}}{2\times1}=\frac{2\pm\sqrt{20}}{2}=1\pm\sqrt{5}$　ここで，$d>0$だから$d=1+\sqrt{5}$　点Dの座標は$(1+\sqrt{5},\ 0)$

4 (空間図形，三角すいの高さ，線分の長さ，作図)

(1)　①　△EFHを底面としたときの三角すいQの高さを$h$cmとすると，(三角すいQの体積)＝$\frac{1}{3}$×△EFH×h＝$\frac{1}{3}\times\left(\frac{1}{2}\times\mathrm{EF}\times\mathrm{EH}\right)\times h=\frac{1}{3}\times\left(\frac{1}{2}\times9\times3\right)\times h=\frac{9}{2}h$(cm^3)　また，(直方体Pの体積)＝EF×EH×AE＝9×3×6＝162(cm^3)　三角すいQの体積が直方体Pの体積の$\frac{1}{9}$のとき，$\frac{9}{2}h=162\times\frac{1}{9}$　$h=4$　△EFHを底面としたときの三角すいQの高さは4cmである。

②　線分EIを対角線にもつ次ページの図のような直方体KLIJ－ENOMを考えると，①よりIO＝4cmである。IO//DH，ON//HE，MO//EFより，**平行線と線分の比の定理**を用いると，ON：

HE＝FO：FH＝IO：DH＝4：6＝2：3　ON＝HE×$\frac{2}{3}$＝3×$\frac{2}{3}$＝2(cm)　同様にして，MO：EF＝HO：HF＝(3－2)：3＝1：3　MO＝EF×$\frac{1}{3}$＝9×$\frac{1}{3}$＝3(cm)　以上より，三平方の定理を用いて，EI＝$\sqrt{IO^2+EO^2}$＝$\sqrt{IO^2+(ON^2+EN^2)}$＝$\sqrt{IO^2+(ON^2+MO^2)}$＝$\sqrt{4^2+(2^2+3^2)}$＝$\sqrt{29}$(cm)

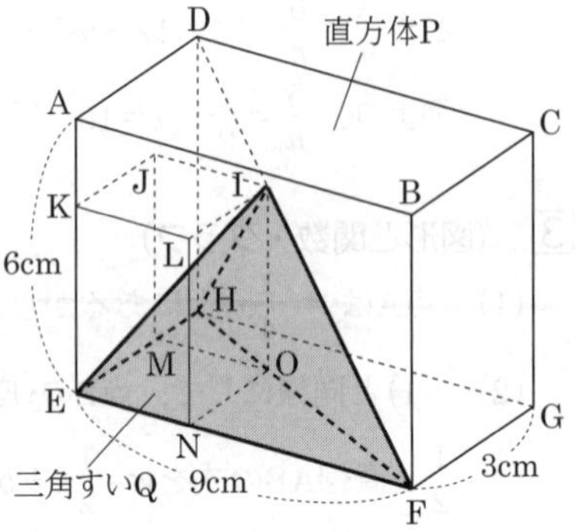

(2)　(着眼点)　∠OBD＝90°より，点Dは点Bを通る直線ABの垂線上にある。また，∠DOB＝∠CAO…㋐　より同位角が等しいからAC//ODであり，**平行線の錯角は等しい**から，∠DOC＝∠ACO…㋑　また，△AOCはAO＝COの二等辺三角形だから，∠CAO＝∠ACO…㋒　㋐，㋑，㋒より∠DOB＝∠DOC　よって，点Dは∠COBの二等分線上にもある。(作図手順)　次の①～⑤の手順で作図する。　①　線分ABを延長する。　②　点Bを中心とした円を描き，直線AB上に交点をつくる。　③　②でつくったそれぞれの交点を中心として，交わるように半径の等しい円を描き，その交点と点Bを通る直線(点Bを通る直線ABの垂線)を引く。　④　点Oを中心とした円を描き，線分OB，OC上に交点をつくる。　⑤　④でつくったそれぞれの交点を中心として，交わるように半径の等しい円を描き，その交点と点Oを通る直線(∠COBの二等分線)を引き，点Bを通る直線ABの垂線との交点をDとする。

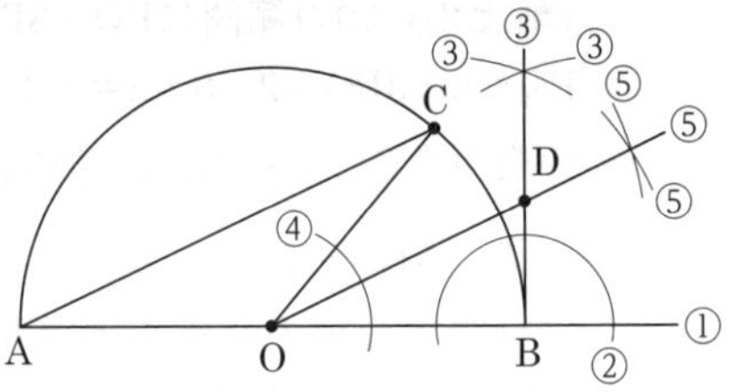

5　**(円の性質，合同と相似の証明，線分の長さ，面積の比)**

(1)　2つの三角形の相似は，「3組の辺の比がすべて等しい」か，「2組の辺の比とその間の角がそれぞれ等しい」か，「2組の角がそれぞれ等しい」ときにいえる。本証明は，「2組の角がそれぞれ等しい」をいうことで証明する。△AIHと△HIGにおいて，共通な角は等しいことから，∠AIH＝∠HIG(ア)…①　弧AEに対する**円周角**は等しいことから，∠AHE＝∠ACE　つまり，∠AHI＝∠ACE(イ)…②　仮定のFH//ECより，平行線の錯角は等しいことから，∠ACE＝∠HGI…③　②，③より，∠AHI＝∠HGI…④　①，④より，2組の角(ウ)がそれぞれ等しいので，△AIH∽△HIG

(2)　(証明)　(例)△AFGと△CEDにおいて，仮定より，AF＝CE…①　FH//ECより，**平行線の同位角は等しい**から，∠AFG＝∠CED…②　線分AEは∠BACの二等分線だから，∠FAG＝∠EAB…③　弧BEに対する円周角は等しいから，∠EAB＝∠ECD…④　③，④より，∠FAG＝∠ECD…⑤　①，②，⑤より，1組の辺とその両端の角がそれぞれ等しいので，△AFG≡△CED

(3)　①　△AFG≡△CEDより，CE＝AF＝6cm　FH//ECより，平行線と線分の比の定理を用いると，AF：AE＝FG：CE＝2：6＝1：3　AE＝3AF＝3×6＝18(cm)　FE＝AE－AF＝18－6＝12(cm)

②　△AFG＝Scm^{2}とする。FH//ECより，△AFG∽△AECで，**相似比**はFG：EC＝2：6＝1：3　**相似な図形では，面積比は相似比の2乗に等しい**から，△AFG：△AEC＝1^2：3^2＝1：9　△AEC＝9△AFG＝9S(cm^2)　(台形FECGの面積)＝△AEC－△AFG＝9S－S＝8S(cm^2)　△EGFと△GECの底辺をそれぞれFG，ECと考えると，FH//ECより高さが等しいから，△EGF：△GEC＝FG：EC＝2：6＝1：3　△GEC＝(台形FECGの面積)×$\frac{3}{1+3}$＝8S×$\frac{3}{4}$＝6S(cm^2)

平行線と線分の比の定理を用いると，IG：IC＝HG：EC＝5：6　△IECと△GECで，**高さが等しい三角形の面積比は，底辺の長さの比に等しい**から，△IEC：△GEC＝IC：GC＝IC：(IG＋IC)＝6：(5＋6)＝6：11　$\triangle IEC=\frac{6}{11}\triangle GEC=\frac{6}{11}\times 6S=\frac{36}{11}S(\mathrm{cm}^2)$　同様にして，△AFG：△AGH＝FG：GH＝2：5　$\triangle AGH=\frac{5}{2}\triangle AFG=\frac{5}{2}\times S=\frac{5}{2}S(\mathrm{cm}^2)$　以上より，$\triangle IEC:\triangle AGH=\frac{36}{11}S:\frac{5}{2}S=72:55$

＜英語解答＞

1　(1)　ウ　(2)　No. 1　エ　No. 2　エ　No. 3　イ　(3)　No. 1　ア　No. 2　ア　No. 3　ウ　No. 4　イ　(4)　No. 1　ウ　No. 2　イ　No. 3　エ

2　(1)　No. 1　①　ア　②　ア　No.2　エ　(2)　エ

3　(1)　①　(例1) Are you interested in Japanese culture?　(例2) Is Japanese culture interesting for you?　(例3) Do you have an interest in the culture of Japan?　②　(例1) There are a lot of places to visit in Japan.　(例2) My country has many spots you should visit.　(例3) In our country, we have lots of good places to see.　③　(例1) Will you show me the pictures you took in Australia?　(例2) Can I see some photos taken in Australia?　(例3) I want you to show me a picture which was taken in your country.
(2)　①　(例1) It's famous for Mt. Hikari.　(例2) Aozora Town has a famous mountain called Mt. Hikari.　(例3) Many people know Mt. Hikari in my town.　②　(例1) If you climb it in spring, you can see many beautiful flowers.　(例2) You will find a lot of pretty flowers when you go up Mt. Hikari in the spring.　(例3) In spring, people can look at lots of lovely flowers on the mountain.　③　(例1) The restaurant near Mt. Hikari is the most popular in Aozora Town.　(例2) The restaurant by the mountain is the most popular of all restaurants in the town.　(例3) The restaurant near Mt. Hikari is more popular than any other restaurant in my town.

4　(1)　①　イ　②　ウ　(2)　A　talking　B　magazine　(3)　ア
(4)　エ，カ

＜英語解説＞

1　(リスニング)

放送台本の和訳は，57ページに掲載。

2　(会話文問題・資料読み取り問題：文挿入，内容真偽)

(1)　(全訳)　ケイト：この週末の予定はあるの，チカ？
チカ　：実はあなたをこの町のいくつかの場所に連れて行きたいの。どこに行きたい，ケイト？
ケイト：伝統的な日本の建物を見たいな。

チカ　：あら，なんで見たいの？
ケイト：私は日本のアニメが好きで，日本に来る前たくさんの日本のアニメ映画を見たのよ。私の大好きな映画の1つで美しい日本のお城を見たの。それ以来ずっと伝統的な日本の建物が見たいの。
チカ　：この町にはお城はないけど，ここの近くに神社がある。それも伝統的な日本の建物だよ。土曜日にそこに連れて行ってあげるね。①(あなたが気に入ってくれるといいな。)
ケイト：とってもわくわくする！
チカ　：他にしたいことはある？
ケイト：今まで食べたことがない日本食を食べてみたい。
チカ　：なるほど。お好み焼きを知ってる？
ケイト：うん。前にクラスメイトの1人が私に教えてくれたけど，食べたことはない。
チカ　：日曜日に一緒に作って食べよう。
ケイト：いいね！
チカ　：今まで作ったことがないんだけど父が私によく作ってくれるの。もし彼が日曜日暇だったら作るのを手伝ってくれるよ。あとで聞いてみるね。
ケイト：ああ！　とても楽しくなるね！
チカ　：日曜日の前に材料を買いにスーパーへいかないとね。
ケイト：②(金曜日の放課後に行くのはどう？)
チカ　：いい考えだね。

No.1　①　直前に連れて行ってあげると言い，直後では楽しみにしていると言われているので肯定的な内容となるのがわかる。　②　直前に買い物に行く必要について述べ，直後はいいアイディアだとあるので何か提案をしていることがわかる。**How about ～ ing「～するのはどうですか？」**　イ「金曜日の放課後にどうやってそこへ行くつもりですか」　ウ「金曜日の放課後にそこで何を買うつもりですか」　エ「金曜日の放課後に何時にそこへ行くつもりですか」は提案ではない。

No.2　ア「チカは土曜日にケイトをチカの町の美しいお城に連れて行くつもりだ」(×)　3つ目のチカの発話参照。　イ「ケイトは大好きな映画の1つでその神社を見たのでそこに行きたいと思っている」(×)　3つ目のケイトの発話参照。　ウ「チカがお好み焼きの話をしたときケイトはそれが何かわからなかった」(×)　6つ目のケイトの発話参照。　エ「チカはお好み焼きを作ったことはないが，父親がその作り方を知っている」(○)　7つ目のチカの発話参照。

(2)　(全訳)　ケビン：次の土曜日時間があったらケーキを作るのを手伝ってくれる？　インターネットでレシピを見つけて作ろうとしたけど難しすぎた。
アリス：いいよ。作り方を教えてあげる。なんで作りたいの？
ケビン：母の誕生日がもうすぐ来るんだ。彼女を驚かせることを何かしたいから，彼女のためにケーキを作ろうと決めたんだよ。
アリス：それはいい考えだね。午前中はダンスレッスンがあって，正午には家に戻るの。午後1時半に私の家に来てくれる？
ケビン：もちろん。ありがとう。

ア「アリスは次の土曜日の午後にケビンの誕生日のためにケーキを作るつもりだ」(×)　2つ目のケビンのメッセージ参照。　イ「ケビンはアリスがインターネットで見つけたレシピについて彼に話したとき驚いた」(×)　1，2つ目のケビンのメッセージ参照。　ウ「アリスは次の土曜日にケビンにダンスレッスンに彼女と一緒に行ってもらいたかったが，彼は行けなかった」(×)　最後のアリスのメッセージ参照。　エ 「ケビンはケーキの作り方を学ぶために次の土曜日の午後1時半にアリスの家に行く」(○)　1つ目のケビン，最後のアリスのメッセージ参照。

3 **(条件英作文：現在形，不定詞，関係代名詞，分詞，接続詞，比較)**

(1)　会話表現をよく覚えておこう。　①　(例1)「日本の文化に興味がありますか」**be interested in** **「～に興味がある」** (例2)「日本文化はあなたにとって興味深いですか」interesting「関心を引く，興味深い」 (例3)「あなたは日本の文化に興味を持っていますか」interest「興味，関心」　②　(例1)「日本には訪れるべき場所がたくさんある」名詞の後ろに to と動詞の原形を続けて「～すべき(名詞)」と表現できる。　(例2)「私の国には訪れるべき場所がたくさんある」**名詞の後ろに主語と動詞のある文を続けて「～する(名詞)」**と表現することができる。(例3)「私たちの国には見るべき場所がたくさんある」　③　(例1)「あなたがオーストラリアで撮った写真を見せていただけますか」Will you ～?「～してくれませんか」(例2)「オーストラリアで撮られた写真を見てもいいですか」**名詞の後ろに動詞の過去分詞形を続けて「～された(名詞)」**の意味を表現できる。Can I ～?「～してもいいですか」(例3)「あなたの国で撮られた写真を私に見せてもらいたいです」**<want +人+ to +動詞の原形～>「(人)に～してもらいたい」**

(2)　①　(例1)「それはひかり山で有名だ」**be famous for「～で有名だ」** (例2)「あおぞら町にはひかり山と呼ばれる有名な山がある」(例3)「多くの人たちが私たちの町のひかり山を知っている」　②　(例1)「春にその山に登るとたくさんの美しい花を見ることができる」(例2)「春にひかり山に登るとたくさんの可愛い花を見ることができる」(例3)「春にはその山でたくさんの可愛い花を見ることができる」　③　(例1)「ひかり山の近くのレストランはあおぞら町で一番人気だ」**<the most +形容詞・副詞>で「最も(形容詞・副詞)な」**という最上級の表現となる。popular「人気な」(例2)「その山のそばのレストランはこの町の全てのレストランの中で一番人気だ」(例3)「ひかり山の近くのレストランは私の町の他のどのレストランよりも人気だ」**<more +形容詞・副詞+ than any other +単数名詞>で「他のどの～よりも(形容詞・副詞)だ」**の意味を表す。

4 **(読解問題・物語文：文挿入，語句補充，内容真偽)**

(全訳)　ケンタは16歳です。高校生です。彼は音楽部の一員で，バンドでギターを弾いています。彼のバンドは9月の学園祭で演奏をするつもりです。

8月のある日，ケンタのバンドメンバーが学園祭に向けて練習をしていたとき，一人のメンバーのエリカが他のメンバーに「学園祭を楽しみにしているの。わくわくするものになるよね」と言いました。彼女は音楽部の部長で，ドラムを演奏しています。彼女はこれまでに何度もステージで演奏をしています。ケンタは何も言いませんでした。エリカは彼に「①(どうしたの？)」と言いました。彼は「僕は一度もステージで演奏したことがないからちょっと緊張しているよ。たくさんの人たちの前でミスをしたくないんだ」と言いました。彼女は「ミスすることを怖がらないで。大事なことはベストを尽くすことだから」と言いました。彼女は彼を励まそうとしましたが，彼は幸せそうには見えませんでした。

9月のある日曜日，ケンタはエリカと彼の大好きなバンドのコンサートに行きました。彼らはそのバンドによる素晴らしい演奏を見てとても興奮しました。コンサートのあと，彼らはALTのブラウン先生に会いました。エリカはブラウン先生に「こんにちは，ブラウン先生。先生がここにいるのを知りませんでした。コンサートは楽しかったですか？」と言いました。ブラウン先生は「こんにちは，エリカ。コンサートは素晴らしかったですね。とても楽しかったです。音楽が大好きなんです」と言いました。彼らが一緒に駅まで歩いているとき，全員が興奮して，コンサートについて話して楽しみました。

次の日，ケンタは学校の図書館でギターについての雑誌を探していたとき，ブラウン先生にまた会いました。彼女は雑誌を読んでいました。彼は「何を読んでいるんですか，ブラウン先生？」と彼女に聞きました。彼女は「こんにちは，ケンタ。ギターの雑誌を読んでいるの。ギターを弾くのが好きなんですよ」と言いました。彼は「本当ですか？　僕もです！」と言いました。彼は彼女もギターを弾くことを嬉しく思いました。彼は「いつギターを弾き始めたんですか？」と聞きました。彼女は「16歳の時に弾き始めました。その年に初めてたくさんの人の前で弾きました」と言いました。彼は「上手に弾けましたか？」と聞きました。彼女は「いくつかミスをしたけど，ベストは尽くしました。ステージから友達の笑顔を見たとき嬉しく思いました」と言いました。彼女の経験を聞いたあと，ケンタは学園祭に来る人たちに彼のバンドの演奏を楽しんでもらいたいと思いました。彼女は「あなたの演奏を聞きたいです」と言いました。彼は「僕のバンドはもうすぐ学園祭で演奏するつもりです。②(いらっしゃいませんか？)」と言いました。彼女は「もちろん」と言いました。

ブラウン先生と話したあと，ケンタはエリカに電話をしました。彼は「今あなたの言葉の意味がわかったよ」と言いました。エリカは「どういう意味？」と聞きました。彼は「みんなを幸せにするために学園祭で一生懸命頑張るよ」と言いました。

学園祭の日，ケンタのバンドはステージで演奏をしました。ケンタはいくつかミスをしましたが，ステージからたくさんの笑顔を見られて幸せでした。演奏のあとにブラウン先生が彼に会いに来ました。彼女は「あなたの演奏はとてもよかったです」と言いました。彼は「ありがとうございます。ステージでギターを弾いて楽しかったです」と言いました。

(2年後)

ケンタは，音楽部の部長です。今年は，初めてステージで演奏する予定の新しいバンドメンバーと共に学園祭で演奏するつもりです。

学園祭の前のある日，ケイタのバンドメンバーの1人であるマナミが「とても緊張しています。ミスをしたらどうしたらいいですか？」とケンタに言いました。彼は「僕が初めてステージで演奏したとき，いくつかミスをしたよ。だからミスすることを怖がる必要はないよ。ベストを尽くそうよ！」と彼女に笑顔で言いました。

(1)　①　エリカのわくわくする気持ちに対して，空欄以降ケンタの心配な気持ちが述べられている。　②　空欄直後に「もちろん」と答えているので誘ったことが考えられる。

(2)　(A)「駅まで歩いているとき彼らはみんなそのことについて話して楽しんだ」第3段落最終文参照。　(B)「彼女はそこでギターの雑誌を読んでいた」第4段落第1～4文参照。

(3)　下線部後のケンタの発話から考える。ア「ケンタがベストを尽くすことが大事だ」(○)　イ「ケンタは大好きなバンドのコンサートに行かなくてはならない」(×)　ウ「ケンタはブラウン先生と話す必要がある」(×)　エ「ケンタは音楽部の部長であるべきだ」(×)

(4)　各段落で誰が何をしたのか，言ったのかを意識して読む。　ア「ケンタの高校の全ての生徒が9月の学園祭で演奏をするつもりだ」(×)　第1段落第4文参照。　イ「学園祭に向けて練習をしていたときケンタはエリカを励まそうとしたがエリカは幸せそうに見えなかった」(×)　第2段落最終文参照。　ウ「ブラウン先生は16歳のときにギターを弾き始めたが，2年後初めて大勢の前で演奏をした」(×)　第4段落半ばのブラウン先生の発話参照。　エ「ブラウン先生はステージでギターを弾いたときに友達の笑顔を見てうれしく思った」(○)　第4段落半ば以降のブラウン先生の発話参照。　オ「ケンタは学園祭で初めてステージでギターを弾いたときミスをしなかった」(×) 第6段落第2文参照。 カ「マナミがとても緊張していたとき，ケンタは彼女にミスをすることを怖がる必要はないことを伝えた」(○) 最終段落参照。

2022年度英語 リスニング検査

〔放送台本〕

今から[1]のリスニング検査を行います。問題は，(1)，(2)，(3)，(4)の4つです。問題用紙の各問いの指示に従って答えなさい。聞いている間にメモを取ってもかまいません。

それでは，(1)の問題から始めます。(1)の問題は，表を見て答える問題です。下の表についての英語による質問を聞いて，その質問に対する答えとして，ア~エから最も適当なものを1つ選び，その記号を書きなさい。質問は2回繰り返します。では，始めます。

Who made a speech about endangered animals in the gym yesterday?

これで(1)の問題を終わり，(2)の問題に移ります。

〔英文の訳〕

昨日体育館で絶滅のおそれのある動物についてスピーチをしたのは誰ですか？

答え：ウ マサトです。

〔放送台本〕

(2)の問題は，英語による対話を聞いて，質問に答える問題です。それぞれの質問に対する答えとして，ア~エから最も適当なものを1つ選び，その記号を書きなさい。対話は，No.1，No.2，No.3の3つです。対話と質問は2回繰り返します。では，始めます。

No.1 A: Is that a new T-shirt, Saori?
B: Yes, Bob. I bought it on the Internet.
A: It looks nice. Do you often buy clothes on the Internet?
B: No. I usually buy them at the department store.
質問します。 Did Saori buy her new T-shirt at the department store?

No.2 A: Hi, Miyuki. How was your winter vacation?
B: I went to Osaka to see my uncle. How about you, Mr. Smith?
A: My friend, John, visited me from New Zealand. We went to Kyoto to see a lot of temples.
B: Oh, that's good.
質問します。 Who visited Kyoto during the winter vacation?

No.3 A: Hi, Naomi. Can you help me with my math homework after school?
B: Sorry, Tom, but I have to help my mother cook dinner after school today. Can you ask Mr. Tanaka to help you?

A: He isn't at school today.
B: Oh, how about Satoshi? He is good at math.
A: He is going to practice basketball after school.
B: OK. I will help you tomorrow morning before the first class.
質問します。 What is Naomi going to do after school today?

これで(2)の問題を終わり，(3)の問題に移ります。

〔英文の訳〕

No. 1 A：それは新しいTシャツ，サオリ？
B：うん，ボブ。インターネットで買ったの。
A：いいね。インターネットでよく服を買うの？
B：いえ。いつもデパートで買うよ。
質問：サオリはデパートで新しいTシャツを買いましたか？
答え：エ いいえ，買いませんでした。

No. 2 A：こんにちは，ミユキ。冬休みはどうでしたか？
B：叔父に会いに大阪へ行きました。スミス先生はどうでしたか？
A：友だちのジョンがニュージーランドから僕を訪ねてきました。たくさんのお寺を見に京都へ行きました。
B：ああ，それはいいですね。
質問：冬休みに京都を訪れたのは誰ですか？
答え：エ スミス先生とジョンが行きました。

No. 3 A：やあ，ナオミ。放課後に数学の宿題を手伝ってくれる？
B：ごめんね，トム，でも今日は放課後に母が夕飯を作るのを手伝わないといけないの。田中先生に手伝うように頼んでくれる？
A：今日彼は学校にいないよ。
B：ああ，サトシはどう？ 彼は数学が得意よ。
A：彼は放課後バスケットボールを練習するんだ。
B：オーケー。明日の朝最初の授業の前に手伝うよ。
質問：ナオミは今日放課後何をするつもりですか？
答え：イ 彼女は母が夕飯を作るのを手伝うつもりです。

〔放送台本〕

(3)の問題は，英語による対話を聞いて，答える問題です。それぞれの対話の最後の英文に対する受け答えとして，ア~ウから最も適当なものを1つ選び，その記号を書きなさい。対話は，No.1，No. 2，No. 3，No. 4の4つです。対話は2回繰り返します。では，始めます。

No.1 A: Excuse me. How can I get to the library?
B: Go along this street and you'll see a large brown building. It's the library.
A: Thank you. How long does it take?

No.2 A: I didn't see you in the first class this morning.

B: I was late for school today.
A: What happened?

No.3 A: Hi. Can I help you?
B: Can I have a hamburger and a salad, please?
A: Sure. What would you like to drink?

No.4 A: How did you spend your weekend?
B: I went to see a movie with my brother.
A: Oh, how was it?

これで(3)の問題を終わり，(4)の問題に移ります。

〔英文の訳〕

No.1 A：すみません。図書館まではどうやって行きますか？
B：この道を行くと大きな茶色いビルが見えます。それが図書館です。
A：ありがとうございます。どれくらいかかりますか？
答え：ア　5分くらいです。

No.2 A：今朝最初の授業で会わなかったね。
B：今日は学校に遅刻したの。
A：何があったの？
答え：ア　電車が突然止まった。

No.3 A：こんにちは，いらっしゃいませ。
B：ハンバーガーとサラダをいただけますか？
A：かしこまりました。お飲み物は何になさいますか？
答え：ウ　オレンジジュースをお願いします。

No.4 A：週末はどう過ごしましたか？
B：兄[弟]と映画を観に行きました。
A：ああ，どうでしたか？
答え：イ　兄[弟]は好きだったけど，私は好きではなかった。

〔放送台本〕

(4)の問題は，高校生で放送部員の Maki が，カナダからの留学生のJackにインタビューしているときの英語による対話を聞いて，質問に答える問題です。それぞれの質問に対する答えとして，ア～エから最も適当なものを1つ選び，その記号を書きなさい。対話と質問は2回繰り返します。では，始めます。

Maki: Hello, Jack. Today I will ask you some questions. When did you come to Japan?
Jack: I came to Japan two weeks ago. I will stay in Japan for three more weeks.
Maki: How do you come to school?
Jack: I come to school by bicycle. I usually leave home at 7:40. It takes thirty minutes to school. I am surprised to see many cars every

day.

Maki: I see. How is your stay here?

Jack: Great. I am staying with Hiroshi's family. I enjoy talking with his family after dinner. His sister, Yoshie, is a music teacher and she often teaches me Japanese songs. I can learn Japanese from them, too.

Maki: Sounds good. Why did you want to study in Japan?

Jack: My father came to Japan to study Japanese when he was a college student. He told me about his experiences in Japan. They were interesting, so I decided to study in Japan someday.

Maki: I see. Does your father still study Japanese?

Jack: Yes, he does. He sometimes reads Japanese books.

Maki: That's wonderful. Do you enjoy your school life here?

Jack: Yes. I have a good time. My classmates often try to talk to me. I am happy to have a chance to communicate with them.

Maki: That's good. What do you like to do during your free time?

Jack: I like to practice calligraphy. A friend of mine teaches it to me. I want to be good at it.

Maki: Do you have anything to tell the students of this school?

Jack: I want to tell them about my country. So I made a poster about Canada three days ago. You can see it on the wall.

Maki: Thank you very much. I really enjoyed talking with you.

質問します。

No.1 What time does Jack usually arrive at school?

No.2 Why did Jack decide to come to Japan?

No.3 What did Jack do to tell the students about Canada?

これで1のリスニング検査の放送を終わります。

〔英文の訳〕

マキ　　：こんにちは，ジャック。今日はいくつかあなたに質問があります。日本にはいつ来ましたか？

ジャック：2週間前に来ました。日本にあと3週間滞在します。

マキ　　：どうやって学校へ来るんですか？

ジャック：自転車で学校に来ます。いつも7時40分に家を出ます。学校まで30分かかります。毎日たくさんの車を見て驚いています。

マキ　　：なるほど。ここの滞在はどうですか？

ジャック：すばらしいです。ヒロシの家に滞在しています。夕食後に彼の家族と話して楽しんでいます。彼のお姉さんのヨシエは音楽の先生で，よく日本の歌を教えてくれます。そこから日本語を学ぶこともできます。

マキ　　：いいですね。何で日本で勉強したいと思ったんですか？

ジャック：父が大学生のときに日本語を勉強しに日本へ来ました。彼が私に日本での経験を話してくれました。それはとても面白かったのでいつか日本で勉強することを決心しました。
マキ　　：なるほど。あなたのお父さんはまだ日本語を勉強していますか？
ジャック：はい，しています。時々日本語の本を読みます。
マキ　　：それは素晴らしいですね。ここでの学校生活を楽しんでいますか？
ジャック：はい。いい時間を過ごしています。クラスメイトはよく私と話そうとしてくれます。彼らとコミュニケーションを取るチャンスがあって嬉しいです。
マキ　　：それはいいですね。自由な時間に何をするのが好きですか？
ジャック：書道の練習をするのが好きです。私の友達の1人が私に教えてくれます。上手になりたいです。
マキ　　：この学校の生徒達に何か伝えることはありますか？
ジャック：私の国について話したいです。それなので3日前にカナダについてのポスターを作りました。これは壁に貼ってあって見ることができます。
マキ　　：ありがとうございました。あなたとお話しできてとても楽しかったです。

No. 1：ジャックはいつも何時に学校へ着きますか？
　答え：ウ　8時10分。
No. 2：ジャックはなぜ日本に来ることを決心しましたか？
　答え：イ　彼の父親の日本での経験が彼にとって面白かったから。
No. 3：ジャックは生徒達にカナダについて伝えるために何をしましたか？
　答え：エ　それについてのポスターを作った。

＜理科解答＞

1　(1)　(a)　屈折(角)　(b)　25°　(2)　右図　(3)　120°

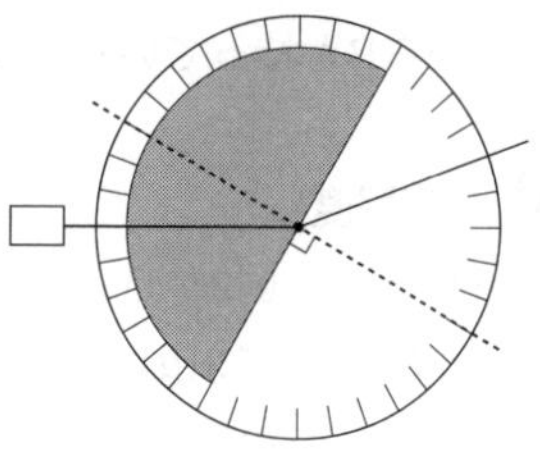

2　(1)　惑星　(2)　ア　(3)　ウ　(4)　(金星は)地球より内側を公転しているから。

3　(1)　顕性[優性](形質)　(2)　ア，イ
(3)　黒色　エ　黄色　オ

4　(1)　(a)　ビーカーA　○　ビーカーB　○　ビーカーC　×
(b)　イ　(2)　(a)　C　(b)　18(%)

5　(1)　(a)　あ　ア　い　エ　(b)　名称　胚珠　記号　H　(c)　被子(植物)
(d)　ウ　(e)　離弁花(類)　(2)　ウ　(3)　Xのグループ　ア　Zのグループ　ウ

6　(1)　(a)　(i)　$Zn \rightarrow Zn^{2+} + 2e^-$　(ii)　$Cu^{2+} + 2e^- \rightarrow Cu$　(b)　カ
(2)　(a)　化学(エネルギー)　(b)　イ　(c)　ウ　(d)　(i)　ウ　(ii)　イ

7　(1)　(a)　エ　(b)　閉そく(前線)　(c)　ア　(d)　(記号)　ウ　(変化)　気温が急激に低下したことと，風向が北よりに変わったこと。　(2)　(a)　エ　(b)　ウ

8　(1)　(a)　発熱する　(b)　磁界　(c)　ウ→エ→ア→イ　(2)　(a)　エ　(b)　ア
(c)　ア　(d)　(コイルが180°回転するごとに，)　(例1)コイルに流れる電流の向きを切りかえる　(例2)コイルに流れる電流の向きを逆にする(はたらき)

＜理科解説＞

1 (光の性質)

(1) (a) 境界面に対する垂線と屈折光がなす角を，屈折角という。 (b) 入射角(角A)が40°なので，表より，屈折角(角B)は25°になっている。

(2) 角Aは空気側にできる角，角Bはガラス側にできる角を表している。角Bが30°なので，このときの角Aは，表より50°とわかる。

(3) **入射角＝反射角**となる。入射角は60°なので，求める値は，60＋60＝120(°)となる。

2 (金星)

(1) 恒星のまわりを公転している天体を，惑星という。

(2) このときの金星は，地球から見て明け方の太陽の方向に見えるので，東の空に見える。

(3) 金星の公転の向きから，この金星は地球からしだいに離れていく。金星は，地球からはなれるほど満ちていくが，遠くなるために大きさは小さくなって見える。

(4) 金星は地球よりも内側を公転しており，真夜中の地球から見える範囲に公転軌道がない。

3 (遺伝)

(1) 対立形質をもつ純系の親どうしをかけ合わせてできる子には，両親のうち，一方の形質が現れる。このとき，**子に現れた形質を顕性形質**という。

(2) 子がもつ遺伝子の組み合わせは，Bbである。生殖細胞には，Bbの遺伝子が分かれて1つずつ入るため，Bの遺伝子，bの遺伝子をもった生殖細胞がそれぞれできる。

(3) 実験から，顕性形質は黒色，潜性形質が黄色とわかる。黄色のメダカは顕性形質Bの遺伝子をもっていないので，遺伝子の組み合わせはbbである。黒色と黄色のメダカをかけ合わせた結果，bbの子が現れることから，黒色のメダカはbの遺伝子を持っている。また，黒色であることからBも持っている。よって，黒色のメダカの遺伝子の組み合わせは，Bbと考えられる。

4 (溶解度)

(1) (a) 図2から，20℃，100gの半量の水50gにとけるおよその物質の質量は，塩化ナトリウムが38÷2＝19〔g〕，硝酸カリウムが32÷2＝16〔g〕，ミョウバンが12÷2＝6〔g〕 よって，15gをすべてとかすことができるのは，塩化ナトリウムと硝酸カリウムである。

(b) 60℃の水50gにとける硝酸カリウムのおよその質量は，109÷2＝54.5〔g〕 よって，さらにとかすことができる硝酸カリウムのおよその質量は，54.5－15＝39.5〔g〕より，約40gであるといえる。

(2) (a) 図2と表から，60℃の水50gにとける物質のおよその質量(X)，10℃の水50gにとける物質のおよその質量(Y)，および，60℃から冷却したときに得られる結晶のおよその質量(Z)は，それぞれ次のようになる。

	X：60℃の水50gにとける物質の質量〔g〕	Y：10℃の水50gにとける物質の質量〔g〕	Z：生じる結晶の質量〔g〕(15－Y)
塩化ナトリウム	19.5	18.85	生じない。
硝酸カリウム	54.5	11.0	4.0
ミョウバン	29	3.8	11.2

よって，60℃ではビーカーA～Cまで，15gの物質はすべてとけているが，10℃に温度を下げる

と塩化ナトリウムはすべてとけたままなので結晶は生じず，硝酸カリウムは15－11.0＝4.0〔g〕，ミョウバンが15－3.8＝11.2〔g〕が結晶となって現れる。 (b) ビーカーBでは水溶液中に11.0gがとけている。水は50gなので，濃度は，11.0÷(11.0＋50)×100＝18.0…→18(%)

5 **(植物の体のつくりと分類)**

(1) (a) スケッチを行うときは，細い線と点ではっきりとかくようにする。 (b) マツの雌花のりん片には，胚珠がついている。また，アブラナにも子房の中に胚珠がある。 (c) 胚珠が子房の中にある植物を，被子植物という。 (d) アブラナの葉脈が網目状であることから，アブラナは双子葉類に分類される植物である。双子葉類の植物は，**子葉が2枚あり，茎の維管束は輪状に分布**している。 (e) 花弁が1枚1枚離れている花のつくりをしている植物のなかまを，離弁花類という。

(2) アブラナのような被子植物と，イヌワラビのようなシダ植物には，体に維管束が見られる。

(3) Xは，体に根や葉や茎が見られるが，Wには根，茎，葉の区別はない。Yのグループの植物は花がさかず，胞子でなかまをふやすが，Zは花がさき，種子をつくってなかまをふやす。

6 **(イオンと電池)**

(1) (a) 水溶液Aは色が青色であることから，硫酸銅水溶液である。よって，水溶液Bは硫酸亜鉛水溶液となる。また，金属Bでは硫酸銅水溶液(水溶液A)中の銅イオンが銅に変化していることから，銅よりもとけやすい金属である。よって，金属Bは亜鉛板，金属Aは銅板となる。

(i)・(ii) 金属Bの表面では，**亜鉛原子が電子を2個放出して亜鉛イオンとなってとけ出す**反応が起こっており，これと同時に亜鉛原子が放出した**2個の電子を銅イオンが受け取って銅原子となる反応**が起こっている。 (b) 水溶液A(硫酸銅水溶液)と金属B(亜鉛)の反応で金属Bがとけて銅イオンが銅原子になったことから，イオンへのなりやすさは「金属B(亜鉛)＞銅」とわかる。水溶液B(硫酸亜鉛水溶液)とマグネシウムの反応では，マグネシウムがとけて亜鉛イオンが亜鉛原子になったことから，イオンへのなりやすさは「マグネシウム＞亜鉛」であることがわかる。これらをまとめると，「**マグネシウム＞亜鉛(金属B)＞銅(金属A)**」となる。

(2) (a) 物質がもっているエネルギーを化学エネルギーといい，電池を通して電気エネルギーに変換することができる。 (b) 亜鉛板がとけることで，電子を亜鉛板内に放出する。この電子が導線を通って銅板へ向かうので，電子の移動の向きはPである。よって，電流の向きは逆のQとなる。電流は＋極から－極へ向かって流れることから，**銅板が＋極**ということになる。

(c) 亜鉛は硫酸亜鉛水溶液中にとけ出すため，表面がぼろぼろになり細くなる。 (d) (i) 硫酸銅水溶液中では，銅イオン(陽イオン)が減少するため，硫酸イオン(陰イオン)が多く残り，全体に－の電気を帯びるようになる。硫酸亜鉛水溶液中では，亜鉛イオン(陽イオン)が増加するため，全体に＋の電気を帯びるようになる。よって，硫酸銅水溶液中の陰イオン(硫酸イオン)が硫酸亜鉛水溶液側に移動し，硫酸亜鉛水溶液中の陽イオン(亜鉛イオン)が硫酸銅水溶液側に移動して，電気のかたよりをなくしている。 (ii) 水溶液を分けておかないと，亜鉛原子が亜鉛イオンになったときに放出した電子を，そばにあった銅イオンが直接受け取ってしまうため，導線を電子が通らず，電流が流れなくなる。

7 **(気象)**

(1) (a) 1004hPaと1008hPaの間の気圧になることから，1007hPaが適している。 (b) 寒冷前線が温暖前線に追いついてできる前線を，閉そく前線という。 (c) 前線は寒気と暖気の境目を表す。寒冷前線が温暖前線に追いつくことで，地表は寒気におおわれるようになるため，上昇気流が発生しなくなり，低気圧は消滅する。 (d) 前線XY(寒冷前線)が通過すると，**急激な気温の低下や，風向が北寄りに変化する**などの現象が見られやすくなる。

(2) (a) 夏は，日本の南の太平洋上に高気圧ができる。高気圧には下降気流が見られるため，この高気圧から日本列島に向けて，南東の季節風がふく。また，高気圧は時計回りに風をふき出す。 (b) アは春や秋，イはつゆ，エは夏のころの天気の特徴である。

8 **(電流とそのはたらき)**

(1) (a) 電流が通ると導線が発熱する。そのため，場合によっては火災の原因となることがある。 (b) 磁界の中を通る電流には，磁界から力がはたらく。導線に流れる電流が大きくなるほど，電流が磁界から受ける力も大きくなる。 (c) 回路に流れる**電流が大きくなるほど，電流が磁界から受ける力の強さは大きくなる。**よって，ア～エを接続したとき，**全抵抗の値が小さいものほど回路に大きな電流が流れる**ため，磁界から受ける力も大きくなる。全抵抗は，アが5.0＋5.0＝10.0〔Ω〕 イが5.0＋10.0＝15.0〔Ω〕 ウが$\frac{1}{5.0}+\frac{1}{10.0}=\frac{3}{10.0}$ よって，10.0÷3＝3.3…〔Ω〕 エが$\frac{1}{10.0}+\frac{1}{10.0}=\frac{2}{10.0}=\frac{1}{5}$ よって5Ω。これらを抵抗の小さい順に並べると，ウ→エ→ア→イとなる。

(2) (a) 電流の進行方向に対し，右回りの磁界が生じる。 (b) 図1をもとにすると，図4ではU字型磁石のN極とS極の位置が逆になっているが，コイルのab間では図1と同じ向きに電流が流れている。よって，コイルのab間にはたらく力の向きは，図1でコイルにはたらく力の向きとは逆向きとなる。また，磁石の磁界はN極からS極に向かってはたらく。 (c) コイルに流れる電流を大きくしたり，磁力の強い磁石を用いたりすると，磁界で電流にはたらく力の大きさを大きくできる。 (d) 整流子は，コイルが180°回転するごとに，コイルに流れる電流の向きを変えるはたらきがある。このはたらきにより，継続的にコイルが回転するようにしている。

＜社会解答＞

1 (1) (a) ア (b) エ (2) (a) c (b) ア (3) (a) B
(b) (例)輸出の多くを原油が占めるため，輸出総額が原油価格の変動の影響を受けるという特徴。 (4) (a) イ (b) ウ

2 (1) イ (2) 成田 (3) イ (4) ア (5) オ (6) エ (7) (例)農業就業人口の減少と高齢化が進んでいる。[農業就業人口が減少している上に，15～64歳の農業就業人口の割合も減少している。]

3 (1) イ (2) ア (3) ア (4) (例)イギリス領事が裁判を行うことを認めていたため。[治外法権が認められていたため。] (5) エ (6) イ
(7) (記号) Y (理由) (例)好景気のため，歳入に占める税収の割合が高いから。[好景気のため，歳入に占める公債金の割合が低いから。]

4 (1) イ (2) ウ (3) 参勤交代 (4) ウ (5) エ
(6) (例)原料を輸入し，製品を輸出する

5 (1) ウ (2) (例)費用を抑える目的。 (3) (a) イ (b) (例)選挙権年齢が18歳(以上)に引き下げられたから。 (4) (a) ア (b) ウ，オ

(5) (例)実際のアンケート結果と比べて，賛成が少ない印象を受けること。　(6) オ
(7) エ　(8) (例)先進国は，長年二酸化炭素を大量に排出しており，途上国は，近年二酸化炭素の排出割合が増加し続けていること。

＜社会解説＞

1 (地理的分野―世界―人々のくらし，地形・気候，産業，交通・貿易)

(1) (a) 資料1中の経線が30度間隔であることから，Xの経線が西経90度線とわかるため，シカゴはロンドンより90÷15＝6(時間)遅れていると判断する。　(b) **メルカトル図法**で描かれた資料1では，高緯度ほど東西に引き延ばされて描かれる特徴がある。ⓑとⓒの間に位置する緯線が赤道であることから判断する。

(2) (a) 資料2から，年中気温が高いため赤道直下の熱帯の雨温図であることがわかる。
(b) スリランカはインドと同じ南アジアに含まれることから，**ヒンドゥー教**を信仰する人々がみられる。また，世界有数の茶の生産量をほこる。パキスタンが位置する中央アジアはイスラム教を信仰する人々が多い。

(3) (a) 略地図2中のAがエジプト，Bがケニア，Cが南アフリカ共和国，Dがコートジボワール。資料5中の「高山気候」「茶」などから判断する。　(b) 資料6から，ナイジェリアにおける輸出総額に占める原油の輸出額の割合が非常に高いことが読み取れる。また，資料7・8の折れ線グラフの形がほぼ一致していることから，原油の国際価格の変動がナイジェリアの輸出総額に大きな影響を与えることがわかる。

(4) (a) マチュピチュがあるペルーには，スペインが入植するまで**インカ帝国**が栄えた。
(b) アルゼンチンの大豆の輸出量について，2000年が4.1(百万トン)なのに対して2017年が7.4(百万トン)なので，2倍を下回っている。

2 (地理的分野―日本―農林水産業，工業，交通・通信)

(1) 「中尊寺金色堂」「南部鉄器」から判断する。**中尊寺金色堂**は岩手県平泉町に位置し，世界文化遺産に登録されている。アが青森県，ウが京都府，エが山形県。

(2) 「千葉県」「貿易額が全国1位の国際空港」から判断する。

(3) 岡山県倉敷市水島地区に大規模な石油化学コンビナートが位置する**瀬戸内工業地域**は，化学工業の割合が高い。Aにア，Cにウ，Dにエの工業があてはまる。

(4) 北海道は新潟県などとともに米の生産がさかんで，アの文は**石狩平野**について述べている。イが鳥取県，ウが愛知県，エが和歌山県。

(5) 鹿児島県がX，岩手県がY，千葉県がZの割合がそれぞれ高いことから判断する。千葉県では，大消費地の近くで野菜などを栽培する**近郊農業**がさかん。

(6) 水持ちが悪く，稲作に不向きな**シラス台地**が広がる鹿児島県では畜産や畑作がさかんで，さつまいもや茶は全国でも有数の生産量をほこる。

(7) 資料5から，農業就業人口が減少していることが読み取れる。また，資料6から，農業就業人口における65歳以上が占める割合が増加し高齢化が進行していると同時に，15～64歳が占める割合が減少しており，後継者不足が深刻化していることが読み取れる。

3 (歴史的分野―日本史―時代別―旧石器時代から弥生時代，鎌倉・室町時代，明治時代から現代，日本史―テーマ別―政治・法律，経済・社会・技術，文化・宗教・教育，外交)

(1)　問題文中の「弥生時代」，資料1中の「米を貯蔵」「佐賀県」などから判断する。竪穴住居は縄文時代以降の人々の住まい，岩宿遺跡は旧石器時代の打製石器が出土した群馬県の遺跡。

(2)　六波羅探題は，朝廷などの監視を目的として**承久の乱**後に京都に置かれた。イ・エを置いたのは江戸幕府。ウは鎌倉・室町幕府が中央に置いた，裁判を担当する役所。

(3)　イが奈良時代，ウが江戸時代，エが安土桃山時代から江戸時代初期のようす。

(4)　**ノルマントン号事件**がおこった1886年当時のイギリスには，領事裁判権(治外法権)が認められていた。イギリスとの間で領事裁判権が撤廃されたのは1894年。

(5)　言文一致体は二葉亭四迷や尾崎紅葉らが各自の作品で試み，明治時代に確立した。

(6)　GHQの指令により，財閥解体が行われた。農村では，自作農を増やすため，地主の土地を国が買い取って小作人に安く売り渡す**農地改革**をすすめた。

(7)　資料4より，1980年代後半の日本の経済成長率が高いことから好景気であったことが読み取れる。好景気の際の財政政策として政府は増税を行うため，歳入に占める税収の割合が高くなり，公債金の割合が低くなると判断する。

4　**(歴史的分野―日本史―時代別―古墳時代から平安時代，安土桃山・江戸時代，明治時代から現代，日本史―テーマ別―政治・法律，経済・社会・技術，文化・宗教・教育，外交)**

(1)　表中の「国風文化」，問題文中の「紀貫之」から判断する。ア・ウ・エは奈良時代に成立・編纂された。

(2)　ⓐの後三年合戦が始まったのが1083年，ⓑが1167年，ⓒが939年，ⓓが1192年のできごと。

(3)　1年おきに江戸と領国を往復させる**参勤交代**の制度を武家諸法度に追加したのは，江戸幕府3代将軍**徳川家光**。

(4)　ルターの宗教改革は1517年。マルコ＝ポーロが元のフビライ＝ハンに仕えたことから，ウは13世紀頃のできごとと判断する。アが1582年，イが1549年，エが16世紀後半～17世紀前半。

(5)　欧米に比べて日本の金の価値が低かったため，大量の金が海外に流出した。江戸幕府が小判の質を低下させたため貨幣価値が下がり，その結果物価が上がって社会が混乱した。

(6)　1890年代の日本では軽工業において産業革命がおこり，原料である綿花の輸入が増加し，製品である綿糸の輸出が増大した。

5　**(公民的分野―憲法の原理・基本的人権，三権分立・国の政治の仕組み，地方自治，国民生活と社会保障，財政・消費生活・経済一般，国際社会との関わり)**

(1)　問題文中の「新しい人権」，資料1中の「情報を手に入れる権利」から判断する。ア・イ・エはいずれも日本国憲法の条文で明記されている。

(2)　流通経路が長くなるほど末端価格が高くなる。

(3)　(a)　現在は無記名投票であることから判断する。　(b)　公職選挙法の改正によって，有権者の条件が**18歳以上の男女**に変更されたのは2016年。それ以前の有権者は，20歳以上の男女であった。

(4)　(a)　問題文中の「介助」，資料5中の「居宅サービス」などから判断する。**介護保険制度**は，40歳以上の国民に加入が義務付けられている。　(b)　消費税と所得税における，所得に占める税負担の割合が話題に上がっていることから判断する。

(5)　資料7では，反対に比べて賛成の割合が高く感じられるが，資料8ではその印象が逆転していることに留意する。

(6)　効率とは無駄を省くこと。

(7)　エは国政における**議院内閣制**についての内容。地方政治において，首長と議会は対等な関係。

(8)　先進国・途上国それぞれの二酸化炭素の排出割合が多い時期について，資料12からは，2005年以前は先進国が多いことが，資料13からは，近年は途上国が多いことが読み取れる。

＜国語解答＞

1　①　ゆる(やか)　②　なが(める)　③　よか　④　しんぴ　⑤　訪(れる)
⑥　委(ねる)　⑦　推測　⑧　往復

2　(一)　イ　(二)　イ　(三)　(例)何かが変わったり，今までとは違う世界が見えてきたりするのかもしれない　(四)　ウ　(五)　(例)となりで泳いだから，相手がまだまだ速くなることがわかった(ということ。)

3　(一)　エ　(二)　ウ　(三)　ア　(四)　Ⅰ　Ⓐ　Ⅱ　知識とスキルの必要性を理解させ，さらにそれを改良しようとする

4　(一)　つくりしように　(二)　エ　(三)　ウ　(四)　麦穂の風にふかるるやうに

5　(一)　エ　(二)　ア
(三)　(例)私はスポーツ少年団で小学生にスポーツを教えることで，社会のために役立ちたいと考えています。なぜなら私自身がスポーツをしてきて成長したと感じることがあったからです。試合や練習を通じてできた友人たちと，競い合ったり励まし合ったりすることで努力を重ねることができました。中学校でも，部活動で同じスポーツを続け，結果を残し自信を持つことができました。このような経験を子どもたちにもしてほしいと考えています。

＜国語解説＞

1　(知識問題－漢字の読み書き)

①　音読みは「**カン**」で，熟語は「緩急」などがある。　②　音読みは「**チョウ**」で，熟語は「眺望」などがある。　③　「余暇」は，自由に使えるひまな時間のこと。　④　「神秘」は，人の知恵でははかり知れないような不思議のこと。　⑤　音読みは「**ホウ**」で，熟語は「訪問」などがある。　⑥　音読みは「**イ**」で，熟語は「委任」などがある。　⑦　「推測」は，あることをもとにして推量すること。　⑧　「往復」は，行って帰るという意味。

2　(小説－情景・心情，内容吟味，文と文節，品詞・用法)

(一)　「龍之介は／赤く／なって／信司の／口を／押さえた」の六文節に分けられる。

(二)　「はずし」の終止形は「はずす」。五段活用動詞なので，活用語尾が**イ段音**になるのは連用形。

(三)　少し後に，「海人と泳げば……何かが変わるかもしれない。今までとは違う世界が，見えてくるのかもしれない」という，「これ以上泳げない」とは異なる「おれ」の思いが述べられている。

(四)　海人は「きっと，向井くんは，また来るよ」と言っている。海人は「おれ」のとなりで泳いだことで，水泳を忘れようとしていた「おれ」に気持ちの変化があったことを感じ取ったため，「おれ」がまたプールに来るはずだと思った。そして，そのとおりに「また来るかも」と「おれ」

が言ったので，「ニヤリとした」表情を見せたのである。

(五)　海人は，「おれ」が「まだまだ速くなる」と言い，そう思った根拠は「となりで泳いだから」だと話している。また，「おれ」も海人について「こいつは，きっとまだまだ速くなる」と感じている。つまり，互いにとなりに泳いだ相手がまだまだ速くなると感じたことが「同じこと」にあたる。

3　(説明文－大意・要旨，内容吟味，接続語の問題，品詞・用法)

(一)　「なけれ」も「ない」も，終止形は「ない」。打ち消しの意味を伴う「ない」には助動詞と形容詞がある。助動詞の「ない」は主に動詞に接続する。形容詞の「ない」は主に形容詞に接続する。いずれも「いく」「なる」という**動詞に接続している**ので，助動詞である。

(二)　筆者は，「文明」を「苦しみを減らす活動」，「文化」を「喜びをもたらす活動」と定義している。よって，「健康づくり」や「病気の予防」，「休息と睡眠をとる」ことは「文明」にあたり，「楽しい」という気持ちや「心のゆとり」が与えられることは「文化」にあたる。

(三)　直前の「探究型の授業のテーマとなる」ものとは，「文化と文明」のどちらか，「あるいは両方に関わっている」という内容を，後で「苦しいことを減らそうとするのか，楽しいことを増やそうとするのか，あるいは，その両方を兼ねたものか」であると言い換えているのだから，「つまり」が入る。

(四)　Ⅰ　最後から五段落目に，「見取り図や地図のようなもの」は「先人たちの残してくれた知識」にあたると述べられている。　Ⅱ　最後の段落に注目する。「具体的に何かができるようになりたいという意欲」は，「知識とスキルの必要性を理解させ，さらにそれを改良しようとする気持ちにつなが」るとあるので，ここから抜き出せる。

4　(古文，漢文・漢詩－内容吟味，仮名遣い)

〈口語訳〉　今は昔のこと，八月十五日の夜は，その名のとおり月が満ちる時期である。この夜は，太陽と月とが真正面に向き合うので，月の光も特別に明るくなるため望月ともいうのである。また，まんまるに満ちるので餅月というのだとも言われ伝わっている。漢詩を作る人や和歌を詠む人たちも，常日頃よりあらかじめ詩歌や句を作っておいて，たった今作ったようなふりをして，はあはあ息遣いをして詠み出す。ところがさて日が暮れる頃より雲がうずまいて雨が降り出したので，前もって作っておいた詩や歌が現場の情景にあわなくなって，夜がふけても一首も出てこない。「浮世房，どうだどうだ」と主君がおっしゃるので，上を向いたり下を向いたり，麦の穂が風に吹かれるようにして考えをめぐらしたそのとき，鴈が飛びわたっていく声が聞こえたので，「雲外に鴈を聞きて夜声を」と言い出すやいなや，ふと思いついてこのように詠んだ。

雨が降ったのでこの十五夜も真っ暗闇になってしまったが，その暗がりの中に，二千里渡って行くという鴈の声が聞こえてくる

(一)　歴史的仮名遣いの「ア段音＋う」は「オウ」と読むので，「やう」は「**よう**」となる。

(二)　「雲外鴻聞夜声射」の順に読む。「聞」「鴻」は一字返って読んでいるので，「聞」の後に「レ点」を打つ。また，「射」「声」も同様に一字返るので，「射」の後に「レ点」を打つ。

(三)　「詠み出だす」の一文の冒頭は「詩作り・哥詠みども」で，これが主語にあたる。「詠みける」の主語は浮世房。「浮世房，いかにいかに」と歌を詠むように主君に促された浮世房が，鴈の声を聞いて思いついたために歌を詠んだという文脈である。

(四)　「麦穂の風にふかるるやうに」は，「麦の穂が風に吹かれているように」という意味。浮世房が上を向いたり下を向いたりしている様子を，麦の穂が風に吹かれて揺れている様子にたとえて

いるのである。

5 （作文（自由・課題））

（一）【資料1】の「考えてはいるが，具体的にどのようにすべきかわからない」の数値は，20～24歳より25歳～29歳のほうがわずかに大きくなっているので，エがあてはまらない。

（二）選択肢の言葉を一つずつ空欄にあてはめて，【資料2】のグラフと一致するかどうかを確認すると，アが正解だとわかる。

（三）自分のできることで，社会に役立つことにつながることは何かと考えるとよい。【資料3】を参考にしてもよいし，それ以外のことでもよいので，具体的なことを挙げること。自分の経験などを交えて書くと，具体的で説得力のある内容になる。

MEMO

大切なことはメモしておこうネ！

三重県公立高等学校

2021年度

★★★★★★★★★★★★★★★★★★★★★★★★

入 試 問 題

2021年度

●くわしい解説……47ページ

MEMO

大切なことはメモしておこうネ！

＜数学＞

時間　45分　　満点　50点

1　あとの各問いに答えなさい。(12点)

(1)　$8+(-13)$　を計算しなさい。

(2)　$-\frac{6}{7}a\div\frac{3}{5}$　を計算しなさい。

(3)　$2(x+3y)-3(2x-3y)$　を計算しなさい。

(4)　$(3\sqrt{2}-\sqrt{5})(\sqrt{2}+\sqrt{5})$　を計算しなさい。

(5)　x^2-x-12　を因数分解しなさい。

(6)　二次方程式　$3x^2-7x+1=0$　を解きなさい。

(7)　Aの畑で収穫《しゅうかく》したジャガイモ50個とBの畑で収穫したジャガイモ80個について，1個ずつの重さを調べ，その結果を右の度数分布表に整理した。

次の［　　］は，「150ｇ以上250ｇ未満」の階級の相対度数について，述べたものである。［①］，［②］に，それぞれあてはまる適切なことがらを書き入れなさい。

> AとBを比較《ひかく》して「150ｇ以上250ｇ未満」の階級について，相対度数が大きいのは［①］の畑で収穫したジャガイモであり，その相対度数は［②］である。

階級(g)	度数(個)	
	Aの畑で収穫したジャガイモ	Bの畑で収穫したジャガイモ
以上　未満		
50 ～ 150	14	24
150 ～ 250	18	28
250 ～ 350	11	17
350 ～	7	11
計	50	80

2　あとの各問いに答えなさい。(13点)

(1)　Aさんは，10時ちょうどにＰ地点を出発し，分速 a ｍでＰ地点から1800ｍ離《はな》れている図書館に向かった。10時20分にＰ地点から800ｍ離れているＱ地点に到着《とうちゃく》し，止まって休んだ。10時30分にＱ地点を出発し，分速 a ｍで図書館に向かい，10時55分に図書館に到着した。

次のページのグラフは，10時 x 分におけるＰ地点とAさんの距離《きょり》を y ｍとして，x と y の関係を表したものである。

このとき，後の各問いに答えなさい。

ただし，Ｐ地点と図書館は一直線上にあり，Ｑ地点はＰ地点と図書館の間にあるものとする。

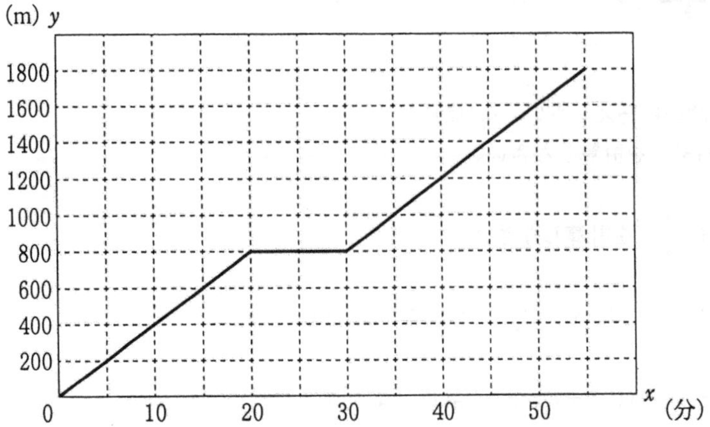

①　a の値《あたい》を求めなさい。

②　Ｂさんは，ＡさんがＰ地点を出発してから10分後に図書館を出発し，止まらずに一定の速さでＰ地点に向かい，10時55分にＰ地点に到着した。ＡさんとＢさんが出会ったあと，ＡさんとＢさんの距離が1000mであるときの時刻を求めなさい。

③　Ｃさんは，ＡさんがＰ地点を出発してから20分後にＰ地点を出発し，止まらずに分速100mで図書館に向かった。ＣさんがＡさんに追いついた時刻を求めなさい。

⑵　ある動物園の入園料は，大人１人500円，子ども１人300円である。昨日の入園者数は，大人と子どもを合わせて140人であった。今日の大人と子どもの入園者数は，昨日のそれぞれの入園者数と比べて，大人の入園者数が10％減り，子どもの入園者数が５％増えた。また，今日の大人と子どもの入園料の合計は52200円となった。

次の［　］は，今日の大人の入園者数と，今日の子どもの入園者数を連立方程式を使って求めたものである。［①］～［⑥］に，それぞれあてはまる適切なことがらを書き入れなさい。

昨日の大人の入園者数を x 人，昨日の子どもの入園者数を y 人とすると，

$$\begin{cases} \boxed{\quad ① \quad} = 140 \\ \boxed{\quad ② \quad} = 52200 \end{cases}$$

これを解くと，$x =$ ［③］，$y =$ ［④］

このことから，今日の大人の入園者数は［⑤］人，今日の子どもの入園者数は［⑥］人となる。

⑶　次のページの図のように，袋《ふくろ》の中に１，２，３，４，５の数字がそれぞれ書かれた同じ大きさの玉が１個ずつ入っている。この袋から玉を１個取り出すとき，取り出した玉に書かれた数を a とし，その玉を袋にもどしてかき混ぜ，また１個取り出すとき，取り出した玉に書かれた

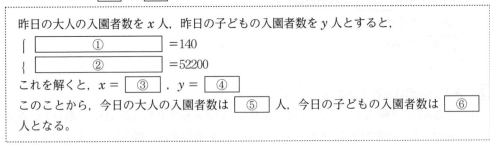

数を b とする。

このとき，次の各問いに答えなさい。

① a と b の積が12以上になる確率を求めなさい。

② a と b のうち，少なくとも一方は奇《き》数《すう》である確率を求めなさい。

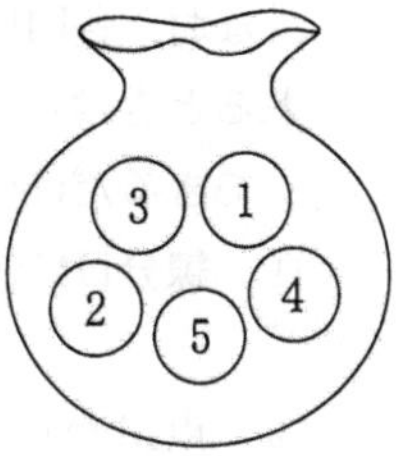

3 次の図のように，関数 $y=\frac{1}{2}x^2$ …㋐のグラフ上に２点A，Bがあり，x 軸《じく》上に２点C，Dがある。２点A，Cの x 座標はともに -2 であり，２点B，Dの x 座標はともに４である。

このとき，あとの各問いに答えなさい。（８点）

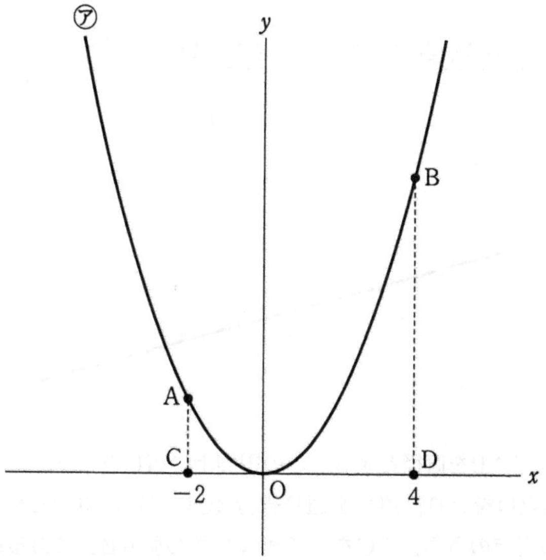

(1) 点Aの座標を求めなさい。

(2) ㋐について，x の変域が $-3 \leqq x \leqq 2$ のときの y の変域を求めなさい。

(3) 線分AB上に点Eをとり，四角形ACDEと△BDEをつくる。四角形ACDEの面積と△BDEの面積の比が２：１となるとき，点Eの座標を求めなさい。

(4) 直線ABと y 軸の交点をFとし，四角形ACDFをつくる。四角形ACDFを，x 軸を軸として１回転させてできる立体の体積を求めなさい。

ただし，円周率は π とする。

4 あとの各問いに答えなさい。（６点）

(1) 次のページの図のように，点A，B，C，D，E，Fを頂点とし，AD＝DE＝EF＝４㎝，∠DEF＝90°の三角柱がある。辺AB，ACの中点をそれぞれM，Nとする。

このとき，後の各問いに答えなさい。

なお，各問いにおいて，答えの分母に$\sqrt{}$がふくまれるときは，分母を有理化しなさい。また，$\sqrt{}$の中をできるだけ小さい自然数にしなさい。

① 線分DMの長さを求めなさい。

② 点Mから△NDEをふくむ平面にひいた垂線と△NDEとの交点をHとする。このとき，線分MHの長さを求めなさい。

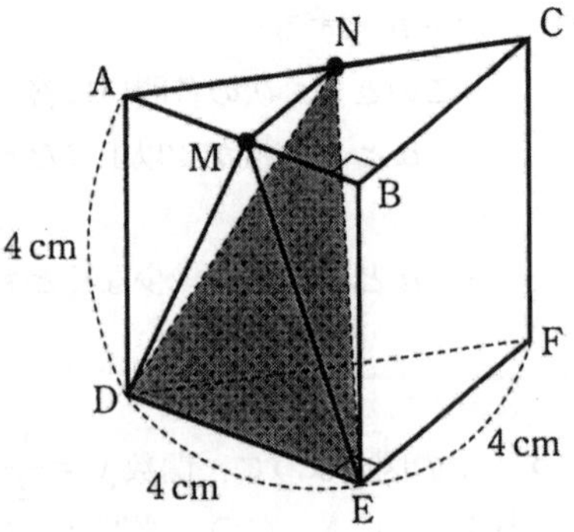

(2) 次の図で，点Aを通り，直線ℓに接する円のうち，半径が最も短い円を，定規とコンパスを用いて作図しなさい。

なお，作図に用いた線は消さずに残しておきなさい。

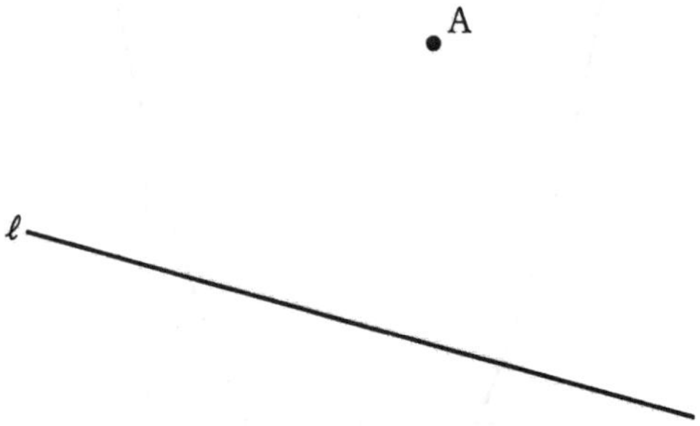

5 次の図のように，線分ABを直径とする円Oの円周上に点Cをとり，△ABCをつくる。線分AC上にBC＝ADとなる点Dをとり，点Dを通り線分BCに平行な直線と線分ABとの交点をEとする。直線DEと円Oの交点のうち，点Cをふくまない側の弧《こ》AB上にある点をF，点Cをふくむ側の弧AB上にある点をGとする。また，線分BGと線分ACの交点をHとする。

このとき，あとの各問いに答えなさい。

ただし，AC＞BC とする。(11点)

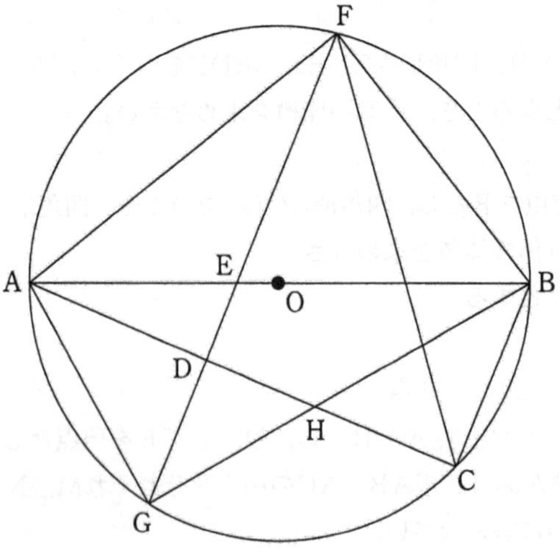

⑴　次の ⬚ は，△AGE∽△ACF であることを証明したものである。
(ア) ～ (ウ) に，それぞれあてはまる適切なことがらを書き入れなさい。

〈証　明〉　△AGE と △ACF において，

弧 AF に対する円周角は等しいから，　(ア) ＝ ∠ACF　…①

BC//FG より，平行線の同位角は等しいから，　∠AEG ＝ (イ)　…②

弧 AC に対する円周角は等しいから，　(イ) ＝ ∠AFC　…③

②，③より，　∠AEG ＝ ∠AFC　…④

①，④より，(ウ) がそれぞれ等しいので，

△AGE ∽ △ACF

⑵　△ADG≡△BCH であることを証明しなさい。

⑶　AB＝13㎝，BC＝５㎝のとき，次の各問いに答えなさい。

①　線分DEの長さを求めなさい。

②　△BFGの面積と△OFGの面積の比を，最も簡単な整数の比で表しなさい。

＜英語＞

時間　45分　　満点　50点

1 放送を聞いて，あとの各問いに答えなさい。(18 点)

(1) 下の表についての英語による質問を聞いて，その質問に対する答えとして，**ア**～**エ**から最も適当なものを1つ選び，その記号を書きなさい。

ア. Tomoka will.
イ. Keiko will.
ウ. Alice will.
エ. Lucy will.

名前	週末に行く予定の場所	一緒《いっしょ》に行く予定の人
Tomoka	書店	父
Keiko	図書館	父
Alice	書店	母
Lucy	図書館	母

(2) 英語による対話を聞いて，それぞれの質問に対する答えとして，**ア**～**エ**から最も適当なものを1つ選び，その記号を書きなさい。

No. 1

ア. For a day.　　イ. For two days.
ウ. For three days　　エ. For five days.

No. 2

ア. About the woman wearing a red sweater.
イ. About the woman walking with a boy.
ウ. About the woman wearing glasses.
エ. About the woman eating at the restaurant.

No. 3

ア. He wants to take a bath.
イ. He wants to ask some questions.
ウ. He wants to have dinner.
エ. He wants to know Sam's phone number.

(3) 英語による対話を聞いて，それぞれの対話の最後の英文に対する受け答えとして，**ア**～**ウ**から最も適当なものを1つ選び，その記号を書きなさい。

No. 1

ア. It's my umbrella.
イ. I haven't found it yet.
ウ. It was in the car.

No. 2

ア. Three days ago.
イ. For three weeks.
ウ. It took seven hours.

No. 3

ア. I want to take care of you.

イ. I'll take you to the nurse's office.

ウ. I have a stomachache.

No. 4

ア. It was too difficult, so I closed it.

イ. It's not because it's for students.

ウ. I'm glad that you like it very much.

(4) シドニーにホームステイ中のKazuyaと，語学学校講師のMs. Hillとの英語による対話を聞いて，それぞれの質問に対する答えとして，ア～エから最も適当なものを1つ選び，その記号を書きなさい。

No. 1

ア. The zoo and the aquarium.

イ. The zoo and the museum.

ウ. The aquarium and the museum.

エ. The zoo, the aquarium, and the museum.

No. 2

ア. Ms. Hill will.

イ. Kazuya will.

ウ. Kazuya and Ms. Hill will.

エ. Ms. Hill and her friends will.

No. 3

ア. At 10:30.　イ. At 11:15.　ウ. At 11:30.　エ. At 12:15.

2 あとの各問いに答えなさい。(8点)

(1) 次の対話文は，高校生のKojiと，友人のNozomiが，昼休みに話をしているときのものです。対話文を読んで，次の各問いに答えなさい。

Koji : Hello, Nozomi.

Nozomi : Hi, Koji. Ms. Baker, our English teacher, will go back to America next month.

Koji : I know. I have been sad since I heard about the news last week.

Nozomi : (①) I liked her English classes very much.

Koji : Me, too.

Nozomi : When she had time, she took part in the activities in the cooking club. The members of the club enjoyed cooking with her. We taught her how to make Japanese food, and she gave us her recipe for a cake.

Koji : She was a great teacher.

Nozomi : I want to do something that makes her happy.

Koji　: That's good. Do you have any good ideas, Nozomi?

Nozomi : Well, I want to write an English letter to her to say thank you. I'm going to ask our classmates to write letters to her, too.

Koji　: That sounds good.

Nozomi : Is there anything else we can do for her, Koji?

Koji　: What do you think of making a photo album? I have some pictures I took with Ms. Baker. I think our classmates also have pictures that they took with her.

Nozomi : Great. Ms. Baker and the members of the cooking club took many pictures together. I'll bring them tomorrow.

Koji　: Thank you. (②)

Nozomi : I hope so.

Koji　: Let's give her the letters and the photo album after her last class.

Nozomi : That's a good idea.

（注） the cooking club　調理部　　photo album　写真帳

No. 1 (①), (②) に入るそれぞれの文として，ア～エから最も適当なものを１つ選び，その記号を書きなさい。

① ア. I have to tell her about her classes.
　イ. I understand how you feel.
　ウ. I was glad to hear the news.
　エ. I didn't know when she went home.

② ア. I hope Ms. Baker will take a lot of pictures with us during her stay in Japan.
　イ. We know what Ms. Baker will say when we meet her in her class.
　ウ. Ms. Baker doesn't remember where she took pictures with her students.
　エ. It will be nice if Ms. Baker sometimes looks at the photo album and thinks about us.

No. 2 対話文の内容に合う文として，ア～エから最も適当なものを１つ選び，その記号を書きなさい。

ア. When Nozomi heard the news about her English teacher from Koji, she felt sad.

イ. Koji wants Ms. Baker to write a letter to him after she goes back to her country.

ウ. Koji will make a photo album by using pictures the students took with Ms. Baker.

エ. Nozomi didn't know what to do for Ms. Baker though she wanted to do something.

⑵　下に示すのは，電話の伝言メモです。この伝言メモから読み取れることを正しく表している文として，**ア**～**エ**から最も適当なものを１つ選び，その記号を書きなさい。

PHONE MESSAGE <*November 13, 11:45 a.m.*>	
While you were out	
Message for:	*Mary Smith*
Message from:	*Mr. Ogawa*
Message:	*Mr. Ogawa has some questions about the event which will be held next month, and he wants to talk with you on the phone.* *He wants you to call him tomorrow because he will not be at the office this afternoon. If you are busy then, please send an email to him and tell him when you will be able to call him.*
This message was taken by:	*Jane White*

ア. Jane took a message from Mary in the afternoon on November 13.
イ. When Mr. Ogawa called Mary to ask some questions about the event, she was out.
ウ. Mary asked Jane about the event because she couldn't talk with Mr. Ogawa.
エ. Mr. Ogawa will tell Mary later what time he will be able to talk with her.

3　あとの各問いに答えなさい。(12点)

⑴　次のような状況《じょうきょう》において，あとの①～③のとき，あなたならどのように英語で表しますか。それぞれ４語以上の英文を書きなさい。

ただし，I'm などの短縮形は１語として数え，コンマ（,），ピリオド（.）などは語数に入れません。

【状況】

あなたは，カナダから来た留学生の David と，週明けに学校で話をしています。

①　昨日は，雨が降っていたので，家で過ごしたと伝えるとき。
②　父にもらった本を読み終えたと伝えるとき。
③　好きな小説家（author）は誰《だれ》かと尋《たず》ねるとき。

⑵　Saori は，オーストラリアに１年間留学していました。帰国後すぐにオーストラリアにいる友人の Ellen にＥメールを書いています。

あなたが Saori なら，①～③の内容をどのように英語で表しますか。それぞれ５語以上の英文を書き，次のページのＥメールを完成させなさい。

ただし，I'm などの短縮形は１語として数え，コンマ（,），ピリオド（.）などは語数に入れません。

【Eメール】

Hello Ellen,
Thank you very much for everything you did for me when I was in Australia.
① 昨日の夜，自宅に到着《とうちゃく》したということ。
② 留学を通じて多くのことを学んだということ。
③ 異文化を理解することは大切だと思うということ。
Your friend,
Saori

4 次の文章を読んで，あとの各問いに答えなさい。(12点)

Osamu is a high school student who lives in Wakaba Town. Students of his school must have workplace experience for five days, and he decided to do it at a tourist information center.

On the first day of his workplace experience, Ms. Morimoto, a woman working at the tourist information center, told Osamu what people working there usually do. He thought they had a lot of things to do. She showed him the local crafts sold there, and said, “These local crafts are made by people living in Wakaba Town. I want many tourists to learn about the town by selling them.” He said, “(①) I hope Wakaba Town will be popular among tourists.”

The next day, a foreign woman who came to Wakaba Town on business visited the tourist information center. She saw some local crafts sold there. She bought one of them because she thought it was beautiful. Then she asked, “I want to buy some food for my parents in London. Can you tell me a good shop?” Osamu said, “Sure.” He told her about his favorite shop. He drew a map to show her where it was. He said to her, “You can walk there. It takes only 5 minutes.” He wanted to give her an English leaflet which had information about the shop, but there were not any.

On the last day, Osamu said to Ms. Morimoto, “It was very interesting for me to work with you. I’ve been in this town since I was born. But I didn’t know about the tourist information center.” He wanted to make an English leaflet about his favorite places in Wakaba Town for foreign tourists, and he told her about his idea. She said, “That’s good. (②)” He said, “Of course. I’ll do my best to make a leaflet that is useful for foreign people when they travel in this town.”

One week later, Osamu talked about his experience at the tourist information center in his class. He told his classmates about making an English leaflet which tells foreign people about places to visit. He asked some of his friends to help him. When they finished making it, they went to see Ms. Morimoto and showed it to her. She liked the leaflet they made. She said, "We will give it to people who need information in English." They were very happy to hear that.

(Ten years later)

Osamu works in a company with many foreign people.

One day in August, Osamu visited the tourist information center in his town with Ms. Lee. She is from China, and started working in his company last week. She looked at the leaflets written in different languages. She took a Chinese leaflet and said, "I think they are useful for people from other countries." He told her about the leaflet he made with his friends when he was a high school student. He said, "I'm happy if foreign people can enjoy traveling in this town with these leaflets."

（注）　workplace experience　職場体験　　tourist information center　観光案内所
local crafts　地元の工芸品　　sold　sell の過去分詞形　　on business　仕事で
leaflet(s)　ちらし

⑴　（①），（②）に入るそれぞれの文として，ア～エから最も適当なものを１つ選び，その記号を書きなさい。

①　ア．Excuse me.　　　イ．Oh, did you?
　　ウ．I agree.　　　　エ．What's up?

②　ア．Please show me when you finish making it.
　　イ．I'm going to tell him what to write in it.
　　ウ．I want to know why you made the leaflet.
　　エ．I hope they will help me with the leaflet.

⑵　本文の内容に合うように，下の英文の（A），（B）のそれぞれに入る最も適当な１語を，本文中から抜《ぬ》き出して書きなさい。

Osamu met a woman from a foreign country during his workplace experience at the tourist information center. When she asked him where to get some（　A　）for her parents, he told her how to get to the shop he（　B　）.

⑶　下線部に He told her about the leaflet he made with his friends when he was a high school student. とあるが，the leaflet の内容として，ア～エから最も適当なものを１つ選び，その記号を書きなさい。

ア．The leaflet about the local crafts which are made by people living in Wakaba Town.

イ．The leaflet for people who want to sell local crafts to foreign people in Wakaba Town.

ウ．The leaflet to tell foreign tourists where they should visit in Wakaba Town.

エ．The leaflet that tells people from foreign countries about the tourist information center.

(4) 本文の内容に合う文として，ア～カから適当なものを2つ選び，その記号を書きなさい。

ア. Students of Osamu's school were told to have workplace experience for five days at the tourist information center.

イ. Ms. Morimoto started to sell the local crafts at the tourist information center because Wakaba Town wasn't popular among tourists.

ウ. Osamu and a woman from a foreign country talked about the local crafts made by people in Wakaba Town.

エ. Osamu couldn't give an English leaflet to a foreign woman who visited the tourist information center when he was a high school student.

オ. After the workplace experience, Osamu's classmates told Osamu to make an English leaflet at the tourist information center.

カ. When Ms. Lee looked at the leaflets written in foreign languages, she thought they would be useful for foreign people.

＜理科＞　時間　45分　満点　50点

1　次の観察について，あとの各問いに答えなさい。(４点)

〈観察〉　細胞分裂《さいぼうぶんれつ》のようすについて調べるために，観察物として，種子から発芽したタマネギの根を用いて，次の①，②の順序で観察を行った。

①　次の方法でプレパラートをつくった。

1．タマネギの根を先端《せんたん》部分から５㎜切り取り，スライドガラスにのせ，えつき針でくずす。

2．観察物に溶液《ようえき》Ｘを１滴《てき》落として，３分間待ち，ろ紙で溶液Ｘをじゅうぶんに吸いとる。

3．観察物に酢酸《さくさん》オルセイン溶液を１滴落として，５分間待つ。

4．観察物にカバーガラスをかけてろ紙をのせ，根を押《お》しつぶす。

②　①でつくったプレパラートを顕微鏡《けんびきょう》で観察した。図は，観察した細胞の一部をスケッチしたものである。

図

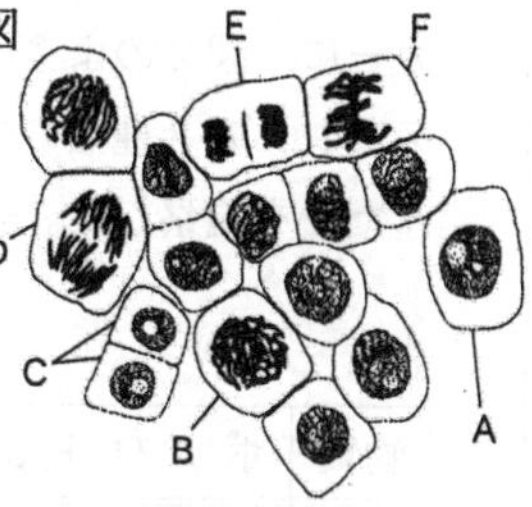

(1)　①について，次の(a)，(b)の各問いに答えなさい。

(a)　溶液Ｘは，細胞を１つ１つ離《はな》れやすくするために用いる溶液である。この溶液Ｘは何か，次のア～エから最も適当なものを１つ選び，その記号を書きなさい。

ア．ヨウ素溶液　　**イ**．ベネジクト溶液　　**ウ**．うすい塩酸　　**エ**．アンモニア水

(b)　下線部の操作を行う目的は何か，次の**ア**～**エ**から最も適当なものを１つ選び，その記号を書きなさい。

ア．細胞の分裂を早めるため。　　**イ**．細胞の核《かく》や染色体《せんしょくたい》を染めるため。

ウ．細胞を柔《やわ》らかくするため。　　**エ**．細胞に栄養を与《あた》えるため。

(2)　②について，図のＡ～Ｆは，細胞分裂の過程で見られる異なった段階の細胞を示している。図のＡ～Ｆを細胞分裂の進む順に並べるとどうなるか，Ａを最初として，Ｂ～Ｆの記号を左から並べて書きなさい。

2　図は，月，地球の位置関係および太陽の光の向きを模式的に示したものである。このことについて，あとの各問いに答えなさい。(４点)

図

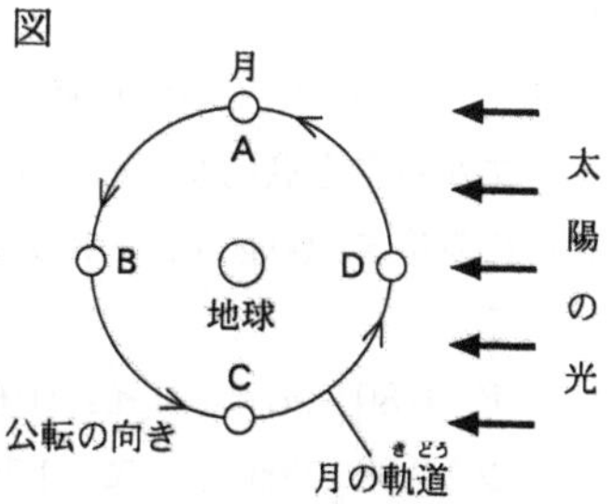

(1)　月のように，惑星《わくせい》のまわりを公転している天体を何というか，その名称《めいしょう》を**漢字**で書きなさい。

(2)　日食が起こるのは，月がどの位置にあるときか，図のＡ～Ｄから最も適当なものを１つ選び，その記号を書きなさい。

⑶　月食とはどのような現象か，「太陽」，「月」，「地球」の位置関係にふれて，「かげ」という言葉を使って，簡単に書きなさい。

3　次の実験について，あとの各問いに答えなさい。（4点）

〈実験〉エタノールの性質について調べるために，次の①～③の実験を行った。

①　室温20℃で，エタノールの質量を電子てんびんで測定したところ，27.3gであった。

②　ポリエチレンの袋《ふくろ》に①のエタノールを入れ，空気をぬいて袋の口を閉じた。図1のように，この袋に熱湯をかけたところ，袋は大きくふくらんだ。

③　室温20℃で，水とエタノールを混合した溶液が入ったビーカーに，図2のように，ポリプロピレン，ポリエチレン，ポリスチレンの3種類のプラスチックの小片《しょうへん》を入れて，浮《う》いたか沈《しず》んだかを観察した。表は，その結果をまとめたものである。

図1

図2

表

物質	ポリプロピレン	ポリエチレン	ポリスチレン
結果	浮いた	沈んだ	沈んだ

⑴　①について，エタノールの体積は何cm^3か，求めなさい。ただし，20℃でのエタノールの密度を0.79g/cm^3とし，答えは小数第2位を四捨五入し，小数第1位まで求めなさい。

⑵　②について，熱湯をかけるとポリエチレンの袋がふくらんだのは，エタノールの状態が変化したからである。次のA～Cの粒子《りゅうし》のモデルはエタノールの固体，液体，気体のいずれかの状態を模式的に示したものである。熱湯をかける前の粒子のモデルと熱湯をかけた後の粒子のモデルはそれぞれどれか，次の**ア**～**カ**から最も適当なものを1つ選び，その記号を書きなさい。

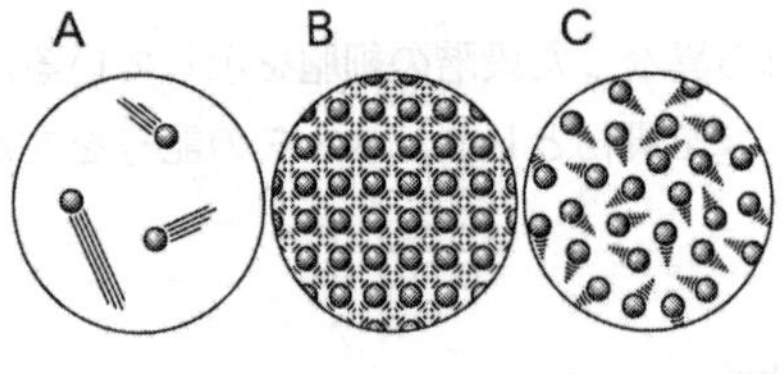

	ア	イ	ウ	エ	オ	カ
熱湯をかける前の粒子のモデル	A	A	B	B	C	C
熱湯をかけた後の粒子のモデル	B	C	A	C	A	B

⑶　③について，表から考えられる水とエタノールを混合した溶液の密度はいくらか，次の**ア**～**エ**から最も適当なものを1つ選び，その記号を書きなさい。ただし，20℃でのポリプロピレンの密度を0.90g/cm^3，ポリエチレンの密度を0.95g/cm^3，ポリスチレンの密度を1.05g/cm^3とする。

ア．0.80g/cm^3　　**イ**．0.92g/cm^3
ウ．0.98g/cm^3　　**エ**．1.10g/cm^3

4　図１のように，立方体の物体Ａと直方体の物体Ｂを水平な床《ゆか》に置いた。表は，それぞれの物体の質量と図１のように物体を床に置いたときの底面積を示したものである。このとき，あとの各問いに答えなさい。ただし，100ｇの物体にはたらく重力の大きさを１Ｎとし，それぞれの物体が床を押す力は，床に均等にはたらくものとする。（４点）

図１

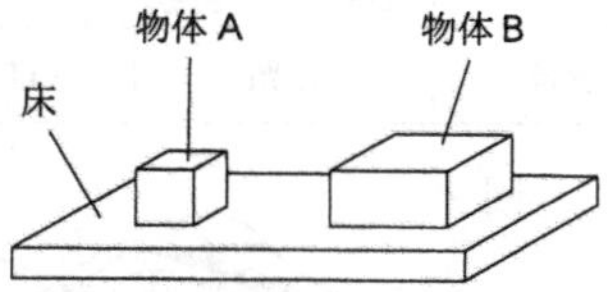

表

	物体Ａ	物体Ｂ
質量(g)	40	120
底面積(cm^2)	4	16

⑴　床の上に物体Ａがあるとき，床が物体Ａを押し返す力を何というか，その名称を書きなさい。

⑵　図１のように，それぞれの物体を１個ずつ水平な床に置いたとき，物体が床を押す力の大きさと物体が床におよぼす圧力が大きいのは，それぞれ物体Ａと物体Ｂのどちらか，次のア～エから最も適当なものを１つ選び，その記号を書きなさい。

	ア	イ	ウ	エ
床を押す力の大きさ	物体Ａ	物体Ａ	物体Ｂ	物体Ｂ
床におよぼす圧力	物体Ａ	物体Ｂ	物体Ａ	物体Ｂ

⑶　図２のように，物体Ａを３個積み上げて置いた。このことについて，次の(a)，(b)の各問いに答えなさい。

図２

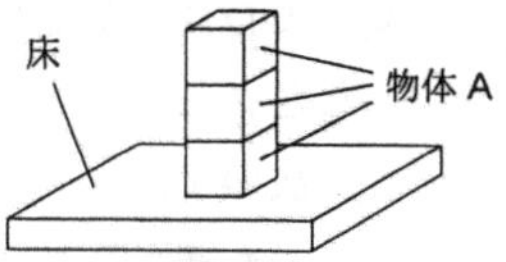

(a)　積み上げて置いた物体Ａ３個が，床を押す力の大きさは何Ｎか，求めなさい。

(b)　積み上げて置いた物体Ａ３個が床におよぼす圧力と等しくなるのは，物体Ｂをどのように積み上げて置いたときか，次のア～エから最も適当なものを１つ選び，その記号を書きなさい。

ア

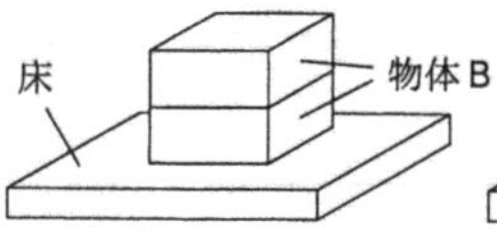

イ

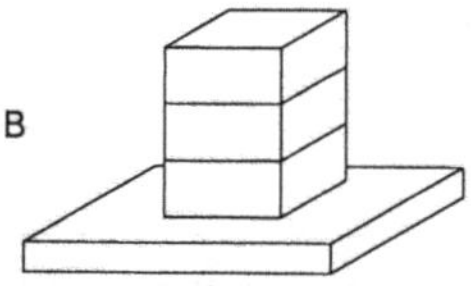

ウ

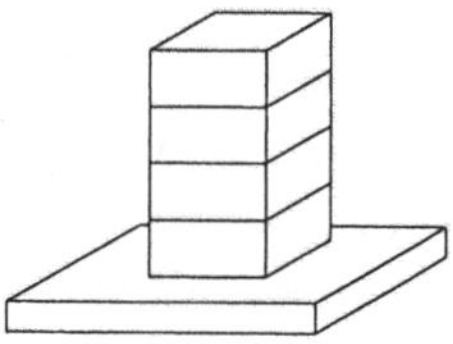

エ

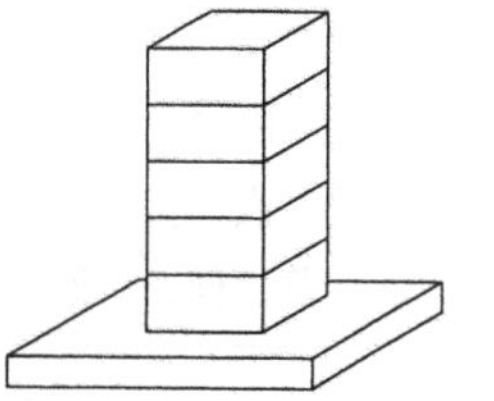

5　次の文を読んで，あとの各問いに答えなさい。（８点）

まさとさんは，動物に興味をもち，せきつい動物や，無せきつい動物である軟体《なんたい》動物について，教科書や資料集で調べたことを①，②のようにノートにまとめた。

【まさとさんのノートの一部】

①　せきつい動物について

せきつい動物であるメダカ，イモリ，トカゲ，ハト，ウサギの特徴《とくちょう》やなかま分けは，表のように表すことができる。

表

	メダカ	イモリ	トカゲ	ハト	ウサギ
子のふやし方	卵生《らんせい》				X
体温	まわりの温度の変化にともなって体温が変化する。			まわりの温度が変化しても体温がほぼ一定である。	
なかま分け	魚類	両生類	は虫類	鳥類	ほ乳類

② 無せきつい動物である軟体動物について

軟体動物であるアサリのからだのつくりは，図のように模式的に表すことができる。

図

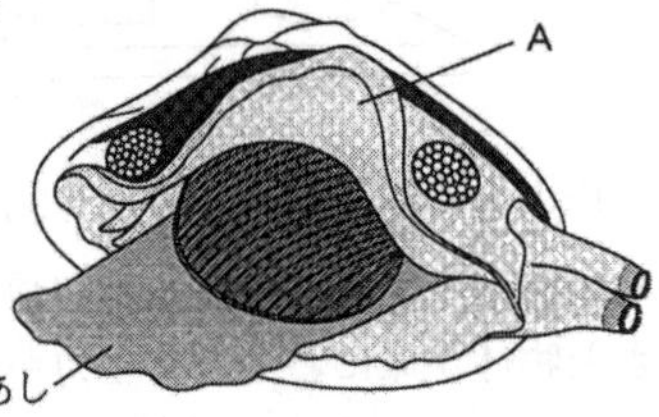

(1) ①について，次の(a)~(d)の各問いに答えなさい。

(a) ウサギの子は，母親の体内で，ある程度育ってから親と同じような姿でうまれる。このような，表の X に入る，子のふやし方を何というか，その名称を書きなさい。

(b) 卵生のメダカ，イモリ，トカゲ，ハトの中で，陸上に殻《から》のある卵をうむ動物はどれか，メダカ，イモリ，トカゲ，ハトから適当なものをすべて選び，書きなさい。

(c) まわりの温度が変化しても体温がほぼ一定に保たれる動物を何というか，その名称を書きなさい。

(d) 次の文は，イモリの呼吸のしかたについて説明したものである。文中の（**あ**），（**い**）に入る最も適当な言葉は何か，それぞれ書きなさい。

> 子は（　**あ**　）という器官で呼吸する。子とはちがい，親は（　**い**　）という器官と，皮膚《ひふ》で呼吸する。

(2) ②について，次の(a)~(c)の各問いに答えなさい。

(a) 図で示したAは，内臓をおおう膜《まく》である。Aを何というか，その名称を書きなさい。

(b) 次の文は，アサリのあしについて説明したものである。文中の（**う**）に入る最も適当な言葉は何か，**漢字**で書きなさい。

> アサリのあしは筋肉でできており，昆虫類《こんちゅうるい》や甲殻類《こうかくるい》のあしにみられる特徴である，骨格や（　**う**　）がない。

(c) アサリのように，軟体動物になかま分けすることができる動物はどれか，次の**ア**~**オ**から最も適当なものを１つ選び，その記号を書きなさい。

ア．クラゲ　　　　**イ**．ミジンコ
ウ．イソギンチャク　**エ**．イカ
オ．ミミズ

6　次の文を読んで，あとの各問いに答えなさい。（９点）

次の文は，物質の性質について興味をもったあきらさんと，先生の会話文である。

【あきらさんと先生の会話】

あきら：見た目が同じように見える物質でも，水にとけるものもあれば，とけないものもあるなんて，面白《おもしろ》いです。物質を見分ける実験をしてみたいです。

先　生：わかりました。では，見た目では区別できない白い粉末を４種類準備しますので，４種類の物質が，それぞれ何かを，実験で見分けてみませんか。

あきら：ぜひ，やってみたいです。

先　生：実験をする際，安全めがねを着用しましょう。物質をむやみに手でさわったり，なめたりすることは，たいへん危険なので，行ってはいけませんよ。

あきらさんは，４種類の物質を実験で見分け，次のようにノートにまとめた。

【あきらさんのノートの一部】

〈目的〉

見た目では区別できない，砂糖，塩化ナトリウム，デンプン，水酸化ナトリウムの４種類の物質が，それぞれ何かを，実験で見分ける。

〈方法・結果〉

図１のように，砂糖，塩化ナトリウム，デンプン，水酸化ナトリウム４ｇずつを薬包紙にとり，物質Ａ～Ｄのいずれかとした。

図１

①　図１の物質Ａ～Ｄを２ｇずつとり，ヨウ素溶液を２，３滴加えて色の変化を調べ，その結果を表１にまとめた。

表１

	物質Ａ	物質Ｂ	物質Ｃ	物質Ｄ
結果	青紫色に変化した	変化しなかった	変化しなかった	変化しなかった

②　図２のように，室温20℃で，蒸留水20ｇを入れたビーカーａ～ｄに物質Ａ～Ｄ２ｇずつを加えてよくかきまぜたときのようすを調べ，その結果を次のページの表２にまとめた。

図２

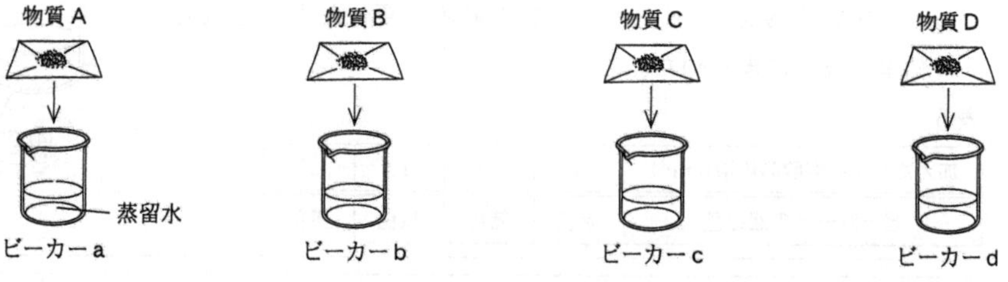

表2

	物質A	物質B	物質C	物質D
結果	ほとんどとけなかった	とけた	とけた	とけた

③　②でできたビーカーa～dの液が電流を通すかどうかを調べ，その結果を表3にまとめた。

表3

	ビーカーaの液	ビーカーbの液	ビーカーcの液	ビーカーdの液
結果	通さなかった	通さなかった	通した	通した

④　③で用いたビーカーa～dの液に，フェノールフタレイン溶液を加えて色の変化を調べ，その結果を表4にまとめた。

表4

	ビーカーaの液	ビーカーbの液	ビーカーcの液	ビーカーdの液
結果	変化しなかった	変化しなかった	赤色に変化した	変化しなかった

次の文は，実験結果を振り返ったときの，あきらさんと先生の会話文である。

【あきらさんと先生の会話】

あきら：①～④の実験結果から，物質A～Dを見分けることができました。
先　生：いいですね。ほかに調べてみたいことはありますか。
あきら：④の実験結果から，ビーカーcの液がフェノールフタレイン溶液を赤色に変化させたので，ビーカーcの液はアルカリ性です。ビーカーcの液に酸性の溶液を加えたときのようすを実験で調べてみたいです。

あきらさんは，新たに調べてみたいことを実験で確かめ，次のようにノートにまとめた。

【あきらさんのノートの一部】

〈目的〉

④でできたビーカーcの液に，うすい塩酸を加えたときのようすを調べる。

〈方法・結果〉

⑤　図3のように，④でできたビーカーcの液に，こまごめピペットでうすい塩酸を5 cm^3ずつ加えて色の変化を調べたところ，うすい塩酸を10 cm^3加えたときに無色に変化した。これらの結果を表5にまとめた。

図3

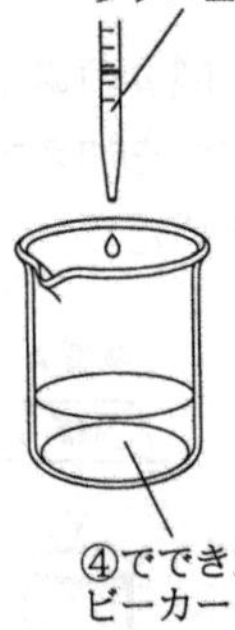

表5

加えたうすい塩酸の体積(cm^3)	5	10	15	20
ビーカーcの液の色	赤色	無色	無色	無色

(1)　①～④について，次の(a)～(d)の各問いに答えなさい。

(a)　物質Aは何か，次の**ア**～**エ**から最も適当なものを１つ選び，その記号を書きなさい。

ア．砂糖　　**イ**．塩化ナトリウム　　**ウ**．デンプン　　**エ**．水酸化ナトリウム

(b)　次の文は，ビーカーbの液が電流を通さなかったことについて説明したものである。文中の（**あ**）に入る最も適当な言葉は何か，**漢字**で書きなさい。

ビーカーbの液が電流を通さなかったのは，物質Bが水にとけても電離《でんり》しないからである。物質Bのように，水にとけても電離せず，水溶液が電流を通さない物質を（　**あ**　）という。

(c)　物質Cは何か，次の**ア**～**エ**から最も適当なものを１つ選び，その記号を書きなさい。

ア．砂糖　　**イ**．塩化ナトリウム　　**ウ**．デンプン　　**エ**．水酸化ナトリウム

(d)　物質Dが水にとけて電離した陽イオンと陰イオンは何か，それぞれイオン式で書きなさい。

(2)　⑤について，次の(a)，(b)の各問いに答えなさい。

(a)　加えたうすい塩酸の体積と水溶液中の水素イオンの量との関係，加えたうすい塩酸の体積と水溶液中の塩化物イオンの量との関係を模式的に表しているグラフはそれぞれどれか，次の**ア**～**エ**から最も適当なものを１つずつ選び，その記号を書きなさい。

ア

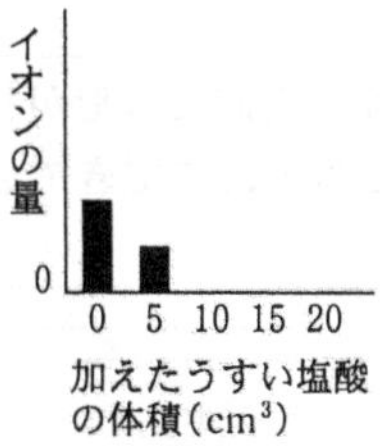

イ

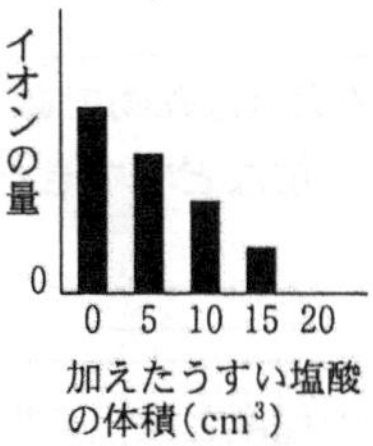

ウ

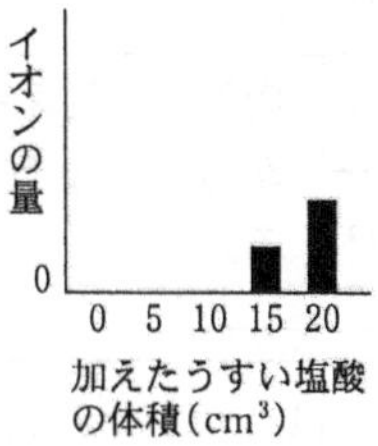

エ

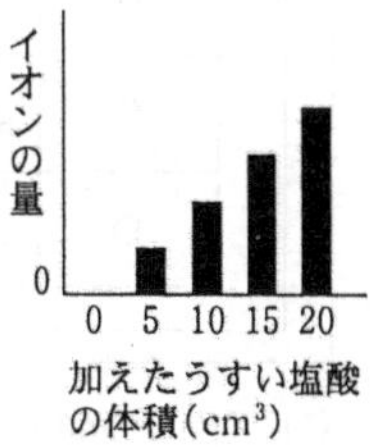

(b)　うすい塩酸を10cm³加えるまでに起きた反応を，化学反応式で表すとどうなるか，書きなさい。

7　次の文を読んで，あとの各問いに答えなさい。（８点）

はるなさんは，火山の活動に興味をもち，火山と火山噴出物《ふんしゅつぶつ》のもとになるマグマの性質との関係について，理科室にある標本や資料集で調べたことを①～③のようにノートにまとめた。

【はるなさんのノートの一部】

①　火山とマグマのねばりけについて

図１は，火山の形を模式的に表したものである。火山の形や噴火《ふんか》のようすは，マグマのねばりけの程度によって異なり，マグマのねばりけの程度は，マグマにふくまれる成分によって異なる。

図１

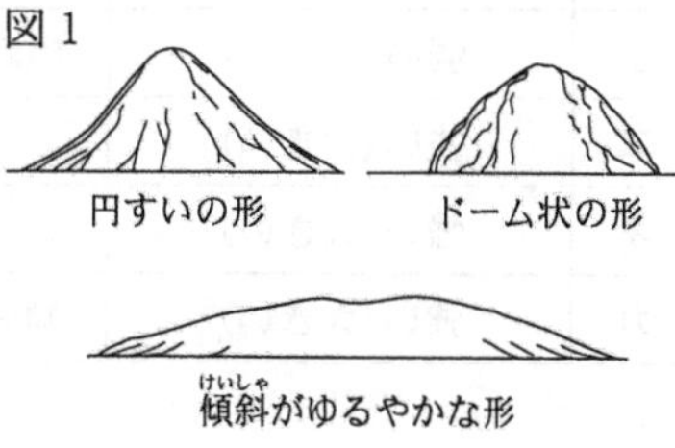

② 火山噴出物の火山灰について

標本の火山灰を双眼《そうがん》実体顕微鏡を用いて観察したものを，図2のように表した。

③ 火成岩の色とつくりについて

火成岩はマグマが冷え固まってできた岩石である。標本の火成岩A～Dを観察しスケッチしたところ，図3のようになった。また，観察してわかったことを，表にまとめた。

図2

図3

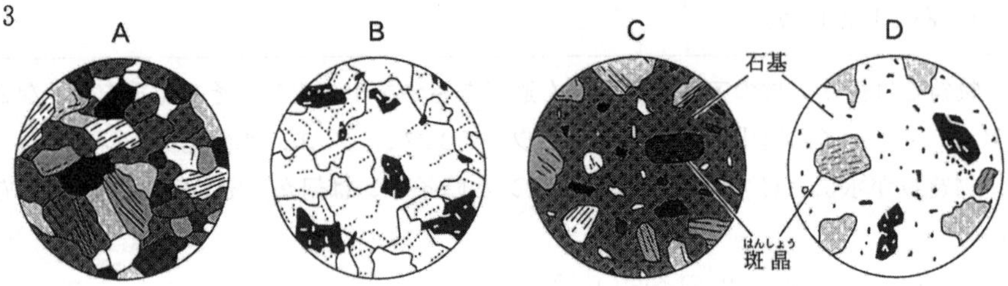

表

火成岩	岩石の色	岩石のつくり
A	黒っぽい	肉眼でも見分けられるぐらいの大きさの鉱物のみが組み合わさってできている。
B	白っぽい	
C	黒っぽい	肉眼でも見える比較的大きな鉱物である斑晶が，肉眼では形がわからないような細かい粒《つぶ》などでできた石基に囲まれてできている。
D	白っぽい	

(1) ①について，次の文は，マグマのねばりけの程度と火山の形や噴火のようすについて説明したものである。文中の（X）～（Z）に入る言葉はそれぞれ何か，下の**ア**～**カ**から最も適当なものを1つ選び，その記号を書きなさい。

いっぱんに，ねばりけが（ X ）マグマをふき出す火山ほど，（ Y ）になり，火山噴出物の色は白っぽい。また，噴火のようすは（ Z ）であることが多い。

	X	Y	Z
ア	弱い(小さい)	円すいの形	激しく爆発的
イ	弱い(小さい)	ドーム状の形	比較的おだやか
ウ	弱い(小さい)	傾斜がゆるやかな形	比較的おだやか
エ	強い(大きい)	円すいの形	比較的おだやか
オ	強い(大きい)	ドーム状の形	激しく爆発的
カ	強い(大きい)	傾斜がゆるやかな形	激しく爆発的

⑵　②について，図４のような双眼実体顕微鏡を用いて観察するとき，双眼実体顕微鏡はどのような順序で使うか，次の**ア**～**エ**を正しい順に左から並べて記号で書きなさい。

図４

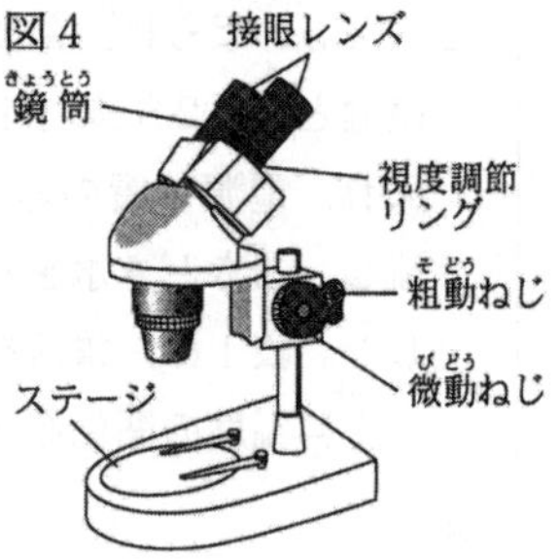

ア．鏡筒を支えながら，粗動ねじを回して観察物の大きさに合わせて鏡筒を固定する。

イ．左目でのぞきながら，視度調節リングを回して像のピントを合わせる。

ウ．左右の鏡筒を調節し，接眼レンズの幅《はば》を目の幅に合わせる。

エ．右目でのぞきながら，微動ねじを回して像のピントを合わせる。

⑶　③について，次の(a)～(e)の各問いに答えなさい。ただし，火成岩Ａ～Ｄは，花こう岩，玄武《げんぶ》岩《がん》，斑《はん》れい岩《がん》，流紋岩《りゅうもんがん》のいずれかである。

(a)　火成岩Ａについて，火成岩Ｂよりもふくむ割合が大きい鉱物は何か，次の**ア**～**エ**から適当なものをすべて選び，その記号を書きなさい。

ア．カンラン石　　**イ**．キ石　　**ウ**．クロウンモ　　**エ**．セキエイ

(b)　火成岩Ａ，Ｂのように，肉眼でも見分けられるぐらいの大きさの鉱物のみが組み合わさってできている岩石のつくりを何というか，その名称を書きなさい。

(c)　火成岩Ｃ，Ｄのように，石基と斑晶でできている火成岩を何というか，その名称を書きなさい。

(d)　火成岩Ｃ，Ｄについて，斑晶が肉眼でも見える比較的大きな鉱物になったのは，マグマがどのように冷やされたからか，鉱物が大きくなったときの「地表からの深さ」と「時間の長さ」にふれて，簡単に書きなさい。

(e)　火成岩Ｄは何か，次の**ア**～**エ**から最も適当なものを１つ選び，その記号を書きなさい。

ア．花こう岩　　**イ**．玄武岩　　**ウ**．斑れい岩　　**エ**．流紋岩〕

8　次の実験について，あとの各問いに答えなさい。（９点）

〈実験〉　抵抗《ていこう》の大きさが，それぞれ2.0Ω，8.0Ωの電熱線Ｘ，Ｙを用いて，次の①～③の実験を行った。ただし，電熱線Ｘ，Ｙの抵抗の大きさは，電熱線の発熱によって変化しないものとする。

①　図１のように，電熱線Ｘ，Ｙを用いて回路をつくり，電源装置の電圧を変化させて，電熱線Ｘ，Ｙそれぞれに加わる電圧を調べた。図２は，その結果をグラフに表したものである。

図１

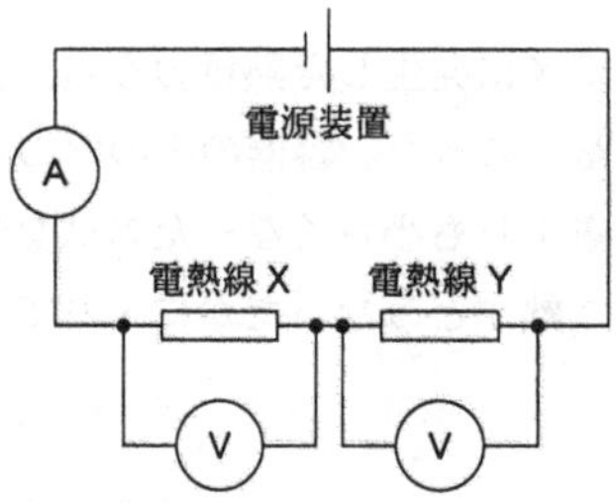

図２

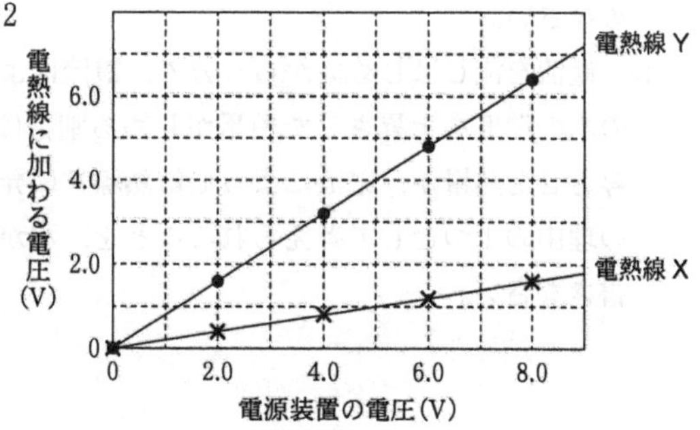

②　図3のように，電熱線Xを用いて装置をつくり，室温と同じ20℃の水100gをポリエチレンの容器に入れ，電源装置の電圧を6.0Vにして回路に電流を流し，ときどき水をかき混ぜながら水の温度を測定した。表1は，電流を流しはじめてからの時間と水の上昇《じょうしょう》温度の関係をまとめたものである。

図3

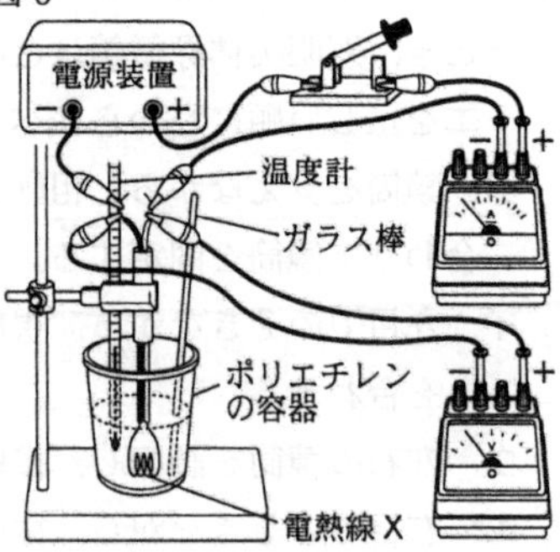

表1

電流を流しはじめてからの時間(分)	0	2	4	6	8
水の上昇温度(℃)	0	3.2	6.5	9.7	13.0

③　図4，図5のように，それぞれのポリエチレンの容器に電熱線X，Yの直列回路，並列回路，室温と同じ20℃の水200gを入れ，電源装置の電圧を6.0Vにして回路に電流を流し，ときどき水をかき混ぜながら水の温度を測定した。

図4

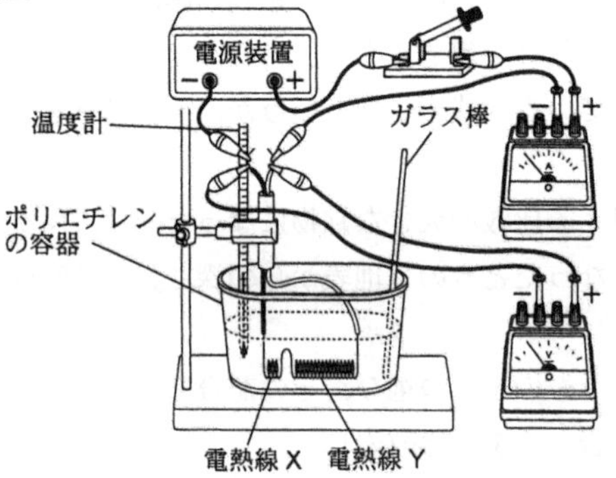

図5

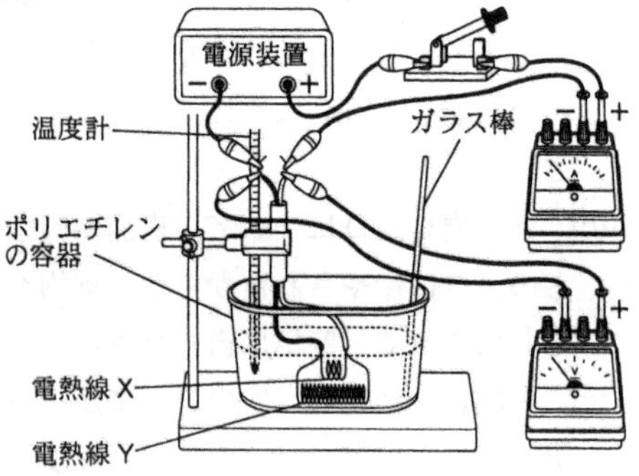

(1)　①について，次の(a)，(b)の各問いに答えなさい。

(a)　電源装置の電圧を6.0Vにしたとき，回路に流れた電流の大きさは何Aか，求めなさい。

(b)　電源装置の電圧を変化させると，電熱線Xに加わる電圧も変化した。電熱線Xに加わる電圧が1.5Vになったとき，電源装置の電圧の大きさは何Vか，求めなさい。

(2)　②について，次の(a)，(b)の各問いに答えなさい。ただし，水1gの温度を1℃上昇させるのに必要な熱量は4.2Jとする。

(a)　電流を流しはじめてから6分で，容器の中の水100gの温度を上昇させた熱量は何Jか，求めなさい。

(b)　電流を流しはじめてから6分で，電流によって電熱線Xに発生した熱量のうち，容器の中の水の温度を上昇させた熱量がしめる割合は，約62.9%であった。容器の中の水の温度を上昇させた熱量が，電流によって電熱線Xに発生した熱量よりも小さくなったのはなぜか，その理由の1つとして考えられることを，水が受け取った熱がどうなったかにふれて，簡単に書きなさい。

⑶　③について，次の(a)，(b)の各問いに答えなさい。

(a)　電流を流しはじめてからの時間と水の上昇温度の測定値の関係をまとめると，表２のようになった。また，図６は，図４の直列回路に電流を流しはじめてからの時間と水の上昇温度の測定値を×で記入し，その関係をグラフで表したものである。図５の並列回路に電流を流しはじめてからの時間と水の上昇温度の関係を図６にグラフで表しなさい。ただし，測定値を・でわかるように記入しなさい。

表２

電流を流しはじめてからの時間(分)		0	2	4	6	8
水の上昇温度(℃)	直列回路	0	0.7	1.3	1.9	2.6
	並列回路	0	3.5	7.0	10.5	14.0

(b)　図４の直列回路の電熱線Ｘ，Ｙを，6.0Ｖで使用したときに消費電力が20Ｗになる１本の電熱線に交換し，電源装置の電圧を6.0Ｖにして回路に電流を流した。このとき，電流を流しはじめてから消費した電力量が，図５の並列回路の電熱線Ｘ，Ｙに電流を流しはじめてから６分で消費した電力量と等しくなるのは，電流を流しはじめてから何分何秒後か，求めなさい。

図６

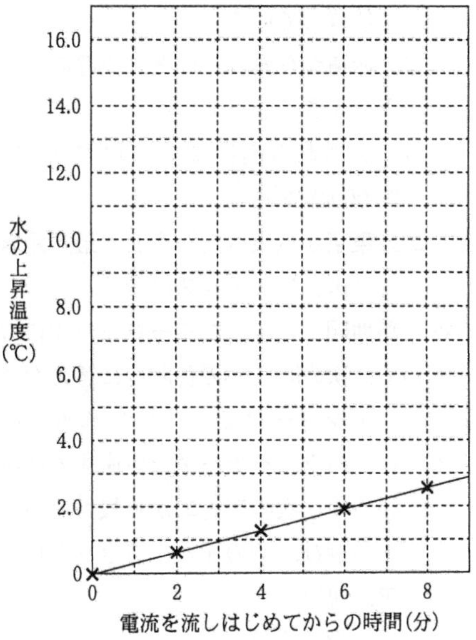

＜社会＞

時間　45分　　満点　50点

1　あとの各問いに答えなさい。(９点)

(1) 資料１は，東京を中心とした，中心からの距離《きょり》と方位が正しい地図である。資料１から読み取れることを正しく述べたものはどれか，次のア～エから最も適当なものを１つ選び，その記号を書きなさい。

〈資料１〉

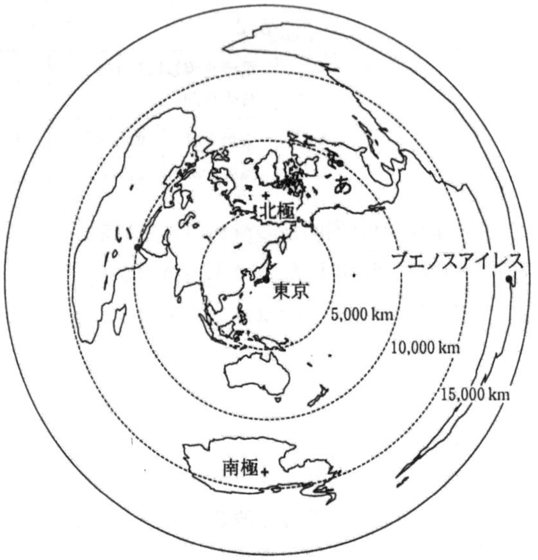

ア．あの都市といの都市は，同じ緯度《いど》に位置している。

イ．赤道から離《はな》れるほど，実際の面積より大きくなっている。

ウ．北極から南極までの距離は，約25,000km ある。

エ．東京から東へ向かうと，最短距離でブエノスアイレスに着く。

(2) 略地図１に示したヨーロッパ州について，次の(a)～(c)の各問いに答えなさい。

〈略地図１〉

(a) デンマークでよく見られる，乳牛を飼い，バターやチーズを生産する農業を何というか，次のア～エから最も適当なものを１つ選び，その記号を書きなさい。

ア．遊牧

イ．混合農業

ウ．酪農《らくのう》

エ．地中海《ちちゅうかい》式農業

(b) 略地図１に示した[X]－[Y]間の断面図はどれか，次のア～エから最も適当なものを１つ選び，その記号を書きなさい。

ア

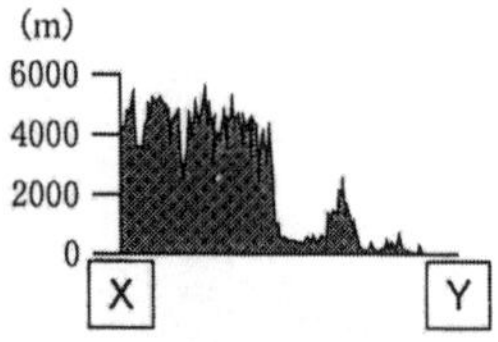

イ

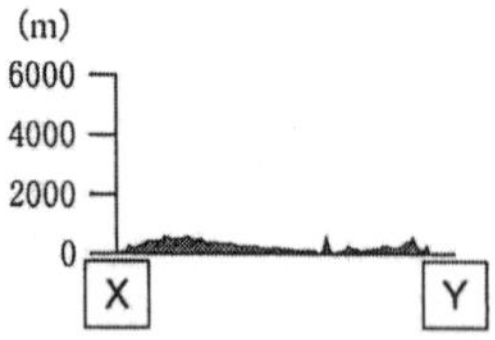

ウ

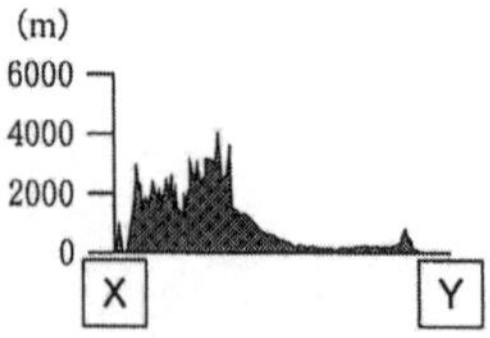

エ

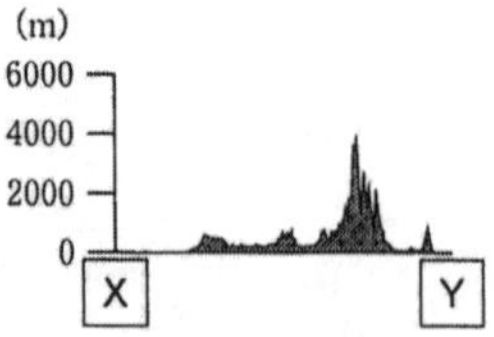

(c)　資料２は，略地図１にＡ～Ｄで示したそれぞれの国からドイツへの移住者数を示したもの，また，資料３は，各国の１人あたりの工業出荷《しゅっか》額を示したものである。資料２に示した国からドイツへ移住するのはなぜか，その理由の１つとして考えられることを，資料３から読み取れることにふれて，「仕事」という言葉を用いて，書きなさい。

〈資料２〉

	ドイツへの移住者数（万人）
A	25.2
B	14.4
C	8.6
D	5.8

〔注：数値は 2018 年のもの〕
（International Migration Outlook から作成）

〈資料３〉

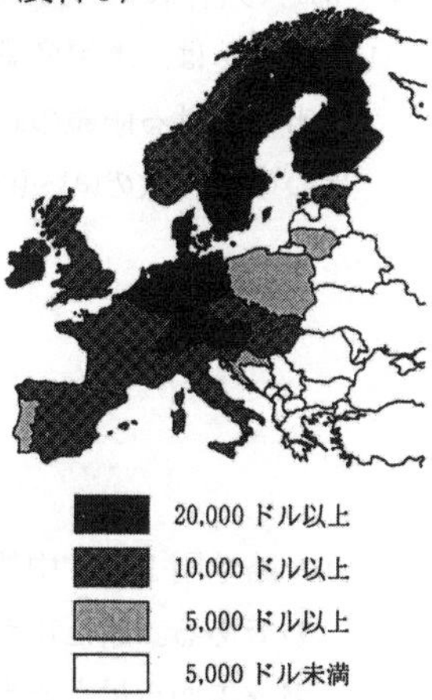

〔注：数値は 2017 年のもの〕
（『世界国勢図《ず》会《え》 2019/20』ほかから作成）

⑶　略地図２に示したアジア州について，次の(a)，(b)の各問いに答えなさい。

(a)　資料４は，世界の宗教別人口の割合を示したものである。Ｚの国名と，Ｚの国で最も信仰《しんこう》されている宗教の組み合わせはどれか，次の**ア**～**カ**から最も適当なものを１つ選び，その記号を書きなさい。

ア．国名－インドネシア　　宗教－Ⅰ
イ．国名－インドネシア　　宗教－Ⅲ
ウ．国名－タイ　　宗教－Ⅱ
エ．国名－タイ　　宗教－Ⅲ
オ．国名－フィリピン　　宗教－Ⅰ
カ．国名－フィリピン　　宗教－Ⅱ

〈略地図２〉

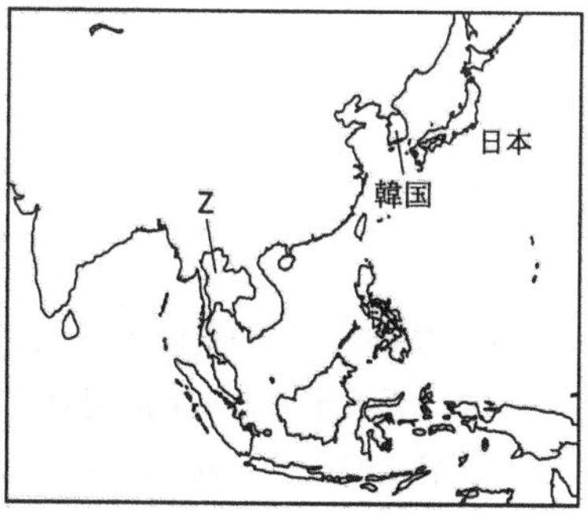

〈資料４〉

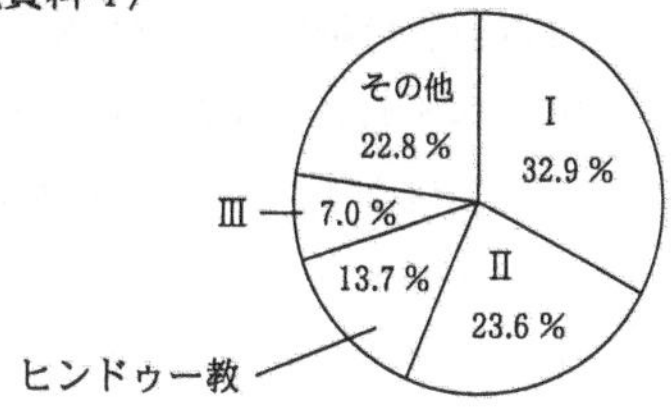

（World Almanac 2018 から作成）

(b)　資料５は，世界のおもな自動車生産国における生産台数を示したものであり，ⓐ～ⓓは，日本，中国，韓国《かんこく》，ドイツのいずれかである。日本と韓国の組み合わせはどれか，次の**ア**～**エ**から最も適当なものを１つ選び，その記号を書きなさい。

ア．日本－ⓑ　韓国－ⓐ
イ．日本－ⓑ　韓国－ⓓ
ウ．日本－ⓒ　韓国－ⓐ
エ．日本－ⓒ　韓国－ⓓ

〈資料５〉

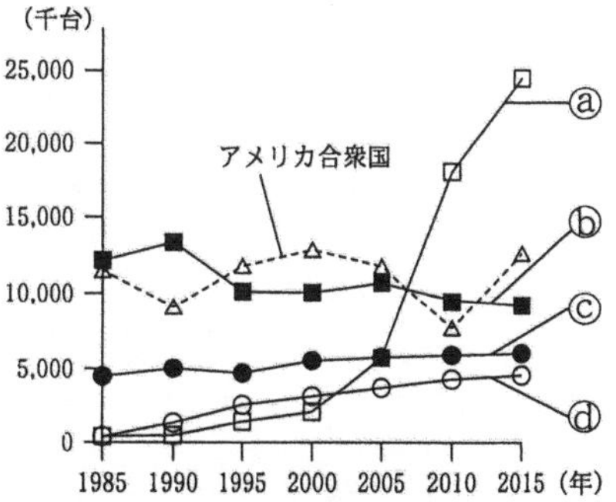

（『世界自動車統計年報 2019』から作成）

2　あとの各問いに答えなさい。（9点）

(1)　資料1は，地場産業として眼鏡《めがね》関連の工業が盛んな鯖《さば》江《え》市における眼鏡の組み立て作業の写真である。鯖江市について，次の(a)～(c)の各問いに答えなさい。

〈資料1〉

(a)　略地図1は，中部地方と近畿《きんき》地方の一部を示したものである。鯖江市が属する府県はどれか，略地図1の**ア**～**エ**から最も適当なものを1つ選び，その記号を書きなさい。

〈略地図1〉

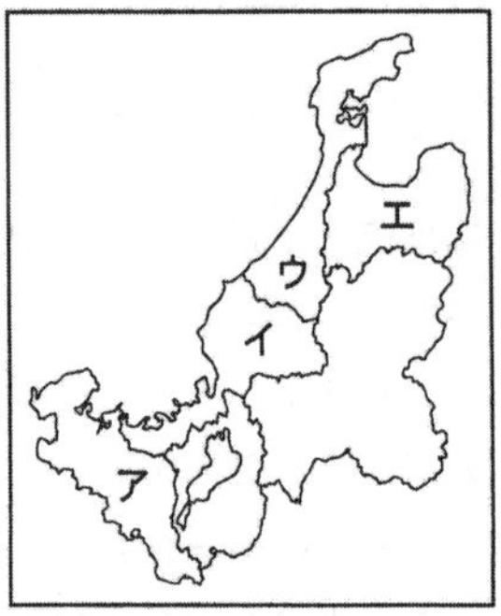

(b)　次のページの資料2は，1975年と2018年における，鯖江市内の長泉寺《ちょうせんじ》山付近の一部を示した2万5千分の1地形図である。1975年と2018年の地形図を比べて，変化したことは何か，資料2から読み取れる内容としてあてはまるものを，次の**ア**～**カ**から2つ選び，その記号を書きなさい。

（資料2は編集の都合で88%に縮小してあります。）

ア．みずおち（水落）駅から分岐《ぶんき》する鉄道路線がなくなった。

イ．長泉寺山の山頂の標高《ひょうこう》が約2m高くなった。

ウ．北陸《ほくりく》本線をまたぐ形で，北陸自動車道が建設された。

エ．日野《ひの》川にかかっていた有定《ありさだ》橋がなくなり，平成《へいせい》橋と丹南《たんなん》橋がかけられた。

オ．しもさばえ駅は西山公園《にしやまこうえん》駅に名前が変わり，駅の近くにあった博物館がなくなった。

カ．さばえ（鯖江）駅の東側に広がっていた水田が，住宅地になった。

〈資料２〉

(1975年)

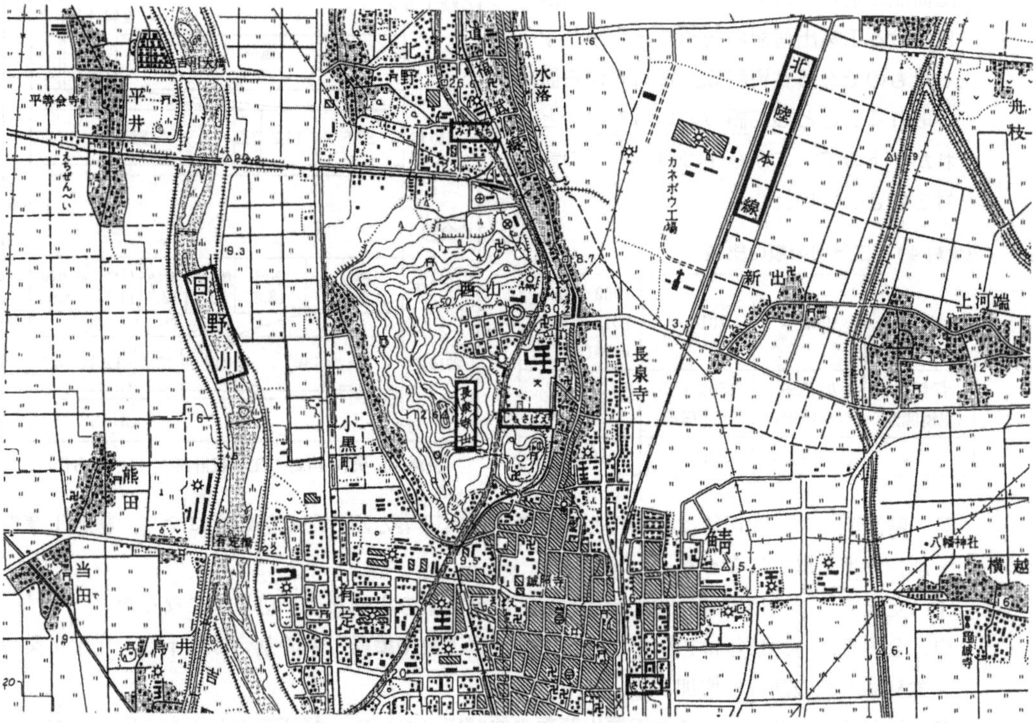

(2018年)

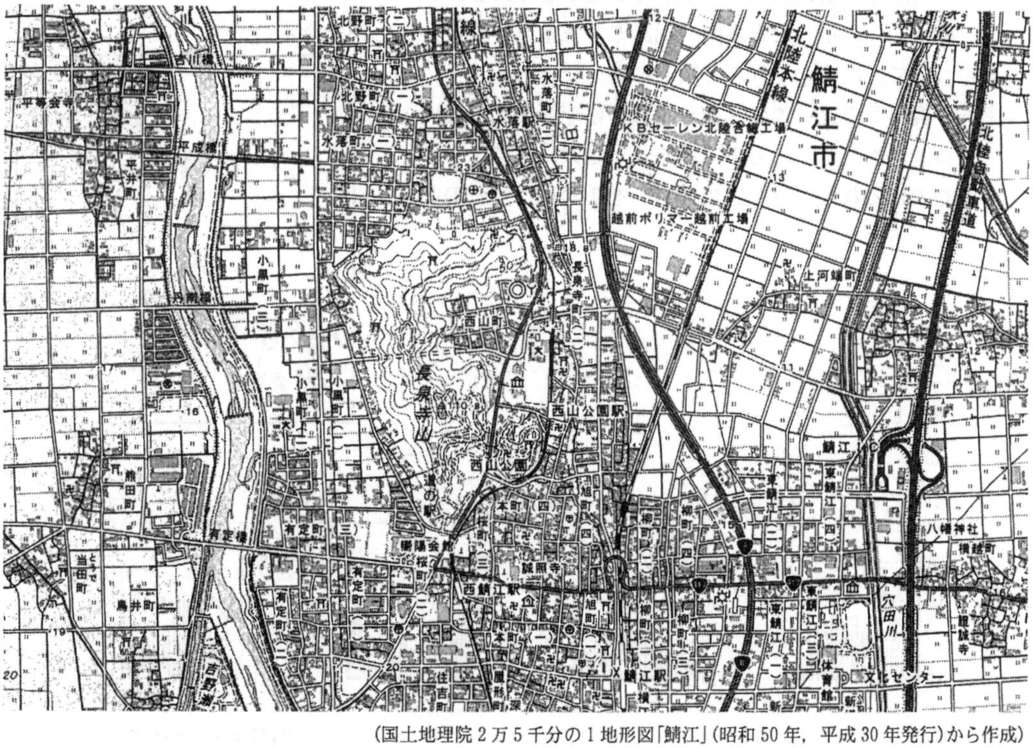

（国土地理院２万５千分の１地形図「鯖江」(昭和50年，平成30年発行)から作成）

(c) 資料３は，鯖江市と全国における工業出荷額の割合，資料４は，鯖江市と全国における工業出荷額の総額をそれぞれ示したものである。資料３，資料４から読み取れることとして誤っているものはどれか，下のア～エから１つ選び，その記号を書きなさい。

〈資料３〉 工業出荷額の割合

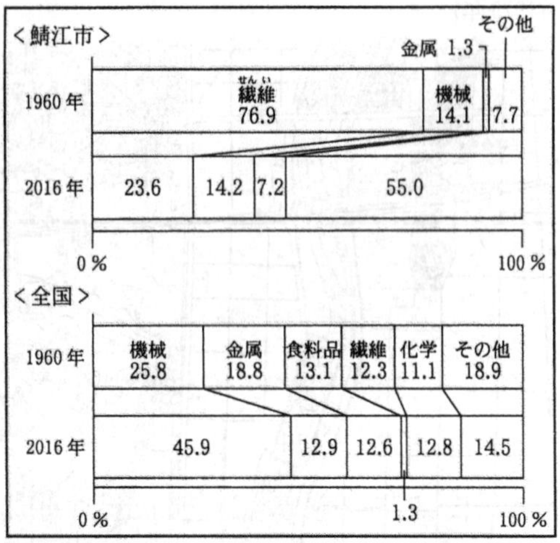

〈資料４〉 工業出荷額の総額

	1960年	2016年	1960年から2016年までの伸び率
鯖江市 （眼鏡関連）	70億円 （９億円）	1808億円 （606億円）	25.8倍
全国	15.6兆円	302兆円	19.4倍

（資料３，資料４は，「工業統計調査」ほかから作成）

ア．鯖江市では，2016年は1960年と比べて，金属工業の割合が５倍以上になり，繊維工業の割合が半分以下になった。

イ．全国では，2016年は1960年と比べて，機械工業の出荷額は15倍以上になった。

ウ．全国では，2016年は1960年と比べて，金属工業や繊維工業の割合は低下し，化学工業や食料品工業の割合は増加した。

エ．1960年から2016年までの工業出荷額の伸び率において，鯖江市が全国を上回ったおもな要因は，眼鏡関連の工業が伸びたからである。

(2) 略地図２に示した青森県，福島県，三重県，愛媛《えひめ》県について，次の(a)，(b)の各問いに答えなさい。

(a) 資料５のア～エは，それぞれの県庁所在地における雨温図を示したものである。三重県にあてはまるものはどれか，最も適当なものを１つ選び，その記号を書きなさい。

〈略地図２〉

〈資料５〉

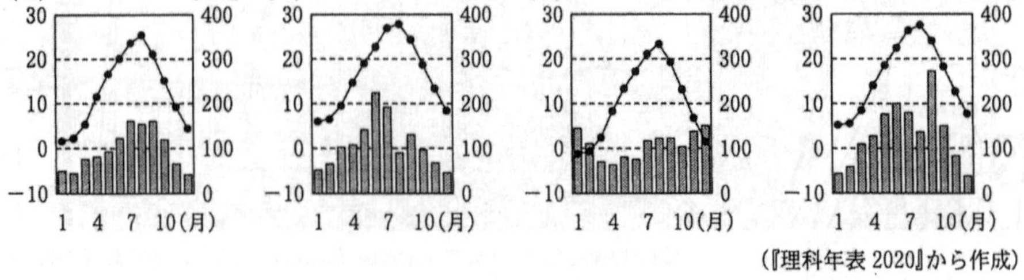

（『理科年表 2020』から作成）

(b)　資料６は，それぞれの県における，米，野菜，果実の産出額を示したものである。資料６のＡとＣにあてはまる県名の組み合わせはどれか，次の**ア**～**カ**から最も適当なものを１つ選び，その記号を書きなさい。

〈資料６〉

	米 (億円)	野菜 (億円)	果実 (億円)
A	513	780	790
B	747	458	250
C	164	206	537
D	275	141	67

〔注：数値は2017年のもの〕
(『データでみる県勢 2020』から作成)

ア．Ａ－青森県　　Ｃ－三重県
イ．Ａ－青森県　　Ｃ－愛媛県
ウ．Ａ－福島県　　Ｃ－青森県
エ．Ａ－福島県　　Ｃ－愛媛県
オ．Ａ－愛媛県　　Ｃ－青森県
カ．Ａ－愛媛県　　Ｃ－三重県

(3)　資料７は，名古屋《なごや》市中央卸売《おろしうり》市場における，かぼちゃの取扱《とりあつかい》量上位３産地からの入荷時期と入荷量を示したものであり，資料８は，かぼちゃの取り引き価格を示したものである。メキシコ産のかぼちゃは，ニュージーランド産，北海道産と比べて，どのような時期に入荷し，どのような価格で取り引きされているか，資料７，資料８から読み取り，書きなさい。

〈資料７〉

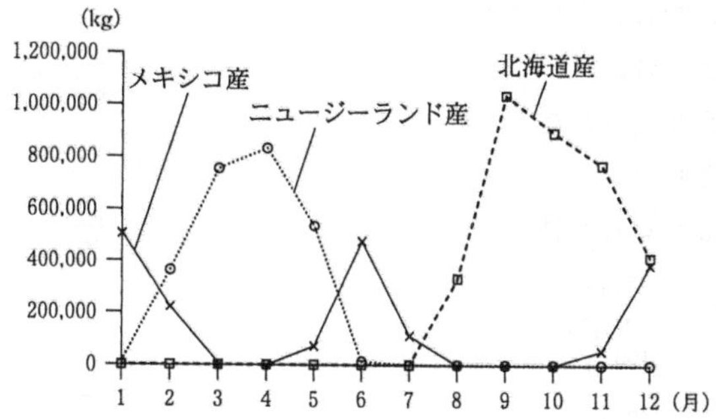

〔注：数値は 2019 年のもの〕

〈資料８〉

	取り引き価格 (１kg あたり)
メキシコ産	１月…164 円，６月…147 円
ニュージーランド産	３月…108 円，４月…126 円
北海道産	９月…138 円，10 月…141 円

〔注：数値は 2019 年のもの〕
(資料７，資料８は，名古屋市 Web ページから作成)

3　右の表は，たくやさんの学級で歴史的分野の学習を行ったときに設定されたテーマを示したものである。これを見て，あとの各問いに答えなさい。(９点)

テーマ１	唐《とう》の誕生《たんじょう》と緊迫《きんぱく》する東アジア
テーマ２	戦国大名の登場
テーマ３	元禄《げんろく》文化
テーマ４	田沼意次《たぬまおきつぐ》の政治
テーマ５	立憲制国家の成立
テーマ６	第一次世界大戦と日本
テーマ７	戦後の日本経済

(1)　テーマ１について，百済《くだら》《ペクチェ》を復興するため大軍を送った日本が，朝鮮《ちょうせん》半島で唐と新羅《しらぎ》《シルラ》の連合軍に敗れた戦いを何というか，次の**ア**～**エ**から最も適当なものを１つ選び，その記号を書きなさい。

ア．白村江《はくそんこう》《はくすきのえ》の戦い　**イ**．壇ノ浦《だんのうら》の戦い　**ウ**．桶狭間《おけはざま》の戦い　**エ**．長篠《ながしの》の戦い

(2)　テーマ２について，資料１は，戦国大名の朝倉《あさくら》氏が定めた「朝倉孝景条々《たかかげじょうじょう》」を要約したものの一部である。資料１に示したような，戦国大名が定めた，領国支配のための法律を何というか，**漢字**で書きなさい。

〈資料１〉

本拠《ほんきょ》である朝倉館《やかた》のほかには，国内に城を構えてはならない。全ての有力な家臣は，一乗谷《いちじょうだに》に引っ越《こ》し，村には代官を置くようにしなさい。

(3)　テーマ３について，大阪《おおさか》の町人で，武士や町人の生活をもとにした浮世草子《うきよぞうし》と呼ばれる小説を書いた人物は誰《だれ》か，次の**ア**～**エ**から最も適当なものを１つ選び，その記号を書きなさい。

ア．近松門左衛門《ちかまつもんざえもん》　**イ**．井原西鶴《いはらさいかく》　**ウ**．尾形光琳《おがたこうりん》　**エ**．菱川師宣《ひしかわもろのぶ》

(4)　テーマ４について，田沼意次が行った政治の内容について述べた文はどれか，次の**ア**～**エ**から最も適当なものを１つ選び，その記号を書きなさい。

ア．生類憐《しょうるいあわれ》みの令を出し，極端《きょくたん》な動物保護を行った。

イ．財政難を切りぬけるために，金貨・銀貨の質を落としてその数量を増やした。

ウ．株仲間を認め，営業を独占《どくせん》させる代わりに税をとった。

エ．公事方御定書《くじかたおさだめがき》をつくり，裁判の基準とした。

(5)　テーマ５について，大日本帝国《ていこく》憲法で定められたことがらについて述べた文はどれか，次の**ア**～**エ**から最も適当なものを１つ選び，その記号を書きなさい。

ア．天皇は，日本国・日本国民統合の象徴《しょうちょう》とされた。

イ．予算や法律の成立には，議会の同意が必要とされた。

ウ．基本的人権は，永久の権利として保障された。

エ．首長と議員は，住民の選挙によって選ばれるとされた。

(6)　テーマ６について，資料２は，1911年から1915年の日本の国別輸出額を示したものであり，**ア**～**ウ**はイギリス，ドイツ，ロシアのいずれかである。ドイツにあてはまるものはどれか，最も適当なものを１つ選び，その記号を書きなさい。また，そのように判断した理由を，「第一次世界大戦」という言葉を用いて，書きなさい。

〈資料２〉

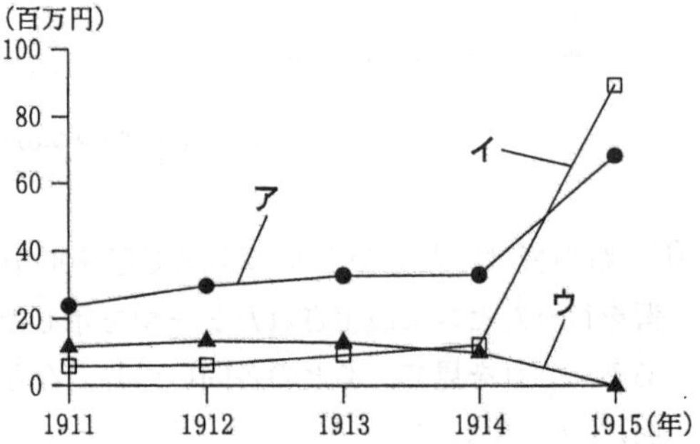

(『日本貿易精覧』から作成)

(7)　テーマ７について，たくやさんは，1956年から2011年までの日本の経済成長率の推移を次のページの資料３にまとめた。資料３から読み取れる，日本の経済成長率について述べた文として正しいものはどれか，下の**ア**～**エ**から最も適当なものを１つ選び，その記号を書きなさい。

ア．高度経済成長期には，経済成長率が毎年４％以上あった。

イ．石油危機から世界金融《きんゆう》危機まで，経済成長率が０％を下回る年はなかった。

ウ．バブル経済時には，1956年以降で最高の経済成長率を示した年があった。

エ．2001年から2010年までの間に，経済成長率が－５％を下回る年があった。

〈資料3〉

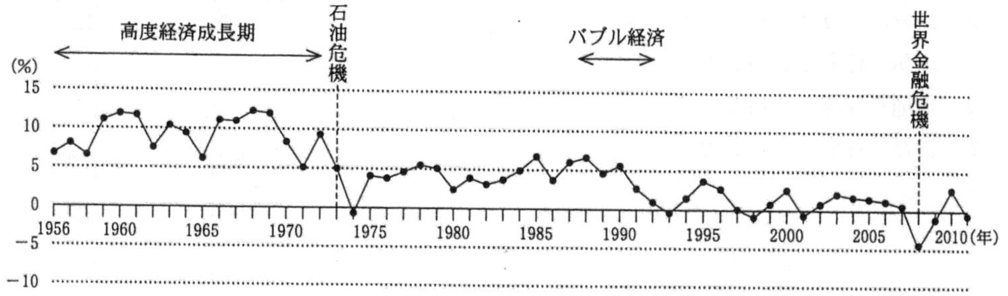

〔注：経済成長率は，国民総所得を前年と比較《ひかく》した増減率〕

（『数字でみる日本の100年』から作成）

4　次の表は，さおりさんの学級で，歴史的分野を学習したときの内容をまとめたものである。これを見て，あとの各問いに答えなさい。（9点）

ヤマト王権（大和《やまと》政権）は，①中国に小野妹子《おののいもこ》らを派遣《はけん》し，対等の立場で国交を結ぼうとした。
桓武天皇《かんむてんのう》は，寺院勢力の強い平城京《へいじょうきょう》から，山城国《やましろのくに》の②平安京《へいあんきょう》に都を移した。
源 頼朝《みなもとのよりとも》は，鎌倉《かまくら》を本拠《ほんきょ》として指揮をとり，③集まってきた武士と主従関係を結んで御家人《ごけにん》とし，武家《ぶけ》の政治の仕組みを整えた。
1858年にアメリカやイギリスなどと通商条約が結ばれ，自由貿易が開始されると，④国内の綿織物の生産地は大きな打撃《だげき》を受けた。
江戸《えど》や大阪で世が変わることへの期待と不安から，⑤「ええじゃないか」と群衆が熱狂《ねっきょう》し，歌い踊《おど》るさわぎが起こった。
連合国の代表は，1945年にサンフランシスコに集まり，国際連合憲章に調印し，⑥国際連合を成立させた。

⑴　下線部①について，ヤマト王権（大和政権）が小野妹子らを派遣した時の中国の王朝を何というか，次の**ア**～**エ**から最も適当なものを1つ選び，その記号を書きなさい。

ア．秦《しん》　**イ**．漢　**ウ**．魏《ぎ》　**エ**．隋《ずい》

⑵　下線部②について，平安京が都とされてから鎌倉幕府が成立するまでの，平安時代のできごとについて述べた文はどれか，次の**ア**～**エ**から最も適当なものを1つ選び，その記号を書きなさい。

ア．奥州藤原《おうしゅうふじわら》氏によって，平泉《ひらいずみ》に中尊寺金色堂《ちゅうそんじこんじきどう》が建設された。

イ．聖武天皇《しょうむてんのう》によって，東大寺《とうだいじ》が建てられ，大仏がつくられた。

ウ．運慶《うんけい》らによって，東大寺南大門《なんだいもん》の金剛力士《こんごうりきし》像が制作された。

エ．観阿弥《かんあみ》・世阿弥《ぜあみ》によって，能が大成された。

⑶　下線部③について，次のページの資料1は，鎌倉幕府の将軍と御家人との主従関係を模式的に表したものである。資料1の御恩《ごおん》にあたるものについて述べた文はどれか，後の**ア**～**エ**から

最も適当なものを１つ選び，その記号を書きなさい。

ア．口分田《くぶんでん》を与《あた》えられること。

イ．国司《こくし》に任命されること。

ウ．領地を保護されること。

エ．管領《かんれい》に任命されること。

〈資料１〉

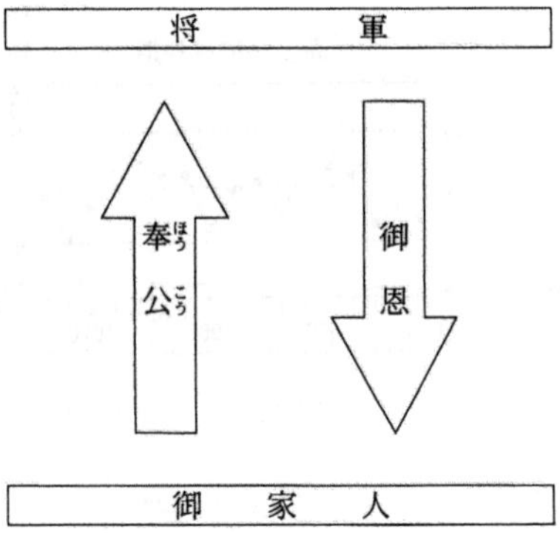

(4)　下線部④について，資料２は，1860年と1865年における日本の輸入総額とおもな輸入品を示したもの，資料３は，1865年における日本の輸入総額に占《し》める国別割合を示したものである。通商条約が結ばれ，自由貿易が開始されると，国内の綿織物の生産地が大きな打撃を受けたのはなぜか，資料２，資料３から読み取れることをもとにして，書きなさい。

〈資料２〉

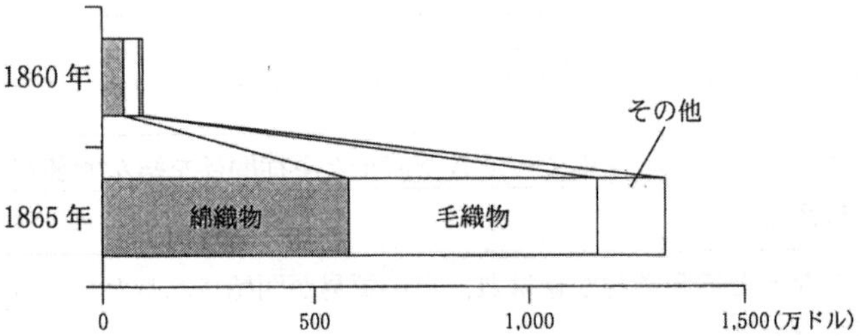

〔注：綿織物には綿糸も含む〕

〈資料３〉

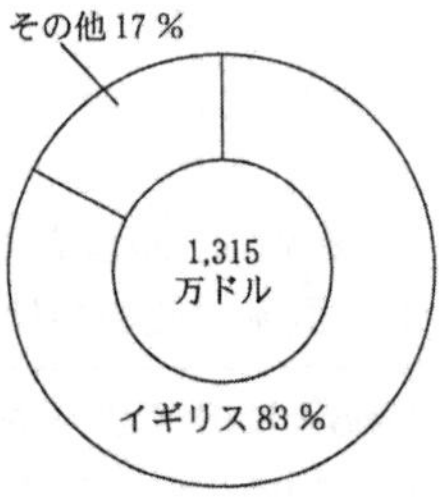

（資料２，資料３は，『横浜市史』から作成）

(5)　下線部⑤について，次のⓐ～ⓓのカードはそれぞれ，「ええじゃないか」というさわぎが発生したころの，日本国内で起きたできごとを示したものである。ⓐ～ⓓのカードを，書かれた内容の古いものから順に並べると，どのようになるか，下の**ア**～**エ**から最も適当なものを１つ選び，その記号を書きなさい。

ⓐ	徳川慶喜《とくがわよしのぶ》は，政権を朝廷《ちょうてい》に返上することを申し出た。
ⓑ	新政府は，五箇条《ごかじょう》の御誓文《ごせいもん》を出した。
ⓒ	新政府は，諸大名に土地と人民を政府に返させた。
ⓓ	坂本龍馬《さかもとりょうま》は，薩摩藩《さつまはん》と長州藩《ちょうしゅうはん》の間を仲介し，薩長同盟《さっちょうどうめい》を結ばせた。

ア．ⓐ→ⓓ→ⓒ→ⓑ　　**イ**．ⓓ→ⓐ→ⓑ→ⓒ

ウ．ⓐ→ⓓ→ⓑ→ⓒ　　**エ**．ⓓ→ⓐ→ⓒ→ⓑ

(6)　下線部⑥について，次のページの資料４は，国際連合加盟国数の推移を州別に示したものであり，Ａ～Ｆには，世界の６つの州のいずれかがあてはまる。後の資料５は，たくやさんが，Ｂがどの州であるかを考え，その理由をまとめたものである。資料５の Ⅰ にあてはまる言葉は何か，書きなさい。

〈資料４〉

	A	B	C	D	E	F	合計
1945年の加盟国数	2	4	9	10	12	14	51
1955年の加盟国数	2	5	21	10	12	26	76
1965年の加盟国数	2	37	28	10	14	27	118

（国際連合広報センターWebページから作成）

〈資料５〉

Bは，［Ｉ］州だと考えられる。なぜなら，「［Ｉ］の年」と呼ばれた1960年に，多くの独立国が誕生し，国連への加盟国数が大幅に増加したからである。

5 右の表は，せいやさんの学級で行った公民的分野の調べ学習について，班ごとのテーマをまとめたものである。これを見て，あとの各問いに答えなさい。(14点)

A班	人権思想の成立
B班	行政改革
C班	多様化する家族
D班	国会の運営
E班	政治参加と選挙
F班	日本企業《きぎょう》の海外進出
G班	日本の財政
H班	持続可能な社会

(1) A班のテーマについて，資料１は，フランス人権宣言を記した版画であり，資料２は，資料１を説明したものの一部である。資料２の［A］にあてはまる言葉はどれか，下の**ア**～**エ**から最も適当なものを１つ選び，その記号を書きなさい。

〈資料２〉

版画には，前文と17か条が記載《きさい》されています。左上には，［A］のくさりを断ち切る自由を表す女神が描《えが》かれ，中央上部には，理性の光を照らすという意味を表した絵が描かれています。

〈資料１〉

ア．議院内閣制　　**イ**．絶対王政

ウ．普通《ふつう》選挙制　　**エ**．立憲主義

(2) B班のテーマについて，行政改革の１つとして，経済活動に対する規制緩和《かんわ》がある。経済活動に対する規制緩和の具体例にあてはまるものはどれか，次の**ア**～**エ**から最も適当なものを１つ選び，その記号を書きなさい。

ア．かぜ薬がコンビニエンスストアで販売《はんばい》されること。

イ．タクシー運賃の変更《へんこう》が政府に認可《にんか》されること。

ウ．産業が寡占《かせん》や独占に近づき，独占価格が設定されること。

エ．同じ旅行先でも出発日によって異なる旅行代金が設定されること。

(3) C班のテーマについて，なるみさんは，日本の家族構成に関する資料を集めた。資料３，資料４は，その一部であり，次のページの資料５は，資料３，資料４をもとに，なるみさんが，考えたことをまとめたものである。資料５の［a］にあてはまる理由は何か，後の**ア**～**エ**から最も適当なものを１つ選び，その記号を書きなさい。

〈資料３〉

年	１世帯あたり人員(人)
1980	3.22
2000	2.67

〈資料４〉

年	全世帯にしめる核家族世帯の割合(%)
1980	60.3
2000	59.1

（資料３，資料４は，総務省Webページから作成）

〈資料５〉

> 1980年と2000年を比べて，１世帯あたり人員は減少しているのに，全世帯にしめる核家族世帯の割合が増加していないのは［　a　］だと考えられる。

ア．日本の総人口が減少したから
イ．単独（一人）世帯の数が増加したから
ウ．夫婦《ふうふ》と子どものいる世帯の数が増加したから
エ．祖父母と親と子どもで構成される世帯の数が増加したから

(4)　Ｄ班のテーマについて，国会において，両院協議会が開かれることがある。両院協議会はどのような時に開かれるか，両院とは何かを明らかにして，書きなさい。

(5)　Ｅ班のテーマについて，次の(a)，(b)の各問いに答えなさい。

(a)　資料６は，れいじさんが，参議院議員の任期と選挙についてまとめたものの一部である。資料６の［あ］にあてはまる，参議院議員選挙が３年ごとに行われる理由は何か，「改選」という言葉を用いて，書きなさい。

〈資料６〉

> 参議院議員の任期は６年です。参議院議員の選挙は，2000年以降では，2001年，2004年，2007年，2010年，2013年，2016年，2019年に行われました。このように３年ごとに選挙が行われるのは，［　あ　］です。

(b)　資料７は，2019年に行われた参議院議員選挙における政策課題に対する有権者へのアンケート結果であり，Ⅰ～Ⅳは，医療《いりょう》・介護《かいご》，消費税，子育て・教育，景気対策のいずれかである。また，資料８は，資料７の結果についてまとめたものである。資料７のⅠにあてはまるものはどれか，下のア～エから最も適当なものを１つ選び，その記号を書きなさい。

〈資料７〉

政策課題	18～29歳《さい》	30～49歳	50～69歳	70歳以上
Ⅰ	37.8	46.7	47.5	44.9
Ⅱ	36.2	48.0	27.9	25.2
Ⅲ	29.7	29.2	30.0	31.7
年金	27.6	38.0	60.6	63.7
Ⅳ	26.5	40.8	58.8	69.7

（注：「今回の参院選では，どのような政策課題を考慮《こうりょ》しましたか」という質問に対する回答であり，単位は％）

〈資料８〉

> いずれの年代においても，景気対策は消費税よりも上位に位置している。また，年代ごとの特色として，年金や医療・介護については，高齢《こうれい》者層ほど考慮する順位が高まり，子育て・教育は，若年者層ほど上位に位置している。

（資料７，資料８は，明るい選挙推進協会資料から作成）

ア．医療・介護　　イ．消費税　　ウ．子育て・教育　　エ．景気対策

(6)　Ｆ班のテーマについて，資料９は，1999年，2009年，2019年の，ベトナムにおける日本の現地法人数を示したものであり，次のページの資料10は，つばきさんが，資料９をもとに

〈資料９〉

	1999年	2009年	2019年
ベトナムにおける日本の現地法人数	184	404	1278

（『海外進出企業総覧 2020』ほかから作成）

立てた仮説である。資料10に示したつばきさんの仮説が正しいかどうかを確かめる場合，どのような資料が必要か，次の**ア**～**エ**から最も適当なものを１つ選び，その記号を書きなさい。

〈資料 10〉

ベトナムで日本の現地法人数が増えているのは，ベトナムには安い労働力があるからだと考えられる。

ア．ベトナムにおける就職率の推移を示す資料。
イ．日本の労働者とベトナムの労働者の平均賃金を比較した資料。
ウ．日本の労働力人口とベトナムの労働力人口の平均年齢を比較した資料。
エ．ベトナムにおける日本の現地法人のベトナム人従業員数の推移を示す資料。

(7)　G班のテーマについて，次の(a)，(b)の各問いに答えなさい。

(a)　資料11のⓅ～Ⓡは，1979年度，1999年度，2019年度のいずれかの年度の，日本の一般会計における歳出《さいしゅつ》の内訳を示したものである。ⓟ，Ⓠ，Ⓡを古いものから順に並べると，どのようになるか，下の**ア**～**カ**から最も適当なものを１つ選び，その記号を書きなさい。

〈資料 11〉

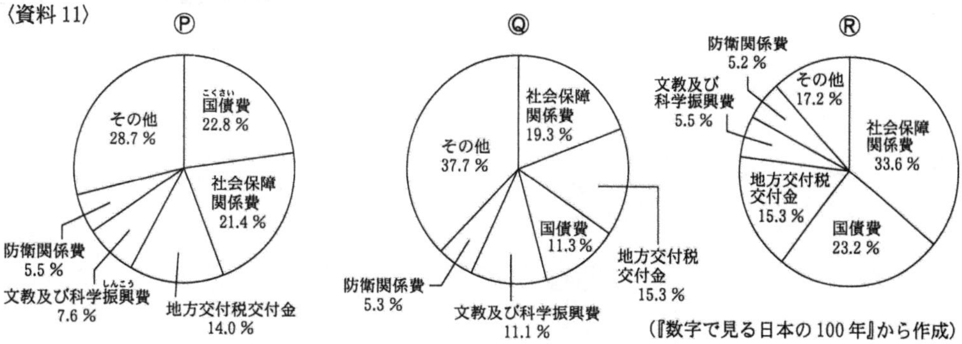

（『数字で見る日本の 100 年』から作成）

ア．ⓟ→Ⓠ→Ⓡ　　**イ**．ⓟ→Ⓡ→Ⓠ　　**ウ**．Ⓠ→ⓟ→Ⓡ
エ．Ⓠ→Ⓡ→ⓟ　　**オ**．Ⓡ→ⓟ→Ⓠ　　**カ**．Ⓡ→Ⓠ→ⓟ

(b)　資料12は，税の１つである所得税についてまとめたものの一部である。資料12の X ， Y にあてはまる言葉の組み合わせはどれか，次の**ア**～**エ**から最も適当なものを１つ選び，その記号を書きなさい。

〈資料 12〉

所得税は，実際に税を負担する人と納税者とが X 税金であり， Y 。

ア． X － 一致する　　 Y － 所得が多いほど，高い税率が適用される
イ． X － 一致する　　 Y － 所得に関係なく，同じ税率が適用される
ウ． X － 一致しない　　 Y － 所得が多いほど，高い税率が適用される
エ． X － 一致しない　　 Y － 所得に関係なく，同じ税率が適用される

(8)　H班のテーマについて，せいやさんは，日本の廃《はい》プラスチックの処理状況《じょうきょう》に関する資料を集めた。資料13，資料14，資料15は，その一部である。廃プラスチックについて，持続可能な社会を実現するために解決すべき日本の課題は何か，その１つとして考えられることを，資料13，資料14，資料15から読み取れることをもとにして，「輸出」と「国内」という２つの言葉を用いて，書きなさい。

（資料13～資料15は次のページにあります。）

〈資料 13〉 2017 年における日本の廃プラスチックの処理状況

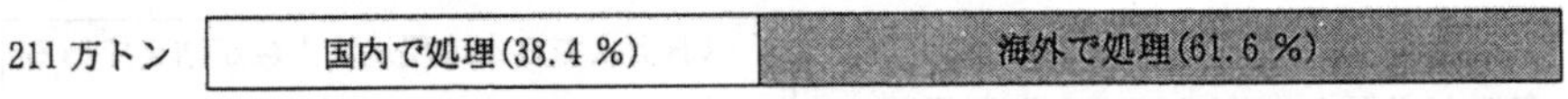

〔注：数値は，処理前と同様な用途の原料として再生利用するものの内訳〕

（プラスチック循環《じゅんかん》利用協会資料ほかから作成）

〈資料 14〉 2017 年 7 月における日本の廃プラスチックの主な輸出先

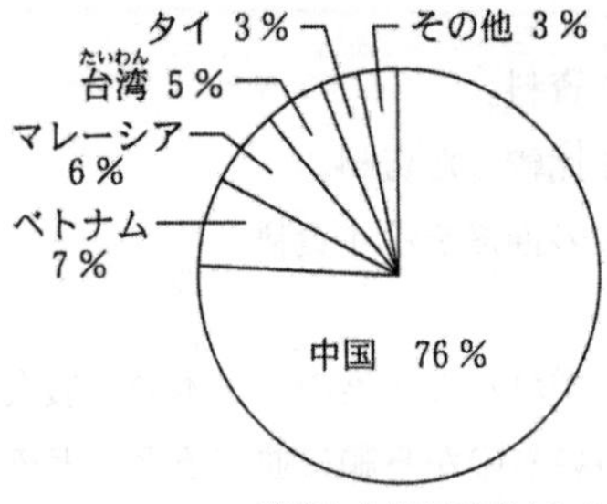

（「財務省貿易統計」から作成）

〈資料 15〉 海外における廃プラスチックの輸入規制の動向

・中国	
2017 年 12 月末	非工業由来廃プラスチックの輸入を禁止
2018 年 12 月末	工業由来の廃プラスチック輸入を停止
・ベトナム	
2018 年 6 月	輸入基準を厳格化
・マレーシア	
2018 年 7 月	実質的に輸入禁止
・台湾	
2018 年 10 月	輸入規制の厳格化
・タイ	
2021 年	全面輸入禁止の方針

（経済産業省 Web ページほかから作成）

(一) 【資料1】から読み取れることを、次の[　]の中の文にまとめた。[①]～[③]に入る言葉の組み合わせとして最も適当なものを、あとのア～エから一つ選び、その記号を書きなさい。

> 「バリアフリーという言葉とその意味を知っているか」についての回答は、「知っている／どちらかといえば知っている」と答えた人の割合が、調査したどの年も九割を超《こ》えており、多くの人に認知《にんち》されていることが分かる。
>
> 一方で、「ユニバーサルデザインという言葉とその意味を知っているか」の回答においては「知っている／どちらかといえば知っている」と答えた人の割合は、二〇二〇年が最も大きくなっているものの、バリアフリーという言葉と意味を知っていると答えた人の割合と比較《ひかく》すると、その割合は大きくはない。
>
> また、[①]に見ると、[②]よりも[③]の方が、ユニバーサルデザインという言葉とその意味を知っている人の割合が大きい傾向《けいこう》にある。

ア、①　年別　②　二十代以下　③　三十代以上
イ、①　年別　②　三十代以上　③　二十代以下
ウ、①　年代別　②　二十代以下　③　三十代以上
エ、①　年代別　②　三十代以上　③　二十代以下

(二) 【資料2】から読み取れることについて、最も適当なものを次のア～エから一つ選び、その記号を書きなさい。

ア、「公衆トイレ」のユニバーサルデザインが最も進んだと考えられており、各年代ごとにみても、今後、ユニバーサルデザインの必要性が高いと考える公共空間として、「公衆トイレ」を挙げる人の割合が最も大きい。

イ、今後、「水辺・海辺の空間」のユニバーサルデザインの必要性が高いと考える人の割合は、全体では一桁《けた》台であるが、各年代ごとに比較してみると、二十歳《さい》未満では、「水辺・海辺の空間」のユニバーサルデザインの必要性が高いと考える人の割合は二桁《けた》台となっている。

ウ、今後、「商店街」をユニバーサルデザインとしていく必要性が高いと考える人の割合は三番目に大きく、また、「商店街」のユニバーサルデザインが進んだと考える人の割合も三番目に大きくなっている。

エ、今後、「公共の駐車場《ちゅうしゃじょう》」のユニバーサルデザインの必要性が高いと考える人の割合は、年齢《ねんれい》が上がるにつれ大きくなっており、同じように、ユニバーサルデザインの必要性が高いと考える人の割合が、年齢が上がるほど大きくなる傾向は、「歩行空間」にも当てはまる。

(三) 中学生のひかりさんは、【資料3】を見て、困っている人に対して手助けをする人の割合を増やすためにどのようにしたらよいかを考えた。「困っている人に対して、積極的に手助けをする人を増やすための方法」について、あなたの考えを、あとの[作文の注意]にしたがって書きなさい。

[作文の注意]

①　題名は書かずに本文から書き出しなさい。

②　【資料3】の「手助けをしないのはなぜか」のグラフも参考にして、あなたが考える理由を明らかにし、具体的に書きなさい。

③　原稿《げんこう》用紙の使い方にしたがい、全体を百六十字以上二百字以内にまとめなさい。

【資料１】　ユニバーサルデザインの認知度《にんちど》

バリアフリーという言葉とその意味を知っているか

		知っている／どちらかといえば知っている	あまり知らない／知らない	どちらともいえない
年別	2018年	95.7％	3.0％	1.3％
	2019年	95.8％	3.2％	1.0％
	2020年	94.9％	3.7％	1.4％

ユニバーサルデザインという言葉とその意味を知っているか

		知っている／どちらかといえば知っている	あまり知らない／知らない	どちらともいえない
年別	2018年	58.9％	39.3％	1.8％
	2019年	58.4％	39.7％	1.9％
	2020年	60.1％	37.8％	2.1％
年代別	15～19歳	87.4％	10.0％	2.6％
	20代	77.9％	19.6％	2.5％
	30代	57.5％	39.3％	3.2％
	40代	55.8％	41.2％	3.0％
	50代	54.8％	43.4％	1.8％
	60代	56.2％	42.8％	1.0％
	70代	52.0％	46.9％	1.1％

※　「年代別」のデータは2020年のもの

【資料２】　公共空間におけるユニバーサルデザインの普《ふ》及《きゅう》度《ど》と必要性（2020年）

公共空間を利用する際に、どの程度ユニバーサルデザインが進んだと思うか

	十分進んだ／まあまあ進んだ	あまり進んでいない／ほとんど進んでいない	どちらともいえない
歩行空間	21.9％	65.1％	13.0％
公衆トイレ	33.6％	54.2％	12.2％
商店街	9.1％	77.8％	13.1％
都市公園	24.5％	60.7％	14.8％
水辺・海辺の空間	11.8％	72.1％	16.1％
公共の駐車場	19.3％	65.4％	15.3％

今後、特にどの公共空間を重点的にユニバーサルデザインとしていくことが必要だと思うか

		歩行空間	公衆トイレ	商店街	都市公園	水辺・海辺の空間	公共の駐車場
2020年		65.8％	63.3％	26.2％	13.2％	8.8％	22.8％
年代別	15～19歳	54.7％	56.7％	26.0％	20.0％	20.0％	22.7％
	20代	58.7％	60.3％	28.5％	16.7％	9.6％	26.3％
	30代	63.1％	63.4％	26.5％	14.7％	8.6％	23.8％
	40代	65.2％	65.8％	23.4％	11.5％	9.6％	24.6％
	50代	67.1％	63.0％	26.5％	12.0％	6.4％	25.0％
	60代	67.1％	63.7％	27.2％	12.2％	7.9％	21.8％
	70代	76.9％	65.3％	26.1％	10.6％	6.1％	15.0％

【資料３】　困っている人に対する手助けについて（2020年）

外出の際，困っている人に対して手助けをしているか

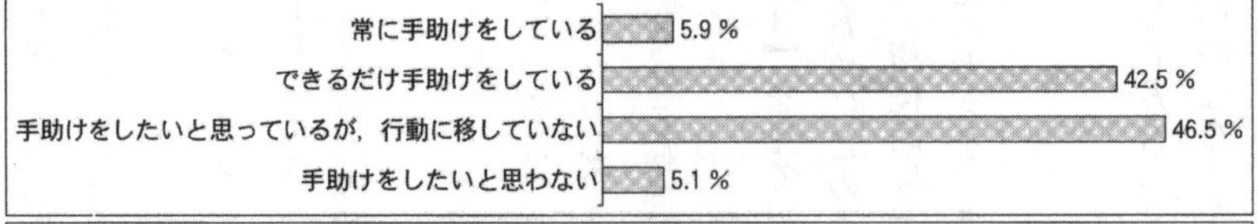

手助けをしないのはなぜか

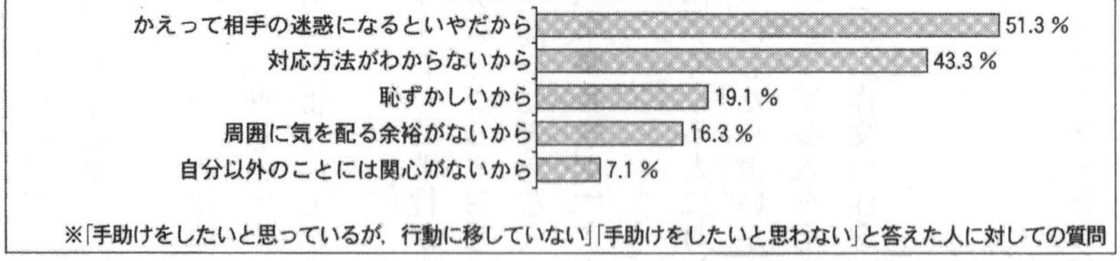

※「手助けをしたいと思っているが，行動に移していない」「手助けをしたいと思わない」と答えた人に対しての質問

〔内閣府「ユニバーサルデザインに関する意識調査」から作成〕

足取りの教育で知識と技術を身に付けたときに、確実に発揮される。

4 次の文章を読んで、あとの各問いに答えなさい。(八点)

後三条院《ごさんでうゐん》〔後三条院が〕、(注1)東宮《とうぐう》にて①おはしましける時、学士実政朝臣《さねまさのあそん》〔藤原実政朝臣が〕、任国に赴《おもむ》きけるに、(注2)餞別《せんべつ》の名残《なごり》、②惜しませ給《たま》ひて、

州《しう》民《みん》〔国の民が〕縦《たと》ヒ③作《な》ストモ㆓甘《かん》棠《たう》ノ詠ヲ㆒
莫《なか》レ㆑忘ルルコト多年風《ふ》月《げつ》ノ遊《あそび》〔宮中で開かれた、楽しかった詩歌の会のことを〕

この意《こころ》は、(注3)毛詩《まうし》にいはく、

孔《こう》子《し》曰《いは》ク、甘棠莫《なか》レ㆑伐《き》ルコト、(注4)召《せう》伯《はく》之所㆑宿リシ也《なり》

といへることなり。

また御歌、

忘れずは同じ空とも月を見よ〔忘れなかったならば、同じ空の下にいると思って、月を見てくれ。〕
ほどは雲居《くもゐ》にめぐりあふまで〔遠く離れていて雲居の空まで隔っていても再び雲居の宮中でめぐり会う時まで。〕

君なれども、臣なれども、たがひに志の深く、隔つる思ひのなきは、(注5)朋友《ほういう》にひとしといへり。

(『新編　日本古典文学全集　十訓抄《じっきんしょう》』による。)

＊一部表記を改めたところがある。

(注1)　東宮――皇太子。
(注2)　餞別――送別。
(注3)　毛詩――中国最古の詩集である『詩経《しきょう》』のこと。
(注4)　召伯――善政を行い慕《した》われた周の時代の人。召伯の善政を慕い、そのゆかりの甘棠(やまなし)の木を人民が歌に作ったという逸話《いつわ》がある。
(注5)　朋友――友人。

(一) 傍線部分①「おはしましける」を現代仮名遣《かなづか》いに改め、すべてひらがなで書きなさい。

(二) 傍線部分②「惜しませ給ひて」の主語はどれか。次の**ア**～**エ**から一つ選び、その記号を書きなさい。

ア、後三条院　**イ**、実政朝臣　**ウ**、州民　**エ**、孔子

(三) 傍線部分③「作㆓甘棠詠㆒」を書き下し文にするとどのようになるか。次の**ア**～**エ**から最も適当なものを一つ選び、その記号を書きなさい。

ア、詠を甘棠の作すとも　**イ**、詠を作すとも甘棠の
ウ、甘棠の詠を作すとも　**エ**、甘棠の作すとも詠を

(四) 次の［　］の中は、後三条院と実政朝臣の関係に対する筆者の感想である。［　］に入る言葉を、五字以上十字以内の現代語で書きなさい。

> 主君と臣下の関係にあっても、お互いに思い合う心は深く、心の隔たりがないのは、［　　］といえる。

5 次のページの【資料1】、【資料2】、【資料3】は、内閣府が実施《じっし》した「ユニバーサルデザインに関する意識調査」についての結果をまとめたものである。これらを見て、あとの各問いに答えなさい。(十点)

を持っているのだと思います。お尻《しり》の白い毛がなくなってからは、群れの中でさまざまな工夫をしながら、ひとりでより多くの食べ物を獲《かく》得《とく》していかなくてはなりません。それも若いころのことで、年齢《ねんれい》を重ねていくうちに食べ物を取る順位も高くなり、それほど工夫をしなくても、これまでの知識と経験があれば優位に食べ物を手に入れることができるからでしょう。

　若いうちに何かを渇望《かつぼう》することがあり、それを成し遂《と》げるために考え、努力することの重要性はチンパンジーでも人間でも変わりはないと思います。（小菅《こすげ》　正夫《まさお》『動物が教えてくれた人生で大切なこと。』による。）

＊一部表記を改めたところがある。

（注1）蟻塚《ありづか》――土や、枯《か》れ葉《は》を積み上げて作ったアリの巣。

（注2）αオス　群れの中で序列が一番上のオス。

㈠　波線部分①～④の中には、動詞の活用の種類が他と異なるものが一つある。その番号を書きなさい。

㈡　傍線部分⑴「昔取った杵柄《きねづか》」とあるが、「昔取った杵柄」は、本文中ではどのような意味を表しているか。次の**ア**～**エ**から最も適当なものを一つ選び、その記号を書きなさい。

ア、他人の物を利用して自分に役立てること。

イ、若いころに世間にもまれて辛《つら》い経験を積むこと。

ウ、かつて習得した技《わざ》はのちまで使えること。

エ、終わってしまうとその困難を忘れること。

㈢　傍線部分⑵「この問題」とあるが、筆者の述べる「この問題」とは具体的にはどのような問題か。次の**ア**～**エ**から最も適当なものを一つ選び、その記号を書きなさい。

ア、若オスが工夫《くふう》をしてピーナッツ取りに成功すると、すぐにおとなメスに見つかって大騒《おおさわ》ぎをされてしまうこと。

イ、おとなメスが執拗《しつよう》に丸太の反対側に座《すわ》り込《こ》んでピーナッツが落ちてくるのを待っているために、若オスはピーナッツを食べられないこと。

ウ、おとなメスが穴に口をつけてピーナッツを吸い込む方法を編み出したために、若オスは穴からピーナッツを取ることができないこと。

エ、若オスに追《お》い払《はら》われたおとなメスは、穴に細い枝を差《さ》し込んでピーナッツを取る経験を重ねることができないこと。

㈣　二重傍線部分「子ども同士は、おとなとは違《ちが》ってそれほど時間がかからずに技術の伝承が行われていくようです」とあるが、子どもが技術の伝承に時間がかからないのは、おとなと比べて子どもはどのような性質を持っていると筆者は考えているからか。次の[　]の中の文の[　]に入る言葉を、本文中から二十字以上三十字以内で抜き出して書きなさい。（句読点も一字に数える。）

おとなと比べて子どもは、[　　　　]と考えているから。

㈤　この文章の内容に合うものとして、次の**ア**～**エ**から最も適当なものを一つ選び、その記号を書きなさい。

ア、チンパンジーの子どもは、群れの中で、親の様子を見てまねをしたり自分で考えたりして、食べ物を取ることができるようになる。

イ、チンパンジーの世界では、親は自分が工夫して取った食べ物を、我《わ》が子《こ》や我が子と同じくらいの年頃《としごろ》の子どもに食べさせてやる。

ウ、チンパンジーの食べ物を取る方法は、子どもから一部のおとなのオスへと広がり、その後、ほかのおとなたちに広がる。

エ、チンパンジーの食べ物を取る能力は、親から子どもへの手取り込んでいて、たくさんのジュースを飲めることが分かりました。子どもにマイスティックを取られたミコは、改めて枝の先を奥歯《おくば》で噛《か》んでぼそぼそにしてジュースを飲み始めましたが、そのときにでも「こうやって作るんだよ」とは教えませんでした。

　しばらくして、チンパンジー舎へ行ってみると、子どもが自分で枝先をガシガシと噛んでから、ジュースを飲んでいました。とうとう自分で考えて、効率よくジュースを飲める枝作りに成功したのです。

　チンパンジーの世界では、あらゆる技術がこのような形で伝承されていきます。手取り足取りの教育はせず、子は親のやることをただ見ているだけです。ただ、親子では技術の伝承は割と早く行われるのですが、おとな同士では、なかなか伝わらないようです。枝先をぼそぼそにすることは、すぐに伝わりそうなものですが、ほかのおとなたちは、うらやましそうに見ているだけでした。そして子ども同士は、おとなとは違《ちが》ってそれほど時間がかからずに技術の伝承が行われていくようです。

　では、どうしてミコはすぐに枝先を噛んでぼそぼそにする方法を知っていたのでしょう。ミコはアフリカのシエラレオネ出身で、六歳《さい》のときに日本の施設《しせつ》へやってきて、二十一歳になって旭山動物園へ入園しました。ミコは旭山へ移籍《いせき》する前の十五年間はアリ釣りをやっていません。ということは、アフリカで暮らしていた六歳までのあいだに、アリ釣りを経験し特技を身に付けていたと考えられます。ミコにとってアリ釣りは「(1)昔取った杵柄《きねづか》」だったのです。

　このような経験をいくつか重ねていくと、チンパンジーたちはどのような局面でも工夫《くふう》して問題を解決するようになります。あるとき、飼育係が直径五十センチメートルほどの丸太を垂直に立てて固定し、丸太の真ん中に直径二センチメートルほどの穴を水平にあけ、その中央にピーナッツをいくつか入れておきました。それに気付いた若オスがなんとか取ろうとするのですが指では届きませんので、細い枝を差し込んでピーナッツを丸太の向こう側に落として食べることを思いつきました。

　数日後、その様子を見ていたおとなメスの一頭が、彼《かれ》が枝を持って丸太に近づくとすぐに反対側に座《すわ》り込んで、穴からピーナッツが落ちてくるのを待つようになったのです。彼は、いくら落としても彼女《かのじょ》に食べられてしまい、大騒ぎをして追《お》い払《はら》おうとするのですが、彼女は知らん顔で、彼が枝を持って丸太に近づくときを待っていました。若オスは彼女に見つからないようにピーナッツ取りをしたいのですが、穴に枝を差し込むとすぐにやってきて反対側に座り込むのです。力ずくで追い払おうとしても、彼女は相手が若オスなので、喧嘩《けんか》になっても負ける心配はなく、執拗《しつよう》にその場所をキープして、目的を達成していました。

　彼もいろいろと対策を練っていました。枝を差し込みながら、反対側の穴に手を当ててピーナッツを受け取ろうと試みたのですが、彼女に邪魔《じゃま》されて上手《うま》く取れないのです。その後何日かしてチンパンジー舎に様子を見に行くと、ついに彼は(2)この問題を解決していました。彼は、穴に口をつけて一気にピーナッツを吸い込む方法を編み出したのです。これで確実に食べられるようになり、それは彼の得意技《とくいわざ》となりました。おとなメスは、もうピーナッツが落ちてこないことを知ると、丸太の近くで待つことをやめてしまいましたが、自分から丸太の中のピーナッツを取ろうとはしませんでした。努力をせずに甘い汁《しる》を吸おうというおとなのいやらしさをチンパンジーも持っていることがよく分かりました。

　やはり、子どもの方が好奇心《こうきしん》が強く、何事にもチャレンジする意欲

あるが、この部分は、いくつの文節に分けられるか。次のア～エから最も適当なものを一つ選び、その記号を書きなさい。

ア、四　イ、五　ウ、六　エ、七

(二)　傍線部分(2)「課」の偏《へん》を行書で書いたものはどれか。次のア～エから最も適当なものを一つ選び、その記号を書きなさい。

ア、　イ、　ウ、　エ、

(三)　傍線部分(3)「かすかに」の品詞として、次のア～エから最も適当なものを一つ選び、その記号を書きなさい。

ア、形容詞　イ、形容動詞　ウ、連体詞　エ、副詞

(四)　次の□の中は、僕《ぼく》がくるみとの会話から気づいたことをまとめたものである。□に入る言葉を、本文中から十六字で抜《ぬ》き出《だ》して書きなさい。（句読点も一字に数える。）

> くるみとの会話から、□は楽しいと気づいた。

(五)　傍線部分(4)「明日、学校に行ったら、宮多《みやた》に例のにゃんこなんとかというゲームのことを、教えてもらおう」とあるが、僕がこのように考えるようになったのはなぜか。宮多からのメッセージを読んで僕が気づいたことにふれて、本文中の言葉を使って、五十五字以上六十五字以内で書きなさい。（句読点も一字に数える。）

3　次の文章を読んで、あとの各問いに答えなさい。（十二点）

旭山《あさひやま》動物園では、チンパンジーが何もすることがなく極《きわ》めて退屈《たいくつ》な時間を少なくするために、放飼《ほうし》場に①いるあいだに、さまざまな給餌《きゅうじ》器《き》を用意してチンパンジーの活動時間を長くすることを考え試行してきました。実はこれが行動展示の始まりだったわけです。

野生のチンパンジーは、(注1)蟻塚《ありづか》に枝を差《さ》し込《こ》み、②付いてきたシロアリを食べる「アリ釣《つ》り」という特技《とくぎ》を③持っています。この能力を発揮させようと、チンパンジーには手の届かない所へ蜂蜜《はちみつ》を入れたコップを④置き、放飼場の中には木の枝を数本入れておきました。

最初はコップを見て大騒《おおさわ》ぎをしていたチンパンジーたちですが、すぐにミコというメスが木の枝を持ち出してきて、檻《おり》の隙間《すきま》から差し込んで先をうまくコップの中に入れて蜂蜜をからめて、そっと引《ひ》き抜《ぬ》いて先に付いた蜂蜜をなめ始めました。ミコがそうやって蜜をなめているのを見つけた子どもが近くにやってきて、その様子をただただ見つめています。やはりミコは我《わ》が子《こ》であっても、決して枝を渡《わた》して「やってみなさい」と教えることはありません。どんなに美味《おい》しい蜜であっても、食べさせてやることはしないのです。

でも、じきにミコの子どもがまねをして蜂蜜をなめ始めると、それが子どもたちを中心にあっという間に広まっていきました。広まる順番は母親から子どもへ、その子どもから同じくらいの年頃《としごろ》の子どもたち、それから一部のおとなのメスへと広がり、(注2)αオスのキーボは横目で見ているだけでした。

甘《あま》い蜂蜜をたくさん与《あた》えるのは良くないと考えた飼育係は、蜂蜜からオレンジジュースに中身を変えました。すると子どもの枝先はぬれる程度でほとんどジュースが付いてきませんが、ミコの使う枝先にはジュースがたれるほどに付いてきて、ミコはそれをチューチューと音をたてて吸っているのです。どうして自分の枝先には何も付いてこないのか、不思議で仕方がなくても、ミコは決して枝を貸してくれませんし教えてもくれません。

あるとき、ミコの置き忘れた枝を見つけて、子どもがそれを使ってやってみると、枝先がぼそぼそになっていて、そこにジュースが染《し》み

なかった。わからなくて、おもしろい。わからないことに触《ふ》れるということ。似たもの同士で「わかるわかる」と言い合うより、そのほうが楽しい。

　ポケットの中でスマートフォンが鳴って、宮多《みやた》からのメッセージが表示された。

「昼、なんか怒ってた？　もしや俺《おれ》あかんこと言うた？」

　違《ちが》う。声に出して言いそうになる。宮多はなにも悪いことをしていない。ただ僕があの時、気づいてしまっただけだ。自分が楽しいふりをしていることに。

　いつも、ひとりだった。

　教科書を忘れた時に気軽に借りる相手がいないのは、心もとない。ひとりでぽつんと弁当を食べるのは、わびしい。でもさびしさをごまかすために、自分の好きなことを好きではないふりをするのは、好きではないことを好きなふりをするのは、もっともっとさびしい。

　好きなものを追い求めることは、楽しいと同時にとても苦しい。その苦しさに耐《た》える覚悟《かくご》が、僕にはあるのか。

　文字を入力する指がひどく震《ふる》える。

「ちゃうねん。ほんまに本読みたかっただけ。刺繍《ししゅう》の本」

　ポケットからハンカチを取り出した。祖母に褒《ほ》められた猫《ねこ》の刺繍を撮影《さつえい》して送った。すぐに(注1)既読《きどく》の通知がつく。

「こうやって刺繍するのが趣味《しゅみ》で、ゲームとかほんまはぜんぜん興味なくて、自分の席に戻《もど》りたかった。ごめん」

　ポケットにスマートフォンをつっこんだ。数歩歩いたところで、またスマートフォンが鳴った。

「え、めっちゃうまいやん。松岡《まつおか》くんすごいな」

　そのメッセージを、何度も繰《く》り返《かえ》し読んだ。

　わかってもらえるわけがない。どうして勝手にそう思いこんでいたのだろう。

　今まで出会ってきた人間が、みんなそうだったから。だとしても、宮多は彼《かれ》らではないのに。

　いつのまにか、また靴紐《くつひも》がほどけていた。しゃがんだ瞬間《しゅんかん》、川で魚がぱしゃんと跳《は》ねた。波紋《はもん》が幾重《いくえ》にも広がる。太陽の光を受けた川の水面《みなも》が風で波打つ。まぶしさに目の奥《おく》が痛くなって、じんわりと涙が滲《にじ》む。

　きらめくもの。揺《ゆ》らめくもの。目に見えていても、かたちのないものには触れられない。すくいとって保管することはできない。太陽が翳《かげ》ればたちまち消え失《う》せる。だからこそ美しいのだとわかっていても、願う。布の上で、あれを再現できたらいい。そうすれば指で触れてたしかめられる。身にまとうことだって。そういうドレスをつくりたい。着てほしい。すべてのものを「無理」と遠ざける姉にこそ。きらめくもの。揺らめくもの。どうせ触れられないのだから、なんてあきらめる必要などない。無理なんかじゃないから、ぜったい。

　どんな布を、どんなかたちに裁断して、どんな装飾《そうしょく》をほどこせばいいのか。それを考えはじめたら、いてもたってもいられなくなる。

　それから、明日。(4)明日、学校に行ったら、宮多に例のにゃんこなんとかというゲームのことを、教えてもらおう。好きじゃないものを好きなふりをする必要はない。でも僕はまだ宮多たちのことをよく知らない。知ろうともしていなかった。

　靴紐をきつく締《し》め直して、歩く速度をはやめる。

（寺地《てらち》　はるな『水を縫《ぬ》う』による。）

（注1）既読――すでに読み終えていること。

(一)　傍線部分(1)「まさか道端《みちばた》の石を拾っているとは思わなかった」と

〈国語〉

時間 四五分 満点 五〇点

1 次の①～⑧の文の傍線部分について、漢字は読みをひらがなで書き、ひらがなは漢字に直しなさい（八点）

① 約束の期日が迫る。
② 高い理想を掲げる。
③ 皆《みな》の前で宣誓する。
④ 腕前《うでまえ》を披露する。
⑤ 説明を図解でおぎなう。
⑥ よい習慣をやしなう。
⑦ たんじゅんな作業をくり返す。
⑧ ひょうじゅんの記録を上まわる。

2 次の文章を読んで、あとの各問いに答えなさい。（十二点）

手芸が好きな高校生のキヨ（僕《ぼく》・松岡《まつおか》）は、結婚《けっこん》する姉のためにドレスを製作している。友達《ともだち》の宮多《みやた》との会話に上手《うま》く入れなかったキヨは、帰り道、同じクラスのくるみから「気にすることはない」と声をかけられた。お礼を言おうと横を向くと、くるみは後ろでしゃがみこんでいた。

「なにしてんの？」

「うん、石」

うん、石。ぜんぜん答えになってない。入学式の日に「石が好き」だと言っていたことはもちろんちゃんと覚えていたが、(1)まさか道端《みちばた》の石を拾っているとは思わなかった。

「いつも石拾ってんの？ 帰る時に」

「いつもではないよ。だいたい土日にさがしにいく。河原とか、山に」

「土日に？ わざわざ？」

「やすりで磨《みが》くの。つるつるのぴかぴかになるまで」

放(2)課後の時間はすべて石の研磨《けんま》にあてているという。ほんまにきれいになんねんで、と言う頬《ほお》が(3)かすかに上気している。

ポケットから取り出して見せられた石は三角のおにぎりのような形状だった。たしかによく磨かれている。触《さわ》ってもええよ、と言われて、手を伸《の》ばした。指先で、しばらくすべすべとした感触《かんしょく》を楽しむ。

「さっき拾った石も磨くの？」

くるみはすこし考えて、これはたぶん磨かへん、と答えた。

「磨かれたくない石もあるから。つるつるのぴかぴかになりたくないってこの石が言うてる」

石には石の意思がある。駄洒落《だじゃれ》のようなことを真顔で言うが、意味がわからない。

「石の意思、わかんの？」

「わかりたい、といつも思ってる。それに、ぴかぴかしてないときれいやないってわけでもないやんか。ごつごつのざらざらの石のきれいさってあるから。そこは尊重してやらんとな」

じゃあね。その挨拶《あいさつ》があまりに唐突《とうとつ》でそっけなかったので、怒《おこ》ったのかと一瞬焦《いっしゅんあせ》った。

「キヨくん、まっすぐやろ。私、こっちやから」

川沿いの道を一歩踏《ふ》み出《だ》してから振《ふ》り返《かえ》った。ずんずんと前進していくくるみの後ろ姿は、巨大《きょだい》なリュックが移動しているように見えた。

石を磨くのが楽しいという話も、石の意思という話も、よくわから

2021年度

解 答 と 解 説

《2021年度の配点は解答用紙集に掲載してあります。》

＜数学解答＞

1 (1) -5　(2) $-\frac{10}{7}a$　(3) $-4x+15y$　(4) $1+2\sqrt{10}$　(5) $(x+3)(x-4)$
(6) $x=\frac{7\pm\sqrt{37}}{6}$　(7) ① A　② 0.36

2 (1) ① $a=40$　② 10時45分
③ 10時28分　(2) ① $x+y$
② $\frac{90}{100}x\times500+\frac{105}{100}y\times300$　③ 60　④ 80
⑤ 54　⑥ 84　(3) ① $\frac{8}{25}$　② $\frac{21}{25}$

3 (1) A$(-2,\ 2)$　(2) $0\leqq y\leqq\frac{9}{2}$
(3) E$\left(\frac{3}{2},\ \frac{11}{2}\right)$　(4) 40π

4 (1) ① $2\sqrt{5}$ cm　② $\frac{4\sqrt{5}}{5}$cm　(2) 右図

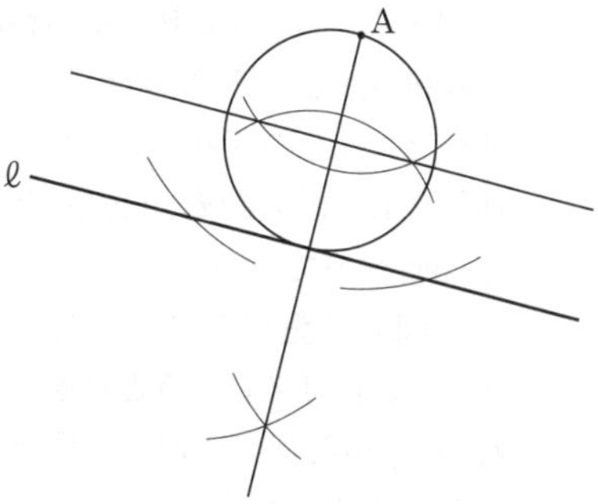

5 (1) (ア) ∠AGE　(イ) ∠ABC　(ウ) 2組の角　(2) 解説参照
(3) ① $\frac{25}{12}$cm　② △BFG：△OFG＝7：1

＜数学解説＞

1 （数・式の計算，平方根，因数分解，二次方程式，資料の散らばり・代表値）

(1) **異符号の2数の和の符号は絶対値の大きい方の符号で，絶対値は2数の絶対値の大きい方から小さい方をひいた差**だから，$8+(-13)=(+8)+(-13)=-(13-8)=-5$

(2) **異符号の2数の商の符号は負で，絶対値は2数の絶対値の商**だから，$-\frac{6}{7}a\div\frac{3}{5}=-\left(\frac{6a}{7}\times\frac{5}{3}\right)=-\frac{10a}{7}$

(3) **分配法則**を使って，$2(x+3y)=2\times x+2\times3y=2x+6y$，$3(2x-3y)=3\times2x+3\times(-3y)=6x-9y$だから，$2(x+3y)-3(2x-3y)=(2x+6y)-(6x-9y)=-4x+15y$

(4) **乗法公式$(x+a)(x+b)=x^2+(a+b)x+ab$**より，$(3\sqrt{2}-\sqrt{5})(\sqrt{2}+\sqrt{5})=-(\sqrt{5}-3\sqrt{2})(\sqrt{5}+\sqrt{2})=-\{\sqrt{5}+(-3\sqrt{2})\}(\sqrt{5}+\sqrt{2})=-[(\sqrt{5})^2+\{(-3\sqrt{2}+\sqrt{2})\}\times\sqrt{5}+(-3\sqrt{2})\times\sqrt{2}]=-(5-2\sqrt{10}-6)=1+2\sqrt{10}$

(5) たして-1，かけて-12になる2つの数は，$(+3)+(-4)=-1$，$(+3)\times(-4)=-12$より，$+3$と-4だから$x^2-x-12=\{x+(+3)\}\{x+(-4)\}=(x+3)(x-4)$

(6) **2次方程式$ax^2+bx+c=0$の解は，$x=\frac{-b\pm\sqrt{b^2-4ac}}{2a}$**で求められる。問題の2次方程式は，$a=3$，$b=-7$，$c=1$の場合だから，$x=\frac{-(-7)\pm\sqrt{(-7)^2-4\times3\times1}}{2\times3}=\frac{7\pm\sqrt{49+12}}{6}=\frac{7\pm\sqrt{37}}{6}$

(7) **相対度数＝$\frac{\text{各階級の度数}}{\text{度数の合計}}$**　Aの度数の合計は50，150g以上250g未満の階級の度数は18だから，150g以上250g未満の階級の相対度数は$\frac{18}{50}=0.36$　Bの度数の合計は80，150g以上250g未満の階級の度数は28だから，150g以上250g未満の階級の相対度数は$\frac{28}{80}=0.35$　よって，AとBを比較して「150g以上250g未満」の階級について，相対度数が大きいのはA…①の畑で収穫したジャガイモであり，その相対度数は0.36…②である。

2　**(関数とグラフ，連立方程式の応用，確率)**

(1)　①　問題のグラフより，AさんはP地点から800mの距離を進むのに20分かかったから，**(速さ)＝$\frac{(道のり)}{(時間)}$**より，$a=\frac{800}{20}=40$

②　右図の破線のグラフは，10時x分におけるP地点とBさんの距離をymとして，xとyの関係を表したものである。これより，AさんとBさんが出会った(右図の点R)あと，AさんとBさんの距離が1000mであるときの時刻は，P地点とAさんの距離が1400m，P地点とBさんの距離が400mとなる10時45分である。

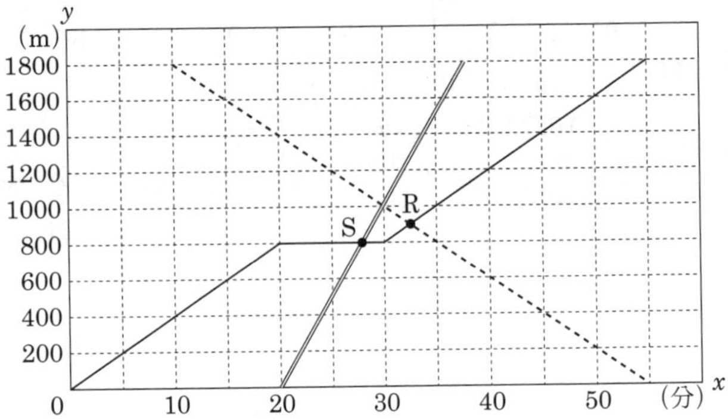

③　右図の二重線のグラフは，10時x分におけるP地点とCさんの距離をymとして，xとyの関係を表したものである。これより，CさんがAさんに追いついた(図の点S)のは，AさんがP地点から800m離れているQ地点に到着し，止まって休んでいるときである。Cさんが800mを進むのにかかる時間は，**(時間)＝(道のり)÷(速さ)**より，800÷100＝8(分)だから，CさんがAさんに追いついた時刻は10時20分から8分後の10時28分である。

(2)　昨日の大人の入園者数をx人，昨日の子どもの入園者数をy人とすると，昨日の入園者数は，大人と子どもを合わせて140人であったことから，$x+y=140$…①　また，今日の大人と子どもの入園者数は，昨日のそれぞれの入園者数と比べて，大人の入園者数が10％減り，子どもの入園者数が5％増えたから，今日の大人と子どもの入園者数はそれぞれ，$\frac{90}{100}x$人と$\frac{105}{100}y$人となる。

そして，今日の大人と子どもの入園料の合計は52200円となったことから，$\frac{90}{100}x\times500+\frac{105}{100}y\times300=52200$…②　②を整理して，$10x+7y=1160$…②′　②′－①×7より，$10x-7x=1160-140\times7$　$3x=180$　$x=60$…③　これを①に代入して，$60+y=140$　$y=80$…④　このことから，今日の大人の入園者数は$\frac{90}{100}\times60=54$(人)，今日の子どもの入園者数は$\frac{105}{100}\times80=84$(人)となる。

(3)　①　1回目に1個の玉を取り出すときの取り出し方は5通り。そのそれぞれに対して，2回目に1個の玉を取り出すときの取り出し方が5通りずつあるから，玉の取り出し方はぜんぶで$5\times5=25$(通り)。このうち，aとbの積が12以上になるのは，$(a,\ b)=(3,\ 4)$，$(3,\ 5)$，$(4,\ 3)$，$(4,\ 4)$，$(4,\ 5)$，$(5,\ 3)$，$(5,\ 4)$，$(5,\ 5)$の8通り。よって，求める確率は，$\frac{8}{25}$

②　aとbの，両方とも偶数であるのは，$(a,\ b)=(2,\ 2)$，$(2,\ 4)$，$(4,\ 2)$，$(4,\ 4)$の4通りだから，aとbのうち，少なくとも一方は奇数であるのは，25－4＝21通り。よって，求める確率は，$\frac{21}{25}$

3　**(図形と関数・グラフ)**

(1)　点Aは$y=\frac{1}{2}x^2$上にあるから，そのy座標は　$y=\frac{1}{2}\times(-2)^2=2$　よって，A$(-2,\ 2)$

(2)　xの**変域**に0が含まれているから，yの**最小値**は0。$x=-3$のとき，$y=\frac{1}{2}\times(-3)^2=\frac{9}{2}$　$x=2$の

とき，$y=\frac{1}{2}\times 2^2=2$　よって，yの**最大値**は$\frac{9}{2}$で，yの変域は，$0\leqq y\leqq \frac{9}{2}$

(3)　前問(1)と同様に考えると，点Bの座標はB(4, 8)　2点A，Bを通る直線の式は，傾きが$\frac{8-2}{4-(-2)}=1$なので，$y=x+b$とおいて点Aの座標を代入すると，$2=-2+b$　$b=4$　よって，直線ABの式は$y=x+4$　四角形ACDBは台形でその面積は，$\frac{1}{2}\times(\mathrm{AC}+\mathrm{BD})\times\mathrm{CD}=\frac{1}{2}\times(2+8)\times\{4-(-2)\}=30$　四角形ACDE：△BDE＝2：1より，四角形ACDB：△BDE＝(2＋1)：1＝3：1だから，△BDE＝四角形ACDB$\times\frac{1}{3}=30\times\frac{1}{3}=10$　点Eのx座標をeとすると，点Eは$y=x+4$上にあるから，E$(e,\ e+4)$　△BDEの面積をeを使って表すと，△BDE$=\frac{1}{2}\times$BD×(点Bのx座標－点Eのx座標)$=\frac{1}{2}\times 8\times(4-e)=-4e+16$　これが10に等しいから，$-4e+16=10$　より，$e=\frac{3}{2}$
よって，点Eの座標はE$\left(\frac{3}{2},\ \frac{3}{2}+4\right)=E\left(\frac{3}{2},\ \frac{11}{2}\right)$

(4)　直線ABの式$y=x+4$より，F(0, 4)　直線ABとx軸との交点をGとすると，点Gのx座標は$y=x+4$に$y=0$を代入して，$0=x+4$　$x=-4$　よって，G(－4, 0)　以上より，求める立体の体積は，(底面の半径OF，高さODの円錐の体積)＋(底面の半径OF，高さOGの円錐の体積)－(底面の半径AC，高さCGの円錐の体積)$=\frac{1}{3}\times\pi\times\mathrm{OF}^2\times\mathrm{OD}+\frac{1}{3}\times\pi\times\mathrm{OF}^2\times\mathrm{OG}-\frac{1}{3}\times\pi\times\mathrm{AC}^2\times\mathrm{CG}$
$=\frac{1}{3}\times\pi\times\{\mathrm{OF}^2\times(\mathrm{OD}+\mathrm{OG})-\mathrm{AC}^2\times\mathrm{CG}\}=\frac{1}{3}\times\pi\times(\mathrm{OF}^2\times\mathrm{DG}-\mathrm{AC}^2\times\mathrm{CG})=\frac{1}{3}\times\pi\times[4^2\times\{4-(-4)\}-2^2\times\{-2-(-4)\}]=40\pi$

4　**(空間図形，線分の長さ，作図)**

(1)　①　△ADMに**三平方の定理**を用いると，$\mathrm{DM}=\sqrt{\mathrm{AD}^2+\mathrm{AM}^2}=\sqrt{\mathrm{AD}^2-\left(\frac{\mathrm{AB}}{2}\right)^2}=\sqrt{4^2-\left(\frac{4}{2}\right)^2}=2\sqrt{5}$ (cm)

②　△ABCで，点M，Nはそれぞれ辺AB，ACの中点だから，**中点連結定理**より，MN//BC…㋐
$\mathrm{MN}=\frac{1}{2}\mathrm{BC}=\frac{1}{2}\times 4=2$(cm)　また，BC⊥平面ADEB…㋑　㋐，㋑より，MN⊥平面ADEBだから，線分MNは三角錐MNDEの底面を△MDEとしたときの高さである。よって，三角錐MNDEの体積は，$\frac{1}{3}\times$△MDE×MN$=\frac{1}{3}\times\frac{1}{2}\times$DE×AD×MN$=\frac{1}{3}\times\frac{1}{2}\times 4\times 4\times 2=\frac{16}{3}$(cm^3)　点Nから辺BCへ垂線NPを引くと，NP//ABより，**平行線と線分の比についての定理**を用いると，BP：PC＝AN：NC＝1：1　よって，点Pは辺BCの中点だから，$\mathrm{BP}=\frac{1}{2}\mathrm{BC}=\frac{1}{2}\times 4=2$(cm)　これより，△BEP≡△ADMだから，EP＝DM＝$2\sqrt{5}$ (cm)　NP//ABより，**平行線と面積の関係**を用いると，△NDE＝△PDE$=\frac{1}{2}\times$DE×EP$=\frac{1}{2}\times 4\times 2\sqrt{5}=4\sqrt{5}$ (cm^2)　三角錐MNDEの底面を△NDEとしたときの高さは線分MHであり，三角錐MNDEの体積は，$\frac{1}{3}\times$△NDE×MH$=\frac{1}{3}\times 4\sqrt{5}\times$MH$=\frac{4\sqrt{5}}{3}$MH(cm^3)　これが$\frac{16}{3}$cm^{3}に等しいから，$\frac{4\sqrt{5}}{3}\mathrm{MH}=\frac{16}{3}$　$\mathrm{MH}=\frac{4\sqrt{5}}{5}$cm

(2)　(着眼点)円の中心をO，直線ℓと円Oとの接点をBとするとき，OA＝OB＝(円Oの半径)であるから，円Oの半径が最も短くなるのは，OA＋OBの値が最も小さくなるときである。点Oが線分AB上にあるとき，OA＋OBの値は最も小さくなる。つまり，線分ABが円Oの直径であるとき，円Oの半径は最も短くなる。　(作図手順)次の①～④の手順で作図する。　①　点Aを中心とした円を描き，直線ℓ上に交点をつくる。　②　①でつくったそれぞれの交点を中心として，交わるように半径の等しい円を描

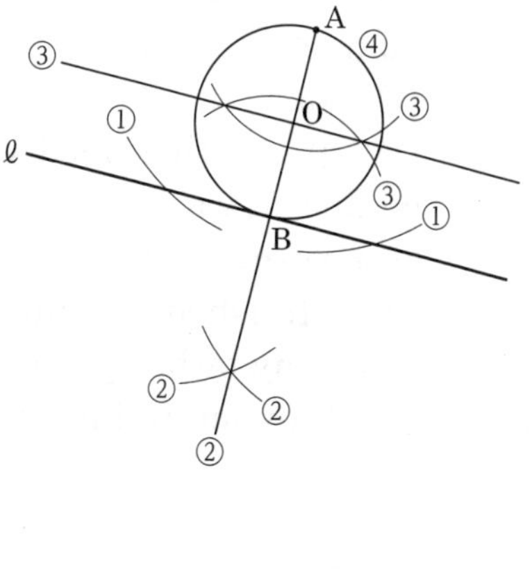

き，その交点と点Aを通る直線(点Aから直線ℓに引いた垂線)を引き，直線ℓとの交点をBとする。 ③ 点A，Bをそれぞれ中心として，交わるように半径の等しい円を描き，その交点を通る直線(線分ABの**垂直二等分線**)を引き，線分ABとの交点をOとする。 ④ 点Oを中心として，点Aを通る円を描く。(ただし，解答用紙には点O，Bの表記は不要である。)

5 **(円の性質，合同と相似の証明，線分の長さ，面積の比)**

(1) 2つの三角形の相似は，「3組の辺の比がそれぞれ等しい」か，「2組の辺の比とその間の角がそれぞれ等しい」か，「2組の角がそれぞれ等しい」ときにいえる。本問の場合は，「2組の角がそれぞれ等しい」をいうことで証明する。△AGEと△ACFにおいて，弧AFに対する**円周角**は等しいから，∠AGF＝∠ACF つまり，∠AGE(ア)＝∠ACF…① 仮定のBC//FGより，**平行線の同位角は等しい**から，∠AEG＝∠ABC(イ)…② 弧ACに対する円周角は等しいから，∠ABC＝∠AFC…③ ②，③より，∠AEG＝∠AFC…④ ①，④より，2組の角(ウ)がそれぞれ等しいので，△AGE∽△ACF

(2) (証明) (例)△ADGと△BCHにおいて，仮定より，AD＝BC…① 弧CGに対する円周角は等しいから，∠DAG＝∠CBH…② 半円の弧ABに対する円周角だから，∠BCH＝90°…③ BC//FGより，平行線の同位角は等しいから，∠BCH＝∠FDA…④ ③，④より，∠FDA＝90°…⑤ ⑤より，∠ADG＝180°－∠FDA＝90°…⑥ ③，⑥より，∠ADG＝∠BCH…⑦ ①，②，⑦より，1組の辺とその両端の角がそれぞれ等しいので，△ADG≡△BCH

(3) ① △ABCに三平方の定理を用いると，$AC=\sqrt{AB^2-BC^2}=\sqrt{13^2-5^2}=\sqrt{144}=12$(cm) BC//FGより，平行線と線分の比についての定理を用いると，DE：BC＝AD：AC DE＝$\frac{BC\times AD}{AC}=\frac{BC\times BC}{AC}=\frac{5\times 5}{12}=\frac{25}{12}$(cm)

② BC//FGより，平行線と線分の比についての定理を用いると，AE：AB＝AD：AC AE＝$\frac{AB\times AD}{AC}=\frac{AB\times BC}{AC}=\frac{13\times 5}{12}=\frac{65}{12}$(cm) これより，BE＝AB－AE＝$13-\frac{65}{12}=\frac{91}{12}$(cm)，OE＝OA－AE＝$\frac{AB}{2}$－AE＝$\frac{13}{2}-\frac{65}{12}=\frac{13}{12}$(cm) △BFEと△OFEで，**高さが等しい三角形の面積比は，底辺の長さの比に等しい**から，△BFE：△OFE＝BE：OE＝$\frac{91}{12}:\frac{13}{12}$＝7：1 △BFE＝7△OFE…㋐ 同様に考えて，△BGE＝7△OGE…㋑ ㋐，㋑より，△BFG＝△BFE＋△BGE＝7△OFE＋7△OGE＝7(△OFE＋△OGE)＝7△OFG よって，△BFG：△OFG＝7：1

＜英語解答＞

1 (1) ア (2) No. 1 ウ No. 2 イ No. 3 イ (3) No. 1 ウ No. 2 ア No. 3 ウ No. 4 イ (4) No. 1 ア No. 2 イ No. 3 イ

2 (1) No. 1 ① イ ② エ No.2 ウ (2) イ

3 (1) ① (例1)It rained yesterday, so I stayed home. (例2)I was at home because it was rainy yesterday. (例3)I stayed at home yesterday because of the rain. ②(例1)I finished reading the book my father gave me. (例2)I finished reading a book given by my father. (例3)I've finished the books my father gave to me. ③ (例1)Who's your favorite author? (例2)Can you tell me who your favorite author is? (例3)Which authors do you like?　(2)　①　(例1)I arrived at my house last night.　(例2)I came back here yesterday at night.　(例3)Last night, I got home.　②　(例1)I learned many things through studying in Australia.　(例2) I could learn a lot of things by studying abroad.　(例3)I was able to learn a lot through studying in your country.　③　(例1) I think it's important to understand other cultures.　(例2) It's important for me to understand different cultures.　(例3)In my opinion, understanding another culture is important.

4　(1)　①　ウ　②　ア　(2)　A　food　B　liked　(3)　ウ　(4)　エ，カ

＜英語解説＞

1　(リスニング)

放送台本の和訳は，54ページに掲載。

2　(会話文問題・資料読み取り問題：文挿入，内容真偽)

(1)　(全訳)

コウジ：こんにちは，ノゾミ。

ノゾミ：こんにちは，コウジ。英語のベイカー先生が来月アメリカに帰るんだよ。

コウジ：知ってるよ。先週そのニュースを聞いてからずっと悲しいんだ。

ノゾミ：①(あなたの気持ちはわかる。)私は彼女の英語の授業がとても好きだった。

コウジ：僕もだよ。

ノゾミ：時間があると調理部の活動に参加してくれたのよ。部員は彼女と一緒に料理をするのを楽しんでいたの。私たちは彼女に日本食の作り方を教えて，彼女は私たちにケーキのレシピをくれた。

コウジ：彼女はいい先生だったよね。

ノゾミ：彼女を喜ばせるような何かをしたいな。

コウジ：いいね。何かいいアイディアある，ノゾミ？

ノゾミ：そうねえ，感謝を伝える英語の手紙を書きたいな。クラスメイトにも彼女に手紙を書くように頼むわ。

コウジ：いいね。

ノゾミ：他に彼女のために私たちができることはある，コウジ？

コウジ：写真帳を作るのはどう思う？　ベイカー先生と撮った写真がいくつかあるんだ。クラスメイトも彼女と撮った写真があると思う。

ノゾミ：素晴らしいわね。ベイカー先生と調理部の部員でたくさん一緒に写真を撮ったよ。明日持って来る。

コウジ：ありがとう。②(ベイカー先生が時々写真帳を見て僕たちのことを考えてくれるといいね。)

ノゾミ：私もそうだといいなと思う。

コウジ：手紙と写真帳を彼女の最後の授業のあとであげよう。

ノゾミ：それはいい考えね。

No.1　①　直前のコウジの悲しい気持ちを聞いての返答。　②　7つ目のコウジとノゾミの発話

ではベイカー先生に写真帳を作る話をしている。空欄直後のノゾミは「そうなるといい」という希望を述べている。　ア「ベイカー先生は日本にいる間に私たちとたくさん写真を撮るでしょう」，　イ「教室でベイカー先生に会うときに先生が何というか私たちは知っている」，　ウ「ベイカー先生は生徒たちとどこで写真を撮ったか覚えていない」は前後の内容と合わない。

No.2　ア「ノゾミはコウジから英語の先生についてのニュースを聞いたとき悲しく感じた」(×)　1つ目のノゾミ，2つ目のコウジの発話参照。　イ「コウジはベイカー先生に国に帰った後に手紙を書いてもらいたい」(×)　5つ目のノゾミ，7つ目のコウジの発話参照。　ウ「コウジは生徒たちがベイカー先生と一緒に撮った写真を使って写真帳を作る」(○)　7つ目のコウジの発話参照。　エ「ノゾミは何かをしたかったけれどもベイカー先生に何をすべきか知らなかった」(×)　5つ目のノゾミの発話参照。

(2)　ア「ジェインは11月13日の午後にメアリーからの伝言を受けた」(×)　メモの一番下の欄に「このメッセージは○○によって受けられました：ジェイン」とある。　イ「オガワさんがイベントについて質問を聞くためにメアリーに電話をしたとき彼女は不在だった」(○)　上から3つ目の欄「○○宛てのメッセージ：メアリー・スミス」，4つ目の欄「○○からのメッセージ：オガワさん」，2つ目の欄に「あなたが不在中」とある。5つ目の欄はオガワさんからメアリーへの伝言内容。1文目に「オガワさんは来月開かれるイベントについて質問がある」とある。

ウ「メアリーはオガワさんと話せなかったのでジェインにイベントについて聞いた」(×)　ジェインは伝言を受けた人。　エ「オガワさんは後でメアリーにいつ彼が彼女と話せるかを伝える」(×)　5つ目の欄最終文に「もしそのとき忙しかったら彼にメールをしてあなたがいつ電話をできるか伝えてください」とある。メアリーがオガワさんに伝えるのである。

3　(条件英作文：過去形，接続詞，前置詞，関係代名詞，分詞，間接疑問文，助動詞，不定詞，動名詞)

(1)　日常的な話題を主語と動詞を使った文で書く練習をしておくこと。　①　(例1)「昨日は雨が降ったので家にいました」so「だから，それで」(例2)「昨日は雨だったので家にいました」(例3)「私は雨のため昨日は家にいました」because of「～の理由で」　②　(例1)「私は父が私にくれた本を読み終わりました」I finished reading the book. と My father gave me the book. の文を the book を先行詞にして関係代名詞で1つにした文。関係代名詞は書かなくてもよい。　(例2)「私は父によって与えられた本を読み終えました」**動詞の過去分詞形は名詞の前後について「～された(名詞)」**の意味を表すことができる。ここではa book の後ろから given by my father を続けて「父によって与えられた本」となっている。　(例3)「父が私にくれた本を読み終わりました」**<give +もの+ to +人><give +人+もの>で「(人)に(もの)を与える」**の意味を表せる。　③　(例1)「あなたの好きな小説家は誰ですか」favorite「好きな、お気に入りの」　(例2)「あなたの好きな小説家を教えていただけますか」Could you tell me ～?「～を教えていただけますか」この文に疑問詞の含まれた文を続けるときは<疑問詞＋主語＋動詞>の語順となる。　(例3)「どの小説家が好きですか」

(2)　①　(例1)「私は昨夜家に到着しました」**arrive「到着する」**(例2)「昨日の夜ここに戻りました」(例3)「昨夜，家に帰りました」　②　(例1)「私はオーストラリアで勉強することを通して多くのことを学びました」(例2)「私は留学することによってたくさんのことを学べました」(例3)「私はあなたの国での勉強を通して多くを学ぶことができました」be able to に動詞の原形を続けて「～することができる」の意味。　③　(例1)「私は他の文化を理解することは大切だと思う」**<It is +形容詞+ for +人+ to +動詞の原形～>で「(人)にとって～することは(形**

容詞)だ」 (例2)「私にとって異なる文化を理解することは大切です」 (例3)「私の意見では他の文化を理解することは大切だ」**動詞の ing 形は動名詞で「〜すること」の意味を表せる。**

4 (読解問題・物語文：文挿入，語句補充，内容真偽)

(全訳) オサムはワカバ町に住む高校生です。彼の学校の生徒たちは5日間の職場体験をしなくてはならず，彼は観光案内所でそれをすることに決めました。

彼の職場体験の初日に，観光案内所で働いている女性のモリモトさんがオサムに普段そこで働いている人たちが何をしているかを教えました。彼らにはするべきことがたくさんあると思いました。彼女は彼にそこで売られている地元の工芸品を見せ「これらの地元の工芸品はワカバ町に住む人たちによって作られています。私はこれらを売ることで多くの観光客にこの町について知ってもらいたいと思っています」と言いました。彼は「①(僕も同感です。)ワカバ町が観光客の間でもっと人気になるといいなと思います」と言いました。

次の日，仕事でワカバ町に来た外国人女性が観光案内所を訪れました。彼女はそこで売られている地元の工芸品を見ました。彼女は美しいと思ったのでそのうちの1つを買いました。すると彼女は「ロンドンの両親に食べ物を買いたいです。いいお店を教えてもらえますか」とたずねました。オサムは「もちろんです」と言いました。彼は自分のお気に入りのお店を彼女に伝えました。彼は彼女にそれがどこにあるかを表す地図を描きました。彼は彼女に「そこまで歩けます。ほんの5分です」と言いました。彼は彼女にそのお店の情報が載っている英語のちらしを渡したかったのですが，1つもありませんでした。

最後の日，オサムはモリモトさんに「僕にとってここであなたと働くことはとても興味深いことでした。僕は生まれてからずっとこの町に住んでいますが，観光案内所については知りませんでした」と言いました。彼は外国人旅行者のためにワカバ町にある彼のお気に入りの場所のちらしを作りたいと思い，彼女に自分のアイディアを伝えました。彼女は「それはいいわね。②(作り終わったら見せてくださいね)」と言いました。彼は「もちろんです。この町を旅するときに外国人に役に立つちらしをつくるために全力を尽くします」と言いました。

1週間後，オサムはクラスで観光案内所での経験について話しました。彼はクラスメイトに訪れる場所を伝える英語のちらしを作ることについて話をしました。彼は友達に手伝いを頼みました。作り終えたとき彼らはモリモトさんに会いに行き，彼女にそれを見せました。彼女は彼らが作ったちらしを気に入りました。彼女は「これを英語の情報が必要な人たちに渡しますね」と言いました。彼らはそれを聞いてとても嬉しく思いました。

(10年後)

オサムはたくさんの外国人とある会社で働いています。

8月のある日オサムはリーさんと一緒に彼の町の観光案内所を訪れました。彼女は中国出身で，先週彼の会社で働き始めました。彼女は様々な言語で書かれているちらしを見ました。彼女は中国語のちらしを取り，「これは他の国々から来た人たちに役に立つと思います」言いました。<u>彼は自分が高校生のときに友達と作ったちらしについて話しました。</u>彼は「外国人がこのちらしでこの町を旅するのを楽しんでくれたら僕は嬉しいです」と言いました。

(1) ① 直前のモリモトさんの発話内容も空欄を含むオサムの発話もワカバ町の観光について述べている。agree「同意する，賛成する」 ② 直後のオサムの発話からこれからちらし作りを頑張ることがわかる。 イ「そこに何を書くか彼に伝えるつもり」 ウ「なぜあなたがちらしを作ったのかが知りたい」 エ「彼らがちらしで私を助けてくれることを願っている」では文脈に合わない。

(2)　第3段落第4文目以降の内容を確認する。「彼に彼女が両親へのA(食べ物)をどこで買うべきか聞いたとき，彼のB(好きな)お店への行き方を教えた」

(3)　第5段落第2文を参照。　ア 「ワカバ町に住んでいる人たちによって作られた地元の工芸品についてのちらし」(×)　イ 「わかば町で外国人に地元の工芸品を売りたい人たちのためのちらし」(×)　ウ 「外国人旅行者にワカバ町でどこを訪れるべきかを伝えるためのちらし」(○)　エ 「外国から来た人たちに観光案内所について伝えるちらし」(×)

(4)　各段落で誰が何をしたのかを意識して読む。　ア 「オサムの学校の生徒たちは5日間観光案内所で職場体験をするように言われた」(×)　第1段落参照。オサムが観光案内所を選んだ。　イ 「モリモトさんはワカバ町が旅行者の中で人気ではなかったので観光案内所で地元の工芸品を売り始めた」(×)　第2段落第3文目以降のモリモトさんの発話参照。　ウ 「オサムと外国から来た女性はワカバ町の人々によって作られた地元の工芸品について話しをした」(×)　第3段落参照。　エ 「オサムは高校生のころ，観光案内所を訪れた外国人の女性に英語のちらしをあげられなかった」(○)　第3，4段落参照。女性にあげられなかったのでちらしを作りたいと思った。　オ 「職場体験のあとオサムのクラスメイトはオサムに観光案内所で英語のちらしを作るように言った」(×)　第5段落参照。　カ 「リーさんは外国語で書かれたちらしを見たとき，そのちらしは外国人にとって役に立つと思った」(○)　第6段落第3，4文参照。

2021年度英語　リスニング検査

〔放送台本〕

今から1のリスニング検査を行います。問題は，(1)，(2)，(3)，(4)の4つです。問題用紙の各問いの指示に従って答えなさい。聞いている間にメモを取ってもかまいません。

それでは，(1)の問題から始めます。(1)の問題は，表を見て答える問題です。下の表についての英語による質問を聞いて，その質問に対する答えとして，ア～エから最も適当なものを1つ選び，その記号を書きなさい。質問は2回繰り返します。では，始めます。

Who will go to a bookstore with her father on the weekend?

これで(1)の問題を終わり，(2)の問題に移ります。

〔英文の訳〕

週末に父親と一緒に本屋に行くのは誰ですか。

答え：ア　トモカです。

〔放送台本〕

(2)の問題は，英語による対話を聞いて，質問に答える問題です。それぞれの質問に対する答えとして，ア～エから最も適当なものを1つ選び，その記号を書きなさい。対話は，No. 1，No. 2，No. 3の3つです。対話と質問は2回繰り返します。では，始めます。

No. 1　A:　Hi, Sophia. How was your spring vacation?

B: It was great. I spent three days in Okinawa with my family. On the first day, I swam in the sea, and I enjoyed shopping for the next two days.

A: That sounds good.

B: We wanted to stay there for five days, but we couldn't. My father was too busy.

質問します。 How long did Sophia stay in Okinawa?

No. 2 A: Look at that woman. I think I have seen her before, but I can't remember who she is.

B: Are you talking about the woman wearing a red sweater, Nancy?

A: No, Steve. I'm talking about the woman who is walking with a boy wearing glasses.

B: Oh, we saw her at our favorite restaurant when we ate dinner there last week. She sometimes works there.

質問します。 Who are Nancy and Steve talking about?

No. 3 A: Hey, Sam. When you were taking a bath, Jack called you.

B: Oh, did he? What did he say, Mom?

A: He has some questions to ask you about his homework.

B: OK. I will call him after dinner.

A: Here is his phone number.

B: Thank you.

質問します。 What does Jack want to do?

これで(2)の問題を終わり，(3)の問題に移ります。

〔英文の訳〕

No.1 A：こんにちは，ソフィア。春休みはどうだった？

B：素晴らしかった。沖縄で家族と3日過ごしたの。初日は海で泳いで次の2日は買い物を楽しんだよ。

A：いいね。

B：5日間そこにいたかったんだけどできなかったの。父が忙しすぎて。

質問：ソフィアは沖縄にどれくらい滞在しましたか。

答え：ウ　3日間。

No.2 A：あの女の人を見て。前に見たことがあると思うんだけど，彼女が誰か思い出せない。

B：赤いセーターを着ている女の人のことを言っているの，ナンシー？

A：違うよ，スティーブ。眼鏡をかけている男の子と歩いている女の人のことを言ってるの。

B：ああ，先週僕たちの気に入ってるレストランで夕飯を食べた時に彼女を見たよ。彼女はときどきそこで働いているんだ。

質問：ナンシーとスティーブは誰について話していますか。

答え：イ　男の子と歩いている女の人について。

No.3 A：ねえ，サム。あなたがお風呂に入っているときにジャックから電話があったよ。

B：あ，そう？　何て言ってた，お母さん？
A：宿題についていくつか質問があるって。
B：オーケー。夕飯のあとにかけるよ。
A：これが彼の電話番号。
B：ありがとう。
質問：ジャックは何をしたいですか。
答え：イ　彼はいくつか質問をしたい。

〔放送台本〕

(3)の問題は，英語による対話を聞いて，答える問題です。それぞれの対話の最後の英文に対する受け答えとして，ア～ウから最も適当なものを1つ選び，その記号を書きなさい。対話は，No. 1，No. 2，No. 3，No. 4の4つです。対話は2回繰り返します。では始めます。

No. 1 A: Did you find your umbrella, Naomi?
B: Yes, I did. I'm glad that I found it.
A: That's good. Where was it?
No. 2 A: How was your summer vacation, Bob?
B: I had a great time with my family in London.
A: Oh, when did you come home?
No. 3 A: How are you, Paul?
B: I don't feel well.
A: What's wrong?
No. 4 A: What are you reading, Tom?
B: I'm reading a book I borrowed from the library yesterday, Saki.
A: Oh, it's written in English. Is it difficult?

これで(3)の問題を終わり，(4)の問題に移ります。

〔英文の訳〕

No.1 A：傘は見つかった，ナオミ？
B：うん，見つかった。見つかってよかった。
A：それはよかった。どこにあったの？
答え：ウ　車の中にあった。
No.2 A：夏休みはどうだった，ボブ？
B：ロンドンで家族と素晴らしい時間を過ごしたよ。
A：ああ，いつ帰って来たの？
答え：ア　3日前
No.3 A：元気，ポール？
B：気分が良くないよ。
A：どうしたの？
答え：ウ　胃が痛い。
No.4 A：何を読んでいるの，トム？

B：昨日図書館で借りた本を読んでいるよ，サキ。
A：ああ，英語で書かれているのね。難しい？
答え：イ　いや，学生向けだから。

〔放送台本〕

(4)の問題は，シドニーにホームステイ中のKazuyaと，語学学校講師のMs. Hillとの英語による対話を聞いて，質問に答える問題です。それぞれの質問に対する答えとして，ア～エから最も適当なものを1つ選び，その記号を書きなさい。対話と質問は2 回繰り返します。では，始めます。

Kazuya: Hi, Ms. Hill.
Ms. Hill: Hi, Kazuya. How was your weekend?
Kazuya: It was great. I went to the zoo, and I liked it very much.
Ms. Hill: It's very popular among tourists.
Kazuya: It was interesting to learn about animals that are only in Australia. I also went to the aquarium and enjoyed the dolphin show.
Ms. Hill: That's nice.
Kazuya: I wanted to go to the museum, but I didn't have time for that.
Ms. Hill: You can go there next weekend.
Kazuya: No, I can't. I will leave Sydney tomorrow afternoon. Today's English lesson was the last lesson for me. It was fun to learn English from you.
Ms. Hill: I'm glad you had a good time in my class.
Kazuya: I stayed here for two weeks, but I think it was too short.
Ms. Hill: What time are you going to leave here tomorrow?
Kazuya: At 2:30. I want to eat a nice fish for lunch before that. Do you know a good restaurant?
Ms. Hill: Yes. How about a restaurant in the airport? I often enjoy eating there with my friends when we travel. If you go to the airport early, you will have time to enjoy eating some delicious fish.
Kazuya: That's a good idea. It takes 45 minutes from the station to the airport by bus, so I will take a bus at 10:30 or 11:30.
Ms. Hill: You should take a bus at 10:30 in the morning because there will be less people.
Kazuya: OK. I will.

質問します。

No. 1 Where did Kazuya visit on the weekend?
No. 2 Who will have lunch at the airport tomorrow?
No. 3 What time will Kazuya arrive at the airport tomorrow?

これで1のリスニング検査の放送を終わります。

〔英文の訳〕

カズヤ　：こんにちは，ヒル先生。
ヒル先生：こんにちは，カズヤ。週末はどうでしたか？
カズヤ　：素晴らしかったです。動物園へ行って，それがとても好きでした。
ヒル先生：旅行者の間でとても人気ですね。
カズヤ　：オーストラリアにしかいない動物について知るのは面白かったです。水族館にも行ってイルカショーを楽しみました。
ヒル先生：それはいいですね。
カズヤ　：博物館へ行きたかったのですが，その時間はありませんでした。
ヒル先生：次の週末にそこへ行けますよ。
カズヤ　：いいえ，行けません。明日の午後にシドニーを立つんです。今日の英語の授業が僕にとって最後の授業でした。あなたから英語を学ぶのは楽しかったです。
ヒル先生：私のクラスでいい時間を過ごしてくれたのは嬉しいです。
カズヤ　：2週間ここにいましたが，短すぎると思いました。
ヒル先生：明日何時にここを出発するんですか？
カズヤ　：2時半です。その前に美味しい魚を食べたいんです。いいレストランを知っていますか？
ヒル先生：はい。空港のレストランはどうですか？　私は旅行するときに友達とよくそこで食べるのを楽しんでいるんです。早く空港へ行けばおいしい魚を楽しむ時間がありますよ。
カズヤ　：それはいいアイディアですね。駅から空港までバスで45分かかるから10時半か11時半のバスに乗ります。
ヒル先生：より人が少ないので朝の10時半のバスに乗るべきですね。
カズヤ　：オーケー。そうします。

No.1：カズヤは週末どこを訪れましたか。
答え：ア　動物園と水族館。
No.2：明日空港でランチを食べるのは誰ですか。
答え：イ　カズヤです。
No.3：明日カズヤは何時に空港に着きますか。
答え：イ　11時15分。

＜理科解答＞

[1] (1) (a) ウ　(b) イ　(2) A→B→F→D→E→C

[2] (1) 衛星　(2) D　(3) (例)太陽，地球，月が一直線に並び，月が地球のかげに入る現象。

[3] (1) 34.6〔cm^3〕　(2) オ　(3) イ

[4] (1) 垂直抗力[抗力]　(2) ウ　(3) (a) 1.2〔N〕　(b) ウ

[5] (1) (a) 胎生　(b) トカゲ，ハト　(c) 恒温[定温](動物)
(d) あ えら　い 肺　(2) (a) 外とう(膜)　(b) 節[関節]　(c) エ

[6] (1) (a) ウ　(b) 非電解質　(c) エ　(d) (陽イオン) Na^+　(陰イオン) Cl^-
(2) (a) (加えたうすい塩酸の体積と水素イオンの量との関係) ウ　(加えたうすい塩酸の体積と塩化物イオンの量との関係) エ　(b) $HCl+NaOH \rightarrow NaCl+H_2O$

7　(1)　オ　(2)　ウ→ア→エ→イ　(3)　(a)　ア，イ　(b)　等粒状(組織)　(c)　火山(岩)　(d)　(マグマ)が地下深くで長い時間をかけて(冷やされたから。)　(e)　エ

8　(1)　(a)　0.6〔A〕　(b)　7.5〔V〕
(2)　(a)　4074〔J〕
(b)　(例1)熱が，放射したから。　(例2)熱が，他の物体に伝導したから。　(例3)水が蒸発して，熱がうばわれたから。　(3)　(a)　右図　(b)　6(分)45(秒後)

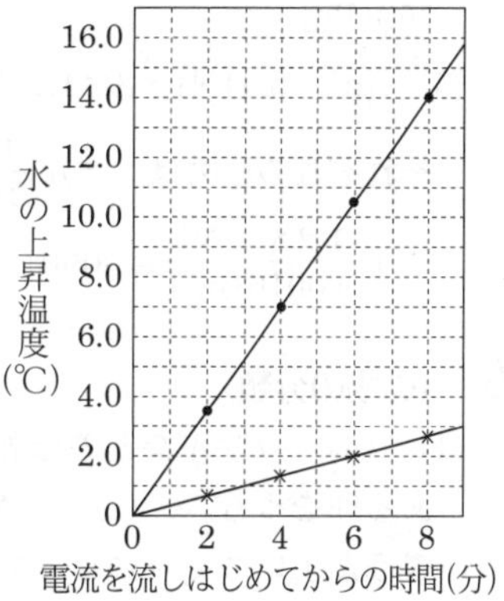

＜理科解説＞

1　(細胞分裂)

(1)　(a)　細胞1つ1つを離れやすくするために，観察前に塩酸処理を行う。　(b)　酢酸オルセインは，染色体や核を染める染色液である。

(2)　核の中に染色体が現れると，これがしだいに太短くなり，細胞の中央に集まる。その後，染色体が縦に裂け，それぞれが細胞の両端に分かれていく。こうして分かれた染色体が新たな核を形成しながら細胞質が2つに分かれ，新しい細胞となる。

2　(月の見え方)

(1)　月は，惑星である地球のまわりを公転している衛星である。

(2)　**日食**は，太陽－月－地球の順に一直線に並ぶため，地球から太陽を見たときに，太陽が新月の月に隠される現象である。

(3)　太陽－地球－月の順に一直線に並ぶと，満月の月が地球のかげに入るために月が欠けて見える**月食**が起こる。

3　(状態変化，密度)

(1)　27.3〔g〕÷0.79〔g/cm^3〕＝34.55…→34.6〔cm^3〕

(2)　固体は，物質を構成する粒子が規則正しく並んでいるが，液体になると，粒子が自由に動き回ることができるようになる。気体になると，粒子どうしの間隔が広くなり，飛び回るようになる。

(3)　混合した溶液にポリプロピレンが浮くことから，溶液の密度はポリプロピレンよりも大きいため，溶液の密度＞0.90g/cm^3となる。また，ポリエチレンとポリスチレンが沈むことから，溶液の密度はポリエチレンやポリスチレンの密度よりも小さい。よって，0.95＞溶液の密度，1.05＞溶液の密度となる。これらを整理すると，0.95g/cm^3＞溶液の密度＞0.90g/cm^3となる。

4　(圧力)

(1)　物体が床を押すと，反作用として**垂直抗力**がはたらく。

(2)　床を押す力の大きさは重力に等しい。また，**圧力〔Pa〕**$=\dfrac{\text{力の大きさ〔N〕}}{\text{力がはたらく面積〔m}^2\text{〕}}$より，物体Aが床におよぼす圧力は，$\dfrac{0.4\text{〔N〕}}{0.0004\text{〔m}^2\text{〕}}=1000$〔Pa〕　物体Bが床におよぼす圧力は，$\dfrac{1.2\text{〔N〕}}{0.0016\text{〔m}^2\text{〕}}=$

750〔Pa〕

(3) (a) 0.4〔N〕×3＝1.2〔N〕 (b) 図2のときの圧力は，$\frac{0.4\times3〔N〕}{0.0004〔m^2〕}$＝3000〔Pa〕 ア～エのそれぞれの圧力は，アが$\frac{1.2\times2〔N〕}{0.0016〔m^2〕}$＝1500〔Pa〕 イが$\frac{1.2\times3〔N〕}{0.0016〔m^2〕}$＝2250〔Pa〕 ウが$\frac{1.2\times4〔N〕}{0.0016〔m^2〕}$＝3000〔Pa〕 エが$\frac{1.2\times5〔N〕}{0.0016〔m^2〕}$＝3750〔Pa〕

5 (動物の分類)

(1) (a) ウサギなどのほ乳類は，胎生でなかまをふやす。 (b) 鳥類とは虫類は卵生で，殻のある卵をうむ。 (c) 鳥類は体表が羽毛で，ほ乳類は毛でおおわれており，体温を保つのにつごうがよいつくりになっている。 (d) イモリなどの両生類は，子のときは水中でくらすのでえら呼吸を行い，親になると陸上に上がるため肺呼吸を行う。

(2) (a) 外とう膜は筋肉でできた膜で，内臓をおおっている。 (b) アサリなどの軟体動物は，外骨格をもたないため，あしやからだに節は見られない。 (c) 外骨格をもたず，内臓が外とう膜におおわれた動物が軟体動物に属する。

6 (物質の区別，イオン，中和)

(1) (a) ヨウ素液は，デンプンの検出を行う薬品である。 (b) 水にとけても電離せずイオンを生じない物質は，その水溶液に電流が流れない。 (c) 物質Cは，フェノールフタレイン溶液を赤色に変化させるので，水溶液がアルカリ性を示す水酸化ナトリウムである。 (d) 物質Aはデンプン，物質Bは砂糖，物質Cは水酸化ナトリウムなので，物質Dは残りの塩化ナトリウムとなる。塩化ナトリウムは電離すると，ナトリウムイオンと塩化物イオンを生じる。

(2) (a) ビーカーcの水溶液は水酸化ナトリウム水溶液である。このビーカーに塩酸を加えていくと，溶液が完全に中和するまでは，水素イオンは中和に使われるために増加しない。完全に中和したあとさらに塩酸を加えると，増加を始める。塩化物イオンは，中和が起こってもほかのイオンと結合しないため，塩酸を加える量に比例して増加する。 (b) **塩化水素＋水酸化ナトリウム→塩化ナトリウム＋水**の反応を，化学式を用いて表す。

7 (火成岩)

(1) 火山噴出物の色が白っぽい場合，マグマに無色鉱物が多くふくまれている。無色鉱物を多くふくむマグマのねばりけは強いため，このようなマグマによって形成された火山はドーム状となり，激しい噴火を起こす。

(2) 双眼実体顕微鏡を使うときは，左右の鏡筒の幅を調節してから，右目のピント→左目のピントの順に合わせる。

(3) (a) 火成岩AとBは，いずれも等粒状組織をもつため深成岩である。よって，火成岩Aは火成岩Bよりも有色鉱物を多くふくむ斑れい岩である。斑れい岩にカンラン石やキ石は多くふくまれるが，クロウンモは流紋岩や花こう岩にふくまれやすい鉱物で，はんれい岩にはふくまれない。 (b) 等粒状組織は，大きな結晶となった鉱物が組み合わさってできている。 (c) 石基と斑晶からなるつくりを斑状組織といい，流紋岩や玄武岩などの火山岩に見られるつくりである。 (d) 石基は地表近くで急に冷え固まってできるため，結晶が大きく成長していないが，斑晶は地下深くにあるときにゆっくりと冷え固まった部分であるため，大きな結晶を形成している。 (e) 斑状組織で色が白っぽいことから，流紋岩である。

8 （電流とそのはたらき）

(1) (a) 直列回路になっているので，回路の全抵抗は，2.0＋8.0＝10.0〔Ω〕 よって，オームの法則，**電圧〔V〕÷抵抗〔Ω〕＝電流〔A〕**より，回路に流れる電流は，6.0〔V〕÷10.0〔Ω〕＝0.6〔A〕
(b) 電熱線Xに1.5Vの電圧が加わったときに回路に流れる電流は，1.5〔V〕÷2.0〔Ω〕＝0.75〔A〕 この回路の全抵抗は10.0Ωなので，このときの電源電圧は，0.75〔A〕×10.0〔Ω〕＝7.5〔V〕

(2) (a) **4.2〔J〕×水の質量〔g〕×上昇温度〔℃〕＝水が得た熱量〔J〕**なので，100gの水を6.9℃上昇させるのに必要な熱量は，4.2〔J〕×100〔g〕×9.7〔℃〕＝4074〔J〕 (b) 電熱線から発生した熱は，水の温度上昇に使われるほか，装置自体を温めたり，熱が空気中に放出されたりする。

(3) (a) 原点を通る直線のグラフとなる。 (b) 図5の並列回路が消費する電力は，**電力〔W〕＝電圧〔V〕×電流〔A〕**より，電熱線Xが6.0〔V〕×(6.0÷2.0)〔A〕＝18.0〔W〕 電熱線Yが6.0〔V〕×(6.0÷8.0)〔A〕＝4.5〔W〕より，合計で22.5W。図5の回路を6分間使用したときに消費する電力量は，**電力量〔J〕＝電力〔W〕×時間〔s〕**より，22.5〔W〕×(6×60)〔s〕＝8100〔J〕 よって，20Wの電熱線を使用して8100Jの電力量に達するまでにかかる時間は，8100〔J〕÷20〔W〕＝405〔s〕→6分45秒

<社会解答>

1 (1) エ (2) (a) ウ (b) エ (c) (例)工業が発達しているドイツに仕事を求めるから。 (3) (a) エ (b) イ

2 (1) (a) イ (b) ア，カ (c) ウ (2) (a) エ (b) イ
(3) (例)ニュージーランド産，北海道産が入荷しない時期に入荷し，それらよりも高い価格で取り引きされている。

3 (1) ア (2) 分国法 (3) イ (4) ウ (5) イ
(6) (記号) ウ (理由) (例)ドイツは，第一次世界大戦で日本と戦ったので，貿易を行わなくなったと考えられるから。 (7) ア

4 (1) エ (2) ア (3) ウ (4) (例)大量の綿織物がイギリスから輸入されるようになったから。[安価な綿織物がイギリスから輸入されるようになったから。] (5) イ
(6) アフリカ

5 (1) イ (2) ア (3) イ (4) (例)衆議院と参議院の議決が異なる時。
(5) (a) (例)半数ずつ改選する(から) (b) エ (6) イ (7) (a) ウ (b) ア
(8) (例1)輸出できなくなってきているので，国内で排出される量を減らすこと。
(例2)輸出するのではなく，国内における再生利用を進めること。

<社会解説>

1 （地理的分野―世界―人々のくらし，地形・気候，産業）

(1) 資料1は**正距方位図法**で描かれている。地図の右が東。 ア あといの都市は，図の中心からの同心円上に位置していることから，東京からの距離が等しいことを表している。 イ 図の中心から離れるほど，面積が大きく表されている。 ウ 地球一周は**約40000km**なので，北極から南極までの距離は約20000km。

(2) (a) ヨーロッパでは，デンマークのほかにスイスなどでも**酪農**がさかん。 (b) スイス・

イタリア国境付近に**アルプス山脈**が位置することから，Y付近の標高が高くなると判断する。X付近のオランダには**ポルダー**とよばれる干拓地が広がるため標高が低くなると判断する。

(c) 資料3から，1人あたりの工業出荷額についてA・Cの国は5000ドル未満，B・Dの国は5000ドル以上10000ドル未満ということが読み取れ，これらの国々ではドイツをはじめとする西ヨーロッパ諸国に比べて工業が発達していないことがわかる。

(3) (a) 資料4中のⅠにはキリスト教，Ⅱにはイスラム教，Ⅲには仏教があてはまる。インドネシアにはイスラム教徒，フィリピンにはキリスト教徒が多い。 (b) 2000年以降の生産台数が急増しているⓐが中国，1980年代後半の生産台数がアメリカを上回っているⓑが日本，1980年代後半以降順調に生産台数を伸ばし続けているⓓが韓国，残ったⓒがドイツと判断する。

2 (地理的分野―日本―地形図の見方，日本の国土・地形・気候，人口・都市，農林水産業，工業)

(1) (a) 鯖江市は福井県に位置する。アが京都府，ウが石川県，エが富山県。 (b) ア 1975年の地形図からは「みずおち」駅から分岐した路線に「えちぜんへい」駅が見られるが，2018年の地形図には見られない。 イ 長泉寺山の山頂の標高は，1975年の地形図では112.6m，2018年の地形図では110.8mと約2m低くなっている。 ウ 北陸本線と北陸自動車道はほぼ平行にはしっている。 エ 2018年の地形図にも有定橋が見られる。 オ 2018年の地形図において西山公園駅西側に見られる博物館の地図記号が1975年の地形図には見られないことから，博物館が新しく建てられたことがわかる。 カ 2018年の地形図では，鯖江駅東側の柳町や東鯖江などが住宅地となっている。 (c) 資料3より，全国における食料品工業の割合は，1960年は13.1％であるのに対して，2016年は12.6％と低下している。

(2) (a) 太平洋側に位置する三重県は，**夏の降水量が多くなる**ことから判断する。同じく太平洋側に位置する福島県は，三重県より北に位置するため冬の気温が比較的低いアと判断する。イが愛媛県，ウが青森県。 (b) 米の産出額が最も多いBが福島県，果実の産出額は2番目に多いが米の産出額が最も少ないCが愛媛県，果実の産出額が最も多いAが，**りんご**の産出量が日本一の青森県，残ったDが三重県と判断する。

(3) メキシコ産のかぼちゃについて，資料7より，ニュージーランド産と北海道産が入荷しない1月や6月などに多いことが読み取れる。また，資料8より，ニュージーランド産や北海道産が108円～141円で取り引きされているのに対して，メキシコ産の取引価格がそれよりも高値であることが読み取れる。

3 (歴史的分野―日本史―時代別―古墳時代から平安時代，鎌倉・室町時代，安土桃山・江戸時代，明治時代から現代，日本史―テーマ別―政治・法律，経済・社会・技術，文化・宗教・教育，外交)

(1) **白村江の戦い**は663年におこった。その後，676年に新羅が朝鮮半島を統一した。

(2) **分国法**にはほかに，武田氏が定めた「甲州法度之次第」や長宗我部氏が定めた「長宗我部氏掟書」などがある。

(3) 問題文中の「浮世草子」から判断する。**元禄文化**は17世紀末頃に大阪で栄えた町人文化。ア 人形浄瑠璃などの台本を書いた。 ウ 「燕子花図屏風」などの装飾画を描いた。 エ 「見返り美人図」などの浮世絵を描いた。

(4) **田沼意次**はほかに，長崎貿易の積極化をはかったり，蝦夷地の開拓や印旛沼・手賀沼の干拓をすすめるなどした。ア・イは江戸幕府6代将軍徳川綱吉，エは8代将軍徳川吉宗の政策。

(5) 大日本帝国憲法では立法権は天皇に属し，議会は天皇のもつ立法権に協賛するものとされた。ア・ウ・エは日本国憲法の内容。

(6) **第一次世界大戦**が始まったのは1914年。日本は**日英同盟**を理由に連合国側で参戦したため，同盟国側のドイツとは敵対していたことになる。

(7) イ　石油危機がおこった1973年から世界金融危機がおこった2008年までの期間で，経済成長率が0％を下回ったのは1974年，1993年，1998年，2001年，2008年の5回。　ウ　1956年以降で最高の経済成長率を示したのは1968年で，バブル経済時ではない。　エ　2001年から2010年までの間で経済成長率が最も低い2008年でも，－5％を上回っている。

4 **(歴史的分野―日本史―時代別―旧石器時代から弥生時代，古墳時代から平安時代，鎌倉・室町時代，安土桃山・江戸時代，明治時代から現代，日本史―テーマ別―政治・法律，経済・社会・技術，文化・宗教・教育，外交，世界史―政治・社会・経済史)**

(1) 小野妹子は**遣隋使**として，隋の皇帝煬帝に謁見した。

(2) **奥州藤原氏**は，11世紀におこった前九年・後三年合戦を経て，東北地方で勢力を拡大した。イは奈良時代，ウは鎌倉時代，エは室町時代のできごと。

(3) 鎌倉幕府の将軍と**御家人**は，土地を仲立ちとした主従関係を結んだ。　ア　**口分田**は，古代の律令制において朝廷から6歳以上の男女に支給された田のこと。　イ　**国司**を任命するのは朝廷。　エ　**管領**とは，室町幕府の将軍の補佐役。

(4) 資料2から，綿織物の輸入が急増していること，資料3から，当時の最大輸入相手国がイギリスであることが読み取れる。イギリスでは18世紀に**産業革命**がおこり，機械による大量生産が行われていたことから，安価な綿織物製品が国内に大量に流入したと考える。

(5) ⓐが1867年，ⓑが1868年，ⓒが1869年，ⓓが1866年のできごと。

(6) 資料4中のBについて，1955年の加盟国数が5か国であったのに対し，**「アフリカの年」**を経た1965年には加盟国数が37か国に急増していることが読み取れる。

5 **(公民的分野―憲法の原理・基本的人権，財政・消費生活・経済一般，地理的分野―公害・環境問題)**

(1) フランス人権宣言が**フランス革命**の際に出されたことから判断する。当時，ルイ16世による絶対王政が敷かれていた。

(2) **規制緩和**とは，自由な経済活動を活発化させてサービスの向上を図るため，法律などによる規制をなくすこと。

(3) 単独世帯の増加の原因として，未婚率の上昇や高齢化の進行などが挙げられる。ウの世帯を**核家族**という。

(4) 衆議院と参議院が異なる議決をし，両院協議会を開いても意見が一致しない場合には，**衆議院の優越**の原則が適用される。

(5) (a) 参議院は議員の任期**6年**で解散がなく，**3年ごとに半数を改選**する。衆議院は議員の任期は**4年**で解散がある。　(b) 資料8から，高齢者層ほど割合が高いとある医療・介護がⅣ，若年者層ほど割合が高いとある子育て・教育がⅡにあてはまることがわかる。残ったⅠ・Ⅲのうち，いずれの年代においても割合が高いⅠに景気対策，Ⅲに消費税があてはまる。

(6) 資料10中の「ベトナムには安い労働力がある」ことを確かめるための資料だと判断する。

(7) (a) 日本では高齢化が進行しているため，歳出に占める**社会保障関係費**の割合が年々高くなっていることから判断する。　(b) 担税者と納税者が一致する**直接税**には**累進課税**の制度が採用されている。

(8) 資料13・14から，日本の廃プラスチックの多くは中国や東南アジアなどの国や地域に輸出して処理していることが読み取れる。また，資料15から，資料14で示された主な輸出先の国々において，廃プラスチックの輸入規制が進んでいることが読み取れる。以上から，日本国内での排出量の削減や再生利用を進める必要性があると考える。

＜国語解答＞

1　①　せま(る)　②　かか(げる)　③　せんせい　④　ひろう　⑤　補(う)　⑥　養(う)　⑦　単純　⑧　標準

2　(一)　ウ　(二)　エ　(三)　イ　(四)　わからないことに触れるということ　(五)　(例)自分の好きなものをわかってもらえるわけがないと勝手に思いこんでいたことに気づき，自分も宮多たちのことを知ろうと思ったから。

3　(一)　①　(二)　ウ　(三)　イ　(四)　好奇心が強く，何事にもチャレンジする意欲を持っている　(五)　ア

4　(一)　おわしましける　(二)　ア　(三)　ウ　(四)　(例)友人に等しい[友達と同じ]

5　(一)　エ　(二)　イ　(三)　(例一)　手助けをしないのは，「かえって相手の迷惑になるといやだから」と「対応方法がわからないから」の二つの理由が大きいことがわかる。私は，相手の迷惑にならない対応方法が分かれば，手助けをする人が増えると考えた。そこで，地域で開かれるボランティアによる学習会等の案内をSNSで友達に知らせて，一緒に学ぶ人を少しずつ増やしていこうと思う。このような私の行動が，手助けをする人が増えるきっかけになれば，うれしい。

(例二)　私は，恥ずかしいから手助けをしないという理由に注目しました。私も，恥ずかしいからという理由で，困っている人に声をかけることができなかった経験があります。困っている人に声をかけることは，勇気がいることです。しかし，私が，勇気を出して声をかける行動を取れば，それを見た人も，困っている人に声をかけることができるようになるかもしれません。私自身が行動で示すことで，手助けをする人が増えるようにしたいです。

＜国語解説＞

1　(知識問題－漢字の読み書き)

①　音読みは「ハク」で，熟語は「迫力」などがある。　②　音読みは「ケイ」で，熟語は「掲示」などがある。　③　「宣誓」は，多くの人の前で誓いを述べること。　④　「披露」は，人に見せること。　⑤　音読みは「ホ」で，熟語は「補給」などがある。　⑥　音読みは「ヨウ」で，熟語は「養護」などがある。　⑦　「単純」は，簡単で込み入っていないという意味。　⑧　「標準」は，基準という意味。

2　(小説－情景・心情，内容吟味，筆順・画数・部首，文と文節，品詞・用法，書写)

(一)　「まさか／道端の／石を／拾って／いるとは／思わなかった」の六文節に分けられる。

(二)　「課」の偏はごんべん。アはいとへん，イはゆみへん，ウはさんずい。

(三)　「かすかに」は，用言を修飾する形容動詞「かすかだ」の連用形。

(四)　くるみと別れた直後，くるみの話は「よくわからなかった」が，それが「おもしろい」と「僕」

は感じている。石に興味を持つということは自分にはわからないことだが，だからこそ「似たもの同士で『わかるわかる』と言い合うより」も,「わからないことに触れるということ」のほうが「楽しい」と気づいたのである。

(五)　趣味である刺繍を宮多が好意的に捉えてくれたため，「僕」は自分の趣味のことを「わかってもらえるわけがない」と勝手に思いこんでいたと気づいた。だから，宮多が自分の趣味を受け入れてくれたように，自分も宮多の好きなことを知ろうと思うようになったのである。

3　(説明文－大意・要旨，内容吟味，指示語の問題，ことわざ・慣用句，品詞・用法)

(一)　動詞の活用の種類は，打ち消しの「ない」をつけた未然形の活用語尾の音で確かめる。①「いる」の未然形は「い」と，活用語尾がイ段音になるので，上一段活用。ほかの未然形はそれぞれ「付か」,「持た」,「置か」と，活用語尾がア段音になるので，五段活用。

(二)　「昔取った杵柄」とは，過去に身につけた技能のこと。アフリカで暮らしていたミコは，その際にアリ釣りを経験し，その技術を身につけたと考えられるのである。

(三)　直前までの内容に注目する。若オスは，穴に「細い枝を差し込んでピーナッツを丸太の向こう側に落として」食べようとしたが，決まっておとなメスが反対側に座り込んで，穴から落ちてくるピーナッツを食べてしまうため，若オスがピーナッツを食べられないという問題のことである。

(四)　子どものチンパンジーが親から技術を早く伝承されたり，若オスがおとなメスにピーナッツを食べられてしまうという問題を解決できたりしたことから，筆者は「子どもの方が好奇心が強く，何事にもチャレンジする意欲を持っている」のだろうと考えている。

(五)　アは，文章前半で述べられている，ミコとその子どもの様子にあてはまる。

4　(和歌，古文，漢文・漢詩－内容吟味，仮名遣い)

＜口語訳＞　後三条院が東宮でいらっしゃった時，学士の藤原実政朝臣が任国に赴くので，送別の名残を惜しみなさって，

　国の民が甘棠の詠を作ったとしても，

　長い年月宮中で開かれた，楽しかった詩歌の会のことを忘れないでほしい。

この意味は，『詩経』にある，

　孔子がいうには，甘棠の木を切ってはいけない，召伯が宿っているところである。

ということにある。

別の歌に，

　忘れなかったならば，同じ空の下にいると思って，月を見てくれ。

　遠く離れていて雲居の空まで隔っていても再び雲居の宮中でめぐり会う時まで。

君主であっても，臣下であっても，互いに気持ちが深く，心に隔たりがなければ，友人に等しいといえる。

(一)　歴史的仮名遣いのハ行は，語頭以外の場合，現代仮名遣いのワ行にあたる。

(二)　宮中での詩歌の会を忘れないでほしいという詩を，任国に赴く実政に対して，別れを惜しんで送っているのだから，主語は後三条院である。

(三)　「作」に二点がついているので，最初に「甘」を読み，「棠」を続ける。「詠」に一点がついているので,「詠」を読んでから「作」に返る。よって,「甘党の詠を作すとも」と書き下す。

(四)　本文最後の一文の内容である。思い合う気持ちの強い後三条院と実政の関係は，「朋友にひとし」だと筆者は述べている。

5 (作文(自由・課題))

(一) 【資料1】の下の表を読み取る。ユニバーサルデザインという言葉と意味を「知っている／どちらかといえば知っている」と答えた人の割合は，15～19歳は90％近く，20代は80％近くと高い割合を示しているが，30代以上はどの年代も50％代にとどまっている。

(二) アは，各年代で「『公衆トイレ』を挙げる人の割合が最も大きい」が合わない。ウは，「『商店街』のユニバーサルデザインが進んだと考える人の割合も三番目に大きくなっている」が合わない。エは，「『公共の駐車場』のユニバーサルデザインの必要性が高いと考える人の割合は，年齢が上がるにつれて大きく」なるが合わない。

(三) グラフから手助けをしない理由を推測し，どうすれば手助けしやすくなるかを具体的に考える。自分の体験や見聞きしたことなどを交えると，より説得力のある文章になる。

三重県公立高等学校

2020年度

★★★★★★★★★★★★★★★★★★★★★★★

入 試 問 題

●くわしい解説……51ページ

＜数学＞　時間　45分　　満点　50点

1　あとの各問いに答えなさい。(12点)

⑴　$(-9)\times 7$　を計算しなさい。

⑵　$\frac{4}{5}x-\frac{3}{4}x$　を計算しなさい。

⑶　$7(a-b)-4(2a-8b)$　を計算しなさい。

⑷　$(\sqrt{5}-\sqrt{2})^2$　を計算しなさい。

⑸　x^2-36　を因数分解しなさい。

⑹　二次方程式　$x^2+5x-1=0$　を解きなさい。

⑺　次の表は，Ａさんが４月から９月まで，図書館で借りた本の冊数を表したものである。Ａさんが４月から９月まで，図書館で借りた本の冊数の１か月あたりの平均が5.5冊のとき，n の値を求めなさい。

月	４月	５月	６月	７月	８月	９月
図書館で借りた本の冊数(冊)	5	4	3	7	n	5

2　あとの各問いに答えなさい。(13点)

⑴　Ｐ中学校で，文集をつくることにした。注文する会社を決めるために，Ｐ中学校の近くにあるＡ社とＢ社それぞれの作成料金を下の表にまとめた。

このとき，次の各問いに答えなさい。

	作成料金
Ａ社	文集１冊あたりの費用は，１２５０円 ただし，作成冊数に関わらず，初期費用は，無料
Ｂ社	文集１冊あたりの費用は，６００円 ただし，作成冊数に関わらず，初期費用は，１８０００円

Ａ社とＢ社で文集を作成するとき，総費用は，次の式で求められる。

（総費用）＝（初期費用）＋（文集１冊あたりの費用）×（作成する冊数）

① B社で文集を15冊作成するとき，総費用はいくらになるか，求めなさい。

② B社で文集を x 冊作成するときの総費用を y 円として，x と y の関係を，次のような一次関数のグラフに表した。

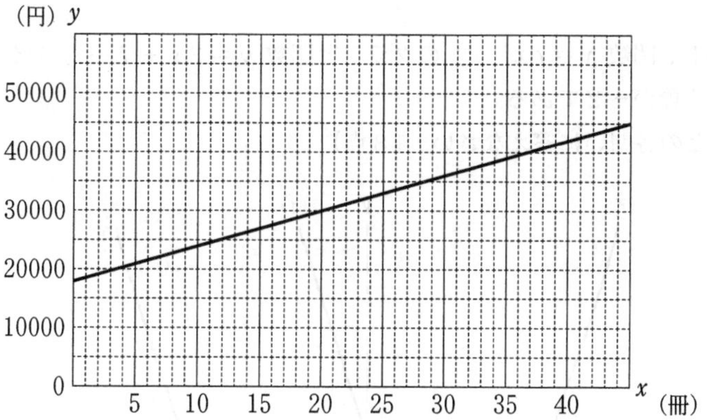

㋐ B社で文集を総費用４万円以内で作成するとき，最大何冊作成することができるか，求めなさい。

㋑ A社で文集を x 冊作成するときの総費用を y 円として，x と y の関係を，グラフに表しなさい。

㋒ B社で文集を作成する総費用が，A社で文集を作成する総費用より安くなるのは，文集を何冊以上作成したときか，求めなさい。

⑵ Aさんは家から1800m離れた駅まで行くのに，はじめ分速60mで歩いていたが，途中から駅まで分速160mで走ったところ，家から出発してちょうど20分後に駅に着いた。

次の ┆　┆ は，Aさんが家から駅まで行くのに，歩いた道のりと，走った道のりを，連立方程式を使って求めたものである。 ① ～ ④ に，それぞれあてはまる適切なことがらを書き入れなさい。

歩いた道のりを x m，走った道のりを y mとすると，

$$\begin{cases} \boxed{\quad ① \quad} = 1800 \\ \boxed{\quad ② \quad} = 20 \end{cases}$$

これを解くと，$x = \boxed{③}$，$y = \boxed{④}$

歩いた道のりは ③ m，走った道のりは ④ mとなる。

⑶ 大小２つのさいころを同時に１回投げ，大きいさいころの出た目の数を十の位の数，小さいさいころの出た目の数を一の位の数としてできる２けたの数を m としたとき，次の各問いに答えなさい。

ただし，さいころの目の出方は，1，2，3，4，5，6 の６通りであり，どの目が出ることも

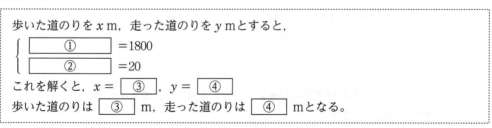

同様に確からしいものとする。

①　m が素数となる確率を求めなさい。

②　$\sqrt{m}$ が自然数となる確率を求めなさい。

3　次の図のように，関数 $y = ax^2$…㋐ のグラフと関数 $y = 3x + 7$…㋑ のグラフとの交点Aがあり，点Aの x 座標が -2 である。

このとき，あとの各問いに答えなさい。（8点）

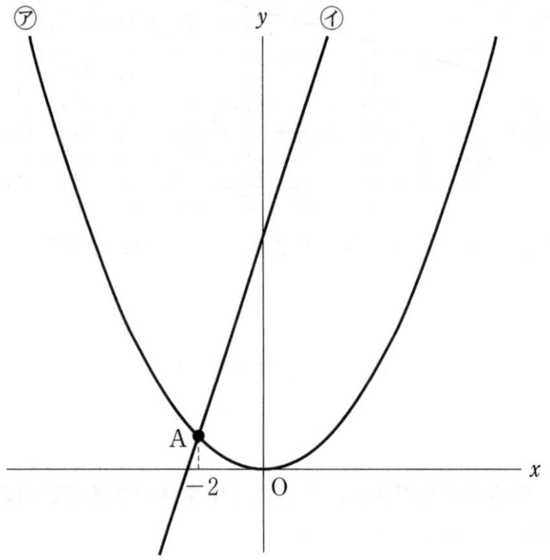

⑴　a の値を求めなさい。

⑵　㋐について，x の変域が $-2 \leqq x \leqq 3$ のときの y の変域を求めなさい。

⑶　㋑のグラフと y 軸との交点をBとし，㋐のグラフ上に x 座標が6となる点Cをとり，四角形ADCBが平行四辺形になるように点Dをとる。

このとき，次の各問いに答えなさい。

①　点Dの座標を求めなさい。

②　点Oを通り，四角形ADCBの面積を2等分する直線の式を求めなさい。
ただし，原点をOとする。

4　あとの各問いに答えなさい。（6点）

⑴　次のページの図のような，点A，B，C，Dを頂点とする正四面体ABCDがある。辺ABを1：2 に分ける点E，辺CDの中点Fをとり，3点B，E，Fを結んで△BEFをつくる。

辺ABの長さが6㎝のとき，次の各問いに答えなさい。

なお，各問いにおいて，答えに$\sqrt{}$がふくまれるときは，$\sqrt{}$の中をできるだけ小さい自然数にしなさい。

①　辺BFの長さを求めなさい。

②　辺BFを底辺としたときの△BEFの高さを求めなさい。

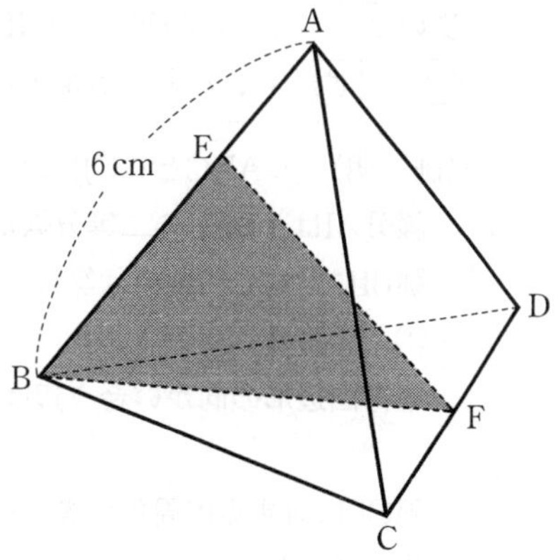

⑵　次の図で，中心が四角形ABCDの辺AB上にあり，辺BCと辺ADに接する円と辺BCの接点Pを，定規とコンパスを用いて作図しなさい。

なお，作図に用いた線は消さずに残しておきなさい。

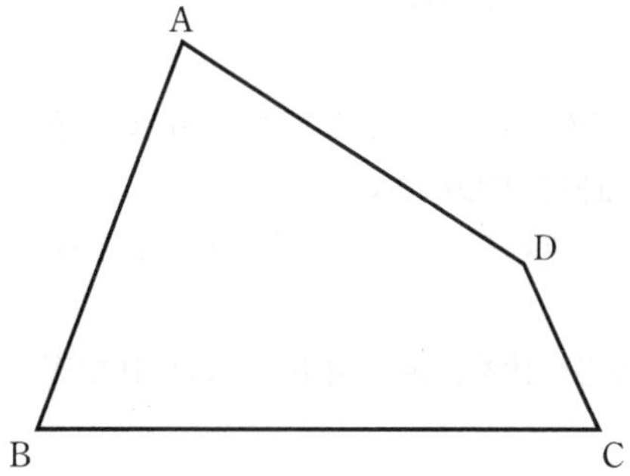

5　次の図のように，∠BAD＞∠ADC となる平行四辺形ABCDがあり，３点A，B，Cを通る円Oがある。辺ADと円Oの交点をE，線分ACと線分BEの交点をF，∠BACの二等分線と線分BE，辺BC，円Oとの交点をそれぞれG，H，Iとする。また，線分EIと辺BCの交点をＪとする。

このとき，あとの各問いに答えなさい。

ただし，点Ｉは点Ａと異なる点とする。(11点)

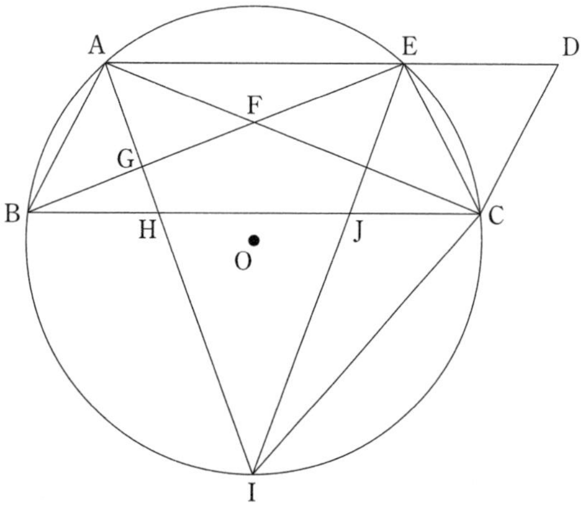

(1)　次の□は，△AHC∽△CJI であることを証明したものである。
(ア) ～ (ウ) に，それぞれあてはまる適切なことがらを書き入れなさい。

〈証　明〉　△AHCと△CJIにおいて，
線分AIは∠BACの二等分線だから，　∠HAC＝ (ア) 　…①
弧BIに対する円周角は等しいから，　(ア) ＝ ∠JCI　…②
①，②より，　∠HAC＝ ∠JCI　…③
平行四辺形の向かい合う辺は平行だから，AD // BCとなり，錯角は等しいから，
∠ACH＝ (イ) 　…④
弧CEに対する円周角は等しいから，　(イ) ＝ ∠CIJ　…⑤
④，⑤より，　∠ACH＝ ∠CIJ　…⑥
③，⑥より， (ウ) がそれぞれ等しいので，
△AHC∽△CJI

(2)　△ADC≡△BCE であることを証明しなさい。

(3)　AB＝5㎝，AE＝8㎝，BC＝12㎝ のとき，次の各問いに答えなさい。

①　平行四辺形ABCDの面積を求めなさい。
なお，答えに$\sqrt{\ }$がふくまれるときは，$\sqrt{\ }$の中をできるだけ小さい自然数にしなさい。

②　線分BGと線分FEの長さの比を，最も簡単な整数の比で表しなさい。

受検番号	番

得点	

1

(1)		(2)		(3)	
(4)		(5)			
(6)	$x=$	(7)	$n=$		

2

(1)	①	円	②㋐	冊
	②㋑			

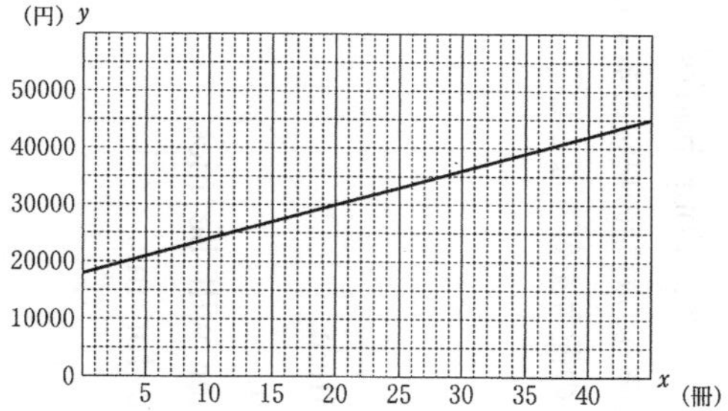

②㋒	冊以上	

(2)	①		②	
	③		④	
(3)	①		②	

3

(1)	$a=$	(2)		$\leqq y \leqq$
(3)	① D(　　,　　)	②	$y=$	

4

(1)	①	cm	② cm

(2)

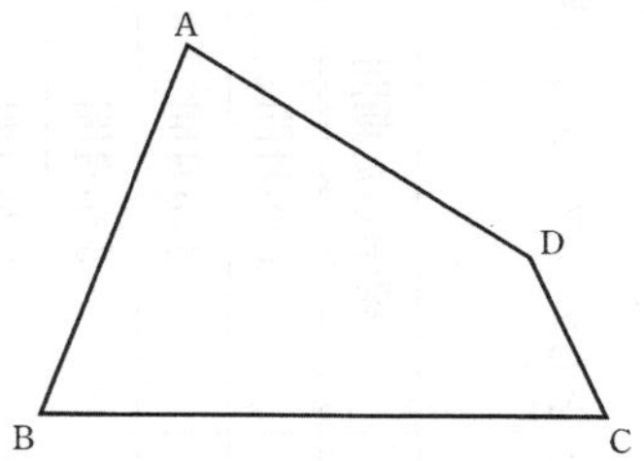

5

(1)	㋐		㋑
	㋒		

(2) 〈証　明〉

(3)	①	cm^2	② BG：FE=　　：

※この解答用紙は154%に拡大していただきますと，実物大になります。

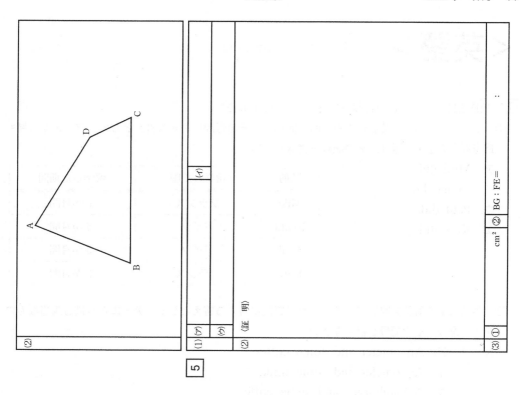

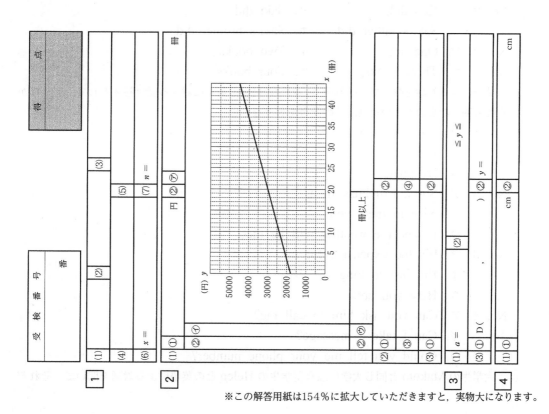

＜英語＞

時間　45分　　満点　50点

1　放送を聞いて，あとの各問いに答えなさい。(18点)

(1)　下の表についての英語による質問を聞いて，その質問に対する答えとして，**ア**～**エ**から最も適当なものを１つ選び，その記号を書きなさい。

ア. Miki did.
イ. Kenta did.
ウ. Paul did.
エ. Kate did.

名前	留学した国	留学した期間
Miki	フランス	6か月間
Kenta	ドイツ	6か月間
Paul	ドイツ	3か月間
Kate	フランス	3か月間

(2)　英語による対話を聞いて，それぞれの質問に対する答えとして，**ア**～**エ**から最も適当なものを１つ選び，その記号を書きなさい。

No. 1　**ア**. An omelet and some coffee.
イ. An omelet and some milk.
ウ. A hamburger and some coffee.
エ. A hamburger and some milk.

No. 2　**ア**. Ken did.　**イ**. Saki did.
ウ. Saki's father did.　**エ**. Saki's brother did.

No. 3　**ア**. One book.　**イ**. Two books.
ウ. Three books.　**エ**. Four books.

(3)　英語による対話を聞いて，それぞれの対話の最後の英文に対する受け答えとして，**ア**～**ウ**から最も適当なものを１つ選び，その記号を書きなさい。

No. 1　**ア**. With my family.
イ. For six days.
ウ. By plane.

No. 2　**ア**. Sorry, I'm busy then.
イ. Nice to meet you.
ウ. I hope the weather will be nice.

No. 3　**ア**. It's too expensive for me.
イ. I'm just looking.
ウ. Here you are.

No. 4　**ア**. Can you ask him to call me?
イ. Can I take a message?
ウ. Could you tell me your phone number?

(4)　大学生のMakotoと同じ大学に通う留学生のHelenとの英語による対話を聞いて，それぞれの質問に対する答えとして，ア～エから最も適当なものを１つ選び，その記号を書きなさい。

No. 1　ア. Helen will.　イ. John will.
　ウ. John's parents will.　エ. Emily will.

No. 2　ア. Yes, she does.　イ. No, she doesn't.
　ウ. Yes, she has.　エ. No, she hasn't.

No. 3　ア. She likes to send e-mails.　イ. She likes to go shopping.
　ウ. She likes to go to the zoo.　エ. She likes to take pictures.

2　あとの各問いに答えなさい。(８点)

(1)　次の対話文は，高校生の Ken が，外国語指導助手（ALT）の Jones 先生と，放課後に話をしているときのものです。対話文を読んで，次の各問いに答えなさい。

Ken : Hello, Ms. Jones.

Ms. Jones : Hi, Ken. What are you doing here?

Ken : I'm drawing a comic for the student from Canada, Tim.

Ms. Jones : Oh, really? (①)

Ken : 15 students came from Canada to my city for seven days last month, and Tim was one of them. He stayed in my house during his stay in Japan.

Ms. Jones : I see. What did you do with him?

Ken : We did lots of things together. I felt happy because he loved reading the comics I drew.

Ms. Jones : (②)

Ken : Now I'm drawing a new comic for him because his birthday is next month. I promised to send it to him for his birthday when he left Japan.

Ms. Jones : I'm sure he'll like it.

Ken : I hope so. When I met him for the first time, I didn't know what to say. But I got to know him very quickly. He was very friendly. I want to go and see him in Canada.

Ms. Jones : That's a good idea. Can I read the comic you are drawing for him when you finish drawing it?

Ken : Of course.

（注） promised ～　～を約束した　for the first time　初めて
got to know ～　～と親しくなった

No. 1　(①)，(②) に入るそれぞれの文として，ア～エから最も適当なものを１つ選び，その記号を書きなさい。

①　ア. What was that?　イ. When will he come?
　ウ. Where was Tim?　エ. Who is Tim?

②　ア. You didn't have to spend your time with him in Japan.

イ. I'm glad that you had a good time with him.

ウ. It was exciting for me to help a foreign student.

エ. He wants to see you again during his stay in Japan.

No. 2　対話文の内容に合う文として，ア～エから最も適当なものを１つ選び，その記号を書きなさい。

ア. It was fun for Tim to read the comics drawn by Ken while he stayed in Ken's city.

イ. Ms. Jones was happy because Ken was drawing comics for her birthday.

ウ. Tim was a student from Canada who stayed in Ken's city for a month last year.

エ. Ken asked Ms. Jones to talk about Canada because he was going to visit Canada.

⑵　下のグラフは，先週，中学生の Mariko がピアノの練習をした時間を表しています。このグラフから読み取れることを正しく表している文として，ア～エから最も適当なものを１つ選び，その記号を書きなさい。

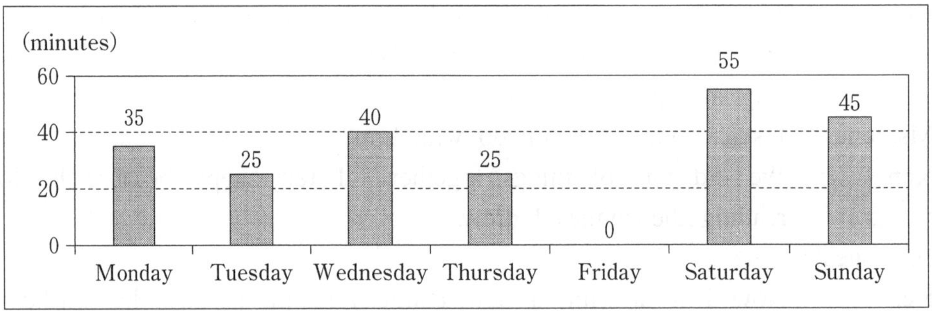

ア. Last Sunday, Mariko practiced playing the piano the longest.

イ. Mariko practiced playing the piano every day last week.

ウ. Mariko played the piano longer on Monday than on Saturday.

エ. Mariko played the piano on Tuesday as long as on Thursday.

3　あとの各問いに答えなさい。(12点)

⑴　次のような状況において，あとの①～③のとき，あなたならどのように英語で表しますか。それぞれ５語以上の英文を書きなさい。

ただし，I'm などの短縮形は１語として数え，コンマ (,)，ピリオド (.) などは語数に入れません。

【状況】

あなたは，カナダから来た外国語指導助手（ALT）の David 先生と，廊下で話をしているところです。

① 放課後に時間があるか尋ねるとき。

② 昨夜書いたレポートを読んでほしいと伝えるとき。

③　日本の伝統文化についてのレポートだと伝えるとき。

(2)　Reinaは，留学先のロンドンでホストファミリーが開いてくれる歓迎パーティーに出席することになりました。そこで挨拶することになり，下の原稿を準備しました。

あなたがReinaなら，①～③の内容をどのように英語で表しますか。それぞれ４語以上の英文を書き，下の原稿を完成させなさい。

ただし，I'm などの短縮形は１語として数え，コンマ (,)，ピリオド (.) などは語数に入れません。

【原稿】

Hello, everyone. My name is Reina. Nice to meet you.
① ５人家族だということ。
② テニスが得意だということ。
③ 英語を勉強するためにロンドンに来たということ。
Thank you.

4　次の文章を読んで，あとの各問いに答えなさい。(12点)

Haruka is sixteen. She has just become a student at Hikari High School.

One day after school in April, Haruka was talking with her friend, Masato. She asked him, "What club are you going to join?" He said, "I'll join the basketball club. (①)" She said, "Well, I'm interested in the broadcasting club." When she was a junior high school student, she visited Hikari High School with her friends. She saw a short movie about Hikari High School made by the members of the broadcasting club. Because of the movie, she could learn a lot about the high school. She thought she wanted to make a movie like that as a member of the club. She said to Masato, "I want to give a message to people through short movies."

A few weeks later, Haruka became a member of the broadcasting club. One day in July, Mr. Kawamoto, a famous journalist from Haruka's city, was invited to Hikari High School for a lecture about his career. After the lecture, the members of the club had a chance to talk with him. He asked the members, "What do you do in your club?" One of the members explained their activities. Another member asked him what to do to be a journalist. They were excited to talk with him, but Haruka could not join their conversation. She was too shy. Then, he said to her, "Don't be shy. I like to meet new people because I can learn different ways of thinking from them. You should enjoy talking with people you don't know." She agreed.

In September, Haruka and the other members were talking about the movie shown at the school festival in October. She said, "Mr. Kawamoto taught me an important thing when I talked with him in July." She wanted to tell people about that through a movie she would make. She talked about her idea to the other members, and they agreed. Then they made a movie about a high school student who learned many things by meeting a lot of people.

On the day of the school festival, many people enjoyed watching the movie. When Haruka was going home with Masato after the school festival, he said, "(②) It was great." She told him what she learned from Mr. Kawamoto when she talked with him three months ago. She said to him, "I've tried to enjoy talking with new people since I met Mr. Kawamoto."

(Ten years later)

Haruka works at a city hall now. One Sunday, she had lunch with Masato. She said to him, "I'm very busy, but it's interesting to learn different ideas from different people. I changed myself after I talked with Mr. Kawamoto." He said, <u>"Are you talking about your conversation with him after that lecture ten years ago?"</u> She said, "Yes. I was lucky to meet him when I was a high school student."

（注） the broadcasting club 放送部 lecture 講演 career 職業
explained ～ ～を説明した conversation 会話 thinking 考え

⑴ (①), (②) に入るそれぞれの文として，ア～エから最も適当なものを１つ選び，その記号を書きなさい。

① ア．What is it about? イ．What was it?
ウ．How are you? エ．How about you?

② ア．I enjoyed watching the movie you made.
イ．It was interesting to listen to Mr. Kawamoto.
ウ．I told him about your movie when I saw him.
エ．You should make another movie for him.

⑵ 本文の内容に合うように，下の英文の（A），（B）のそれぞれに入る最も適当な１語を，本文中から抜き出して書きなさい。

Haruka learned an important thing from the (A) who came to her school in July. Then, she told people about that on the day of the school festival through the (B) she made with the other members of the broadcasting club.

⑶ 下線部に Are you talking about your conversation with him after that lecture ten years ago? とあるが，10年前に Mr. Kawamoto が Haruka に話した内容として適切な英文となるように，下の英文の（ ）に入る最も適当なものをア～エから１つ選び，その記号を書きなさい。

Mr. Kawamoto told Haruka ( ).

ア．why he came to Hikari High School.
イ．how to make good movies.

ウ. to enjoy talking with new people.

エ. to invite him to her high school.

(4) 本文の内容に合う文として，ア～カから適当なものを2つ選び，その記号を書きなさい。

ア. Masato asked Haruka to join the basketball club with him though she was interested in the broadcasting club.

イ. Haruka made a short movie about Hikari High School with her friends, and showed it to the junior high school students.

ウ. One of the members in the broadcasting club told Mr. Kawamoto about the activities in the club.

エ. Mr. Kawamoto visited Hikari High School to talk about his career to the high school students when Haruka was a high school student.

オ. Mr. Kawamoto didn't like to learn different ways of thinking from other people because he was shy.

カ. Masato told Haruka what he learned about Mr. Kawamoto after he saw the movie made by the members of the broadcasting club.

受検番号
番

得点

1

(1)						
(2)	No. 1		No. 2		No. 3	
(3)	No. 1		No. 2			
	No. 3		No. 4			
(4)	No. 1		No. 2		No. 3	

2

(1)	No. 1	①		②	
	No. 2				
(2)					

3

(1)	①	
	②	
	③	
(2)	①	
	②	
	③	

4

(1)	①		②	
(2)	A		B	
(3)				
(4)				

※この解答用紙は154％に拡大していただきますと，実物大になります。

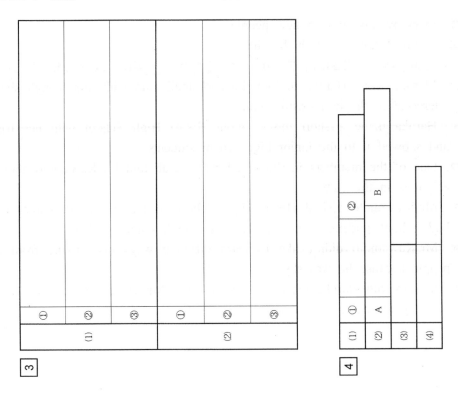

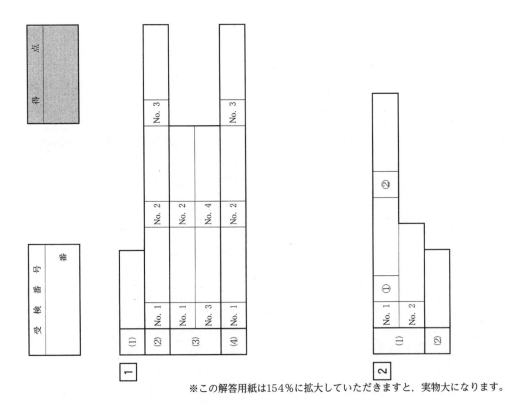

＜理科＞

時間　45分　　満点　50点

1　図1は，ヒトの体の細胞《さいぼう》と毛細血管を模式的に示したものである。図2は，ヒトの血液の循環《じゅんかん》を模式的に示したものであり，a～hは血管を表し，矢印──→は血液が流れる向きを表している。また，W～Zは，肝臓《かんぞう》，小腸，じん臓，肺のいずれかの器官を表している。このことについて，あとの各問いに答えなさい。(4点)

図2

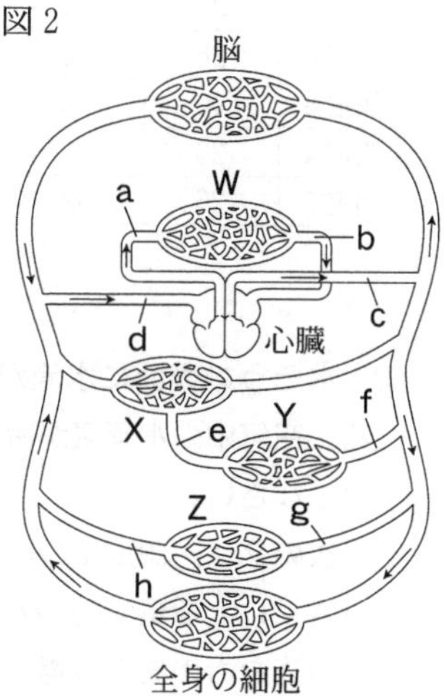

図1

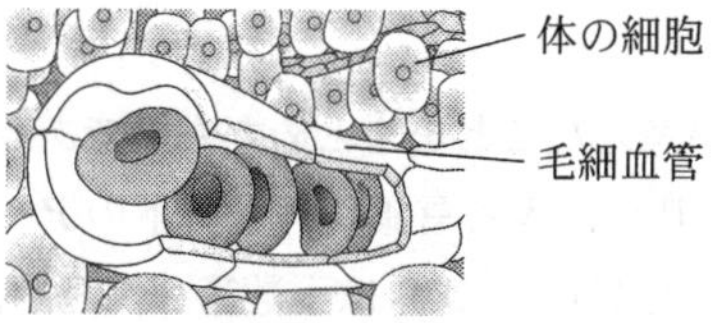

(1)　次の文は，図1に示した体の細胞と毛細血管の間で行われている物質のやりとりについて説明したものである。文中の（**あ**）に入る最も適当な言葉は何か，**漢字で**書きなさい。

> 血しょうの一部は毛細血管からしみ出して（　**あ**　）となり，細胞のまわりを満たす。血液によって運ばれてきた養分や酸素は，（　**あ**　）を通して細胞に届けられる。

(2)　図2で，ブドウ糖やアミノ酸などは器官**Y**で吸収されて毛細血管に入り，血管**e**を通って器官**X**に運ばれる。器官**X**は何か，次の**ア**～**エ**から最も適当なものを1つ選び，その記号を書きなさい。

ア．肝臓

イ．小腸

ウ．じん臓

エ．肺

(3)　尿素《にょうそ》の割合が最も低い血液が流れている血管はどれか，図2の**a**～**h**から最も適当なものを1つ選び，その記号を書きなさい。

(4)　動脈血が流れている血管はどれか，図2の**a**～**d**から適当なものをすべて選び，その記号を書きなさい。

2　まさみさんの部屋には水温を管理できる，水の入った水そうがある。まさみさんは，水そうの表面に水滴《すいてき》がついているときと，ついていないときがあることに気づき，室温，湿度《しつど》，水そうの水温を測定し，水そうの表面の水滴がついているか，ついていないかを調べた。結果は表1のとおりであった。また，表2は，温度と飽和《ほうわ》水蒸気量の関係を示したものである。このことについて，あとの各問いに答えなさい。ただし，水そうの表面付近の空気の温度は水温と等しいものとする。(4点)

(表1，表2は次のページにあります。)

表1

測定	室温(℃)	湿度(%)	水温(℃)	水そうの表面の水滴
測定1	28	54	20	（ B ）
測定2	26	62	20	ついていない
測定3	X	62	20	ついている
測定4	26	Y	20	ついている
測定5	26	62	Z	ついている

表2

温度(℃)	飽和水蒸気量(g/m^3)	温度(℃)	飽和水蒸気量(g/m^3)
0	4.8	16	13.6
2	5.6	18	15.4
4	6.4	20	17.3
6	7.3	22	19.4
8	8.3	24	21.8
10	9.4	26	24.4
12	10.7	28	27.2
14	12.1	30	30.4

(1) 水そうの表面に水滴がついたのは，空気中の水蒸気が冷やされて水滴に変わったためである。空気中の水蒸気が冷やされて水滴に変わりはじめるときの温度を何というか，その名称《めいしょう》を書きなさい。

(2) 次の文は，測定1の結果について，まさみさんが考えたことをまとめたものである。文中の（A）に入る最も適当な数を書きなさい。また，（B）に入る言葉は何か，下のア，イから最も適当なものを1つ選び，その記号を書きなさい。ただし，（A）は小数第2位を四捨五入し，小数第1位まで求めなさい。

> 測定1のとき，この部屋の空気1m^3にふくまれる水蒸気量は（ A ）gであるので，20℃のときの飽和水蒸気量から考えると，水そうの表面に水滴は（ B ）。

（B）の語群

ア．ついている　　イ．ついていない

(3) 表1の測定3～測定5では，水そうの表面に水滴がついていた。測定3の室温X，測定4の湿度Y，測定5の水温Zは，測定2の室温，湿度，水温と比べて高いか，低いか，次のア～クから最も適当なものを1つ選び，その記号を書きなさい。

	ア	イ	ウ	エ	オ	カ	キ	ク
測定3の室温　X	高い	高い	高い	高い	低い	低い	低い	低い
測定4の湿度　Y	高い	高い	低い	低い	高い	高い	低い	低い
測定5の水温　Z	高い	低い	高い	低い	高い	低い	高い	低い

3 たろうさんは，家から花火大会の花火を見ていて，次の①，②のことに気づいた。このことについて，あとの各問いに答えなさい。（4点）

> ① 花火が開くときの光が見えてから，その花火が開くときの音が聞こえるまでに，少し時間がかかる。
> ② 花火が開くときの音が聞こえるたびに，家の窓ガラスが揺《ゆ》れる。

(1) たろうさんが，家で，花火が開くときの光が見えてから，その花火が開くときの音が聞こえるまでの時間を，図のようにストップウォッチで計測した結果，3.5秒であった。家から移動し，花火が開く場所に近づくと，その時間が2秒になった。このとき，花火が開く場所とたろうさんとの距離《きょり》は何m短くなったか，求めなさい。ただし，音が空気中を伝わる速さは340m／秒とする。

図

⑵　①について，花火が開くときの光が見えてから，その花火が開くときの音が聞こえるまでに，少し時間がかかるのはなぜか，その理由を「光の速さ」という言葉を使って，簡単に書きなさい。

⑶　②について，次の文は，たろうさんが，花火が開くときの音が聞こえるときに，家の窓ガラスが揺れる理由をまとめたものである。文中の（X），（Y）に入る最も適当な言葉は何か，それぞれ書きなさい。

> 音は，音源となる物体が（　X　）することによって生じる。音が伝わるのは，（　X　）が次々と伝わるためであり，このように（　X　）が次々と伝わる現象を（　Y　）という。
> 花火が開くときの音で窓ガラスが揺れたのは，花火が開くときに空気が（　X　）し，（　Y　）として伝わったためである。

4　次の実験について，あとの各問いに答えなさい。（5点）

〈実験〉　気体の性質を調べるために，次の①，②の実験を行った。

①　図1の実験装置を用いて，三角フラスコに入れた石灰石《せっかいせき》に，うすい塩酸を加え，発生した気体Aを水上置換《ちかん》法で集気びんに集めた。

②　図2の実験装置を用いて，試験管aに塩化アンモニウムと水酸化カルシウムを入れて加熱し，発生した気体Bを上方置換法で乾《かわ》いた試験管bに集めた。気体Bがじゅうぶんに集まったことを確認《かくにん》するために，試験管bの口に水でぬらしたリトマス紙をあらかじめ近づけておいた。

図1

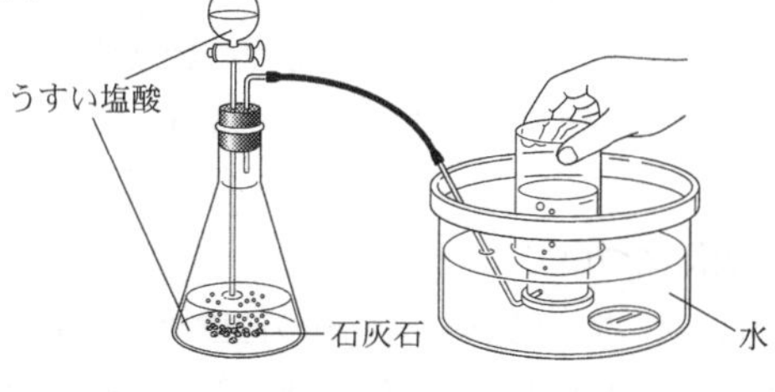

図2

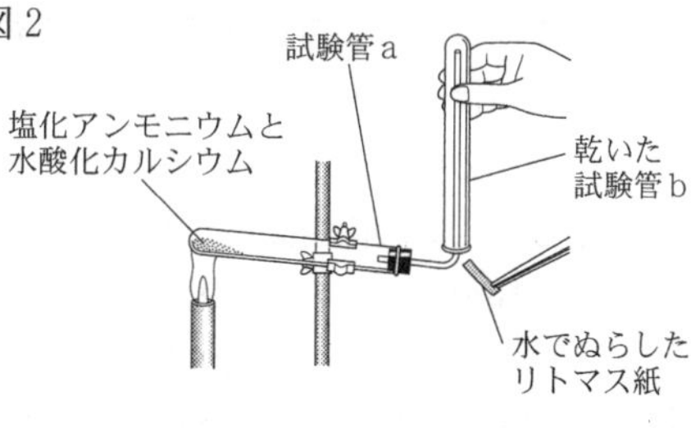

⑴　①，②について，気体A，Bはそれぞれ何か，化学式で書きなさい。

⑵　②について，次の(a)，(b)の各問いに答えなさい。

(a)　気体Bを上方置換法で集めたのは，気体Bには，水に溶《と》けやすいという性質以外にどのような性質があるからか，「密度」という言葉を使って，簡単に書きなさい。

(b)　次のページの文は，気体Bがじゅうぶんに集まったことを確認するために，試験管bの口に水でぬらしたリトマス紙を近づけておいた理由をまとめたものである。文中の(Ⓧ)～(Ⓩ)に入る言葉はそれぞれ何か，次のページのア～エから最も適当な組み合わせを1つ選び，その記号を書きなさい。

> 気体Bは水に溶けると（　Ⓧ　）性を示すので，水でぬらしたリトマス紙に気体Bがふれると，（　Ⓨ　）色のリトマス紙が（　Ⓩ　）色に変化する。試験管bの口に近づけておいたリトマス紙の色の変化を観察することで，試験管bの口まで気体Bが集まったことを確認することができるため。

ア．Ⓧ－酸　Ⓨ－青　Ⓩ－赤　　イ．Ⓧ－アルカリ　Ⓨ－青　Ⓩ－赤

ウ．Ⓧ－酸　Ⓨ－赤　Ⓩ－青　　エ．Ⓧ－アルカリ　Ⓨ－赤　Ⓩ－青

5　次の文を読んで，あとの各問いに答えなさい。（９点）

図は，天球上の黄道を模式的に示したものである。図のように，黄道を12等分した位置を点A～Lで示したところ，天の北極Yに最も近い黄道上の位置が点Dになった。この図を見て，三重県に住んでいるみずきさんは，太陽や星座を１年を通して観測したことや，資料集やインターネットで調べたことを，次の①～③のようにノートにまとめた。ただし，みずきさんが観測をした地点は北緯《ほくい》34.0°とする。

図

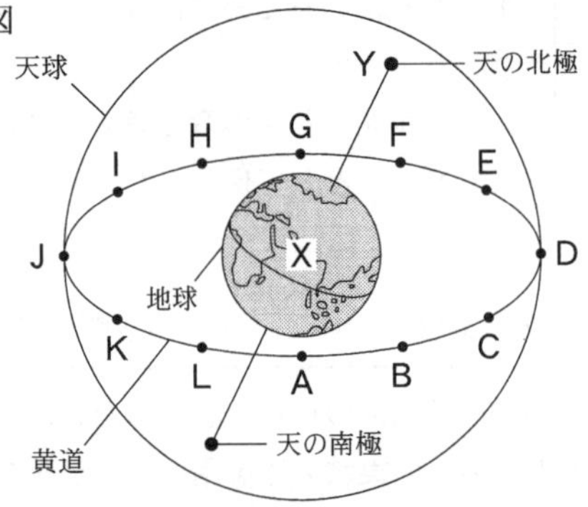

【みずきさんのノートの一部】

> ①　太陽と星の見かけの動きについて
> 　太陽と星座の星を１年を通して観測したとき，太陽は，星座の星の位置を基準にすると，天球上の星座の間を少しずつ移動するように見える。
>
> ②　季節ごとの太陽と黄道上の星の位置について
> 　黄道は天の赤道から23.4°傾《かたむ》いている。このことと，観測をする地点の緯度から，天の北極の位置Yと太陽の位置との間の角度や，季節ごとに観測できる黄道上の星，および，太陽の南中高度がわかる。
>
> ③　太陽の見かけの動きと「うるう年」の関係について
> 　暦《こよみ》の上では，１年は365日である。これに対して，見かけの太陽の位置が，点Aから黄道上を１周して，次に点Aの位置になるまでの時間はおよそ（　あ　）日である。このことから，太陽の位置と毎年の暦が大きくずれないようにするために，暦の上で１年を366日にする「うるう年」が定められていることが説明できる。

(1)　①について，太陽と星座の星を１年を通して観測したとき，次の(a)～(c)の各問いに答えなさい。

(a)　黄道上を太陽が１周する見かけの動きはどちらからどちらの向きか，その向きを東，西，南，北を使って書きなさい。

(b)　黄道上を太陽が１周する見かけの動きは地球の何という動きによるものか，その名称を**漢字**で書きなさい。

(c)　太陽の見かけの動きが星座の星の見かけの動きとちがうのはなぜか，その理由を「地球」，「距離」という２つの言葉を使って，簡単に書きなさい。

(2)　②について，次の(a)～(d)の各問いに答えなさい。

(a)　夏至《げし》の日の太陽の位置を点**Z**とするとき，地球の中心**X**，天の北極**Y**について∠**ZXY**は何度か，求めなさい。ただし，∠**ZXY**は180°より小さい角とする。

(b)　太陽の位置が黄道上の点**G**の位置になる日，点**B**の位置にある星が南中するのは日の入りから何時間後か，整数で求めなさい。

(c)　春分の日の午前０時に，地平線からのぼりはじめる黄道上の星はどの位置にあるか，点**A**～**L**から最も適当なものを１つ選び，その記号を書きなさい。

(d)　点**F**の位置にある星が南中してから２時間後に日の出を迎《むか》えた。この日の太陽の南中高度は何度か，求めなさい。

(3)　③について，文中の（**あ**）に入る数は何か，次の**ア**～**エ**から最も適当なものを１つ選び，その記号を書きなさい。

ア．364.76　　**イ**．365.24　　**ウ**．365.76　　**エ**．366.24

6　次の文は，マグネシウムをガスバーナーで加熱した実験を振《ふ》り返ったときの，やすおさんと先生の会話文と，その後，やすおさんが疑問に思ったことを別の実験で確かめ，ノートにまとめたものである。これらを読んで，あとの各問いに答えなさい。（８点）

①　【やすおさんと先生の会話】

先　生：　マグネシウムをガスバーナーで加熱すると，どのような化学変化が起きましたか。

やすお：　加熱した部分から燃焼《ねんしょう》が始まり，加熱をやめても燃焼し続けました。マグネシウムがあんなに激しく反応するとは予想していなかったので驚《おどろ》きました。

先　生：　そうでしたね。では，燃焼した後の物質のようすはどうでしたか。

やすお：　燃焼後は，マグネシウムが白い物質になりました。マグネシウムが空気中の酸素と結びついたと考えると，白い物質は酸化マグネシウムだと思います。

先　生：　そのとおりです。ほかに調べてみたいことはありますか。

やすお：　マグネシウムが空気中の酸素と結びついたということから，燃焼前のマグネシウムと燃焼後の酸化マグネシウムの質量を比べると，結びついた酸素の分だけ質量が増加していると思います。マグネシウムが酸化マグネシウムに化学変化するときの，マグネシウムと酸素の質量の比について，実験で調べてみたいです。

　また，マグネシウムは空気中で燃焼し続けましたが，二酸化炭素で満たした集気びんに，燃焼しているマグネシウムを入れるとどのようになるのか，実験で調べてみたいです。

② やすおさんは，マグネシウムが酸化マグネシウムに化学変化するときの，マグネシウムと酸素の質量の比について調べる実験を行い，次のようにノートにまとめた。

【やすおさんのノートの一部】

＜課題＞ マグネシウムが酸化マグネシウムに化学変化するときの，マグネシウムと酸素の質量の比はどのようになるのだろうか。

図1

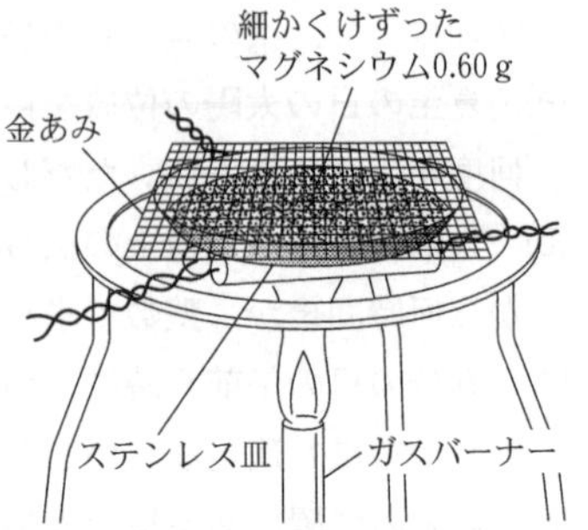

＜方法＞ 図1のように，細かくけずったマグネシウム0.60 gをステンレス皿全体にうすく広げ，加熱したときにマグネシウムが飛び散るのを防ぐためにステンレス皿に金あみでふたをして，ガスバーナーで一定時間加熱した。加熱後，ステンレス皿全体をよく冷ましてから，加熱後の物質の質量を測定した。

測定後，ステンレス皿の中の物質をよくかき混ぜてからふたたび加熱し，冷ましてから質量を測定する操作を，質量が増えることなく一定になるまでくり返した。加熱後の物質の質量は，加熱後の金あみをふくめた皿全体の質量から，金あみと皿の質量を引いて求めた。

＜結果＞ 加熱回数ごとの加熱後の物質の質量は，次の表のようになった。

表

加熱回数	1回目	2回目	3回目	4回目	5回目	6回目	7回目
加熱後の物質の質量(g)	0.86	0.88	0.94	0.98	1.00	1.00	1.00

③ やすおさんは，二酸化炭素で満たした集気びんの中に燃焼しているマグネシウムを入れるとどのようになるのか実験で調べ，次のようにノートにまとめた。

【やすおさんのノートの一部】

＜課題＞ 二酸化炭素で満たした集気びんの中でもマグネシウムは燃焼し続けるのだろうか。

図2

＜方法＞ 空気中でマグネシウムをガスバーナーで加熱し，燃焼しているマグネシウムを，図2のように，二酸化炭素で満たした集気びんに入れた。

＜結果＞ 二酸化炭素で満たした集気びんの中でも，マグネシウムは燃焼し続けた。燃焼後，集気びんの中には，酸化マグネシウムと同じような白い物質のほかに，黒い物質もできていた。

(1)　①について，次の(a)，(b)の各問いに答えなさい。

(a)　マグネシウムを空気中で加熱したときに起きた化学変化を，化学反応式で表すとどうなるか，書きなさい。ただし，できた酸化マグネシウムは，マグネシウムと酸素の原子が 1：1 の割合で結びついたものとする。

(b)　次の文は，燃焼について説明したものである。文中の（**A**），（**B**）に入る最も適当な言葉は何か，それぞれ**漢字で**書きなさい。

燃焼とは，（　**A**　）や（　**B**　）を出して，激しく酸化する化学変化のことである。

(2)　②について，次の(a)，(b)の各問いに答えなさい。

(a)　マグネシウムと酸素が結びついて酸化マグネシウムができるとき，マグネシウムと酸素の質量の比はどうなるか，最も簡単な整数の比で表しなさい。

(b)　マグネシウムの加熱回数が1回目のとき，加熱後の物質にふくまれる酸化マグネシウムは何gか，求めなさい。

(3)　③について，次の(a)，(b)の各問いに答えなさい。

(a)　二酸化炭素で満たした集気びんの中で，マグネシウムが燃焼したときにできる黒い物質は何か，その名称を**漢字で**書きなさい。

(b)　二酸化炭素で満たした集気びんの中で，マグネシウムが燃焼したときに，二酸化炭素に起きる化学変化を何というか，書きなさい。

7　次の観察や実験について，あとの各問いに答えなさい。（8点）

植物の葉のはたらきを調べるためにオオカナダモを使って，次の観察や実験を行った。

〈観察〉

図1のように，明るいところに置いたオオカナダモ**L**と，1日暗いところに置いたオオカナダモ**M**から，それぞれ先端《せんたん》近くの葉をとり，次の①，②の観察を行った。

①　**L**，**M**それぞれの葉のプレパラートをつくり，図2の顕微鏡《けんびきょう》で観察した。次のページの図3は，顕微鏡で観察したオオカナダモの葉の細胞をスケッチしたものである。

②　**L**，**M**それぞれの葉を熱湯に入れた後，あたためたエタノールの中に入れ，エタノールからとり出して水でよくゆすいだ。この葉をスライドガラスにのせて，うすめたヨウ素液をたらし，カバーガラスをかけて，顕微鏡で観察した。次のページの表1は，ヨウ素液による色の変化をまとめたものである。

図1

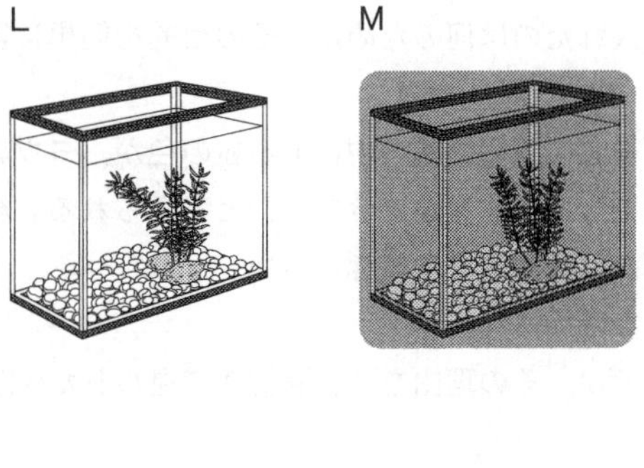

図2

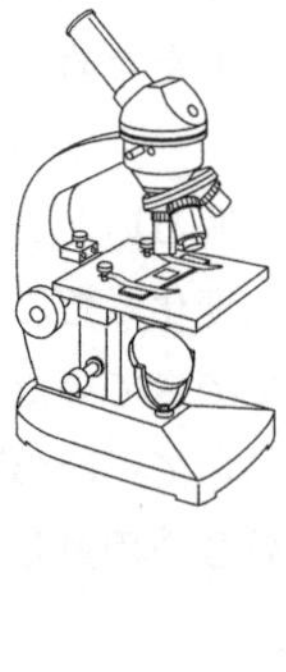

図3

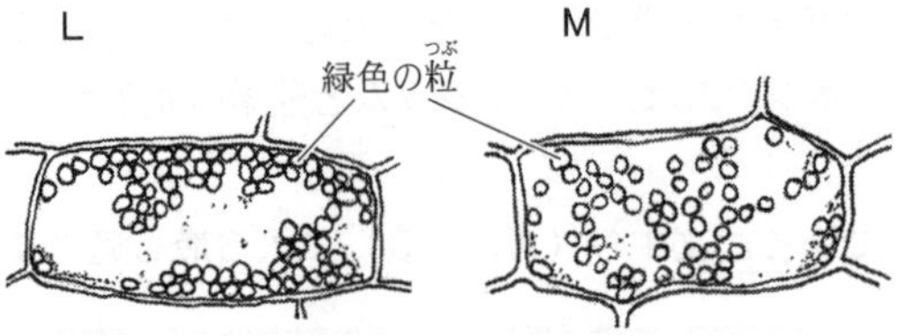

表1

	ヨウ素液による色の変化
オオカナダモLの葉	青紫色《あおむらさきいろ》になった
オオカナダモMの葉	変化しなかった

〈実験〉

青色のBTB溶液《ようえき》に二酸化炭素をふきこんで緑色にした後，これを4本の試験管A，B，C，Dに入れた。図4のように，試験管AとCにオオカナダモを入れ，試験管BとDにはオオカナダモを入れなかった。また，試験管CとDにはアルミニウムはくを巻き，光が当たらないようにした。4本の試験管A，B，C，Dにしばらく光を当てた後，BTB溶液の色の変化を調べた。表2は，4本の試験管A，B，C，Dにおける，BTB溶液の色の変化をまとめたものである。ただし，BTB溶液の温度は変化しないものとする。

図4

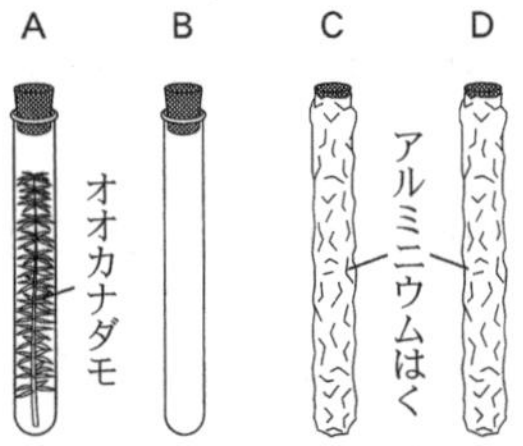

表2

試験管	BTB 溶液の色の変化
A	青色になった
B	変化しなかった
C	黄色になった
D	変化しなかった

(1)　観察について，次の(a)～(d)の各問いに答えなさい。

(a)　顕微鏡を用いて観察するときの，顕微鏡の使い方や説明として正しいものはどれか，次の**ア**～**エ**から最も適当なものを1つ選び，その記号を書きなさい。

ア．ピントを合わせるときは，対物レンズとプレパラートを遠ざけておいて，接眼レンズをのぞきながら調節ねじをゆっくり回し，対物レンズとプレパラートを近づける。

イ．高倍率で観察するときは，低倍率の対物レンズでピントを合わせた後，レボルバーを回して高倍率の対物レンズにし，しぼりなどで明るさを調節する。

ウ．観察倍率は，接眼レンズの倍率と対物レンズの倍率の和で求められる。

エ．対物レンズの倍率が高くなると，ピントを合わせたとき，対物レンズの先端とプレパラートの間隔《かんかく》は，対物レンズの倍率が低いときと比べて広くなる。

(b)　①では，細胞の中に多くの緑色の粒が観察できた。図3に示した，緑色の粒のことを何というか，その名称を**漢字で**書きなさい。

(c)　②で，あたためたエタノールの中に葉を入れたのは何のためか，その目的を簡単に書きなさい。

(d)　②で，明るいところに置いたオオカナダモLの葉の細胞の中にある粒の色が，ヨウ素液で青紫色に変化したことから，緑色の粒の中で，ある物質ができていたと考えられる。緑色の粒の中でできていたと考えられる物質は何か，その名称を書きなさい。

(2)　実験について，次の(a)～(c)の各問いに答えなさい。

(a)　試験管Bを用意して実験を行ったのはなぜか，その理由を「試験管Aで見られたBTB溶液の色の変化は」に続けて，簡単に書きなさい。

(b) 次の文は，表２にまとめたBTB溶液の色の変化について考察したものである。文中の（**あ**）～（**え**）に入る言葉は何か，次の**ア**～**オ**から最も適当なものを１つずつ選び，その記号を書きなさい。

> 試験管**A**では，BTB溶液に溶けている二酸化炭素が（　**あ**　）なり，（　**い**　）性に変化したと考えられる。また，試験管**C**では，BTB溶液に溶けている二酸化炭素が（　**う**　）なり，（　**え**　）性に変化したと考えられる。

ア．多く　　**イ**．少なく　　**ウ**．酸　　**エ**．中　　**オ**．アルカリ

(c) 表２にまとめたBTB溶液の色の変化には，オオカナダモの光合成と呼吸が関係している。試験管**A**で出入りする気体の量について正しく述べたものはどれか，次の**ア**～**ウ**から最も適当なものを１つ選び，その記号を書きなさい。

ア．光合成によって出入りする気体の量は，呼吸によって出入りする気体の量より多い。
イ．光合成によって出入りする気体の量は，呼吸によって出入りする気体の量より少ない。
ウ．光合成によって出入りする気体の量と，呼吸によって出入りする気体の量は等しい。

8 次の実験について，あとの各問いに答えなさい。（８点）

〈実験〉 物体の運動について調べるため，台車，斜面《しゃめん》Ⅰに固定した１秒間に60回打点する記録タイマーを用いて，次の①～③の実験を行った。①，②では，いずれの台車も斜面Ⅰを下り，水平面をまっすぐに進み，斜面Ⅱを上り，斜面Ⅱ上で一瞬《いっしゅん》静止してふたたび斜面Ⅱを逆向きに下りはじめた。斜面Ⅱを下りはじめてから台車を手で停止させた。③では，木片《もくへん》を水平面に置いて実験を行った。ただし，斜面Ⅰおよび斜面Ⅱのそれぞれと水平面はなめらかにつながっており，台車の運動にかかわる摩擦《まさつ》や空気の抵抗《ていこう》，記録タイマーと紙テープの間の摩擦はないものとする。また，③では，台車のもっているエネルギーはすべて木片に伝わるものとする。

① 図１のように，台車の後ろに紙テープをつけ，台車の先端部を**A**の位置に合わせて静かに手をはなした。

図１

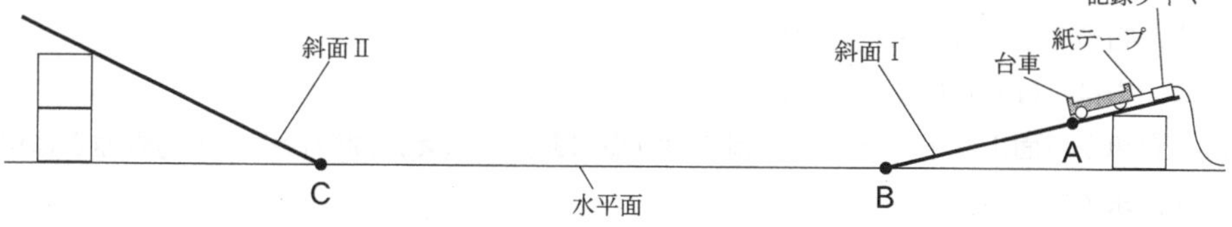

② 図２（次のページ）のように，①と同じ装置を用いて，水平面からの**D**の高さが，図１における水平面からの**A**の高さの２倍になるように斜面Ⅰの傾きを大きくした。次に台車の先端部を**D**の位置に合わせて静かに手をはなした。

図2

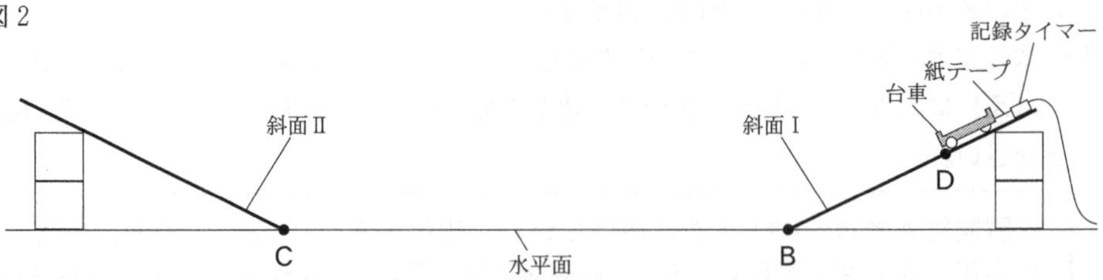

③　図3のように，②と同じ装置の水平面に木片を置き，台車の先端部をDの位置に合わせて静かに手をはなして，台車を木片に当てた。

図3

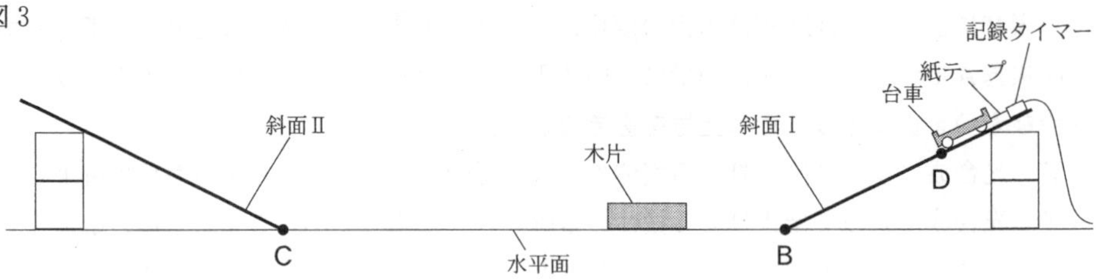

(1)　①について，図4は，①で台車が斜面Ⅰを下りるときに記録された紙テープの一部を示したものである。また，図4の打点（**あ**）～（**え**）は，（**あ**），（**い**），（**う**），（**え**）の順に記録されたもので，打点（**あ**）～（**い**）間の距離は0.9㎝，　打点（**い**）～（**う**）間の距離は1.8㎝，　打点（**う**）～（**え**）間の距離は2.7㎝であった。次の(a)～(d)の各問いに答えなさい。

図4

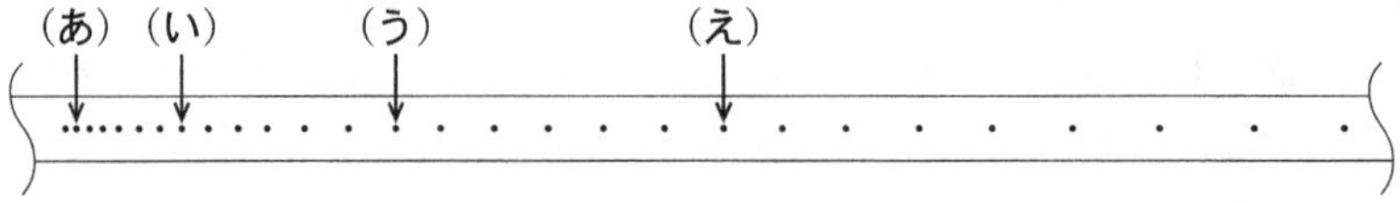

(a)　台車が斜面Ⅰを下りるとき，台車にはたらく力のうち，斜面に平行で下向きの力の大きさについて正しく述べたものはどれか，次の**ア**～**エ**から最も適当なものを1つ選び，その記号を書きなさい。

ア．力の大きさは，しだいに小さくなる。

イ．力の大きさは，しだいに大きくなる。

ウ．力の大きさは，常に一定である。

エ．力は，はたらいていない。

(b)　台車が斜面Ⅰを下りるとき，図4の打点（**あ**）～（**え**）間の台車の平均の速さは何㎝／秒か，求めなさい。

(c)　台車が斜面Ⅰを下りるとき，台車がもつ位置エネルギーと運動エネルギーは，それぞれどのように変化するか，簡単に書きなさい。

(d)　台車がBを通過した後から，水平面をまっすぐに進むとき，水平面上での台車の運動を何というか，その名称を**漢字**で書きなさい。

(2)　①，②について，それぞれの台車が運動をはじめてから斜面Ⅱで一瞬静止するまでの速さと時間の関係を模式的に示しているグラフはどれか，次の**ア**～**エ**から最も適当なものを1つ選び，その記号を書きなさい。ただし，①，②において，斜面Ⅰ上のＡＢ間の距離とＤＢ間の距離は等しく，ＢＣ間の距離と，斜面Ⅱの傾きはそれぞれ等しいものとする。

ア　　　**イ**　　　**ウ**　　　**エ**

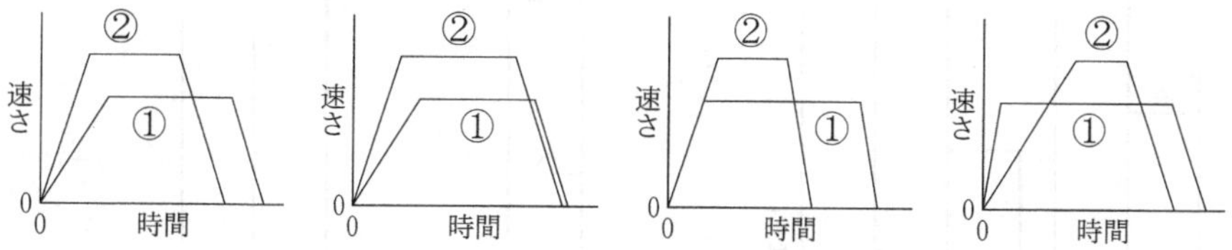

⑶　③について，台車が木片に当たり，木片はＣに向かって移動し水平面上で静止した。移動している木片が静止するまでの間に，木片がもつエネルギーはどのように変わるか，次の**ア**～**エ**から最も適当なものを１つ選び，その記号を書きなさい。

ア．運動エネルギーが位置エネルギーに変わる。

イ．位置エネルギーが運動エネルギーに変わる。

ウ．運動エネルギーが音，熱のエネルギーに変わる。

エ．音，熱のエネルギーが運動エネルギーに変わる。

受検番号
番

得点

1
(1) あ　(2) X
(3)　(4)

2
(1)
(2) A　B　(3)

3
(1) m
(2)
(3) X　Y

4
(1) A　B
(2) (a)
(b)

5
(1) (a) から　の向き　(b) 地球の
(c)
(2) (a) 度　(b) 時間後　(c)
(d) 度　(3)

6
(1) (a)
(b) A　B
(2) (a) マグネシウム：酸素 ＝ ：　(b) g
(3) (a)　(b)

7
(1) (a)　(b)
(c)
(d)
(2) (a) 試験管 A で見られた BTB 溶液の色の変化は
(b) あ　い　う　え
(c)

8
(1) (a)　(b) cm/秒
(c) 位置エネルギー
運動エネルギー
(d) 運動
(2)
(3)

※この解答用紙は154％に拡大していただきますと，実物大になります。

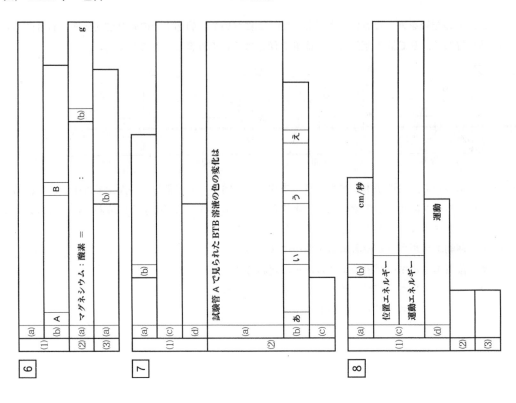

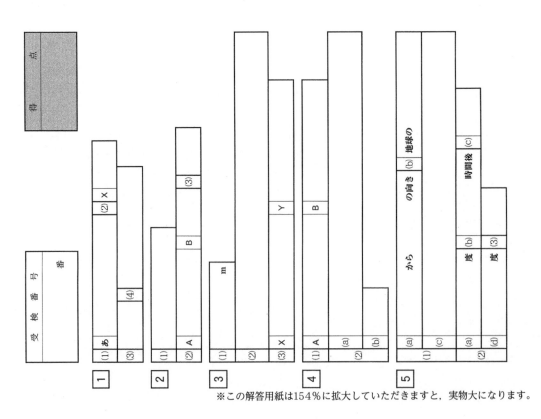

＜社会＞

時間　45分　　満点　50点

1　次の略地図を見て，あとの各問いに答えなさい。（９点）

〈略地図〉

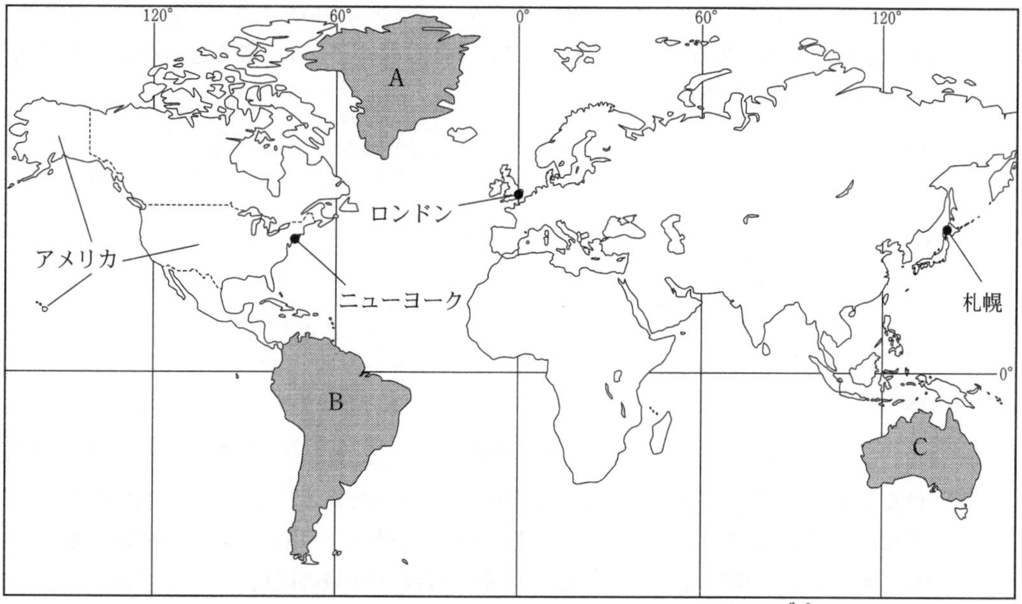

（『世界国勢図《ず》会《え》 2018/19』ほかから作成）

(1)　略地図に示した札幌《さっぽろ》，ロンドン，ニューヨークについて，資料１は，都市の位置，資料２は，月別平均気温を示したものである。これらを見て，次の(a)，(b)の各問いに答えなさい。

〈資料１〉

	都市の位置	
	緯《い》度	経度
札幌	北緯　43°	東経 141°
ロンドン	北緯　51°	0°
ニューヨーク	北緯　41°	西経　74°

〈資料２〉

	1月	2月	3月	4月	5月	6月	7月	8月	9月	10月	11月	12月
札幌	－3.6	－3.1	0.6	7.1	12.4	16.7	20.5	22.3	18.1	11.8	4.9	－0.9
ロンドン	5.8	6.2	8.0	10.5	13.9	17.0	18.7	18.5	16.2	12.4	8.5	5.7
ニューヨーク	1.0	2.0	5.9	11.6	17.1	22.4	25.3	24.8	20.8	14.7	9.2	3.7

〔注：単位は℃〕（資料１，資料２は，『理科年表』ほかから作成）

(a)　札幌とニューヨークの時差を正しく述べた文はどれか，次の**ア**～**エ**から最も適当なものを１つ選び，その記号を書きなさい。

ア．札幌の時刻は，ニューヨークの時刻よりも７時間早い。

イ．札幌の時刻は，ニューヨークの時刻よりも７時間遅い。

ウ．札幌の時刻は，ニューヨークの時刻よりも14時間早い。

エ．札幌の時刻は，ニューヨークの時刻よりも14時間遅い。

(b) 12月から３月において，ロンドンが，札幌やニューヨークと比べて温暖なのはなぜか，その理由を，海流と風に着目して，「ロンドンは，」に続けて書きなさい。

(2) 略地図に示したアメリカについて，次の(a)，(b)の各問いに答えなさい。

(a) 資料３のア～エは，アメリカ，日本，カナダ，フランスのいずれかの国における発電量の内訳を示したものである。アメリカにあてはまるものはどれか，最も適当なものを１つ選び，その記号を書きなさい。

〈資料３〉

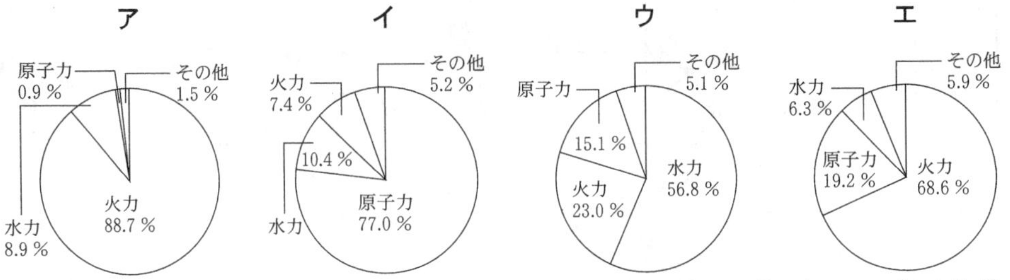

〔注：数値は 2015 年のもの〕(『世界国勢図会 2018/19』から作成)

(b) けんたさんは，アメリカが農産物の世界有数の生産国であることを知り，穀物の生産について調べ，資料４にまとめた。資料４のあ，いは，小麦ととうもろこしのいずれかを示しており，Ｘ，Ｙは，世界における，生産量の国別割合と輸出量の国別割合のいずれかを示している。小麦にあてはまるのはあ，いのどちらか，また，生産量の国別割合にあてはまるのはＸ，Ｙのどちらか，下のア～エから最も適当な組み合わせを１つ選び，その記号を書きなさい。

〈資料４〉

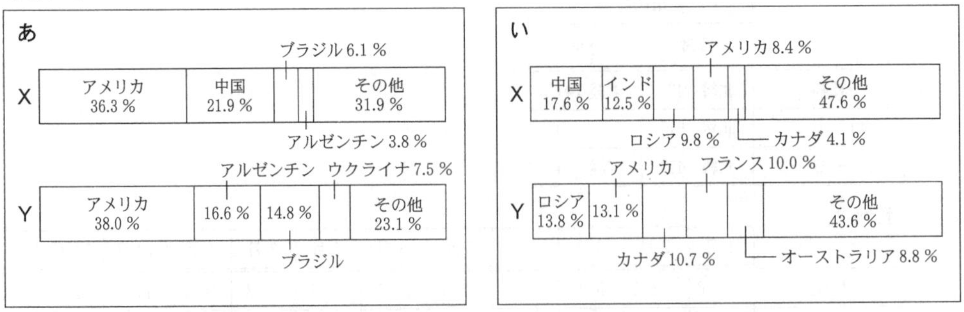

〔注：数値は 2016 年のもの〕(『世界国勢図会 2018/19』から作成)

ア．小麦－あ　生産量－Ｘ　　イ．小麦－あ　生産量－Ｙ

ウ．小麦－い　生産量－Ｘ　　エ．小麦－い　生産量－Ｙ

(3) 略地図に で示したＡ，Ｂ，Ｃの陸地を面積の大きい順に並べると，略地図上ではＢ→Ａ→Ｃの順に見えるが，実際にはＢ→Ｃ→Ａの順になる。なるみさんは，その理由を資料５にまとめた。資料５の Ⅰ ， Ⅱ にあてはまる言葉は何か， Ⅰ については下のア

～**ウ**から，Ⅱ については下の**エ**～**カ**から，最も適当なものをそれぞれ１つずつ選び，その記号を書きなさい。

〈資料５〉

略地図は，Ⅰ 地図で，Ⅱ ほど実際の面積より大きく表されるから。

Ⅰ　**ア**．面積が正しい

イ．緯線と経線が直角に交わる

ウ．中心からの距離《きょり》と方位が正しい

Ⅱ　**エ**．本初子午線から離れる　　**オ**．低緯度になる　　**カ**．高緯度になる

2　あとの各問いに答えなさい。（９点）

(1)　資料１は，世界遺産に登録されている「日光《にっこう》の社寺」がある日光市の一部を示した２万５千分の１地形図である。また，資料２は，５㎝の長さを示したものさしてある。この地形図について，次の(a)，(b)の各問いに答えなさい。

〈資料１〉

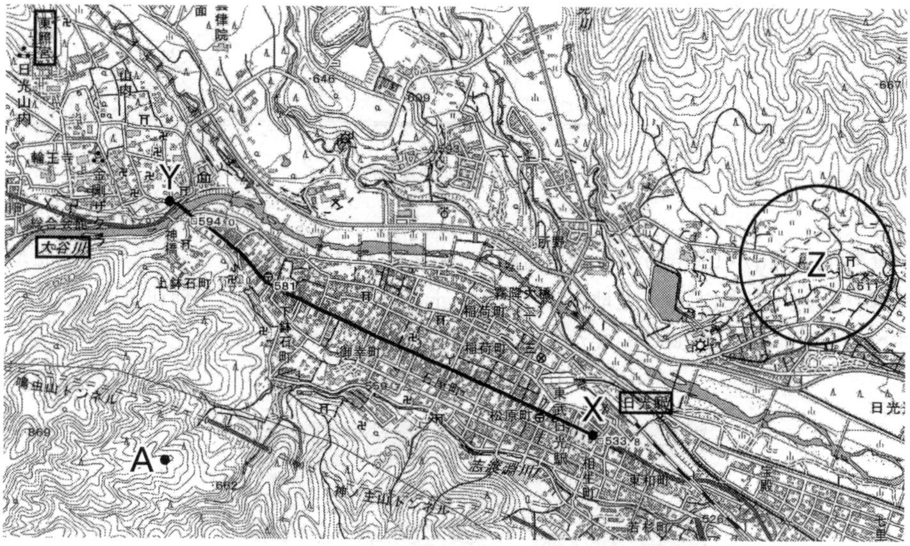

（国土地理院　電子地形図 25000 から作成）

〈資料２〉

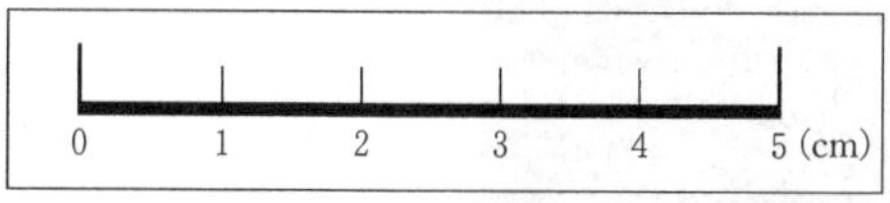

(a)　略地図１は，関東地方を示したものであり，日光市は，略地図１に 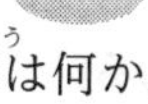 で示した県に属している。日光市の属する県の名称《めいしょう》は何か，次の**ア**～**エ**から最も適当なものを１つ選び，その記号を書きなさい。

ア．茨城《いばらき》県　　**イ**．群馬《ぐんま》県

ウ．埼玉《さいたま》県　　**エ**．栃木《とちぎ》県

〈略地図１〉

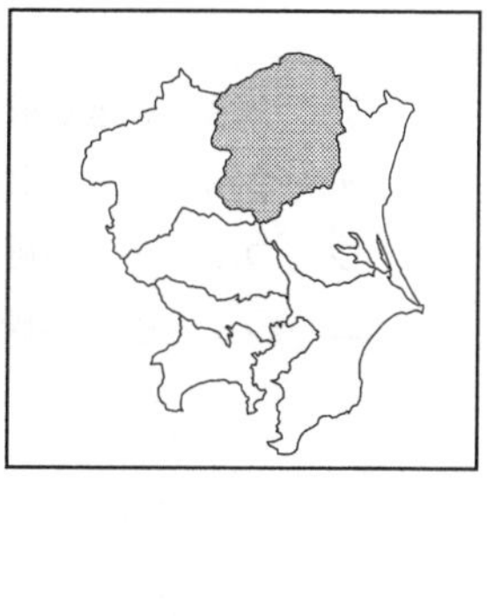

(b) 資料1から読み取れることを述べた文はどれか，次のア～カから適当なものを2つ選び，その記号を書きなさい。

ア．日光駅から見て，東照宮《とうしょうぐう》は北東の方角にある。

イ．A地点の標高は，600mである。

ウ．X地点から━━に沿ってY地点へ向かう途中《とちゅう》に，郵便局が2か所，病院が1か所ある。

エ．◯で囲まれたZ地域に，水田や畑がある。

オ．大谷《だいや》川は，西側が上流である。

カ．日光駅から東照宮までの実際の直線距離は，5km以上ある。

(2) 日本の川と，川がつくる地形について，次の(a)，(b)の各問いに答えなさい。

(a) 資料3は，日本と世界のおもな川の，河口からの距離と標高を示した模式図である。日本の川には，世界のおもな川と比べて，どのような特徴《とくちょう》があるか，資料3から読み取り，書きなさい。

〈資料3〉

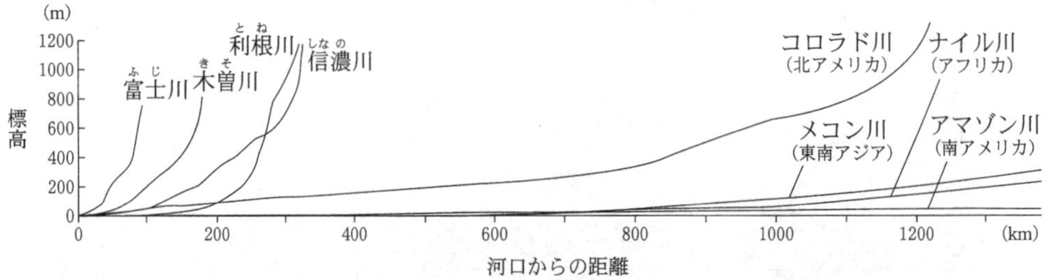

(『理科年表』ほかから作成)

(b) 資料4は，川が山間部から平野や盆地《ぼんち》に出たところに，土砂《どしゃ》がたまってつくられた地形の写真である。資料4に示した地形における，土砂のつぶの大きさと土地利用について正しく述べた文はどれか，次のア～エから最も適当なものを1つ選び，その記号を書きなさい。

〈資料4〉

ア．つぶの大きい砂や石からできており，おもに水田として利用される。

イ．つぶの大きい砂や石からできており，おもに畑や果樹園として利用される。

ウ．つぶの小さい砂や泥《どろ》からできており，おもに水田として利用される。

エ．つぶの小さい砂や泥からできており，おもに畑や果樹園として利用される。

⑶　略地図2に示した秋田県，三重県，広島県，宮崎《みやざき》県について，次の(a)，(b)の各問いに答えなさい。

(a)　資料5は，それぞれの県庁所在地における月別平均降水量を示したものである。資料5の**B**と**C**にあてはまる県庁所在地名の組み合わせはどれか，下の**ア**～**カ**から最も適当なものを1つ選び，その記号を書きなさい。

〈略地図2〉

〈資料5〉

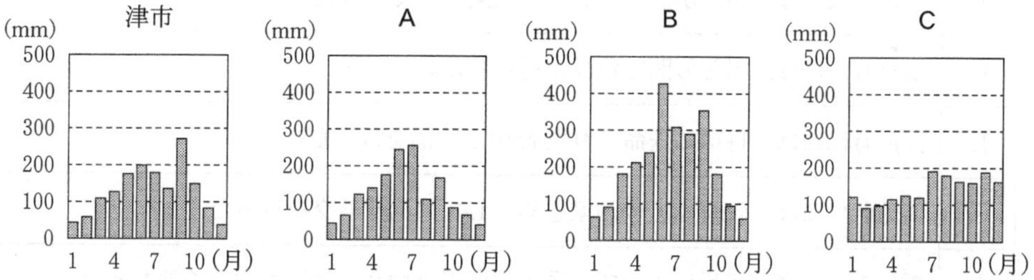

(『理科年表』から作成)

ア．**B**－秋田市　**C**－広島市　　**イ**．**B**－秋田市　**C**－宮崎市
ウ．**B**－広島市　**C**－秋田市　　**エ**．**B**－広島市　**C**－宮崎市
オ．**B**－宮崎市　**C**－秋田市　　**カ**．**B**－宮崎市　**C**－広島市

(b)　資料6は，それぞれの県における製造品出荷《しゅっか》額等割合を示したものであり，ⓐ，ⓑは，電子部品，輸送用機械のいずれかである。資料6の**Z**にあてはまる県名とⓑにあてはまる製造品の組み合わせはどれか，次のページの**ア**～**カ**から最も適当なものを1つ選び，その記号を書きなさい。

〈資料6〉

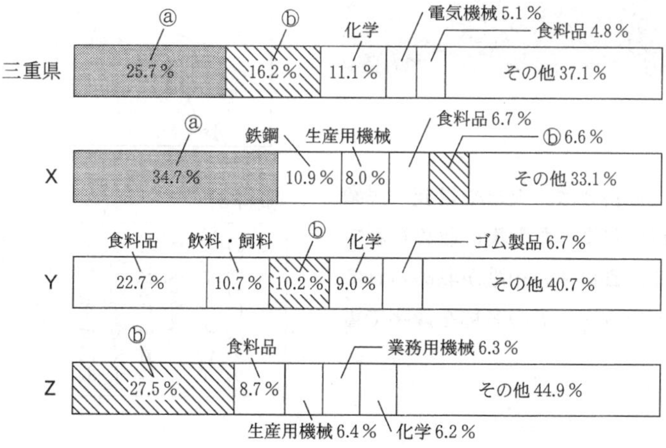

〔注：数値は2016年のもの〕
(『データでみる県勢　2019』ほかから作成)

ア．Z－秋田県　　ⓑ－電子部品
イ．Z－秋田県　　ⓑ－輸送用機械
ウ．Z－広島県　　ⓑ－電子部品
エ．Z－広島県　　ⓑ－輸送用機械
オ．Z－宮崎県　　ⓑ－電子部品
カ．Z－宮崎県　　ⓑ－輸送用機械

3　次の表のA～Fは，こはるさんが，歴史的分野を学習したときの内容をまとめたものの一部である。これを見て，あとの各問いに答えなさい。（9点）

A	大和《やまと》政権（ヤマト王権）の勢力が広がるにつれて，各地に古墳《こふん》がつくられるようになった。
B	奈良《なら》時代には，和歌が盛《さか》んになり，歌集がつくられた。
C	室町《むろまち》時代には，明《みん》との間で貿易が行われた。
D	江戸《えど》時代には，将軍に任命された老中《ろうじゅう》が政治を行った。
E	明治時代には，政府は近代国家をめざして政治や外交を行った。
F	戦後の高度経済成長によって，国民の所得は増え，生活も大きく変わった。

(1)　Aについて，資料1は，日本最大の古墳である大仙《だいせん》古墳（仁徳陵《にんとくりょう》古墳）の写真である。大仙古墳を示した場所はどれか，略地図に示した**ア**～**エ**から最も適当なものを1つ選び，その記号を書きなさい。

〈資料1〉

〈略地図〉

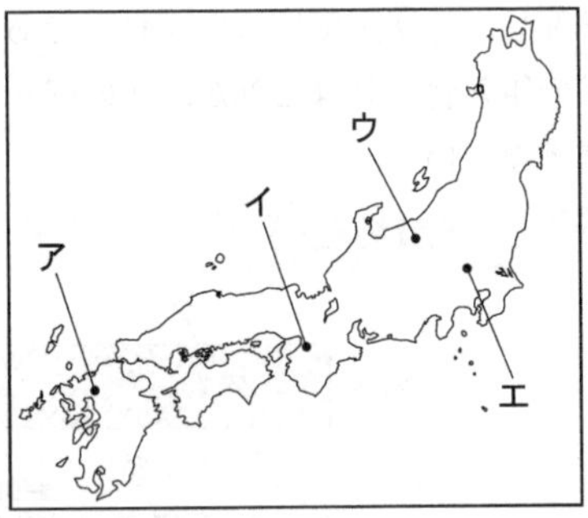

(2)　Bについて，資料2は，天皇や貴族，民衆の和歌を4500首ほど集めた歌集に収められている一首である。資料2の和歌が収められている歌集を何というか，その名称を**漢字で**書きなさい。

〈資料2〉

可《か》良《ら》己《こ》呂《ろ》武《む》
須《す》宗《そ》介《に》等《と》里《り》都《つ》伎《き》
奈《な》苦《く》古《こ》良《ら》乎《を》
意《お》伎《き》弖《て》曽《そ》伎《き》怒《ぬ》也《や》
意《お》母《も》奈《な》之《し》介《に》志《し》弖《て》

（訳）すそに取りついて泣く子どもたちを置いたまま来てしまった。その子の母もいないのに。

(3)　Cについて，資料３は，こはるさんがまとめたものの一部である。資料３の Ⅰ ， Ⅱ にあてはまる言葉の組み合わせはどれか，次のア～エから最も適当なものを１つ選び，その記号を書きなさい。

〈資料３〉

> 足利義満《あしかがよしみつ》は，明に朝貢《ちょうこう》する形をとって貿易を始め，民間貿易船と区別するために Ⅰ という証明書を持たせた。日本からは，銅や Ⅱ などを輸出した。

ア．Ⅰ －勘合《かんごう》　Ⅱ －刀剣《とうけん》
イ．Ⅰ －勘合　Ⅱ －生糸《きいと》
ウ．Ⅰ －朱印《しゅいん》状　Ⅱ －刀剣
エ．Ⅰ －朱印状　Ⅱ －生糸

(4)　Dについて，資料４は，老中の水野忠邦《みずのただくに》が行った政治についてまとめたものの一部である。資料４に示したように，水野忠邦が，株仲間に解散を命じたのはどのような目的があったからか，その１つとして考えられることを，「物価」という言葉を用いて，書きなさい。

〈資料４〉

> 水野忠邦は，営業を独占《どくせん》している株仲間に解散を命じた。

(5)　Eについて，明治時代における，政府の外交について正しく述べた文はどれか，次のア～エから最も適当なものを１つ選び，その記号を書きなさい。

ア．岩倉《いわくら》使節団を朝鮮《ちょうせん》に派遣《はけん》して日朝《にっちょう》修好条規を結び，朝鮮を開国させた。
イ．ロシアと樺太《からふと》・千島交換《ちしまこうかん》条約を結び，樺太をロシアに譲《ゆず》る一方，千島列島のすべてを日本領とした。
ウ．陸奥宗光外相《むつむねみつがいしょう》のもとで，日清《にっしん》戦争の直前に関税自主権の回復に成功した。
エ．ロシア，ドイツ，フランスから，下関《しものせき》条約で日本が獲得《かくとく》した台湾《たいわん》を清に返還《へんかん》するよう勧告《かんこく》され，これを受け入れた。

(6)　Fについて，資料５は，家庭電化製品の普及率《ふきゅうりつ》を示したものであり，ア～エは，エアコン，白黒テレビ，電気洗濯《せんたく》機，電気冷蔵庫のいずれかである。白黒テレビにあてはまるものはどれか，最も適当なものを１つ選び，その記号を書きなさい。また，そのように判断した理由を，「カラーテレビ」という言葉を用いて，書きなさい。

〈資料５〉

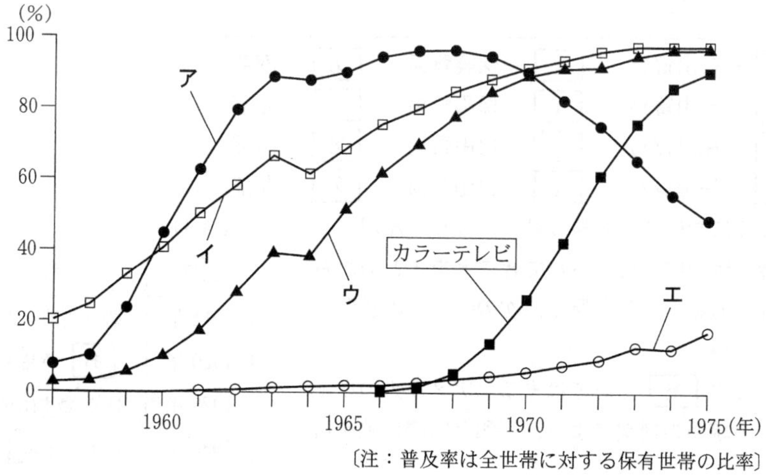

〔注：普及率は全世帯に対する保有世帯の比率〕
（内閣府 Web ページから作成）

4 次のカードは，たろうさんが歴史的分野の学習を行ったときに設定したテーマを示したものである。これらを見て，あとの各問いに答えなさい。（9点）

テーマ1	中国文明のおこり
テーマ2	大航海時代と日本
テーマ4	アメリカ合衆国の発展
テーマ4	二度の世界大戦

(1) テーマ1について，資料1は，漢字のもととなった甲骨《こうこつ》文字が刻まれた牛の骨の写真である。黄河《こうが》流域におこり，甲骨文字がつくられた国の名称は何か，次の**ア**～**エ**から最も適当なものを1つ選び，その記号を書きなさい。

〈資料1〉

ア．殷《いん》
イ．秦《しん》
ウ．漢
エ．隋《ずい》

(2) テーマ2について，ポルトガルやスペインなどヨーロッパの人たちが，海路によって世界に進出した大航海時代のころに，日本で起こったできごとを述べた文はどれか，次の**ア**～**エ**から最も適当なものを1つ選び，その記号を書きなさい。

ア．平清盛《たいらのきよもり》が，日宋《にっそう》貿易を進めるために，兵庫《ひょうご》に港を整え，瀬戸内海《せとないかい》の航路を整備した。
イ．北条時宗《ほうじょうときむね》が，元寇《げんこう》に備えて，博多湾《はかたわん》沿いに石の防壁《ぼうへき》を築かせた。
ウ．織田信長《おだのぶなが》が，長篠《ながしの》の戦いで，足軽《あしがる》の鉄砲《てっぽう》隊を活用して武田《たけだ》氏の騎馬《きば》隊に勝利した。
エ．伊能忠敬《いのうただたか》が，全国の海岸線を測量し，正確な日本地図をつくった。

(3) テーマ3について，資料2は，19世紀に起こったアメリカでの南北戦争について，たろうさんがまとめたものの一部である。資料2の [X] ～ [Z] にあてはまる言葉の組み合わせはどれか，次の**ア**～**エ**から最も適当なものを1つ選び，その記号を書きなさい。

〈資料2〉

> [X] を主張して，奴隷《どれい》制度に反対する北部と，[Y] を主張して，奴隷制度に賛成する南部の対立により起こった南北戦争は，北部，南部ともに多大な被害《ひがい》を出した後，[Z] の勝利で終わった。

ア．[X] −自由貿易　[Y] −保護貿易　[Z] −南部
イ．[X] −自由貿易　[Y] −保護貿易　[Z] −北部
ウ．[X] −保護貿易　[Y] −自由貿易　[Z] −南部
エ．[X] −保護貿易　[Y] −自由貿易　[Z] −北部

(4) テーマ4について，資料3は，たろうさんが，二度の世界大戦の間に起こったできごとをまとめたものの一部である。これを見て，次の(a)～(c)の各問いに答えなさい。

〈資料3〉

西暦《せいれき》	おもなできごと
1914年	第一次世界大戦が始まる
1920年	[あ] が発足《ほっそく》する
1929年	①世界恐慌《きょうこう》が起こる
1933年	日本が [あ] を脱退《だったい》する
1945年	第二次世界大戦が終わる

(a) 資料3の [あ] にあてはまる，アメリカのウィルソン大統領の提案により，平和と国際協調を目

的として設立された機構を何というか，その名称を**漢字**で書きなさい。

(b)　次の**ア**～**エ**のカードは，資料３の二度の世界大戦の間における，日本で起こったできごとを示したものである。**ア**～**エ**のカードを，書かれた内容の古いものから順に並べると，どのようになるか，その記号を書きなさい。

ア	ほとんどの政党や政治団体が解散して，大政翼賛会《たいせいよくさんかい》という組織にまとめられた。
イ	満州《まんしゅう》に配置されていた関東軍は，清の最後の皇帝《こうてい》であった溥儀《ふぎ》《プイ》を元首とする満州国の建国を宣言した。
ウ	陸軍の青年将校が，大臣などを殺害し，東京の中心部を占拠《せんきょ》する二《に》・二六《にろく》事件が起こった。
エ	立憲政友会総裁《りっけんせいゆうかいそうさい》の原敬《はらたかし》は，立憲政友会の党員が閣僚《かくりょう》のほとんどを占《し》める本格的な政党内閣を組織した。

(c)　資料３の下線部①について，アメリカのルーズベルト大統領は，世界恐慌への対策として，1933年からニューディール（新規まき直し）政策を行った。資料４は，ニューディール政策によって建設されているダムの写真，資料５は，アメリカの失業率の推移を示したものである。資料４に示したように，ニューディール政策によって，ダムが建設されたのは，どのような目的があったからか，その１つとして考えられることを，資料５から読み取れることにふれて，「公共事業」という言葉を用いて，書きなさい。

〈資料４〉

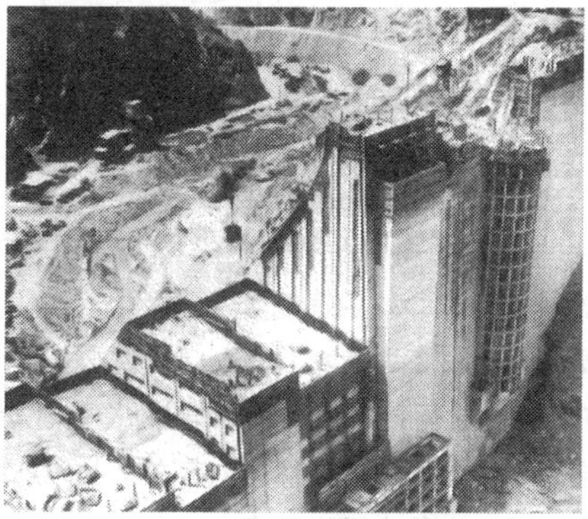

〈資料５〉　アメリカの失業率の推移

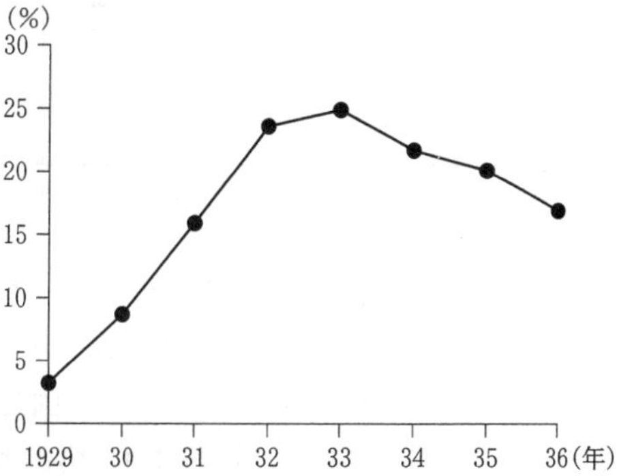

（『南北アメリカ歴史統計』から作成）

5　右の表は，こずえさんの学級で行った公民的分野のレポート作成について，班ごとのテーマをまとめたものである。これを見て，あとの各問いに答えなさい。(14点)

テーマ１	国民主権と憲法改正
テーマ２	国会の仕事
テーマ３	労働者の権利
テーマ４	地球環境問題
テーマ５	生活と財政
テーマ６	行政のしくみ
テーマ７	社会権

(1)　テーマ１について，次のページの資料１は，憲法改正の手続きについて模式的に示したものである。資料１の **あ** ～ **う** にあてはまる言葉の組み合わせはどれか，次のページの**ア**～**エ**から最も適当なものを１つ選び，そ

の記号を書きなさい。

〈資料1〉

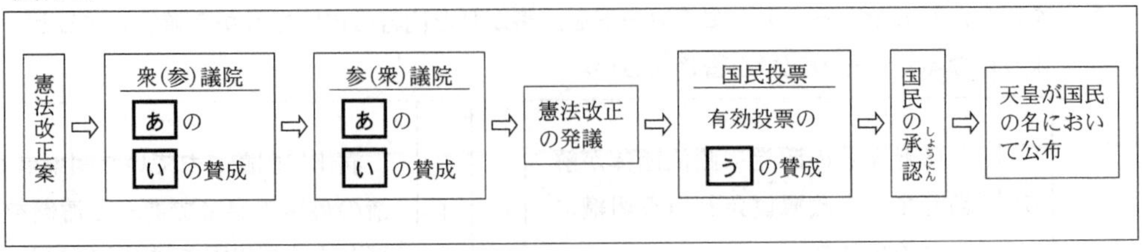

ア. あ －出席議員　い －過半数　う －３分の２以上
イ. あ －出席議員　い －３分の２以上　う －過半数
ウ. あ －総議員　い －過半数　う －３分の２以上
エ. あ －総議員　い －３分の２以上　う －過半数

(2) テーマ２について，次の(a)，(b)の各問いに答えなさい。

(a) 資料２は，2017年の国会の動きをまとめたものの一部であり，**X**～**Z**は国会の種類を示している。資料２の**Z**にあてはまるものはどれか，下の**ア**～**エ**から最も適当なものを１つ選び，その記号を書きなさい。

〈資料２〉

1月	2月	3月	4月	5月	6月	7月	8月	9月	10月	11月	12月
20日 開会		27日 予算可決		26日 改正民法成立	18日 閉会			28日 閉会 衆議院の解散 開会	22日 衆議院総選挙	1日 内閣総理大臣の指名 開会	9日 閉会
←			X		→			Y		← Z →	

(衆議院 Web ページほかから作成)

ア. 通常国会　**イ**. 臨時国会　**ウ**. 特別国会　**エ**. 参議院の緊急《きんきゅう》集会

(b) 裁判官としての職務を果たさなかったり，裁判官としてふさわしくない行為《こうい》をしたりした裁判官を辞《や》めさせるかとうかを，国会が判断する裁判を何というか，その名称を書きなさい。

(3) テーマ３について，資料３は，労働者の権利を保障するための法律の内容をまとめたものの一部である。資料３にまとめた法律を何というか，その名称を**漢字**で書きなさい。

〈資料３〉

・労働者が使用者との交渉《こうしょう》において対等な立場に立つことを促進《そくしん》することにより，労働者の地位を向上させる。
・労働者がその労働条件について交渉するために自ら代表者を選出する。

(4) テーマ４について，資料４は，日本で行われた国際会議についてまとめたものの一部である。資料４と関わりが深い資料はどれか，次の**ア**～**エ**から最も適当なものを１つ選び，その記号を書きなさい。

〈資料４〉

> 1997年12月，京都市で環境問題に関する国際会議が開催《かいさい》された。この会議では，京都議定書が採択《さいたく》された。

ア

> 特に水鳥の生息地として国際的に重要な湿地《しっち》に関する条約
>
> ○条約締約《ていやく》国：168 か国
>
> ○日本の登録地数：50 か所
>
> ○日本の主な登録地
> 釧路湿原《くしろしつげん》，藤前干潟《ふじまえひがた》，琵琶《びわ》湖，宍道《しんじ》湖，串本《くしもと》沿岸海域など
>
> (2015 年 6 月 26日現在)

イ

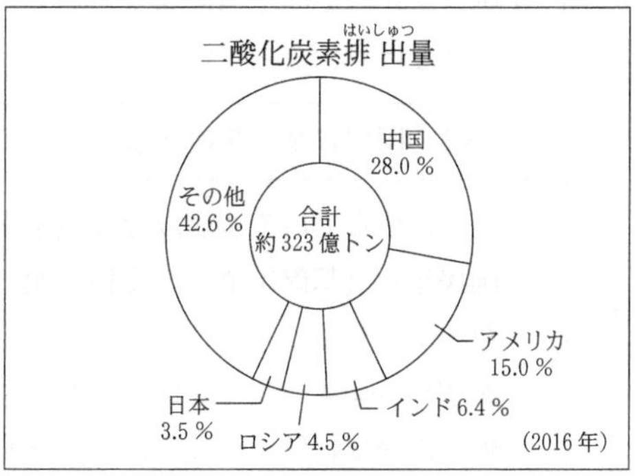

ウ

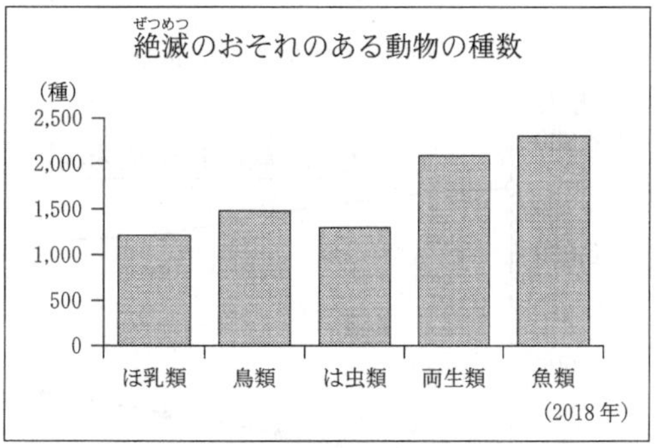

エ

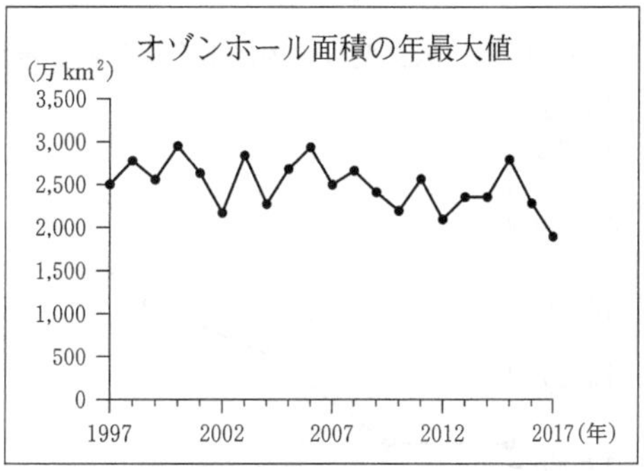

(環境省 Web ページほかから作成)

⑸　テーマ５について，資料５は，おもな税金の種類をまとめたものの一部である。資料５の**A**～**D**は，下の**ア**～**エ**の税金のいずれかがあてはまる。資料５の**D**にあてはまる税金はどれか，**ア**～**エ**から最も適当なものを１つ選び，その記号を書きなさい。

〈資料５〉

	国税	道府県税	市町村税
直接税	A	B	D
間接税	揮発油税など	C	入湯税など

ア．固定資産税　　**イ**．地方消費税　　**ウ**．自動車税　　**エ**．所得税

⑹　テーマ６について，資料６は，政府の方針を決定する会議についてまとめたものの一部である。資料６にまとめた会議を何というか，その名称を**漢字**で書きなさい。

〈資料６〉

> ・首相が主催
> ・国務大臣が全員出席
> ・全会一致《いっち》を原則

(7) テーマ7について，ゆうたさんは社会権についてのレポートを作成するために，資料7，資料8，資料9，資料10を準備した。これらを見て，次の(a)，(b)の各問いに答えなさい。

〈資料7〉 日本国憲法第25条

> ①すべて国民は，健康で文化的な最低限度の生活を営む権利を有する。
> ②国は，すべての生活部面について，社会福祉，社会保障及び公衆衛生の向上及び増進に努めなければならない。

〈資料8〉 国民年金（基礎《きそ》年金）のしくみ

> ・日本に住んでいる20歳《さい》以上60歳未満のすべての人が加入する。
> ・国民年金（基礎年金）の支給開始年齢《ねんれい》は65歳で，保険料を納付した期間に応じて給付額が決定される。
> ・20歳から60歳の40年間保険料を納付していれば，満額を受給することができる。
> ・納めた保険料は，その年に年金を必要とする人たちに給付される。（世代間扶養《ふよう》方式）

（厚生労働省Webページほかから作成）

〈資料9〉 一人あたりの国民年金保険料の推移

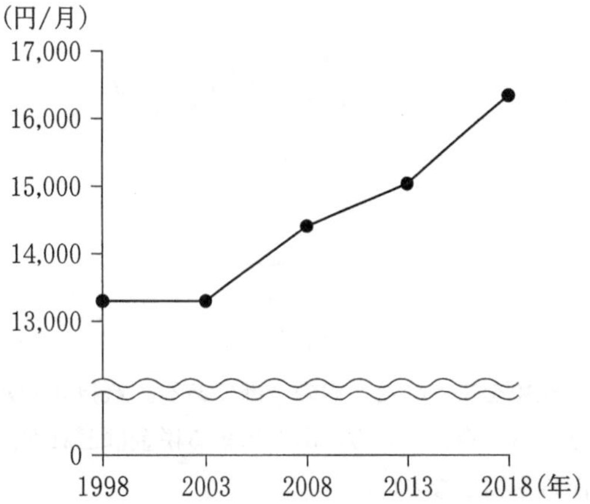

（日本年金機構 Web ページから作成）

〈資料10〉 日本の世代別人口の推移

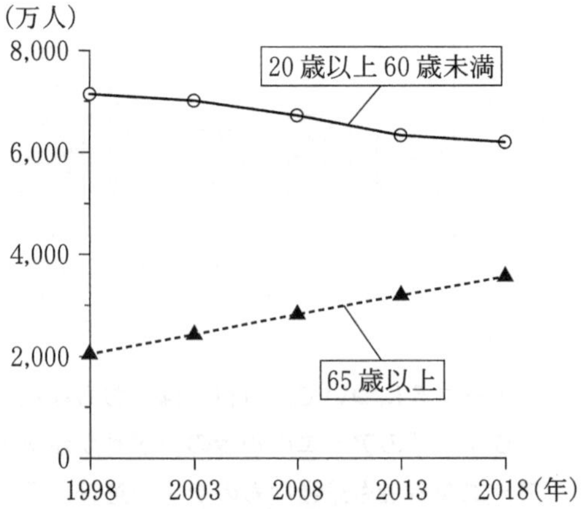

（『日本国勢図会 2019/20』ほかから作成）

(a) 資料7の①に示されている，社会権の中で基本となる権利を何というか，その名称を**漢字**で書きなさい。

(b) 資料8に示した国民年金のしくみのもと，資料9に示したように，日本の一人あたりの国民年金保険料が増加しているのはなぜか，その理由の1つとして考えられることを，資料10から読み取り，「負担者」と「受給者」という2つの言葉を用いて，書きなさい。

受検番号	
番	

得点	

1

(1)	(a)			
	(b)	ロンドンは，		
(2)	(a)		(b)	
(3)	Ⅰ		Ⅱ	

2

(1)	(a)		(b)	
(2)	(a)			
	(b)			
(3)	(a)			
	(b)			

3

(1)		
(2)		
(3)		
(4)		
(5)		
(6)	記号	
	理由	

4

(1)			(2)	
(3)				
(4)	(a)			
	(b)	→ → →		
	(c)			

5

(1)				
(2)	(a)			
	(b)			
(3)				
(4)			(5)	
(6)				
(7)	(a)	権		
	(b)			

※この解答用紙は200％に拡大していただきますと，実物大になります。

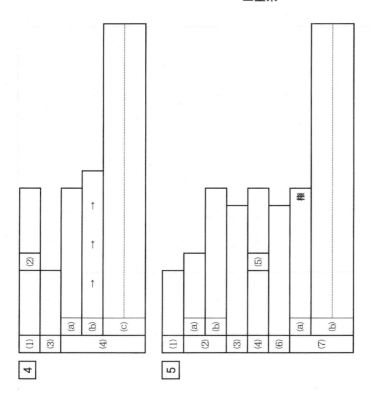

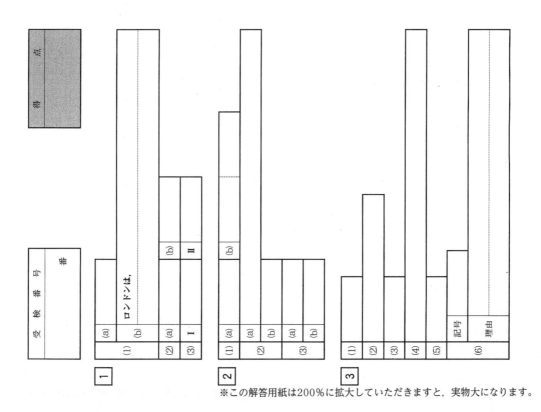

(四)

※この解答用紙は１３９％に拡大していただきますと、実物大になります。

受検番号　　番

得点

1

① う
② る
③
④
⑤ ひたい
⑥ おさな　い
⑦ こんざつ
⑧ えんじゅく

2

(一)　(二)　(三)

(四) から。

(五)

3

(一)

(二)

(三) こと。

(四)　(五)

4

(一)　(二)　(三)

(四)

5

(一)　(二)　(三)

※この解答用紙は１５４％に拡大していただきますと、実物大になります。

のを一つ選び、その記号を書きなさい。

ア、アンケート結果をもとに、全員で話し合うテーマを提示している。

イ、自分の考えを述べ、アンケート結果を分析し理由を推測している。

ウ、全員で出し合った意見について、共通点や相違点を整理している。

エ、他の人の意見をふり返り、自分の考えが正しいかを確認している。

(四)　【話し合いの様子】の中の二重傍線部分「ボランティア活動の参加者を増やすための工夫」について、あなたの考えを、次の〔注意〕にしたがって書きなさい。

〔注意〕

①　題名は書かずに本文から書き出しなさい。

②　具体的なボランティア活動を一つ取り上げ、【資料2】または【資料3】をふまえて、そのボランティア活動の参加者を増やすための工夫を明確にして書きなさい。

③　あなたの考えが的確に伝わるように書きなさい。

④　原稿用紙の使い方にしたがい、全体を百六十字以上二百字以内にまとめなさい。

かな。

さつきさん　そうかもしれないね。ボランティア活動はやっぱり［②］なのかな。

はるとさん　そんなことはないと思うよ。私たちにも参加できて、今まで参加したことがない人も「やってみよう」と思えるようなボランティア活動があるのではないかな。

あやかさん　そうだね。ボランティア活動の参加者を増やすための工夫を考えたいね。

(一)　【話し合いの様子】の中の［①］に入る言葉として最も適当なものを、次の**ア**～**エ**から一つ選び、その記号を書きなさい。

ア、ボランティア活動に参加したことのある人の数は、全校生徒の大部分にまで増加しているということ

イ、ボランティア活動に参加したことのある人の数は、参加したことのない人の数とほぼ同数ということ

ウ、ボランティア活動に参加したことのない人の数は、参加したことのある人の数より少ないということ

エ、ボランティア活動に参加したことのない人の数は、全校生徒のうち半数以上を占めているということ

(二)　【話し合いの様子】の中の［②］に入る言葉として最も適当なものを、次の**ア**～**エ**から一つ選び、その記号を書きなさい。

ア、身近なこと　　**イ**、楽しいこと

ウ、特別なこと　　**エ**、簡単なこと

(三)　【話し合いの様子】の中の、**そうたさん**の発言は、話し合いの中でどのような役割を果たしているか。次の**ア**～**エ**から最も適当なも

【資料1】

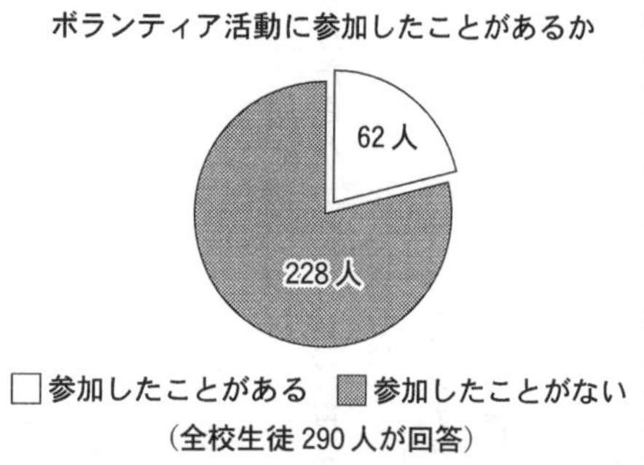

(全校生徒290人が回答)

【資料2】

ボランティア活動に参加した理由	
社会の役に立ちたいから	19
自分の成長につながると考えたから	16
知人に誘われたから	13
楽しそうだと思ったから	11
その他	3

単位：人

(「ボランティア活動に参加したことがある」と回答した62人が回答)

【資料3】

ボランティア活動に参加しない理由	
参加する時間がないから	94
何をすればよいのかわからないから	69
自分にできるかどうか自信がないから	48
1人で参加するのは不安だから	12
その他	5

単位：人

(「ボランティア活動に参加したことがない」と回答した228人が回答)

【資料4】

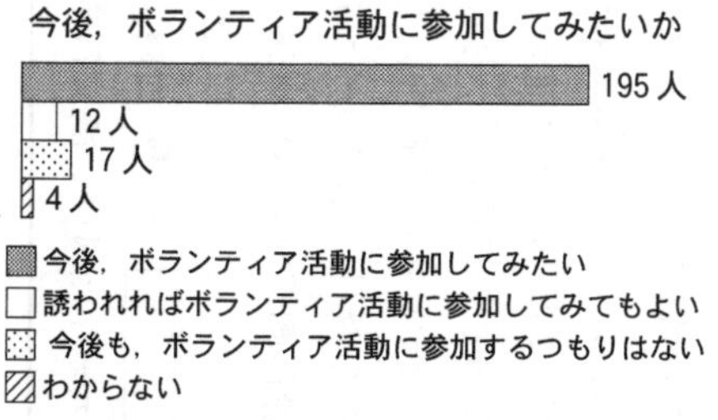

(「ボランティア活動に参加したことがない」と回答した228人が回答)

(一) 傍線部分①「にほひおこせよ」を現代仮名遣いに改め、すべてひらがなで書きなさい。

(二) 傍線部分②「春な忘れそ」の、現代語訳として最も適当なものを、次の**ア**～**エ**から一つ選び、その記号を書きなさい。

ア、春を忘れてはいけない
イ、春を忘れないだろう
ウ、春を忘れてしまってもよい
エ、春を忘れてしまいそうだ

(三) 傍線部分③「先人於故宅」を、「先人故宅に於て」と読むことができるように返り点をつけたものは、次の**ア**～**エ**のうちどれか。最も適当なものを一つ選び、その記号を書きなさい。

ア、先人㆓於故宅㆒　**イ**、先人㆑於㆑故宅
ウ、先人於㆑故宅　**エ**、先人於㆓故宅㆒

(四) 傍線部分④「あさましともあはれとも、心も及ばれね」は、筆者の感想である。これはどのようなことに対しての筆者の感想か。次の□の中の文の□に入る言葉を、十字以上十五字以内の現代語で書きなさい。

> 梅の木が、主人の移った土地まで飛んで行き、生えついたうえに、□こと。

5 次の【話し合いの様子】は、中学校の生徒会長のあやかさんが他の生徒会役員とボランティア活動について話し合ったときの様子の一部であり、【資料1】、【資料2】、【資料3】、【資料4】は、全校生徒に実施したアンケートの結果をまとめたものである。これらを読んで、あとの各問いに答えなさい。（十点）

【話し合いの様子】

あやかさん　はじめに、全校生徒に実施したアンケートの結果を見てみよう。まず【資料1】で、［　①　］がわかるよね。

はるとさん　【資料2】を見ると、ボランティア活動に参加した理由は、「社会の役に立ちたいから」がいちばん多く、次いで、「自分の成長につながると考えたから」、「知人に誘われたから」の順になっているね。

あやかさん　【資料3】を見ると、ボランティア活動に参加しない理由は、「参加する時間がないから」、「何をすればよいのかわからないから」、「自分にできるかどうか自信がないから」が多いことがわかるね。

さつきさん　でも、ボランティア活動に参加したことがない人で「今後、ボランティア活動に参加してみたい」と答えた人が一九五人もいることが【資料4】でわかるよ。ボランティア活動に参加したことがない人のほとんどが、参加する意思はあるということだよね。

そうたさん　これらの結果から考えると、もしかして、ボランティア活動は［②］と捉えられているのかも。私も、「ボランティア活動」と聞くと、災害救助や被災地の復興支援のように、現地に行って、困っている人を支援するような活動を想像するよ。全校生徒の多くの人がそういうイメージをもっていることによって、【資料1】のような結果になっだのではない

	黄色（例　イチョウ）	紅葉（例　カエデ、ナナカマド）
色素	カロテノイド	アントシアニン
色づくしくみ	緑色の色素が消えていくと、隠れていた黄色の色素がだんだん目立ってくる。	緑色の色素がなくなるにつれて、赤い色素が［A］。
色づきの状態	年や場所によって［B］。	年や場所によって［C］。

(五)　この文章の表現や構成の特徴として最も適当なものを、次の**ア**～**エ**から一つ選び、その記号を書きなさい。

ア、植物を擬人化した表現を用いることによって、読者に親しみを持たせている。

イ、文体を常体で統一することによって、研究論文のような印象を持たせている。

ウ、植物に関する実験の結果を示すことで、自分の意見に説得力を持たせている。

エ、前半と後半とで相反する考え方を示すことで、主張に広がりを持たせている。

4　次の文章を読んで、あとの各問いに答えなさい。（八点）

菅家、《菅原道真が》(注1)大宰府《だざいふ》におぼしめしたちける《旅立つことを決心された》ころ、

東風《こち》吹かば①にほひおこせよ梅の花主《あるじ》なしとて②春な忘れそ

とよみおきて、都を出でて、(注3)筑紫《つくし》に移り給ひてのち、かの紅梅殿(注4)、梅の片枝、《一本の枝が》飛び参りて、生《お》ひ付きにけり《生えついた》。

ある時、この梅に向《むか》ひて、

ふるさとの花のものいふ世なりせばいかに昔のことをとはまし《世であったなら　どうにかして昔のことを尋ねただろうに》

とながめ給ひければ《お詠みになった時》、この木、

③先人於故宅（先人故宅に於《おい》て）《先人の旧宅》

籬廃ル㆓於旧年ニ㆒（籬《まがき》(注5)、旧年に廃る）《昨年から荒れはて》

麋鹿猶棲ム所（麋鹿《びろく》、猶棲《なおす》む所）《鹿たちの住み家と化し》

無クシテ㆑主独リ碧天（主無くして独り碧天《へきてん》）《青空のみが澄みわたる》

と申したりける《返事をした》こそ、④あさましとも《驚くほどで》あはれとも、心も及ばれね《想像もつかないことではないか》。

（本文は『新編　日本古典文学全集　十訓抄《じっきんしょう》』による。）

＊一部表記を改めたところがある。

（注1）大宰府――筑前《ちくぜん》の国（今の福岡県）に置かれた官庁。

（注2）東風――東方から吹いてくる風。春風。

（注3）筑紫――九州北部を中心とする地域の古い呼び名。

（注4）紅梅殿――都にあった菅原道真の邸宅。

（注5）籬――柴や竹で間を広くあけて造った垣根。

陽の光の当たり方は、場所によって異なります。そのため、紫外線の当たり具合も、場所によって違うのです。

　さらに、赤い色素をつくりだす反応は、葉っぱがカラカラに乾燥した状態では進みません。水分が保持されていなければなりません。ですから、紅葉には、湿度の高い場所が適しています。また、紅葉したあとも、湿度の高いほうが、美しい状態が長く保たれます。

　そのため、紅葉の名所というと、高い山の中腹の、太陽の光がよく当たる斜面が多くなります。高い山では、空気が澄んでおり、紫外線が多く当たります。斜面には、昼間は太陽の光がよく当たり、高い山ですから、夜は冷えます。しかも、山の斜面の下には、川が流れており、朝には霧がかかるほど、湿度が高くなります。高い山の斜面には、美しく紅葉する条件がよくそろっているのです。

　「何のために、カエデやナナカマドなどが紅色になるのか」と不思議がられます。紅色の色素はアントシアニンです。これは、黄葉の色素である黄色のカロテノイドと同じように、太陽の光に含まれる紫外線の害を防ぐ物質です。ですから、(2)この色素には、イチョウの黄葉と同じ役割が考えられます。

（田中《たなか》　修《おさむ》『植物のひみつ』による。）

＊一部表記を改めたところがある。

（注1）　ナナカマド――バラ科の落葉高木。秋に紅葉して赤い実をつける。

㈠　波線部分①「隠れ」と波線部分②「隠し」について、これらの動詞の活用の種類の組み合わせとして最も適当なものを、次の**ア**～**エ**から一つ選び、その記号を書きなさい。

ア、①－五段活用　　②－下一段活用
イ、①－下一段活用　②－上一段活用
ウ、①－下一段活用　②－五段活用
エ、①－上一段活用　②－下一段活用

㈡　傍線部分(1)「紅葉の名所といわれるところ」とあるが、次の［　］の中の文は、美しく紅葉する条件について、本文の内容をまとめたものである。［　］に入る最も適当な言葉を、本文中の言葉を使って、五字で書きなさい。

> 　美しく紅葉する条件として、昼が暖かいこと、夜に冷えること、紫外線を多く含む太陽の光が強く当たることに加え、［　］ことがあり、紅葉の名所といわれるところは、これらの条件がよくそろっている、高い山の斜面が多くなる。

㈢　傍線部分(2)「この色素には、イチョウの黄葉と同じ役割が考えられます」とあるが、赤い色素であるアントシアニンと黄色の色素であるカロテノイドに共通する役割とはどのようなことか。本文中の言葉を使って、「……こと。」につながるように、二十字以上三十字以内で書きなさい。（句読点も一字に数える。）

㈣　次の表は、本文に述べられている黄葉と紅葉との違いについてまとめたものである。表の中の［A］～［C］に入る言葉の組み合わせとして最も適当なものを、あとの**ア**～**エ**から一つ選び、その記号を書きなさい。

ア、A－だんだん消えていく　B－あまり変化がない
　C－異なる
イ、A－新たにつくられる　B－あまり変化がない
　C－異なる
ウ、A－だんだん消えていく　B－異なる
　C－あまり変化がない
エ、A－新たにつくられる　B－異なる
　C－あまり変化がない

されて葉っぱから消えていきます。そのため、隠れていた黄色い色素がだんだん目立ってきて、葉っぱは黄色くなります。

年によって、温度が低くなる具合は違います。秋の温度の低下が早かったり遅かったりすれば、緑の色素の減り方も早かったり遅かったりします。そのため、イチョウの黄葉は、年ごとに早かったり遅かったりするのです。

しかし、冬が近づき温度が下がれば、緑色の色素は完全になくなります。ですから、隠れていた黄色の色素が目立ってきて、必ず同じような黄色になります。ということは、イチョウの黄葉には、年ごとに、場所ごとに、あまり変化がないということです。

このしくみは、イチョウの葉っぱは、自分の生涯の終わりに際し、春から夏にかけて主役を務めてきた緑の色素に代わり、ずっと陰でその色素の働きを支えてきた黄色の色素に主役を譲るというものです。イチョウの葉っぱが、このように洒落《しゃれ》た気配りの「ひみつ」をもっていることに「すごい」と感服せざるを得ません。

「何のために、イチョウの葉っぱが黄色になるのか」と不思議がられます。残念ながら、明確な理由はわかっていません。でも、黄色い色素はカロテノイドです。これには、太陽の光に含まれる紫外線の害を防ぐ働きがあります。ですから、この色素に考えられる役割があります。

イチョウの木のあちこちに、小さな芽があります。これらは、翌年の春には、葉っぱを展開するものです。イチョウの木にとっては、次の世代を背負っていく大切なものです。秋の日差しにはまだ多くの紫外線が含まれていますから、これらの芽は、紫外線から守られなければなりません。黄葉の葉っぱの色素は、日差しが弱くなる冬までの一時期、紫外線を吸収して、次の年の春に活躍する芽が傷つけられることから守っているのです。冬が近づき、日差しが弱くなると、黄葉は役目を終えて散るのです。

イチョウの黄葉に対して、葉っぱが赤く色づく紅葉は、同じ季節の現象ですが、そのしくみは異なります。紅葉する植物の代表は、カエデやナナカマド(注1)などです。これらの紅葉は、「今年の色づきはきれい」とか「昨年は色づきがよくなかった」など、例年と比較されます。年によって、紅葉の色づきが異なるからです。

あるいは、「あそこのカエデがきれい」とか「あそこのカエデは、色づきがよくない」のように、場所による色づきの違いがいわれます。(1)紅葉の名所といわれるところも、場所によって、色づきに違いがあります。

紅葉は、黄葉とは異なり、年によっても、場所によっても、色づきが異なるのです。「なぜ、そんなに異なっているのだろうか」とのふしぎが感じられます。それは、紅葉には、黄葉とは異なる、色づくための「ひみつ」があるからです。

カエデやナナカマドの葉っぱは、緑色のときに、赤い色素をもっていません。ですから、赤色になるためには、葉っぱの緑色の色素であるクロロフィルがなくなるにつれて、「アントシアニン」という赤い色素が新たにつくられなければなりません。

アントシアニンがきれいにつくられるためには、三つの大切な条件があります。一つ目は、昼が暖かいことです。二つ目は、夜に冷えることです。三つ目は、紫外線を多く含む太陽の光が強く当たることです。これらの三つの条件がそろったとき、赤い色素であるアントシアニンが葉っぱの中で多くつくられます。

年によって、昼の暖かさと夜の冷えこみ具合は異なります。そのため、年ごとに、色づきが「よい」とか「よくない」ということがおこります。また、場所によっても、昼と夜の寒暖の差は異なります。太

さい。

ア、楷書と比べ、筆順が異なっている。
イ、楷書と比べ、点画が省略されている。
ウ、楷書ではらう部分を、はねている。
エ、楷書ではねる部分を、とめている。

(二) 傍線部分(2)「ドライブの前にお父さんが車を洗ったり点検したりするのと同じ」とあるが、川野《かわの》さんは、メガネのクリーニングや調整を行う目的は何であると言っているか。本文中から六字で抜き出して書きなさい。

(三) 傍線部分(3)「メガネをかけて帰ってくる」とあるが、この部分は、いくつの単語に分けられるか。次の**ア**〜**エ**から最も適当なものを一つ選び、その記号を書きなさい。

ア、四　**イ**、五　**ウ**、六　**エ**、七

(四) 傍線部分(4)「急に照れくさくなって、もじもじしてしまって、でも、なんとなく、胸がふわっと温《ぬく》もった」とあるが、なっちゃんが、このように感じたのはなぜか。その理由を、なっちゃんが嫌だったことにふれて、本文中の言葉を使って、「……から。」につながるように、三十字以上四十字以内で書きなさい。（句読点も一字に数える。）

(五) 傍線部分(5)「メガネは目をよくしてくれるだけなのに、しゃべる声までくっきりと聞こえてくる」とあるが、この文で表現されている、なっちゃんの心情の説明として最も適当なものを、次の**ア**〜**エ**から一つ選び、その記号を書きなさい。

ア、川野さんが学校以外でもおしゃべりだということを知って、もっと話したいと思っている。
イ、川野さんのメガネを使ってきれいな虹ができたので、親しくなってよかったと感じている。
ウ、川野さんとメガネについての話をしたことにより、明るくて前向きな気持ちになっている。
エ、川野さんに悩みごとを聞いてもらったため、今後は川野さんを大切にしようと決めている。

3 次の文章を読んで、あとの各問いに答えなさい。（十二点）

秋に葉っぱが黄色くなるのは、黄色い色素が新しくつくられるのではなく、すでにつくられて①隠れていたものが姿を見せるためです。それを知ると、「黄色い色素は、どこに隠れていたのか」との疑問がおこります。

それは、葉っぱの緑色の下にまぎれていたのです。夏に葉っぱが緑色のときにすでに黄色い色素がつくられており、この色素の黄色は葉っぱの緑色の色素で隠されているのです。葉っぱの緑色の色素は「クロロフィル」、黄色の色素は「カロテノイド」という名前です。緑色のクロロフィルは、光合成に必要な光を吸収する主な色素です。カロテノイドも光を吸収し、その光も光合成に使われます。

クロロフィルは、春からずっと緑色の葉っぱの中で、主役を務めます。葉っぱの緑色が濃いときには、黄色い色素は緑色の陰に隠されて目立ちません。濃い緑色が黄色の色素の色を②隠しているというのが、「ひみつ」のしくみの前半部分なのです。

「ひみつ」のしくみの後半部分は、隠れていた黄色の色素が秋に目立ってくることです。温度がだんだん低くなると、緑色の色素が分解

でも、「今度はどんなのにしようかなあ」と、目をしょぼしょぼさせたまま、ほとんど手探りで商品棚のメガネをかける川野さんは、とても楽しそうだった。この子、メガネが好きなんだな、と思う。自分のたいせつなものだから、好きなんだな。

「こういうの、どう?」

川野さんがかけたのは、レンズの部分がまるっこいメガネだった。いつもの四角いメガネより、そっちのほうが似合う。「すごくかわいい」と、なっちゃんは言った。川野さんは「じゃあ、クリスマスプレゼント、これにしてもらおうかな」と笑った。ずいぶん気の早い話だけど、クリスマスプレゼントにかわいいメガネを買ってもらうのっていいな、と思った。ゲームを買ってもらうより、ずっといいな。

クリーニングと調整が終わったメガネを受け取ると、川野さんはまたメガネちゃん1号に戻った。

「これで二学期の準備完了」と言って、旅に出かける前のゲームの主人公みたいに、よし、とうなずいた。なっちゃんも「わたしも準備完了」と笑い返す。メガネちゃん1号と2号、二学期に向かって出発――。

川野さんはカウンターの上の記念品を見つけて、「なっちゃん、なに選んだの?」と訊いてきた。「まだ決めてない」と答えると、「これがいいよ」と液体クリーナーを勧めてくれた。「汚れもよく落ちるし、あと、遊べるの」

「遊べる、って?」

「ちょっと貸して」

川野さんはなっちゃんからメガネを受け取り、レンズの隅のほうに一滴垂らした。店員さんもよく知っているのだろう、あとで拭き取るためのティッシュペーパーを用意してくれている。

「このまま、かけてみて」

「拭かなくていいの?」

「いいのいいの、このままかけて、照明を見て」

言われたとおりにした。クリーナーが垂れて、視界がにじんだ。天井の照明を見つめると、クリーナーのしずくに光があたって、キラキラと虹のように光った。

「きれいでしょ?」

「うん……すごく、きれい……」

「わたし、ときどき、そうやって遊んでるの。メガネって面白いんだよ」

「うん……わかる……」

虹が光る。すごい。メガネは虹をつくることもできる。これで外に出て歩くと危なそうだけど。

なっちゃんはメガネをはずし、店員さんの差し出すティッシュで濡《ぬ》れたレンズを拭いた。

じゃあ行こうか、と川野さんが目で誘う。その誘いも、メガネをかけると、くっきり見える。

「行こう」「うん、行こう」「わたし、宿題まだ終わってないし」「えー、ヤバいじゃん、それ」……。

不思議だ。(5)メガネは目をよくしてくれるだけなのに、しゃべる声までくっきりと聞こえてくる。

自動ドアが開く。外に出る。夏休み最後のまぶしい陽射《ひざ》しが、クリーナーをちょっとだけ拭き残していたレンズの隅に、小さな、小さな、虹をつくった。

(重松《しげまつ》　清《きよし》『季節風　夏』(虹色メガネ)による。)

(一)　次の漢字は、傍線部分(1)「無」を行書で書いたものである。この行書で書かれた漢字の○で囲まれた部分に見られる特徴として最も適当なものを、あとのア～エから一つ選び、その記号を書きな

〈国語〉

時間 四五分 満点 五〇点

1 次の①~⑧の文の傍線部分について、漢字は読みをひらがなで書き、ひらがなは漢字に直しなさい。(八点)

① 本を大切に扱う。
② みかんを搾る。
③ 愉快な一日を過ごす。
④ 文章の体裁を整える。
⑤ ひたいに汗する。
⑥ おさない妹と遊ぶ。
⑦ こんざつを避ける。
⑧ えんじゅくした演技を観る。

2 次の文章を読んで、あとの各問いに答えなさい。(十二点)

小学校三年生のなっちゃんと川野《かわの》さんは同じクラスである。なっちゃんは、視力検査で近視であることがわかり、夏休みの最終日、母親と一緒にメガネ屋に来た。

「明日から学校だから」

背中に、声が聞こえた。女の子の声だった。小学生ぐらいの、学年で言えば三年生ぐらいの、どこかで聞いたことのある……。

あれっ?と振り向くと、川野さんがいた。

川野さんも、あれっ?という顔をしていた。メガネのおかげではっきりと見える。くっきりと見える。視力は四月のクラス替えの頃から落ちていたのだろうか。顔をしかめ、目を⑴無理に細めて見ていたから、川野さんのメガネ姿がヘンに見えたのだろうか。いま向き合ったら、川野さんは、メガネがとてもよく似合っていて、かわいらしい。

「なっちゃん、メガネつくったの?」と笑って訊《き》いてきた。教室ではおとなしくてクラい印象しかなかったのに、いまの川野さんは、元気で、明るくて、友だちになれそうな気もした。メガネちゃん1号とメガネちゃん2号だから、というわけではなくて。

メガネをはずした川野さんは、目をしょぼしょぼさせて、「なっちゃんの顔も、あんまり見えない」と苦笑いを浮かべた。

川野さんのメガネは、いま、超音波をつかった洗浄器でクリーニングされている。洗い終わると、鼻当てのパッドを交換したりネジを締め直したりという調整をしてもらうのだという。

「明日から二学期だから、ほら、⑵ドライブの前にお父さんが車を洗ったり点検したりするのと同じ」

あ、そうか、となっちゃんはうなずいた。べつに「メガネはすごいんだ」と言われたわけではないけど、そういうのって、なんかカッコいいな、と思った。

クリーニングや調整が終わるのを待つ川野さんに付き合って、なっちゃんもお店に残ることにした。お母さんは「いい?だいじょうぶ?ちゃんと⑶メガネをかけて帰ってくるのよ」と何度も念を押して、先に帰った。

最初はメガネ姿を川野さんに見られることも嫌だった。とっさにはずそうとして、メガネに手も伸びた。

でも、川野さんは「似合うよ、なっちゃん」と言ってくれた。「いいフレーム選んだんだね」とも言ってくれた。お母さんや店員さんにほめられたときとは違って、「ほんと?そうかなあ、自分だとよくわかんないけど……」と⑷急に照れくさくなって、もじもじしてしまって、でも、なんとなく、胸がふわっと温《ぬく》もった。

二人でいても、べつに盛り上がったりはしない。顔がくっきり見えたからといって、無口な川野さんが急におしゃべりになるわけではない。

2020年度

解　答　と　解　説

《2020年度の配点は解答用紙集に掲載してあります。》

＜数学解答＞

1　(1)　-63　(2)　$\frac{1}{20}x$　(3)　$-a+25b$

(4)　$7-2\sqrt{10}$　(5)　$(x+6)(x-6)$

(6)　$x=\frac{-5\pm\sqrt{29}}{2}$　(7)　$n=9$

2　(1)　①　27000円　②　㋐　36冊

㋑　右図　㋒　28冊以上

(2)　①　$x+y$　②　$\frac{x}{60}+\frac{y}{160}$

③　840　④　960

(3)　①　$\frac{2}{9}$　②　$\frac{1}{9}$

3　(1)　$a=\frac{1}{4}$　(2)　$0\leqq y\leqq\frac{9}{4}$

(3)　①　D(4, 3)　②　$y=\frac{5}{2}x$

4　(1)　①　$3\sqrt{3}$ cm　②　$\frac{4\sqrt{6}}{3}$cm

(2)　右図

5　(1)　(ア)　∠HAB　(イ)　∠CAE

(ウ)　2組の角　(2)　解説参照

(3)　①　$12\sqrt{21}\text{cm}^2$　②　BG：FE＝75：94

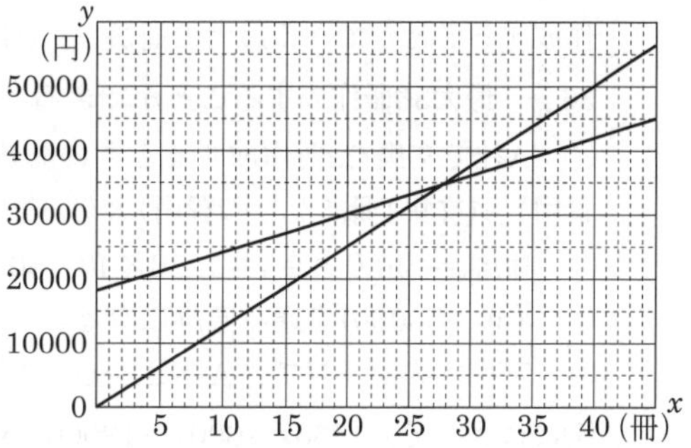

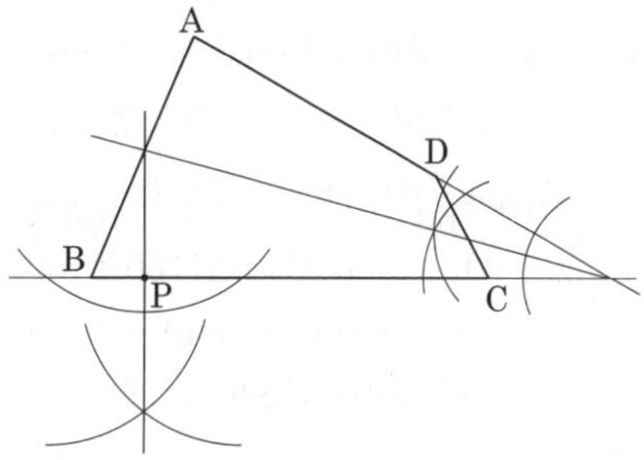

＜数学解説＞

1　(数・式の計算，平方根，因数分解，二次方程式，方程式の応用)

(1)　異符号の2数の積の符号は負で，絶対値は2数の絶対値の積だから，$(-9)\times7=-(9\times7)=-63$

(2)　$\frac{4}{5}x-\frac{3}{4}x=\left(\frac{4}{5}-\frac{3}{4}\right)x=\left(\frac{16}{20}-\frac{15}{20}\right)x=\frac{1}{20}x$

(3)　分配法則を使って，$7(a-b)=7\times a-7\times b=7a-7b$，$4(2a-8b)=4\times2a-4\times8b=8a-32b$ だから，$7(a-b)-4(2a-8b)=(7a-7b)-(8a-32b)=7a-7b-8a+32b=7a-8a-7b+32b$ $=-a+25b$

(4)　乗法公式$(\boldsymbol{a-b})^2=\boldsymbol{a^2-2ab+b^2}$より，$(\sqrt{5}-\sqrt{2})^2=(\sqrt{5})^2-2\times\sqrt{5}\times\sqrt{2}+(\sqrt{2})^2=5-2\sqrt{10}$ $+2=7-2\sqrt{10}$

(5)　乗法公式$(\boldsymbol{a+b})(\boldsymbol{a-b})=\boldsymbol{a^2-b^2}$より，$x^2-36=x^2-6^2=(x+6)(x-6)$

(6)　**2次方程式**$\boldsymbol{ax^2+bx+c=0}$**の解は，**$\boldsymbol{x=\frac{-b\pm\sqrt{b^2-4ac}}{2a}}$で求められる。問題の2次方程式は，$a=1$，$b=5$，$c=-1$の場合だから，$x=\frac{-5\pm\sqrt{5^2-4\times1\times(-1)}}{2\times1}=\frac{-5\pm\sqrt{25+4}}{2}=\frac{-5\pm\sqrt{29}}{2}$

(7)　Aさんが4月から9月まで，図書館で借りた本の冊数の1か月あたりの平均が5.5冊ということは，4月から9月まで，図書館で借りた本の冊数の合計が5.5冊×6か月＝33冊ということだから，

$n=33-(5+4+3+7+5)=9$

2 （関数とグラフ，グラフの作成，連立方程式の応用，確率）

(1)　①　B社で文集を15冊作成するとき，(総費用)＝(初期費用)＋(文集1冊あたりの費用)×(作成する冊数)＝18000円＋600円×15冊＝27000円

②　㋐　B社で文集をx冊作成するときの総費用をy円として，xとyの関係を表すグラフは，点(0, 18000)，(15, 27000)を通る一次関数だから，その傾き$=\frac{27000-18000}{15-0}=600$ より，直線の式は　$y=600x+18000$…(i)　これより，B社で文集を総費用4万円以内で作成するとき，作成することができる最大の冊数は，(i)に$y=40000$を代入して，$40000=600x+18000$　$x=36\frac{2}{3}$　最大36冊作成することができる。

㋑　A社で文集をx冊作成するときの総費用をy円として，xとyの関係は，(総費用y円)＝(初期費用)＋(文集1冊あたりの費用)×(作成する冊数x冊)＝0円＋1250円×x冊　より，$y=1250x$…(ii)　(ii)は$x=40$のとき$y=1250\times40=50000$　これより，xとyの関係を表すグラフは，点(0, 0)，(40, 50000)を通る直線になる。

㋒　前問㋑のグラフで，A社とB社のグラフの交点の座標は，(i)と(ii)の連立方程式の解。(ii)を(i)に代入して，$1250x=600x+18000$　$x=27\frac{9}{13}$　よって，B社で文集を作成する総費用が，A社で文集を作成する総費用より安くなるのは，文集を28冊以上作成したとき。

(2)　歩いた道のりをxm，走った道のりをymとすると，歩いた道のりと走った道のりの和は，Aさんの家から駅までの道のりに等しいから　$x+y=1800$…①　また，**(時間)＝$\frac{(道のり)}{(速さ)}$**より，歩いた時間は$\frac{x}{60}$分，走った時間は$\frac{y}{160}$分で，家から出発してちょうど20分後に駅に着いたから　$\frac{x}{60}+\frac{y}{160}=20$…②　②の両辺に60と160の**最小公倍数**の480をかけて　$8x+3y=9600$…⑤　⑤－①×3より　$5x=4200$　$x=840$…③　これを①に代入して　$840+y=1800$　$y=960$…④　以上より，歩いた道のりは840m，走った道のりは960mとなる。

(3)　①　大小2つのさいころを同時に1回投げるとき，全ての目の出方は　6×6＝36通り。11以上66以下の整数の中で，**素数**は11，13，17，19，23，29，31，37，41，43，47，53，59，61，67だから，mが素数となるのは，$m=11$，13，23，31，41，43，53，61の8通り。よって，求める確率は　$\frac{8}{36}=\frac{2}{9}$

②　$\sqrt{m}$が**自然数**となるのは，mが(自然数)^{2}の形になる数。11以上66以下の自然数の中で，(自然数)^{2}の形になる数は$16=4^2$，$25=5^2$，$36=6^2$，$49=7^2$，$64=8^2$だから，mが(自然数)^{2}の形になる数は，$m=16$，25，36，64の4通り。よって，求める確率は　$\frac{4}{36}=\frac{1}{9}$

3 （図形と関数・グラフ）

(1)　点Aは$y=3x+7$上にあるから，そのy座標は　$y=3\times(-2)+7=1$　よって，A$(-2, 1)$　$y=ax^2$は点Aを通るから，$1=a\times(-2)^2=4a$　$a=\frac{1}{4}$

(2)　xの**変域**に0が含まれているから，yの**最小値**は0　$x=-2$のとき，$y=\frac{1}{4}\times(-2)^2=1$　$x=3$のとき，$y=\frac{1}{4}\times3^2=\frac{9}{4}$　よって，yの**最大値**は$\frac{9}{4}$で，yの変域は　$0\leqq y\leqq\frac{9}{4}$

(3)　①　関数$y=3x+7$の切片は7だから，B(0, 7)　点Cは$y=\frac{1}{4}x^2$上にあるから，そのy座標は　$y=\frac{1}{4}\times6^2=9$　よって，C(6, 9)　**平行四辺形の対角線はそれぞれの中点で交わる**。対角線の交点をP，点Dの座標をD(s, t)とすると，点Pは対角線ACの中点だから，**中点公式：「2点**

(x_1, y_1)，(x_2, y_2)の中点座標は$\left(\frac{x_1+x_2}{2}, \frac{y_1+y_2}{2}\right)$」を利用して，$\mathrm{P}\left(\frac{-2+6}{2}, \frac{1+9}{2}\right)=\mathrm{P}(2, 5)$ …(i) また，点Pは対角線BDの中点でもあるから，$\mathrm{P}\left(\frac{0+s}{2}, \frac{7+t}{2}\right)=\mathrm{P}\left(\frac{s}{2}, \frac{7+t}{2}\right)$ …(ii) (i)，(ii)より，$\begin{cases}\frac{s}{2}=2 \\ \frac{7+t}{2}=5\end{cases}$ これを解いて，$s=4$，$t=3$ よって，D(4, 3)

② **平行四辺形の対角線の交点を通る直線は，その平行四辺形の面積を2等分する**から，原点Oを通り，平行四辺形ADCBの面積を2等分する直線の式を $y=ax$ とすると，この直線は点Pを通るから，点Pの座標を代入して，$5=a\times 2$ $a=\frac{5}{2}$ よって，原点Oを通り，平行四辺形ADCBの面積を2等分する直線の式は $y=\frac{5}{2}x$

4 **(空間図形，辺の長さ，三角形の高さ，作図)**

(1) ① △BCFは**30°，60°，90°の直角三角形で，3辺の比は2：1：$\sqrt{3}$** だから，$\mathrm{BF}=\frac{\sqrt{3}}{2}\mathrm{BC}=\frac{\sqrt{3}}{2}\times 6=3\sqrt{3}$ cm

② △ABFはAF＝BF＝$3\sqrt{3}$ cmの二等辺三角形だから，点Fから辺ABへ垂線FHを引くと，**二等辺三角形の頂角からの垂線は底辺を2等分する**から，AH＝BH。△BFHで**三平方の定理**を用いると，$\mathrm{FH}=\sqrt{\mathrm{BF}^2-\mathrm{BH}^2}=\sqrt{(3\sqrt{3})^2-3^2}=3\sqrt{2}$ cm よって，△ABFの面積は，$\triangle\mathrm{ABF}=\frac{1}{2}\times\mathrm{AB}\times\mathrm{FH}=\frac{1}{2}\times 6\times 3\sqrt{2}=9\sqrt{2}$ cm^2 △ABFと△BEFで，**高さが等しい三角形の面積比は，底辺の長さの比に等しい**から，$\triangle\mathrm{BEF}=\triangle\mathrm{ABF}\times\frac{\mathrm{BE}}{\mathrm{AB}}=9\sqrt{2}\times\frac{2}{1+2}=6\sqrt{2}$ cm^2 △BEFの辺BFを底辺としたときの高さをhとすると，$\triangle\mathrm{BEF}=\frac{1}{2}\times\mathrm{BF}\times h=6\sqrt{2}$ より，$h=\frac{6\sqrt{2}\times 2}{\mathrm{BF}}=\frac{6\sqrt{2}\times 2}{3\sqrt{3}}=\frac{4\sqrt{6}}{3}$ cm

(2) (着眼点)辺AB上にある円の中心をOとすると，**角をつくる2辺から距離が等しい点は，角の二等分線上にある**から，円Oが辺BCと辺ADに接するということは，円の中心Oは辺BCと辺ADがつくる角の二等分線上にある。また，**接線と接点を通る半径は垂直に交わる**から，OP⊥BCである。

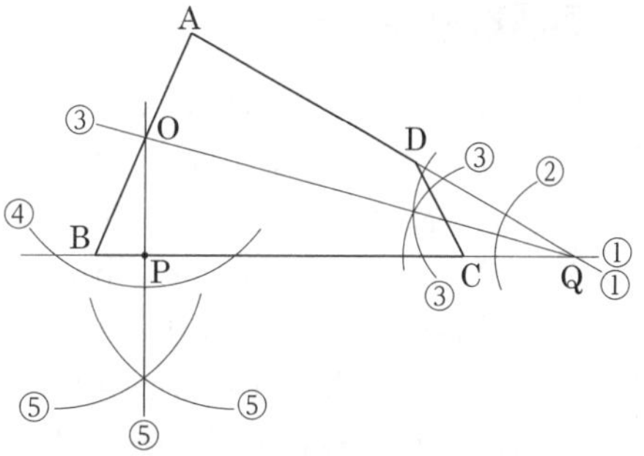

(作図手順)次の①～⑤の手順で作図する。 ① 辺BCと辺ADを延長し，交点をQとする。 ② 点Qを中心とした円を描き，直線BC，AD上に交点を作る。 ③ ②で作ったそれぞれの交点を中心として，交わるように半径の等しい円を描き，その交点と点Qを通る直線(辺BCと辺ADがつくる角の二等分線)を引き，辺ABとの交点をOとする。 ④ 点Oを中心とした円を描き，直線BC上に交点を作る。 ⑤ ④で作ったそれぞれの交点を中心として，交わるように半径の等しい円を描き，その交点と点Oを通る直線(点Oから辺BCに引いた垂線)を引き，辺BCとの交点をPとする。(ただし，解答用紙には点O，Qの表記は不要である。)

5 **(円の性質，合同・相似の証明，面積，線分の長さの比)**

(1) 2つの三角形の相似は，「3組の辺の比がそれぞれ等しい」か，「2組の辺の比とその間の角がそれぞれ等しい」か，「2組の角がそれぞれ等しい」ときにいえる。本証明は，「2組の角がそれぞれ等しい」をいうことで証明する。仮定より，線分AIは∠BACの二等分線だから，∠HAC＝∠HAB(ア)…①　$\overset{\frown}{\mathrm{BI}}$に対する**円周角**は等しいから，∠HAB＝∠JCI…②　①，②より，∠HAC＝∠JCI…③　平行四辺形の向かい合う辺は平行だから，AD//BCとなり，**錯角**は等しいから，∠ACH＝∠CAE(イ)…④　$\overset{\frown}{\mathrm{CE}}$に対する円周角は等しいから，∠CAE＝∠CIJ…⑤　④，⑤より，∠ACH＝∠CIJ…⑥　③，⑥より，「2組の角(ウ)がそれぞれ等しい」ことがいえる。

(2)　(証明)　(例)△ADCと△BCEにおいて，平行四辺形の向かい合う辺はそれぞれ等しいから，AD＝BC…①　$\overset{\frown}{\mathrm{EC}}$に対する円周角は等しいから，∠CAD＝∠EBC…②　AB//DCより，錯角は等しいから，∠ACD＝∠BAC…③　$\overset{\frown}{\mathrm{BC}}$に対する円周角は等しいから，∠BAC＝∠BEC…④　③，④より，∠ACD＝∠BEC…⑤　**三角形の内角の和が180°**であることと，②，⑤から，∠ADC＝∠BCE…⑥　①，②，⑥より，1組の辺とその両端の角がそれぞれ等しいので，△ADC≡△BCE

(3)　①　△ADC≡△BCEより，∠ADC＝∠BCE…①　AD//BCで，**平行線の錯角は等しい**から，∠CED＝∠BCE…②　①，②より，△CDEは∠CDE＝∠CEDの二等辺三角形　点Cから線分DEへ垂線CPを引くと，二等辺三角形の頂角からの垂線は底辺を2等分するから，DP＝EP＝$\frac{\mathrm{DE}}{2}=\frac{\mathrm{BC}-\mathrm{AE}}{2}=\frac{12-8}{2}=2$cm　△CDPで三平方の定理を用いると，CP＝$\sqrt{\mathrm{CD}^2-\mathrm{DP}^2}=\sqrt{5^2-2^2}=\sqrt{21}$cm　以上より，平行四辺形ABCDの面積は　BC×CP＝12×$\sqrt{21}$＝12$\sqrt{21}$cm²

②　AE//BCで，平行線と線分の比についての定理より，BF：FE＝CF：FA＝BC：AE＝12：8＝3：2＝141：94…①　△ACPで三平方の定理を用いると，AC＝$\mathrm{AP}^2+\mathrm{CP}^2=\sqrt{(\mathrm{AE}+\mathrm{EP})^2+\mathrm{CP}^2}=\sqrt{(8+2)^2+(\sqrt{21})^2}=11$cm　FA＝AC×$\frac{\mathrm{FA}}{\mathrm{AC}}=11\times\frac{2}{3+2}=\frac{22}{5}$cm　仮定より，線分AGは∠BAFの二等分線だから，角の二等分線と線分の比の定理より，BG：GF＝AB：FA＝5：$\frac{22}{5}$＝25：22＝75：66…②　①，②より，BG：FE＝75：94

＜英語解答＞

1　(1)　ウ　(2)　No.1　エ　No.2　ア　No.3　ウ　(3)　No.1　イ　No.2　ウ　No.3　ア　No.4　ア　(4)　No.1　イ　No.2　エ　No.3　エ

2　(1)　No.1　①　エ　②　イ　No.2　ア　(2)　エ

3　(1)　①　(例1) Do you have time after school?　(例2) Are you free after school?　(例3) Will you have some free time after school?
②　(例1) Could you read a report that I wrote last night?　(例2) Will you read the report I wrote last night?　(例3) I want you to read my report written last night.　③　(例1) My report is about traditional Japanese culture.　(例2) It's about the traditional cultures of Japan.　(例3) I wrote about traditional Japanese culture in my report.　(2)　①　(例1) There are five people in my family.　(例2) My family has 5 people.
(例3) We are a family of five.　②　(例1) I can play tennis well.
(例2) I'm a good tennis player.　(例3) I'm good at tennis.　③　(例1) I came to London to study English.　(例2) I'm in London because I want to study English.　(例3) My purpose of staying here is to study English.

4　(1)　①　エ　②　ア　(2)　A　journalist　B　movie　(3)　ウ
(4)　ウ，エ

＜英語解説＞

1 (リスニング)

放送台本の和訳は，57ページに掲載。

2 (会話文問題・資料読み取り問題：文挿入，内容真偽)

(1) (全訳)

ケン：こんにちは，ジョーンズ先生。

ジョーンズ先生：こんにちは，ケン。ここで何をしているんですか？

ケン：カナダから来た生徒のティムのためにマンガを描いているんです。

ジョーンズ先生：あら，本当ですか？ ①(ティムは誰ですか？)

ケン：先月7日間カナダからこの町に15人の生徒が来て，ティムはその一人なんです。彼は日本滞在中僕の家に泊まっていたんです。

ジョーンズ先生：なるほど。彼とは何をしたんですか？

ケン：僕たちはたくさんのことを一緒にしました。彼は僕の描くマンガを読むのが大好きだったので幸せに思いました。

ジョーンズ先生：②(彼といい時間を過ごせて嬉しく思います。)

ケン：来月は彼の誕生日なので今新しいマンガを彼のために書いているんです。彼が日本から帰るときに誕生日に送ると約束したんです。

ジョーンズ先生：彼はそれを気に入るに違いないわね。

ケン：そうだといいですね。初めて彼に会ったとき何を言っていいかわかりませんでした。でもとてもすぐに彼のことをわかるようになりました。彼はとてもフレンドリーでした。カナダに彼に会いに行きたいです。

ジョーンズ先生：いいアイディアですね。描き終わったら彼のために書いているマンガを読ませてもらえますか？

ケン：もちろんです。

No.1 ① 3つ目のケンの発話でティムについて説明があるのでwho「だれ」の文がふさわしい。
② 4つ目のケンの発話内容に対する感想。ア「一緒に過ごす時間がなかった」，ウは「私が外国の生徒を助けて興奮した」，エ「彼は日本にいる間にまたあなたに会いたい」は発話内容に合わない。

No.2 ア 「ケンの町に滞在している間，ティムはケンが描いたマンガを読むのが楽しかった」(○) 4つ目のケンの発話参照。 イ 「ジョーンズ先生は誕生日にケンがマンガを描いてくれたので嬉しかった」(×) 5つ目のケンの発話，最後のジョーンズ先生の発話参照。 ウ 「ティムは昨年1か月ケンの町に滞在したカナダから来た生徒だ」(×) 3つ目のケンの発話参照。 エ「ケンはカナダを訪れるつもりなのでジョーンズ先生にカナダについて話してもらうように頼んだ」(×)6つ目のケンの発話参照。

(2) ア 「この前の日曜日，マリコは一番長くピアノの練習をした」(×) **＜the +形容詞・副詞の最上級形＞で「一番～，最も～」**の意味。 イ 「マリコは先週毎日ピアノの練習をした」(×) 金曜日はしていない。 ウ 「マリコは土曜日よりも月曜日の方が長くピアノの練習をした」(×) **＜形容詞・副詞の比較級＋ than…＞で「…よりも～だ」**の意味。 エ 「マリコは木曜日と同じくらい長く火曜日にピアノを練習した」(○) **＜as +形容詞・副詞＋ as …＞で「…と同じくらい～だ」**の意味。グラフを表す文には比較の表現がよく使われるので練習しておくとよい。

3 (条件英作文：助動詞，不定詞，前置詞，過去形，接続詞)

(1)　日常によくあることなどを自分の知っている単語や表現で使って書けるように練習すること。　①　(例1)「放課後時間がありますか」 (例2)「放課後時間があいていますか」 (例3)「放課後手があいた時間はありますか」　②　(例1)「昨夜私が書いたレポートを読んでくださいますか」Could you ～？　は「～してくださいますか」という依頼の意味。　(例2)「昨夜私が書いたレポートを読んでくれませんか」Will you ～？　は「～してくれませんか」という依頼の表現。　(例3)「昨夜書かれた私のレポートを読んでもらいたいです」**<want ＋人＋ to ＋動詞の原形>「(人)に～して欲しいと思う」**　③　(例1)「私のレポートは伝統的な日本の文化についてです」　(例2)「これは日本の伝統文化についてです」　(例3)「私はレポートで伝統的な日本の文化について書きました」

(2)　①　(例1)「私の家族は5人います」**<There are ＋複数名詞>で「～(複数のもの)がある，いる」**(例2)「私の家族は5人います」 (例3)「私たちは5人家族です」　②　(例1)「私は上手にテニスができます」助動詞 can は「～できる」の意味で後ろには動詞の原形が来る。　(例2)「私はいいテニスプレイヤーです」 (例3)「私はテニスが上手です」　③　(例1)「私は英語を勉強するためにロンドンに来ました」 (例2)「私は英語を勉強したいのでロンドンにいます」 (例3)「私がここで勉強している目的は英語を勉強することです」**<to ＋動詞の原形>**には主語や目的語などになる「～すること」，動詞を修飾する「～するために」，形容詞を修飾する「～して」，名詞を修飾する「～すべき，～するための」と様々な使い方があるので練習しておくこと。 **purpose「目的」**

4 (読解問題・物語文：文挿入，語句補充，内容真偽)

(全訳)　ハルカは16歳です。ヒカリ高校の生徒になったばかりです。

4月のある日の放課後，ハルカは友達のマサトと話していました。彼に「何部に入るつもりなの？」と聞きました。彼は「野球部に入るよ。①(きみは？)」と言いました。彼女は「ええと，私は放送部に興味があるの」と言いました。彼女は中学生のとき友達とヒカリ高校を訪れました。放送部の部員によって作られたヒカリ高校についての短い映画を観ました。この映画のおかげでこの高校についてたくさん知ることができました。彼女は部員としてそういう映画を作りたいと思いました。彼女はマサトに「短い映画を通して人にメッセージを送りたいのよ」と言いました。

数週間後ハルカは放送部の部員になりました。7月のある日ハルカの街の有名なジャーナリスト，カワモトさんが職業についての講演でヒカリ高校に招待されました。講演後，部員は彼と話す機会を持てました。彼は部員に「部活では何をしているんですか」と聞きました。部員の1人が活動について説明しました。もう一人の部員がジャーナリストになるために何をすべきか聞きました。彼らは彼と話して興奮していましたが，ハルカは会話に参加できませんでした。彼女は内気過ぎたのです。すると彼は彼女に「遠慮しないで。私は新しい人に会うのが好きでなんだ。彼らから違う考え方を知ることができるからね。知らない人たちと話すのを楽しんだ方がいいよ」と言いました。彼女は同意しました。

9月，ハルカと他の部員は10月の学園祭で見せる映画について話しをしていました。彼女は「カワモトさんと7月に話したときに大事なことを1つ教えてくれました」と言いました。彼女が作る映画を通してそのことを人々に伝えたいと思っていました。彼女は自分の考えを他の部員に話すと，彼らは賛成しました。そしてたくさんの人に会うことで多くを学んだ高校生についての映画を作りました。

学園祭の日，多くの人たちがその映画を観て楽しみました。学園祭のあとにハルカがマサトと家に帰るとき，彼は「②(きみが作った映画を観て楽しかったよ。)素晴らしかった」と言いました。彼女は3か月前にカワモトさんと話したときに彼から学んだことを彼に話しました。彼女は彼に「カワモトさんと会って以来新しい人たちと話すことを楽しむようにしてるの」と言いました。

(10年後)

ハルカは今市役所で働いています。ある日曜日，マサトとランチをしました。彼女は彼に「とても忙しいけど，様々な人から違う考えを知るのは面白いわ。カワモトさんと話したあとから自分自身を変えたのよ」と言いました。彼は「10年前のあの講演のあとの彼との会話のことについて話してるの？」と言いました。彼女は「そうよ。高校生のときに彼に会えてラッキーだったわ」と言いました。

(1) ① 直後にハルカが自分の入りたい部活を伝えているのがヒント。 ② 直後のマサトの感想から学園祭での映画のことだと考える。

(2) (A) 「ハルカは7月に学校に来たジャーナリストから大切なことを学んだ」第3段落参照。関係代名詞 **who は先行詞に人を表す語**が来る。 (B) 「そして放送部の部員と作った映画を通して，学園祭の日にそのことについて人々に伝えた」第4段落参照。

(3) 10年前の内容は第3段落第9文カワモトさんの発話を参照する。ウ「カワモトさんはハルカに新しい人と話すのを楽しむように話した」

(4) ア 「ハルカは放送部に興味があったけれどマサトはハルカに一緒に野球部に入るように言った」(×) 第2段落第3，4文参照。 イ 「ハルカは友達とヒカリ高校についての短い映画を作り，中学生に見せた」(×) 第2段落第5，6文，第4段落参照。 ウ 「放送部の部員の1人はカワモトさんに部の活動について話をした」(○) 第3段落第4，5文参照。 エ 「ハルカが高校生のとき，カワモトさんがヒカリ高校を訪れ高校生たちに自分の職業について話しをした」(○) 第3段落第2文参照。 オ 「カワモトさんは内気だったので，他の人たちから違う考え方を知るのが好きではなかった」(×) 第3段落第8，9文参照。ハルカが内気だった。 カ 「マサトは放送部が作った映画を見たあとに，カワモトさんについて学んだことをハルカに話した」(×) 第5段落参照。**誰が何をしたのか，言ったのか意識して読むこと。**

2020年度英語　リスニング検査

〔放送台本〕

今から1のリスニング検査を行います。問題は，(1)，(2)，(3)，(4)の4つです。問題用紙の各問いの指示に従って答えなさい。聞いている間にメモを取ってもかまいません。

それでは，(1)の問題から始めます。(1)の問題は，表を見て答える問題です。下の表についての英語による質問を聞いて，それぞれの質問に対する答えとして，ア～エから最も適当なものを1つ選び，その記号を書きなさい。質問は2回繰り返します。では，始めます。

Who studied in Germany for three months?

これで(1)の問題を終わり，(2)の問題に移ります。

〔英文の訳〕

誰が3か月間ドイツで勉強をしましたか。

答え：ウ ポールがしました。

〔放送台本〕

(2)の問題は，英語による対話を聞いて，質問に答える問題です。それぞれの質問に対する答えとして，ア～エから最も適当なものを1つ選び，その記号を書きなさい。対話はNo.1，No.2，No.3の3つです。対話と質問は2回繰り返します。では始めます。

No. 1 A: What do you want to eat for lunch?
B: Well... I'd like to have an omelet and some coffee. How about you, Tomoya?
A: I'm very hungry. So I'd like to have a hamburger and some milk.
B: Then, shall we eat at a cafeteria near the station?
質問します。 What is Tomoya going to have for lunch?

No. 2 A: Is this your new computer, Ken?
B: Yes, Saki. I bought it on the Internet last week. You should buy one because computers are very useful.
A: I already have a computer. My father gave it to me.
B: How long have you used it?
A: For two years. My brother also uses it to send e-mails to his friends.
質問します。 Who bought a new computer on the Internet last week?

No. 3 A: Excuse me. I want to read these two books. Can I borrow them until Monday?
B: Of course. Actually, students can borrow four books during the summer vacation.
A: Really? I didn't know that. There is another book I want to read, so can I go and get it?
B: Sure.
A: Thank you. I'll come back here soon.
質問します。 How many books is the student going to borrow today?

これで(2)の問題を終わり，(3)の問題に移ります。

〔英文の訳〕

No.1 A：ランチに何を食べたい？
B：そうねえ…。オムレツとコーヒーがいいわ。トモヤはどう？
A：とてもお腹が空いているんだ。だからハンバーガーと牛乳がいいな。
B：じゃあ駅のそばのカフェテリアに行きましょうか。
質問：トモヤはランチに何を食べますか。
答え：エ ハンバーガーと牛乳。

No.2 A：これ新しいコンピューター，ケン？
B：そうだよ，サキ。先週インターネットで買ったんだ。コンピューターはとても役に立つから1つ買った方がいいよ。

A：もう持ってるわよ。父がくれたの。

B：どれくらい使ってるの？

A：2年。弟も友達にメールを送るのに使ってるのよ。

質問：先週インターネットで新しいコンピューターを買ったのは誰ですか。

答え：ア　ケンが買いました。

No.3　A：すみません。この2冊を読みたいんですが。月曜日まで借りられますか？

B：もちろんです。実は学生は夏休み中は4冊借りられるんですよ。

A：本当ですか？　知りませんでした。読みたい本がもう1冊あるから，取りに行っていいですか？

B：もちろん。

A：ありがとうございます。すぐ戻ります。

質問：この生徒は今日何冊の本を借りるつもりですか。

答え：ウ　3冊。

〔放送台本〕

(3)の問題は，英語による対話を聞いて，答える問題です。それぞれの対話の最後の英文に対する受け答えとして，ア～ウから最も適当なものを1つ選び，その記号を書きなさい。対話は，No. 1，No. 2，No. 3，No. 4の4つです。対話は2回繰り返します。では始めます。

No. 1	A:	Have you ever been to a foreign country?
	B:	Yes. I went to Russia last year.
	A:	Oh, I see. How long did you stay there?
No. 2	A:	What are you going to do this weekend?
	B:	I'm going to go fishing in the sea with my father if it's sunny.
	A:	Really? That will be fun.
No. 3	A:	May I help you?
	B:	Yes, I'm looking for a blue jacket.
	A:	How about this one?
No. 4	A:	Hello?
	B:	This is Yoko. May I speak to Jim, please?
	A:	I'm sorry, but he isn't at home now.

これで(3)の問題を終わり，(4)の問題に移ります。

〔英文の訳〕

No.1　A：外国に行ったことがありますか？

B：はい。昨年ロシアに行きました。

A：ああ，そうですか。どれくらいそこに滞在したんですか？

答え：イ　6日間です。

No.2　A：今週末何をするつもりですか。

B：もし晴れたら父と海で釣りをするつもりです。

A：本当ですか？ 楽しいでしょうね。
答え：ウ 天気がいいといいんですが。

No.3 A：おうかがいしましょうか。
B：はい。青いジャケットを探しているんです。
A：これはどうですか？
答え：ア 私には高すぎます。

No.4 A：もしもし。
B：ヨウコです。ジムはいらっしゃいますか？
A：すみません，今家にいないんです。
答え：ア 私に電話するように伝えてもらえますか。

〔放送台本〕

(4)の問題は，大学生のMakotoと同じ大学に通う留学生のHelenとの英語による対話を聞いて，質問に答える問題です。それぞれの質問に対する答えとして，ア～エから最も適当なものを1つ選び，その記号を書きなさい。対話と質問は2回繰り返します。では始めます。

Helen: Hi, Makoto. What will you do during the spring vacation?
Makoto: My family will spend five days in Tokyo with my friend, John. He is a high school student from Sydney. I met him there.
Helen: I see. Did you live in Sydney?
Makoto: Yes. My father worked there when I was small. John's parents asked my father to take care of John in Japan. He will come to my house next week.
Helen: Has he ever visited Japan?
Makoto: No, he hasn't. I haven't seen him for a long time, but we often send e-mails to each other.
Helen: How long will he stay in Japan?
Makoto: For ten days. Have you ever been to Tokyo, Helen?
Helen: No, but I'll visit there this May with my friend, Emily. Do you often go there?
Makoto: Yes. My grandmother lives there. We will visit the zoo and the museum with her. We will also go shopping together.
Helen: That sounds good. John will be very glad.
Makoto: I hope so. Well, I sent him a book about Tokyo which has a lot of beautiful pictures.
Helen: Cool. I also want to give a book like that to Emily because she likes taking pictures of beautiful places. Actually, she has been to many foreign countries to take pictures.
Makoto: That's interesting. I like taking pictures, too. So I want to see the pictures she took in other countries.
Helen: OK. I'll tell her about that.
Makoto: Thank you.

質問します。

No. 1　Who will come to Makoto’s house next week?
No. 2　Has Helen visited Tokyo before?
No. 3　What does Emily like to do?

これで1のリスニング検査の放送を終わります。

〔英文の訳〕

ヘレン：こんにちは，マコト。春休みは何をするの？
マコト：家族で僕の友達のジョンと東京で5日間過ごすんだよ。シドニーの高校生だよ。そこで出会ったんだ。
ヘレン：そうなのね。シドニーに住んでいたの？
マコト：うん。僕が小さいときに父がそこで働いていたんだ。ジョンの両親が父に日本でジョンの世話をするように頼んだんだよ。彼は来週僕の家に来るよ。
ヘレン：彼は日本に来たことがあるの？
マコト：ないよ。長い間彼に会ってないけど，メールをよくやり取りしているんだ。
ヘレン：どれくらい日本にいるの？
マコト：10日間。ヘレンは東京に行ったことある？
ヘレン：ないけどこの5月に友達のエミリーと行くのよ。よく東京に行くの？
マコト：うん。祖母がそこに住んでるんだよ。彼女と動物園と博物館に一緒に行くんだ。一緒に買い物も行くよ。
ヘレン：いいわね。ジョンは喜ぶわね。
マコト：そうだといいな。ああ，ジョンにたくさんきれいな写真が載っている東京の本を送ったんだ。
ヘレン：いいね。私もエミリーにそういう本をあげたいのよ，彼女はきれいな場所の写真を撮るのが好きだから。実は彼女はね，写真を撮るためにたくさん外国に行っているのよ。
マコト：それは面白いね。僕も写真を撮るの好きなんだ。だから彼女が他の国で撮った写真を見たいな。
ヘレン：オーケー。そのことを伝えておくわ。
マコト：ありがとう。

No.1：誰が来週マコトの家に来ますか。
　答え：イ　ジョンが来ます。
No.2：ヘレンは以前東京に行ったことがありますか。
　答え：エ　いいえ，ありません。
No.3：エミリーは何をするのが好きですか。
　答え：エ　彼女は写真を撮るのが好きです。

<理科解答>

1　(1)　組織液　(2)　ア　(3)　h　(4)　b，c
2　(1)　露点　(2)　A　14.7　B　イ　(3)　イ
3　(1)　510〔m〕　(2)　音が伝わる速さは，光の速さより遅いから。　(3)　X　振動

Y 波

4 (1) A CO_2 B NH_3 (2) (a) 空気より密度が小さいという性質があるから。(b) エ

5 (1) (a) 西(から)東(の向き) (b) (地球の)公転 (c) 地球から星座の星までの距離と比べて，地球から太陽までの距離が短いから。 (2) (a) 66.6〔度〕 (b) 8〔時間後〕 (c) J (d) 32.6〔度〕 (3) イ

6 (1) (a) $2Mg+O_2 \rightarrow 2MgO$ (b) A 熱 B 光 (2) (a) (マグネシウム：酸素＝)3：2 (b) 0.65〔g〕 (3) (a) 炭素 (b) 還元

7 (1) (a) イ (b) 葉緑体 (c) 脱色するため。 (d) デンプン (2) (a) (試験管Aで見られたBTB溶液の色の変化は)オオカナダモのはたらきによるものであることを明らかにするため。 (b) あ イ い オ う ア え ウ (c) ア

8 (1) (a) ウ (b) 18〔cm/秒〕 (c) (位置エネルギー) 小さくなる。 (運動エネルギー) 大きくなる。 (d) 等速直線(運動) (2) ア (3) ウ

＜理科解説＞

1 (動物の体のつくりとはたらき)

(1) 血しょうは，毛細血管からしみ出ると組織液と呼ばれるようになる。細胞との物質のやりとりは，組織液を通して行われる。

(2) Xは，小腸で吸収された養分が運ばれる器官で，肝臓である。

(3) 血液中の尿素は，じん臓で血液中からこし取られるため，じん臓を通過した直後の血液中における尿素の割合が最も低くなる。

(4) 動脈血は，**酸素を多く含む血液**である。肺を通過した後，全身に向かう血液が動脈血である。

2 (湿度)

(1) 空気の温度が下がるなどして，空気中の水蒸気が飽和水蒸気量に達すると水蒸気が水滴に変化し始める。このときの温度を**露点**という。

(2) 28℃の飽和水蒸気量は27.2g/m^3より，27.2〔g/m^3〕×0.54＝14.688→14.7g/m^3 20℃における飽和水蒸気量は17.3g/m^3で14.7g/m^3以上の水蒸気をまだ含むことができるため，水滴はできない。

(3) X…20℃のときの飽和水蒸気量17.3g/m^3が湿度62％に相当するとき，X℃の飽和水蒸気量は，17.3〔g/m^3〕÷0.62＝27.9…〔g/m^3〕 27.9g/m^3が飽和水蒸気量になる温度は測定2の26℃よりも高い。Y…26℃の空気で，20℃で水滴ができていることから，この空気の湿度は，$\frac{17.3[g/m^3]}{24.4[g/m^3]}\times 100$＝70.9…〔％〕より，測定2の62％よりも高い。Z…26℃の空気中に含まれる水蒸気量を求めると，24.4〔g/m^3〕×0.62＝15.128〔g/m^3〕 この値は18℃の飽和水蒸気量に最も近いことから，このときの露点は18℃くらいであるといえる。よって，測定2の20℃よりも低い。

3 (音の性質)

(1) 340〔m/秒〕×(3.5－2)〔秒〕＝510〔m〕

(2) 光の秒速は約30万km/秒で大変速いが，音はこれに比べて340m/秒と大変遅い。

(3) 音源の振動が波のように伝わることで，周囲に音が伝わる。

4 (気体の性質)

(1) 石灰石にうすい塩酸を加えると二酸化炭素が発生する。塩化アンモニウムと水酸化カルシウムの混合物を加熱するとアンモニアが発生する。

(2) (a) 上方置換法で集めることができる気体は，空気よりも軽くなければならない。つまり，**空気よりも密度が小さい**という条件が必要である。 (b) アンモニアは水にとけるとアンモニア水となってアルカリ性を示すようになる。**赤色リトマス紙はアルカリ性を検知すると青色に変化する。**

5 (天体)

(1) (a) 地球から見ると，太陽は黄道上を西から東へ動いているように見える。 (b) 太陽が黄道上を動いているように見えるのは，地球が太陽の周りを公転しているためである。
(c) 太陽は，1年をかけて星座の間を動いているように見えるが，様々な星座はその位置関係がずれることはない。これは，地球から太陽までの距離が比較的近いのに対し，地球から星座までの距離は非常に遠いからである。

(2) (a) ∠ZXYは，観測地点から見た，夏至の日の南中した太陽の位置から天の北極の位置までの角度で表すことができる。180°－夏至の南中高度－北極星の高度＝180°－(90－34＋23.4)°－34°＝66.6° (b) 地球の西の地平線がGの方向にきたとき，Jの星が南中している。この後，地球が自転を続け，Bの位置の星が南中するまで，地球は30°×4＝120°自転すればよい。**地球は1時間に15°ずつ自転を行う**ため，120°÷15°＝8〔時間〕 (c) 夏至の日に南中した太陽はDの位置にある。この3か月前が春分にあたるので，春分の日の太陽の位置はAとなる。よって，午前0時には，Gにある星が南中している。このとき東の地平線はJの位置となる。 (d) Fの位置の星が南中したとき東の地平線はIの位置にある。この2時間後に日の出となることから，太陽は東の地平線の延長上のJの位置にある。これは，**冬至の日の太陽と地球との位置関係**となる。よって，この日の南中高度は，**90°－(緯度＋23.4°)**＝90°－(34°＋23.4°)＝32.6°

(3) 4年に1度，うるう年のみ366日にすることで，Aの方向にあった太陽が再び同じ時刻にAの位置にもどる。よって，Aから動き始めた太陽は，365日後の同じ時刻にはまだAに到達していないといえる。Aにあった太陽が再び同じ時刻にAの位置に戻るためには，365日が3年間と366日が1年間必要であることから，365〔日〕×3＋366〔日〕＝1461〔日〕が必要である。よって，1年あたり1461〔日〕÷4＝365.25〔日〕より，イが最も近い。

6 (化学変化と質量)

(1) (a) **マグネシウム＋酸素→酸化マグネシウム**の反応が起こる。矢印の左右で，原子の種類と数が等しくなるようにする。 (b) 熱や光を出しながら起こる激しい酸化を燃焼という。

(2) (a) 0.60gのマグネシウムに化合した酸素の質量は，1.00－0.60＝0.40〔g〕 よって，質量の比を求めると，マグネシウム：酸素＝0.60：0.40＝3：2 (b) 0.60gのマグネシウムに結合した酸素の質量は，0.86－0.60＝0.26〔g〕 マグネシウム：酸素＝3：2の質量の比で化合することから，0.26gの酸素を使って生じた酸化マグネシウムの質量をxgとすると，2：(3＋2)＝0.26：x
x＝0.65〔g〕

(3) (a) 二酸化炭素＋マグネシウム→酸化マグネシウム＋炭素の化学変化が起こる。 (b) 二酸化炭素は炭素の酸化物であるが，これがマグネシウムによって酸素をうばわれている。このような化学変化を還元という。

7 (植物の体のつくりとはたらき)

(1)　(a)　ア…顕微鏡のピントを合わせるときは，対物レンズとプレパラートをあらかじめできるだけ近づけておき，接眼レンズをのぞきながら，対物レンズとプレパラートの距離を離しながらピントを合わせる。ウ…観察倍率は，接眼レンズの倍率と対物レンズの倍率の積で求める。エ…対物レンズは倍率が高くなるほど長さが長くなるので，高い倍率の対物レンズを使うほど，対物レンズとプレパラートの間隔はせまくなる。　(b)　植物の細胞には，光合成を行う緑色の粒である葉緑体が見られることが多い。　(c)　エタノールを使い，葉を脱色することで，ヨウ素液による反応を見やすくする。　(d)　ヨウ素液は，デンプンと反応して**青紫色**を示す。

(2)　(a)　試験管AとBのちがいはオオカナダモがあるか無いかのみである。よって，AとBに実験結果にちがいが出た場合，その原因はオオカナダモにあることが説明できる。　(b)　BTB溶液は，**酸性(二酸化炭素多量)で黄色，中性(二酸化炭素中量)で緑色，アルカリ性(二酸化炭素少量)で青色**を示す。試験管Aでは光合成を行うため溶液中の二酸化炭素が減少し，その結果，BTB溶液はアルカリ性(青色)に変化する。試験管Cではオオカナダモが呼吸のみを行うため，溶液中の二酸化炭素が増加し，黄色に変化する。　(c)　植物に十分な日光が当たると，呼吸で排出する二酸化炭素の量よりも，光合成で吸収する二酸化炭素の量が多くなる。

8 (運動とエネルギー)

(1)　(a)　斜面上にある台車には，常に重力の斜面に沿う分力がはたらいているが，重力と斜面の角度が一定であるため，重力の斜面に沿う分力の大きさも一定である。　(b)　(0.9＋1.8＋2.7)〔cm〕÷0.3〔秒〕＝18〔cm/秒〕　(c)　斜面を下るにしたがって高さが減少するため位置エネルギーは減少するが，速さが増加するため運動エネルギーは増加する。　(d)　水平面上で一直線上を同じ速さで移動する運動を，**等速直線運動**という。

(2)　運動を始めたときの高さが②のほうが高いので，水平面に達したときの速さは②のほうが速い。また，AB＝DBより，同じ距離をより速く運動する②のほうが，水平面に達する時間は短く，CB間を通過するのにかかる時間も短い。

(3)　水平面でもっている力学的エネルギーはすべて運動エネルギーである。このエネルギーをもとに摩擦に対して仕事を行うときに，運動エネルギーは音や熱のエネルギーに変わる。

＜社会解答＞

1　(1)　(a)　ウ　　(b)　(例)ロンドンは，暖流と偏西風の影響を受けるから。
(2)　(a)　エ　　(b)　ウ　　(3)　Ⅰ　イ　　Ⅱ　カ

2　(1)　(a)　エ　　(b)　エ・オ　　(2)　(a)　(例)長さが短く，急流であるという特徴。
(b)　イ　　(3)　(a)　オ　　(b)　ア

3　(1)　イ　　(2)　万葉集　　(3)　ア　　(4)　(例1)物価の引き下げを図る目的。(例2)物価の上昇を抑える目的。　　(5)　イ　　(6)　(記号)　ア　　(理由)　(例)カラーテレビの普及率が上がるにつれて，白黒テレビの普及率は下がるから。

4　(1)　ア　　(2)　ウ　　(3)　エ　　(4)　(a)　国際連盟　　(b)　エ→イ→ウ→ア
(c)　(例)　高くなってきた失業率を公共事業によって下げようとする目的。

5　(1)　エ　　(2)　(a)　ウ　　(b)　弾劾裁判　　(3)　労働組合法　　(4)　イ　　(5)　ア
(6)　閣議　　(7)　(a)　生存権　　(b)　(例)国民年金保険料の負担者が減少し，受給者が増加しているから

＜社会解説＞

1 **(地理的分野―世界―地形・気候，産業，交通・貿易，資源・エネルギー)**

(1) (a) わが国の標準時子午線が**東経135度**，ニューヨークは西経60度以西に位置することから，札幌の時刻は少なくともニューヨークよりも13時間以上早いと判断する。 (b) 暖流の**北大西洋海流**によって暖められた上空の空気が**偏西風**によって運ばれてくるため，ロンドンは高緯度の割に温暖な**西岸海洋性気候**となっている。

(2) (a) アメリカや日本では**火力発電**の割合が高い。わが国では2011年の東日本大震災以降，原子力発電の割合が極端に減少したことから，アが日本，エがアメリカと判断する。**原子力発電**の割合が高いイがフランス，**水力発電**の割合が高いウがカナダ。 (b) フランスで生産や輸出がさかんなことから，いが小麦と判断する。世界一の人口をほこる中国では，農作物の生産量は多いが輸出量は少ないと考えることができるため，あ・いともに中国がみられるXが生産量を表すと判断する。

(3) Aが世界最大の島グリーンランド，Bが南アメリカ大陸，Cがオーストラリア大陸。略地図は，赤道から離れる地域ほど東西方向に引き延ばされて描かれる特徴をもつ，**メルカトル図法**で描かれている。

2 **(地理的分野―日本―地形図の見方，日本の国土・地形・気候，工業)**

(1) (a) 栃木県の県庁所在地は宇都宮市。茨城県・群馬県・福島県と県境を接する。 (b) ア…東照宮は日光駅の北西の方角にある。イ…A地点の標高は約700m。ウ…X地点からY地点に向かう途中に郵便局は2か所あるが，病院はない。エ…Z地域の西部一帯に水田，南東部に畑がある。オ…X地点・Y地点付近の水準点から，西側に位置するY地点の標高の方が高いことがわかる。カ…資料1中の日光駅から東照宮までの直線距離が10cm程度なので，実際の距離は10cm×25000＝250000cm＝2.5kmとなる。

(2) (a) 日本列島は国土面積が小さく，環太平洋造山帯に含まれているため国土の4分の3が山地である。 (b) 資料4が表す地形は**扇状地**。山のふもとに形成されるため河川の中流域に位置し，緩やかな傾斜がみられるので，水田には不向き。河口付近に形成される**三角州**は，つぶの小さい砂や泥からできている。

(3) (a) 夏の降水量が多いBは太平洋側に位置する宮崎市，冬の降水量が多いCは日本海側に位置する秋田市と判断する。 (b) 機械工業がさかんな**中京工業地帯**の一端をになう三重県で割合が高いⓐが，輸送用機械を示すと考えられる。Zはⓑの電子部品の割合が高いことから，シリコンロード(東北自動車道)が通り，IC(集積回路)などの生産がさかんな秋田県であると判断する。Xには広島県，Yには宮崎県があてはまる。

3 **(歴史的分野―日本史―時代別―古墳時代から平安時代，鎌倉・室町時代，安土桃山・江戸時代，明治時代から現代，歴史的分野―日本史―テーマ別―，経済・社会・技術，文化・宗教・教育，外交)**

(1) 大仙古墳は大阪府に位置する。2019年には百舌鳥・古市古墳群の一つとして世界文化遺産に登録された。

(2) **万葉集**は，奈良時代に編纂された日本最古の和歌集。この頃の文化を**天平文化**という。

(3) 室町幕府第3代将軍である**足利義満**は，倭寇と正式な貿易船を区別するために合い札を持たせて**明**と貿易を行ったことから，この貿易を**勘合貿易**という。朱印状を持たせておもに東南アジアと行った**朱印船貿易**は，安土桃山時代から江戸時代初期にかけて行われた。

(4) **水野忠邦**は1841年から**天保の改革**を行った。1830年代前半に天保のききんがおこり，物価が高騰していた。

(5) ア…岩倉使節団は朝鮮ではなく欧米へ派遣された。ウ…陸奥宗光のもとで日清戦争の直前に成功したのは，**領事裁判権(治外法権)の撤廃**。エ…三国干渉でわが国に返還を勧告されたのは，台湾ではなく遼東半島。

(6) カラーテレビが普及した1970年代に，唯一下がっているアの普及率に着目する。ア・イ・ウには**三種の神器**，エには**3C**(カラーテレビ，エアコン，乗用車)のいずれかがあてはまる。イには電気洗濯機，ウには電気冷蔵庫，エにはエアコンがあてはまる。

4 **(歴史的分野―日本史―時代別―明治時代から現代，歴史的分野―日本史―テーマ別―政治・法律，歴史的分野―世界史―政治・社会・経済史)**

(1) 殷は紀元前1600年頃に成立した王朝。

(2) 大航海時代とは、15世紀後半以降，スペインやポルトガルがアジア航路の開拓に乗り出した時期をさす。アは12世紀後半，イは13世紀後半，エは19世紀前半。

(3) アメリカの北部では産業革命がすすみ保護貿易を主張したのに対して，奴隷を用いて綿花栽培がさかんな南部は輸出を拡大するため自由貿易を主張した。**南北戦争**中に「人民の，人民による，人民のための政治」を説く演説を行った**リンカン**大統領率いる北部が勝利した。

(4) (a) **国際連盟**の本部はスイスのジュネーブに置かれ，発足当初の常任理事国はイギリス・フランス・日本・イタリアの4か国。アメリカは議会の反対にあい参加しなかった。 (b) アが1940年，イが1932年，ウが1936年，エが1918年のできごと。 (c) **世界恐慌**であふれた失業者に仕事と賃金を与えて購買力を高めるために，テネシー川流域総合開発公社(TVA)などを設立した。

5 **(公民的分野―憲法の原理・基本的人権，三権分立・国の政治の仕組み，国民生活と社会保障，財政・消費生活・経済一般，国際社会との関わり)**

(1) 憲法改正の手続きについては，日本国憲法第96条に規定されている。

(2) (a) Xは1月から開催されていることから**通常国会**，Zは衆議院総選挙後に開催されていることから**特別国会**，残ったYが臨時国会と判断する。エは衆議院の解散中の緊急時に開催する。

(b) 日本国憲法第78条には「裁判官は，…公の弾劾によらなければ罷免されない。」とある。最高裁判所の裁判官は，**弾劾裁判**のほか，**国民審査**でも辞めさせることができる。

(3) 資料3から，使用者と対等な立場に立つために労働者が労働組合を結成する権利を認める法律であることが読み取れる。この権利を**団結権**という。

(4) 資料4の**京都議定書**で，先進国の二酸化炭素排出量の削減目標を定めたことから判断する。アはラムサール条約。

(5) 固定資産税は所有する土地や家屋にかかる税。Aには所得税のエ，Bには自動車税のウ，Cには地方消費税のイがあてはまる。

(6) 各大臣の隔意のない意見交換を実現するため，**閣議**は原則非公開で行われる。

(7) (a) **社会権**には生存権のほか，教育を受ける権利(第26条)，勤労の権利(第27条)，労働三権(第28条)が含まれる。 (b) 国民年金保険料を負担するのは20歳以上60歳未満，受給するのは原則65歳以上であることから判断する。

＜国語解答＞

1 ① あつか(う)　② しぼ(る)　③ ゆかい　④ ていさい　⑤ 額
⑥ 幼(い)　⑦ 混雑　⑧ 円熟

2 (一) イ　(二) 二学期の準備　(三) エ　(四) (例)メガネ姿を川野さんに見られることも嫌だったが，川野さんが似合うと言ってくれた(から。)　(五) ウ

3 (一) ウ　(二) (例)湿度が高い　(三) (例)紫外線を吸収して，次の年の芽が傷つけられることから守る(こと。)　(四) イ　(五) ア

4 (一) においおこせよ　(二) ア　(三) エ　(四) (例)主人の詠んだ歌に返事をした

5 (一) エ　(二) ウ　(三) イ
(四) (例一)私は，学校の近くにある山や森，海岸などでごみ拾いをするボランティア活動を学校で企画すればよいと思います。
　ボランティア活動に参加した理由として「社会の役に立ちたいから」が最も多く挙げられています。だから，参加者を増やすためには，ごみ拾いをするボランティア活動が地域の環境を守ることにつながるということをポスターに書いて掲示したり，校内放送で呼びかけたりすればよいと考えます。
(例二) 学校や地域で花を植えて，見る人の心がいやされるような，美しい花壇をつくる活動をすればよいのではないだろうか。
　資料3では，ボランティア活動に参加したことがない理由として，「時間がないから」「何をすればよいのかわからないから」が挙げられている。だから，昼休みや放課後に，校門の周りや地域の公園へ短時間で少しずつ花を植えていく活動の案内チラシをつくり，配布すれば参加者が増えると考える。

＜国語解説＞

1 (知識問題－漢字の読み書き)

① 「扱う」は，ものを使用したり操作したりするという意味。
② 音読みは「**サク**」で，熟語は「搾取」などがある。
③ 「愉快」は，楽しくて気分のよいこと。
④ 「体裁」は，見た目，形式のこと。
⑤ 音読みは「**ガク**」で，熟語は「額縁」などがある。
⑥ 音読みは「**ヨウ**」で，熟語は「幼稚」などがある。
⑦ 「混雑」は，多くの人が集まって混み合うという意味。
⑧ 「円熟」は，技術や知識，人格などが十分に発達して豊かであるという意味。

2 (小説－情景・心情，文脈把握，文と文節，書写)

(一) 楷書では四画で書く部分だが，行書では二画になる。
(二) 川野さんは「明日から二学期だから」と，メガネのクリーニングや調整をする理由を説明している。また，クリーニングと調整が終わったときには「二学期の準備」が完了したと言っており，この部分から抜き出せる。
(三) 「メガネ／を／かけ／て／帰っ／て／くる」の七単語に分けられる。

(四)　なっちゃんは，「最初はメガネ姿を川野さんに見られることも嫌だった」が，その思いに反するかのように，川野さんは「似合うよ」「いいフレーム選んだんだね」と，メガネ姿をほめてくれた。そのために，「照れ」を感じながらも「胸がふわっと温もった」ようなうれしさも感じたのである。

(五)　なっちゃんと川野さんは，ずっとメガネについての話をしている。その過程でなっちゃんは，「最初はメガネ姿」を「見られることも嫌だった」のに，「クリスマスプレゼントにかわいいメガネを買ってもらうのっていいな」と思ったり，「メガネって面白い」と言う川野さんに共感したりしている。メガネに対する気持ちが前向きなものに変化していったのである。

3 (説明文－内容吟味，段落・文章構成，品詞・用法)

(一)　動詞の活用の種類は，打ち消しの「ない」をつけた未然形の活用語尾の音で確かめる。「隠れ」は，「隠れる」の連用形。未然形は「隠れ」と，活用語尾がエ段音になるので，**下一段活用**。「隠し」は，「隠す」の連用形。未然形は「隠さ」と，活用語尾がア段音になるので，**五段活用**。

(二)　「紅葉の名所」となると，「高い山の中腹の，太陽の光がよく当たる斜面が多く」なる理由を探す。「アントシアニンがきれいにつくられるため」の「三つの条件」以外に，「湿度の高い場所」が紅葉に適しているということが述べられている。

(三)　イチョウの「黄色い色素」には「太陽の光に含まれる紫外線の害を防ぐ働き」があると説明されている。その働きがあるため，色素は「紫外線を吸収して，次の年の春に活躍する芽」を「傷つけられることから」守ることができるのである。

(四)　カロテノイドは緑色の下に隠れている色素であるが，対してアントシアニンは緑色の色素がなくなるにつれて「新たにつくられ」るものである。そのような違いがあるため，イチョウの黄葉は「必ず同じような黄色」になるが，カエデなどの紅葉は「年によっても，場所によっても，色づきが異なる」のである。

(五)　「主役を務めます」など，植物を擬人化した表現が見られるので，アが合う。イは「常体で統一する」が誤り。「常体」とは「～だ，～である」調のこと。ウは，実験の結果については書かれていないので誤り。黄葉と紅葉という異なる性質について説明している文章なので，「相反する考え方を示す」としているエも誤り。

4 (古文，漢文・漢詩－内容吟味，仮名遣い，古文の口語訳)

＜口語訳＞　菅原道真が，大宰府に旅立つことを決心されたころ，「春風が吹いたのならば香りを立たせてくれ，梅の花よ。主人がいないとしても春を忘れてはいけない」という歌を詠み残して，都を出て，筑紫にお移りになった後，その紅梅殿に梅の一本の枝が飛んできて，生えついた。

あるとき，この梅に向かって，「ふるさとの花が何かを話すような世であったなら，どうにかして昔のことを尋ねただろうに」とお詠みになったとき，この木は，「先人の旧宅では，垣根が昨年から荒れはてて，鹿たちの住み家と化し，主人がいなくなり青空のみが澄みわたる」と返事をしたというのは，驚くほどでしみじみとすることだが，想像もつかないことではないか。

(一)　歴史的仮名遣いのハ行は，**現代仮名遣いのワ行**にあたる。

(二)　「な～そ」は，「～するな」という意味である。

(三)　「先人」の次に「故宅」を読み，最後に「於」という順番で読みたいので，「宅」に一点をつけ，「於」に二点をつける。

(四)　道真は，梅に向かって昔のことを尋ねたいという意味の歌を詠んでいる。梅はその歌に対し，旧宅の様子を伝える漢詩を返している。

5 (会話・議論・発表－脱文・脱語補充，作文(自由・課題))

(一) 資料1が示している内容が入る。ボランティア活動に参加したことがある生徒が62人なのに対し，参加したことがない生徒は228人である。よって，エが合う。

(二) そうたさんは，空欄の後で，ボランティア活動について「災害救助や被災地の復興支援」というう具体的なイメージを語っている。よって，ウ「特別なこと」がよい。

(三) そうたさんの発言内容は，ボランティア活動について自分の具体的なイメージや，資料1の結果となった理由が含まれている。

(四)「私たちにも参加できて，今まで参加したことがない人も『やってみよう』と思えるようなボランティア活動があるのではないかな」というはるとさんの発言に注目し，そのようなボランティア活動を具体的に挙げるとよい。さらに，参加者を増やすためにどうすべきかということについて，自分自身の考えを示すこと。

MEMO

大切なことはメモしておこうネ！

解答用紙集

○月×日　△曜日　天気（合格日和）

◆ご利用のみなさまへ

＊解答用紙の公表を行っていない学校につきましては、弊社の責任において、解答用紙を制作いたしました。

＊編集上の理由により一部縮小掲載した解答用紙がございます。

＊編集上の理由により一部実物と異なる形式の解答用紙がございます。

人間の最も偉大な力とは、その一番の弱点を克服したところから生まれてくるものである。――カール・ヒルティ――

東京学参株式会社

三重県公立高校　　2024年度

◇数学◇

※ 154%に拡大していただくと，解答欄は実物大になります。

受　検　番　号
番

得　　点

1

(1)		(2)		(3)	
(4)	$x=$　　　，$y=$	(5)			
(6)	$x=$	(7)	$n=$	(8)	$\leqq y \leqq$
(9)	点	(10)	°	(11)	°
(12)					

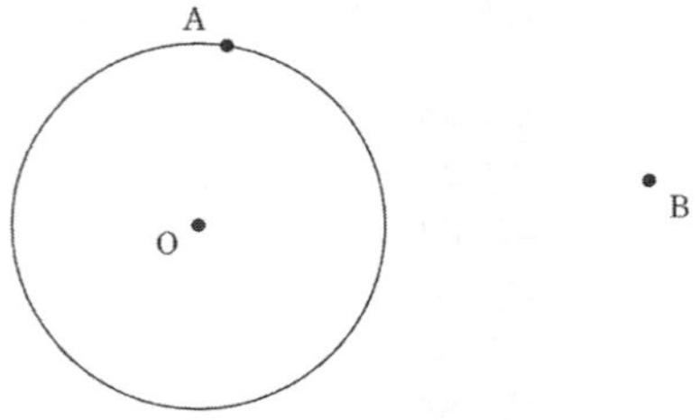

2

(1)	人	(2)	人

3

(1)		(2)	

4

(1)	①		②	
	③		④	
(2)	A組の生徒　　　人，りんご　　　個，みかん　　　個			

5

(1)	A（　　　，　　　）	(2)	cm^2
(3)		(4)	$x=$

6

(1)	〈証　明〉	
(2)	①	cm
	②	線分DE：線分EG：線分GC＝　　：　　：

7

(1)	cm^2	(2)	正四角錐P：三角錐Q＝　　：
(3)	cm		

三重県公立高校　2024年度

◇英語◇

※ 147%に拡大していただくと，解答欄は実物大になります。

受検番号
番

得点

1

(1)						
(2)	No. 1		No. 2		No. 3	
(3)	No. 1		No. 2			
	No. 3		No. 4			
(4)	No. 1		No. 2		No. 3	

2

(1)	No. 1	①		②	
	No. 2				
(2)					

3

(1)	①	
	②	
	③	
(2)	①	
	②	
	③	

4

(1)	①		②	
(2)	A		B	
(3)				
(4)				

三重県公立高校　2024年度

◇理科◇

※ 147％に拡大していただくと，解答欄は実物大になります。

受検番号	得点
番	

1

(1)		(2)	C	D	
(3)					

2

(1)		(2)	(a)	(b)	N

3

(1)		(2)	cm
(3)			
(4)			

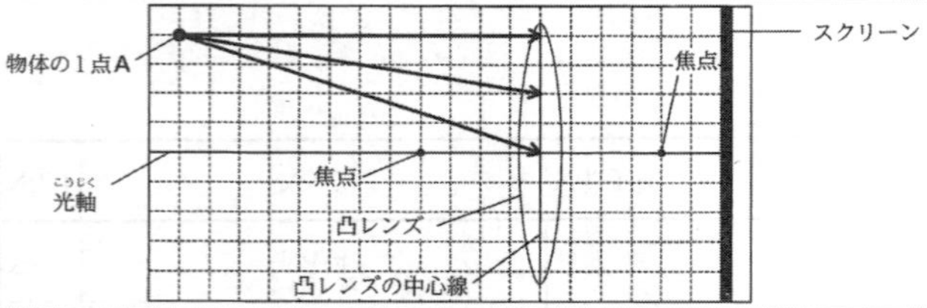

4

(1)	(a)		(b)		(c)	の法則
(2)						

5

(1)	(a)		(b)	
	(c)	マグマが		
	(d)			
(2)	(a)		(b)	(3)

6

(1)				
(2)	(a)		(b)	
	(c)	A →　→　→　→　→		
	(d)	あ	い	
(3)				

7

(1)	(a)	→		
	(b)		(c)	
	(d)	加えたうすい水酸化ナトリウム水溶液の体積と水溶液中のナトリウムイオンの数の関係		
		加えたうすい水酸化ナトリウム水溶液の体積と水溶液中の水酸化物イオンの数の関係		
(2)				
(3)	あ		い	
	うえ			

8

(1)	(a)	A	(b)	
	(c)	倍	(d)	W
(2)	(a)	A		
	(b)	$I_1 : I_2 =$　：	(c)	

三重県公立高校　2024年度

◇社会◇

※ 147％に拡大していただくと，解答欄は実物大になります。

受検番号	得点
番	

1

(1)		(2)		(3)	
(4)					
(5)					
(6)		(7)			

2

(1)		(2)	
(3)			
(4)		(5)	
(6)			
(7)			

3

(1)		(2)		(3)	
(4)	異国船打払令をやめ，				
(5)					
(6)					
(7)					

4

(1)	
(2)	
(3)	
(4)	
(5)	アメリカとの貿易において，
(6)	

5

(1)				
(2)	(a)		(b)	
(3)	(a)		(b)	
(4)				
(5)				
(6)			(7)	
(8)				

三重県公立高校　2024年度

◇国語◇

※ 147％に拡大していただくと，解答欄は実物大になります。

受検番号　　番

得点

1

① む

② す

③

④

⑤ みじか い

⑥ な らす

⑦ かん ばん

⑧ じゃっ かん

2

(一)

(二)

(三)

(四) 25 35 45 ことに気づいたから。

(五)

3

(一) ○

(二)

(三) 5 10

(四)

(五) 25 35

4

(一)

(二)

(三)

(四)

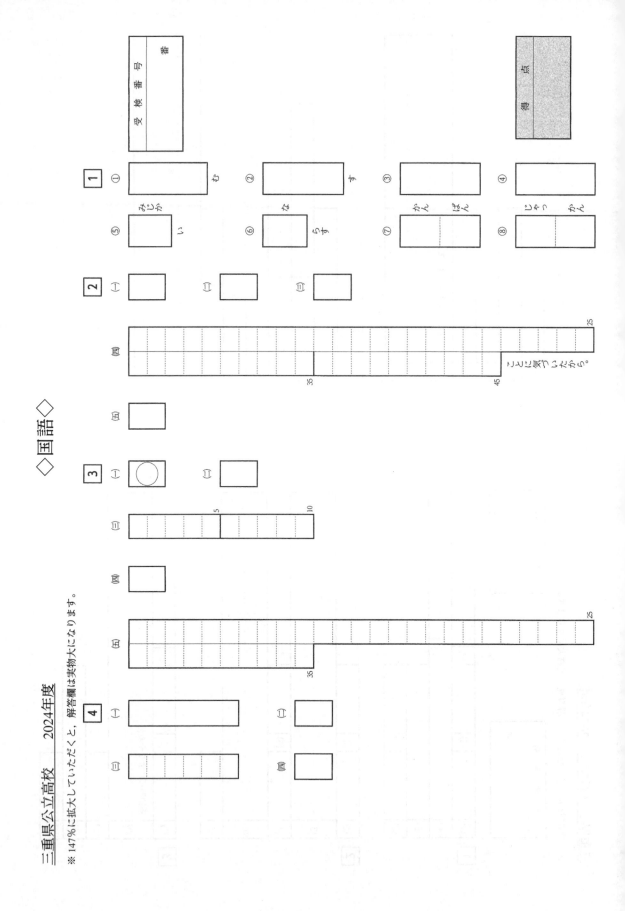

5

(一)

(二)

(三)

―おわり―

2024年度入試配点表(三重県)

	1	2	3	4	5	6	7	計
数学	(1)~(5) 各1点×5 他　各2点×7	各2点×2	各2点×2	(1) 各1点×2 (①·②,③·④各完答) (2)2点(完答)	(1)　1点 他　各2点×3	(1)　3点 (2)　各2点×2	(1)　1点 他　各2点×2	50点

	1	2	3	4	計
英語	(1)·(2)　各1点×4 他　各2点×7	各2点×4	各2点×6	(2)　各1点×2 他　各2点×5	50点

	1	2	3	4	計
理科	各1点×4 ((3)完答)	(2)(b)　2点 他　各1点×2	(3)　2点 他　各1点×3	各1点×4	50点
	5	6	7	8	
	(1)(c)　2点 他　各1点×6	(2)(c)　2点 他　各1点×6 ((2)(c)完答)	各1点×9	(2)(b)　2点 他　各1点×6	

	1	2	3	4	5	計
社会	(4),(5) 各2点×2 他　各1点×5	(3),(6) 各2点×2 他　各1点×5	(4),(6) 各2点×2 他　各1点×5	(2),(3),(5) 各2点×3 他　各1点×3	(1),(2)(b),(5),(8) 各2点×4 他　各1点×6	50点

	1	2	3	4	5	計
国語	各1点×8	(四),(五) 各3点×2 他　各2点×3	(三),(五) 各3点×2 他　各2点×3	各2点×4	(二)　6点 他　各2点×2	50点

◇数学◇

※ 152％に拡大していただくと，解答欄は実物大になります。

受　検　番　号
番

得　　点

1

(1)		(2)		(3)	
(4)		(5)	$x=$	(6)	$n=$
(7)	$x=$	(8)	$\angle x=$　　°		
(9)				(10)	秒

(11)

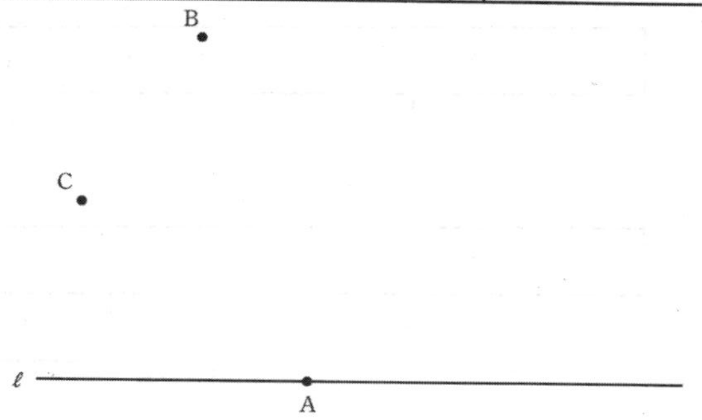

2

(1)	点	(2)	$m=$　　, $n=$		
(3)		(4) ①		②	

3

(1) ①		②	
(2)	陸上競技大会に参加した小学生　　人，中学生　　人		

4

(1)		(2)	$a=$

5

(1)	B（　　，　　）	(2)	$a=$　　, $b=$
(3)	cm^2	(4)	$x=$

6

(1)	〈証　明〉		
(2) ①	cm	②	cm

7

(1)	cm^3	(2)	cm

三重県公立高校　2023年度

◇英語◇

※ 149%に拡大していただくと，解答欄は実物大になります。

受検番号
番

得点

1

(1)						
(2)	No. 1		No. 2		No. 3	
(3)	No. 1		No. 2			
	No. 3		No. 4			
(4)	No. 1		No. 2		No. 3	

2

(1)	No. 1	①		②	
	No. 2				
(2)					

3

(1)	①	
	②	
	③	
(2)	①	
	②	
	③	

4

(1)	①		②	
(2)	A		B	
(3)				
(4)				

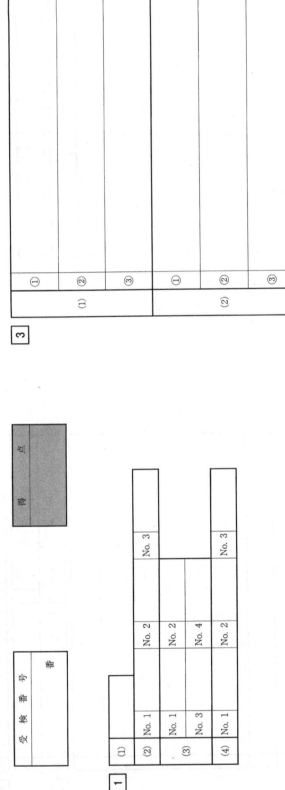

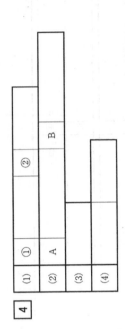

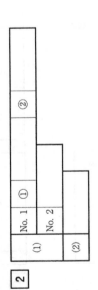

三重県公立高校　2023年度

◇理科◇

※ 152%に拡大していただくと，解答欄は実物大になります。

受検番号
番

得点

1

(1)				
(2)				
(3)	試験管に入れる液		結果	

2

(1)	X Y		あ	
(2)	%			

3

(1)	(a)		(b)	
(2)	(a)	Hz	(b)	

4

(1)	水の割合が最も高い		エタノールの割合が最も高い	
(2)				
(3)	あ		い	

5

(1)	(a)						
	(b)	あい		う		(c)	
(2)	(a)		(b)				
	(c)	さそり座は					
	(d)						

6

(1)	(a)		(b)		
(2)	(a)				
	(b)	記号		名称	
	(c)		(d)	g	
	(e)				

7

(1)	(a)		(b)	銅：酸素 ＝ ：
	(c)	g		
(2)	(a)	試験管 a に		
	(b)	(i)		
		(ii)		
	(c)	→		

8

(1)	(a)		(b)	J			
	(c)	X		Y		Z	
	(d)						
(2)	(a)	W	(b)	cm/s			

三重県公立高校　2023年度

◇社会◇

※ 147％に拡大していただくと，解答欄は実物大になります。

受検番号
番

得点

1

(1)	(a)	
	(b)	
	(c)	
(2)	(a)	
	(b)	
(3)	(a)	
	(b)	

2

(1)		
(2)	(a)	都市
	(b)	
(3)		
(4)		
(5)		
(6)		

3

(1)		
(2)		
(3)		
(4)	(a)	
	(b)	
(5)		
(6)		

4

(1)		
(2)		
(3)	(a)	
	(b)	
(4)		
(5)		条約
(6)		

5

(1)		
(2)		
(3)	(a)	他の年代と比べて，
	(b)	
(4)		
(5)	(a)	
	(b)	
(6)		
(7)		

三重県公立高校　2023年度

◇国語◇

※ 149％に拡大していただくと，解答欄は実物大になります。

受検番号
番

得点

1

①　　く

②　　げる

③

④

⑤　つ　　げる

⑥　うやま　　う

⑦　せき　にん

⑧　さん　さく

2

(一)　○

(二)　（20字）

(三)

(四)　（80字）と考えるようになった。

(五)

3

(一)

(二)

(三)

(四)　a　b　c

(五)　（55字）

4

(一)

(二)

(三)　（15字）

(四)

5

(一)

(二)

(三)

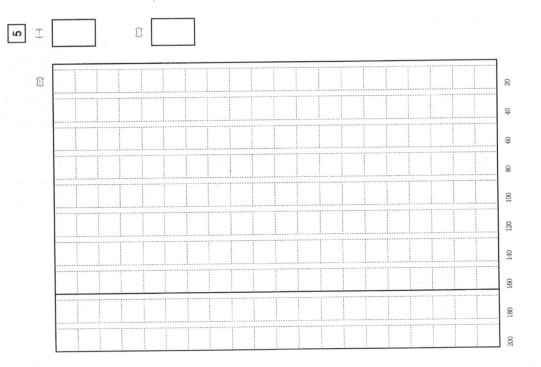

2023年度入試配点表(三重県)

	1	2	3	4	5	6	7	計
数学	(1)~(4) 各1点×4 他　各2点×7 ((9)完答)	(1),(4) 各1点×3 他　各2点×2 ((2),(3)各完答)	各1点×3 ((2)完答)	各2点×2	(1)　1点 他　各2点×3 ((2),(4)各完答)	(1)　3点 (2)　各2点×2	各2点×2	50点

	1	2	3	4	計
英語	(1)・(2)　各1点×4 他　各2点×7	各2点×4	各2点×6	(2)　各1点×2 他　各2点×5	50点

	1	2	3	4	計
理科	(3)　2点(完答) 他　各1点×2	(1)　各1点×2 (2)　2点	(2)(a)　2点 他　各1点×3	各1点×4 ((1)完答)	50点
	5	6	7	8	
	各1点×8	各1点×8	(1)(c),(2)(c)　各2点×2 他　各1点×5	(2)(b)　2点 他　各1点×6 ((1)(c)XY完答)	

	1	2	3	4	5	計
社会	(1)(b),(3)(b) 各2点×2 他　各1点×5	(2)(a),(4) 各2点×2 他　各1点×5	(3),(4)(b) 各2点×2 他　各1点×5	(5),(6) 各2点×2 他　各1点×5	(1),(2),(5) 各1点×4 他　各2点×5	50点

	1	2	3	4	5	計
国語	各1点×8	(四),(五) 各3点×2 他　各2点×3	(四)　各1点×3(b・c各完答)　(五)　3点 他　各2点×3	各2点×4	(三)　6点 他　各2点×2	50点

三重県公立高校　　2022年度

◇数学◇

※ 152%に拡大していただくと，解答欄は実物大になります。

受検番号
番

得点

1

(1)		(2)		(3)	
(4)		(5)		(6)	$y=$
(7)	$x=$	(8)			

2

(1)	①	m						
	②	(figure below)						
	③	(i)		(ii)				
(2)	①	(A)		(B)		(C)		(D)
	②	歩いた道のり	m	走った道のり	m			
(3)	①		②	$n=$				

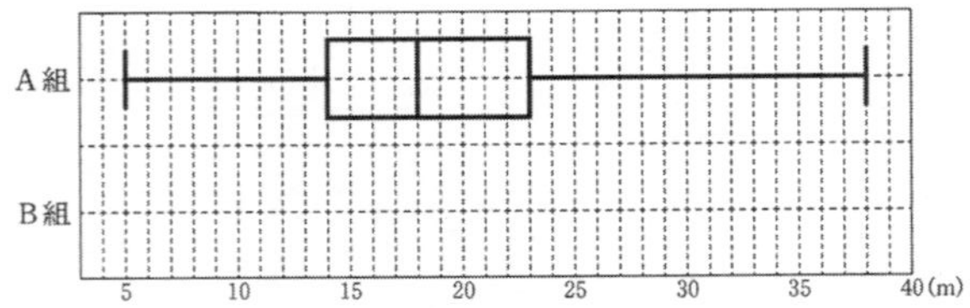

3

(1)	A（　　，　　）	(2)	$y=$	
(3)	①	C（　　，　　）	②	D（　　，　　）

4

(1)	①	cm	②	cm
(2)				

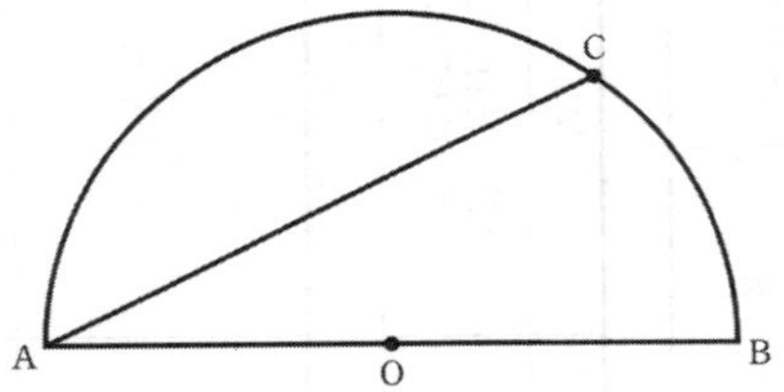

5

(1)	(ア)		(イ)	
	(ウ)			
(2)	〈証　明〉			
(3)	①	cm		
	②	△IEC : △AGH =　　：		

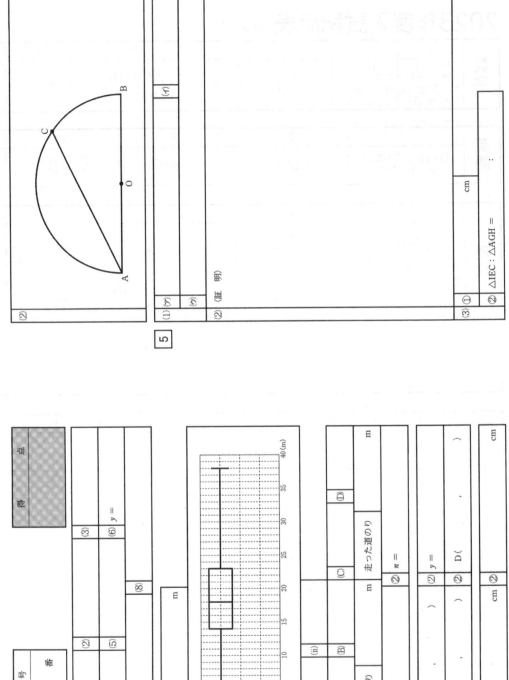

三重県公立高校　2022年度

◇英語◇

※ 149%に拡大していただくと，解答欄は実物大になります。

受検番号
番

得点

1

(1)						
(2)	No. 1		No. 2		No. 3	
(3)	No. 1		No. 2			
	No. 3		No. 4			
(4)	No. 1		No. 2		No. 3	

2

(1)	No. 1	①		②	
	No. 2				
(2)					

3

(1)	①	
	②	
	③	
(2)	①	
	②	
	③	

4

(1)	①		②	
(2)	A		B	
(3)				
(4)				

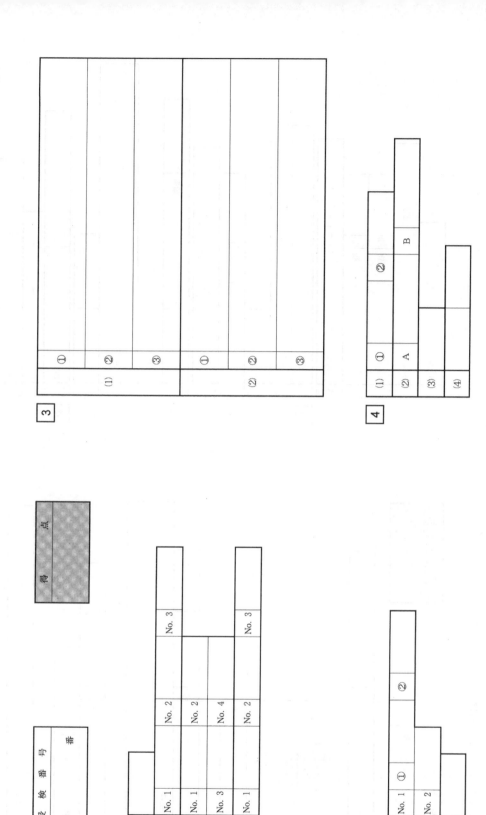

三重県公立高校　　2022年度

◇理科◇

※ 152％に拡大していただくと，解答欄は実物大になります。

受検番号
番

得点

1

(1)	(a)	角	(b)	度
(2)	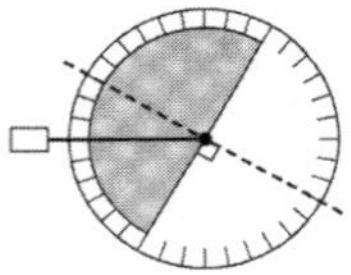			
(3)	度			

2

(1)		(2)		(3)	
(4)	金星は				

3

(1)	形質	(2)		
(3)	黒色		黄色	

4

(1)	(a)	ビーカーA		ビーカーB		ビーカーC	
	(b)						
(2)	(a)		(b)	%			

5

(1)	(a)	あ		い	
	(b)	名称		記号	
	(c)	植物	(d)		
	(e)	類	(2)		
(3)	Xのグループ		Zのグループ		

6

(1)	(a)	(i)	→			
		(ii)	→			
	(b)					
(2)	(a)	エネルギー	(b)			
	(c)		(d)	(i)	(ii)	

7

(1)	(a)		(b)	前線	(c)
	(d)	記号			
		変化			
(2)	(a)		(b)		

8

(1)	(a)		(b)		
	(c)	→　→　→			
(2)	(a)		(b)		(c)
	(d)	コイルが180°回転するごとに，　はたらき			

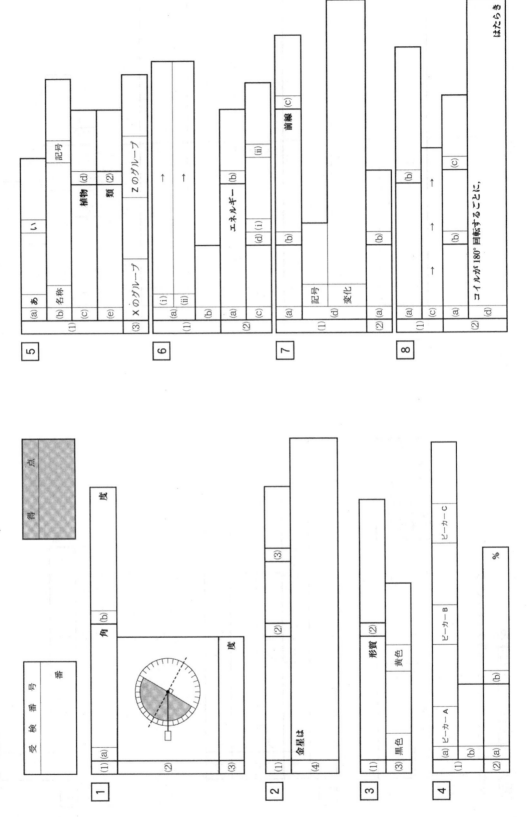

三重県公立高校　2022年度

◇社会◇

※ 147%に拡大していただくと，解答欄は実物大になります。

受検番号
番

得点

1

(1)	(a)		(b)	
(2)	(a)		(b)	
(3)	(a)			
	(b)			
(4)	(a)		(b)	

2

(1)							
(2)	国際空港						
(3)		(4)		(5)		(6)	
(7)							

3

(1)		(2)		(3)		
(4)						
(5)		(6)				
(7)	記号					
	理由					

4

(1)		(2)	
(3)			
(4)			
(5)			
(6)			

5

(1)				
(2)				
(3)	(a)			
	(b)			
(4)	(a)		(b)	
(5)	実際のアンケート結果と比べて，			
(6)		(7)		
(8)				

◇国語◇

三重県公立高校　2022年度

※ 149％に拡大していただくと，解答欄は実物大になります。

受検番号　番

得点

1

① やか
② める
③
④
⑤《おとず》れる
⑥《ゆだ》ねる
⑦《すい》《そく》
⑧《おう》《ふく》

2

(一)
(二)
(三)
(四)
(五) ということ。

3

(一)
(二)
(三)
Ⅰ(四)
Ⅱ(四)

4

(一)
(二)
(三)
(四)

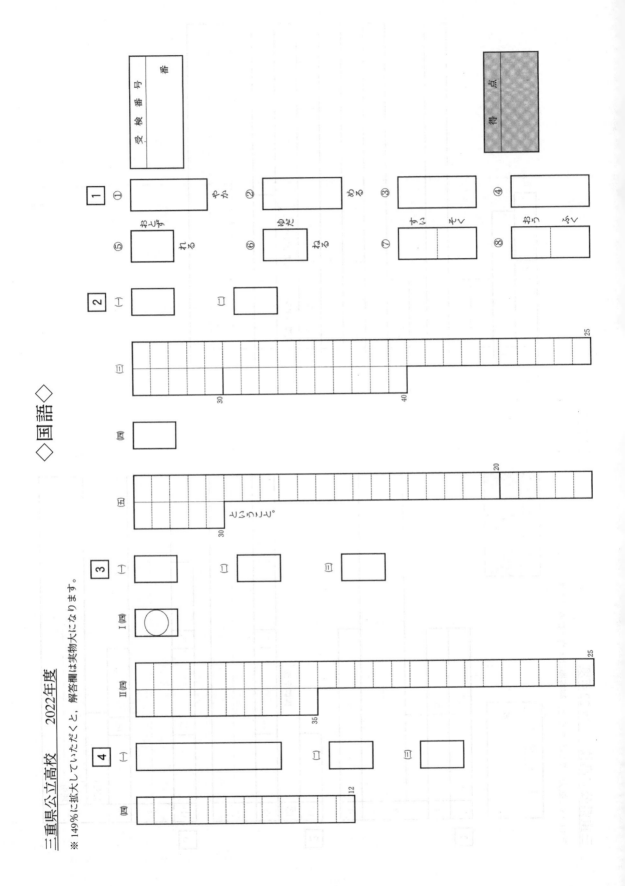

5

(一)

(二)

(三)

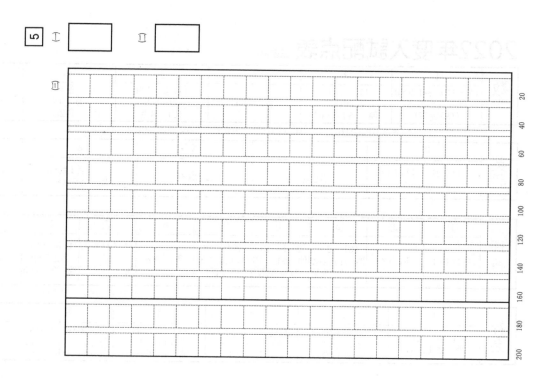

2022年度入試配点表(三重県)

	1	2	3	4	5	計
数学	(1)～(3)　各1点×3 他　各2点×5 ((8)完答)	(1)②,(3) 各2点×3 他　各1点×6*	各2点×4	(1)①　1点 ②　2点 (2)　3点	(1)　各1点×3 (2)　4点 (3)　各2点×2	50点

*(2)①(A)・(B)と(C)・(D)はそれぞれ両方正答の場合のみ1点。(2)②,(3)②各完答)

	1	2	3	4	計
英語	(1)・(2)　各1点×4 他　各2点×7	各2点×4	各2点×6	(2)　各1点×2 他　各2点×5	50点

	1	2	3	4	5	6	7	8	計
理科	各1点×4	各1点×4	(3)　2点 他　各1点×2 ((2),(3)各完答)	(2)(b)　2点 他　各1点×3 ((1)(a)完答)	各1点×8 ((1)(a),(3) 各完答)	各1点×8	(1)(d)変化 2点 他 各1点×6*	(1)(c),(2)(d) 各2点×2 他　各1点×5	50点

*(1)(d)記号が「ウ」の場合のみ，採点対象

	1	2	3	4	5	計
社会	(3)(b)　2点 他　各1点×7	(2)・(7) 各2点×2 他　各1点×5	(4)・(7)　各2点×2 他　各1点×5 ((7)完答)	(1)・(2)・(4) 各1点×3 他　各2点×3	(2)・(3)(b)・(5)・(8) 各2点×4　他　各1 点×6((4)(b)完答)	50点

	1	2	3	4	5	計
国語	各1点×8	(三)・(五) 各3点×2 他　各2点×3	(四)　各3点×2 他　各2点×3	各2点×4	(三)　6点 他　各2点×2	50点

三重県公立高校　2021年度

◇数学◇

※ 154％に拡大していただくと，解答欄は実物大になります。

受検番号	得点
番	

1

(1)		(2)		(3)	
(4)		(5)			
(6)	$x=$				
(7) ①		②			

2

(1)	①	$a=$	②	10時　　分
	③	10時　　分		
(2)	①		②	
	③		④	
	⑤		⑥	
(3)	①		②	

3

(1)	A(　　,　　)	(2)	$\leqq y \leqq$
(3)	E(　　,　　)	(4)	

4

(1) ①	cm	②	cm

(2)

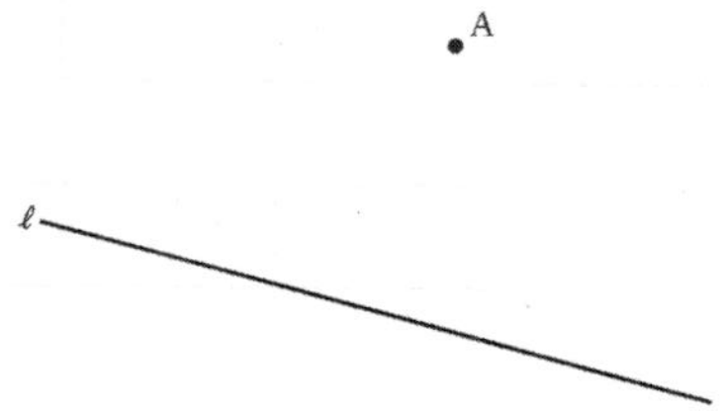

5

(1)	(ア)		(イ)
	(ウ)		
(2)	〈証　明〉		
(3) ①	cm	②	△BFG：△OFG＝　　：

三重県公立高校　2021年度

◇英語◇

※ 147%に拡大していただくと，解答欄は実物大になります。

受検番号
番

得点

1

(1)						
(2)	No. 1		No. 2		No. 3	
(3)	No. 1		No. 2			
	No. 3		No. 4			
(4)	No. 1		No. 2		No. 3	

2

(1)	No. 1	①		②	
	No. 2				
(2)					

3

(1)	①	
	②	
	③	
(2)	①	
	②	
	③	

4

(1)	①		②	
(2)	A		B	
(3)				
(4)				

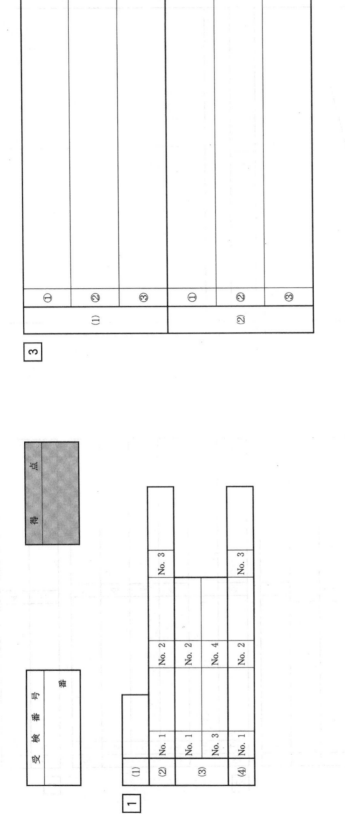

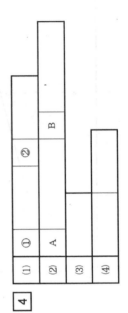

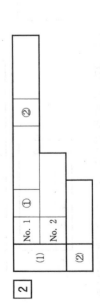

三重県公立高校　2021年度

◇理科◇

※ 152％に拡大していただくと，解答欄は実物大になります。

受検番号	得点
番	

1

(1)	(a)		(b)	
(2)	A → → → → →			

2

(1)		(2)	
(3)			

3

(1)	cm^3	(2)		(3)	

4

(1)		(2)		
(3)	(a)	N	(b)	

5

(1)	(a)	X	(b)	
	(c)	動物	(d)	あ　　い
(2)	(a)	A　膜	(b)	う
	(c)			

6

(1)	(a)		(b) あ	(c)
	(d)	陽イオン	陰イオン	
(2)	(a)	加えたうすい塩酸の体積と水素イオンの量との関係		
		加えたうすい塩酸の体積と塩化物イオンの量との関係		
	(b)	→		

7

(1)		(2)	→ → →	
(3)	(a)		(b)	組織
	(c)	岩		
	(d)	マグマが　冷やされたから。		
	(e)			

8

(1)	(a)	A	(b)	V
(2)	(a)	J		
	(b)			
(3)	(a)	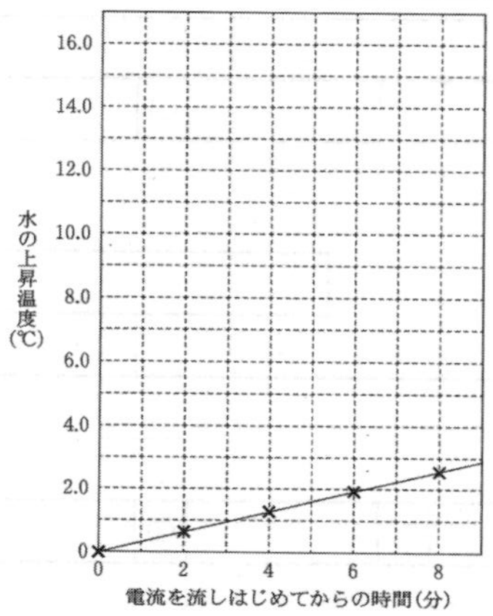		
	(b)	分　秒後		

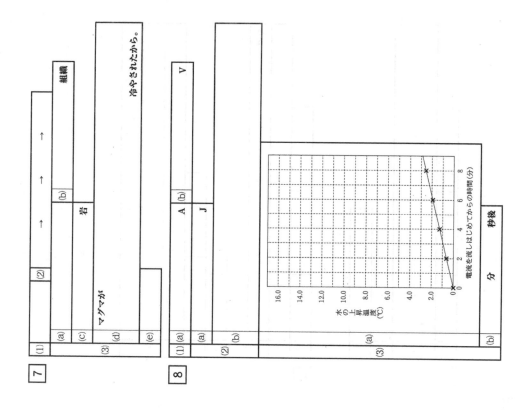

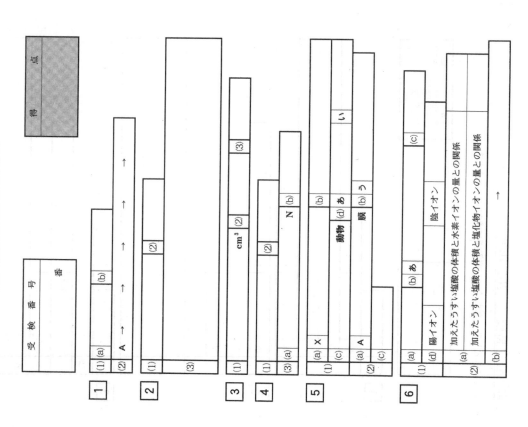

三重県公立高校　2021年度

◇社会◇

※ 152％に拡大していただくと，解答欄は実物大になります。

受検番号
番

得点

1

(1)				
(2)	(a)		(b)	
	(c)			
(3)	(a)		(b)	

2

(1)	(a)		(b)	
	(c)			
(2)	(a)			
	(b)			
(3)				

3

(1)						
(2)						
(3)		(4)		(5)		
(6)	記号					
	理由					
(7)						

4

(1)		(2)		(3)	
(4)					
(5)					
(6)					

5

(1)		(2)		(3)	
(4)					
(5)	(a)	から			
	(b)				
(6)					
(7)	(a)		(b)		
(8)					

三重県公立高校　2021年度

◇国語◇

※ 152％に拡大していただくと，解答欄は実物大になります。

受検番号　　番

得点

1

① る

② げる

③

④

⑤ おぎな う

⑥ やしな う

⑦ たん じゅん

⑧ ひょう じゅん

2

(一)

(二)

(三)

(四) 16

(五) 25 50 55 65

3

(一)

(二)

(三)

(四) 20 25 30

(五)

4

(一)

5

(一)

(二)

(三)

(四) 5 10

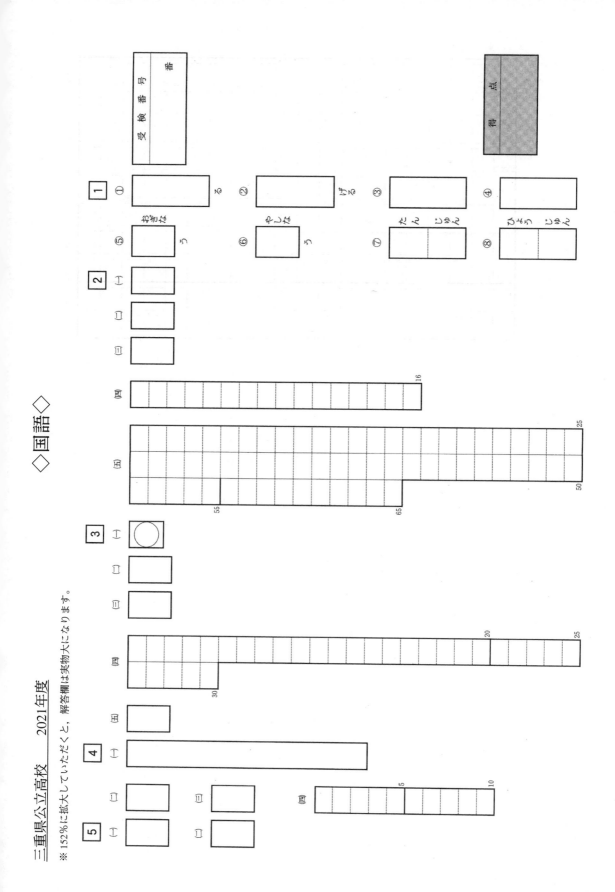

(三)

2021年度入試配点表（三重県）

数学	1	2	3	4	5	計
	(1)・(2)　各1点×2 他　各2点×5 ((7)完答)	(1)②・③,(3) 各2点×4 他　各1点×5*	各2点×4	(1)①　1点 ②　2点 (2)　3点	(1)　各1点×3 (2)　4点 (3)　各2点×2	50点

*(2)③・④と⑤⑥はそれぞれ両方正答の場合のみ1点。

英語	1	2	3	4	計
	(1)・(2)　各1点×4 他　各2点×7	各2点×4	各2点×6	(2)　各1点×2 他　各2点×5	50点

理科	1	2	3	4	5	6	7	8	計
	(1) 各1点×2 (2)　2点	(1)・(2) 各1点×2 (3)　2点	(1)　2点 他　各1点×2	各1点×4	各1点×8	(2)(b)　2点 他　各1点×7	(3)(d)　2点 他　各1点×6	(1)・(3)(a) 各1点×3 他　各2点×3	50点

社会	1	2	3	4	5	計
	(1)・(2)(a)・(3)(a) 各1点×3 他　各2点×3	(1)・(2)(a) 各1点×5 他　各2点×2	(2)・(6)　各2点×2 他　各1点×5 ((6)完答)	(1)～(3) 各1点×3 他　各2点×3	(4)・(5)(a)・(7)(a)・(8) 各2点×4 他　各1点×6	50点

国語	1	2	3	4	5	計
	各1点×8	(四)・(五) 各3点×2 他　各2点×3	(四)・(五) 各3点×2 他　各2点×3	各2点×4	(三)　6点 他　各2点×2	50点

受検番号	得点
番	

1

(1)		(2)		(3)	
(4)		(5)			
(6)	$x=$	(7)	$n=$		

2

(1) ① 円　② ㋐ 冊

② ㋑

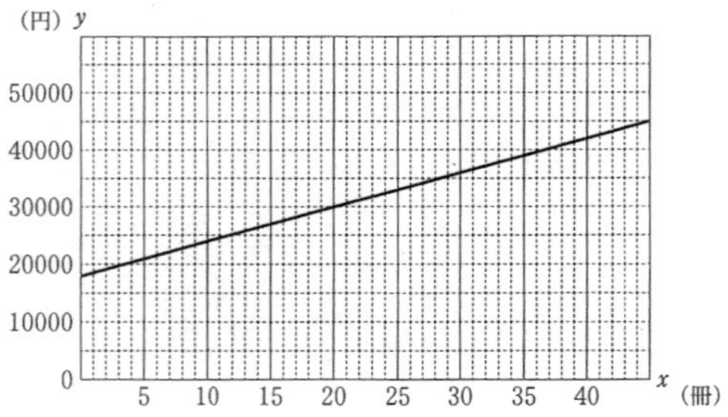

② ㋒ 冊以上

(2)	①		②	
	③		④	
(3)	①		②	

3

(1) $a=$	(2)	$\leqq y \leqq$
(3) ① D(　　,　　)	②	$y=$

4

(1) ① cm　② cm

(2)

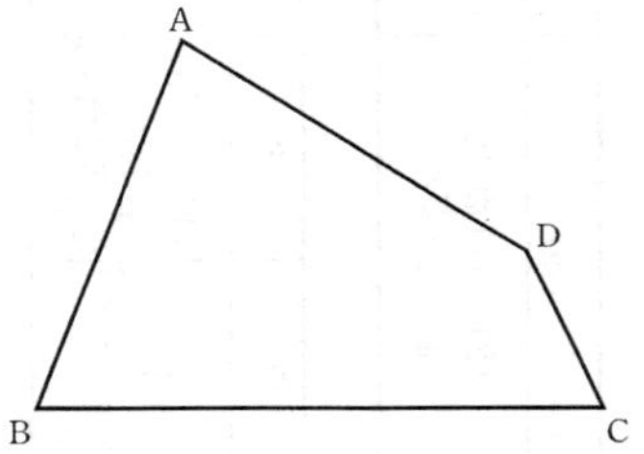

5

(1) ㋐		㋑
㋒		

(2) 〈証　明〉

(3) ① cm^2　② BG：FE＝　：

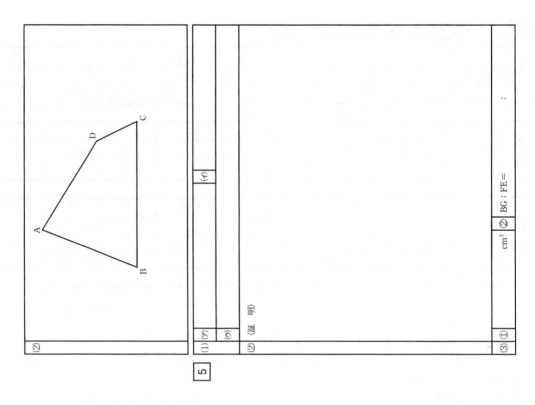

※この解答用紙は154％に拡大していただきますと，実物大になります。

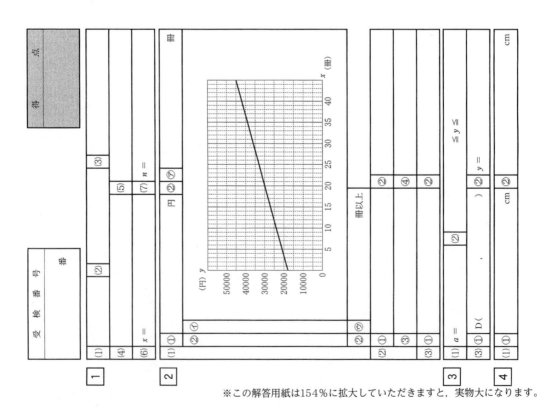

2020年度　三重県

受検番号	
	番

得点

1

(1)						
(2)	No. 1		No. 2		No. 3	
(3)	No. 1		No. 2			
	No. 3		No. 4			
(4)	No. 1		No. 2		No. 3	

2

(1)	No. 1	①		②
	No. 2			
(2)				

3

(1)	①	
	②	
	③	
(2)	①	
	②	
	③	

4

(1)	①		②	
(2)	A		B	
(3)				
(4)				

※この解答用紙は154%に拡大していただきますと，実物大になります。

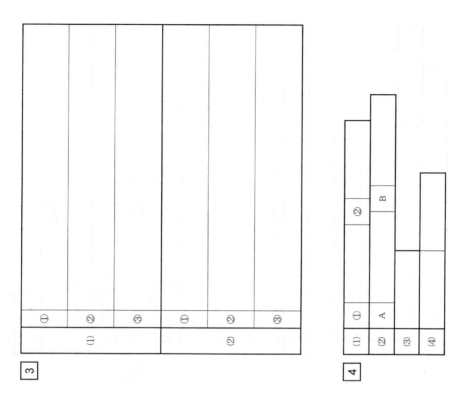

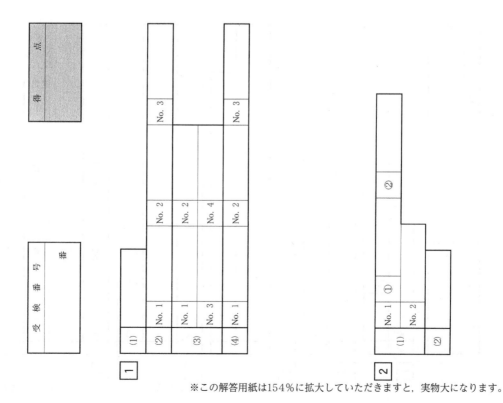

2020年度　三重県

受検番号	得点
番	

1

(1)	あ	(2)	X
(3)		(4)	

2

(1)					
(2)	A		B	(3)	

3

(1)	m		
(2)			
(3)	X		Y

4

(1)	A		B
(2)	(a)		
	(b)		

5

(1)	(a)	から　の向き	(b)	地球の	
	(c)				
(2)	(a)	度	(b)	時間後	(c)
	(d)	度	(3)		

6

(1)	(a)			
	(b)	A		B
(2)	(a)	マグネシウム：酸素 ＝　：	(b)	g
(3)	(a)		(b)	

7

(1)	(a)		(b)				
	(c)						
	(d)						
(2)	(a)	試験管 A で見られたBTB 溶液の色の変化は					
	(b)	あ	い		う		え
	(c)						

8

(1)	(a)		(b)	cm/秒
	(c)	位置エネルギー		
		運動エネルギー		
	(d)	運動		
(2)				
(3)				

※この解答用紙は154％に拡大していただきますと，実物大になります。

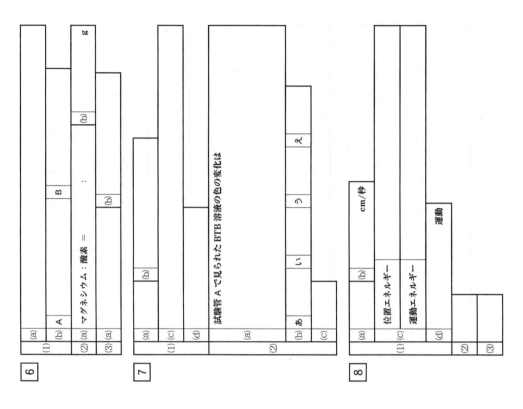

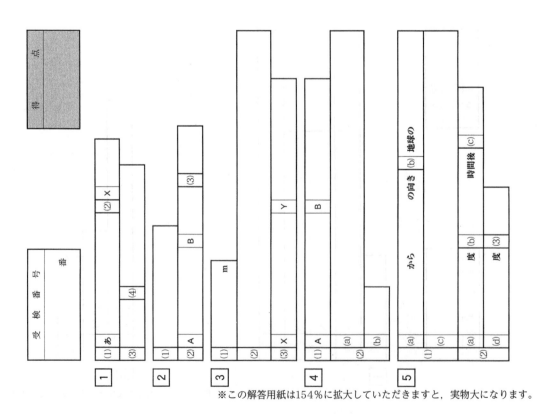

2020年度　三重県

受検番号
番

得点

1

(1)	(a)			
	(b)	ロンドンは，		
(2)	(a)		(b)	
(3)	Ⅰ		Ⅱ	

2

(1)	(a)		(b)	
(2)	(a)			
	(b)			
(3)	(a)			
	(b)			

3

(1)		
(2)		
(3)		
(4)		
(5)		
(6)	記号	
	理由	

4

(1)			(2)	
(3)				
(4)	(a)			
	(b)	→ → →		
	(c)			

5

(1)				
(2)	(a)			
	(b)			
(3)				
(4)			(5)	
(6)				
(7)	(a)	権		
	(b)			

※この解答用紙は200％に拡大していただきますと，実物大になります。

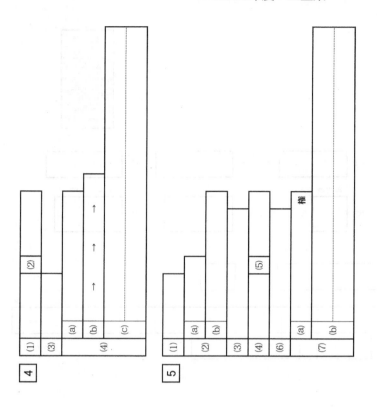

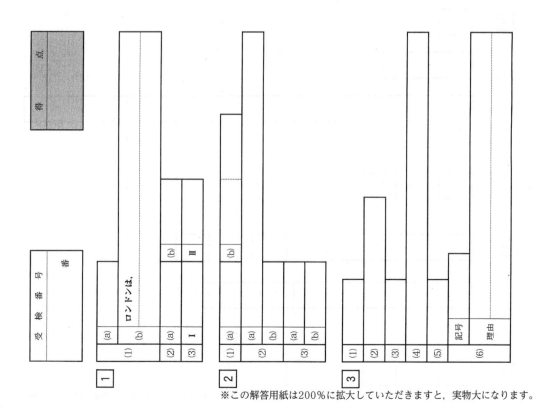

2020年度　三重県

受検番号　　番

得点

1

① 　う　② 　る　③ 　④

⑤ ひたい　⑥ おさな　い　⑦ こんざつ　⑧ えんじゅく

2

(一)　(二)　(三)

(四)　から。

(五)

3

(一)

(二)

(三)　こと。

(四)　(五)

4

(一)　(二)　(三)

(四)

5

(一)　(二)　(三)

※この解答用紙は１５４％に拡大していただきますと、実物大になります。

2020年度　三重県

(四)

※この解答用紙は１３９％に拡大していただきますと、実物大になります。

2020年度入試配点表（三重県）

	1	2	3	4	5	計
数学	(1)・(2)　各1点×2 他　各2点×5	(1)②㋐・㋒, (3) 各2点×4 他　各1点×5*	各2点×4	(1)①　1点 ②　2点 (2)　3点	(1)　各1点×3 (2)　4点 (3)　各2点×2	50点

*(2)③・④は両方正答の場合のみ1点。

	1	2	3	4	計
英語	(1)・(2)　各1点×4 他　各2点×7	各2点×4	各2点×6	(2)　各1点×2 他　各2点×5	50点

	1	2	3	4	5	6	7	8	計
理科	各1点×4 ((4)完答)	(2)　2点 他　各1点×2 (*)	(2)　2点 他　各1点×2 ((3)完答)	(2)(a)　2点 他　各1点×3	(1)(c)　2点 他　各1点×7 ((1)(a)完答)	(1)(a)・(2)(b) 各2点×2 他　各1点×4 ((1)(b)完答)	(2)(a)　2点 他　各1点×6 ((2)(b)完答)	(1)(b)　2点 他　各1点×6	50点

*(2)Aのみ正答の場合は1点, Bのみが正答の場合は不可。

	1	2	3	4	5	計
社会	(1)(a)　1点 他　各2点×4 ((3)完答)	(1)(a)・(2)(b)・(3)(a) 各1点×3 他　各2点×3	(1)・(3)・(5)　各1点 ×3　他　各2点×3 ((6)完答)	(1)・(2)・(3) 各1点×3 他　各2点×3	(1)・(2)(a)・(4)・(5) 各1点×4 他　各2点×5	50点

	1	2	3	4	5	計
国語	各1点×8	(四)・(五) 各3点×2 他　各2点×3	(三)・(四) 各3点×2 他　各2点×3	(二)　1点 (四)　3点 他　各2点×2	(三)　2点 (四)　6点 他　各1点×2	50点

MEMO

大切なことはメモしておこうネ！

MEMO

大切なことはメモしておこうネ！

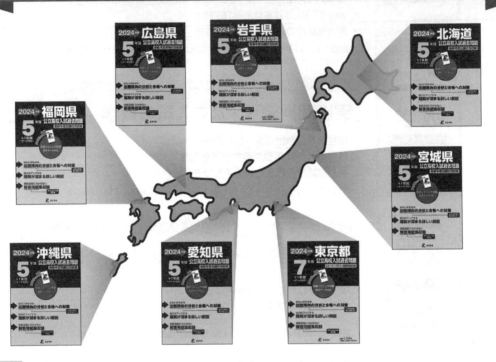

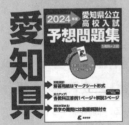

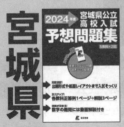

基礎から最難関レベルまで
入試問題から厳選した良問を徹底演習
得意単元をゆるがぬ得点源に!

高校入試 特訓シリーズ

数学

数学 思考力 ―規則性とデータの分析と活用―

高校入試問題で受験生が苦労する分野「規則性」「資料の整理」「思考力」をテーマにした問題集。
丁寧な解説で、基礎の基礎からしっかり身につく

[定価：1,980円]

【本書のレベル】
基礎 標準 発展

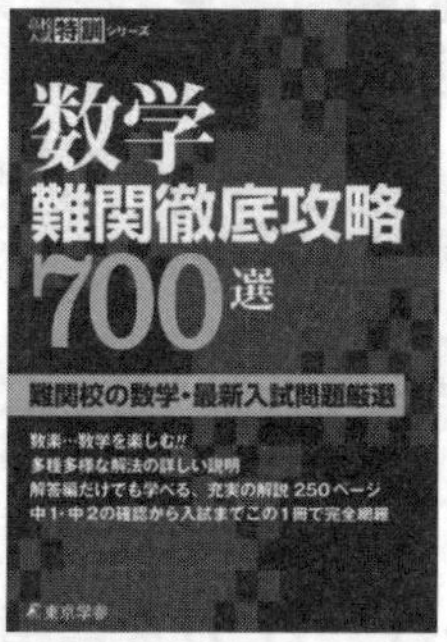

【本書のレベル】
基礎 標準 発展

数学難関徹底攻略700選

難関校受験生向けに最新入試問題を厳選。問題編の３倍に及ぶ充実した解説量

[定価：2,200円]

数学 図形と関数・グラフの融合問題完全攻略272選

最新入試頻出問題を厳選。基礎編→応用編→実践編のテーマ別ステップアップ方式。

この一冊で苦手な図形と関数・グラフの融合問題を完全克服

[定価：1,650円]

【本書のレベル】
基礎 標準 発展

英語

英語長文難関攻略33選【改訂版】

「取り組みやすい長文」→「手ごたえのある長文」へステップアップ方式。本文読解のための詳しい構文・文法解説・全訳を掲載

[定価：1,980円]

【本書のレベル】
基礎 標準 発展

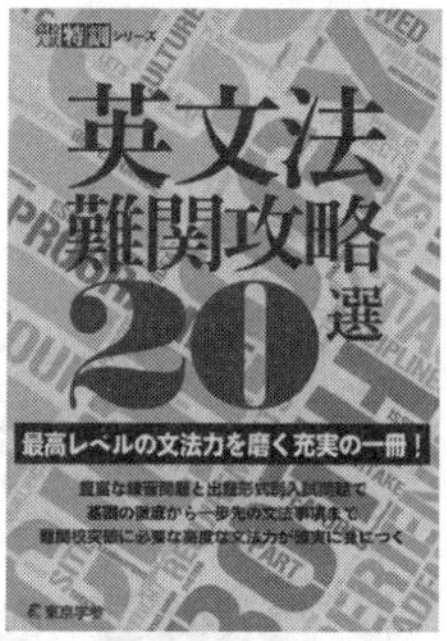

【本書のレベル】
基礎 標準 発展

英文法難関攻略20選

基礎の徹底から一歩先の文法事項まで難関校突破に必要な高度な文法力が確実に身につく

[定価：1,760円]

英語長文テーマ別難関攻略30選

全国最難関校の英語長文より、高度な内容の長文を厳選してテーマ別に分類

[定価：1,760円]

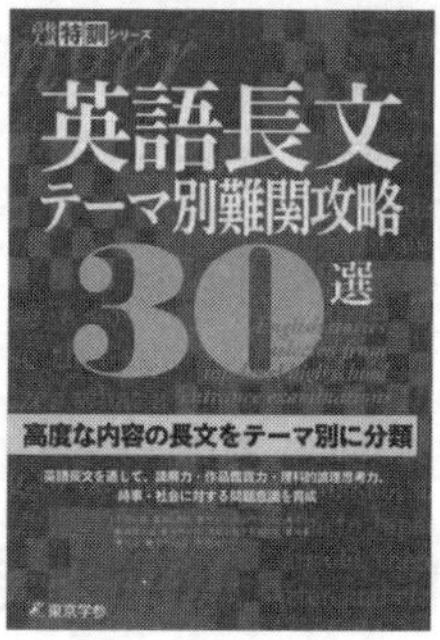

【本書のレベル】
基礎 標準 発展

国語

古文 完全攻略63選【改訂版】

高校入試の古文に必要な力が身に付く一冊
基礎～難関レベルまでレベル別に攻略法を学ぶ

[定価：1,980円]

【本書のレベル】
基礎 標準 発展

【本書のレベル】
基礎 標準 発展

国語長文難関徹底攻略30選

国公私立難関校の入試問題から良問を厳選
解答へのアプローチ方法がわかる!
解けるようになる!

[定価：2,200円]

国語融合問題完全攻略30選

「現代文×古文」融合文対策
「読解のポイント」を読めば、深い速い読解力を手にできる

[定価：1,650円]

【本書のレベル】
基礎 標準 発展

東京学参
gakusan.co.jp

https://www.gakusan.co.jp/

全国の書店、またはECサイトにてご購入ください。

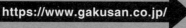

〈ダウンロードコンテンツについて〉

本問題集のダウンロードコンテンツ、弊社ホームページで配信しております。現在ご利用いただけるのは「2025年度受験用」に対応したもので、**2025年3月末日**までダウンロード可能です。弊社ホームページにアクセスの上、ご利用ください。

※配信期間が終了いたしますと、ご利用いただけませんのでご了承ください。

三重県公立高校　2025年度

ISBN978-4-8141-3274-4

[発行所] 東京学参株式会社
〒153-0043　東京都目黒区東山2-6-4

書籍の内容についてのお問い合わせは右のQRコードから ⇒

※書籍の内容についてのお電話でのお問い合わせ、本書の内容を超えたご質問には対応できませんのでご了承ください。

2024年6月27日　初版